重庆通史

周勇 主编

第二册

重庆出版集团
重庆出版社

目 录

第三卷　近代史（下）
（1919 年至 1952 年）

第一章　"五四"时期重庆的社会变化 …………………………………… 3
　第一节　"五四"前后重庆的军阀混战 ………………………………… 3
　　一、"五四"前夕的四川军阀割据 ……………………………………… 3
　　二、"五四"前后的军阀混战 …………………………………………… 3
　　三、重庆民众遭受的战祸之灾 ………………………………………… 5
　第二节　"五四"时期重庆民众的觉醒 ………………………………… 6
　　一、学生运动蓬勃发展 ………………………………………………… 6
　　二、爱国斗争掀起高潮 ………………………………………………… 8
　　三、勤工俭学寻求救国之路 …………………………………………… 10
　第三节　新文化运动对重庆的影响 ……………………………………… 15
　　一、科学与民主思想传入重庆 ………………………………………… 15
　　二、新文化思想的广泛传播 …………………………………………… 16
　　三、马克思主义传入重庆 ……………………………………………… 23

第二章　新民主主义革命的酝酿 ………………………………………… 27
　第一节　中国社会主义青年团重庆地委的成立 ………………………… 27
　　一、四川各地团组织的分散活动 ……………………………………… 27
　　二、重庆团地委的建立 ………………………………………………… 29
　　三、重庆地方团的《宣言》和《章程》 ……………………………… 29
　第二节　杨闇公与中国青年共产党的创立 ……………………………… 32

一、四川最早的中共党员活动 …………………………………… 32
　　　二、杨闇公与吴玉章等创立中国青年共产党 …………………… 35
　　　三、中国青年共产党的活动及历史地位 ………………………… 39
　第三节　重庆团地委的早期活动 …………………………………… 42
　　　一、传播马列主义 ………………………………………………… 42
　　　二、发展团的组织 ………………………………………………… 45
　　　三、整顿作风与改组团地委 ……………………………………… 47

第三章　中共重庆地委与国民党（左派）四川省党部的合作 ……… 50
　第一节　中共重庆地委的建立 ……………………………………… 50
　　　一、四川各地中共党组织的发展 ………………………………… 50
　　　二、中共重庆地委的建立 ………………………………………… 53
　第二节　四川国共两党合作局面的形成 …………………………… 55
　　　一、中国共产党人与国民党（左派）四川省党部的合作 ……… 55
　　　二、中国共产党人与四川国民党右派的斗争 …………………… 58
　　　三、四川国民党的正式改组及对右派斗争的深入发展 ………… 61
　　　四、四川国共合作的形成及其意义 ……………………………… 64

第四章　四川大革命的高潮及失败 …………………………………… 66
　第一节　重庆民众的反帝反军阀斗争 ……………………………… 66
　　　一、以声援"五卅"惨案为主的反帝爱国斗争 ………………… 66
　　　二、声援万县惨案的斗争 ………………………………………… 71
　　　三、重庆革命群众运动的蓬勃发展 ……………………………… 75
　第二节　顺泸起义的爆发及意义 …………………………………… 79
　　　一、顺泸起义的酝酿 ……………………………………………… 79
　　　二、顺泸起义的爆发 ……………………………………………… 83
　　　三、顺泸起义的历史意义 ………………………………………… 88
　第三节　重庆"三三一"惨案与四川大革命失败 ………………… 90
　　　一、重庆"三三一"惨案的发生 ………………………………… 90
　　　二、四川大革命运动的失败 ……………………………………… 93

三、"三三一"惨案的历史地位 …… 94

第五章 军阀割据及川政统一 …… 96
第一节 刘湘割据重庆局面的形成 …… 96
一、防区制的形成 …… 96
二、以重庆为中心的刘湘割据势力的膨胀 …… 99
第二节 军阀割据下的社会矛盾 …… 104
一、经济的掠夺 …… 104
二、政治上的镇压 …… 109
三、各阶层人民的反抗 …… 111
第三节 抗日救亡运动的高潮 …… 113
一、重庆各界的抗日救亡运动 …… 113
二、地方实力派立场的转变 …… 116
第四节 国民政府统一川政 …… 118
一、刘湘"剿共"战争失败 …… 118
二、参谋团入川,川政统一 …… 120

第六章 重庆城市发展的新起点 …… 127
第一节 重庆建市 …… 127
一、重庆建市的条件 …… 127
二、重庆建市 …… 129
第二节 城市经济的缓慢增长 …… 133
一、城市工场手工业的新发展 …… 133
二、新兴的机器大工业开始出现 …… 135
三、交通运输业有了长足的发展 …… 137
第三节 市政建设与基础设施 …… 143

第七章 中国的战时首都 …… 149
第一节 由内陆工商城市转变为国家政治中心 …… 149
一、国民政府迁都重庆 …… 149

二、重庆区域的扩大和人口的增长 ……………………………………… 151

　　三、陪都的建立对重庆的影响 …………………………………………… 156

第二节　国民政府的内政 …………………………………………………… 158

　　一、抗战初期国民政府的政策和《抗战建国纲领》 …………………… 158

　　二、国民政府的消极抗日和亲日派的投敌叛国 ………………………… 159

　　三、国民政府的反共政策和三次反共高潮 ……………………………… 165

第三节　国民政府的战时外交 ……………………………………………… 167

　　一、世界反法西斯联盟的形成和中国国际地位的上升 ………………… 167

　　二、重庆成为世界反法西斯战争在远东的指挥中心 …………………… 168

　　三、国民政府对日的战与和 ……………………………………………… 171

第四节　人民的贡献与牺牲 ………………………………………………… 173

　　一、川军出川抗日 ………………………………………………………… 173

　　二、人民对抗战的积极支持 ……………………………………………… 176

　　三、重庆大轰炸 …………………………………………………………… 178

第八章　中共代表团在重庆 …………………………………………………… 185

第一节　中共中央南方局 …………………………………………………… 185

　　一、南方局的成立和历史演变 …………………………………………… 185

　　二、南方局的组织机构 …………………………………………………… 187

　　三、南方局的工作和在重庆的活动 ……………………………………… 188

第二节　南方局在渝对外公开机构 ………………………………………… 192

　　一、第十八集团军驻重庆办事处 ………………………………………… 192

　　二、新华日报社 …………………………………………………………… 197

　　三、群众周刊社 …………………………………………………………… 202

第三节　地方党的重建与发展 ……………………………………………… 203

　　一、地方党组织的重建 …………………………………………………… 203

　　二、地方党组织的巩固和发展 …………………………………………… 204

第九章　抗日民主力量的大汇聚 ……………………………………………… 208

第一节　国民政府迁渝后重庆救亡运动的高涨 …………………………… 208

一、各种救亡团体的成立和发展……………………………………… 208

　　二、救亡运动的开展及特点…………………………………………… 211

第二节　国民参政会……………………………………………………… 213

　　一、国民参政会的历史发展…………………………………………… 213

　　二、国民参政会的性质和特点………………………………………… 218

　　三、国民参政会的作用和历史地位…………………………………… 221

第三节　抗战时期重庆的民主党派……………………………………… 223

　　一、中间力量的大汇聚………………………………………………… 223

　　二、中间力量的发展和新党派的建立………………………………… 228

第十章　抗战时期国共合作的历程 ……………………………………… 232

第一节　第二次国共合作的形成………………………………………… 232

　　一、第二次国共合作的酝酿…………………………………………… 232

　　二、第二次国共合作的正式形成……………………………………… 236

第二节　国共关系在曲折中发展………………………………………… 239

　　一、抗战初期国共两党的密切合作…………………………………… 239

　　二、冲突升级和两党关系的恶化……………………………………… 242

　　三、国共关系趋向缓和………………………………………………… 246

　　四、再次危机与新的发展……………………………………………… 249

第三节　国共关系走向新阶段…………………………………………… 251

　　一、关于建立联合政府………………………………………………… 251

　　二、中共七大和国民党六大，两党合作走向新阶段………………… 255

　　三、美、苏等国在第二次国共合作中的作用………………………… 257

第十一章　重庆城市的第二产业（一）——工业概况 ………………… 259

第一节　沿海工矿企业的内迁和迁渝…………………………………… 259

第二节　战时重庆工业主要行业与技术进步…………………………… 263

　　一、兵器制造业………………………………………………………… 263

　　二、机器制造业………………………………………………………… 266

　　三、化学工业…………………………………………………………… 268

四、电力电器业 ………………………………………………… 270
　　五、煤炭石油业 ………………………………………………… 270
　　六、建材建筑业 ………………………………………………… 272
　　七、食品业 ……………………………………………………… 273
　　八、造纸业 ……………………………………………………… 274
　　九、印刷出版文具业 …………………………………………… 274
　　十、制革业 ……………………………………………………… 275
　第三节　战时重庆部分工业典型分析 ………………………………… 277
　　一、钢铁业 ……………………………………………………… 277
　　二、棉纺织业 …………………………………………………… 284

第十二章　重庆城市的第二产业（二）——工业结构 …………… 288
　第一节　部门结构 ……………………………………………………… 288
　第二节　所有制结构 …………………………………………………… 289
　第三节　规模结构 ……………………………………………………… 294
　第四节　地域分布结构 ………………………………………………… 295
　第五节　重庆工业的主要缺陷 ………………………………………… 296
　　一、电力缺口较大 ……………………………………………… 296
　　二、煤炭不敷供应 ……………………………………………… 297
　　三、能源代用品逐渐缺乏 ……………………………………… 299

第十三章　重庆城市的第三产业（一）——金融业 ………………… 300
　第一节　银行、钱庄的增加 …………………………………………… 300
　第二节　银钱业资本的扩大 …………………………………………… 305
　第三节　银钱业活动的加强与扩大 …………………………………… 311
　第四节　保险与信托业 ………………………………………………… 314
　　一、保险公司 …………………………………………………… 314
　　二、信托公司 …………………………………………………… 316
　第五节　金融市场的完善与新的金融网络的形成 …………………… 317

第十四章　重庆城市的第三产业（二）——交通业 …… 321
第一节　战时航运业的发展 …… 321
一、川江轮运企业的发展 …… 322
二、木船业的又一个"黄金时代" …… 324
三、航道的整治 …… 325
四、新航线的开辟 …… 326
五、港口码头建设 …… 326
第二节　公路事业的规范 …… 327
一、以重庆为中心的四川公路事业的初步统一 …… 327
二、陪都时期的公路与运输 …… 330
第三节　战时联运和驿运 …… 333
一、联运 …… 333
二、驿运 …… 334
第四节　大后方的航空中心 …… 335
第五节　民生公司的航运事业 …… 338
一、卢作孚和他的"实业救国"思想 …… 338
二、民生公司的成立与初期经营 …… 339
三、统一川江航运业 …… 341
四、战时川江航运的中流砥柱 …… 343
五、走向海洋与陷入困境 …… 344

第十五章　重庆城市的第三产业（三）——商业 …… 347
第一节　抗战时期重庆商业的繁荣 …… 347
一、商业规模的扩大 …… 347
二、商业资本的扩大 …… 349
三、外贸中心地位的上升和外贸额的减少 …… 353
四、重庆商业繁荣中的畸形现象 …… 356
第二节　重庆商业的部分典型行业 …… 357
一、棉货进口业 …… 357
二、生丝出口业 …… 364

第三节　战时重庆的物价与消费 …… 366
一、重庆的物价走势 …… 366
二、消费与生活 …… 370

第十六章　战时重庆城市建设 …… 372

第一节　市政建设 …… 372
一、城市公路交通 …… 372
二、城市供水 …… 374
三、城市供电 …… 375
四、市区轮渡 …… 377
五、电报电话 …… 378
六、文教卫生及其他事业 …… 379
七、城市减灾防灾 …… 379

第二节　重庆城市的市政管理 …… 381
一、重庆城市行政区划的调整 …… 381
二、战时重庆人口的膨胀 …… 382
三、市产、公用事业的营运与市容管理 …… 383

第十七章　战时城市经济社会组织 …… 384

第一节　城市经济社会组织的大发展 …… 384

第二节　抗战时期重庆经济组织及活动 …… 386
一、部分经济组织概要 …… 387
二、部分经济组织活动 …… 389

第十八章　战时重庆城市经济体制与经济政策 …… 395

第一节　战时工矿业政策和管理体制 …… 395
一、实施统制政策 …… 396
二、确立工矿业建设的基本方针，即"开发矿产，树立重工业的基础，鼓励轻工业的经营" …… 397

三、以国营企业为主,严格界定国营、公营和民营企业的经营范围
　　…………………………………………………………………………… 398
　　四、提倡和实行多种形式的经济联合 …………………………… 400
　　五、强化经济管理机构,完善宏观调控体系 …………………… 400
第二节　战时财政、金融体制的形成 ……………………………… 404
　　一、战时的财政体制改革 ………………………………………… 404
　　二、战时重庆的财政收支状况与财政政策的实施 ……………… 406
　　三、战时金融体制的调整与金融政策 …………………………… 410
第三节　交通管理机构的强化 ……………………………………… 419
第四节　商业管理机构的强化 ……………………………………… 421
　　一、中央政府对重庆商业的督导 ………………………………… 421
　　二、地方政府对重庆商业的管理和指导 ………………………… 422
　　三、商会和同业公会对商业活动的组织与协调 ………………… 422
第五节　政府对商业活动的全面管制 ……………………………… 423
　　一、行政管制 ……………………………………………………… 423
　　二、物价管制 ……………………………………………………… 424
　　三、物资管制 ……………………………………………………… 425

第十九章　重庆行政区划与人口变迁 ……………………………… 426
第一节　重庆建市以来行政区划的调整 …………………………… 426
第二节　重庆城市人口变迁 ………………………………………… 429
　　一、人口迁移 ……………………………………………………… 429
　　二、户籍制度 ……………………………………………………… 430
　　三、人口数量 ……………………………………………………… 431

第二十章　重庆经济中心的完全形成与城市近代化 ……………… 435
第一节　工业中心与城市近代化 …………………………………… 436
　　一、重庆工业中心的特点 ………………………………………… 436
　　二、重庆工业中心的历史地位 …………………………………… 443

第二节　商业中心与城市近代化 …… 445
  一、商业中心的半殖民地半封建性 …… 445
  二、商业中心的形成开始改变了重庆城市的功能 …… 446
  三、商业中心的形成开始改变了重庆城市性质 …… 448
  四、重庆商业的发展使重庆成为长江经济链上的重要一环 …… 449

第三节　金融中心与城市近代化 …… 450
  一、金融中心是经济中心的重要组成部分 …… 450
  二、金融中心形成与发展的非经济因素 …… 452

第四节　交通中心与城市近代化 …… 455
  一、交通中心的特点 …… 455
  二、交通中心的历史作用 …… 459

第五节　近代重庆经济中心的特点及历史地位 …… 460
  一、近代重庆经济中心的特点 …… 460
  二、近代重庆经济中心的历史地位 …… 464

第二十一章　大后方文化中心的形成与演变 …… 468

第一节　大后方文化中心的形成 …… 468
  一、城市地位的变化 …… 468
  二、国共合作的背景 …… 468
  三、人口迁移 …… 469

第二节　大后方文化中心的发展演变 …… 471
  一、第一阶段：抗日救亡文化时期(1937年7月至1939年1月) …… 472
  二、第二阶段：文化演变过渡时期(1939年1月至1941年1月) …… 474
  三、第三阶段：抗日民主文化时期(1941年1月至抗战胜利) …… 476

第三节　抗战时期重庆文化的基本特点 …… 481
  一、战斗性 …… 481
  二、大众化 …… 482
  三、广泛性 …… 484
  四、辐射性 …… 485
  五、高水准 …… 486

第二十二章　抗战时期重庆文化的繁荣 …… 488

第一节　教育 …… 488
一、高等教育 …… 488
二、中等教育 …… 491
三、初等教育 …… 492

第二节　科学技术 …… 493
一、哲学、社会科学 …… 494
二、自然科学 …… 497
三、应用技术 …… 498

第三节　文学艺术 …… 500
一、诗歌 …… 500
二、小说 …… 503
三、报告文学与杂文、散文 …… 504
四、戏剧 …… 505
五、电影 …… 508
六、音乐、舞蹈、美术 …… 510

第四节　新闻出版 …… 512
一、报刊 …… 512
二、广播 …… 514
三、出版事业 …… 515

第五节　图书馆、博物馆及考古事业 …… 517
一、图书馆 …… 517
二、博物馆与考古 …… 519

第六节　体育 …… 520
一、抗战期间重庆体育概况 …… 520
二、抗战期间重庆体育的主要特点 …… 522

第二十三章　重庆工业中心的萎缩与社会经济的衰败 …… 525

第一节　抗战胜利后经济形势的变化与重庆工业中心的萎缩 …… 525
第二节　严重通货膨胀下商业金融的萧条与市民生活的贫困 …… 532

第二十四章　国民党统治在重庆的衰落和崩溃 … 537
第一节　政治中心的转移——抗战胜利与国府还都 … 537
第二节　中国共产党争取和平民主的努力与重庆谈判 … 540
第三节　民主运动的兴起与政治协商会议的召开 … 543
第四节　国民党强化专制统治与共产党领导下的革命斗争 … 547
第五节　旧政权的崩溃与人民迎接解放的斗争 … 553

第二十五章　重庆解放 … 557
第一节　刘邓大军挺进西南 … 557
一、解放大西南的战略方针的制定 … 557
二、西南各省的解放 … 560
第二节　刘邓大军解放重庆 … 567
一、解放重庆的战斗 … 567
二、军事接管 … 570

第二十六章　新民主主义政权的建立和巩固 … 578
第一节　人民政权及各级党政群团组织的建立 … 578
一、新民主主义政权的建立 … 578
二、中国共产党重庆各级组织的建立及发展 … 581
三、工、青、妇等群众团体的建立 … 582
第二节　确立人民民主专政的社会新秩序 … 584
一、肃特剿匪 … 584
二、镇压反革命 … 587
三、解散反动社团 … 588
第三节　土地制度的改革和其他社会改革 … 590
一、推翻延续千年的封建土地制度 … 590
二、摧毁社会封建势力 … 594
三、禁绝烟毒、娼妓和赌博，改造游民和乞丐 … 596
四、文化、教育、思想界的改造 … 598

第四节　崭新的社会风貌 …………………………………………… 599
　　一、人民当家作主、平等、协商的政治制度 ……………………… 599
　　二、爱国、奋进、助人的社会新风尚 ……………………………… 603

第二十七章　新民主主义经济秩序的建立 …………………………… 605
第一节　稳物物价与整顿财政金融 ………………………………… 605
　　一、解放初期社会经济凋敝、混乱的困境 ………………………… 605
　　二、人民政府整顿社会经济的措施 ………………………………… 607
第二节　国民经济的恢复 …………………………………………… 612
　　一、三年国民经济恢复的主要措施 ………………………………… 612
　　二、三年国民经济恢复的主要成就 ………………………………… 618
第三节　国民经济结构的新变化 …………………………………… 620
　　一、工商业的调整组合 ……………………………………………… 620
　　二、多种经济成分并存的经济体制 ………………………………… 621
　　三、计划经济的雏形 ………………………………………………… 624
第四节　新民主主义革命任务胜利完成 …………………………… 626

附：《重庆通史》评论（摘要） …………………………………………… 628
再版后记 ……………………………………………………………… 639

第三卷 近代史(下)

(1919 年至 1952 年)

第一章 "五四"时期重庆的社会变化

第一节 "五四"前后重庆的军阀混战

一、"五四"前夕的四川军阀割据

民国时代,重庆成为地方军阀和中央政府的据点,同时各国列强在渝势力也把重庆作为侵略四川和中国西南地区的据点。

1912年2月,孙中山被迫辞去中华民国临时大总统职位,参议院选举袁世凯为临时大总统,从此袁世凯窃取了统治中国的大权,中国从此进入北洋军阀统治时期。之后,中国实际上存在着两个政权中心,一个是北洋军阀把持的北京政府,一个是孙中山与南方各省军人首脑联合组成的广州政府。在两政权中心的南北冲突中,四川各军将领采取了左右逢源的骑墙态度。在川内,各派军阀争雄斗胜,战争不断,滇、黔军阀乘机几度出入四川。经过1918年的靖国战争之后,四川形成了军阀割据的局面。各派军阀在各自的驻防区域任意截留税款、征派捐税、委派官吏、招募军队,省府督军形同虚设。四川督军熊克武只得承认军阀割据的既成事实。

二、"五四"前后的军阀混战

重庆是长江上游重镇,经济发达,商业繁荣,财源充裕。各派军阀均视之为必争之地,你争我夺,打进打出,"五四"运动前后战乱不休。

护国战争以来,四川军阀混战愈演愈烈,大小战斗约400次。在四川军阀混战中，重庆始终是各路军阀争夺的重点。

1918年9月，滇军领袖唐继尧在重庆召集川、滇、黔三省联军会议，抛出所谓《三省同盟计划书》，阴谋吞并四川，遭到川军首领、四川督军熊克武的坚决抵制。唐继尧遂联合滇、黔军及川军吕超等部武装"倒熊"，逐熊至阆中。熊克武乃与在陕南的军阀刘存厚捐弃前嫌，于1920年5月联兵反攻，一举占领成都、重庆，滇、黔军队被迫退出川境。

1921年春，熊克武联合川军一、二、三军[①]再度把刘存厚的军队逐回陕南。1921年7月，熊克武支持已进驻重庆的二军军长刘湘就任川军总司令兼四川省长。按惯例，刘湘理应到省会成都就职，但刘湘不愿离开重庆，认为重庆是他最好的事业发展之地，是自己的根基所在，决不能放弃。继之，川一军与川二军严重对立。1922年7月，一军联合三军击败二军，二军首领杨森[②]率余部逃往鄂西，投奔了直系军阀吴佩孚。川军三军进驻重庆，军长刘成勋在重庆就任川军总司令兼四川省长。1923年2月，熊克武支持刘成勋，企图消灭刘存厚留在川内的邓锡侯、田颂尧、唐廷枚、陈国栋等师，吴佩孚乘机动员直、豫、鄂、陕、甘五省大军帮助杨森攻回四川。6月，孙中山任命熊克武为"四川讨贼军总司令"，刘成勋为四川省长。数月内，双方在重庆反复攻夺，几经易手，"讨贼军"终于败出川境。1924年5月，北洋政府任命杨森督理四川军务，邓锡侯为四川省长，刘湘为川滇边务督办。

1925年春，杨森从成都兵分三路进攻永川、重庆、合川，企图武力统一四川。刘湘联合黔军袁祖铭等部，组成"倒杨军"，全力反击，杨森兵败出川，再次投奔吴佩孚。尔后，刘湘与袁祖铭不和，吴佩孚复令杨森乘机率军打回四川。1926年5月，川黔边务督办袁祖铭在刘湘、杨森两部夹击下，率部离开重庆，退回贵州，重庆遂被刘、杨部川军占领。6月，刘湘以四川善后督办和川康边务督办身份驻重庆。

7月，广州国民政府出师北伐，一举击败吴佩孚、孙传芳。11月，四川军阀将领通电声讨北洋军阀，纷纷易帜，杨森、刘湘、赖心辉、刘成勋、刘文辉、邓锡侯、田颂尧分别被国民政府委任为国民革命军第二十、二十一、二十二、二

[①] 川军一军军长但懋辛、二军军长刘湘、三军军长刘成勋。
[②] 1922年5月，刘湘辞职，杨森为川军二军代军长。

十三、二十四、二十八、二十九军军长。但是,他们的军阀本质并未因此而有丝毫改变,仍在上川东和下川东展开混战,直至1933年刘湘击败刘文辉,统一四川,川中混战才告结束。从1926年6月到1935年7月,重庆一直是刘湘割据称雄的地方。

三、重庆民众遭受的战祸之灾

"五四"运动爆发前后四川的军阀混战给重庆人民的生命财产造成了重大损失。"五四"运动在四川重庆之所以能蓬勃开展,一个重要原因就在于军阀混战使民众饱尝战祸之苦,迫切希望推翻军阀统治。

"五四"运动前的几年间,重庆人民遭到了连年不休的战祸。1913年9月,川军王陵基部与黔军黄毓成部在重庆城内巷战,互相火攻,并大量使用开花炮弹,造成城内居民死者三四百人,焚毁民房数百间。即使是像长寿这样一个地不逾百里,户不及8万的小县,亦是"军队往来者,络绎不绝……战线所经,顿成荆莽"①。至于各地土匪乘战乱之机打家劫舍、杀人越货,更是搞得民无宁日。据报道,当时江津县飞龙庙一带有土匪5000余人,綦江县酒盘子一带有土匪4000人以上。铜梁县土匪抢劫三教场,将2/3的民房付之一炬,居民被焚杀者700余人,上至七八十岁的老人,下至一二岁的幼儿,均遭此难。当时的报纸评述说:"渝属地方,匪患非常猖狂,如巴县附近几十里匪巢甚多,渝民自民国以来遭几回战争,已备尝艰苦,没有一日不在水深火热之中。"②

同一时期,重庆工商业也惨遭军阀混战之祸。江合矿务公司本来是重庆最大的一家煤矿,1918年初靖国军第一路总司令黄复生以武力提取该公司现款及变卖存煤、设备,使之损失折合银子达12万两,生产陷入瘫痪状态。名噪一时的重庆鹿蒿玻璃厂,因在战乱中原料运不进产品销不出,被迫关门停产。仅在1920年上半年,重庆棉商即因战争阻塞了交通,积压棉纱3万多包,损失300余万银圆。为了防止土匪抢劫,重庆驶往外地的商船被迫以每艘船只120元至240元的高价聘请江防军武装保护,即使如此,若遇上军队

---

① 《四川军阀史料》第3辑,四川人民出版社1985年版,第176页。
② 《国民公报》1920年12月3日。

抢劫，也无济于事。渝商王雨膏的盐船曾被黔军抢劫，损失达20余万元。在防区制形成以后，各地关卡越设越多，甚至连江北寸滩的团练武装，也敢截江收取钱财，致使商路梗阻，商务处于停滞状态。

由于军阀混战，重庆的财政金融系统也变得日趋混乱。1917年四川军阀滥发纸币上千万元，造成纸币价值大跌。这时，1元现洋可换铜圆2700文，而1元纸币却只能换铜圆800文。纸币价值最低落时，在重庆仅以二三折计算。混乱的经济状况，使重庆人民无法维持生计，以菜油为例，清末民初时，1升只卖100文钱，到1917年就增至200文，到1920年则涨至480文。

军阀混战下的重庆，政局动荡，经济停滞，人民生活日益艰难，不满情绪日益加重。重庆人民越来越痛恨军阀的黑暗统治，渴望尽快结束战乱。

第二节 "五四"时期重庆民众的觉醒

一、学生运动蓬勃发展

"五四"运动于1919年5月4日在北京爆发，不久便席卷全国，这是一场反帝反封建的爱国群众运动。

"五四"运动爆发的直接导火线是1919年初中国代表在巴黎和会的合理要求被拒绝，和该会决定由日本接管德国在中国山东的各种特权。第一次世界大战的战胜国英、法、美、日、意等帝国主义国家在法国巴黎凡尔赛宫召开巴黎和会，中国也以战胜国身份派代表出席该会，并在会上提出了废除列强在华特权等7项要求。结果该会不仅拒绝了中国代表的合理要求，而且反而决定由日本接管战败国德国在中国山东的各种特权。这个消息传至国内，国民无不义愤。5月4日，"五四"运动在北京爆发。

中国外交在巴黎和会上失败的消息传回国内后，首先起来抗争的是青年学生。5月4日下午，北京大学、高等师范等13所大专院校的3000多名学生，齐集天安门前，学生们各手持一面小旗，上写"还我青岛"，"取消二十一条"，"宁为玉碎，不为瓦全"等标语，高呼"外争国权，内惩国贼"，"拒绝和约签字"，"抵制日货"等口号。队伍集合后，开始游行示威。一场声势浩大的爱国运动在北京展开了。

尽管重庆人民早在"五四"运动爆发前就密切注视着巴黎和会的召开,但因蜀道险阻、交通不便、信息闭塞,以致"五四"运动的消息在1919年5月中旬才传到重庆。重庆人民被巴黎和会上帝国主义列强欺压中国的罪恶行径所激怒,在青年学生中首先燃起了反侵略、反卖国的怒火。

5月20日上午,川东师范学校、重庆联中、商业中学、巴县中学等校代表50余人,在爱德堂召开会议,声援北京学生的爱国斗争,并决定筹备成立川东学生救国团,当场选出两名临时主席,最后决定了行动大纲两条:"一、对内振兴学术言论,发展组织经济之接济,持永久不变之态度。二、对外演说,印刷小说或报章通信,拍电联络京津各团体为一致之进行。"[1]

24日下午,四川川东学生救国团在重庆正式成立,由川东师范学生徐星耀任总干事。在该团成立宣言中,学生们强烈谴责了曹汝霖(北洋政府交通总长,订"二十一条"时任外交次长)、章宗祥(北洋政府驻日公使)之流内附权贵、外结强邻、断送国土、颠覆国家的罪行,表示了决不坐视国家沦亡,为挽救民族危亡而奋斗的坚定决心。当天,由临时主席提议,各校学生均表赞同,以川东学生救国团名义通电声援北京学生和上海救国团,要求废除密约,归还青岛,释放被捕学生。同时,川东学生救国团还致电巴黎和会中国专使,要求他们"使不辱命,为国争光,力争青岛,务希坚持到底,若不直接交还,死不签字……"[2]

27日,省立第二女子师范学校学生成立了四川川东女子救国会,并向各女校发出通告说:"妹等痛外交之失败,伤国本之动摇,义愤满腔,一息难忍,加以强邻迫胁政府阿顺,致使我爱国学生横遭囚于囹圄,今虽释放,士气讵乎,青岛被攫如故也,胶州宰割如故也,亡国条约迫签字矣,危乎!危乎!其今日中国之命运乎。妹等虽弱女子,值求学之时,本匹夫有责之火,岂可坐观国亡而不思补救之策者。"[3]同时,提出了崇学术、倡国货、戒奢华、重体育等主张,作为根本的补救之策。而且致电北京北洋政府:"青岛不还,国权丧失,万劫不复。生等虽属女子界,同为国民一分子,一致誓死否认。"并且还致电南方广东军政府和国会,强调:"青岛问题,国命攸关,内争不息,外侮斯烈迫熙,

---

[1]《国民公报》1920年5月。
[2]《国民公报》1919年6月。
[3]《国民公报》1919年6月4日。

速电代表双方让步,一致对外,以救危亡。"

二、爱国斗争掀起高潮

到了6月,重庆的爱国斗争进一步向前发展,掀起了高潮。6月3日,重庆学生界举行"六三"游行警告大会。当天,学生们向成都、重庆各长官寄发公函——《"六三"游行警告大会请愿书》。书中写道:"青岛问题关系我国家之存亡强弱,京、津、宁、赣、杭、鲁、晋、成都各埠,陆续举行国民大会,为外交之声援……学生等方属国民,义难坐视,爱联会在渝川东师范学校、广益中学等……组织川东学生救国团,于六月三日举行警告大会,印布传单七种,谨各检呈一份,敬恳均署鉴民意所在,转电当局,饬令代表不得签字和约,一面促成南北议和,惩办媚外汉奸。学生等虽年少无能,愿洒血成为政府之后援。"[1]这天,在渝20余所学校同时罢课。早晨7时,学生们纷纷集合于通远门附近之打枪坝。他们各执一面白色小纸旗,上书"还我青岛"、"惩办国贼"、"速息内争"、"劝用国货"、"誓雪国耻"等100多种标语,集会中还伴随着悠扬的军乐声。学生们或渡江而来,或越岭而至,皆无倦容,个个精神振奋。11时半,在川东学生救国团总干事徐星耀(时为川东师范学校第七班学生,万源人)和联立中学学生杨璿玉的指挥下,重庆20余所中、小学校学生共1500余人秩序井然,浩浩荡荡,走上街头,开始游行。游行队伍前导以川东学生救国团游行警告大会会旗,穿中学生制服的中学生队伍紧随会旗走在前,小学生队伍紧跟其后,川东师范和巴县中学穿常服的学生队伍行在最后。游行队伍末尾处还有学生们高举的一面大旗,上书"临时加入公民游行警告大会",数百公民尾随该旗而行。游行队伍出打枪坝,上桂香阁,过美领事署,又折回五福宫,过英领事署,至爱仁堂,再前经绣壁街、金紫门、储奇门、三牌坊、新丰街,12时半至川东道公署。此时,队伍稍停,由代表徐星耀和杨璿玉进署向道尹陈述意见。道署前后坝均挤满了学生。后请愿代表出署,整队出发。1时15分转过街楼抵木牌坊,后抵中营街口,向镇署行进,又派两名代表进镇署请愿。然后,各队停留在镇署外,请愿毕再前行。至商业场口,这时按预令集合,容真照相馆的照相师为学生的爱国热情所感动,自愿免费为游行队伍摄

---

[1]《国民公报》1919年6月12日。

影，以留渝民爱国之纪念。此时小旗飘扬，警笛三吹，军乐齐奏。徐星耀起而高呼："还我青岛！"又呼："惩办国贼！"再呼："不还不签字！"众皆一一慷慨和之。声浪之高，响震屋瓦。

在游行途中除高呼爱国口号外，还散发了大量爱国传单。游行队伍所经路旁有长叹者，有大呼者，有摩拳者，整个山城群情激愤。这次游行历时近8小时，直到下午2时50分游行队伍才整队而散。这次大规模的示威游行，标志着重庆的"五四"爱国运动达到了高潮。

6月9日，北京中等以上学生联合会代表熊浚、张杰、程鸿经、何恩枢来到重庆，受到重庆商学界的热烈欢迎。在他们的推动下，6月22日，重庆商界和学界联合成立重庆商学联合会，参加成立大会者上万人。该会以"提倡国货，维持现状，联络商学界一致行动"为宗旨，徐星耀被推为副会长。6月28日，川东学生救国团更名为川东学生联合会，决定以后调查日货和处理奸商概由商学联合会进行。这样，一场声势浩大的抵制日货运动迅速在重庆展开。自此运动展开之后，大凡与日商交往，如购买日货、乘坐日轮等，均被视为卖国行为，一经被学生发现，便要在背上印"亡国奴"三字，以儆效尤。商人杨某私购日本三菱三井洋行的蜇皮，被学生发现后以无顶篷轿子抬着游街示众，沿途观众拥护，喝彩声、掌声不绝，而杨某却在轿中双手掩面，羞愧难当。在这种情况下，日商被迫采用大削价手段销售商品，甚至还以送雨伞、送金灵丹等办法来招揽顾客，但已很少有人敢与日商再打交道。11月18日，在17日2000多名学生至警厅请愿未已的情况下，重庆警察厅厅长郑贤书竟然公开拍卖他用公款买来的80多箱日货，约值2000余金，立即遭到川东学生联合会上千名学生的围攻。郑欲以武力压制学生，任其自由拍卖。郑带来的武装卫兵连开三枪以威吓学生，并伤了一学生手指，激起众怒，学生一拥而上，郑的十余名武装卫兵被缴了械，郑乘坐的肩舆也被学生毁坏，郑被迫跳窗而逃。学生们于一楼上悬纸一幅，大书"亡国奴郑贤书"六字，并散发传单，发表演讲，一时间人山人海，鼓掌如雷。下午4时半，学生们把缴来的这批日货堆在朝天门码头，当众全部烧毁。前来观看的群众皆拍手称快，欢呼之声响彻云霄。四川当局迫于社会舆论压力，撤销了郑贤书的厅长职务。这是重庆民众展开抵制日货运动以来取得的一个重大胜利。

在重庆爱国学生运动开展过程中，还成立了以冯西昌为代表的重庆青年救国团,在该团的成立宣言中写道:"山东者我国之门户也,青岛者山东之门藩,青岛失则山东亡,则中国危矣……我同胞若不急图自强,惊醒迷梦,以雪国耻,而维正气,恐之禹甸,终为他人之游牧场也。是以同志诸公,耻日人之我期,怜同胞之受辱,悲祖国之将亡,羞土地之不复。乃聚集出校诸同学,共组一青年救国团,以唤醒同胞,共挽狂澜,以不用日货,速光利源为宗旨。"

在此期间还成立了一个叫重庆外交后援会的组织。该会在一封通电中痛斥日人图鲁侵占我土地,蹂躏我人民,动摇我国本,号召我国人稍有血气者起来与如虺如蝎之强邻斗争,齐心努力,举国一致,拼死力争,誓达到取消高徐济顺路约及军事协约,立释请愿各代表,根本推翻德约,并惩办媚外汉奸。

重庆的"五四"爱国运动是由青年学生们率先发动的,重庆社会各阶级、阶层的市民们对学生们的爱国行动给予了广泛的支持。重庆的日商洋行、店铺、长轿班的工人自动罢工,码头工人拒绝装卸,并表示"因听学生演说我国受欺情形,愿与日商断绝交往"。民族资产阶级也表现出很高的爱国热情。有王姓、余姓两位商人,他们将所购价值数百元的草帽、衣服、瓷器等日货全部销毁。另一傅姓商人则因愤恨日本人而撕毁了已买好去上海的日轮船票,重新掏钱购票,改乘华轮去上海,甚至重庆军政界的熊克武、杨庶堪等人也明确表态拒日,表现出强烈的爱国心。在重庆人民的联合抵制下,日本侵略分子狼狈不堪,日货在重庆市场因丧失销路而几乎绝迹,日本人在渝势力遭到了前所未有的沉重打击。

重庆民众的爱国斗争,有力地配合了全国的爱国斗争,为"五四"运动在全国取得最后胜利创造了条件,作出了贡献。

三、勤工俭学寻求救国之路

"五四"运动前后,中国有一大批有志青年为寻求救国救民的真理,掀起了声势浩大的留法勤工俭学运动。这是一个进步的半工半读的留学运动,它始于1912年2月,李石曾、吴稚晖在北京组织了留法勤工俭学会。继而吴玉章、黄复生又发起组织了四川俭学会。1915年6月,蔡元培、李石曾等人还组织了勤工俭学会,其宗旨是"勤于作工,俭学求学,以进劳动者之智识"。从"五四"运动到1920年是留法勤工俭学运动的全盛时期。1924年国民党与共产党建立统一战线,轰轰烈烈的大革命已经开始,国内急需人才,旅欧勤工俭学学生大量回国,到1926年以后,留法勤工俭学运动基本结束。留法勤工俭学运动为中国革命培养了大批人才,作出了不可磨灭的贡献。

在全国"五四"运动和留法勤工俭学运动的影响,特别是成都留法勤工俭学热潮的推动下,重庆留法勤工俭学运动迅速展开。1919年6月,成都第一批赴法青年取道重庆乘船东下,这在山城引起了极大的震动。重庆商会会长汪云松、巴县教育局局长温少鹤立即四处奔走,结果,于8月28日在重庆总商会成立了留法勤工俭学会重庆分会,由汪云松任正会长,温少鹤、童宪章任副会长。同时,决定请法国驻渝领事及到会法国人为名誉助员,各机关团体到会代表为发起人。

重庆留法勤工俭学分会成立以后,立即仿效成都的做法,积极着手筹备重庆留法预备学校,校址设在市里的夫子祠内。开始招收中学毕业生和具有同等文化程度的青年,既招收公费生,又招收自费生。1919年暑假期间招收的第一批学生共110名,其中计划招收的公费生60名。学校的领导机构为董事会,董事会由汪云松、温少鹤、杨希仲、曾吉芝、汤某等组成,其中汪云松为董事长,以下有校长、教务及事务等负责人。在筹备办校过程中,汪云松、温少鹤联合重庆工商界人士及社会名流杨希仲、曾吉芝、朱苾煌、黄复生等人共捐款2万元,其中重庆孤儿院董事长杨希仲独捐5000元,作为学校的开办费和学生赴法的补助费。他们向该校提供此赞助,希图为发展重庆地方实业培养一批有用人才。

1919年9月中旬,重庆留法勤工俭学预备学校招收的第一批学生正式开学,学制为一年。校内既无食堂,又无宿舍,更无体育活动场地,只有几间教室,学生住宿均由自行解决,学习条件十分艰苦。第一批学生分两个班上课,凡中学毕业生读高级班,其余的学生读初级班。学校开设法语、中文、数学、工业知识等四门课程,目的是为了使学生掌握一定的工业基础知识和法语知识。

为了砥砺学业、联络感情、增进友谊,该校发起成立了重庆留法勤工俭学预备学校同学会。在赴法准备的过程中,学生学习非常刻苦认真,同时,他们积极投身于"五四"爱国运动的行列之中,参加了重庆学生抵制日货的斗争。通过"五四"运动的伟大实践,进一步激发了他们的爱国热情和觉悟,使学生们寻求救国真理的信念更加坚定了。

重庆留法预备学校为重庆地区有志青年赴法勤工俭学提供了有利条件。但因学校资金不足,招生名额有限,一些青年学生只得通过重庆留法勤工俭学分会的帮助,直接自费到法国勤工俭学,通过这种途径赴法的以江津学生为最多。

1919年暑假期间,聂荣臻和江津中学的几个同学抱着通过"工业救国"来改变现状的信念,到重庆了解赴法的有关事项。当他得知可以不经过在预备学校学习而直接赴法时,就返回江津凑足路费,然后与十余个同学一起再到重庆,通过重庆留法勤工俭学会的介绍和帮助,向法国驻重庆领事馆领取了出国护照,同其余20多名巴县、江津、长寿、涪陵、南充等地学生一道,从重庆乘船东下直抵上海,1919年12月9日乘法轮"司芬克司"号离开上海,1920年1月10日抵达法国马赛。这批自重庆赴法勤工俭学的学生有聂荣臻、帅本立、钟汝梅、饶鸿钧等35人,这也是第一批赴法勤工俭学的重庆青年。

为了鼓励青年学生到国外留学深造,川东道尹公署同意了周家桢等人关于设立留学贷费的倡议,"初定留学生在省外者,人岁贷五十元至百元为率,国外岁贷百元至二百元为率,贷无息,仅巴县一地,平年可达万元,盛年可达万两"①。留学生享受的贷费,虽名曰为无息贷款,但实际上是不用归还的。此项留学贷费的规定,一直实行到1935年才被四川军阀当局废止。

1920年7月4日,重庆留法预备学校首批学生结束了一年的学习生活,在重庆总商会举行了毕业典礼。法国驻重庆领事,法国在渝各侨商、教士,及各校校长接受重庆留法勤工俭学会的邀请,参加了该校的毕业典礼,以表示祝贺。经学校毕业考试、法国驻重庆领事馆官员的口试和体格检查,共有84名学生获准赴法,其中有冉均、代坤忠、谢陈常、熊济平、熊禹九、江克明、邓绍圣等46人取得贷费生资格,其余38人包括周贡植(又名周文楷)、胡大智、唐世承为自费生。邓小平,当时名叫邓希贤,也是这批重庆赴法自费生之一。还有未进预备学校学习的江津熊云章也随同这批毕业生一道赴法勤工俭学。其中有女生3人。38名自费生还分别获得了来自重庆工商界的捐款100元现洋。随后,重庆留法勤工俭学会通过重庆关监督和法国领事馆为这84名学生办理出国护照,并委托其中的巴县籍学生袁文庆、涪陵籍学生吴宥三、合

---

① 《巴县志》卷八。

川籍学生王兴智三人为领队,负责办理赴法的沿途事宜。

1920年8月27日下午,84名学生整队出太平门,登上了法商聚福洋行的"吉庆"号客轮,告别山城顺江东下。抵达上海后,他们暂住在"名利"大旅社内,由上海华法教育会会长高博爱向法商轮船公司联系,代购了全部船票,全体学生于10月1日乘法国"鸯特莱蓬"号邮船,踏上了留法勤工俭学的征途。经过44天航行,抵达法国马赛港,然后又乘车前往法国首都巴黎。

1920年9月初,女律师郑毓秀(广东官费留法生)应四川省长杨庶堪和吴玉章的邀请,到四川考察矿务及实业等情。在重庆停留期间,她积极宣传女权思想,倡导女子赴法勤工俭学,在重庆引起了强烈反响。她在重庆总商会向1000多名听众演说道:"我国男子出洋留学者虽多,而女子独绝无仅有,即现在留法勤工俭学虽多系新人物在提倡组织,实亦限于扶持男生,而女生方面尚未暇顾及,吾尤望女子亦能联袂留法,想大家亦表示赞同,当道诸公亦能维持,此心此志,愿与诸君子共勉之。"[①]在她在感召和直接帮助下,巴县的张雅南、潘惠春等10名女学生慨然响应,勇敢地冲破封建主义的束缚,于11月24日乘坐法国"高尔地埃"号邮轮,远渡重洋,前往法国。这是四川女子赴法勤工俭学人数最多的一次。她们不愧是四川妇女运动史上的勇敢先行者。另外,在成都和省外求学的重庆青年学生中还有一些人是留法勤工俭学运动的积极参加者。其中有巴县的周钦岳、邓大鸣、喻正衡、岳廷宽、汪武烈、慕天铨、徐麟瑞、徐俶、方楫、何嗣昌、谢修武等人,江津的颜实甫、郑瑞江、王德宣、周振英等人,綦江的王奇岳等人。在1919年初至1920年的留法勤工俭学热潮中,我国共有1579名爱国青年赴法勤工俭学,而四川有名在册者为472人,与其他各省相比,四川留法勤工俭学的总人数居全国之冠。在这期间,重庆所属各地区赴法勤工俭学人数相当多,仅巴县和江津两县,就有90多名,其中巴县为47人,是四川赴法人数最多的县。

另据1921年各省赴法勤工俭学分会调查统计,至1920年12月全国赴法勤工俭学人数为1600多人,以四川、湖南两省为最多,约占总数的一半,仅四川就有378人,其中巴县占47人。

上述两种说法均表明了四川省在留法勤工俭学运动中的重要地位。

[①]《国民公报》1919年9月18日。

自重庆赴法勤工俭学的青年学生,绝大多数是胸怀大志的爱国志士。其中有的学生如邓小平、聂荣臻在法国接受了马克思列宁主义,走上了革命道路,而且在后来的革命斗争实践中成长为革命领袖人物,成为了中国共产党及其领导创立的人民军队和中华人民共和国的杰出领导人。其中还有一部分人也由于在法国接受了马克思主义,而逐步成长为中国无产阶级的坚强战士和卓越领导人,但他们在回国后在同国民党反动派的斗争中却英勇地献出了生命,如冉钧(大革命时期曾任中共四川省委组织部长,在重庆"三三一"惨案中牺牲)、周贡植(大革命后,曾任中共四川省委组织部长,1928年被国民党反动派枪杀于重庆)、帅本立(大革命后曾任中共四川省委军委书记,在酉阳川军穆瀛洲部从事军运工作时遇害)、谢陈常(1921年在法国入团,1924年到苏联东方大学学习,1927年4月与李大钊、吴平地等同时遇难)、钟汝梅(1927年参加过上海武装起义,同年4月在上海地下斗争中牺牲)、戴坤忠(曾从法国到苏联莫斯科一所学院学习过,1930年在鄂西武装斗争中牺牲)、傅汝霖(回国后曾任红六军教导师副师长,1930年在洪湖之役中壮烈牺牲)、王奇岳(赴法两年后赴苏联莫斯科学习,回国后任湖北省委宣传部长、顺直省委秘书长等职,1939年在八路军中工作时牺牲)等等。

还有一部分人含辛茹苦,学有所成,走上了实业救国的道路。如巴县的唐世丞,他于1930年发明了电针学,解放后成功地推行了"电针麻醉",为中西医结合开拓了一个重要领域,成为中西医结合的典范。又如江津的颜实甫,在留法的十五六年中,对文学、哲学、美学、变态心理学等学科有较深研究,1935年回国后,在高校教育和学术研究方面有较大贡献。

重庆青年学生赴法勤工俭学,探索中华民族的救亡道路,他们中的一大批人不愧是新时代的开拓者,不愧是追求真理、振兴中华的革命先行者,为重庆地方革命史谱写了光辉的篇章。同时,留法勤工俭学热潮在重庆的掀起,也标志着重庆的新文化运动已发展到一个新阶段,并标志着爱国的重庆青年开始把民主和科学的伟大口号付诸于社会改造的伟大实践。

第三节 新文化运动对重庆的影响

一、科学与民主思想传入重庆

1912年2月,袁世凯窃取孙中山创立的中华民国的大权后,在政治和军事上并没有统一全国,加之掀起了一股复古尊孔的逆流,因而呈现在人民大众面前的中国,仍然是专制、黑暗、血腥的社会景象,整个社会就像是一个"铁屋子"似的,闷得使人们喘不过气来。在这种情况下,中国的一批先进知识分子率先起来抵制与抗争。1915年9月,陈独秀在上海创办了《青年杂志》(后改名为《新青年》),该杂志高举起民主和科学两面大旗,在黑暗的旧中国点燃了启蒙运动的火炬,一个以挽救民族危亡为目的的、彻底反封建的新文化运动逐渐从上海席卷全国。由于四川素来闭塞,新文化运动之风直到"五四"运动展开之后才吹进了古老的山城重庆。重庆的新文化运动是与"五四"运动结合在一起展开的,因此它具有更新鲜、更先进、更有声势的特点。1919年5月中旬北京爆发"五四"运动的消息传到重庆,重庆的学生爱国运动开展起来。借助"五四"运动的强劲东风,民主与科学的思想开始传入重庆。

"五四"运动在重庆掀起后,外地的各种宣传民主与科学的书刊通过各种途径,逐步涌入重庆,使一些青年知识分子不断地受到新思想的影响。重庆书店和重庆华洋书报社对于新文化书刊的传播起了积极的作用。重庆书店在重庆天主教堂旁边,开设此书店者名叫杨叶。该书店从外地购入了大量宣传民主和科学的书籍和刊物,不仅向社会各界出售自然科学、社会科学方面的书籍,同时也大胆地向青年学生们出售受他们欢迎的《新青年》、《每周评论》等进步杂志,客观上对清除人们头脑中的旧思想,向人们灌输进步的新思想起了积极作用。重庆华洋书报社设在重庆商业场,它不仅发售外地来渝书刊,同时,也向外地发行重庆的进步书刊,如《渝江评论》、《人声》、《商学半月刊》等。有些青年学生为了尽快满足对新知识、新思想的渴求,还直接从外地邮购新文化书刊。例如朱近之等五名重庆联中学生,曾一次就汇款50多元给上海《新群》杂志编辑吴芳吉(江津人),托他购买《新青年》、《新潮》、《新教育》、《少年世界》等十几种杂志。

这时,在重庆的一部分青年学生中还组织起了新知识读书会、青年读书会等小团体。其主要活动内容就是筹集经费,购买新文化书刊,组织阅读研讨。在重庆联中除有新知识读书会外,还有几个诸如此类的读书小组。其中最活跃的分子有张璞、晏横秋(巴县人)、朱近之(江津人)、封岳松、周绍溪、孙一中(綦江人)、吴大猷、冉晴松(南川人)、陈鸿藻、游鸣儒(武胜人)等。不久,他们都成为了益社的重要成员,并且多数在后来走上了革命道路。

二、新文化思想的广泛传播

新文化运动之风借助"五四"运动传入重庆后,立即引起了强烈反响,重庆的思想、文化领域顿时活跃起来,逐步达到了空前活跃的程度。这正是新文化运动在重庆蓬勃展开的一个重要标志。重庆是四川的经济中枢,借助长江水道与省外各地联系比较密切,更容易受到来自省外的各种新思潮的影响,因而在思想文化方面尤为活跃。从1919年下半年至1922年下半年的三年间,"打倒孔家店"、"男女平等"、"婚姻自由"、"劳动神圣"、"全民政治"等新文化口号在重庆风靡一时,振聋发聩,催人猛醒。宣传新思想、新文化的刊物雨后春笋般地迅速发展起来,其中影响较大的有《川东学生周刊》(后改名《川东学生联合会周刊》)、《新蜀报》、《友声》、《綦评》(后改名为《綦民公论》)、《巴声》、《渝江评论》、《人声》、《商学半月刊》、《平平》、《星星》(后改名《零星》)等十多种刊物。此外,还有《渝社旬刊》、《教育改进社杂志》、《平民日报》、《工务日报》等几种报刊。这些刊物在当时大都以宣传新思想和传播新文化为宗旨,直接或间接地推动了新文化运动在重庆的发展。尽管其中有的刊物如《人声》、《平平》、《星星》等,在当时还宣传过无政府主义思想,但对重庆的新文化运动也起了一定的推动作用和促进作用。

尤其值得一叙的是以下几种刊物,它们对重庆新文化运动的发展贡献最大:一是1919年12月创刊的川东学生联合会机关刊物《川东学生周刊》,1921年6月更名为《川东学生联合会周刊》。其办刊宗旨是"主张公理,排斥强权,研究学术,改良社会",带有明显的反帝反封建性质。该刊编辑处与川东学联办事处合署办公,办公地点设在巴县图书馆内。随着新文化运动的深入发展,该刊锋芒愈益直接指向军阀统治,登载了大量抨击军阀混战的文章。该刊属新闻报类,选材广泛,内容活跃,主要专栏有"本会纪事"、"言论"、"随感"、"文艺"等,偶尔也发行特刊号。该刊对青年学生反帝反封建的斗争能及时地给予思想理论上的配合和指导,所以,它在川东各地有相当大的影响。二是由少年中国学会会员陈愚生等新人物创办的《新蜀报》。《新蜀报》创刊于1921年2月1日,宗旨是"输入新文化,交流新思想"。创刊初期,陈愚生任报社社长,刘泗英、穆济波等任编辑。同年5月,因该报不顾军阀政府的禁令,支持学生抵制日货的爱国斗争,谴责买办商人毒打学生的罪行,遭到重庆总商会和军阀政府的嫉恨,被勒令停刊改组。不久,《新蜀报》又复刊。1922年上半年,留法勤工俭学归国学生陈毅、周钦岳先后被聘为《新蜀报》编辑。次年夏,萧楚女也到该报任主笔,《新蜀报》的面貌为之一新,开始系统地向广大青年介绍革命思想和马克思主义。陈毅在《新蜀报》工作期间,发表了不少文艺作品和政治文章,终因触犯地方军阀,于1923年9月被"礼送"出川。萧楚女在《新蜀报》任主笔后,增辟了"社会黑幕"、"社会青年问答"等专栏,无情地抨击时弊,热心地回答重庆青年所关心的社会问题。并不断地亲自撰写专论文章,受到青年学生的热烈欢迎,使该报发行量日益增多,由原来的500份逐渐增加到10000份。在陈愚生、陈毅、萧楚女、周钦岳等人的努力下,《新蜀报》成为重庆新文化运动中的一面鲜明的旗帜。三是由重庆联中校友会主办,于1921年11月创刊的《友声》半月刊。该刊的主要发起人是重庆联中校长熊浚。其办刊宗旨是提倡改革旧教育,讲行新教育和学问的社会化,以启发学生的思想,增强对社会的责任感。《友声》第一期载有恽代英于10月24日在重庆联中题为《青年应该怎样做?》的演说词、吴玉章的《政治思想的无政府主义和独裁主义》、陈愚生的《在重庆联中自治会成立大会上的演说词》、曹璘的《自治运动的主体——劳农劳工》等宣传进步思想的文章。该刊是重庆有较大影响的新文化刊物之一。四是《渝江评论》。此刊系重庆联中的进步学生团体益社主办,创刊于1921年上半年。它的宗旨是"下切实的批评,作沉痛的呼唤,以求群众的觉醒和社会的改进"。因该刊的思想倾向比较激进,一般的青年易于接受,所以有较多的读者,在重庆新文化运动中具有一定影响,是一个很受青年学生们欢迎的刊物。一方面外地的新文化书刊不断涌入重庆,另一方面重庆本地的新文化刊物大量涌现,广大青年学生争相购买、阅读和研究新文化书刊,这就使新文化思想在重庆得到了广泛传播,从而使青年学生开拓了视野、增长了知识、启迪了思想,并为他们寻求认识和改造社会的思想武器创造了有利条件。与此同时,新文化思想的广泛传播对重庆社会各方面也产生了重要的影响,推动了社会及其思想的发展更新。

反对封建道德,提倡个性解放,是重庆新文化运动的一个重要内容。这时,在重庆"求新"、"求变"的思潮甚为流行,几千年来神圣不可侵犯的封建伦理道德和传统观念受到猛烈冲击,旧制度的思想基础遭到严重动摇。针对封建守旧势力对旧教条的竭力维护,在巴县高小任教的邓劼刚在一次演说中大声疾呼:"居今日之世而犹欲持数千年前封建制度之遗物与今人,竟而不作改进之图,那就要驱我民于二十世纪之世界之外,纳之奴隶牛马黑暗沟中了。"他认为:"道德是社会的本能,是随着社会的需要因时因地而变动的,一代圣哲的经训格言,断断不能为万世的法则,什么圣道,什么王法,什么纲常,什么名教,都可以随着生活的变动,社会的需要有所变动。所以适应以前生活和社会所发生的道德,到了那种生活和社会有了变动的时候,自然失了他的命运和价值。"①

在新文化思潮日益盛行的情况下,"祖宗之法不可变"的论调不仅在青年学生中少有市场,就连川东道尹叶炳臣也以新派人物自居,多次到川东师范、重庆联中、重庆二女师等校作有关新潮流的讲演。而且由于他非常推崇美国学者杜威的教育思想,学生们还给他送了一个"杜威道尹"的绰号。

受新文化思潮广泛传播的影响,死气沉沉的重庆教育界也出现了生气,掀起了改革的浪潮。在此之前,重庆教育界为旧势力所控制,甚至在"五四"运动后的学校还以"董仲舒下帷苦攻三年不窥园论"、"赵普以上半部论语佐太祖定天下,以下半部论语佐太宗享太平论"为国文题。1921年1月,少年中国学会执行部主任、《少年中国》月刊经理陈愚生到重庆任川东道尹公署秘书长。在他的推动下,这种局面得到了很大改观。作为新派人物,陈愚生上任后果断地撤销了几个封建顽固校长的职务,把新派人物熊浚、张方谷、沈懋德等人分别派到重庆联中、川东师范、巴县中学等校任校长,并聘请一大批从京、津、沪、宁及海外归来的具有新思想的青年为教师。他们与广大进步学生密切配合,废除旧的教育方式,赋予国文、伦理、修身等课程以新的社会内容,鼓励学生参加社会实践,并拥有选择教师的自由。1922年夏天,又发起成立

---

①《国民公报》1920年12月14日。

了合川教育改进会,提出以公允的态度、时代的眼光、科学的方法、实验的精神,共谋教育的改进,陈愚生担任该会的总干事。重庆教育界的改革影响到整个四川。在陈愚生、熊浚、王仲和、杨效春等一批新人物的努力倡导下,重庆教育界的空气为之一新,成为重庆新文化运动中最活跃、最有生气的领域。

反对男尊女卑的封建道德观念,争取妇女的解放,也是重庆新文化运动的又一个重要内容。在重庆"五四"运动和新文化运动开展之前,表现女子节烈的贞节牌坊在重庆随处可见,溺死女婴的事件时有发生,缠足肉刑如瘟疫般摧残着妇女健康,愚昧势力巨大。三从四德旧礼教像大山一样压在广大妇女头上,妇女的社会地位极其低下。

"五四"运动和新文化运动掀起之后,被封建思想禁锢很严的重庆二女师学生,冲破旧礼教、旧道德的束缚,发起成立了川东女子救国联合会。她们走上街头参加示威游行,向群众进行爱国演讲,产生了较大的社会影响。随着新文化、新思潮的广泛传播,女学生们要求男女平等的呼声日益强烈,重庆二女师的学生们甚至公开向校方提出,要求改变那种培养贤妻良母的教育方式。

当然,那些封建卫道士们对妇女争取自由平等的任何尝试,都是百般诋毁的。甚至到1921年7月,巴县知事还发出了一个"禁止男女同行"的告示,诽谤男女同校。一些守旧思想严重者对女子剪发也持反对态度。但是,重庆二女师的十余名学生冲破了旧思想、旧势力的束缚,于1921年春毅然剪去长发,尽管遭到校方的严厉斥责,甚至不准上街和回家,仍然坚定不屈,毫不动摇。对此该校学监气急败坏,胡说什么此事"关系重大得很……不但有损本校名誉,并且对教育的前途有阻碍"。校方还专门为剪发女生召开了谈话会,训斥她们说:"古今中外的女子,没有剪者,你们不求实学,不明正理,要学那些皮毛;不察时势如何,不待时期到了,就将发剪去,真是盲从;无端造次,真是孟浪,社会上发生了反感,重责无赦。"[①]尽管封建旧势力百般阻挠,但这道牢固的封建壁垒终于被滚滚而来的新潮冲破,女子剪发迅速发展成为一种时尚,青年妇女们纷纷仿效剪发。部分学校也开始招收女生。

特别值得一提的是,在留法勤工俭学运动中,巴县的张雅南、潘惠春、朱

[①]《人声》1921年第2号。

一恂、朱一逊、张振华、李鸿铭、朱熠明、张汉君、朱澄芳、潘为云等10名女生，在女权运动的热心倡导者郑毓秀女士的帮助下，不辞辛劳，赴法勤工俭学，并最终取得了与男生同样的贷费留学资格，这是重庆女权运动的一个重大胜利。这件事表明，妇女的某些合法权利已开始得到官方承认，妇女的社会地位已开始有所改善。

在重庆的"五四"运动和新文化运动中，文学革命也占有一席之地，新文学和白话文在重庆得到大力提倡。这一时期涌现出来的新文化刊物大都开始使用白话文。为了改革僵死的、妨碍新思想传播的文言文，提倡生动活泼、通俗易懂的白话文，当时的《川东学生联合会周刊》在启事栏中对投稿者宣布："稿件文字须用白话或最浅显的文字，并须加标点符号。"[①]到1921年左右，白话文已普遍为各种报刊杂志所接受，新式标点符号也开始在一部分刊物中使用。

同时，在新文化刊物上出现了不少以现实主义创作态度为特征的新体诗，即不受韵律规则限制、不严格要求平仄对仗的白话诗。这些新体诗以新的题材、新的风格、新的形式，宣传新的思想文化，是文学革命的突出反映，它对重庆新文化运动的深入发展，起了很好的促进作用。

随着"五四"运动和新文化运动的迅猛发展，民主与科学的思想以及其他新文化思想在广大重庆青年中得到了广泛传播，产生了巨大影响。在"五四"运动前及其初期，重庆的一般知识分子和青年学生虽然不满军阀专制，但他们提出的改造社会的主张多属改良主义性质的东西，始终未能找到一条真正改造社会的道路。"五四"运动和新文化运动开展后的短短几年里，重庆的青年知识分子以极大的热情参加了一系列的社会实践，包括留法勤工俭学运动和四川自治运动等，反对军阀专制，争取民主政治，进行以拯救中华为目的的伟大探索。

四川自治运动在重庆始于1920年下半年至1921年间，各阶层人士抱着不同动机参加了这个运动。首先，以刘湘、杨森为首的四川军阀，企图利用这个政治运动，使之为他们进一步搞封建军阀割据服务。特别是刘湘企图控制全川自治联合会，以便登上民选省长的宝座。其次，以吴玉章为首的革命派，

[①]《川东学生联合会周刊》第59号。

主要是想利用这个运动抵制北洋军阀和滇、黔军阀的兼并,并且在运动中传播民主与科学的思想。再次,广大知识分子和青年学生积极参加这个运动,目的是为了反对军阀专制,推进民主政治的发展进程,希望争得一些民主权利。从 1920 年 9 月起,吴玉章回到重庆为四川自治运动而奔走呼号。全川自治联合会于 1921 年 4 月 3 日在重庆宣告成立,几天后,吴玉章作为四川自治运动的主要发起人和组织者,被推选为四川国民委员会主席。在全川自治联合会成立大会上,吴玉章宣布了实现"全民政治","男女平权","保障人权","普及教育","实行公平的分配负担","发展实业,实行协社的平民银行","组织各种协社,实行经济互利互助","制定保工法律"等 12 条政纲。这是一个站在人民革命立场上提出来的、带有彻底革命民主主义倾向和鲜明资产阶级民主革命色彩的纲领。

广大重庆青年学生以参加四川自治运动为途径,积极投入改造社会的伟大实践。为了推动四川自治运动发展,并借此运动唤醒同胞,重庆川东师范、重庆联中、巴县中学、工业学校、农业学校、商业中学等校学生 2000 多人,于 1920 年 11 月 11 日举行隆重集会。会上,学生们提出了"川人自主"、"建立平民政治"、"大权在民"、"直接选举"、"打消阶级制度"等一系列具有民主思想的口号,这说明重庆的青年学生已进一步觉醒。不久,重庆联中、重庆二女师等许多学校都分别成立了学生自治会,开展了一系列活动。四川自治运动在重庆一度颇具声势,影响甚大。

但是由于四川自治运动严重脱离了广大工农劳动群众,因而在 1921 年 5 月全川自治联合会为摆脱军阀刘湘控制而移往成都后,不久便随着全川自治联合会的解散而逐步消失了。

重庆青年学生为了以实际行动改造社会,还积极参加了四川的争取教育经费独立运动和重庆的裁兵运动。在 1921 年发生的为争取教育经费独立的北京学潮影响下,四川青年学生要求教育经费独立的呼声日益高涨。在这种情况下,为了笼络人心,已窃居川军总司令兼四川省长职位的刘湘于 1922 年 3 月宣布,将四川每年约 300 万元的肉税,由省财政厅拨归各县作教育经费。因此,重庆各校学生于 4 月 1 日在川军总司令部、省长公署举行了盛大集会并游行,以庆祝教育经费的独立。

由于四川多数军阀拒不实行教育经费独立之规定,成都和重庆首先掀起了争取教育经费独立的群众运动。1922年6月18日,重庆中等以上教职员联合会召开全体大会,通过了声援成都教职员联合会、争取全川教育经费独立的八项措施。22日,重庆各校学生全体罢课,集会游行示威,抗议驻成都军阀刘成勋唆使暴徒在省议会毒打请愿学生,集会上提出了力争肉税、解散省议会、解散第三军等三项要求。川东学联还选派代表分三路赴成都,沿途进行宣传,力谋教育经费独立。在运动中,川东学生联合会还提出了实现教育经费独立的五大主张:第一,惩办不交肉税的征收局长;第二,抗交肉税;第三,教育机关独立;第四,由县劝学所实现经费接收,以保护学款独立;第五,设置教育基金会。

由于成都、重庆及四川其他地区学生和教职员不懈斗争,以及各界舆论压力日益加重,四川省议会终于通过了关于教育经费独立的提案,这一斗争取得一定程度的胜利。但因受川内军阀混战之影响,教育经费独立之规定在全川各县的实行极不平衡,除温江、眉山、巴县、江北等12县外,其余多数县并没有很好执行此规定,有的县甚至根本没有执行此规定。

积极投身于重庆裁兵运动,这也是重庆知识分子和青年学生参与改造社会的又一实际行动。1922年7月爆发的四川一、二军之战,以二军被打垮,刘湘通电下野、退驻鄂西而结束。这时,以刘成勋、但懋辛为首的四川军阀为了削弱对方,打出了"裁兵"的幌子,而暗地里却在拼命扩充实力,造成四川军阀部队恶性膨胀,到当年11月止,川军编制已有10个师另14个旅,共22万人。在这种情况下,饱经战祸之苦的重庆人民在陈愚生、蒙裁成、周钦岳等的组织领导下,掀起了以"督促及运动裁兵"为目的的重庆裁兵运动。1922年10月26日下午,重庆川东师范、重庆联中、重庆二女师、川东职业校、巴县中学等校学生及各界群众5600余人举行集会,宣告重庆裁兵促进会正式成立。陈愚生在集会发表演讲,慷慨陈词:希望大家坚持今日此志彻底实现! 随后,举行了声势浩大的示威游行。四天后,重庆裁兵促进会召开代表会议,选举周钦岳任文书,陈愚生、蒙裁成、任叔永、温少鹤等任宣传。蒙裁成还被推选为总干事。

通过参加一系列的社会政治运动,重庆的广大青年学生和知识分子的思想政治觉悟大为提高,一些人在政治上趋于成熟,或者赴法勤工俭学,在法国接受马克思主义,走上革命道路;或者在国内参加实际的政治斗争,并通过新文化运动逐步接受马克思主义,也逐步走上了革命的道路。

三、马克思主义传入重庆

新文化运动在重庆的深入发展,推动了马克思主义在重庆的广泛传播。但在马克思主义传入重庆的同时,克鲁泡特金的无政府主义和杜威的实用主义也流行于重庆。

人声社是当时重庆著名的无政府主义组织,该组织于1921年3月左右创办了《人声》杂志,其宗旨是宣传无政府主义,主张推翻万恶的资产阶级政府和资产阶级,实行人民自治。这个组织中,一部分人号召通过举行总同盟罢工和大示威运动,去推翻资产阶级,宣传"总同盟罢工,就是今后劳动者攻击一切强权惟一的利器"[①];另一部分人则只是空喊为"自由而战死","同万恶的政府、资本家阶级奋斗、牺牲、流血"等口号,没有提出任何有效的斗争方式和具体道路。

1922年建立的平平学会,这是当时重庆另一个著名的无政府主义组织,也创办了一个刊物叫《平平》。这个团体提出的口号是"反对马克思主义;反对暴力革命;主张工学主义,合作主义;宣传克鲁泡特金主张"[②]。他们企图寻找一条防止无产阶级革命的改良主义道路。无政府主义思潮的流行,至多只能反映出一部分小资产阶级知识分子在军阀政府高压下产生的愤怒、失望和痛苦情绪,而不可能从政治上彻底否定反动的社会制度。

然而,新文化运动的深入发展,必然使科学社会主义即马克思主义在重庆得到广泛传播。1920年前,重庆的知识分子和青年学生对马克思主义尚无系统认识,只有些从《新青年》杂志等进步刊物上接受的零星观点。1920年后,一方面重庆的新文化刊物和进步社团不断涌现,另一方面一些具有先进思想的进步人物纷纷来重庆活动,使马克思主义在重庆逐步得到了广泛传播。

陈愚生是少年中国学会的主要发起人之一,也是重庆马克思主义运动的先驱者之一。他在1920年至1923年的三年间,对在新文化运动中传播马克

---

① 《人声》1921年第2号。
② 《人声》1921年第2号。

思主义起了重要作用。他在社会斗争实践中较早地接受了马克思主义。为了使广大青年对科学社会主义有所认识和体会,他在一次演讲中指出:"社会主义,本不是马克思才有这种理想,何以今马克思独享盛名,谈到社会主义,莫不推为鼻祖呢? 这就因为前此倡社会主义的,只是一种理想,到了马克思才用科学的方法来证明,才使社会主义,成为科学的社会主义的原故。"[①]更可贵的是,陈愚生不但口头上宣传马克思主义,而且把马克思主义贯穿在自己发动和参加的一系列社会斗争实践之中。

1921年下半年至1922年下半年,中国无产阶级革命的先驱者邓中夏、恽代英、萧楚女先后来重庆活动,进一步推动了马克思主义在重庆的广泛传播,从而掀起了重庆新文化运动的高潮。这突出表现在:

第一,北京和南京的学者及少年中国学会会员应邀在1921年暑期来重庆讲学,举办暑期讲学会。为活跃地方学术、促进地方教育,在陈愚生、刘泗英提议下,由川东道道尹叶炳臣出面先后向京、宁两地学者及少年中国学会会员发出邀请。当时接受聘请的北京学者有李大钊、胡适等9人,南京学者有杨效春、曾海观等4人,少年中国学会会员有邓中夏、黄日葵等5人。

李大钊是中国最早接受马克思主义的人之一,是公认的中国共产主义运动的先驱者,同时也是北京的著名学者,原定他到重庆演讲"唯物史观"和"第三国际之研究"两个题目,后因事未来渝。胡适也是著名学者,而且是中国白话文的首倡者之一,他原定来重庆演讲"白话文学",后因去安徽演讲而未来渝。邓中夏、黄日葵均为北京共产主义小组成员,均是少年中国学会会员,且是中国首批马克思主义者之一,二人均来重庆宣传马克思主义。被聘人员除4人因故未来外,其余14人均到重庆发表了演讲。演讲会分两处举行,一处设在重庆总商会内,另一处设在巴县中学校内。演讲的内容有新中国的过去和将来、近代政治思想、自然科学之现代思潮、世界宪法的趋势与中国国宪和省宪、省宪与劳动权以及教育原理、教育行政、教育改革等。

暑期讲学会在重庆持续了近一个月(7月下旬至8月下旬),在重庆青年中激起了强烈的反响,使他们的思想觉悟得到了提高。暑期讲学会结束后,邓中夏暂留在重庆未走,他积极投身于重庆反封建的政治斗争,亲自主持和

---

① 《友声》1921年创刊号。

领导了重庆二女师学生反对封建教育的"择师运动",全校学生为此罢课达一月之久,迫使重庆地方当局不得不撤换了不受学生们欢迎的校长和学监这两个封建卫道士。到1921年10月,邓中夏才离渝返京。

第二,恽代英来重庆讲学。1921年10月21日,恽代英自武汉到重庆,应邀到重庆联中和川东师范讲演。恽代英在重庆联中作了题为《青年应该怎样做?》的讲演,他在讲演中猛烈地抨击了那个"争权夺利,互相倾轧,互相争杀"的政府,指出了青年肩负的社会责任,他说:"现在要说青年有希望无希望,只差我们青年努力不努力。什么全要靠自己,靠别人是不行的。"[1]恽代英以极大的愤怒列举了四川军阀给人民造成的种种灾难,然后说:"我敢说现在社会仍是有希望,只怪我们不做,怕什么! 责任在我们身上! 至少一个人应当想到我们将来对社会做点什么事。所以中国要靠我们,任谁都是靠不住的。"[2]青年学生们听了他的讲演,深受鼓舞。26日,恽代英离开重庆,赴泸州主持川南师范校务,直到1922年底。他在泸州建立了社会主义青年团组织,宣传马列主义。1923年1月,他来到重庆。3月到成都,这年暑期他离开四川,到上海在团中央工作。

第三,萧楚女在重庆传播马列主义。萧楚女于1922年九十月间来到重庆,受重庆联中校长熊浚的聘请,拟在渝任教。因重庆联中发生学潮,萧楚女与该校教师唐伯焜等支持学生运动,相继离校。11月间,萧楚女与熊浚等秘密筹办重庆公学,校址在半边街铁道银行旧址,专门招收重庆、泸州、成都等地因军阀镇压而失学的青年学生,共召150余人。萧楚女选用李大钊等的文章作教材,宣传反帝反封建思想。

1923年上半年,萧楚女应聘到《新蜀报》任主笔,经常撰写引导青年的革命文章。同时,他还积极从事领导青年运动的工作,成为重庆革命青年的良师益友。同年底,萧楚女离渝到上海主编《中国青年》。1924年秋,萧楚女再度来到重庆,至1925年5月才返回上海。20世纪20年代初,萧楚女在渝领导青年运动,广泛传播马克思主义,功不可没。

重庆是马克思主义在四川最早传播的地方。早在辛亥革命时期,重庆的

---

[1]《友声》1921年创刊号。
[2]《友声》1921年创刊号。

《广益丛报》于1908年12月4日刊登《论近世经济学之趋势》一文,第一次提到马克思的名字,并简要介绍了社会主义,"社会主义……则以破坏私有财产制度为第一要义,以全权归于社会","此主义产生于法国,传播于欧洲中原","入德意志而定其巢穴。于是玛克士(马克思——引者注)遂起于德国,为社会党之首领,极力主张此说"。

"五四"运动后,马克思主义在重庆的传播形成了一个热潮。当时,重庆青年纷纷赴法勤工俭学,其中一部分人在法国接受了马克思主义,又将马克思主义带回重庆。在重庆的"五四"运动和新文化运动期间,《共产党宣言》以及一些宣传马克思主义的刊物《新青年》、《每周评论》、《人声报》(王右木创办的四川最早的马克思主义刊物)、《星期日》(少年中国学会成都分会创办的刊物)等先后传到重庆。1921年由陈愚生等人创办的《新蜀报》是"五四"运动后重庆传播马克思主义的主要阵地。1923年上半年至年底,萧楚女任该报主笔,在该报发表了大量文章,系统宣传革命思想和马克思主义,他"堪称为在四川传播马克思主义新思想启蒙运动的旗手"[①]。

随着"五四"运动和新文化运动的深入发展,马克思主义在重庆通过多种途径得到了广泛传播,从而为重庆乃至四川社会主义青年团组织和共产党组织的建立打下了坚实的理论和思想基础,同时也间接地为此作了组织上的准备。

[①] 周钦岳:《从大革命到抗战时期的〈新蜀报〉》,载《四川文史资料选辑》第25辑。

第二章　新民主主义革命的酝酿

第一节　中国社会主义青年团重庆地委的成立

一、四川各地团组织的分散活动

1917年俄国十月社会主义革命一声炮响,给中国送来了马克思列宁主义,1919年国内的"五四"运动促进了马克思主义在中国的广泛传播,在此基础上,全国各地的共产主义组织相继建立起来。1920年初,李大钊、陈独秀等进步知识分子开始探讨成立共产党的问题。8月间,在列宁领导的共产国际帮助和支持下,陈独秀、李汉俊、沈玄庐、李达等人发起,首先在上海成立了中国第一个共产主义小组①。1920年8月,在上海共产主义小组的帮助和支持下,成立了以该小组成员俞秀松为书记的中国社会主义青年团。此后,全国各地团组织雨后春笋般地迅速发展起来。中国共产主义运动由此而发生和发展起来了。

就全国而言,是先建立共产主义党组织,然后在党组织帮助下建立团组织。但在四川却正好相反,共产主义运动在四川的发生,经历了一个先建团后建党的过程,即先建立了社会主义青年团组织,然后通过团组织建立起共产党组织。

在中国社会主义青年团重庆地方团及其执行委员会(重庆团地委)成立以前,四川各地的团员不多,各团组织间互无联系,或者联系甚少,也不紧密,

---

①另一说是上海共产主义小组成立于1920年5月至6月。

处于一种分散活动、互不管辖的状态。在四川，最早建立团组织的是王右木、恽代英二人，王右木在川西成都、恽代英在川南泸州各建立了一个社会主义青年团组织。

1921年11月，中共党员王右木在成都建立了四川第一个社会主义青年团组织——中国社会主义青年团成都支部(简称S·Y)。王右木是中国共产主义运动中最早的党、团员之一。他早年同陈独秀、张太雷(中国社会主义青年团的创始人、第一届团中央负责人之一)有较多交往。后经党、团中央同意，由沪回川筹建社会主义青年团组织。根据1922年10月11日《王右木致团中央负责人的信》，成都团支部成立后，其领导机构名叫"成都S·Y地方执行委员会"，通讯处设在成都大坝巷5号。成都团支部成立后，王右木曾向团中央索要《先驱》、《工人周刊》及各地工人团体章程等学习宣传资料，并打算在成都工人阶级中吸收一些先进工人入团，并把他们培养成为团干部，以便保持成都团支部骨干成员的延续性，不再受学生团员毕业离蓉之影响，使团的机关成为永久之机关。此外，当时王右木还曾向团中央建议，希望在川北南充和川东重庆发展团员，建立团的分支机构。1921年10月21日，共产党员恽代英应邀从武汉来到重庆讲学。26日离开重庆，赴泸州川南师范工作。到泸州后，他一方面从事教务工作，另一方面积极从事宣传马克思主义和筹建团组织的工作。1922年5月5日，恽代英在泸州建立起了四川省第二个社会主义青年团组织。他在泸州期间，积极寻找可靠之人入团，发展壮大团组织。四川最早的这两个社会主义青年团组织，虽然因规模较小，没有产生很大的社会影响，但是它们在宣传马克思主义，发展青年入团，参与并领导青年学生运动，促进青年积极投身于改造旧社会之实践方面均起了积极的作用，特别是它们在成都和泸州两地播下了四川共产主义运动的种子，对后来的四川革命运动也有一定的积极作用和影响。

二、重庆团地委的建立

1922年4月[①],唐伯焜[②]受中共中央主要负责人陈独秀和中国社会主义青年团中央负责人施存统的委托,从上海回到重庆筹建社会主义青年团组织。当时,他的对外身份是《民国日报》编辑、《妇女评论周刊》编辑兼记者,对内则担任重庆地方社会主义青年团的临时书记。他回川后,联络重庆各界的进步青年周钦岳、董宝琪(此二人是四川留法勤工俭学归国学生,归国后于1922年在上海经唐伯焜介绍加入中国社会主义青年团)、李光斗、李守白(四川总工会书记)、李纬等人作为发起人,于1922年10月9日夜里开会,在重庆成立了中国社会主义青年团重庆地方团,选举产生了重庆地方团执行委员会(重庆团地委)。10月10日,重庆地方团正式成立。当时,重庆有团员10人,除2人因事没到会外,其余8人均到会。会上,与会者以报票方式选举周钦岳为重庆地方团书记部干事,董宝琪(董人宁)候补;李光斗为经济部干事,唐伯焜候补;李守白为宣传部干事,李纬候补。然后,经书记、经济、宣传三部当选人互选,周钦岳当选为重庆地方团执行委员会书记,即首任重庆团地委书记。但在当时的重庆地方团中真正起主导作用的人还是唐伯焜。团地委所设三部的职责分工是:书记部掌理财政、搜集报告、发给通知等事;经济部掌理关于改良青年工人、农人经济状况等事;宣传部掌理教育及政治的工作、主义宣传及出版事业等。团地委成立时还在报上登载了大字要闻,并通过多种途径向社会公布了《中国社会主义青年团重庆地方团宣言》。成立大会上,与会者经过反复协商讨论,通过了《中国社会主义青年团重庆地方团章程》,正式宣告了重庆团地委的建立。

三、重庆地方团的《宣言》和《章程》[③]

在筹备组织中国社会主义青年团重庆地方团的过程中,一个很重要的工

[①] 一说是1922年夏秋之交;另一说是1924年5月,在团的一大后,上海团员唐伯焜回到重庆,进重庆联中当教员。但据1922年10月《王右木致团中央负责人的信》,唐伯焜是1922年4月回川筹建团组织的。此信原件藏中央档案馆。

[②] 唐伯焜,四川巴县人,留日学生,1922年春在上海加入社会主义青年团,曾任社会主义青年团重庆地方团临时书记,重庆团地委书记,1924年4月被撤换。

[③] 《宣言》与《章程》的原件均存中央档案馆,周勇:《杨闇公纪念集》,重庆出版社1993年版,第329—334页。

作就是起草和审定《宣言》和《章程》,为此,唐伯焜、周钦岳、董宝琪等10名发起人先后专门开会五次,反复讨论和斟酌《宣言》和《章程》的内容,最后在成立大会上得到了一致通过。特别是在该《宣言》中明确提出了重庆地方团的政治纲领,表明了重庆地方团是共产主义性质的先进青年群众组织。

《宣言》的基本内容包括:

第一,阐明了重庆地方团的根本政治立场和观点。《宣言》一开头就开门见山地指出:"我们知道'帝国主义'不能存于世界,我们知道'军阀主义'快要破产,我们更知道'资本主义'已临末日,世界必趋于全民政治。"这与中国共产党反对帝国主义、封建主义、官僚资本主义的政治立场是根本一致的,这与马克思主义的科学理论也是相通的。尽管用了"全民政治"这种不太科学的提法,但它却明确表达了重庆地方团以实现共产主义社会为最终奋斗目标的远大理想。而且,"世界必趋于全民政治"的提法在当时的中国已是最进步、最易被人民群众接受的科学观点。

《宣言》进而指出:"所以我们反对'帝国主义'、'军阀主义'、'资本主义',并且用经济的革命、鲜明的手段和强有力的计划来打倒上面所述的罪恶主义,来建设'全民政治的社会'或即谓劳动生活的田园。"对于"经济的革命",《宣言》本身也作了说明:"我们的态度绝不采取妥协……只是扶持弱者,消灭强有力者,将全民生涯建筑在'合理的经济制度上'这是我们惟一的意见。"这里,"经济的革命"显然不是指工人阶级争取缩短工作时间、增加工资及捣毁资本家的机器设备等经济斗争,而是指摧毁旧的经济基础、经济制度的革命斗争,即通过政治斗争乃至暴力革命的方式去推翻私有制,建立公有制。

第二,阐明了资产阶级和反动军阀是无产阶级和广大劳动者的敌人。中国社会主义青年团重庆地方团极力主张"解脱武力压迫的政治、法律、军队",所以《宣言》恳切地"希望人们注意"到这个现实:"资本家支配了全世界——无论欧美亚东,又资本家支配了一切——无论政治、法律!所以我们肯定'资本主义'不特是'无产阶级'底仇敌,简直奴隶了政治法律!而操纵军阀派为尤甚!除少数资本家而外,我们都是同病相怜者,何不打脱枷锁,合力争得生活自由,而偏认仇敌作主呢?"从而宣布在全世界,资产阶级利用手中的统治权力和法律压迫全世界人民,因而资产阶级是全世界无产阶级和劳动人民的仇敌;在中国,军阀政府操纵着政治统治权和法律,更加残酷地压迫中国人民,因此反动军阀是中国无产阶级和劳动人民的仇敌。所以,全世界和全中国的无产阶级和劳动人民作为"同病相怜者",即同受压迫奴役的人,绝不能把仇敌当作主人,承认其主人地位,任其奴役压迫,而必须齐心合力推翻其反动统治,去争得生活的自由。

第三,明确表述了重庆地方团的性质和纲领。《宣言》指出,"我们信仰惟一的主义——马克思主义",而且公然声明重庆地方团同无产者是"处在同一阶级的兄弟"。"我们采用惟一的手段——经济革命;我们达到惟一的目的——无产者国家。"这就鲜明地表明了自己是以马克思主义为指导的、无产阶级的先进青年的群众组织,自己的目的是用摧毁腐朽经济制度的革命手段,建立起无产阶级专政的、广大人民群众当家作主的社会主义国家。

第四,《宣言》号召无产阶级、劳动人民联合起来斗争。《宣言》末尾仿照《共产党宣言》,写上了两句充满激情和深刻含义的口号——"无产阶级联合"和"劳动界联合",号召无产阶级联合起来,劳动人民联合起来,齐心协力,共同努力奋斗,去争得无产阶级和劳动人民自身的自由、解放和幸福生活。

重庆地方团的《章程》共分9章,包括25条正文和1个附则。文字不多,但写得十分精粹。

第一章《团费(员)》,规定了入团的基本条件及其手续、程序等。第二章《组织》,规定了各级团组织建立的条件,各级团干部的设置与任期,其中规定团地委的委员、书记任期为六个月。此外,这章还规定了团地委设书记、经济、宣传三个部及其职责分工。第三章《纪律》,阐明了重庆地方团的组织原则是民主集中制原则。其一,少数服从多数的原则。该章规定:"本团大会或执行委员会之议决,须为团员或执行委员多数之公意,少数须服从之。"其二,下级服从上级的原则。该章规定:"本团执行委员会须服从区及中央执行委员会。"其三,全团服从团中央的原则。该章规定:"本团对于中央执行委员会有抗议时,得提出于全国代表大会判决;但在抗议时,本团仍须服从中央执行委员会之议决。"此外,该章还有关于组织处分的一些明确规定。第四章《会议》,规定地方团以下各级团组织须每周开会一次,地方团须每月开会一次,本团执委会认为有必要时或有过半数的团员要求时,必须召集临时大会。第五章《报告》，规定本团执委会每月至少须向区或中央执委会报告一次，各基层团组织每月至少须向本团执委会报告一次。第六章《机关》，规定本团酌量地方情形须设立平民学校、青年俱乐部、新剧团、合作社、讲演团、图书馆、出版机关等。第七章《经费》，规定经费以团费、特别捐及其他收入充之。第八章《机关报》，规定本团得发行刊物，并负订阅及销售中央执委会所发行之机关报之义务。第九章《附则》，规定本《章程》经全国代表大会之议决认为有修改之必要，或经本团过半数团员认为有修改之必要时，得提出于全国代表大会议决修改之。

第二节　杨闇公与中国青年共产党的创立

一、四川最早的中共党员活动

根据中共中央1922年6月统计，当时全国八个地区计有中共党员195人，其中有"四川三人"，但究竟是哪三人，尚需考证。

在四川最早出现共产党员是1921年8月初，此人名叫邓中夏。邓中夏生于1894年，湖南宜章人，本名康，字仲澥，后改名中夏。1919年春从湖南高等师范毕业后考入北京大学。"五四"运动期间成为北京学生运动骨干，加入李大钊创建的少年中国学会。1920年10月，李大钊创立了北京共产主义小组，邓中夏是该小组最早的成员之一，并受李大钊委派参与了中共一大的各项准备工作。1921年8月初，应川东教育厅厅长陈愚生（少年中国学会会员）之邀，邓中夏作为学者抵渝在重庆暑期讲学会上发表演讲。9月，他领导了重庆省立第二女子师范学校反对封建教育的"择师运动"，该校学生罢课一月，重庆当局只好撤换了校长和学监。10月，邓中夏离渝返京。在渝两月，邓中夏为四川重庆共产主义运动的发生作出了两大贡献：一是利用各种机会大力宣传了马克思主义，二是亲自领导重庆二女师的学生运动并使之取得了胜利。邓中夏是中国工人运动最优秀的领导人之一。1933年10月，邓中夏被国民党反动派杀害在南京雨花台。

王右木也是四川最早出现的共产党员之一。1887年11月12日他生于四川省江油县一个城市贫民家里，1913年从成都高等师范学堂毕业后，次年去日本东京明治大学经济系留学(官费生)。从日本留学回国后,一直在成都高等师范任教,担任学监。"五四"运动期间,就积极支持和鼓励成都的学生运动,在青年学生中很有威望。在此基础上,他进一步积极从事创建和发展社会主义青年团的工作。1921年11月,他在成都创立中国社会主义青年团成都支部[①]。该支部第一批10名团员均由王右木介绍入团[②]。该支部受吴玉章、恽代英指导,由王右木、袁诗尧任组织(袁从成都高师毕业去南充后,由童庸生接任),刘弄潮任宣传。此后,成都发展了四个基层团组织(第一中学、第一师范、甲种工业学校、成都高等师范)[③]。成都团支部成立时创办了一个叫《人声》周刊的机关刊物,当时在全国很有影响。为此,王右木几乎耗费了全部的心血包括工资。王右木在后来突然失踪,下落不明(很有可能是在20世纪20年代被反动当局秘密暗杀)。他在成都从事的革命活动对四川重庆共产主义运动的产生和发展起了积极的作用,作出了卓越的贡献。

恽代英也是四川最早出现的中共党员之一。1895年恽代英出生于湖北武昌。"五四"运动时,他是武汉学生运动的组织者和领导者,并曾组织过武汉三镇全体商人的罢市运动。1919年,他在武汉创办著名的利群书社,团结了一大批进步青年,成为了长江一带新文化运动和广大进步青年的思想领袖。1921年冬,恽代英加入中国共产党。1921年10月,他应邀来重庆讲学,后去泸州川南师范任教,于1922年5月成立了泸州社会主义青年团组织。1923年曾到重庆、成都指导青年运动。后去上海,任中国社会主义青年团中央委员、宣传部长兼《中国青年》主编及中共创办的上海大学教授。曾任黄埔军校政治总教官,主持武汉军事政治学校工作,中共五大上当选为中央委员。1927年参加了八一南昌起义和广州起义。1928年中共六大后,任中共中央宣传部秘书长。1930年被上海国民党反动派逮捕入狱,1931年4月29日在南京狱中被敌人杀害。

在20世纪20年代初,恽代英对四川重庆共产主义运动的产生和发展作出了杰出的贡献。1921年10月21日至25日,他应邀在重庆联中和川东师

[①] 另一说叫中国社会主义青年团四川支部。
[②] 《王右木致团中央负责人的信》(1922年10月),原件藏中央档案馆。另一种说法认为,这些人均是由恽代英介绍入团的。
[③] 刘弄潮:《四川建党以前的一些奠基工作》,载《四川现代革命史研究资料》1980年第1期,第7页。

范讲学。在联中,他作了题为《青年应该怎样做?》的讲演。在演讲中,他猛烈地抨击了那个"争权夺利,互相倾轧,互相争杀"的靠不住的政府,明确提出了青年肩负的社会责任。他的演讲,使青年学生们听后大受启发和鼓舞。26日,他离渝去泸州任川南师范校长,同时,开展马列主义宣传活动和青年运动工作,发起组织了泸州社会主义青年团组织。在泸州时,他曾被反动军阀拘押,后经吴玉章保释才被释放。1923年1月来到重庆,还带来了泸州团员张霁帆、余泽鸿,在江北刘家台住了一个多月。利用这段时期,他对重庆的青年运动和团组织工作进行了详细调查。1月29日,他接到团中央负责人施存统给他的来信。2月,他在给施存统的回信①中详细地向团中央汇报了重庆团组织的情况和他自己在四川的工作情况。1924年上半年,他联络一批青年骨干,在成都建立起了四川省第一个中共党小组——中国共产党成都独立一组,成员有童庸生、何薪斧(何星辅)、刘坚予(刘愿安)、石公、郭祖劼等人②。因此,恽代英是在四川创建中共党组织的第一人。

萧楚女也是四川最早出现的中共党员之一,也是在四川和重庆开展建党活动的重要领导人之一。萧楚女,原名萧树烈,1896年生,湖北汉阳人。出身贫苦,自学成才,1919年"五四"运动前夕成为名记者,并主笔于汉口《大汉报》。1921年10月,随恽代英来到重庆,再到泸州川南师范讲学。1922年经恽代英介绍加入中国共产党。1922年9月应重庆联合中学校长熊浚(熊禹治)之邀再来重庆,受聘为该校国文教员。一到重庆便碰上反对川东道尹公署撤换重庆联中、川东师范、巴县中学等校进步校长,解聘进步教员的轰轰烈烈的重庆学潮。反动当局开除了大批闹学潮的学生,因此,11月萧楚女与熊浚、王衍康等进步教师和学者秘密成立了重庆公学,免费招收因闹学潮而失学的学生150多名,办学两个月,学生们深受革命思想的教育,其中大部分学生后来加入了共产党或社会主义青年团。重庆公学被查封后,萧楚女于1923年春受聘到万县省立第四师范学校任教,从事革命活动。1923年初夏,受聘为重庆省立第二女子师范学校国文教员,从此结识该校教师唐伯焜。不久,被聘到重庆当时的进步报刊《新蜀报》当主笔,他在《新蜀报》上专辟"社会黑

---

①《恽代英致施存统信》(1923年2月),原件藏中央档案馆。
②周勇主编:《重庆·一个内陆城市的崛起》,重庆出版社1989年版,第214页。

幕"专栏,号召人民特别是青年起来反对黑暗统治,反对封建军阀战争(当时杨森联合刘湘与熊克武争夺川东地盘,军阀战争持续约一年,饿死的重庆人不可胜数)。1923年底,到上海团中央任团中央机关刊物《中国青年》主编之一,发表了大量宣传马列主义的文章,被誉为"青年的良师",使广大青年大受启发。

1924年9月,作为团中央特派员,萧楚女再度来到重庆,负责改组重庆团地委,取得圆满成功,1925年6月返回上海。在这大半年时间里,他以对党的赤胆忠心和自己精明的才干,为四川的党、团组织的建设事业作出了杰出的贡献(本章第三节还要详述此事,此处从略)。1926年,萧楚女受中共中央委派,随恽代英到广州,任黄埔军校政治教官,同时在广州农讲所任教并主持教务部工作。1927年4月5日被广东反动军阀逮捕,英勇就义。萧楚女是中共早期的著名活动家和理论战士,也是一位著名的文学家。他为四川与重庆,也为全中国共产主义运动的发展作出了杰出的贡献,建立了不可磨灭的功勋。

综上所述,在四川最早从事革命活动的中共党员就是邓中夏、王右木、恽代英、萧楚女等四人,而邓中夏只是在1921年8月至10月在重庆从事革命工作,1922年已不在重庆。因此,中共中央1922年6月统计全国党员人数时所说的有"四川三人",当指正在四川开展革命活动的王右木、恽代英、萧楚女三人。他们早年在四川从事的建团活动及其他革命活动,为中共党组织在四川的建立起了奠基作用。特别是恽代英在四川还发起创立了中共的一个独立小组,这是四川建党活动最早的记录。

二、杨闇公与吴玉章等创立中国青年共产党

20世纪20年代初,建立无产阶级政党来领导中国人民的革命斗争,乃是那个时代中国最觉悟的革命者的共同要求,是客观形势发展的需要。而中国共产党作为现代中国统一的、唯一的无产阶级政党的历史地位,则是那个时代各地共产主义组织发展演变的必然结果。

杨闇公和吴玉章都是中共创立时期和第一次国内革命战争时期著名的无产阶级革命活动家。在事先与中共中央毫无联系的情况下,杨闇公与吴玉章等一批四川最早的马克思主义者和进步青年在四川独立开展了创建共产

党的活动。

杨闇公,名尚述,字闇公,1898年3月10日出生在四川省潼南县(现重庆市潼南县——笔者注)一个封建大家庭里。早年投身旧民主主义革命,1913年考入南京江苏军官教导团,同年加入国民党。1915年参加反对袁世凯的革命斗争,1916年策动江阴炮台官兵起义。两次被通缉,皆机智脱险。1917年东渡日本留学,先后就读于成城学校和日本士官学校,开始研读《资本论》等马列书籍,参与留日学生声援国内"五四"运动的活动。1920年初回国,结识童庸生、吴玉章等一批先进知识分子。从1922年起,他与吴玉章等人在成都开始从事建党活动。1924年1月12日,在成都创立了中国青年共产党(中国Y·C团)。1924年6月10日离川去上海,与团中央宣传部长恽代英会晤后,大受启发。8月15日离沪返回四川重庆,与萧楚女接上关系,随即加入中国社会主义青年团。1925年初,加入中国共产党。曾担任重庆团地委代理书记、组织部主任、书记。9月与吴玉章等创办中法学校,参加改组四川国民党组织,建立国共统一战线的工作,此后,成为国民党左派四川省党部负责人之一,参与领导了四川反帝反军阀的一系列爱国斗争和革命运动。1926年2月,中国共产党重庆地方执行委员会(简称中共重庆地委,它是中共四川省委的前身)成立时,当选为首任书记。1926年10月成立中共重庆地委军事委员会,他是首任军委书记,朱德和刘伯承任军委委员。1926年,他和吴玉章、刘伯承、朱德等组织领导了顺泸起义。1927年3月31日,他临危不惧,亲自主持了重庆市民抗议英舰炮击南京的大会,军阀刘湘制造了"三三一"惨案,杨闇公从会场脱险后于4月4日在重庆码头开往武汉的轮船上被捕。4月6日,壮烈牺牲在重庆佛图关,是四川反动军阀杀害的第一位中共四川省委书记。

吴玉章,原名永珊,字树人,四川荣县人,1903年留学日本,先后在日本成城中学等校读书,追随孙中山先生从事民主革命,1905年加入同盟会。1907年在东京创办《四川》杂志,鼓吹革命。1910年回国,与黄兴策划黄花岗起义。1911年9月领导荣县起义;11月来重庆,参与主持重庆独立。1912年任南京临时政府总统府秘书。1913年赴法国,倡办留法勤工俭学。1917年回国后任广州军政府总统府秘书长、国民党中委、常委、中央党部秘书长,国民政府秘书长。1925年加入中国共产党。参加过"八一"南昌起义。1928年赴苏联学习,从事革命工作。抗日战争爆发后回国。历任国民参政员、中共四川省委书记。解放后任全国人大常委、中国人民大学校长等职,1966年12月病逝。

1922年夏,杨闇公在成都结识了成都高等师范学校校长吴玉章,因志同道合而成为忘年之交(吴比杨大19岁多)。二人晤谈之中,语皆投机,主张一致,引为知己,只觉相见恨晚。从此,二人一道宣传马列主义,开展群众工作,开始了筹建党组织的工作。

据吴玉章1943年5月向中共中央填报的本人履历表所述:"1922年我在四川发起组织党。因为当时四川与外面交通断绝,不知已有党(指中国共产党——笔者注)的组织。"[①]1924年1月6日,杨闇公在日记中写道:"我返川许久都没在作团体和宣传的事……但年来鉴于各方情势,又非出而奋斗不可,兼又得庸生等为助,更应从事奋进,于各方择选,得同志十余人,拟组织一同盟会。"[②]这里,"同盟会"是指中国Y·C团。就是说,在童庸生等协助下,杨闇公筹建中国Y·C团,即中国青年共产党已有"年来"时间,也就是说从1923年1月以前他已开始了这项工作。这与吴玉章1922年起在四川发起组织党的说法是基本一致的。吴玉章同时还说:"我们迫切感到有成立一个无产阶级政党的必要……我于是便与杨闇公等同志在1923年冬秘密组成了'中国青年共产党'(简称Y·C),作为领导革命斗争的机构,并发行《赤心评论》,作为机关报。"[③]这说明,杨闇公和吴玉章在1922年夏相识之后就开始了建党活动,他们是中国青年共产党(中国Y·C团)的发起人和主要创始人。

根据杨闇公1924年1月12日的日记记载,中国青年共产党于当日在成都娘娘庙街24号杨闇公寓所宣告成立。吴玉章、刘仲容(中国社会主义青年团团员)、张保初(成都高等师范学校学生)、廖华平(廖划平,他从苏联学习回国后,根据团中央负责人意见在四川内江建立了团组织)、傅双吾(傅双无,曾是中国社会主义青年团成都地方团执行委员会宣传部负责人,1923年自动申请退团)等人出席会议。会议审议通过了《中国青年共产党章程》和《中国

[①] 见《吴玉章履历表》(1943年5月31日),此表由中共中央组织部制发,吴玉章亲笔填写,原件藏中央档案馆。
[②]《杨闇公文集》,重庆出版社1997年版,第5页。
[③] 吴玉章:《六十自述》(1940年1月),见《中国Y·C团(中国青年共产党)》,四川人民出版社出版,第230页。

青年共产党纲领》,并给杨闇公及前述五位到会者各自分配了具体任务①。

童庸生虽然没有参加此会,但他对创立该组织是有贡献的。杨闇公在这年1月6日的日记中说过,组织"同盟会"(中国青年共产党)"得庸生等为助"。童庸生当时是成都高师学生、成都团地委书记,在成都青年学生中有一定声望和影响,曾给予杨闇公支持和协助。

据刘弄潮回忆,1948年吴玉章曾对他讲,为避免敌人注意,1924年1月,中国青年共产党成立时简称"C·Y"。2月,杨森霸占成都后,该党转入地下活动。于4月改称"Y·C",5月公布其《纲领》时称"中国Y·C团"。

中国青年共产党成立后即着手创办自己的机关刊物《赤心评论》。同年5月1日出版的《赤心评论》第一期上刊登了《中国Y·C团纲领》,6月1日出的第二期上又刊载了《中国Y·C团章程》②。此《纲领》和《章程》均是在杨闇公主持下起草的,根据行文风格判断,《纲领》很有可能是杨闇公亲手起草的。

分析该党《纲领》和《章程》足以证明,中国青年共产党是一个以马克思主义为指导思想,以民主集中制为组织原则,反对帝国主义和封建军阀,以争取无产阶级解放,实现社会主义为目标的无产阶级政党。

第一,《中国Y·C团纲领》指出,解决世界和中国的问题,"惟有采取马克思主义的革命方式,实行社会革命最为适合"。"世界的灾祸及世界上第四阶级(即无产阶级——笔者注)的苦痛,都是国际侵略主义和国际资本主义造成的;中国的灾祸及中国第四阶级的痛苦,都是国际帝国主义和中国的军阀及未成熟的资本家、绅士或守财奴的有产者共同造成的。这烟突飞燕、沸鼎游鱼的世界病,深入膏肓、死在旦夕的中国病,要想脱离,惟有采用马克思的革命方式,实行社会革命最为适合。"这是强调要以马克思主义为指导,通过社会革命,推翻中国和全世界反动阶级的黑暗统治,使无产阶级摆脱奴役、压迫和痛苦。

第二,该党的历史使命是建立无产阶级专政,即:(1)"脱离一切国家界线,代表无产阶级指示全部利害";(2)"无论什么时候无论什么地方代表无

---

① 《杨闇公日记》,四川人民出版社1979年版,第33页。
② 《赤心评论》第一、二期,1924年,见《杨闇公纪念集》,重庆出版社1993年版。

产阶级运动全部利益";(3)"纠合无产者团成一个阶级";(4)"颠覆有产者的利益"(包含现在的政府、军阀、国际帝国主义);(5)"无产阶级掌握政权"。

第三,该党坚持马克思主义,坚持无产阶级的国际主义,反对改良派、修正派、投机派、空谈派及一切时髦派的社会党。"至于国际康尼斯①党及国际少年康尼斯党,中国康尼斯党及中国青年团,我们对于他们均立于友谊地位。"

第四,实行民主集中制的组织原则。该党《章程》第22条规定,在组织上"横的方面少数服从多数,纵的方面下级服从上级";"本团组织纵的方面分三部:中央部、干部、支部;横的方面分三股:总务股、宣传股、劳动股";"中央大会为全团最高机关,中央大会闭会时,中央执行委员会为全团最高机关"。

三、中国青年共产党的活动及历史地位

中国青年共产党成立之后不久,即出版了机关刊物《赤心评论》,组织了党的外围团体——成都社会主义研究会,与社会主义青年团组织联合召开了纪念"五一"暨追悼列宁大会,进行马列主义宣传和反帝反封建斗争。

1924年5月1日以后,由于反动军阀加紧镇压革命,抓捕革命骨干,杨闇公、吴玉章、童庸生等被迫离开成都前往重庆,四川革命运动中心转到重庆。从此,由曾凡觉代行中国青年共产党领导职务,而实际领导权则掌握在傅双无手中。抵渝后,杨闇公写信给成都的曾凡觉、傅双无、刘仲容等人,继续对中国青年共产党的工作予以领导和指导。6月10日,他离渝去上海,在上海得到了团中央宣传部长恽代英接见和指导。

8月15日杨闇公离沪返回重庆。重庆团地委负责人童庸生、唐伯焜受团中央委派,多次前往杨闇公寓所(重庆二府衙)与他磋商中国青年共产党与重庆社会主义青年团合作之事。杨闇公认为当时尚无合作必要。8月22日,杨闇公应邀参加了重庆地方团的会议。9月,萧楚女作为团中央特派员抵渝着手整顿团组织,杨闇公大为振奋。在确知中国共产党存在之详情并与中共中央取得联系之后,鉴于四川没有全省性的中共党组织,1924年9月,杨闇公正式提出中国青年共产党(Y·C团)成员个别参加重庆团地委(简称S·Y)的

---

①这是用汉语对英文"共产主义"一词的音译。

筹建工作,在此基础上发展党员,成立中共四川党组织(简称C·P)。并就此去信成都征求傅双无等人的意见。成都刘仲容等多数同志回信表示赞同合作。只傅双无对此有不同意见,作为当时中国青年共产党的实际负责人,他认为,中国青年共产党(Y·C)只能与中国共产党(C·P)和中国社会主义青年团(S·Y)平等合作,不能与一个地方组织合作,致使中国青年共产党与重庆团地委两个组织的合作未成。由于意见分歧,一时难以统一,1925年初,吴玉章、杨闇公主动宣布解散中国青年共产党,率先以个人名义加入中国共产党。

此后,傅双无、曾凡觉等原中国青年共产党成员以赤心评论社(简称赤心社)名义活动。该社是中国青年共产党的外围组织,成立于1924年4月,主要活动是出版发行《赤心评论》,是以该刊主编傅双无为首的一个革命学术团体,在四川大革命运动中起过重要历史作用。1926年底,国民党四川省一大在重庆召开。会议期间,已担任中共重庆地委书记的杨闇公,还派人同赤心社出席该会的代表傅双无、曾凡觉、吕子寒商谈联合之事,未果。1927年蒋介石发动"四一二"反革命政变后,赤心社正式宣布解散。其成员有的后来加入了中国共产党,极少数人背叛了革命。

1925年,受中国Y·C团的影响,在北京的川籍学生成立了北京Y·C团。吴玉章到北京后,北京Y·C团的人员日益增多,影响日渐扩大,并得到北京党组织和李大钊同志的重视和指导[①]。1925年3月北京Y·C团还秘密召开了一次代表会议,北京的川籍大学生肖华清、李嘉仲、王铁肩、贺钟麟、刘弄潮,以及四川代表吴玉章、童庸生等参加了会议。

吴玉章和杨闇公筹备建党之初(1922年)并不知道国内已有了中国共产党之组织。他们创立中国青年共产党决无任何私利可言,而是为了在偏僻的四川点燃一把火,实践共产主义运动,是正大光明之举。该党成立仅一年时间,吴、杨二人又主动宣布取消,加入中国共产党,更表现了他们作为马克思主义者光明磊落的襟怀和无产阶级革命家火一样的热情。这在70多年以前,中国共产党还处于非法秘密状况下的幼年时期,尤其难能可贵。

——中国青年共产党的创立,标志着四川最早的一批马克思主义者在四

[①]《关于中国Y·C团》,见《四川现代革命史研究资料》1981年第2期。

川独立创建共产党并取得了成功。20世纪20年代初期,受俄国十月革命和国内"五四"运动影响,马列主义在中国得到广泛传播,中国各地都有一批先进分子探索建立共产党。从1920年夏起,各地以及国外的先进分子先后在上海、北京、武汉、济南、广州、长沙及法国和日本建立了共产党组织。吴玉章和杨闇公从1922年起在四川进行建立共产党的活动,从时间上虽晚于1921年7月,这也无损于他们作为中国共产主义运动先驱者的地位。而恰恰证明了,即使在偏僻的西南,即使关山阻隔,只要有马克思主义与中国工人运动相结合,共产党就一定会出现在中国大地上。恰恰证明了,建立共产党来领导中国人民的革命斗争,是那个时期最觉悟的革命者的共同要求。正是这涓涓的细流,才汇成了浩瀚的长江,才形成了辽阔的大海,才造就了中国共产党作为现代中国统一的、唯一的无产阶级革命政党的历史地位。

——中国青年共产党的创立,标志着由无产阶级政党领导的共产主义运动在四川正式发端。在中国青年共产党创立前,在四川只有隶属中国社会主义青年团中央的地方团组织活动,而且其社会影响不大。中国青年共产党创立后,四川才真正有了像样的共产主义政党组织。从前述中国青年共产党的《纲领》、《章程》、前期活动以及它的主要成员的素质来看,它不愧是一个无产阶级政党。它的创立,在四川真正点燃了共产主义运动的大火,有力地推动了全川乃至全国共产主义运动的发展。

——中国青年共产党的创立,大大促进了马列主义在四川的广泛传播,有力推动了四川反帝反封建革命运动的发展。中国青年共产党创立后,不仅坚持出版发行机关刊物《赤心评论》,宣传马列主义,而且发起组织社会主义研究会,研究马列主义,并且深入工人、农民和青年学生之中开展宣传教育活动,组织领导革命群众开展反帝反封建的革命斗争,促进了马列主义在四川的广泛传播,从而提高了无产阶级、劳动人民,特别是革命青年的马列主义觉悟,使许多人懂得了只有以马列主义为指导,以无产阶级政党为领导核心,才能团结全体人民共同起来斗争,推翻帝国主义、封建主义和官僚资本主义在中国的反动统治,建立无产阶级专政的社会主义中国,才能实现无产阶级和广大劳动群众的真正解放。

——中国青年共产党的创立,为新民主主义革命运动和共产主义运动培养造就了一批栋梁之才。中国青年共产党及其外围组织社会主义研究会和赤心评论社,它们在革命斗争中成为培养造就革命人才的熔炉。通过它们,为无产阶级的革命斗争罗致和培育了一批具有马列主义觉悟的骨干分子和领导人才;通过它们,也把早已具有马列主义觉悟的先进分子杨闇公、吴玉章、童庸生等锻炼得更加成熟、更加坚强,从而为发展壮大四川社会主义青年团组织,创建中共地方党组织,促进四川国共合作及其发展,把四川大革命运动推向高潮作了干部上的准备。

中共创立时期是一个群星灿烂的时期,吴玉章、杨闇公在四川独立地探索建党的道路,为中国共产主义运动的发生与形成作出了历史性的贡献,已成为中国共产党创立时期的一支重要力量而载入史册[①]。

第三节 重庆团地委的早期活动

一、传播马列主义

重庆团地委成立后,在重庆工人、学生中做过一些宣传马列主义的工作。当时,团地委宣传马列主义遇到两大困难:一是没有或少有宣传材料,二是经费严重缺乏。10月14日,首任团地委书记周钦岳致信团中央书记俞秀松,汇报了重庆地方团的成立情况,同时,报告团中央,拟于10月中旬在重庆开会筹建马克思学术研究会,向团中央索要有关研究马克思主义的重要书籍杂志。1923年11月14日,重庆团地委负责人之一童庸生致信团中央,重庆的无政府党异常之多,印刷物亦不少,马列主义、社会主义印刷物却很少,如社会主义讨论之有力印刷物一本都没有,祈速将此书设法寄来。1924年七八月间,团地委宣传部负责人(当时称宣传部干事)童庸生组织了以团员为主力的暑期各校讲演会,暑期临时农村宣传讲演团同隶属团地委宣传部的劳工宣传及训练委员会、马克思读书会一道,到工人、农民、学生中开展了一些宣传活动。据1924年8月1日童庸生致信团中央所说:"弟处(指重庆地方团——笔者注)因白手开创……现刻受马说者(指接受马列主义的人——笔者注)男百一十余人,女十余人。但因初创,于学校活动多,于工人活动少。"重庆团

[①] 见中共中央党史研究室编著,胡绳主编:《中国共产党的七十年》第一章《中国共产党的创立》,中共党史出版社1991年版。

地委在初期主要注重的是重庆工会和学生会,工作尚不深入。1925年1月,杨闇公、廖划平、童庸生组成重庆团地委新的领导核心,传播马列主义的活动出现了转机。团地委派员指导各团支部工作,讲解团刊及时事政治问题。团地委所属9个支部有6个支部坚持每周开会一次。团员之中学习研究马列主义活动走上正轨。团地委对外传播马列主义的活动也有声有色地开展起来了。因这时团地委已完成初步改组,杨闇公成为团地委代理书记,团内整顿基本完成,团员素质明显提高,团组织战斗力增强。从此,团地委在搞好团员自身学习和研究马列主义基础上,积极在自己的外围组织平民学社、励进会、劳工互助社等进步团体中组织学习讨论《先驱》、《向导》、《中国青年》等党、团中央机关刊物及其他进步书刊,并通过这些团体进一步向社会各界传播马列主义和革命思想。特别注重发动全体团员深入城乡各地开展宣传演讲工作,杨闇公亲自带头出动演讲,这不仅培养了团员们的宣传鼓动能力,而且也扩大了重庆地方团组织的社会影响。根据团地委的要求,团员们每周都要外出演讲,每个团员均须分头轮番出去演讲,以周末、节假日和集会游行演讲为最多。杨闇公不仅自己刻苦学习研究了《资本论》等马列书籍和其他进步书刊,牢固树立了"应当像俄国那样,走社会主义道路,才能拯救灾难深重的中国"[1]的坚定信仰,而且还十分注重以"向民间去"为救国救民的方针,为了宣传群众,他常常在重庆到处演讲。他有头痛、失眠、胃炎、痔疮等病,仍带病演讲。1925年春,他曾在日记中写道:"病仍未减轻,但责任迫我,也不暇顾及了,只好拼命去做。"不论大会小会,如民众大会、学联会、外交后援会、读书会、平民学社的新年聚乐会,他总是有请必到,有时不请自到,借以联系群众,宣传鼓动群众。他的演讲颇具特色,通俗透彻,联系实际,鼓动性很强,富有成效。1925年春的一天,利用群众赶庙会的机会,杨闇公率领团员渡江到南岸真武山去宣传国民会议促成会。团员们手执彩纸小旗,沿途散发传单,吸引了围观尾随的群众,犹如潮水一般。到真武山后,杨闇公把团员分成四个组,分赴各处巡回演讲。他自己也站在一处高地上,开始了题为《被压迫者与国民会议》的演讲。讲第一遍时,因听众文化低,听不懂。讲第二遍,他针对听众的情况加以改进,除讲清国民会议的由

---

[1]《重庆"三·三一"惨案纪事》,西南师范大学出版社1989年版,第259页。

来外,着重联系民众的切身利益讲。由是,会场人山人海,鸦雀无声,听众情绪热烈,全神贯注,许多听众还常点头称是。有的群众低声议论:"国家大事要像这样就好了!"有的农民还小声提问:"我们可不可以加入这个会(指国民会议——笔者注)?"回答是:"当然可以。"农民笑了,杨闇公也高兴地笑了。

1925年2月,团地委组织领导了一些大规模的反帝反军阀游行活动,例如欢送四川的全国国促会代表赴京开会的大会及其游行,悼念孙中山大会及其游行等,在这些革命活动中,通过组织讲演队演讲、散发传单、张贴标语等多种形式,连续不断地开展了声势浩大的革命宣传活动,使广大群众的革命觉悟大受启发,马列主义革命思想得到了广泛传播。

为了搞好宣传和传播马列主义的工作,在杨闇公主持下,以平民学社名义出版发行了《爝光周刊》,它实际上是团地委的机关刊物。不久,因宣传马列主义和激进的反帝反封建反军阀革命理论,被反动当局查封,被迫停刊。但是,随即团地委在杨闇公领导下又办起了机关刊物《肃清》杂志。此外,1925年2月至4月,在团地委及其领导下的平民学社、励进会的努力下,党中央和团中央的机关刊物《向导》和《中国青年》在重庆的销售量大幅度上升,从此前月销数十份上升到月销400余份。

1925年4月底,重庆反动当局对团地委施以高压政策,查禁《爝光周刊》,禁止开会,不准各校学生参加各种集会,勒令萧楚女、廖划平、张闻天[1]三人两周离渝,所加罪名是"败坏风俗,煽惑青年"。团地委活动受到一定冲击。但是,从6月初开始,声援"五卅"惨案的斗争在重庆掀起,团地委通过自己的外围组织劳工互助社,成立了"五卅"惨案重庆国民外交后援会,革命宣传活动重新掀起高潮。360多个团体加入后援会,组建70多个讲演队,讲演区域直达四五十里附近的各乡场,所贴标语,遍于附城一带,"宣传的普遍,较悼孙会尤为广大"[2]。从此,团地委组建了长期的游行讲演队,城内有固定讲演处两处,还有长期的四乡讲演队,队员少时有数人,多时达300余人,大大增强了宣传工作的成效。

---

[1]张闻天,于1924年来到重庆二女师任教,与进步学生一道创办了《南鸿周刊》,在重庆同反动报刊进行针锋相对的斗争。

[2]《杨闇公致团中央信》(1925年6月28日),原件藏中央档案馆。

对于重庆团地委 1925 年上半年在宣传工作方面的成绩，团中央领导予以肯定，说"宣传成绩，中局均极满意"，"重庆宣传很努力"，并希望每周外出演讲的办法要长久维持下去，要注意吸收被宣传之人加入组织或帮助组织开展工作，使"宣传之效""切实延长下去"①。这是重庆团地委自成立来首次得到团中央表扬。后来，在同国民党右派的斗争中，以及再后与中共重庆地委和国民党左派四川省党部共同领导的其他革命斗争中，重庆团地委的宣传工作一直做得十分出色，不仅宣传和传播了马列主义的革命理论，而且揭露和抨击了帝国主义和封建军阀的种种罪行，普遍提高了广大革命群众的政治觉悟，鼓舞了人民的革命斗志，推动了四川大革命运动的顺利发展。

二、发展团的组织

1922 年 10 月 10 日，重庆团地委宣布成立。当时有团员 10 人。第一届团地委设书记部、经济部和宣传部三部，团地委设书记 1 人，各部设干事、候补干事各 1 人，负责开展工作。由于处在初创时期，经验缺乏，加之团地委实际负责人唐伯焜人品与政治素质差，团组织工作很不理想。直到 1923 年 11 月 8 日团中央尚未正式批准②。团组织的发展也较为缓慢，直到 1923 年 11 月 14 日，只有团员 23 人（当然有个别团员出川干革命去了，不在统计之内）③。其中新发展团员只有杨励坚、王毅君、向国治、曾庆中、袁肇康等 5 人，其余 8 人是从国外或上海入团后返渝参加重庆地方团工作的。

1923 年上半年，童庸生主持重庆地方团工作。是为第二届团地委④。

1924 年 2 月 22 日，重庆地方团召集团员开选举会，选定何星辅（何星府、何薪斧）为委员长，范英士为秘书，童庸生为宣传⑤，组成第三届重庆团地委。何星辅是重庆地方团发起人之一，1923 年 11 月领导了重庆织工帮约 1000 工人要求厂主增加工资的斗争，故被推为团地委委员长。当时，只在巴县师范

---

① 团中央领导人在《杨闇公致团中央信》（1925 年 4 月 27 日）上的批示，原件藏中央档案馆。
② 《童鲁致团中央信》（1923 年 11 月 8 日），原件藏中央档案馆。
③ 《童鲁致刘仁静、林育南信》（1923 年 11 月 14 日），原件藏中央档案馆。
④ 1923 年下半年至 1924 年 2 月，重庆地方团的工作情况主要由童庸生（童鲁）向团中央汇报，这表明童鲁即童庸生是团地委主要负责人，称团地委委员长。再根据《重庆地方团章程》关于地方团执委任期为 6 个月的规定推断，童庸生是从 1923 年 4 月开始主持重庆地方团工作的。《重庆团地委给团中央的报告》（1923 年 11 月 8 日—1924 年 2 月），原件藏中央档案馆。
⑤ 《重庆团地委给团中央的报告》（1924 年 2 月 23 日），原件藏中央档案馆。

学校和巴县中学各有1个团支部,但已在筹划的重庆工会(何星辅任会长)内和工人群众较多的铜元局各建立一个团支部①。据1924年5月7日《重庆地方团员调查表》,这时有团员34人。其中每位团员都受过中等及其以上的文化教育;以教育为职业者最多,18人;文牍职业3人,工会长2人,律师1人,邮务生1人,中学生1人,制服职业者1人,纺织工人1人,另有6人职业不详(有5人生长在农村乡场上)。5月份有3个团支部②,6月发展到7个团支部。

　　1924年9月上旬,何星辅因重庆工会受重庆地方当局压迫离渝到上海。其后,团地委再次改选:秘书(书记)罗式闻(又名罗世文)、组织部杨励坚、宣传部天爵、农工部何薪斧(因何薪斧已离渝去沪,由王公素代理团地委农工部负责人)、妇女部姜翰时。这是第四届重庆团地委。1924年10月23日罗世文致信团中央,再次请求团中央支持成立中国社会主义青年团四川区执行委员会,因为此前曾被团中央以"川省交通不变"为由,下了"无组区会必要"的结论③。

　　1924年9月萧楚女被团中央任命为驻重庆特派员。1925年1月建立了第五届团地委。杨闇公任书记。有7个团支部,分别在川东师范、女师校、巴县师范、巴县中学、新蜀报、江北涪陵、巴县永兴场。有团员45人。第五届团地委工作了八九个月,杨闇公和童庸生一直是实际的负责人。

　　第六届团地委组建于1925年9月13日。共有团员54人,36人出席改选大会。选举结果是:教务长即地委书记杨闇公,组织部曾净吾,宣传部童庸生,学生部张锡俦(又名张锡畴、张昔仇),农工部程秉渊,妇女部王履冰(又名王履兵);候补三人是:龚鹤、沈宗元、廖竹君④。会上,上届教务长报告了半年来经过情形及其得失,上届组织部、宣传部、学生部、农工部(尚无妇女部)分别报告了本部工作情况及得失,各支部书记报告了本支部半年来之发展及得失,团地委负责人还作了《最近政治报告》,然后才是选举执行委员会成员及地委负责人、各部负责人。

---

①《童鲁致团中央信》(1924年2月),原件藏中央档案馆。
②《重庆地方团员调查表》(1924年5月7日),原件藏中央档案馆。
③《罗世文致团中央信》(1924年10月23日),原件藏中央档案馆。
④《杨闇公致团中央信》(1925年9月14日),原件藏中央档案馆。

1925年11月1日，因杨闇公、童庸生被选为赴粤出席中国国民党第二次全国代表大会代表，团地委书记由曾净吾代，宣传部由龚鹤代，沈宗元补农工部。11月14日，团地委又召开扩大会议，对团地委再次作了改组：书记仍杨闇公，宣传部仍廖划平，组织部仍曾净吾，工斗部（工人斗争部）仍程秉渊，学运部仍张锡俦，妇女部仍王履冰。书记由曾净吾代，宣传部龚鹤代，工斗部由沈宗元代[①]，其余各部不变。后根据团中央扩大会议指示精神，对第七届重庆团地委负责人作了调整，分工如下：书记由组织兼，组织部曾净吾，宣传部龚鹤，经济部沈宗元，学生部张锡俦，妇女部王履冰。后来，龚鹤、王履冰皆因家庭关系不能在团地委服务，团地委决定由罗振声任宣传委员，由程仲苍任妇女委员，再后宣传委员又改为杨洵担任。至1926年3月3日团地委组成人员又已发生变化：书记由组织兼，组织部曾净吾，宣传部李嘉仲，经济部沈宗源（沈宗元），学生部张锡俦，妇女部程仲苍[②]。

第八届重庆团地委书记是刘成辉。1926年3月31日，刘成辉以重庆团地委书记名义向中央写了《重庆团地委向团中央的报告》。这时在重庆的团员还有50余人[③]。团地委还有了一名经委书记叫曾君杰，大致相当于原来团地委经济斗争部负责人。同时，郑鼎勋是团地委学生部负责人。

上述八届团地委，第一届设书记、经济、宣传三部；第二届不详；第三届设四个部；第四届设书记、组织、宣传、农工、妇女五部；第五届设书记、组织、宣传三部；第六届设书记、组织、宣传、学生、农工、妇女六部；第七届设书记、组织、宣传、经济、学生、妇女六部；第八届有书记、经济、学生三部，其余不详。团地委首脑人物明的有"书记"和"委员长"之称呼，暗的有"教务长"、"秘书"等叫法；各部负责人先后有"干事"、"主任"、"委员"和"书记"之称呼，从未叫过"部长"。历时约3年半，团员由最初10人，发展至50多人，所辖团支部最多时达到9个。团员成分以教师和学生最多。

三、整顿作风与改组团地委

1924年年底之前，是重庆团地委的初创阶段，缺乏工作经验和领导群众

[①]《重庆团地委致团中央信》，见《团中央关于各地来信摘要》（1925年11月14日），原件藏中央档案馆。
[②]《重庆团地委向团中央报告》（1926年2月3日），原件藏中央档案馆。
[③]《童庸生向团中央报告》（1926年3月），原件藏中央档案馆。

斗争的经验,又地处交通不便、信息闭塞的四川盆地,远离团中央(在上海),少有团中央指导,加之最初的领导素质不高,因而在政治、思想、组织上都不成熟,暴露出一些问题。1923年春,恽代英由泸州去成都,路经重庆时在江北住了一个多月,他通过一个多月对重庆团组织工作的调查,于2月底致信团中央负责人施存统说:"此地S·Y(即社会主义青年团——笔者注)最大的缺点即是无办法,而且亦似不大想何办法,只是空有其名而已!"[1]团中央也认为重庆团地委"文化落后及缺主持,团体极其幼稚"[2]。因而迟迟没有正式批准成立重庆地方团及其执行委员会。

有鉴于此,团中央于1924年9月1日作出正式决议,处分重庆团组织,并正式委托萧楚女为驻渝特派员,领导整顿重庆地方团干部作风,改组重庆团地委。

萧楚女受命指导重庆地方团的工作,一开始就遭到了重庆地方团组织的有组织的抵制,甚至诬蔑和攻击。但是,萧楚女没有感情用事,而是以事业为重,顾全大局,团结绝大多数团员,实事求是、积极稳妥地推进对重庆地方团组织的整顿和改组工作。

他整顿和改组团地委没有首先从组织上着手,更没有把凡是坚决反对自己的人一律撤换掉或开除团籍,而是以身作则,身先士卒,模范地亲自带头深入群众开展革命活动,领导群众斗争,用自己的高尚品质和为革命忘我工作的行动来感化大家。1924年11月19日,日帝商船"德阳丸"号在重庆贩伪币,拒抗检查,残杀检查人员,制造"德阳丸案",重庆地方军阀政府反而赔礼道歉,更激起重庆民众无比愤慨。萧楚女抓住这个机会,一方面在《新蜀报》上用笔名连日发表长篇专论,大声疾呼;另一方面领导团员发动重庆各界成立了"德阳丸案"重庆国民外交后援会,并亲自率团员和群众代表到日本驻重庆领事馆问罪,要求惩办凶手。随后,又通过团组织及其外围组织,发起召开了有64个团体7000多人参加的声讨大会,迫使反动当局接受群众提出的6项条件。这次斗争使团员和群众都受到了革命斗争的锻炼,在共同斗争中,增进了萧楚女与团员特别是"唐(伯焜)派青年"的相互认识和理解,同时也

---

[1]《恽代英致施存统信》(1923年2月),原件藏中央档案馆。
[2]李畅培:《关于重庆建党的几个问题》,见《重庆党史研究资料》1983年第6期。

改变了团干们原来闭门修养、脱离群众、脱离实际的作风，改进了团地委只注重对重庆工会、重庆学生会的影响和控制，忽视直接深入工人、学生、群众开展工作的工作方法，从而使得重庆地方团从狭小的天地走了出来，变成了直接活跃在革命群众斗争中的主导力量。

萧楚女整顿团干作风的另一办法就是循序渐进，加强与团员、团干之间的友好团结。他在以自己的模范作用感化大家的基础上，逐步地同杨闇公，然后同罗世文、邹进贤、郝谦、童庸生等增进在坚持马列主义原则基础上的长久的友谊和团结。最后，才是与全地方团的同志合作和团结。这样，就逐步消除了本地团员原有的地方主义和排外思想，在全团培养和树立了团结奋斗的作风。

在整顿团干作风取得成功的前提下，根据萧楚女的建议，1925年1月底团地委进行了初步改组，杨闇公、童庸生、廖划平等成为团地委代理负责人，杨闇公任代理书记，童庸生先是代组织干事，后是代宣传干事。1925年6月为重庆地方当局所迫，萧楚女奉团中央命离川去上海团中央工作。1925年9月13日。团地委正式改组，杨闇公、曾净吾、童庸生、张锡俦、王履冰当选为执委，龚鹤、沈宗元、廖竹君为候补执委，其中杨闇公任团地委书记。

第三章 中共重庆地委与国民党(左派)四川省党部的合作

第一节 中共重庆地委的建立①

一、四川各地中共党组织的发展

1924年,成都举行庆祝"五一"节暨追悼列宁大会后,成都反动军阀杨森大搞白色恐怖,中国青年共产党和成都社会主义青年团的同志受到严重压迫和迫害,共产党员、社青团员和进步的革命人士在成都难以立足,吴玉章被逼离开成都,杨闇公不得不离开成都经重庆去上海寻求中共党、团中央的指导,其他革命同志也纷纷离开成都向重庆转移,与萧楚女正在改组整顿的重庆地方团联合行动,重庆遂成为四川革命运动的中心。

1924年6月25日,杨闇公在上海大学与团中央委员兼宣传部长恽代英

---

① 在近年发表的中共一大档案中,有《重庆小组给中共"一大"的报告》,已公开发表。重庆共产主义组织的报告分为:四川最近的历史、我们组织的任务、我们组织的历史、我们的组织机构、成员人数、我们的活动、我们组织的发展七个问题。报告说,重庆共产主义组织是1920年3月12日在重庆正式成立的,参加组织的是一些拥护马克思主义的教师,并联系了一些大学生,还有一些工人参加。组织机构分为书记处、宣传部、财务部、出版部。有近40个成员和60多个候补成员。在四川设立了五个组织,即成都、叙府、雅州、顺庆、重庆等地各有一个组织。重庆是总的组织。并计划于1921年在西藏建立一个共产主义组织。目前正在工人、农民、士兵、学生中秘密地传播共产主义思想的活动。报告者说,现在他们接受的任务:一是联合各省的一切共产主义组织,以取得他们的帮助;二是到俄国去,研究俄国共产党人建设他们社会的方法,全面了解共产主义。报告强调,由于群众运动开展得好,可以满怀信心地说,重庆的共产主义组织对未来充满着希望。此件真伪如何,说明什么问题,是重庆历史上一个重要悬案。见吕澄、张竹梧、钟碧惠、苏希圣、贺晋清主编:《党的建设七十年纪事(1919—1989)》,中央党史出版社1992年版。

相见。杨闇公非常佩服恽代英"从实际入手"的研究方法和"非常注意向民间去"的工作方法,恽代英也极推崇和注重杨闇公等四川革命同志,两人"主张很相同"。战友重逢,畅谈极欢。1924年7月30日,杨闇公在自沪返渝的轮船上研究《〈唯物史观〉浅释》一书,"始知马克思学说真谛所在"。8月初,杨闇公回渝后即加入中国社会主义青年团。1925年1月,杨闇公成为团地委领导成员之一,2月当选为重庆团地委代理书记,并加入中国共产党。与此同时,童庸生等一些团员骨干也由团转党,成为中共党员。此后,在团中央驻重庆特派员萧楚女和重庆团地委负责人杨闇公、童庸生等的领导下,由团地委领导的四川平民学社、四川劳工互助社、学行励进会和四川妇女改进社等青年群众组织也较从前有较大发展。团地委从这些进步群众组织中又培养一些骨干分子,并发展他们入团、入党。到1925年"五卅"惨案发生前,在重庆的中共党员就有10人左右,因而成立中共重庆党支部,由杨闇公任主要负责人,支部成员还有冉钧、周贡植(又名周文楷)、缪云淑等人①。

1925年4月,吴玉章在北京经赵世炎、童庸生等介绍加入中国共产党。1925年6月,萧楚女结束在四川的整团工作和筹建党组织工作,奉中共中央之命离川,回团中央工作。经中共中央向国民党中央建议,国民党中央党部指派吴玉章回川改组国民党,筹备四川党务,8月15日吴玉章抵达重庆,立即着手改组四川国民党。8月19日,吴玉章就召开了四川国民党第一次改组会议,吴玉章成为改组后的中国国民党四川临时省执行委员会执委之一,并掌握省党部组织部长大权。从此,吴玉章与杨闇公等中共党员密切配合,一方面开展进一步改组整顿四川国民党的工作,另一方面积极着手筹建中共重庆地方党组织。在杨闇公、冉钧等中共党员和广大革命群众的大力支持和帮助下,吴玉章不到一个月就在重庆办起了中法学校(中法大学四川分校),以此为阵地培养革命骨干,传播马列主义,从而为中共重庆地方执行委员会(中共四川省委的前身)的建立进一步作了思想和干部准备。在筹建中法学校的同时,吴玉章又以国民党四川临时省党部组织部长的身份,委派大批中共党、团员到四川各地去筹建国民党区分部或县党部,不到两个月就在10多个县市建立了86个国民党区分部和几个县党部,与此同时,他还令重庆各校原来由

---

① 中共重庆市委党史工作委员会编:《大革命时期的重庆》,1984年版,第7、379页。

杨闇公等人发展的国民党员分别单独成立国民党特别区分部。这就不仅扩大了四川国民党左派势力,发展了革命进步力量,而且也为建立中共重庆地方执行委员会进一步培养锻炼了一批干部。此外,杨闇公和吴玉章还以国民党左派名义为掩护,把中法学校作为中共党、团员经常聚会、商议建立中共重庆地方执行委员会的重要场所,积极筹备四川的建党工作。

在中共重庆地委正式成立之前,四川的中共党员把重要精力放在了发展团组织上,团员发展极快,但因指导思想上要求过严,生怕投机分子混入中共党内,因此,中共党员人数发展较慢。这时,除重庆市已经成立中共党支部,有杨闇公、吴玉章、童庸生、冉钧(1926年1月时是中共重庆支部书记)、周贡植、廖划平、缪云淑等中共党员外,四川其他地方的中共党组织也有所发展:

1924年上半年,恽代英就在成都建立过中国共产党的独立一组,组员有童庸生、何薪斧、刘坚予、石公、郭祖劼等人①。

1926年初,根据党、团中央指示,重庆党支部成立②。

1926年1月24日,在直属共青团中央的綦江共青团特支的努力筹备下,綦江县中共党支部宣告成立③,由陈翰屏负责。据26日共青团綦江县特支向团中央的报告,"莲蒲、绍文、详书皆入C·P,敬乞批准,并请转报C·P中央"④。即是说,成立綦江县党支部时又发展了3名新党员。1925年冬,陈宣三、江子能由上海回到宜宾后,发展了尹绍渊、郑亮丞入党,成立了宜宾党的四人小组,由江子能任组织,陈宣三任宣传,尹绍渊任书记,报经中央批准,将组织关系交杨闇公负责。随后,又将宜宾共青团的三人小组成员全部转党,成立了党的宜宾特别支部,仍由重庆党领导。

此外,1925年6月5日,四川劳工互助社总务主任程秉渊、印刷工人刘远翔在重庆主持召开了英、日惨杀华人案重庆国民外交后援会筹备会,此二人

---

①周勇主编:《重庆·一个内陆城市的崛起》,重庆出版社1989年版,第82页。另据任白戈在《纪念杨闇公烈士》一文中回忆说,1923年9月,王右木在团员中发展中共党员,建立党的成都独立小组,由王右木负责,直属党中央。见刘伯承等:《忆杨闇公同志》,四川人民出版社1979年版。
②中共重庆市委党史研究室主编:《中共重庆地方党史大事记(1919.5—1949.11)》,重庆出版社1991年版。
③另一说1925年秋,中共綦江特支成立,书记邹进贤,组织胡平治,宣传危亘士,见中共重庆市委党史工作委员会编:《大革命时期的重庆》,1984年版,第447页。
④中央档案馆、四川省档案馆合编:《四川革命历史文献汇集》甲一,第36页。

已是中共党员①。还有,6月7日,该后援会正式成立后,冉钧、周贡植、黄晓尹、裴紫琚是派驻该会机关负责联络的中共党员。

再有,据郝谦回忆,1925年上半年罗世文、邹进贤、郝谦等同志由团转党,成为中共党员②。

二、中共重庆地委的建立

从1925年8月15日吴玉章回川改组国民党时起,杨闇公、吴玉章等便开始正式筹建中国共产党四川地方组织。此后,他们团结广大中共党、团员做了大量准备工作,从而在四川建立统一的中共党组织的条件日趋成熟。1926年1月1日至19日,国民党第二次全国代表大会在广州召开,吴玉章、杨闇公、童庸生、廖竹君、廖划平(以上5人均为中共党员)和黄复生等6人作为四川代表出席该会。吴玉章还被推为大会秘书长。会议期间,杨闇公、童庸生等多次出席中国共产党召开的会议,商讨国共合作和在四川建立中共地方执行委员会的问题。国民党二大结束后,杨闇公于1月26日离开广州起程赴上海。在沪期间,他代表共青团重庆地委向中共、团中央诚恳表示,要求在四川建立地方党委,得到中共中央批准。中共中央还决定:由杨闇公任中共重庆地方执行委员会书记,由童庸生接替杨闇公的团地委书记职务。

2月24日,杨闇公、童庸生奉中共中央指示回到重庆,立即与中共重庆党支部书记冉钧等着手组建中国共产党重庆地方执行委员会,作为中共领导全川人民开展革命斗争的统一机构。2月底至3月初,他们召集在重庆的中共党员在重庆中法学校秘密集会,正式成立了中共重庆地方执行委员会(简称中共重庆地委,即中共四川省委的前身),直属中共中央领导。从此,四川境内的中共党组织和党员均受中共重庆地委领导。

重庆地委成立时,全川只有42名党员③:杨闇公、吴玉章、童庸生、冉钧、周贡植、廖划平、缪云淑(女)、何薪斧、石公、郭祖劼、张克勤、程秉渊、刘远翔、黄晓君、裴紫琚、罗世文、邹进贤、郝谦、廖苏华(女)、刘坚予(即刘愿安)、陈宣三、江子能、尹绍渊、郑亮丞、郑祐之、郑则龙、陈翰屏、莲蒲、绍文、详书、戴

---

①中共重庆市委党史工作委员会编:《大革命时期的重庆》,1984年版,第14页。
②《四川现代革命史研究资料》1980年第1期,第8页。
③《重庆党史研究资料》,1993年第2期。

维师、黎冠英、吴季蟠、黄知凤、郭竞皆、陈俊三、王旭生、张鲤庭、王维舟、张爱萍。此外，还有宜宾共青团三人小组成员在1925年底以前全部转党。如果不算原成都中共独立一组的石公和郭祖劼，加上地委成立时当选为地委干部的钟梦侠和李嘉仲，仍为42人。这42名党员中有22名党员是由团转党的①。

　　成立大会上，选举产生了中共重庆地委领导机构，杨闇公任书记，吴玉章任宣传部长（因吴受中共中央指示留国民党中央工作，故暂由钟梦侠任宣传部长），冉钧为组织部长，杨、吴、冉三人是地委执行委员，李嘉仲、程秉渊（程子健）当选为候补执行委员。后因工作需要，中共重庆地委先后增设了学生运动委员会（即教育委员会）、职工运动委员会、妇女运动委员会、军事委员会，直至1927年重庆"三三一"惨案发生，这些委员会一直存在②。学委书记刘成辉，委员冉钧、李嘉仲、杨洵、罗振声、肖华清。工委书记程秉渊，委员刘远翔、曾君杰（曾俊杰）、李介（李公藩）。妇委书记程志筠。军委书记杨闇公（兼），委员刘伯承、朱德。

　　中共重庆地委成立后，中共中央随即陆续将川中新建立的中共党组织划归重庆地委领导，中共重庆地委实际上成为全川中共党组织的统一领导机构。中共重庆地委的建立，集中、巩固和发展了四川共产党的力量，加快了四川国共合作的进程，四川大革命进入了新的发展时期。

　　地委成立后党员人数增长很快。自地委成立起，重庆一直是川中党员最多、最强大之地。为此，中共中央高度评价了中共重庆地委的党员发展工作，在9月20日的《中央局报告最近全国政治情形与党的发展》中指出，"两月来有报告而发展最快者当推湘鄂川三省"、"川省增加两倍……所以川省现时是最好工作之地，四川工作同志其刻苦奋斗的精神，更有为别省所不及者"③，充分肯定重庆地委及全川党组织的工作。到1926年10月，全川中共党员人数大幅度增加，达到168人，成为全国发展最快的地区之一④。

---

①《童庸生向中共中央的报告》（1926年3月5日），原件藏中央档案馆。
②《四川党史研究资料》1985年第1期，第2页。
③《中央局报告（九月份）——最近全国政治形势与党的发展》（1926年9月20日），载《中共中央文件选集》第2册，中共中央党校出版社1989年版。
④陈石平、成英：《中共重庆地委与泸州顺庆起义》，载《重庆文史资料》第25辑。

中共重庆地委是中国共产党在四川省的第一个统一的领导组织①。它的创建,标志着四川革命运动领导核心的最终形成。它一诞生就承担起领导四川革命运动的重任,从此,四川的革命形势出现了崭新的局面。中共重庆地委的创建史,就是中国共产党四川组织的创建史,就是大革命在四川的历史。

第二节 四川国共两党合作局面的形成

一、中国共产党人与国民党(左派)四川省党部的合作

1923年6月,中国共产党在广州召开第三次全国代表大会,大会的中心议题是国共合作问题。大会经过反复认真讨论,接受了共产国际《关于国共合作的决议》,决定全体党员以个人名义加入孙中山领导的国民党,实行国共合作,以建立各民主阶级的革命统一战线。1924年1月,在共产国际和中国共产党的帮助下,孙中山在广州召开了中国国民党第一次全国代表大会,李大钊、毛泽东、林伯渠、瞿秋白、李维汉等20多名中共党员出席了大会,占全体156名大会代表的1/8强。大会确立了"联俄、联共、扶助农工"三大政策,承认共产党员和社会主义青年团员以个人身份加入国民党。在大会选出的国民党中央执行委员和候补执行委员中中共党员占1/4。这标志着第一次国共合作正式形成,革命统一战线正式建立,中国国民党改组成功。同时,为了保证全国组织的统一,国民党第一届中央执行委员会作出决议,不准允各省区党员自行组成自行改组,须待中央派员指导改组。

中国国民党一大之后,国民党内部左右两派之间改组与反改组的斗争空前激烈起来,1924年6月,国民党中央的右派分子邓泽如、张继、谢持就向国民党中央执行委员会提出《弹劾共产党案》,被孙中山在8月召开的国民党中央政治委员会上予以否定。孙中山在世时,国民党右派的反共分裂活动尚不能不有所收敛。但是,1925年3月12日孙中山在北京去世,国民党右派活动

---

①"地委"本是省下面一级的组织,当时的省级组织叫做"区委",如粤区委、湘区委、北方区委。根据1925年2月《中国共产党第二次修改章程》的规定:"中央执行委员会认为必要时,得委托一个地方执行委员会暂时代行区执行委员会之职权。"中共重庆地委以四川一个局部地方的党组织而领导全省的党组织,负责全省的工作,是受中央的委托,暂行区委的职权。因此,中共重庆地委虽是一个地方组织,但领导了全川的革命斗争,并且是第一个全川党的统一领导机构。

就更加肆无忌惮地猖獗起来。11月,国民党老右派、中央委员谢持、邹鲁、林森、居正、张继等借口赴北京西山哭灵悼念孙中山,在西山碧云寺非法召开了所谓"国民党一届四中全会",宣布取消共产党员的国民党党籍,解除共产国际代表鲍罗廷的国民党中央顾问职务,形成了"西山会议派"。随后,又在上海成立了执行部,公开与广州国民党中央对立。

中国国民党一大后,中央党部曾派中央执委、国民党四川支部长石青阳(国民党老右派)和熊克武二人筹备四川党务。但此二人并未遵令回川,石青阳留在北京参加了11月的西山会议。至1925年春,石青阳假中央党部(实则为"西山会议派"所指使)名义,委曹叔实、郭云楼、朱叔痴、黄复生、唐德安、曾吉芝、陈炳光、谢宝珊、张赤父、刘浦生、邓懋修等人筹备四川党务。此后,他们在重庆组建了一个国民党右派党人俱乐部,排斥杨闇公、廖划平(二人系中共党员),暗中活动,拉拢腐败官僚政客、劣绅市侩加入国民党。1925年7月9日,他们抢在国民党中央特派回川整顿党务的吴玉章(中共党员)抵达重庆之前,在重庆忠烈祠(即光国学校)成立了中国国民党四川临时省执行委员会,黄复生、朱叔痴、陶渊士、邓懋修、唐德安、郭云楼、张赤文、谢宝珊、王子骞等几人当选为临时省党部执行委员会委员。随后,又以临时省执行委员会名义委朱叔痴、陈炳光等九人为筹备员,赶在吴玉章回渝第二天(8月6日)匆忙成立了国民党重庆市党部。在省、市党部执行委员中多是国民党右派分子,右派实际上控制了省、市党部。

获知此事后,广州国民党中央党部因石青阳等违反中央规定,擅自改组四川国民党组织,故未把第二次全国代表大会的选举法分给他们。石青阳等立即起来攻击广州国民党中央委员会渎职、颟顸,剥夺了四川国民党员的选举权和被选举权,并指责选举法有根本错误,须加修改或废止。为此,他们还专门提出了书面抗议。

鉴于四川国民党组织的混乱局面,特别是国民党四川临时省党部和重庆市党部成立后,右派势力大集中,如不加整理,四川国民党前途必将非常危险,广州国民党中央党部特派吴玉章(1925年4月加入中共,此时经中共中央决定在国民党中央工作)回川整顿四川党务,改组四川国民党组织。此前,杨闇公曾写信给吴玉章,力邀他回川整理国民党党务,共同开展领导建设四川中共党组织的工作。

第三章　中共重庆地委与国民党(左派)四川省党部的合作

1925年8月15日,吴玉章抵达重庆,立即召开执监委员会议,他不仅明确指出川内国民党选举与国民党中央改组决议精神不符,而且严厉批评了石青阳等人的挑衅行为。19日,他主持会议改组了刚刚成立40天的国民党四川省临时执行委员会,原9名执行委员中王子骞落选,推选吴玉章为省党部执行委员。虽然右派分子仍占多数,但是吴玉章当选为省党部组织部长,执掌了组织大权。国民党四川省党部的第一次改组就此结束。尽管这次尝试性改组因受诸多因素限制,并不彻底,但是却为第二次正式的、彻底的改组奠定了基础,创造了有利条件,作了必要的准备。

此外,吴玉章还向黄复生、朱叔痴提出了一个整顿国民党四川组织的计划:第一,要建立一个严密的、强有力的组织机构;第二,要培养一批效忠革命的干部;第三,要在群众中进行广泛的活动。为落实这个计划,吴玉章提出先办一个学校,以集合和培养干部,并作为组织和宣传活动的据点。但是,黄、朱二人均不予支持,认为那只能是白费力气。吴玉章遂找杨闇公、杨伯恺、冉钧、张锡俦等商议此事,得到他们的赞同。经过他们的竭力筹备,不到一个月就办起了重庆中法学校(全称为中国国民党中法大学四川分校),吴玉章亲任校长。该校开设阶级斗争、唯物史观、社会发展史等专题讲座,为革命培养了不少干部。

与此同时,为了抵制和反抗右派党人排斥青年学生和青年工人加入国民党的举动,发展左派青年力量,吴玉章以省党部组织部长身份,令各校原来由杨闇公、廖划平发展的国民党员分别单独成立特别区分部进行活动。吴玉章还派出尹绍渊、曾凡觉、黎冠英、吴匡时、喻凌翔、喻克由、周贡植、邹进贤、曾庆华、张锡俦等一大批共产党员、共青团员到宜宾、江津、内江、荣县、江北、巴县、綦江、南川、长寿等县市筹建国民党(左派)党部[1]。据不完全统计,从8月底到10月20日止,就在全川10多个县市建立了86个区分部和江津、泸县等一些县党部,计有党员8000余人。其效率之高,令黄复生等人不得不称其"手段真高明,好像有神仙帮助一样"。当然,这都是中共重庆地委的领导,国共党、团员合作和广大革命群众的支持的结果。

---

[1] 据邓劼刚回忆,吴玉章、邓懋修还决定开展荣县、綦江、南川、涪陵、丰都、成都、内江等市县的党务。见《重庆"三·三一"惨案纪事》,西南师范大学出版社1989年版,第54页。

在此基础上，选举产生了四川省出席中国国民党第二次全国代表大会的代表共8名。其中，10月30日，国民党四川临时省执行委员会选出吴玉章、邓懋修、黄复生3人，各市县选出杨闇公、童庸生、唐德安、谷醒华、廖竹君（女，又名廖苏华）5人。8名代表中有中共党员4人、国民党左派1人，这就初步改变了右派控制四川国民党组织的局面。这是四川中国共产党人与国民党左派人士真诚合作的初步成果。后来，在与四川国民党右派的斗争中，特别是在国民党（左派）四川临时省党部和中共重庆地委于1926年2月先后建立后，这种合作仍在继续进行，并朝着好的方向有所发展。

二、中国共产党人与四川国民党右派的斗争

中国共产党人与四川国民党右派的斗争是通过与四川国民党左派的合作来展开的。

为响应中共三大的号召，中共重庆地委广泛动员中共党、团员以个人身份加入国民党。从此开始了在四川实现国共合作、建立革命统一战线的工作。

四川原是中国同盟会（中国国民党的前身）的一个老基地，国民党在四川有较好基础。但在1913年讨袁战争失败后，四川只剩下吴玉章等少数国民党人继续坚定地追随孙中山进行民主革命斗争。当第一次大革命到来之际，四川地区的国民党组织几乎已全部瓦解。

1924年1月，国民党一大以后，在孙中山领导和共产党的帮助下，国民党势力在全国迅速发展壮大。这年底，在中国共产党和国民党左派的倡导下，国民会议促成运动在全国普遍展开，1925年3月1日，在北京召开了国民会议促成会全国代表大会，揭露了段祺瑞召开的善后会议的反人民性质，激发了广大人民群众进一步参加革命斗争的积极性。

1925年1月到2月间，早已在重庆销声匿迹的国民党右派党人朱叔痴等人又聚集拢来，想借国促会运动之机，重登政治舞台。朱叔痴从上海接受任务返回重庆，想成立重庆国民会议促成会，但活动许久，成效甚微。后幸遇杨闇公（1913年从武于江苏军官教导团时加入国民党）、邓劼刚等相助，1925年2月成立了重庆国民会议促成会，随即，选举出童庸生、邓懋修、裴紫琚、何星辅、廖划平等代表赴北京参加国促会全国代表大会。朱叔痴、黄复生不为群众信任,故未选出。国民党右派党人对此事大为不满,四川国民党的左右两派分裂便从此开始,四川共产党与国民党右派的斗争也从此开始。这是第一次大斗争。

右派国民党人未能当选为赴京参加国促会全国代表大会的代表,但他们并不就此罢休。到选举重庆市党部执行委员时,朱叔痴提出年龄、党龄、经历等许多条件来准备限制年轻的左派党人进入执委会,光国学校区分部赖吾辛(中共党员)则用卡片印了"八不选",如贪官污吏、吸鸦片烟、思想腐旧等不能当选执行委员,并在会场散发。国民党左右派的斗争从此紧张起来。选举结果,市党部10余名执委中只有杨如松一名右派党人当选。10月10日晚,光国学校召开国庆晚会,市党部右派执委曾砚愚带领不明真相的巴县中学学生多人冲入会场,在开会前借故肇事,夺取光国学校童子军的木棍,对曾公开反动右派党人操纵市党部选举的共产党员赖吾辛施以毒打。此后不久,又企图通过军阀王陵基(又名王方舟)逮捕赖吾辛,未果,便把光国学校校长邓劼刚(左派党人)抓去关了一天一夜。这就是四川国民党改组之初,共产党、国民党左派同国民党右派的第二次大斗争。

1925年7月9日右派临时省党部成立前,中共重庆团地委、党支部负责人杨闇公、童庸生等,根据中共三大精神和国民党一大决定,积极发动四川的中共党员、共青团员一律以个人名义加入国民党,还冲破右派人士阻挠,利用暑期在重庆市区抢先建立了许多区分部,但由于右派党人的排斥,中共党、团员没有一人能进入省党部执委会和8月16日成立的市党部执委会。吴玉章回川后,直接负责改组整顿四川国民党组织,开始遏制住右派党人的嚣张气焰。

国民党二大后,左派控制四川国民党各级组织的局面开始形成。面对左派势力的蓬勃发展,右派分子异常惊慌,千方百计予以阻挠和反抗,在四川,中共党人、国民党左派同国民党右派的斗争更趋尖锐、更加复杂化了。

在国民党四川临时省执委会中担任执委的右派分子对整理四川党务进行消极抵制。朱叔痴借口自己是同盟会员而不是国民党员,再三辞职,拒不办公;郭云楼、谢宝珊、张赤父亦借口他们作为省议会老议员有责任去恢复省议会,去了成都;陶闿士则潜心佛典,始终不允就职。

接着,在吴玉章、杨闇公、童庸生等人赴广州参加国民党二大期间,国民党右派分子公开跳出来,对整理四川国民党党务采取积极反抗政策,同共产党人和国民党左派展开了一场激烈的斗争。吴玉章等人于1925年冬离渝赴穗参会前,曾作出一个决议,即在他们离渝期间,除例行公事,仍由秘书处冉钧、邓劼刚、张克勤等照章办理外,其余重要事件,暂行保留,俟负责人回渝后再行处理。但省党部的右派执委们对此置若罔闻,吴玉章等人刚走,张赤父即潜回重庆,与朱叔痴等密谋将省党部迁往成都,纳入右派党人的控制之下。11月25日,张赤父函告邓劼刚,拟于28日下午1点钟召集省、市党部联席会议,请速发通知。邓劼刚与冉钧、张克勤商议后,以事体不明为由拒绝办理。阅日,朱叔痴、张赤父来到省党部,指责邓劼刚不理执委意见,坚持即刻发出通知,后经市党部胡汝航来劝解,会议始得进行。

开会时,省党部到会的除朱叔痴、张赤父外,仅邓劼刚、张克勤两人。市党部则有胡汝航、杨学优、曾砚愚、曾吉芝(当时任巴县中学校长)、刘浦生、张象乾、汪若愚等到会。邓劼刚、张克勤到会后即把省党部最后一次会议关于"在代表等未返以前,留川的执委不足法定人数,不能开会"的记录翻给大家看。到会者才知道左派拒绝召开会议的理由。但因右派占了绝对优势,会议照开,在张赤父主持下强行通过了将省党部迁往成都的决议,省党部应该结束的所有事项由曾吉芝、邓劼刚负责办理。邓劼刚、张克勤以与吴玉章等赴穗前的决议不合为由,退席抗议,拒绝签字。同时,邓劼刚、张克勤以省党部秘书处名义将此经过函告广州吴玉章等代表转报中央党部。

嗣后,张赤父每天都来催促省党部结束工作,企图接管秘书处的印信文件,邓劼刚则答以俟中央党部回电后再行决定。12月10日,张赤父因邓劼刚、张克勤不愿意交出文件印信,便派人强行从录事邓仲律处夺取文件印信,送往成都。右派党人企图以此作资本,向正在成都召开善后会议的四川军阀讨个一官半职。继而,朱叔痴等右派党人又三次派人来接管长期由国民党左派邓懋修、邓劼刚父子经管的光国学校[①],企图夺取这一长期由左派控制的阵地,均遭邓劼刚拒绝。

1926年元旦,广州国民党中央党部复电,否定了右派党人将省党部迁往成都的决议,并停止省执委会行使职权的活动,仍由邓劼刚等办理省党部秘

[①] 光国学校是辛亥革命胜利后,由国民党拨款,在旧会府地址上建筑的唯一的学校。

书处的日常事务。从而制止了右派的阴谋破坏活动,使他们的阴谋未能得逞。这是共产党人、国民党左派同国民党右派的第三次大斗争。这一斗争并未因右派党人的失败而结束,当 1926 年 1 月四川临时省党部正式改组工作展开后,斗争再次展开。

三、四川国民党的正式改组及对右派斗争的深入发展

1926 年 1 月,在广州召开的国民党二大会议上,宣布开除"西山会议派"分子、四川国民党右派头目、原国民党四川支部长石青阳的党籍。2 月,经吴玉章提议,国民党中常会根据二届一中全会关于整顿四川临时省党部的决议,正式作出了解散原为右派控制的四川临时省执委会的决定。另委杨闇公(中共党员)、李筱亭、邓劼刚(此二人系左派国民党人,且不久便加入中国共产党)、陈宣三、张克勤(此二人均系中共党员)和原有执委中的邓懋修、郭云楼、唐德安等八人为执行委员,以杨闇公、李筱亭、邓劼刚三人为常委,组成新的中国国民党四川省临时执行委员会。从此右派势力在省党部内被彻底打垮。随后,省党部从光国学校迁往重庆城内莲花池积厚里的一幢房屋办公,国民党(左派)莲花池省党部之名便由此产生。同时,创办了省党部机关刊物《四川国民》,以指导全省党务。新成立的省党部受在国民党二大上当选的中央执行委员吴玉章指导,以李筱亭为主要负责人,杨闇公为组织部长。到此国民党四川省党部正式改组(即第二次改组)取得圆满成功。

国民党右派在四川虽然遭到沉重打击,但是并没有善罢甘休。1926 年 2 月,国民党上海伪中央宣布解除吴玉章的中央执委和邓懋修的监委职务,另委陈静修、黄复生、邓献徵为伪中央执委,并派其回川"清党",活动选举右派拟组织召开的全国二大代表。陈静修、黄复生、朱叔痴在上海参加了"西山会议派"的会议后,被国民党上海伪中央委派回川。3 月 1 日,陈静修、黄复生等纠集张赤父(又名张良辟)、宋绍曾、王育生等右派骨干在重庆城内冉家巷五号石青阳家中成立了右派临时省党部,选出宋绍曾、陈静修、张赤父、黄复生、唐德安、郭云楼、王育生等为执委。不久,即迁往城内总土地办公,故又被称为总土地省党部。

右派省党部成立后,驻重庆军阀刘湘表面上与莲花池省党部亲热,实则仇恨,暗中支持右派党人的总土地省党部与莲花池省党部公开作对。总土地省党部成立后,便千方百计勾结军阀、团阀,大量搜罗流氓打手,蒙骗拉拢青年学生,不断向莲花池省党部制造摩擦,挑起事端,大肆进行反共宣传,四川国民党左右两派的矛盾由内部激烈斗争转为外部冲突对抗,这一斗争从此转入新的更加激烈尖锐的发展阶段。

1926年3月13日,莲花池省党部通告全川各级党部,自3月1日起,非本党部文件、信函,一律无效。4月8日,莲花池省党部发出第三号通告,宣称:反对西山会议;否认上海伪中央党部和重庆总土地伪省党部;拥护国民党第二次全国代表大会决议、宣言;拥护广州中央;拥护广东国民政府。并要求全川各级党部于两周内对此通告作出正式书面表态。

4月21日,右派省党部登出启事,定于25日在总商会内召开重庆市第一次全体党员大会,并公布了大会内容,有石青阳讲"国民党为什么取消共产党党籍",陈静修讲"俄国共产党中之恐怖状"等攻击诬蔑共产党的题目和内容。

4月25日,右派省党部假重庆总商会召开所谓的"重庆市第一次全体党员大会",右派党人石青阳、王育生(又名王狱生)、曾砚愚等纷纷上台演讲,大肆诬蔑共产党人实行恐怖政策、"共产共妻",攻击国民党左派受了共产党的迷惑,背叛了三民主义的根本。同时,他们还雇佣拳术家白耀宗、田得胜等一批人为打手,耀武扬威地排在总商会门前公开向左派党人示威。

莲花池省党部毫不示弱,针锋相对组织起宣传队上街演讲,散发传单,宣传孙中山的三大政策、国民革命等革命道理,无情地揭露右派党人的丑恶面目。在总商会门外的大街上,重庆学生联合会总务主任(即主席)张锡畴率领的中法、巴师、中山、巴中等校学生宣传队以及四川劳工互助社教育主任曾俊杰率领的工人讲演队同右派的宣传队唱起了对台戏,左派宣传队的听众急剧增多,右派宣传队的听众却越来越少。上午9时左右,早有预谋的右派暴徒们再也按捺不住,只听一声号令,白耀宗、田得胜率领几十名手持铁条、木棍等的打手从总商会内大呼冲出,挥舞铁条、木棍向赤手空拳的左派宣传队员一阵乱追乱打,当场将秦治冬(又名秦志敦)、牛正昆、李志坚、李孝慈等四人打成重伤,轻伤者更是多得不计其数。闻讯赶来制止右派暴徒暴力行为的张锡畴(重庆学生联合会总务主任即主席)也在总商会门前的大街上被追来追去打成重伤,接着又把他拖进总商会进行辱骂殴打,使他从此落下终身痼疾。对此,大街上的群众有目共睹,无不痛恨右派党人的暴力行为。后经《新蜀报》、《新四川日报》两报总编周钦岳、吴自伟前往质问,才将张锡畴放出。下午4时,各校学生在打枪坝集会抗议,选出代表数十人前往督办署、卫戍司令部请愿。同时,莲花池省党部代表戴以东、吴蕴璞出面向巴县地方检察厅要求惩办此事件主谋石青阳和凶手白耀宗、石韵碧、张赤父、汪若宪等人。次日,学生们再次请愿。但是,巴县地方检察厅慑于石青阳(当时石任川东边防军司令,手里握有一定实权)的淫威,不敢审理此案,这样"四二五"事件便不了了之。

"四二五"事件发生后,许多善良的国民党员仍用以往党内纠纷的眼光来看当时左右派政治路线之间的斗争,5月2日,驻重庆军方王植之、吴厚安、伍屏垓、杨秋灵四人以国民党人资格善意地出面从中调解。他们假放牛巷金星人寿保险公司,约集左右派双方负责人开了一次调解会。会上李筱亭、杨闇公重申了孙中山的主张,石青阳表面上也不得不表示"仍然拥护广东政府"。最后石青阳表态"愿负全责,保证履行"杨闇公声明的三项措施:"一、保证绝无武力行动;二、停止文字攻击;三、从感情方面尽量调处前者不幸事件。"

可是,石青阳并未真正履行自己的诺言,"四二五"事件后,国民党右派党人纠集一些流氓,经常不断地在城内各街上向左派党人的宣传队、演讲队进行挑衅,引起冲突,乃至偶尔的流血事件。

与此同时,川内各地许多左派党组织、党员及左派势力也遭到了与军阀、团阀相勾结的右派势力摧残。仅自1926年4月至8月,就先后发生了綦江农协会员三人被杀;南川一农会干部被投河害死,该农会会员和县党部职员五人被捕;以及南充、宜宾、营山等地工会会员、农会会员、县党部职员被捕的事件。此外,逮捕未成的事情在各地发生得更多。11月,南川南路团阀勾结商团武装,捣毁了左派县党部,杀害左派党员三人,并开枪射击四乡农民,逮捕农协会员十余人。同日,长寿右派党人勾结驻军逮捕了县党部执委。

12月24日,左派党人组织的重庆学生宣传队又在中山中学遭到右派纠合的一伙暴徒殴打,中山中学学生刘道镛、霍衍兰被打成重伤后,又被拖去右派省党部辱骂毒打。同时,梅光洲、唐笔耕、陈安修被打成轻伤。为此,中山学校、川东师范、商业中学和中法学校等校的1000余名学生集合起来,立即赴刘湘军部请愿,刘湘被迫电函叫右派省党部放人并医治受伤学生。25日,学生宣传队在机房街商业中学大门外宣传时,又遭右派暴徒的毒打。这些穷凶极恶的暴徒们还冲入该校行凶,打伤学生无数,遂激起公愤。杨闇公闻讯立即前往质问刘湘,向其提出抗议。同时,各校学生上千人亦到刘湘军部请愿,重庆各民众团体也纷纷要求取缔右派省党部,惩办凶手。同日,刘湘迫于形势,不得已下令出示布告,勒令立即撤销总土地省党部,逮捕其执行委员王狱生、胡汝航、宋绍曾、黄斗宣、王竺僧、金丽秋等人。而事实上,刘湘在布告上指名捉拿的人一个也没有逮捕,只是派了几个军人去摘了总土地省党部的牌子而已,而右派党人仍然常在其省党部办公处活动。尽管如此,右派党人的捣乱和破坏活动从此也不得不有所收敛。

1926年8月,国民革命军北伐开始。9月至10月,北伐军占领武汉三镇,11月初,占领九江,继而攻下南昌。北伐军乘胜进军,势如破竹,国民党中央决定迁都武汉。广东国民政府曾派代表赴川促刘湘响应北伐。以刘湘为代表的四川军阀势力也明确表示倾向于共产党和国民党左派。他一方面联络赖心辉、刘文辉、刘成勋等军阀联名通电讨伐吴佩孚,宣布北洋政府的一切措施无效;另一方面下令解除了以"密图扰乱社会"为由对杨闇公、吴玉章、童庸生三人的通缉令。在革命形势一片大好,革命高潮到来的时候,共产党和国民党左派完全控制了四川的局势。

四、四川国共合作的形成及其意义

在四川,首倡国共合作者,是中共党人王右木同志。为了贯彻中共三大关于国共合作的指示,王右木在积极宣传国共合作的同时,还带头以个人身份加入国民党,并在其组织中担任重要领导职务[①]。但是,由于当时四川的国民党组织处在衰落时期,故这次实现国共合作的实践收效不大,未能形成全川的国共合作局面。

国民党一大的召开,标志着全国国共合作局面的正式形成。但是,由于全国革命形势发展不平衡,加之四川的地理方面的原因,交通不便,信息不灵,致使早期的四川的国共合作大大地落后于其他地区,如北京、上海、南京、广东等地,甚至在1924年初连建立国共合作的基本条件都尚未具备。

直到1925年8月,国民党中央党部派吴玉章回四川整顿党务,四川的国

---

① 中共江油市委党史工委编:《王右木研究》,四川大学出版社1989年版。

共合作工作才开始步入正轨。经过重庆的中共党员、共青团重庆地方负责人杨闇公、童庸生以及其他中共党员与吴玉章的密切配合、共同努力,加之当时在重庆的国民党左派人士邓劼刚、李筱亭等同志的努力工作,才使四川的国民党基层组织逐步恢复和发展起来。在此基础上,1926年2月,正式完成了对四川国民党省党部的改组,建立了国民党(左派)临时省党部。在该省党部中,共产党员和国民党左派占了绝大多数的优势。同年2月底至3月初,中共重庆地委(即四川省委前身)在重庆正式成立。此后,中共重庆地委和国民党省党部紧密合作,共同领导四川的大革命运动,把四川大革命运动逐步推向了高潮。因而,四川国共合作的正式形成是以中共重庆地委的建立和四川国民党省党部完成正式改组为标志的。

四川国共合作局面形成在全川乃至全国有着重要的历史意义。第一,它沉重打击了四川国民党右派势力,结束了右派省党部在川中国民党内的统治地位。第二,它在一定程度上抑制了四川军阀的反革命气焰,延缓了四川军阀明目张胆走向反革命道路的进程。四川国共合作局面的形成,标志着四川共产党、国民党左派及其领导的四川革命势力日益壮大,成为了四川政治舞台上举足轻重、不可小视的一股力量,四川军阀一方面迫于全国大革命形势的胜利发展,另一方面又迫于四川革命势力的发展壮大,故最初还不得不假装拥护和支持革命势力,不敢公开镇压革命群众运动。第三,它为中共党、团重庆地委领导革命群众斗争提供了公开活动的最好方式。四川国共合作局面形成前中共重庆党、团组织只能以自己的外围组织出面领导革命群众斗争。但此后,中共党、团重庆地委以国民党省党部这种合法组织的名义来领导群众斗争了。从而既可以按照中共党、团重庆地委的方针、政策来指引全川革命斗争,地方当局和军阀势力又不便公开出面干涉和捣乱。第四,它有利于提高中共党、团地委及其领导人在人民群众中的威信和威望,也有利于培养和锻炼革命的领导人物。第五,四川国共合作局面的形成对顺泸起义的爆发,四川大革命高潮的掀起及全国北伐军胜利进军也起了积极的作用。如果没有四川国共合作局面的形成,四川的大革命运动永远不可能走在全国各省前列。

第四章 四川大革命的高潮及失败

第一节 重庆民众的反帝反军阀斗争

一、以声援"五卅"惨案为主的反帝爱国斗争

早在1924年全国大革命初期,重庆民众反帝反军阀的革命斗争就在重庆团地委领导下轰轰烈烈开展起来。那时,重庆团地委通过自己领导的学生群众组织平民学社、学行励进会和工人群众组织劳工互助社以及妇女组织妇女改进会来开展革命斗争。从1924年初至1925年5月,组织和领导的较大规模的革命斗争就有"德阳丸案"反日运动、非基督教运动、国民会议运动、悼念孙中山的宣传活动等。

1924年11月19日,日本帝国主义的商船"德阳丸"号私运伪币到重庆贩卖,用武力抗拒我国检查,并打伤前去检查的我国军警多人,还将其中四人打落江中淹毙,引起重庆各界群众愤慨。崇洋媚外的军阀政府反而向日本道歉,并不准将此事登报,不准群众团体、学校师生介入,力图掩盖证据,否认一切,因而更激起了各界群众的公愤。团中央驻重庆特派员萧楚女毅然在《新蜀报》上先后用"匪石"和"寸铁"的笔名连日长篇专论,大声疾呼。重庆团地委在萧楚女指导下,在团委书记罗世文带领下,积极领导各界群众起来抗争。团地委发动团员首先在省立第二女子师范学校鼓动全校学生及教职员工,分头邀请各校师生一致力争。然后,联络重庆各界召开了"德阳丸案"重庆国民外交后援会成立大会,重庆各界45个团体、约300名代表出席了会议。会后,萧楚女亲率群众代表到日本领事馆问罪,进行面对面的说理斗争。此后,又组织召开了 64 个团体、1000 多人的声讨大会,着重是抨击日人贩卖伪币、打伤我国人员的罪行,同时,对海关监督江某之媚外丧权辱国之罪行进行猛烈抨击,迫使反动当局接受群众提出的六项条件。这次反帝运动使重庆民众进一步认清了帝国主义的侵略本质和反动军阀的卖国面目,有力地声张了民气,提高了群众的爱国热情。

1925 年初,重庆团地委通过平民学社等外围组织领导了"国民会议促进会"运动和"悼念孙中山先生大会"的运动。在欢送国促会四川代表赴京参加国促会全国代表大会时,重庆各界群众 1.4 万人举行了游行活动,声势浩大,影响颇广。悼孙会即悼念孙中山先生大会的规模更大,影响更广,有 4 万多群众参加大会和游行活动。此外,非基督教运动,在萧楚女领导下也开展得有声有色,效果颇佳。这些革命斗争,不仅扩大了重庆团地委在群众中的影响,而且也使重庆民众在斗争中得到了锻炼,从而为后来大规模的声援"五卅"惨案的斗争奠定了基础。

1925 年 5 月 15 日,上海日本内外棉纱厂资本家开枪镇压罢工工人,当场打伤 11 人,其中共产党员顾正红被打成重伤,医治无效,不幸牺牲。5 月 30 日,上海 2000 多学生、工人到租界各马路宣传演讲,以示抗议,遭到英国巡捕房歹徒开枪射击,当场击毙数人,伤 10 余人,拘捕 60 余人,造成"五卅"惨案。中国共产党立即发动全国各族人民掀起了一场以声援上海"五卅"惨案为中心的反帝爱国运动。

6 月 2 日,重庆《商务日报》报道了上海发生"五卅"惨案的消息,各界群众义愤填膺。当时,党、团组织的负责人杨闇公、冉钧等立即发动党、团员响应党中央的号召,积极投身于这场反帝爱国运动之中。6 月 4 日,重庆团地委的外围组织劳工互助社、平民学社、学行励进会、自觉公学等进步群众组织同反帝大同盟、非基督教大同盟等一般群众革命组织,立即联络部分学校、工会及《新蜀报》、《商务日报》等报社,共 38 个团体,联合发出了快邮代电,声援上海学生和工人的爱国斗争,并提出了 11 条具体主张:

(1)我国人民一致起来打倒英、日帝国主义;

(2)实行排斥英、日货运动;

(3)决定 5 月 15 日及 30 日为国耻日;

(4)收回上海太上政府……外国公审堂及工部局;

（5）收回英、日租界；

（6）收回英、日在华一切权利；

（7）通告全世界，中国与英、日暂断国交；

（8）迅速组织对此次之特殊国民外交后援会；

（9）各界联合组织各种演讲团，向中国国民尽力宣传此次事变及对付方法；

（10）新闻界特别专栏，研究对付方法，并唤醒民众；

（11）发起募捐会募捐，接济上海罢工工人[①]。

同时，重庆劳工互助社还派出了演讲队上街到处宣传，以唤醒和鼓动各界群众，一致投入声援"五卅"惨案的爱国运动。

6月5日，由劳工互助社发起，邀重庆各界50余名代表，在重庆城内打铁街社育电影院召开英、日惨杀华人后援会筹备会。会议由中共党员程秉渊主持，共青团员刘远翔为主席，选举程秉渊、刘远翔、喻陵翔、曾净吾、叶兰奎、缪云淑、左淑亚等15人为筹备员，分头联络工、农、商、学、妇女、新闻等各界，完成筹备事宜。

6月7日，重庆团地委通过自己的外围组织重庆劳工互助社，组织召开了有84个团体、单位，共400多人参加的英、日惨杀华人案重庆国民外交后援会成立大会（以下简称后援会），宣告了后援会的正式成立。会上，通过了电促政府向英、日交涉，联络全国各团体斗争到底，警告英、日政府，加强宣传，电慰上海受伤工人学生等五条决议，选出罗世文、程秉渊、叶兰奎、刘远翔等为后援会各部负责人（其中共产党员、共青团员占绝大多数。）

6月11日，后援会向全国发表宣言，痛斥英、日帝国主义的侵华罪行，号召全国各界人士同舟共济、同仇敌忾，誓为正义而奋斗、为自由而牺牲。该宣言还指出："与其委屈而生，勿宁伸愤而死，不达以下条件，誓不罢休。"[②]这些条件就是：

（1）英、日两国担负赔偿已死亡工人、学生每名28万元及伤者医药费；

（2）收回领事裁判权，关税管理权，租借华地权，英、日人民自由居住贸易

[①]《商务日报》1925年6月5日。
[②]《商务日报》1925年6月12日。

权,英、日在华设立教育及银行权及在中国安置武装军警权;

(3)取消英、日一切赔款及债款;

(4)立刻取消上海工部局及会审公廨;

(5)英、日两国永远缔结条件,不得再有此类横蛮事情及类似一切横蛮行为;

(6)英、日政府正式向我国政府道歉。

到6月中旬,加入后援会的团体增至120多个。为了加强对后援会及其反帝爱国运动的领导,团地委决定,由后援会中的党、团员组成独立的直属小组,团地委各部成员都参加到小组活动。同时,指定团地委组织委员冉钧和程秉渊、曾净吾等5人组成训练委员会,训练党、团员作好后援会中的组织发展工作。还派党员黄君尧、裴紫琚、冉钧、周贡植等常驻后援会机关负责联络[1],该机关设在城内的文昌宫内。

在杨闇公为首的重庆团地委领导下,后援会开展了声势浩大的声援活动。首先是后援会号召各界与英、日经济绝交。6月15日,重庆航业公会所属重庆綦江、涪陵、江津、渠县、合川等20余处船帮11.2万人公开宣布与英人绝交,宁愿牺牲营业,也绝不给英人运输。16日,铜元局造币厂全体职工主张以武力驱逐英帝出境,英轮老"蜀通"号华人职工全体宣布罢工,满载货物的英轮瘫痪在岸边,无法起航。17日,拥有5000多工人的重庆熟毛工会全体会议决定,凡该会中受雇于英、日工厂者限期退出,尚未受雇者严禁受雇。18日,英人所办隆茂洋行东栈300多猪鬃工人退出,他们宣布"一律出行"、"返家务农",并表示"宁愿饿死,绝不受洋奴的管制",决不"在英旗之下谋生活"。19日,英太古、怡和两公司全体华人员工声明脱离该公司。日商日清公司囤船职工也宣布辞职。到6月底,重庆地区英、日人所雇华工一律罢工或辞职,商界宣布停办英货并停止向英、日人供应一切食品和日用品[2]。与此同时,后援会的工人组织起纠察队,清查仇货,监督经济绝交的实行,并烧毁了大批仇货。英、日侵略者在重庆人民的经济打击下狼狈不堪。

但是,英、日帝国主义并没有善罢甘休,相反,他们千方百计与重庆人民

---

[1] 中共重庆市委党史工作委员会编:《大革命时期的重庆》,1984年版,第15页。
[2] 黄淑君主编:《重庆工人运动史》,西南师范大学出版社1986年版,第40—41页。

作对。声援"五卅"惨案的斗争初起时,英国驻渝领事阿尔沔和日本驻渝领事加来美知雄便联名致函省长行署,诬蔑重庆人民与英、日经济绝交是"骚扰举动",要求地方官"尽力设法维持"①。7月2日傍晚,南岸龙门浩民团教练长派人保护英商隆茂洋行,遭到附近群众怒骂,停泊在长江中的英国兵舰上的水兵即持枪登岸行凶,在龙门浩隆茂洋行码头上刺死革命群众4人,伤10余人,造成重庆"龙门浩血案"(又称"七二"渝案)。次日,在重庆团地委领导下,后援会立即发起召开了重庆市民大会,愤怒谴责英军暴行,并组织群众抬尸游行示威,却遭到重庆卫戍司令王陵基派兵镇压,打伤工人纠察队员并捕去演讲学生多人,还严禁英、日企业的华工辞职,不准在英、日侨民驻地演讲等等。然而,重庆民众在重庆党、团地委的领导下,毫不退缩,向反动军阀展开了更加强烈的抗议活动。同时,全省各地群众也纷纷组织后援会,声援重庆民众的正义斗争。重庆声援"五卅"惨案的爱国运动掀起高潮。军阀王陵基在群众压力下,被迫释放被捕的工人和学生。

1925年10月10日"双十节",重庆团地委领导后援会和重庆学联,预备分成水陆两路举行大规模的宣传纪念活动,开展反帝反军阀斗争,由于反动军阀王陵基派兵制止,结果水路行动流产,只有陆路的游行纪念活动得以进行,其规模和声势仍然十分壮观。

1925年11月7日和8日,重庆"美仁"轮事件发生。美国商船"美仁"轮分别在长寿瓦罐窑和江北鱼嘴沱挑起事端,浪沉长江中的中国木船,并用机枪扫射船上的中国同胞,造成54人死亡,9人受伤。惨案发生后,重庆团地委立即领导后援会和重庆学联在重庆民众中进行了广泛宣传,同时,为了争取中国军队的部分军人与民众一道反帝,明确提出了"中国士兵不打自己的兄弟,要去杀外国强盗"的口号,特别是首次提出了争取军人加入到反帝爱国运动中来的策略。9日,在重庆团地委的发动下,外交后援会组织广大群众把死者尸体和伤员抬到美柯克士洋行示威,提出惩凶、赔款、治伤等条件。美国驻重庆领事最初表示答应,继而又反悔,最后居然还提出所谓"抗议"。后援会立即针锋相对发表声明,予以谴责,并出版《美仁轮案专号》,揭露事件真相,还专门派出代表团赴北京向外交部交涉。重庆海关在群众压力下,扣留了

---

①《商务日报》1925年6月。

"美仁"轮。但是,腐败的北洋军阀政府妥协媚外,竟然下令放走了"美仁"轮,此事便不了了之。然而,"美仁"轮从此再也不敢在川江航行了。至此,这场由重庆团地委领导和发动的声势浩大的重庆反帝爱国运动也就基本平息下来。

1926年初,重庆反帝革命运动蓬勃发展。2月,重庆民众反对日本出兵侵略中国奉天(即南满);3月,纪念孙中山先生逝世周年,声援北京"三一八"惨案等,重庆民众都开展了声势浩大的革命活动。

1926年"五卅"惨案和"七二"渝案周年纪念时,正值全国大革命运动蓬勃发展之际。在中共重庆地委、重庆团地委领导下,重庆各界群众分别都举行了更大规模的反帝游行活动,进行了反帝革命宣传。重庆党、团地委还联络国民党左派、后援会等18个群众团体,发布了40多个文告,历数帝国主义和反动军阀的各种罪行,宣传全国革命形势的发展情况。这两次活动是重庆民众声援"五卅"惨案反帝爱国斗争的继续,也是对军阀统治下的重庆国民革命力量的大检阅,它表明中共重庆地委、重庆团地委和四川国民党左派的力量已迅速壮大起来,四川大革命的高潮即将来临。

二、声援万县惨案的斗争

1926年7月,广州国民政府命令国民革命军出师北伐,全国大革命进入高潮。8月下旬,北伐军在两湖主战场取得巨大胜利,军阀吴佩孚退缩于武汉。为了挽救濒临垮台的吴佩孚集团,保住自己在长江上游的既得利益,英国调遣大批军舰云集中国东南沿海,进行武力恫吓。同时,英国商轮也在川江上肆意横行,寻衅肇事,浪沉中国民船,挑起事端。

8月29日,英轮"万流"号在云阳江面故意浪沉军阀杨森第四师三艘木船,淹死官兵56人,损失枪支56支、子弹5000余发、盐款8.5万元(银圆)。此次损失较以前数次更为严重,且已引起中国军人之愤怒,驻万县川军总司令杨森为顾全国体,不得不派兵将该肇祸英轮扣留,以便办理交涉,但英人蛮横不讲理,当即从英兵舰上派兵多名来到该轮,强行将杨部扣船士兵的枪支弹药一并收缴,且开枪打伤扣船的中国士兵,气焰十分嚣张。

这时,中共党员朱德正在万县杨森部任广州国民政府代表,陈毅也受中共北方区委李大钊派遣在杨森部工作。他们二人立即以民族大义为重,教育杨森,使杨森派兵扣押了英商太古公司停泊在万县江面的"万县"、"万通"两商轮,并致电英国驻重庆领事馆交涉。英领事卢思德马上赶到万县,无理提出先放船、再交涉的条件,遭到杨森拒绝。英国政府就从重庆、宜昌调来"威警"、"嘉禾"两艘用商轮改装的兵舰,与已在万县的"苛克捷夫"号兵舰会合,准备诉诸武力。当时全川军民及万县父老,痛恨英领事的蛮横无理,痛恨英兵的野蛮威迫,坚请驻万川军万勿惧让,杨森也以职责所在,顺从军民之请,为正当防卫计,对英兵作了相当的警戒。

9月5日午后5时半,由宜昌开来的英"嘉禾"舰架起巨炮数尊,机关枪百余杆,装载硫黄弹无数,满载英兵,抵达万县城,逼近被扣的"万县"号英轮。5点45分,英兵突然用机枪和大炮轰击扣押"万县"轮的中国士兵,使之几乎全部毙命。英舰"苛克捷夫"号于5点48分,一方面开快枪向"万通"轮上的中国士兵射击,一方面用大炮向万县城两岸乱轰。5点50分,"威警"号英舰也开排枪,向"万县"、"万通"两轮上扫射,并用巨炮对准万县城两岸,以及南津街商场、省长行署、万县中学、杨森的总司令部等地发射炮弹,"嘉禾"号也用巨炮向上述各地乱轰。南津街、陈家坝等万县城的繁华之区悉遭炮击。炮击时间长达两个多小时。三艘英舰共发大炮300余发,此外还发射了国际禁用的硫黄弹100余发,以致万县城烽火冲天、瓦砾满地、血肉横飞、一片惨景。驻万川军出于保全民命计,不得已开枪还击。英舰在炮击万县城时,击中了法国教堂真原堂,法兵为之震怒,法国兵舰遂开炮还击英舰,帮助中国军队共同将英舰驱逐出境。据查,在这次全国著名的万县"九五"惨案中,中国军民死亡604人,伤398人,损失财产达2000多万元[①]。

9月6日,陈毅受朱德委托赶赴重庆向中共重庆地委和国民党莲花池省党部汇报万县惨案详情,并请求支持。9月8日,莲花池省党部召开紧急会议,决定以张锡畴、牟炼先、李嘉仲、张仲甫、雷兴政(女,又名雷晓辉)等中共党员和石荣廷、骆身齐、胡子昂、叶兰奎、张雨琴、杨伟攻等11人暂时组成万县惨案四川国民雪耻会,作为公开领导四川人民反英斗争的合法组织。该雪耻会设执行委员会和特组委员会,共产党员冉钧、刘成辉、张锡畴、李嘉仲、牟炼先、刘远翔、曾君杰等均任其领导职务。同日,在中共重庆地委领导下,国

---

① 中共四川省委党史工委编:《万县九五惨案》,四川社会科学院出版社1986年版,第4页。

民党莲花池省党部发动重庆各界 300 多个团体开会,正式成立了万县惨案四川国民雪耻会。会议通过了向全世界、全国、各国驻华公使和广东国民政府发出通电、宣言,举行罢工、罢课、罢市和游行示威等 17 项决议。

成立大会召开后,发表了《万县惨案四川国民雪耻会成立宣言》,该《宣言》提出惩凶、赔款、道歉、收回内河航运权、撤退英国驻华海陆军、废除不平等条约等 6 项要求。同时号召不分阶级组成统一战线,与英实行经济绝交,并拥护国民革命军北伐,打倒吴佩孚、张作霖等反动军阀,取得民族的彻底解放。

9 月 10 日,重庆商务督办潘文华召集在渝各报馆及民政机关开会,决定由到会团体电告杨森保持民族气节,不得答应丧权辱国的条件。潘文华还以个人名义致电万县当局,表示情愿牺牲一切为国家争主权、为民族争人格。刘湘、邓锡侯、赖心辉、李家钰等四川军阀也纷纷通电谴责英军暴行。这样,声援万县惨案的斗争,就发展成了由国民党四川临时省党部领导的各阶级、各阶层联合的反帝爱国运动。

9 月 14 日,万县惨案四川国民雪耻会向重庆市民发出紧急启事,决定 18 日举行全市城乡水陆游行大会,要求军、政、警各机关停止办公,各学校罢课,各工厂罢工,各商店罢市,风雨无阻,参加大会和游行。

18 日这天,重庆 6 万多军民齐聚打枪坝,愤怒声讨英国帝国主义的滔天罪行。会上重申了该雪耻会提出的 6 项要求,宣布与英国实行经济绝交。上午 11 时,游行开始,在杨闇公率领下,游行队伍从打枪坝出发,雄赳赳气昂昂地沿主要街道到达江边,沿途传单飞扬,口号声此伏彼起。到达朝天门码头后,江中 200 余艘船只同时怒发,轮船前导,汽船次之,小舰随后,皆满悬白旗,以示哀悼,情景十分壮观。沿江两岸的陆上游行队伍大为振奋,狂舞写有抗英口号的小旗,口号声震天动地,与江中的口号声交相呼应,响彻云霄。这次城乡水陆大游行为重庆历史上的第一次,其声势之大,前所未有,在全川引起了强烈的反响[①]。

与此同时,重庆人民以有力的经济绝交狠狠打击英国侵略者。万县惨案四川国民雪耻会所设特组委员会专门制定了《重庆市民对英经济绝交公约》,

---

[①] 中共四川省委党史工委编:《万县九五惨案》,四川社会科学院出版社 1986 年版,第 9—10 页。

提出了三大措施:(1)抵制英货。各商号已购英货要限期售完,不准再购。(2)与英人实行"不合作政策"。禁止向英人提供一切用品,不得搭乘英船,存货英栈,存款英人银行等等。凡加入英国国籍者须即日声明解除。(3)罢工。为英人作经理、买办、店员、教员、医生、看护、传教士及一切服务人员,务于两日内退出①。

重庆工人积极响应万县惨案四川国民雪耻会关于对英经济绝交的号召。9月16日,英商隆茂、太吉、亚细亚、白理、怡和、安利、英美烟草公司等处的华工在亚细亚洋油公司举行会议,决定自18日水陆城乡大游行之日起全体离职,并拟订了惩罚破坏团结、私与英人服务者的约规。到9月下旬,又有"卜内门"、"老蜀通"、"秀山"、"绥定"等英国轮船所聘之华员及熟毛帮,洗梳帮,庆隆、同德、伦利三个提装工会,趸船划子帮,英商华员会等宣布罢工。9月28日,熟毛帮、洗梳帮等7个团体的罢工工人2000余人,手执"誓死罢工,请求援助"的小旗,整队游行,向各军政机关法团请愿,慷慨激昂,观者无不为之动心②。雪耻会还专门组织了一支由60余人组成的工人纠察队,严防奸商私贩英货,共产党员曾君杰、刘远翔、张雨琴等担任纠察队队长。

为了救济罢工工人,重庆商务督办成立了万县惨案重庆罢工工友救济会,雪耻会也派出四名代表参与其中工作。救济会在短时间内就募得了大批现款,连川军首领刘湘、杨森也各捐了1万元,刘、杨及赖心辉所部各师旅长也分担了1万元。社会各界的支持,有力地推动了罢工反帝斗争的持续发展。

正当重庆人民声援万县惨案的斗争不断深入之际,杨森的谈判代表季宗孟与英方达成协议:杨森释放"万县"、"万通"两轮,双方组织浪沉船只调查会;英方保证今后军舰上驶决不采取敌对行动;赔款问题,另案处理③。消息传来,重庆人民义愤填膺,万县惨案四川国民雪耻会立即发出抗议电报,要求查办季宗孟,不承认交涉条件,表示万众牺牲,在所不惜。

1927年2月15日,莲花池省党部发起280多个团体、300余名代表在夫子池巴县教育局集会,成立了重庆工农商学兵反英大同盟,共产党员程秉渊、

---

① 《国民公报》1926年9月27日。
② 黄淑君主编:《重庆工人运动史》,西南师范大学出版社1986年版,第77—78页。
③ 《重庆关监督致外交部电》,见《历史档案》1981年创刊号。

曾君杰等被选为该大同盟的执行委员。3月5日,该大同盟举行3万人的示威大会,一致通过援助上海罢工工人、继续实行对英经济绝交、要求撤换丧权辱国的交涉员季宗孟、要求撤退英帝驻华军队等15项提案,发表了大会宣言,会后还举行了声势浩大的示威游行[①]。

但是,由于军阀政府的腐败,关于万县惨案的中英交涉最终是以放走英"万县"、"万通"二轮而草草收场。然而,在这场斗争中中共重庆地委及其合作者莲花池省党部起了组织和领导作用,显示出了国共合作的巨大威力,同时预示着大革命高潮的来临。

三、重庆革命群众运动的蓬勃发展

在大革命时期,重庆的革命群众运动蓬勃发展,是四川国共合作的必然结果,中共重庆地委和重庆团地委在运动中起了核心领导作用。

第一,改组和健全工会组织,加强了对工人运动的引导。大革命时期,重庆各行业工人大约有10万人,其中产业工人只有约5000人,而且大部分是丝厂女工。在工人中,猪鬃加工、木机织布、手工制革、船工、泥木石工等手工工人和从事搬运、人力车、抬轿、挑水等的苦力工人,以及店员占绝大多数。手工工人和苦力工人,其居住和工作都相当分散,并处于各种行帮、老板和工头的奴役和压迫的束缚之下,因而开展工人运动十分困难。

1925年初,杨闇公始任团地委代理书记后,依靠团员组织了劳工互助社,并进一步办好平民学校,开办工人夜校,通过宣传教育,提高工人的政治思想觉悟,吸收工人中的骨干分子加入共青团。同年7月,团地委又决定把劳工互助社改为青年劳工互助社,专门吸收各工会的下层青年,为建立总工会打下基础。同年冬,又组织建立了工界公益联合会。1926年初,以杨闇公为首的中共重庆地委成立不久,地委专门增设了职工运动委员,以便加强对工人运动的领导,同时将劳工互助社的刊物《工农之声》更名为《四川工人》,扩大发行,以便加强对广大工人群众的宣传、教育和引导。

4月17日,在中共重庆地委和重庆团地委领导下,四川劳工互助社(团地委的外围组织)召开了全体大会,到会的达100多人。会上,选举产生新一

[①]《国民公报》1927年3月5日。

届领导机构,中共党员刘远翔被选为总负责人——总务主任,中共党员曾俊杰被选为教育主任,此外还选出了文书主任刀炳忠,宣传主任张仁为,组织主任钟清源,调查主任徐海,庶务主任陈仿尧,黄志高、李秋元被选为候补委员。从而,四川劳工互助社更加充满朝气与活力。5月1日,中共重庆地委利用国民党左派省党部名义,组织召开了重庆各界国际劳动节游行庆祝大会,大会由叶兰奎(重庆工界外交促进会发起人之一)主持,劳工互助社领导人刘远翔、曾俊杰分别在大会上作了报告。劳工互助社绝大多数社员参加了这次活动。

此外,中共重庆地委还通过国民党莲花池省党部工人部,组织工人、职员公开活动,使得以工人为主体的各行业工会陆续建立起来,逐步瓦解了由国民党右派四川省党部控制的市工会,在此基础上于1926年11月21日正式成立了由中共重庆地委领导的重庆市总工会,从此全市工人真正有了自己的统一组织。

第二,改组学联,加强了对学生运动的领导。到1925年,重庆已有中学17所,其中官办8所、私立6所、教会学校3所,小学和各种补习学校则更多。"五卅"惨案前,重庆学生运动已有较好基础。从1924年6月起,重庆团地委首先通过已有的学联会开展学生运动,并注重到学校在学生中发展团员,扩大团组织和建立团支部,引导广大学生阅读中共党、团中央的机关刊物《向导》、《中国青年》和《新青年》等,还通过平民学社、学联会组织各种演讲会,杨闇公、吴玉章、童庸生等常是这种演讲会的主讲人,向学生宣传革命思想。1925年7月,重庆团地委决定将自己领导的学生团体平民学社改组,将其扩充到各县去作学生运动的总策源地;同时,预备成立重庆青年团体联合会以代替旧学联。同年9月,重庆团地委组织召开了学联改组大会,重庆和江北50多所学校中有40多所学校派了代表参会。从此,重庆学生界的领导权转移到了由重庆团地委领导的川东学联和平民学社手中。

中共重庆地委成立后,立即组织和领导了一场以青年学生为主力的反帝反军阀革命斗争。1926年3月25日,在"五卅"惨案中牺牲的川籍学生、上海团地委组织部主任何秉彝烈士的遗体运回原籍,途经重庆之际,中共重庆地委通过自己控制的"五卅"惨案重庆国民外交后援会,在巴县图书馆召开宣传大会,中共党员兼团地委书记童庸生在会上发表了慷慨激昂的演讲,广泛宣传国民革命和北伐战争的伟大意义,听众大受鼓舞。然后,经过一番组织筹备,27日又发起召开了万人大会,组织规模盛大的游行,追悼何秉彝烈士。

中共重庆地委又通过川东学联就1926年3月18日北京惨案向全国发出通电,愤怒声讨段祺瑞政府镇压革命群众反帝爱国斗争的滔天罪行,提出了"请国民政府及全国军人北伐讨段"、"断绝与北京政府的一切关系"等几条要求。29日,川东学联又联合重庆工会联合会、重庆工界外交促进会等40多个团体开会,成立了北京惨案重庆国民外交后援会,选举冉钧(中共重庆地委组织部主任)、张锡俦(重庆团地委组织部主任)、郑鼎勋(重庆团地委学生部主任)、韦凤阶、邓孝可、漆南薰、叶兰奎等七人为委员,并分别负责该后援会各部工作。

4月25日,针对国民党右派市党部石青阳、陈静修借伪市党部开"一大"之机搞反赤宣传的举动,中共重庆地委通过莲花池国民党左派省党部,组织各校学生演讲队上街演讲,宣传孙中山的三大政策和国民革命的意义,揭露右派的丑行,同右派的宣传队打起"宣传仗",右派暴徒在理屈词穷的情况下,恼羞成怒,大打出手,重伤重庆学联负责人张锡俦等数名学生,制造了重庆"四二五"流血事件。

1926年4月,根据中共重庆地委决定,为了便于领导和指挥各校学生运动,经党、团地委积极联络筹备,正式开会成立了由共产党领导的重庆学生联合会。李筱亭、邓懋修、孙卓章、周钦岳、任子勋、李嘉仲、肖华清等作为教育、新闻界代表与其他各界重要人物应邀出席了会议。中法学校、巴县师范、中山学校、巴县中学等各校学生代表参加了会议。张锡俦(川东师范学生、团地委负责人)当选为总务主任(相当于主席),郑鼎勋(中法学校学生、团地委负责人)被选为组织部主任。至此,重庆学生界有了一个在党的领导下的统一的群众组织。此后,重庆和川东各地的学联组织在中共重庆地委和重庆团地委领导下,积极投入反帝爱国革命运动,学生运动在党的领导下起了十分重要的作用。

第三,重视农运工作,加强对农民运动的组织和领导。1925年以前,四川的党、团组织对农民革命斗争重视不够。早在1925年初,杨闇公初任重庆团地委负责人时就曾促"綦江支部注意农民运动"。在声援"五卅"惨案的反帝爱国斗争中,团地委专门组织精干人员加强对农民群众的宣传和引导,使得重庆附近40里至50里远的各乡场都动了起来。

中共重庆地委成立后,立即就从重庆、綦江、江津、宜宾、南充、涪陵等地陆续选送了牛大鸣、黄堂佐、石兆祥等25人去广州参加农民运动讲习所学习,培养四川农运骨干。4月中旬,中共重庆地委派党员领导綦江县东溪乡数百农民与地主、军阀斗争,阻止地主、军阀在綦江连续两年旱灾、饥民死者无数的情况下贩米出川。这次斗争虽然牺牲了三位农民领袖,付出了代价,但也迫使地主、军阀停止了贩米出境,使綦江米荒得到了缓解。4月中旬,重庆地委在中法学校组织了农民运动研究会,300名该校学生全部参加该会,成为会员,学习研究农运工作。

1926年6月26日,为中共重庆地委所控制的、以国共合作为基础的国民党莲花池省党部,从各校的国民党员(其中多数是共产党员、共青团员)和家在农村的进步学生中挑选了60多名骨干人员进行短期培训,然后派他们暑假期间回乡组织农民协会。同时,通知各县党部也照此办法开展农运工作。10月,中共中央派回22名广州农民运动讲习所培训毕业学员,中共重庆地委立即按照中央指示,把他们分配到成都和重庆附近的县上开展农运工作,使这些地方的农运工作普遍开展起来了。

到1926年11月底,全川有14个县开展了建立农民协会的工作,共建立了2个县农民协会、30多个区农民协会、140多个乡农民协会,近2万会员。据不完全统计,到1927年6月,农协会员就猛增到33200人。在全川总人口中农民(即农村人口)占80%多,广大穷苦农民深受军阀、团阀和盗匪之害,尤以地方团阀之害为当时全川农民运动的最大障碍。杨闇公在回顾1926年的斗争时曾经指出:"一年来农民运动之历史,几乎完全是与团阀争斗之历史。"①

第四,重视妇女工作,推动了四川妇女运动的发展。为了加强对妇女运动的领导,中共重庆地委成立后,即派共产党员缪云淑、共青团员游曦筹建重庆妇女的统一组织,游曦任筹备主任。她们深入学校、工厂四处联络,积极筹备,一切就绪后,于1926年4月1日召开了有300多名妇女代表参加的大会,

---

① 杨闇公:《在中国国民党四川省第一次代表大会上的农民运动报告》(1926年11月28日),载《中国国民党四川省第一次代表大会日刊》,1926年版。

正式成立了由共产党领导的重庆各界妇女联合会。大会由游曦主持。会上，选举缪云淑为党务主任，游曦为宣传部主任，丁道秀为组织部主任。饶国模、童幼芝等 10 多人被选为职员。会上，还通过了《重庆各界妇女联合会章程》，并决定把会员分为 6 支部：女师校、川东女子职业学校、江北、中法学校、三里女校各设 1 个支部，另外还设一个家庭妇女支部。

5 月 2 日，重庆妇联发起召开了追悼北京惨案死难女烈士大会。会上，各界妇女代表发言揭露了帝国主义和封建军阀压迫妇女的罪行，发出了争取妇女解放，参加国民革命，打倒帝国主义及其走狗封建军阀的呼声。大会通过了宣言，并向广东国民政府和北京各界同胞发出了快邮代电，要广东国民政府迅速出师北伐，打倒反动军阀，呼吁北京同胞为民族解放，为国民革命，为死者复仇，为生者雪耻，再接再厉，不怕牺牲，奋斗到底！同时，大会还发出了《敬告全国妇女同胞书》，会后又出版了《北京惨案女烈士重庆妇女追悼大会特刊》。此后，重庆和全川的妇女运动在中共重庆地委的领导下轰轰烈烈地开展起来了，在四川大革命运动中发挥了重要作用。

第二节 顺泸起义的爆发及意义

一、顺泸起义的酝酿

1926 年 7 月国民革命军北伐前夕，吴玉章、杨闇公、童庸生等人已有组织部分川军武装起义的设想。北伐战争目的是要推翻吴佩孚等北洋军阀在中国的反动统治。当时，吴佩孚在英、美帝国主义支持下，控制着湖北、湖南和直隶的一部分，在河南、江西、四川、福建、陕西各省也有一些地方军阀追随于他。湖北是他的主要基地，因而必将成为北伐战争的主要战场。与湖北相邻的四川省，当时地方军阀四大集团有 20 万人枪，实力较强，其中杨森集团有 6 万多兵力，最为强大，扼守着川东门户万县，且与吴佩孚早有勾结。因此，四川军阀的向背对于将来北伐战争的顺利发展有重要的直接影响。如果争取川军倾向革命，就能消除川军对北伐军的侧翼威胁。所以，1926 年 1 月，杨闇公、吴玉章、童庸生在广州出席中国国民党二大时，就在大会期间提出了在四川采取某些军事运动的设想。吴玉章还在向大会作的《四川临时省党部党务报告》中明确指出:"四川居长江上游,人口有七千万,地大物博,实居南北最重要的地位。现在北方军阀正在内溃的时候,我们革命军要往北发展,同西北革命军联合,四川实为一大关键。"①这正是后来顺泸起义的基本战略意图。杨闇公、吴玉章、童庸生他们的设想,在当时就立即引起了国共两党中央重要成员邓演达(后来成为北伐军总政治部主任)的重视,邓演达当时就对杨闇公说:"北伐一定成功,要取武汉,川军杨森对湖北、宜昌、武汉威胁太重。共产党同志要负责这方面的工作。"②

杨闇公、童庸生、吴玉章出席国民党二大回川后,即以莲花池省党部名义着手四川军事调查,在川军中开始策反工作。4月后,中共重庆地委就利用吴玉章、刘伯承在川军中的威望,直接与川军首领特别是思想"左"倾的师、旅长接触,加强联系。6月,地委又派吴玉章、童庸生、何绍先、潘崇阶等分别去顺庆何光烈部、泸州袁品文部、合川黄慕颜部和黔军王天培部做工作。7月,广州国民政府下令国民革命军出师北伐,北伐战争掀开序幕。8月3日,地委在认真调查研究的基础上,向中共中央专题汇报了四川军阀的动向,同时向中央提供了一份非常详细的《四川军事调查表》③。杨闇公等分析了四川军阀因北伐战争的迅猛发展而出现的"摇摆不定的样子",以及他们对革命势力的亲近靠拢情况,向中央提出了"在这样的状态下我们的工作也因之扩大的请求"。8月23日,党中央明确指示,应该"插入军中去做政治宣传,可以有在旧军队中培种新的力量的机会","希望在川中发生一个左派军队,发生自己的武力"④。

9月,根据对四川军事情况的准确分析和中共中央的指示,中共重庆地委及时提出了在四川"扶起朱德、刘伯承同志,造成一系列军队"⑤的主张。从策略上"对四川军阀一方面拉拢使之有利北伐进军,一方面培养自己的实力"。在战略上是"'前面抵,后面拉'的办法"⑥。所谓"前面抵",即派朱德去

---

①《中国国民党第二次全国代表大会各省区党务报告》,1926年1月。
②中共四川省委党史工委编:《顺泸起义》,四川大学出版社1987年版,第44页。
③《重庆地委向中共中央的报告》(1926年8月3日),原件藏中央档案馆。
④《中共中央致重庆地委信》(1926年8月23日),载《中共中央文件选集》第2册,中共中央党校出版社1989年版。
⑤《童庸生向中共中央报告川中情形》(1926年9月),载《中央政治通讯》第3号,1926年9月15日。
⑥刘伯承:《纪念杨闇公同志》,载《忆杨闇公同志》,四川人民出版社1979年版,第4页。

万县做杨森的工作,阻止其出川与北伐军作对;所谓"后面拉",是指在四川顺庆(今南充)—泸州一线发动武装起义,牵制四川军阀力量,以利于北伐的顺利进军。地委随即拟定了在顺庆、泸州、合川发动武装起义的计划。9月上中旬,中共重庆地委组织部长童庸生专程去上海,当面向中共中央报告了中共重庆地委关于顺泸起义的计划。他在报告中说,川中军队属于我们的武力即地委掌握的武力有:何光烈部驻南充的秦汉三旅2000余人枪,邓锡侯部驻合川的黄慕颜旅2000余人枪,秦、黄均已是中共党员。此外,"左"倾的武力有:杨森部驻涪州一带的郭汝栋师7000余人枪、向时俊师4000余人枪,刘湘部驻重庆附近的潘文华师3000余人枪,赖心辉部驻泸州的甘清明旅2000余人枪,何光烈部驻顺庆的杜绍如(伯乾)旅2000余人枪,刘文辉部冷寅东旅3000余人枪、刘重民旅3000余人枪,刘文辉部参谋长张学明也是"左"倾军人。其中郭汝栋、向时俊、潘文华均已加入国民党。中共中央听取童庸生的报告后作出指示:要求重庆地委利用现时一般军人"左"倾的机会,迅速扩大民众运动;强调我们的军运当注意刘文辉及杨森部,尤其是杨森方面,因其所据地域握川省门户,极为重要;在刘文辉、邓锡侯、赖心辉等部下的"左"倾军队,当使他们各自在内部发生左派的结合,以促其首领"左"倾。中共中央对重庆地委的军运计划予以了原则性的支持和鼓励①。而且中共中央当时还明确指出:刘湘是绝对不可靠,必须排去。我们的军运当注意刘文辉和杨森部,尤其是杨森方面。

1926年8月,朱德、陈毅先后去到万县杨森部工作。朱德与杨森曾在护国军中共事,且二人曾是滇军同僚,故中共中央曾两次把朱德找去专门研究四川军事问题,正好当时杨森向广东国民政府表示要参加国民革命军,于是中共中央通过广东国民政府委派朱德到杨部工作。7月26日,朱德及随行杨逸棠、文强、张亚良等20余人离开上海,乘船沿长江而上,8月11日抵万县,从此开始在杨部做革命军运工作。与此同时,陈毅也受中共北方区委李大钊的派遣来到四川杨森部工作,因当时杨森曾向李大钊表示,要求派代表去他的部队工作,以便他的部队参加国民革命。陈毅到杨森部队后的第二天,杨

---

① 《中共中央听童(庸生)同志报告后的结论》(1926年9月10日),载《中央政治通讯》第3号,1926年9月15日。

森就介绍陈毅与朱德见了面,朱、陈二人互相说明了代表身份。在万县"九五"惨案前后,杨森在朱德、陈毅推动下,对英帝国主义侵华罪行,表现出了爱国主义行动。

1926年9月28日,杨闇公以国民党莲花池省党部名义,在重庆秘密召集川军中12个"左"倾的师、旅长或其代表开会,到会的有黄慕颜、秦汉三、杜伯乾、向时俊、郭勋祺、陈兰亭、袁品文、皮光泽、刘丹武等。会议着重商议了"响应北伐,会师武汉"事宜,会议还决定以"国民政府"名义向川军中旅长以上官佐发出革命鼓动函件。会后,中共重庆地委留下进步军人合川的黄慕颜,顺庆的秦汉三、杜伯乾,泸州的袁品文、陈兰亭、皮光泽继续开会。会上,杨闇公正式宣布成立国民革命军川军各路总指挥部,决定在顺庆和泸州首先举行武装起义。同时,对起义的时间、方法和联络方式等作了实质性磋商。刘伯承在会上被公推为总指挥,黄慕颜为副总指挥兼第一路司令,陈兰亭为第四路司令,袁品文为第五路司令,皮光泽计划为第六路司令①。会后,各回防地听候命令。

10月,北伐军挺进两湖,直捣武汉,革命形势一派大好。这时杨森部奉吴佩孚密命从万县、宜昌侧击武汉,北伐军左翼受到严重威胁。10月15日,国民党中央在广州召开各省党部代表联席会,会议采纳吴玉章的建议,决定委刘伯承以"国民党中央特派员"的名义,派他从广州回川筹划四川军运,推动四川军阀倾向国民革命,阻止杨森出兵东下威胁武汉。10月下旬,刘伯承从广州乘船抵上海,向中共中央汇报了广州方面的情况及川中军事近况,请求中央派人来川工作,支援即将发动的武装起义。中央立即派中央军委欧阳钦同志与刘伯承一道回川开展军运。随后又派了20多人入川。中共中央决定在中共重庆地委增设军事委员会,领导全川军事工作。11月,刘伯承和欧阳钦抵达万县,当天即与在杨森部工作的朱德同志进行了秘密会谈。他们一起研讨了四川及万县的形势。

11月中旬,杨闇公、朱德、刘伯承等在重庆佛图关下六店子刘伯承家召开紧急会议,刘向大家传达了中共中央关于在川组织暴动的最后决定、组建中共重庆地委军委会的指示,以及广州国民党中央联席会议的决定。会上,正

---

① 皮光泽为袁品文部团长,计划起义后将皮团扩编为第六路,皮任司令。

式成立了以杨闇公为书记,朱德、刘伯承为委员的中共重庆地委军事委员会。这是中国共产党历史上成立最早的省级军委之一。杨闇公也向朱、刘二人通报了近两月来重庆的军运情况。经过反复研究讨论,军委会提出了起义的具体计划:争取驻防顺庆和合川的秦、杜、黄三个旅首先起义,以顺庆为根据地,在川北站稳脚跟,随即发动驻防泸州的陈、袁两个旅起义,以相策应;然后泸州起义部队进发到川北会合,扩编为6个师1个军,以刘伯承为军长,创建由中共重庆地委实际领导的武装力量;以后再根据实际发展情况,与西北国民革命军会合。起义部队用国民革命军番号,起义具体时间定在12月5日。

军委会议召开之后,朱德返回万县,刘伯承和杨闇公立即前往合川检查起义准备情况,另派同志加强与顺庆和泸州两地的联系。

11月25日,莲花池省党部在重庆中山学校召开国民党四川省第一次代表大会。27个县、市和特别党部、区分部派代表到会,共106人出席大会,其中共产党员和国民党左派分子占绝大多数,杨闇公、李筱亭、刘伯承、李嘉仲、吴匡时被推为大会主席团成员。12月4日大会闭幕。会上,杨闇公作了政治报告、工运报告和农运报告,刘伯承作了军事报告,邓劼刚和李筱亭共同作了党务报告。大会选举杨闇公、李筱亭、刘伯承、朱玉阶(朱德)、邓劼刚、刘公潜、吴匡时、杨吉甫等八人为省党部执行委员,选举刘愿庵、程仲巷(女)、廖划平、陈宣三、张克勤为候补执委,选举向时俊、李嘉仲、傅双无、吴剑秋、陈达三等五人为监察委员,选举熊晓岩、欧阳缉光、郭云楼为候补监委。大会对原总土地省党部的右派分子分别给予警告、除名、驱逐出境等处分,要求革命分子加倍努力于民众运动,号召进步军人投身于国民革命。会议期间,重庆各界5万多人举行庆祝大会,20多万群众走上街头游行示威,造成了强大的政治声势。这次大会成为顺泸起义前夕对四川革命力量的一次大检阅。

二、顺泸起义的爆发

威震全川的顺泸起义因故比计划提前几天爆发了。12月1日泸州爆发起义,12月3日顺庆爆发起义,与计划安排的顺序正好相反。

在泸州,由于赖心辉已察觉袁品文、陈兰亭两部倾向革命,而实行其"宰割计划",即调袁品文赴江津,使之与陈兰亭隔离,然后分头消灭他们。加之泸州由赖心辉部李章甫、袁品文、陈兰亭三个混成旅驻守,袁品文部驻兰田坝,陈兰亭部驻小市,李章甫是赖心辉的亲信,故李部驻守泸州城内,且把持了行政、税收大权,素为袁、陈所不满,特别是陈与李章甫矛盾极深,极力想除掉李章甫。除此外,袁、陈两部官兵来城内办事、娱乐时,又常与李部官兵冲突,遂使袁、陈同李的矛盾日益激化。所以,袁、陈就根据情况变化,结成两部联盟,不待顺庆事举而首先发动起义。

12月1日,袁品文借口本部所办军事学校举行学生毕业典礼,邀李章甫到兰田坝在毕业典礼上讲话。李来到袁的旅部,即被缴械逮捕。袁、陈二人立即率兵分头打入泸州城,攻占了李章甫的旅部和龙头关军事重地,将赖心辉的直属炮兵营和李章甫的三个团全部包围缴械,只有李章甫的参谋长黎剑侯带领6个连向东南方向溃逃出去了。经过一昼夜激战,次日,起义军占领了泸州全城。3日深夜,袁、陈两部的弁兵共同把李章甫押至忠山山腰,用手枪将李击毙,推入坑中埋了。占领泸州城后,陈兰亭、袁品文联合向全国发出通电,宣布就任国民革命军川军第四路司令和第五路司令。同时,派共产党员黎贯英立即回重庆向中共重庆地委和莲花池省党部作了汇报。

在顺庆方面,驻军师长何光烈,人称"顺庆王",专横暴戾,刻薄寡恩,大肆搜刮民财,人民对他敢怒而不敢言,部属官兵对他也恨之入骨。自吴玉章等到何光烈部开展军运以来,何部官兵加入国民党,拥护国民革命者越来越多。何光烈对手下秦汉三、杜伯乾两旅长疑忌很深,见秦、杜两旅兵力逐渐增强,担心自己被架空,遂调杜伯乾至射洪,欲会同田颂尧解其兵权,另调营山胡锡中旅攻入顺庆,解决秦汉三。秦、杜二人见形势日益严重,召开紧急会议,秘密决定于12月5日趁何光烈在县城土门寺操场阅兵时将其生擒,宣布起义。不料,何的同乡黄锦章向何告密,何便取消此次阅兵,反设"捉拿计",通知排以上军官于12月3日下午4时到师部召开紧急会议,乘机捉拿秦、杜二人。秦、杜料定其中有诈,商定提前起义。

12月3日下午4时,起义部队在城隍庙打响了第一枪。紧接着,秦汉三、杜伯乾率兵猛攻学院街何光烈师部。何的亲信团长刘荣升、岳云锦起兵抵抗,双方在城中展开激烈巷战。后来,刘、岳团中士兵将刘、岳扣押,投向起义部队。同时,起义部队还活捉了何的另两个亲信团长任建勋和吴盛卿。何眼见师部的一个护卫连和机枪连抵挡不住起义军的猛攻,当晚夜半,命令纵火焚烧学院街、正南街、大东街和黉墙街,被烧者达千家之多。秦、杜各带兵一连于三更后将火扑灭。何光烈趁火起混乱之机,由两人护卫,翻墙逃出师部,次日傍晚打扮成老百姓混过起义军把守的城门,逃出顺庆。4日清晨,起义军胜利占领整个顺庆城。6日,秦、杜两旅发布安民告示,饬命地方官筹款赈灾,并将原师部2万余斤铜变卖,救济老百姓。8日,秦、杜宣布就任国民革命军川军第二、三路司令职,并发表就职宣言。

顺庆起义后,秦汉三、杜伯乾立即向中共重庆地委和国民党莲花池省党部杨闇公、刘伯承发来明码告急电,催促合川黄慕颜率部到顺庆会合。此前,袁品文、陈兰亭发动泸州起义的消息已传到国民党莲花池省党部和中共重庆地委,地委和省党部正准备派刘伯承和陈毅(国民革命军川军各路总指挥部政治部主任)前往泸州领导起义军。收到顺庆求援电后,地委便决定派陈毅去泸州,刘伯承赶赴顺庆。

刘伯承途经合川,于12月5日同黄慕颜率黄部王建业团、唐祖尧团、江防警卫营、特科营和学生队在合川起义。合川起义军借口奉命返防成都,顶着滂沱大雨,往成都方向开到大河坝宿营。6日,改道疾驰顺庆与秦汉三、杜伯乾部会合。9日晨,刘伯承、黄慕颜率合川起义军抵达顺庆,三个旅的起义军会合到了一起。刘伯承立即召开紧急军事会议,强调处理好三支起义军关系,整肃内部纪律,安置民众生活,特别是强调了起义部队要统一指挥。

12月10日中午,在刘伯承主持下,秦、杜、黄三部起义军7000余人在顺庆果山公园举行誓师大会暨军民联欢大会。12时开会,15时结束。大会宣布正式成立国民革命军川军各路总指挥部。在秦、杜、黄三人推举下,刘伯承正式就任国民革命军川军各路总指挥,黄、秦、杜三人在会上也宣布就任国民革命军川军第一、二、三路司令职,并联名发出通电。会上,刘伯承代表全体起义官兵作了重要讲话,号召军民团结一致,参加国民革命,打倒帝国主义,打倒万恶的军阀。秦汉三任大会主席。大会主席台两边的红柱上贴有一副反帝对联,上联是"英吉利美利坚赶快缩头",下联是"法兰西小日本各自滚蛋"。

顺泸起义极大地震动了四川军阀。但是,鉴于北伐的胜利进军,全国大革命运动正处于高涨时期,刘湘、杨森等对国民革命持观望、投机态度,暂时还没有出面镇压顺泸起义。可刘文辉、邓锡侯这两个军阀却逆历史潮流而动,以抢占地盘、扩大势力范围为目的,悍然调遣邓部驻广安的罗泽洲师16

个营和驻遂宁的李家钰师两个团,伙同嘉陵江右岸李渡一带监视顺庆的合川陈书农的两个团及何光烈残部,将顺庆城团团围住,企图将起义军一举消灭掉。

面对敌强我弱的局面,12月14日,国民革命军川军各路总指挥刘伯承召集驻顺庆起义军营以上军官会议,提出放弃顺庆,进攻绥定军阀刘存厚,待泸州起义军北上会合,再整编入陕。这时,刘存厚部只有林翼如、谢庶常两个旅勉强支撑,刘伯承提出的这个方案是完全可行的。但是,顺庆起义军中团长和营长们眷顾家小,不愿撤退。加之,中共重庆地委和国民党莲花池省党部的杨闇公又派人送来密信,称已严令泸州起义军北上支援,要第一、二、三路军原地固守。刘伯承只好改变作战方案,重新提出集中兵力、攻破一路的作战计划,从黄、秦、杜三部中抽出8个营交秦汉三在前线作统一指挥。15日晨,起义军以攻为守,向李家钰部发起猛攻,中午即攻占了距顺庆城20里的望水堰一线。这时,敌罗泽洲部的两个团由何光烈督阵,向防守祉福观、凉风堰、五凤山一带的起义军发起进攻,由于起义军杜伯乾部的戴宗勤连长阵前叛逃,让出制高点和缺口,罗部顺势迅速攻入城内,占领了位于西山的起义军总指挥部。李家钰闻城内得手,立即组织反攻,起义军两面受敌,刘伯承率总指挥部预备队向敌军猛烈开火,重创敌军。终因寡不敌众、敌强我弱,刘伯承率兵适时撤退,于15日下午退至灯台场宿营。

黄昏时分,刘伯承、秦汉三、杜伯乾等在灯台场召开紧急会议,研究去向。一致认为,杨森已易旗任国民革命军第二十军军长,杨森部驻大竹的师长白道成、驻开江的旅长王仲澄都曾与刘伯承共事,因而决定把起义部队向东转移到开江整顿待命。当晚,总指挥刘伯承、参谋长涂孝安等赶赴开江接洽。16日晨,起义军开始向开江方向转移,黄昏时抵达蓬安县城。在横渡嘉陵江时遭到刘存厚派来的林翼如旅的袭击,尽管有原何光烈部炮兵团长刘荣陛发炮掩护,但起义军仍然损失严重。后几经周折,于12月22日,顺庆撤出的起义部队分批到达开江,这时,原有8000余人的起义部队,只剩下2000多人了。由于刘伯承的关系,开江驻军师长罗觐光、旅长王仲澄等出城欢迎起义军。后来,起义部队在开江休整数月后,辗转到达鄂西,参加了国民革命军第六军。这已是1926年五六月间的事了。

在顺庆起义军转驻开江的同时,泸州起义军内部开始发生变化。陈兰亭、皮光泽不愿放弃"金泸州",整天抓粮筹款,拒不执行北去顺庆的命令。1927年1月,中共重庆地委军委杨闇公、朱德、刘伯承在万县召开军委会议,为了统一指挥泸州起义军,军委会议决定派刘伯承前往泸州,驻开江的顺庆起义军暂由黄慕颜代行总指挥权。1月中旬,刘伯承离万县经重庆赶到泸州。随即,在泸州建立国民革命军川军各路总指挥部。为缓和起义军内部矛盾,征得袁品文同意,划出两个团组建第六路军,皮光泽任司令;接着在袁品文、陈兰亭、皮光泽三路起义军中建立政治部,加强对皮部的政治教育;还创办泸(州)纳(溪)军政学校,刘伯承亲任校长;特别是整顿财政税收,废除军阀时代的苛捐杂税和一年预征几年粮食的旧规,减轻人民负担,实行经济公开。这样,整个泸州起义部队的面貌又焕然一新了。

1927年重庆"三三一"惨案发生后,刘伯承率起义军各路司令联名通电声讨刘湘、王陵基的反革命罪行,并于4月3日在泸州小较场举行了有3万军民参加的声援大会。时值"四一二"反革命政变前夕,已与蒋介石相勾结的刘湘便不顾一切,组织本部及刘文辉、赖心辉等部联军数万人,围攻泸州起义部队。

鉴于敌强我弱,敌我兵力悬殊,刘伯承曾主张放弃泸州,北上与开江起义军会合。但因陈兰亭、皮光泽贪恋泸州每月8万元的盐税,坚决反对放弃泸州,故刘伯承的正确主张未能实现,再次丧失了主动战略转移的大好机会。此前,根据中共重庆地委军委的指示,当时驻泸州的陈毅也曾反复劝说陈、皮二人放弃泸州,北上与顺庆起义部队会合,结果劝说无效,陈毅只好离开泸州去到合川。面对数倍于己的强敌,刘伯承与袁品文、陈兰亭、皮光泽三路司令商议,作了固守泸州的周密布防:沿沱江、长江沿线加强南、北、西三面的防御,重点设防北面河窄易攻的沱江沿线。集中控制全部船只,还用电影放映机改装成探照灯,夜里不停地扫描江面,防敌偷渡。重点加强龙头关要隘火力,配备迫击炮和重机枪,还安置铁丝网、三角钉等。

4月5日,刘湘拼凑的川黔联军数万人以赖心辉为总指挥,气势汹汹扑向泸州。4月13日,川黔联军已形成对泸州的包围态势。赖心辉数次派奸细混入城内,对起义军进行拉拢瓦解,妄图里应外合夺回泸城,但他的阴谋均未得逞,派出的奸细全被起义军枪决正法。4月下旬,川黔联军总兵力增至六七万人,号称10万,而当时泸州起义军不足1万人,局势日趋严重。4月下旬,赖心辉再次发动兵力进攻泸城,企图以竹排、木筏抢渡沱江,遭起义军袁品文部第二团奋勇还击,二团团长、共产党员许剑霜指挥起义军击退了敌人的强攻。赖心辉见水路失利,转而组成精兵敢死队,共数百人担任陆路主攻,企图攻下龙头关这一陆路入城的唯一通道。早有准备的起义军对敌展开了一场伏击战,敌军大败而退,伤亡惨重。赖心辉接连惨败,又飞电刘慕贤赶来泸州指挥作战。4月30日,刘慕贤指挥军阀部队向泸州发起多路进攻,还以装备钢板的川江轮船掩护数百只快船强渡长江,仍被起义军密集的火力打退。敌军对泸城围攻20余日,屡遭挫败,毫无进展。

蒋介石发动"四一二"反革命政变,建立南京"国民政府"后,5月4日委刘湘为所谓的国民革命军第五路总指挥,5月12日,刘湘以总指挥名义通电讨伐泸州起义部队。5月14日,军阀联军在由刘湘增调了兵力和新式武器装备的情况下,又用汽船由长江、沱江两河抢渡攻击泸州城,但又被击退,且死伤甚多。

孤城泸州被围日久,外无援兵,弹尽粮绝,陈兰亭、皮光泽开始动摇叛变,试图出卖刘伯承总指挥,幸遇袁品文极力阻止。鉴于处境险恶,在袁品文派兵一连的护卫下,刘伯承被迫于5月16日撤退出泸州,辗转到达武汉向中共中央军委汇报情况。汪精卫在武汉发动"七一五"反革命政变后,刘伯承转到南昌,与周恩来、朱德、贺龙、叶挺一道,领导了全国著名的"八一"南昌起义。

刘伯承离开泸城后不久,5月21日,刘湘下达了对泸城的总攻击令。5月23日晚,借助夜幕掩护,袁品文、陈兰亭、皮光泽率起义军乘船突围而去。千余艘起义军的木船突围后顺江而下,24日在王场登岸宿营。此后,又转入川黔边境深山大小槽沟,转移中在泥坝击溃刘湘部旅长穆瀛州的堵截,到达贵州的陈溪、新场。袁品文、皮光泽两部被贵州军阀周西成收编,陈兰亭则率部回松坎南面大山到重庆投奔刘湘。这样,轰轰烈烈的顺泸起义便失败了。

三、顺泸起义的历史意义

在无产阶级上升成为统治阶级以前,暴力革命是马克思主义的基本原理。以武装的革命反对武装的反革命是中国革命的基本特点。中国共产党成立以前,先驱者们就开始了对武装斗争的理论探索,毛泽东、蔡和森、李大钊等都曾为此作出过理论的贡献。党成立以后提出的民主革命纲领则坚决排斥了和平改良的道路而主张暴力革命。第一次国共合作的建立和北伐战争的开展,为党实践掌握革命武装、开展武装斗争提供了契机,毛泽东、周恩来等同志进行过积极的实践。但是,由于党处在幼年时期,这种探索一度被陈独秀"右"倾投降主义错误所阻挠。

以杨闇公为首的中共重庆地委审时度势,勇敢地、创造性地迈出了掌握革命武装、独立领导武装斗争的步伐。顺泸起义最终失败了,其直接原因是当时国内反革命势力的联合绞杀。就起义部队而言,领导者在武装斗争的理论与实践上的不成熟和局限性也是显而易见的。

但是,如果我们把顺泸起义放在当时国内大革命高潮和北伐战争胜利进军的历史条件下,放在中共领导武装斗争的历史长河中,就不难看出它所具有的重要实践意义,即它是除北伐主战场外,国内支援、配合北伐战争最重大的军事行动,也是大革命时期中国共产党人独立掌握革命武装、举行武装起义的第一次重要尝试,它为领导军事工作积累了经验、锻炼了干部。

首先,它由中国共产党领导,由党内专门军事机关组织指挥。那一时期国内的主要斗争——北伐战争是在国共合作的旗帜下进行的,直接指挥机关是广东国民政府。而顺泸起义则不同,它由中共重庆地委领导,由杨闇公任书记的中共重庆地委军事委员会直接指挥,共产党员刘伯承组织实施。这与后来"八一"南昌起义等由我党独立领导,由前敌委员会直接指挥极为相似。

第二,起义选择了城市暴动的道路,起义部队的基础是由革命分子掌握的军阀部队,这些都是那一时期我党所能采取的方式。

第三,起义失败后,杨闇公的战友和顺泸起义的领导者吴玉章、刘伯承、朱德、陈毅认真总结经验教训,都参加了紧随其后的"八一"南昌起义。

顺泸起义在理论上也有重要意义。顺泸起义爆发于1926年12月,它和在此之后著名的上海工人第二、三次武装起义(1927年二三月),南昌起义(1927年8月),广州起义(1927年12月)一样,都相继失败了。严酷的现实提醒人们,在当时的中国,城市武装起义可以取胜一时,但达不到武装夺取全国政权的目的,需要另外探索中国革命的道路。而毛泽东同志领导的秋收起义(1927年9月)则使人看到新的希望。秋收起义始而受挫,继而走上与农民结合,建立农村革命根据地,以保存和发展革命力量的道路。

这就从正反两方面教育了中国共产党人:中国革命的特点是以武装的革

命反对武装的反革命,这是一个十分宝贵的理论成果。但是还不够,还应认识到,中国革命的武装斗争还必须走农村包围城市的道路,方能最终达到武装夺取政权的目的。这样便形成了中国共产党关于武装夺取政权思想理论的两个基本点。历史已经证明,农村包围城市、武装夺取政权才是中国革命唯一正确的道路。

顺泸起义是杨闇公、刘伯承、吴玉章、朱德、陈毅等老一辈无产阶级革命家、军事家为中国人民革命斗争建立的丰功伟绩,他们不愧为我们党内早期优秀的军事工作领导人。顺泸起义在中国现代史上占有重要的地位,具有不可磨灭的历史贡献。

第三节　重庆"三三一"惨案与四川大革命失败

一、重庆"三三一"惨案的发生

1927 年初,四川的革命群众运动蓬勃发展,顺泸起义更是把四川大革命运动推向了高潮,川中各派军阀大受震动。军阀刘湘对此十分恐惧地说道:"莲花池这批人很厉害,他们是要彻底挖我们的墙脚呀!"[1]但因刘湘已于 1926 年 8 月 13 日联络赖心辉、刘文辉、刘成勋等四川军阀联名通电响应北伐,反对北洋军阀吴佩孚,并于 12 月 8 日宣布就任了武汉国民政府[2]委任的国民革命军二十一军军长职,所以,他暂时还没有公开出面镇压革命群众运动。

蒋介石把拉拢四川军阀作为他反共反革命的重要手段。蒋介石从 1926 年 11 月开始走上分裂国民党中央和国民政府的道路后,为拉拢、收买四川军阀,在四川军阀纷纷投靠于他的情况下,于 1926 年 12 月 27 日以国民革命军总司令名义重新加委刘湘、赖心辉、刘成勋、刘文辉第二十一、二十二、二十三、二十四军军长职务,并委刘湘为川康绥抚委员会委员长,其余三人为委员。

1927 年初,蒋介石的反革命活动日益加紧。他玩弄两面派手法:一方面

---

[1]吴玉章遗作,李新整理:《回忆杨闇公同志》,载《历史研究》1978 年第 10 期。
[2]即原广东国民政府,在北伐军胜利进军过程中,于 1926 年 11 月 26 日决定迁往武汉。

通令四川各部"同隶革命旗帜,不准互有军事行动"①;一方面又派自己的亲信爪牙吕超、向育仁、戴弁、杨引之及一批黄埔生入川,勾结国民党右派和四川军阀刘湘等,准备镇压四川革命群众运动。

1927年1月,应刘湘的请求,蒋介石选派自己的亲信、黄埔学生曾扩情、王德清、曾晴初等十余人随刘湘派往南昌的秘密代表、四川善后督办公署军法处处长李子俊返抵重庆,刘湘即委以改组军政治部的重任。

1927年2月,蒋介石以南昌国民党中央常委会名义,派向传义(向育仁)到四川调查并指导全川党务,又委任吕超为四川宣慰使,二人一道返川。向育仁返川途经万县时,还曾策动杨森反共,进攻武汉。

3月23日,蒋介石派自己亲信、黄埔学生戴弁给重庆的刘湘带来了两份电报:一份是武汉国民党中央执行委员会和国民政府委员联席会议免去蒋介石总司令职务的决定,一份是蒋介石以南昌国民党中央常委会名义解散武汉党政军联席会议的通电,要刘湘明确表态。刘湘看后高兴地笑了,说:"这才是真正的南土(当时对云南鸦片的简称——编者注),过瘾!过瘾!"还说:"军人以服从为天职,我服从总司令的命令。"②同日,蒋介石还密电刘湘:"限两周内消灭川境(革命)力量。"③从此,刘、蒋勾结起来,镇压四川革命力量,"围剿"泸州起义军,并筹划着在四川进行更大规模的反革命行动。

3月27日,以刘湘为后台的巴县团阀申文英、申仲文、卢汉成等在南岸组织"讨赤军",并在江北、巴县一带勒索"讨赤费",声称要"肃清共产党人"。同时,重庆城内也出现一些反共拥蒋的反革命传单标语。"讨赤军"以申文英为前敌总指挥,石青阳、卢汉成为副总指挥,申仲文为支队长。

3月24日,北伐军攻占南京。英帝国主义以护侨为名于当天用军舰炮击南京,造成中国军民死伤2000余人。3月28日,中共重庆地委和国民党莲花池省党部决定,由重庆工农商学兵反英大同盟出面发起,定于3月31日在打枪坝召开重庆市民反帝大会,声讨帝国主义的罪行,拥护武汉国民政府出师北伐。同日,莲花池省党部(该省党部已于3月20日迁入巴县议会内办公)

---

① 《国民公报》1927年1月30日。
② 乔诚:《回忆刘湘易帜和"三三一惨案"》,原稿藏重庆市博物馆;另见乔诚、杨续云:《刘湘》,华夏出版社1987年版。
③ 《民国日报》1927年4月13日。

还召集各界团体代表开会,商讨布置大会事宜。重庆各界群众纷纷响应。

"三三一"前夕,与军阀刘湘已有勾结的英、美帝国主义把领事和侨民撤离重庆,并把停泊在重庆的七艘兵舰和商船生火待发,兵舰已褪下炮衣,摆出了制造万县惨案、南京惨案的故伎,为其走狗刘湘撑腰。市内空气十分紧张。

刘湘一方面接连派人对莲花池省党部负责人杨闇公、李筱亭等进行威胁,企图阻止召开3月31日的市民大会,另一方面密谋策划着镇压这场革命活动。3月29日,刘湘在回水沟公馆内召集自己的主要幕僚钟体乾、郭文钦、傅常和驻扎在重庆及附近的几个师长秘密开会,布置对31日市民反英大会的镇压行动,企图将重庆地区的共产党员和左派国民党人一网打尽。会上,作出了反革命大屠杀的最后决定:"由第三师师长兼重庆卫戍司令王陵基及第七师师长蓝文彬负责处理会场里面的问题,将会场内主要分子逮捕起来,解散大会并严防群众上街游行示威。由唐式遵、潘文华、罗仪三、朱召南等师警戒场外和全市,监视黄隐驻扎在重庆的江防部队(即黄慕颜的部队——编者注),及二十军驻扎在江北的第三师师长向时俊部。并要第四师师长罗仪三注意约束驻扎白市驿一带的部队。"[①]会后,王陵基即派人与巴县团阀申文英、曹燮阳联络,要他们到时候派便衣队破坏会场。30日晚,王陵基、蓝文彬在蓝公馆召集有关人员会议,对大屠杀作了具体部署。

根据各方面传来的消息,莲花池省党部和中共重庆地委知道了刘湘一伙准备对大会采取行动的阴谋。于是,30日晚,中共重庆地委书记杨闇公召集中共党、团地委负责人会议,研究对策,决定大会如期举行。但是,为了防止敌人捣乱会场,必须加派工人纠察队和童子军维持会场秩序。冉钧、钟梦侠、刘成辉、蔡铭钊、任煜(白戈)、程志筼、程仲苍到会。

3月31日上午,重庆各界反对英帝炮击南京市民大会在通远门附近的打枪坝隆重召开。中共党、团地委的全体成员,国民党莲花池省党部的绝大多数成员与工、农、商、学、妇各界群众4万多人到会。9时许,各地工农群众和各校学生队伍开始进入会场。一些形迹可疑的人暗藏短枪、大刀和铁棒混入群众队伍也进入了会场,在场内游来游去。11时许,大会正要开始,忽听得入口处几声枪响,接着场内枪声大作,主席台遭到来自五福宫方向的排枪射击。

[①]《四川军阀史料》第4辑,四川人民出版社1987年版,第73—74页。

隐藏在群众中的暴徒,手持短枪、大刀、棍棒,见人便打,逢人便杀,会场秩序大乱。当时,会场共五处出口,有四处被敌人封锁,只剩五福宫一处出口,4万多群众一起冲向此处出口,又遭敌人枪弹阻击,再转往城墙,又被乱枪挡回,毫无秩序地在会场内东涌西荡,最后只好取道西北角小道去九层楼一带跳墙撤退。逃出会场的参会者仍被追赶屠杀。一时间,踩死踩伤、打死打伤、摔死摔伤者甚多,尸积如山,血流成河,惨不忍睹。这次大屠杀从上午11时起,至下午2时结束,死者300余人,重伤者700人至800人,轻伤者不计其数[①]。

与此同时,军阀、团阀还组织暴徒捣毁了莲花池省党部和左派市党部,以及市总工会、妇女联合会、中法大学、中山学校、巴县中学、巴县国民师范、四川日报社等左派机关学校。

莲花池省党部监察委员陈达三闻讯赶来制止,在五福宫口遭蓝文彬的弁兵开枪打死。

重庆市党部执行委员、国民党左派、著名经济学家漆南薰则被歹徒拖至郊外两路口剖腹、杀头、肢解而死,弃于路旁。

4月1日,中共重庆地委组织部长冉钧脱险后不顾个人安危,冒险出来联系同志,在七星岗附近蜈蚣岭下被石青阳的便衣队认出,立遭枪杀。

中共重庆地委书记杨闇公在同志们的掩护下跳墙脱险后,决定亲自到武汉去向中共中央汇报这次惨案的情况,不幸于4月4日凌晨在刚起锚离港的"亚东"号轮船上被捕,送往佛图关蓝文彬师军事学校关押、审讯。敌人三番五次对他威逼利诱,严刑拷打,但他始终坚贞不屈,大义凛然。4月6日,临刑前,他高呼革命口号,惊恐万状的敌人就割掉了他的舌头,然后他怒目视敌,以手指敌,敌人十分恐惧,又剜去了他的双眼,宰掉了他的两只手掌,最后身中三枪,壮烈牺牲,时年仅29岁。他充分体现了共产党人为革命视死如归、大义凛然的献身精神和英雄气概。

二、四川大革命运动的失败

重庆"三三一"惨案后不久,4月9日,刘湘、刘文辉、邓锡侯、杨森、刘成

[①]《中国国民党四川省党部关于"三三一"惨案的宣传大纲》,中国国民党四川省执行委员会印发,1927年4月2日。

勋、赖心辉、田颂尧等四川军阀联名通电,拥蒋反共。以刘湘为首的四川反动军阀向共产党人、国民党左派及革命群众大开杀戒,中共重庆地委及其基层组织悉遭破坏,革命分子或被杀,或被捕,或被迫逃离四川。当时的《民力日报》评述说:"'三三一'惨案发生后,所谓共产党人已绝迹,即国民党中稍有左倾色彩亦不能立足……无论何人,一经有人指为共产党,均已惶惶无主,不但无申辩之可能,亦且无申辩之余地,俨若待决之狱囚者然。"[1]

"三三一"惨案成为四川大革命运动由高潮转向低潮的转折点,成为四川大革命失败的标志。

蒋介石在指使刘湘制造反革命的"三三一"惨案获得成功后,于4月12日又在上海发动了"四一二"反革命政变,对共产党人进行大屠杀。有蒋介石作靠山,四川反动军阀的反革命气焰更加嚣张,到处搜捕革命分子,变本加厉地破坏革命,制造白色恐怖。许多革命分子、共产党人被抓捕监禁。此后,白色恐怖笼罩全川,四川的革命组织,中共党、团组织被迫转入地下,走上了漫长而艰苦的斗争道路。

"四一二"反革命政变后,4月18日,蒋介石在帝国主义支持下,建立了地主、买办资产阶级的南京政府。7月15日,汪精卫在武汉发动反革命政变,蒋汪正式合流,至此,轰轰烈烈的中国大革命运动失败了。

三、"三三一"惨案的历史地位

重庆"三三一"惨案不仅在四川现代史上有着重要历史地位,而且在中国现代史上亦深深地打上了它的印迹。它是蒋介石背叛革命、"剿杀"革命群众运动的一次重要行动,是"四一二"反革命政变的一个重要组成部分。

"三三一"惨案是蒋介石背叛革命的一个重要步骤。1927年二三月间,蒋介石先后两次发表反革命演说,攻击国民党武汉临时中央联席会议是"非法的",是提高党权以排斥异己,诬蔑中共党员压迫国民党员,狂叫共产党员"有强横的行动,我有制裁的权力"[2],为公开叛变革命、屠杀共产党人制造舆论。接着便付诸行动。3月16日,他唆使爪牙制造了赣州惨案,暗杀了江西

---

[1]《民力日报》1927年5月24日。
[2]《向导》第192期。

省总工会执委、赣州总工会委员长、共产党员陈赞贤。3月17日,他又唆使走狗纠集青红帮暴徒,捣毁了国民党左派九江市党部和总工会,打死打伤多人,甚至派卫队镇压工人纠察队的反抗,制造了九江惨案。3月23日,蒋介石又指使党羽纠集青红帮暴徒,捣毁了国民党左派安徽省党部、省总工会、省农会和安庆市党部,打伤多人,制造了安庆惨案。到3月31日,早有预谋的蒋介石指使四川军阀刘湘制造了重庆"三三一"惨案,捣毁了国民党左派四川省党部和中共重庆地委,杀害了中共重庆地委书记杨闇公和中共重庆地委组织部负责人冉钧等人,造成死伤革命群众上千人。重庆"三三一"惨案,同赣州惨案、九江惨案、安庆惨案一样,是蒋介石背叛革命的一个重要行动。

重庆"三三一"惨案,不仅对四川,而且对全国大革命运动的失败都有着深远的影响。"三三一"惨案是与蒋介石勾结的以刘湘为首的四川反动军阀公开反共反革命的正式开端,从制造"三三一"惨案开始,四川反动军阀到处破坏革命组织,抓捕革命分子,镇压革命运动,枪杀共产党人,从而把轰轰烈烈的四川大革命运动推入了低谷,直接导致了四川大革命运动的失败,标志着四川大革命历史时期的结束。

第五章　军阀割据及川政统一

第一节　刘湘割据重庆局面的形成

一、防区制的形成

作为四川军阀统治主要形式的防区制的形成,从辛亥革命以后滇军入川到1919年"靖国之役"以后熊克武正式划分"防区",经历了大约8年的时间。

四川在西南诸省中,相对来说算是"富庶之区",云南军阀觊觎四川由来已久。辛亥军兴,云南军阀即以援助四川革命为由,在1911年2月,进入川地叙府、泸州一带。在这些地区,他们自行委派各级行政及税收官吏,截留税款,招兵买马,俨然将自己军队驻扎的地区视为"独立王国"。护国战争以后,滇、黔军长期以"客军"名义驻扎川南至成都一带,渐成割据之势。

旧川军系统周骏、刘存厚等部在镇压"二次革命"中,又霸占自流井、重庆地区,将这些地区的盐税及工商各税恣意截留,疯狂掠夺,以养日益庞大的军队。

由于各地截留国、省两税,省府岁入日拙,由省府拨发军饷已无可能。鉴于此,1917年2月,四川省长戴戡发出训令:"案察分驻省外各军队,请领饷项,每因往返需时,遂致发生愆期。现有川东、南、北驻防各军,前已特予通融,饬于就近驻在地方各公署及征收机关,如额拨领,推行日久,拟较便利。惟一切拨领手续,半属随时酌定,并无划一专章。其余各军,或汰编尚未就绪。主地随时有变更,应需薪饷,或由临时饬拨,竟自由提借,纠纷扰乱,审核綦难。若不亟定通则,颁发遵守,殊不足以省繁而期久远。查现在陆汉各军,业已渐次编定,其驻防区域,亦经分定地点,并颁发表式,饬将各旅、团、营月饷详细填报各在案。除省军领饷仍经报本署直接核发外,所有驻防外县军队拨领饷款事宜,现经本署订定规则,并刊就单据式样,应即通发各军队、财政厅、各道道尹暨各县局一律遵办,用归划一而免纷扰。"①由省政府发出的一纸通令,既承认了各军对割据区域的实际控制,又使"就地划饷"成为定制。

1917年10月4日,刘存厚在成都逐走罗佩金、戴戡以后,即以四川陆军第一军司令部名义发出训令:"近查驻防省外各该部队请领饷费,文电交驰,大都盼款至极,情甚迫切。而各县局征款又解运不及,应付殊难适洽。既有此种情形,深虑各队或受艰困,将维持要政之本心,转恐有碍军事,致滋贻误。爰饬军需处妥商该厅改定办法,按照各该部队月需饷款军费,估计概数,并就各该防区较近征局,分别划配,准予径拨税未应用,以期敏活而利戎机。"②同时附《军司令部拟定按月本部拨款暨各部队在防区就近拨款各县局及分配数目一览表》。该文件除了肯定"就地划饷"外,"防区"二字始见诸政府之正式文件中。

1918年,由川、滇、黔各军组成的靖国军取得了驱逐北洋军阀鹰犬刘存厚的胜利。然而,此役之后,四川的局势更为复杂、混乱。靖国军实际上是一个十分松散的军事联盟,刘存厚被驱逐,川、滇、黔各军阀之间的矛盾就突出起来。各军拥兵自重,割据一方,肆意搜刮,竭泽而渔。省府、督军已经形同虚设。1918年7月,四川靖国军总司令熊克武以划定"各军清乡剿匪区域"的名义,承认了川军割据的既成事实。按《四川靖国军卫戍区域表》划定:潼南、永川、合川、武胜、璧山、大足、隆昌、荣昌、铜梁9县,划入刘湘势力范围;江北、巴县、江津、綦江等26县,因"大局未定,势难抽兵分防。所有卫戍剿匪事宜,由各该县警团担任。其驻有滇、黔军者,暂由滇、黔军担任。俟大局平定,再行规划"③。

1919年2月,熊克武任四川督军以后,曾谋川省军令、政令的统一,收回政、军、财各权。但各军不服从熊的调动和命令,仍旧截留税款,自行委任官吏。防区制事实上已经形成。1919年4月,熊克武又明令发表《四川靖国各

---

① 《四川财政汇编》,转引自《四川军阀史料》第2辑,四川人民出版社1983年版,第209页。
② 《四川财政汇编》,转引自《四川军阀史料》第2辑,四川人民出版社1983年版,第209页。
③ 《戊午周报》第九期,1918年7月。

军驻防区域表》,将"卫戍区域"改为"驻防区域",再一次确认了各派军阀割据的既成事实。此次划分的区域,刘湘的势力范围较前增加了江北、长寿、安岳、邻水 4 县。

1926 年 10 月,北伐军在不到半年的时间以内,将革命势力由珠江流域推进到长江流域。广州政府、党政联席会议等机关移驻武汉。四川各军纷纷向武汉政府输诚,接受武汉政府节制,改名为国民革命军。二十一军刘湘部驻重庆,二十二军赖心辉部驻上川东及川南各县,二十四军刘文辉与二十八军邓锡侯、二十九军田颂尧合驻成都,三部防区分别在川西、川北及川南部分地区。四川防区制的格局大体上形成。

是时,蒋介石与各派军阀正逐鹿中原,无力染指川政。各军对立,又便于他从中操纵。从此,四川政局更加动乱。各军为争夺防区的战争不断,而且战争的规模越来越大。1932 年至 1933 年,刘湘与刘文辉之间发生"二刘"之战,规模之巨大,死伤之惨烈,人民遭受之损失为四川军阀混战史上所仅见。"二刘"之战后,刘湘实际上控制了四川,但防区制并没有结束,一些附和刘湘的军阀仍然划区而治,直到 1935 年国民政府军事委员会参谋团入川,川政统一,防区制才告结束。前后凡 18 年。

演成给四川人民带来深重灾难的防区制,主要有以下四个原因:

首先,就全国政治舞台考察,没有形成强有力的中央政权及其对四川的有效控制。地方实力派与中央政府间的尾大不掉之势,早在清末已经形成。辛亥革命后,特别是 1912 年 2 月孙中山被迫辞去临时大总统职位,袁世凯窃取国柄以后,中国名义上有一个北京中央政府,实际上存在两个中心:一是北京政府,这是北洋军阀各派系分赃的场所;一是广州政府,这是孙中山与南方军人首脑的联合政府。南、北政府都很难对四川实行强有力的控制。

其次,四川,特别是重庆的特殊地理位置,以及重庆在西南商贸中心的经济地位,又使得这一地区成为南、北政府冲突的焦点。在南北冲突中,四川各军将领多数采取了左右逢源的态度,时而接受北方政府的委任,时而接受南方政府的加封,以求军械粮饷的接济,扩充自己的实力。

再次,川、滇、黔三省军阀远离中原,无力参政逐鹿,就视四川为角逐场所。由于这些军阀与外国侵略势力联系较少或几乎没有联系,他们之间的战争并不反映为代理人之争,而完全是为了争夺地盘、争夺搜刮的对象人口。

他们更多的是具有封建性。

再加上近代四川的经济发展缓慢,自然经济仍然是主要的经济形式,为实行割据创造了条件。

正是因为上述原因,四川防区制持续的时间特别长,战争的次数多,对人民搜刮的程度异常的高,各防区的范围变更较大。长达 18 年的防区制,给川省人民带来了深重的灾难,极大地阻碍了社会生产力的发展,成为 20 世纪 20 年代至 30 年代祸害四川人民的总根源。

二、以重庆为中心的刘湘割据势力的膨胀

刘湘(1890—1938),字甫澄,四川大邑人。清末入四川陆军速成学堂,始步入四川军界。辛亥革命后,几经纵横捭阖,势力逐渐增强,历任川军师长、军长,川军总司令兼四川省长,四川清乡督办,四川善后督办,川滇边督办,川康边务督办等职。1926 年逐除黔军袁祖铭部出川后,始独揽重庆军政大权。

四川防区制形成以后,刘湘、杨森、川军第三师长邓锡侯、第七师师长陈国栋、第七师十四旅旅长朱宗懋等先后主持重庆军、民两政。1925 年 4 月,杨森发动"统一之战",击败川军刘存厚、刘文辉、赖心辉等部,占有川中、川南、川西等 72 县。四川各派军阀为合谋反攻杨森,以每月拨给军饷 40 万元等优厚条件,换取黔军袁祖铭部参加"倒杨战争",并推袁为川黔联军总司令。7 月,"倒杨战争"爆发。10 月,杨森战败。11 月,杨森到汉口投靠吴佩孚。这时,黔军在川势力迅速扩张。1926 年 1 月,袁祖铭发动"江巴事件",将驻重庆的刘湘部之王陵基、鲜英、蓝文彬等师逐出重庆,占据了刘湘的川康边务督办公署,接收川军各机关。重庆及邻近的永川、巴县、长寿、江北、涪陵等县亦为黔军的势力范围。

刘湘当然不会就此罢休,遂谋求与杨森再度合作。此时杨森正急于回川,于是双方商定:"统一之战"杨森战败后被刘湘收编的部队一律归还杨森;驱逐黔军以后,杨森、刘湘合驻重庆。1926 年 2 月,杨森返川。到了月底,杨森所部 10 个师 60 余团,人枪 7 万余众集结忠县、万县一带。5 月,上、下川东刘湘、杨森各部向重庆黔军合击,5 月 23 日,黔军袁祖铭部被逐出重庆,经綦东退回贵州。6 月,刘湘以四川善后督办和川康边务督办的身份由成都到重庆,并将两署移驻重庆办公。

从1926年驱逐黔军后到1935年蒋系中央势力入川,前后凡10年,重庆为刘湘所独占。这一时期重庆政局相对稳定,对于重庆的市政建设及经济的发展,是有一定的积极作用的。

1926年7月9日,广东国民革命军誓师北伐,一路势如破竹,8月下旬,即兵临武昌城下,9月7日,攻克武汉。全国政治舞台发生了深刻的变化,北洋势力从长江流域北移。重庆革命势力也有较大发展,中国共产党重庆地委和国民党四川省党部(莲花池省党部)领导下的群众革命运动蓬勃开展。重庆工、商、学、兵各界组成国民革命军北伐四川国民后援会,发表了《告四川军人出师北伐书》,敦请川军将领出师北伐。刘湘遂决意脱离吴佩孚。8月13日与赖心辉、刘文辉、刘成勋一道,通电响应北伐。11月27日,蒋介石委任刘湘为国民革命军第二十一军军长。12月8日,刘湘通电就职。

1927年初,蒋介石在南昌挟国民革命军总司令部自重,与武汉国民政府分庭抗礼。2月17日,南昌特任刘湘为军事委员会委员。3月23日,蒋介石又派其黄埔学生戴弁,到重庆与刘湘联络。刘当即表示:"军人以服从命令为天职,我服从总司令的命令。"①3月31日,刘湘在重庆一手策划了"三三一"惨案,先期反共,倍受蒋介石的赏识。刘湘此时的策略是外联蒋介石,内以制服川中各军,所以竭力向蒋介石输诚。而蒋介石为了对付武汉政府,实行"远交近攻"战略,也需要借助于四川各军力量。刘湘又控制着重庆这一工商城市,所以是蒋联合的最合适的人选。刘、蒋关系在这一时期甚为密切。

刘湘在制造"三三一"惨案后,即拼凑川黔联军,围攻泸州起义军。这是刘湘镇压四川革命运动的第二个重大步骤。镇压顺泸起义后,刘湘占领了赖心辉的泸县、内江一线地盘,其势力向上川东及川南扩展。

1927年8月到12月,刘湘以4个月时间进行整军,将原松散的11个师编为4个师,以唐式遵、王缵绪、王陵基、范绍增分任师长。其编制每师3旅,每旅3团,每团3营,每营4连,每连有枪150支以上。经过整军,建立了一支以速成系②为核心,编制整齐,装备较为精良的私人武装。

1928年7月,蒋介石派使者来川,进一步拉拢刘湘、刘文辉,企图以"二

---

①《四川军阀史料》第4辑,四川人民出版社1987年版,第71—72页。
②速成系:刘湘毕业于四川陆军速成学堂。后来,在刘湘二十一军中凡毕业于该学堂的人均受重用。于是逐渐形成川军中重要派系,是为速成系。

"刘"控制四川。9月23日,刘湘、刘文辉、邓锡侯、田颂尧4军长举行资中会议。会议商定:刘湘任"川康裁编军队委员会"委员长,刘文辉任四川省政府主席(经呈报南京国民政府,于10月31日获得批准)。此次会议,邓、田二军长只是陪衬,实际上形成了"二刘"分主四川军、民两政的局面。其他各部川军将领对资中会议的分赃结果极为不满。10月10日,杨森、李家钰、罗泽洲、赖心辉等在遂宁成立"国民革命军四川同盟各军军事委员会",推杨森为主席。赓即组成"同盟军",总兵力达13万之众。刘湘所部总计不过6万余人。同盟军对重庆形成了合围之势。

面对严峻的不利形势,刘湘采取了"分化瓦解,各个击破"的策略,派人赴成都游说刘文辉,并答应让出资中、内江、隆昌、荣昌等防地,同意其兼并赖心辉江津、合江防地;派人赴合川陈鼎勋处,赠现款10万余元,许以有月入数万元的渝北护商由陈接管;又派人去遂宁李家钰处,赠现款20万元,使李部在战时按兵不动,只在赖心辉部侧面威胁即可。

12月10日,"四川同盟各军"发出声讨刘湘通电,第二次下川东之战由是爆发。由于刘湘有效的分化瓦解工作,战争爆发时,刘湘已处于有利的态势。12月17日,刘湘集中王缵绪、王陵基的两师兵力,在江北桃子垭向罗泽洲部发起总攻。经一天激战,将罗击溃,罗败走邻水。刘湘令范绍曾部乘势追击,连下邻水、大竹,乃停止进攻。20日,刘军再向杨森猛攻。杨军在江北铁山坪全线溃败,退入万县。次年1月5日,刘部王陵基师攻占万县。同时,国民政府令免杨森本兼各职,听候查办。并责令刘湘、刘文辉负责善后事宜。第二次下川东之战以刘湘大获全胜而结束。

这一战役之后,四川军阀割据的形势发生了明显的变化。刘湘占领了下川东23县地盘,收编了杨森3万人马,并牢牢控制西南最大商贸中心重庆,扼住夔门要道,势力大增;刘文辉因援助刘湘而得刘湘永川以西防地,兼并了赖心辉在川南的地盘(赖部完全丧失四川防地,退入贵州赤水)。四川成了"二刘"的天下。其时,刘湘、刘文辉叔侄在四川可谓是两强并立:刘湘以"川康裁编军队委员会"委员长名义掌四川兵符,拥有6个师,3个路,又3个司令,总兵力达10余万人,控制下川东及鄂西地区共48个县的广大地区,扼住四川进出口要津,有购运军火之便;刘文辉以四川省主席名义,主持川省民政,拥有5个师,3个路,3个独立旅,7个司令,共计总兵力约11万人,控制川南、川中、川西 81 县地盘,囊括了自贡、五通桥等盐场,占有几乎川省全部盐款。"二刘"都想当四川盟主。当四川其他军阀势力次第削弱以后,刘湘与刘文辉之间再想相安无事,已经不可能了。

"二刘"兵力虽然旗鼓相当,但刘文辉却内不能团结保定系①的邓锡侯、田颂尧,自恃势力强大,不把昔日的同盟者放在眼里,时时挖其墙脚,外又开罪于杨森、李家钰、罗泽洲;而刘湘却与邓、田保持友好,又能时时接济李、罗,且与杨森毕竟同属速成系。所以"二刘"兵衅未开,刘湘已占人和。

1932 年 10 月,罗泽洲师在顺庆(南充)向刘文辉部进攻,"二刘"之战序幕拉开。10 月 12 日,川中 94 名将领通电,提出"治川纲要"16 条,刘文辉二十四军无一人列名。该通电实际上是各军联合一致讨伐刘文辉的檄文。刘文辉知此次战争实为刘湘主使,曾派家兄刘升廷赴渝,要其退兵。10 月 13 日,又以宗叔资格,责刘湘不以家族为念,相煎过急。19 日,战争重心由顺庆移到川东江津、永川一线。刘湘派潘文华、王缵绪、唐式遵分任川东各路指挥与刘文辉部对峙。24 日,刘湘发出制裁刘文辉通电,"二刘"之战正式展开。

刘文辉战线太长,北起顺庆,东达永川、江津,以致兵力分散,只能取守势。刘湘与盟军合力猛攻,刘文辉全线后撤,退守沱江沿线。11 月 18 日,沱江防线被突破,刘文辉主力转至荣(县)威(远)地区。12 月,"二刘"在荣威地区大会战,双方投入兵力达 10 万以上。经激战半月,双方都打得精疲力竭,伤亡消耗甚大,经多方奔走调解,始议和休兵。

1933 年 1 月,刘文辉回驻成都。5 月,刘文辉与邓锡侯之间的毗河之战爆发。5 月 26 日,刘湘、邓锡侯等在乐至召开"安川会议",决定联合进攻刘文辉。6 月 6 日,刘湘军西进。7 月 1 日,刘湘任命潘文华、唐式遵、王缵绪、李家钰、罗泽洲为第 1、2、3、4、5 路总指挥。8 月,又任命邓锡侯为西路总指挥,李家钰为东路总指挥,刘湘自兼南路总指挥,决心对刘文辉作最后一击。8 月 15 日,刘湘突破岷江防线,刘文辉全线瓦解,退保雅安。这时,刘湘因川东北红四方面军发展迅速,再则不忍置刘文辉于绝境,蒋介石也有意保留刘文辉残部以牵制刘湘,遂电令停火。9 月 6 日,"二刘"发出联名通电,双方停

---

①保定系:由毕业于保定陆军学校的军人组成的川军重要派系。刘文辉毕业于该校第 2 期炮兵科,为该系核心人物。

止敌对行动,协同回兵"剿赤"。

"二刘"之战后,刘湘势力迅速扩大到四川80余县,实力进一步膨胀。10月4日,刘湘就任"四川剿匪总司令"职,节制川军各部。1934年底,国民政府令改组四川省政府,刘湘任省主席。这样,刘湘集四川军、政大权于一身,经十数年经营,终于实现了"四川霸主"的愿望。

以重庆为中心的刘湘势力膨胀,主要经历了三个阶段:1926年驱逐黔军袁祖铭,基本上独占重庆;1928年底的下川东之战,击退各路"诸侯",形成"二刘"主宰四川局面;1932年至1933年的"二刘"之战后,四川基本上成了刘湘的一统天下。

四川军阀混战,从辛亥革命后到1933年以"二刘"之战结束,其大小战争400余次。随着时间的推移,战争的次数越来越少,规模越来越大;各派割据势力由基本势均力敌到"二刘"并立;由"二刘"主宰四川到刘湘"称王"。这是一个由混战到逐步统一的过程,探讨其统一的原因,大致有以下几点:

首先,牢牢控制重庆。重庆是长江上游重镇,是中国内陆较为发达的地区。刘湘在20年代即注目重庆,特别是1926年独占重庆以后,更以重庆为老巢,各次重大战争,均保住重庆不放。重庆的工商各税,民脂民膏,悉数落入刘湘腰包,在财力方面,明显优于川中各军。

其次,积极扩充军队。刘湘利用川东富庶之区及川江航运之便,大量购进军火,还大量自制枪炮,建立起一支包括陆、海、空诸兵种的庞大军队。在这支军队中,领导层多为速成系中人,与刘湘关系较深,能调动自如。刘湘也能招降纳叛,一经投诚,即予重用,且能做到"用则不疑"。如刘文辉部旅长陈万仞归顺后,刘湘即委以第五师师长之职,这在其他各军中还属少见。

再次,得力于蒋介石的支持。刘湘在与川军各部角逐的同时,始终眼观全国政局的变化。1929年春,蒋桂战争时,刘湘助蒋。1930年中原大战时,刘湘在得知张学良的态度以后,即明确表示支持蒋介石。刘文辉则不然,1929年12月蒋唐战争时,刘文辉与唐生智联名讨蒋。1930年,汪精卫、冯玉祥、阎锡山在北平召开会议反蒋,刘文辉不仅派代表参加,还于9月6日领衔发出三军长(刘文辉、邓锡侯、田颂尧)反蒋"鱼电"。所以中原大战一结束,蒋介石即委刘湘为四川善后督办,执掌四川兵符。在"二刘"之战前,蒋介石还审阅了刘湘削弱刘文辉的军事计划,亲笔回信,予以支持。

最后,在军事角逐中,刘湘的策略较为灵活。当形势不利时,能暂时捐弃前嫌,甚至让出防地以瓦解对方阵线;在形势有利时,亦能做到"穷寇勿追"以让其生存,成一借用力量。故能时而联甲以打乙,时而联乙以打甲,借用各方力量,不断壮大自己。

刘湘次第削平川中割据势力,结束了四川多年的军阀混战,使自己势力发展到了顶峰。同时也使重庆,乃至于全川有了一个相对稳定的环境,从而为后来国民政府统一川政提供了一个必要的前提。由于刘湘以"四川霸主"的身份坐镇重庆,这一时期重庆不仅成了四川经济的中心,而且也成了政治中心。

第二节 军阀割据下的社会矛盾

一、经济的掠夺

刘湘经下川东之战以后,防区扩大,军队激增至近10万人,成为四川头等军阀。刘湘二十一军军费开支庞大,并且呈逐年上升趋势,1933年达4600万元,是1928年1200万元的近四倍。军费支出占财政总支出的比例也常年维持在70%以上,巨额的军费开支,只能通过强征暴敛,取之于民。因为以刘湘为代表的四川军阀,与外国侵略势力基本上没有联系,不可能像北洋军阀那样靠举借外债或出卖民族利益来获得军事援助;又由于与国民党中央政府之间有相对的独立性,财政一般不上缴,当然也就不易得到中央财政的援助,事实上川省处于防区制下,国民党中央财政也难提供援助;四川军阀之间为了争夺防区不断爆发战争,驻防区域及军事力量经常发生变化,所以在自己防区内,他们一般不存养鸡取卵之望,而取十分野蛮的竭泽而渔的经济掠夺政策。

以重庆为中心的刘湘二十一军防区财政收入的主要来源,是名目繁多的苛捐杂税。

首先是田赋的搜刮。旧中国是一个农业国,国家的财政收入主要来源于田赋。辛亥革命以后,田赋分为正税和附税,另外加收解税,后将此三项又称为正税。

刘湘对人民实行田赋的搜刮采用了两种手段。其一,实行田赋附加税,即在正税的基础上,附加各种杂税,如地方税、自治税、司法税等。据1934年巴县、江北、潼南等县统计,各种附加税竟达20余种。田赋附加税不仅名目繁多,而且逐年增加。刘湘控制下的江津县,仅1933年上半年的田赋附加即达30.6元/石,是1927年的10倍[①]。刘湘也不得不承认,在二十一军防区内"近来各县附加,大都超过正税"[②]。其二,实行田赋一年数征和预征。中国历代田赋,一般是实行每年一征,一年数征即将一年一征改为半年一征,至1934年,有的防区竟达一年六征。所谓预征,就是将以后若干年的田赋提前征收。各防区,甚至同一防区的各县,预征的情况不一致。到1935年止,刘湘二十一军防区的田赋,有的已经预征到了1975年。通过田赋预征,掠夺了大量的财富。据统计,民国初年,四川全省田赋收入不超过700万元,但到1924年,仅刘湘防区的田赋即达1400万元。农民负担之重,难以想象。

其次是盐税的征收。四川全省产盐区"约二十余县,占全县面积的四分之一"[③]。据1911年统计,全省盐税岁入银1730余万两,比田赋还多200多万两。刘湘历来视盐税为重要财源。对盐税的榨取,也采用了两种主要方式。第一种方式是强要估提。盐税本为国税,但川省演成防区制以后,凡能染指盐税者,纷纷自行提取。刘湘先是向代收盐款的中国银行强要估提,后用其开出的税单向各盐商强派认领。从1928年起,川省盐税由刘湘、刘文辉瓜分提用。1933年,"二刘"之战结束以后,产盐县份几乎全为刘湘控制,川省盐款几为刘湘独霸。第二种方式就是设置关卡,巧立名目,征收过路捐。重庆虽不产盐,但却是川盐转运的枢纽。四川盐运使署设在重庆,全川大多数经营盐业运、销的总号也都在重庆。川中、川西的盐出川,重庆是必经之地。然而从产盐地到重庆沿途关卡林立,每过一关,得交数种甚至数十种附加捐税。一吨食盐从富荣盐场运抵重庆,各种附加捐税竟达2600元以上,超过正税400元。1926年前后,由二十一军沿途设置的征收关卡计有重庆黄沙溪、万县香国寺等10余处,每年仅盐税附加杂捐征收金额总数约为4259607

[①]《四川日报》第2卷第5期,民国二十二年三月。
[②]《四川日报》第2卷第5期,民国二十二年七月。
[③]《四川经济月刊》第4卷第4期,1935年10月。

元①。盐税的征收也采用了田赋预征的办法。预征一般为2个月到7个月不等。盐商往往商易未成,而先完了税,至使不少盐商负债累累,不得不宣告停业,对盐税的超额榨取,盐商固然叫苦不迭,然而盐又是一般人民不可或缺的生活必需品,所以负担最终还是转嫁到了老百姓的头上。

再次是统税杂捐的盘剥。统税又名百货厘金,包括五金、匹头、棉纱、大小百货等货物税,以及卷烟、煤油、机制酒、植物油、木竹、粮、邮包、房地产等税。杂捐包括船捐、车轿捐、江防捐、赌捐、花捐(妓女捐)、护商捐、峡防捐等等。重庆是西南最大商埠,统税杂捐成为刘湘的大宗收入。随着刘湘的军费开支增大,还随时巧立名目增加税收。如有的农民进城要交"草鞋捐",打赤脚又有"赤脚捐",各种苛捐杂税的征收,真是无所不用其极。在刘湘二十一军控制下的防区,统税杂捐1928年收入338万元,到1933年竟增至1365万元,对人民搜刮之程度可见一斑。

最为严重的是特税榨取。特税即是对种植、运销、吸食鸦片所征收的捐税。鸦片是毒品,吸食以后对人民的身心健康摧残极大,对社会生产力的发展也产生消极的影响。但在防区制下,为了牟取暴利,扩充武力,各军阀竟强制农民种植鸦片。刘湘打着"寓禁于征"的幌子,对违反禁种、禁运、禁售、禁吸者课以重税。又因种植、营运鸦片获利甚丰,实际上鸦片久禁不绝,而且烟毒几乎遍及全川。防区制下的四川,"遍地罂粟,全省一百四十余县,其不种烟的殆不及三五县"②。在二十一军的防地各县,不论农民种不种鸦片,均课以重税。农民无奈,只得将农田改种鸦片。在鸦片的营运、销售各个环节,都巧立名目,课以重税。收割过秤时有"秤捐",进入购销市场则有"特税",在贩运途中有"护送费",转口外销有"出口税",邻近地区烟土运入有"进口税"。烟贩在完课以后不仅运销"合法",而且还有收取了"护商费"的军人武装保护。刘湘还在各县设有禁烟缉查处或稽查站所,坐收渔利。重庆有禁烟总局之设,而售烟各商家均向总局纳税,出售烟土已属公开。开设烟馆供人吸食,或自己置灯吸食,只要交了"红灯捐",向当局完税及办理瘾民登记以后,公开吸食已无人过问。刘湘在重庆"禁烟",禁出熟膏店20余家,大小烟

---

①匡珊吉、杨光彦主编:《四川军阀史》,四川人民出版社1991年版,第355页。
②《中国经济》第1卷第1期。

馆700余处,瘾君子队伍也日益壮大。鸦片特税的征收,成为刘湘二十一军重要财源(见表5-1)。

表5-1 二十一军历年特税收入统计表

年 度	特税收入数(元)	占总收入百分比
1928	902478.22	7.52%
1929	3193410.64	16.65%
1930	1179275.44	37.10%
1931	8352144.70	30.44%
1932	8570892.32	27.06%
1933	9277876.18	20.55%
1934	1000000.00	14.00%
1935	9493468.40	19.00%

资料来源 匡珊吉、杨光彦主编:《四川军阀史》,四川人民出版社1991年版,第360页。

此表是二十一军公开的数字,实际收入当超过这些数目。如此高额的特税收入,是以防区制下无数人民的倾家荡产和社会生产力的极大破坏为代价的。

随着刘湘军事力量的增强,军费开支也不断增加,尽管在盐、赋、物、统四大税收方面竭力增加收入,仍然解决不了巨额的赤字。仅在1934年度,财政赤字竟达4100万元。为了弥补巨额赤字,刘湘不惜采用金融手段,滥铸劣币,大发钞票,非法票据贴现,以造成金融混乱,达到大肆搜刮的目的。

清末民初,四川币制已经十分混乱。重庆这一工商城市,更为严重。不同成色、版面的银币、铜币在市面上流通的多达数十种。1926年,刘湘独占重庆后,即以其师长王陵基任卫戍司令兼铜元局局长,刘航琛为该局事务所所长。刘航琛采用旧钱新铸的办法,将黔军驻渝时所铸"当200文"大铜圆改铸"新200文"5枚,铜圆每枚仅及原重量的1/5,而面值不变,仅此一项,第一年就获利40余万元。刘湘手下师、旅长也有人购有一种手摇机,把"当20文"铜圆加压为"当200文"字样使用,是为"捶板"。原有字样,花纹还隐约可见,重量不变,而面值是原来的10倍。这样的劣币一样混迹市面,严重地干扰了正常的金融市场。

刘湘1926年占据重庆以后,在重庆新开业的几家银行,几乎全为二十一军所控制。1930年成立的川康殖业银行,由刘湘直接投资创办,额定资本400万元,实收100万元,刘湘占80%,总经理为二十一军财务处长刘航琛;1932年成立的四川商业银行,为刘部师长范绍增出资40万元创办,范自任董事长;1934年成立的四川建业银行,由刘部师长兼四川公路总办唐式遵出资100万元组建,唐任董事长。此外,还有潘文华、潘昌猷的市民银行(重庆银行)、罗君彤的益民钱庄、蓝文彬的胜利银号等等。军人出资创办银行,这也是防区制的产物。长期的混战、兼并,使各军事首领认识到,占有的防地,拥有的军队,都不如手中的钱可靠。重庆商业繁荣,为"全川精华所在","凡据之者,其胜算即有十之七八可操左券。其何故,即'金融'之潜势力量也"[①]。

刘湘独占重庆的近10年间,逐步把持了重庆的金融业。据统计,重庆的商业银行被刘湘搜刮的资金,已占银行业全部资产的56%和钱庄业的60%。以刘湘为代表的军政首脑人物的资本大量渗入商业、银行界。当时重庆银钱两业资本总额不过1000万元,"而其有军政人物之资本关系者,约在十分之八以上"[②]。也正是因为他们控制了重庆金融,又为他们滥发纸币、恣意搜括提供了条件。1926年,刘湘在重庆恢复了1922年创办的中和银行,并大量发行"兑换券",到该行1932年关闭时,发行量总计达320多万元,超过本金5倍以上。1930年,由于经办人舞弊被披露,曾发生了中和券挤兑风潮。1930年,刘湘创办二十一军总金库,发行"粮契税券"达1000万元,完粮纳税全用此券,一律不收现银,可在市面流通,但概不兑现。这是一种比纸币信誉更低的"纸币":它无需任何准备金,在粮重税多的情况下,城乡一概流通;完粮纳税先以现银换此券,无异于提前收了全部现银总款。靠此办法为刘湘聚敛了大量钱财。1933年"二刘"之战结束,刘湘以统一川政所需要经费甚巨为由,于次年1月在重庆成立四川地方银行,并发行"四川地方银行兑换券"(通称"地钞"),准备金仅300万元,发行额竟达3723万元,超出10倍以上,终至"地钞"日贱,现洋日贵,每千元"地钞"换现洋贴水高达170元,成渝两地发生严重挤兑现象。为筹集军费,还大量发行库券和公债,截至1934年底,两

[①]《当局与金融之关系》,载《重庆经济概况》,1932年版,第17页。
[②]张禹九:《四川之金融恐怖与刘湘东下》,1934年印行,第18页。

项发行总额共近8000万元。

苛捐杂税,层层盘剥;金融币制混乱,朝不保夕;烟毒漫延,民不聊生。刘湘在重庆实行封建的超经济的疯狂的经济掠夺,致使社会问题日益严重,生产力发展极大受阻,各种社会矛盾进一步激化。

二、政治上的镇压

四川军阀混战,岁无宁日;各据防区,恣意掠夺。"川中将领各拥防区,重庆为通商巨埠,尤防区之富者,一有冲突,不能无争"[①],以重庆为中心的各区县更是饱受战乱之苦。刘湘盘踞重庆以后,局势相对稳定,但当"四川霸主"的野心驱使其不断地扩充军队,购置军火,进行规模越来越大的兼并战争。为了维持庞大的军费开支,不惜竭泽而渔,搜刮地方。重庆人民既受战乱之苦,又受搜刮之害,因此各种社会矛盾异常尖锐,民众的反抗一触即发。经济上的疯狂掠夺,是以政治上的残酷镇压为保证的。刘湘在重庆地区采取了政治上的高压政策。

1926年,刘湘独占重庆后,正值国民革命处于高潮时期,他曾一度表示拥护革命,改旗易帜,归顺武汉政府。见风使舵是一般军阀的特性。1927年春,蒋介石反革命已初见端倪时,刘湘在蒋的授意下,一手制造了重庆"三三一"惨案,大肆屠杀革命群众,在重庆先期反共,公开投靠了蒋介石。此后,刘湘为了加强自己的统治,进行了大量的反共反人民的活动。

1927年4月18日,南京国民政府成立,这是一个城市买办阶级和乡村豪绅阶级联合专政的政权。29日,由刘湘领衔,川中将领刘文辉、邓锡侯、杨森、刘成勋、赖心辉、田颂尧通电拥护南京政府,配合蒋介石,从长江上游夹击当时还倾向革命的武汉政权。5月,刘湘拼凑了号称10万之众的川黔联军,镇压了顺泸起义。7月3日,与郭汝栋密谋,诱杀涪陵农民军总指挥李蔚如于南岸黄桷垭。刘湘的屠杀政策并没有吓倒共产党人,1927年8月,中共中央派傅烈、周贡植、刘披云等回四川重建党、团组织。1928年2月,以傅烈为首的中共四川省委成立。不久,在重庆兴隆巷的中共四川省委机关被破坏,省委主要负责人被捕。4月9日,傅烈、周贡植等9人被杀害于重庆朝天门。10

---

① 民国《巴县志》卷二十一《事记》下。

月,代理省委书记张秀熟等20余人被捕,党、团省委又一次遭大破坏。1929年秋,刘湘以二十一军军法处、政法处、副官处、江巴城防司令部和重庆公安局等5个单位,筹组特务委员会,刘湘自任委员长,由军副官长兼江巴城防司令李根固实际负责。1930年8月,特务委员会正式成立。该委员会下设总务室、侦缉股、编辑股等机构,分别担任捕人、审讯和反动宣传等工作。在二十一军防区各县,刘湘也加强了镇压措施。将其防地分为6个"治安区",每区派员2人轮流巡视。同时,在防区各县成立了清共委员会,作为专门镇压共产党人和革命群众的常设机构。

刘湘的特务委员会和清共组织中,不少职务由中共的叛徒担任。这一手法非常厉害,因为这些人对于中共地下组织活动很熟悉,所以破坏性极大。1930年夏秋之交,中共四川省委和重庆地区的党组织迭遭破坏,省委书记刘愿庵、省委候补书记兼组织部长穆青等被捕牺牲。1931年3月,重庆寮叶巷省委秘书处遭破坏,省委巡视员饶耿之和总交通许仁智被捕牺牲。重庆白色恐怖异常严重,中共四川省委由重庆迁成都。是年春,重庆成立中共川东特委、重庆市委。8月,成立江巴中心县委。至次年1月,江巴中心县委成员杨仁杰、李家俊、郑佑之、徐永弟、李惠康等相继被刘湘特务委员会逮捕杀害。1932年,刘湘二十一军还制定了《整饬民团协剿共匪计划大纲》,要求民团协助驻军及邻近县民团"肃清"共产党,进一步强化对各地民众斗争的镇压。

据统计,从1927年到1935年的8年间,被刘湘破坏的中共四川省委达7届之多,逮捕或杀害的省委书记有杨闇公、傅烈、刘愿庵、穆青、苟永芳、张秀熟,还有省军委书记、各部部长、秘书长李鸣珂、冉钧、周贡植、邹进贤、程攸生、牛大鸣、郑佑之、覃文、饶耿之等数十人。刘湘特委会从1929年到1935年6月中,捕获、杀害共产党员、共青团员及革命人士,竟达17000人之多[①]。

刘湘在重庆统治期间,形成了镇压人民群众的一整套严密的组织系统:从二十一军特务委员会到各师、各区县的清共委员会,以及1935年下半年形成的保甲制度,将人民群众置于层层的法西斯专制的网络之下,镇压手段异常残酷,凡是涉及共产党案件,对被捕人员稍事审讯,即将其杀害。在血腥镇压的同时,建立反省院,利用叛徒创办《路灯》等刊物,进行所谓的"心理策

---

① 《四川六年来捕获共产党成绩》,《商务日报》1935年9月1日;《四川月报》第7卷第3期。

反"。直到1936年,由于全国政局发生了重大变化,刘湘才逐渐转变了反共反人民的立场。

三、各阶层人民的反抗

刘湘对重庆人民经济上的疯狂掠夺,政治上的残酷镇压,必然引起各阶层人民的反抗。

大革命失败以后,中国革命处于低潮。重庆"三三一"惨案以后,重庆地区的革命力量遭到重大挫折,1927年8月,重庆地区的中共党员仅余58人[①]。8月12日,中共四川临时省委在重庆成立,党组织逐渐恢复,工人运动也有了恢复和发展。重庆是四川工商业中心,工人阶级比较集中。11月,省临委成立职工运动委员会,作为指导工人运动的领导机关。这一时期,党领导了重庆肠业工人的罢工、大小木工工会与老板的斗争、木箱工人的经济斗争。1929年11月,中共四川省委在重庆召开第二次全委会,会议决议案强调发展产业支部,加强中心区域的工作。重庆工人运动在党的领导下渐趋活跃。1930年农历正月初二,铜元局兵工厂、白药工厂工人因反对厂方强迫年关上工而举行罢工,后来发展成为反对厂方关闭工厂的斗争。2月,油漆工人为营救被捕工人领袖,两次包围地方法院,并沿街示威,呼喊"打倒清共大同盟"等口号。3月,铁机织布工人摆脱黄色工会,于24日成立铁机联合会,建立党、团,并通过赤色工会纲领。1930年12月,中共四川省委发出第10号通告,要求发动工人开展经常斗争并准备总同盟罢工。次年春,中共重庆市委派党、团员进入工厂,团结教育工人,发展党的组织。同泰、又新、华康、天福、谦吉祥、同孚等丝厂和二十一军的军械修理所以及部分印制厂,都建立了党、团组织,有的厂还成立了工会。1932年3月,创办了党指导工人运动的刊物《工人之路》周刊。但这一时期的工人运动受"左"倾冒险主义错误的影响,党的组织过于暴露,经常遭到破坏,特别是1935年后,四川党的组织基本瘫痪,工人运动始终没有形成高潮。

由于田赋数征和预征,再加上天灾人祸、兵匪困扰,自耕农无力上缴足额田赋,致使重庆地区土地兼并激烈。据1935年统计,占重庆户数2%的地主,

---

[①]《中共重庆地方党史大事记(1919.5—1949.11)》,重庆出版社1991年版,第42页。

竟占有95.6%的土地。失去田地的农民生活日益困苦,挣扎在死亡线上。在革命处于低潮的形势下,中国共产党人没有被屠杀政策所吓倒,及时地领导广大农民群众,开展武装斗争,进行土地革命。1928年2月,中共四川省临时委员会召开扩大会议,号召四川的党应加紧组织领导工农贫民,于二三月间,开始在各地陆续举行春荒暴动,由零碎的游击战争,发动群众汇合成大的暴动。在中共四川党的组织和影响下,1927年至1935年,四川共发动武装起义斗争69次,其中大部分发生在川东地区。1929年4月,在王维舟、李家俊等同志的领导下,活动于万源、城口一带的农民自卫军在万源固军坝起义,成立川东游击军。这次起义一直坚持到次年年底,是川东地区历次武装起义中持续时间最长(一年半),建立根据地面积最广(一万多平方公里)的一次武装斗争。1931年5月,中共四川省委召开会议,决定重建川东游击军。1932年底,红四方面军入川北,革命形势大好,川东游击军恢复活动。后来,川东游击军有了很大发展,改编为中国工农红军红四方面军第三十三军。

学生运动是群众反抗斗争的一个重要方面。1929年4月,由川东特委领导,共产党员、黄埔军校毕业生梁靖超创办的重庆高中开学。全校有党、团员40多人,设有党、团支部,是党的重要活动据点,学校采用大革命时期黄埔军校的教学方针,公开讲授和组织学习《社会进化史》、《社会科学概论》、《通俗资本论》、《唯物史观》、《共产主义ABC》等书籍。是年夏,刘湘借口"经费无着",停办重庆高中。师生组织护校委员会,开展护校斗争。后来达成协议,在南岸另办西南学校。不到一学期,又被迫停办。梁靖超经请示党中央、四川省委,将学院迁成都再办西南大学。次年6月,该校在成都被查封,梁靖超牺牲。1929年春,重庆联中发起反对该校校长、国家主义派分子秦某的斗争,最后迫使该校校长辞职。是年11月,重庆大学、巴县师范、四川师范等校发起,正式成立重庆学生联合会,并发表宣言,提出"打倒帝国主义、封建军阀、买办资本家和封建教育家"等口号,要求政治、经济、教育一律平等;争取言论、出版、集会、结社自由。不久,刘即令各校学生会停止活动,学联被扼杀。由于党、团组织迭遭破坏,重庆的学生运动也一度消沉。1935年华北事变以后,民族危机空前深重。在"一二·九"运动的影响下,重庆的学生运动又出现了高潮。

在金融业方面,刘湘滥发各种债券纸币,操纵金融,恣意掠夺,引起重庆工商界的不满,他们以各种方式表示反抗。1927年7月,刘湘向重庆聚兴诚银行强行摊派公款94560元。该行总经理杨灿三以"旧垫不清,新派碍难承担"①,请予豁免。二十一军军部不准其请。7月23日,该行以查账停业表示反抗。后来演成刘湘派兵包围该行,诱捕经理王宪之,迫使该行全体职工到二十一军军部请愿事件。是年底,该行被迫认购15000元,事件才告平息。

第三节 抗日救亡运动的高潮

一、重庆各界的抗日救亡运动

《马关条约》以后,重庆即被日本开辟为通商口岸,日商纷纷来重庆设厂。1901年,清朝川东道尹订约将南岸王家沱租让给日本,定期30年换契。从1902年起,先后有日商有邻公司、大阪洋行、又新丝厂、武林洋行、日清公司等设立其间。重庆人民反抗日本侵略的斗争一直没有停止过。自1928年以来,重庆各界民众掀起了收回日租界斗争的高潮。先后成立了重庆国民废除不平等条约促进会、收回王家沱日租界特组委员会以及重庆、江北、巴县的自治促进会等团体,多次提出收回日租界。

1931年,随着日本侵华步骤的加紧,重庆各界收回王家沱日租界的斗争也进入高潮。8月8日,重庆各界在夫子池举行反日救国大会,到会代表约2万人,要求迅速收回王家沱日租界,并致函航业公会及煤业公会,川江挂日旗之华轮日内自动取消日旗,各煤商从即日起,停止供日轮用煤。9月18日,江北、巴县、重庆市各界民众代表举行自动收回王家沱日租界运动筹备会,到会各民众团体78个,代表100余人,推重庆市商会、江北县工联会、重庆市职工俱乐部、重庆丝业公会、市报协为筹备会执行委员,将斗争引向高潮。9月24日,王家沱日租界期届满。25日,重庆各机关法团、各民众代表,筹组四川各界民众反日救国大会,"以期团结各界民众,集中反日力量,实行对日经济绝交,收回王家沱日租界"。全市数万民众连日举行罢工、罢课、罢市,并举行示威游行和集会,强烈要求收回日租界。10月22日,日本驻渝领事、侨民和兵

---

① 萧宇柱:《刘湘的财政搜刮》,载《重庆文史资料》第22辑。

舰撤离重庆。24日,刘湘派军警接管了王家沱。但是,此时国民政府并没有抗日准备。次年,日本获国民政府同意,以看守财产为名,再次派员回到王家沱。直到抗战开始以后,重庆政府才接管了王家沱,日领才下旗回国。

1931年"九一八"事变爆发,中日民族矛盾逐步上升为主要矛盾。在重庆,收回王家沱日租界的斗争又与反对日本帝国主义侵略我国东北的斗争结合在一起,形成了抗日救亡运动的高潮,成为全国抗日救亡运动高潮的一个组成部分。1931年9月28日,重庆各界2万余人在夫子池集会,正式成立四川各界民众反日救国大会,以领导抗日救亡运动的开展。是日,所有商店停止营业,各家铺面门上均用白纸大书"誓死抗日"四字,并下半旗为东三省死难同胞志哀。大会议决:(1)请中央立即对日宣战;(2)永远对日经济绝交;(3)请各方一致通电息争对外;(4)请四川各军抽调10万人克期出川抗日;(5)全国民众从即日起决不再购日货;(6)电慰东三省被难同胞;(7)全川组织义勇军对日作战。大会发表了成立宣言,表示"誓与日人奋斗到底,头可断,身可碎,肉可烂,骨可摧,此志不可夺,此心不可死"[①]。此后,重庆工人、学生、市民多次走上街头游行集会,宣传抗日。在南岸又新丝厂,日本领事署及日租界日警署等单位的工人纷纷罢工;煤业公会停止向日轮上煤;码头工人拒绝上日货;市民纷纷抵制日货,组织了仇货检查队。10月26日,重庆各校教职员千余人在夫子池文庙举行各学校教职员抗日大会。会上散发了大会宣言,通过了各校组织义勇军,实施军事训练;各科教学均以雪耻救国为出发点,以引起学生雪耻救国之动机及明耻御外之观念;电促军政当局准备对日宣战,并迅速收复东北失地等决议案。同时,成立了重庆各级学校教职员抗日联合会。

1932年,上海"一·二八"事变爆发,驻守上海的第十九军奋起抗战。事变发生后,重庆人民再次掀起了抗日救亡运动的高潮。重庆各界成立了四川各界民众督促川军出兵大会、中国义勇军四川赴难队等组织,纷纷举行集会、示威,发表宣言通电,强烈要求国民党出兵抗日,要求川军停止内战,迅速开赴前线抗日。3月10日,重庆市及江巴两县工、农、商、学各界400多个团体约数万人,举行四川各界民众督促川军出兵救国请愿大会。会后,数万民众

---

① 《重庆工人运动大事记》,第38、39页。

前往二十一军军部请愿,要求刘湘"迅速率兵赴难,以尽军人天职"。刘湘接见群众时宣称,"已决定派兵四万由王方舟率领出川,其余正预备出发"①,群众始散去。7月1日,重庆342个团体,约6万人举行追悼淞沪抗日殉国将士大会,全市停工、停课一日,并停止一切娱乐活动。同时,还组织10多个宣传组,在街头进行抗日救国宣传。

1935年,华北事变爆发,日本加紧对华北的政治、经济的渗透。蒋介石仍然坚持其"攘外必先安内"的政策,中日民族矛盾上升为主要矛盾。8月1日,中共中央发表了《为抗日救国告全体同胞书》(即《八一宣言》),提出了"停止内战,共同抗日"的主张,促进了抗日救亡运动的发展。年底,北平爆发了"一二·九"学生爱国运动。消息传到重庆,各界闻风响应。12月10日起,《新蜀报》和《商务日报·副刊》连日发表消息文章,揭露国民党压制抗日、阻止学生爱国行动的行为,呼吁民众立即行动起来,抗日救国,共赴国难。12月11日,重庆大学连夜组成学生救国会。重庆联中、川东师范、重庆美专、巴县中学、二女师、江北中学、治平中学、巴县三里职校、明诚中学、宏育中学、复旦中学等校学生,相继发表宣言、通电,声援北平学生,呼吁南京国民政府保障一切爱国行动。24日,重庆30多所中等以上学校的代表集会,正式成立了公开的重庆学生救国联合会,随即派代表向当局请愿,提出即日出兵收复失地、讨伐叛逆、严惩汉奸、保障学生运动等六项要求。与此同时,成立了重庆市中等学校教职员联合会,发表了《告全市同学书》,赞扬了学生的爱国行动。重庆东水门码头工人也拒绝为日轮、英轮装卸货物,声援学生的爱国行动。学生始终站在斗争的前列,他们出版了《救国半月刊》,组织了80多支宣传队,到城区、南岸、江北、小龙坎、磁器口等处宣传抗日救国,并印制了宣传大纲和各种小传单向群众散发,上面写道:"头可断、血可流,地不可失,权不可丧。"②学生宣传队员声泪俱下向市民宣传抗日救亡,一时"救国空气,弥漫全城"③,大大激发了市民的爱国意识和民族意识。

1936年,由于刘湘与蒋介石的矛盾加深,刘湘对共产党的态度有所转变,党的组织在四川逐渐恢复。这一时期的抗日救亡运动是在党的影响和领导

---

①《重庆工人运动大事记》,第41页。
②《重庆救国会》,中共重庆市委党史工作委员会1985年编印,第357页。
③《新蜀报》1935年12月30日。

下开展的。6月,中共党员漆鲁鱼在重庆团结了一批进步人士和青年学生,成立了重庆各界救国联合会(简称重庆救国会),救国会下设有秘密的重庆学生救国联合会、重庆妇女界救国联合会、重庆文化界救国联合会。救国会通过公开与秘密、合法与"非法"的形式,在文化界及青年学生中传阅中共中央文件,宣传党的抗日主张;举办了新文学讲习班;领导和推动了反对日本在蓉设领的斗争;组织了鲁迅先生的追悼会;发动了援助绥远抗战的募捐。这个组织逐步成了重庆抗日救亡运动的核心。

重庆的抗日救亡运动,经历了一个由分散到统一,由自发到有组织、有领导的过程。日益高涨的群众抗日运动,促进了抗日民族统一战线在重庆的建立。

二、地方实力派立场的转变

以刘湘为代表的四川地方实力派,曾经以极其残酷的手段,镇压共产党人和革命群众。1936年到1937年,刘湘逐渐转向联共、抗日的立场。促成这一转变主要是基于以下几个因素的影响。

首先,是从1931年"九一八"事变到1935年华北事变,中日民族矛盾已经逐步上升为主要矛盾。日本独占中国的野心已经暴露无遗,主要矛盾的变化必然引起国内阶级关系的变化。如何对待抗日,避免亡国灭种之祸,成为每一个中国人都不能回避的问题。

其次,中国共产党在统一战线问题上,从1935年起,不断地调整自己的政策。《八一宣言》的发表,提出了"兄弟阋于墙外御其侮"的主张,实现了由建立下层统一战线到建立上层统一战线的转变。12月下旬,中共中央瓦窑堡会议召开,抗日民族统一战线理论正式形成,王明"左"倾的政治路线被纠正。在党的正确路线的指引下,中共加紧了对刘湘的统一战线的工作。党对刘的争取主要通过了两个渠道:一是经过爱国将领冯玉祥和刘湘的老师张澜做刘湘的工作。1935年,蒋系中央势力入川,刘湘有势单力薄之感,欲联共又有顾虑。这时冯玉祥先后派出汪导予、李荫枫、郭秉毅、高兴亚等人入川。这4人实际上"都是党通过冯玉祥介绍给他的"[①]。刘湘对他们非常信任。除高兴

[①] 田一平:《武德励进会记实》,见《重庆文史资料》第22辑。

亚因是冯玉祥的秘密代表未便任职外,其余3人都被聘为顾问和军官教导队的政治教官,并参加了刘部的核心组织武德励进会(会长刘湘),有的还担任了重要职务。"郭秉毅对刘湘的许多建议都是党的领导人张曙时指示的,这等于我们党的力量插进了武德励进会的决策部门。"田一平、郭秉毅等人"直接为刘湘出谋划策,宣传党的主张,策动川军抗战,对刘湘及其武德励进会产生了较大的影响"。党还通过张澜做刘湘的工作。张向刘指出,"要抗日,就必须反蒋","只有高举抗日的旗帜保护抗日的群众,联合一切爱国的派别,与蒋介石的控制野心作斗争,才是自己的光明前途"①。第二个途径是中共上海局直接派人入川做刘的工作。1935年,派张曙时约同老同盟会会员傅春吾一道入川,与刘湘建立关系。张给刘湘写了一封长信,希望刘湘"团结抗日的势力,反对不抗日的人","以抗日为中心的号召,造成四川为中国抗日的政治中心"②。党对刘湘的争取,加速了刘湘的立场的转变。

再次,蒋系势力入川,刘蒋矛盾激化。刘湘与蒋介石的关系在蒋系势力入川以前,还相安无事。1934年,刘湘在"剿共"战争中失利,不得不请蒋入川。1935年,蒋系中央势力入川,明为"追剿"红军,暗为削平地方实力派,以中央势力统一川政。为了保住自己的地位,刘湘联络各方反蒋力量,对共产党的态度有了明显的变化。从1936年起,即派代表去延安,联络中共关系。1936年12月,西安事变由于中国共产党从中斡旋,得以和平解决。刘湘对中共不杀蒋之举,非常钦佩。他曾说:"共产党真是以国家大局为重,不计恩怨……非有伟大的眼光和气魄,决不能做到这步。"③1937年2月,刘湘在国民党五届三中全会上,"大声疾呼,主张'集中人才,精诚团结,解放言论,发扬民气'",且对"国家人才之受摧残","元气之受损伤"深为惋惜。1937年,刘湘派出川康绥靖公署顾问王干青两次去延安,与中共建立了较为密切的关系④。

到此,刘湘已完全转变到了联共、抗日、反蒋的立场。1937年"七七"事变以后,刘湘于7月10日、13日两次电请当局,指出"和平果已绝望,除全民

---

① 乔毅民、阚孔璧:《张曙时》,见《四川党史人物传》第1卷,第161页。
② 乔毅民、阚孔璧:《张曙时》,见《四川党史人物传》第1卷,第162页。
③ 邓汉祥:《刘湘与蒋介石的勾心斗角》,载《文史资料选辑》第5辑。
④ 邓汉祥:《刘湘与蒋介石的勾心斗角》,载《文史资料选辑》第5辑。

抗战以外,别无自存之道",表示"愿率川军供驱遣抗敌"[①]。14日,又通电全国,电称"强寇压境,其危险之严重……远超出于有史以来之外患",值此"危机一发"之际,"战犹有生机,不战亡可立待",并呼吁"全国上下,同德一心,共赴国难"。

全面抗战爆发以后,刘湘亲率川军出川抗战。1938年1月20日,刘湘在武汉病逝。

第四节 国民政府统一川政

一、刘湘"剿共"战争失败

1932年12月,红四方面军在撤离鄂豫皖根据地以后,冲破数十万敌军的围追堵截,由陕南翻越大巴山,于18日进占川北通江县两河口。当时,刘湘正集合川军各军向刘文辉进攻,统治川北的田颂尧抽调30多个团到川西去参加这场军阀混战。川北各县,兵力空虚。红军入川后,一路势如破竹。25日,红四方面军占领通江县城。29日,成立川陕省临时革命委员会,旷继勋任主席。1933年1月1日,南江解放。23日,解放巴中。2月中旬,在通江县城召开了川陕省第一次工农兵代表大会,成立了川陕省苏维埃政府。省政府下辖红江、赤江、赤北、南江、巴中5个县和通江特别市及陕南特别区(镇巴、西乡两县各一部分)。辖区人口100余万。

红四方面军在川北立足未稳,四川军阀即向川陕苏区发动了多次大规模的进攻。1933年1月27日,蒋介石委任第二十九军军长田颂尧为"川陕边区剿匪督办",发给子弹100万发,现款30万元,另派遣飞机4架助战。田颂尧部集合所部兵力近38个团,4万余人,分左、中、右3路,向川陕根据地发动进攻。时,红军总兵力仅1万余人,且刚刚进入川北,各项工作尚未完全展开。红四方面军总部根据当时敌情及川北山高路险、易守难攻的特点,制定了"收缩阵地,节节抵抗,诱敌深入,待机反攻"的作战方针。经4个月激战,至5月底,敌3路围攻被彻底粉碎。红军毙伤俘敌2.47万人,缴长短枪1.8万支,

---

① 《新新新闻》1937年7月14日。

机关枪200余挺,迫击炮50余门。至此,红四方面军才在川北站住了脚,根据地扩大了1倍,红军发展到4个军。是年秋,红四方面军主动出击,发动了仪(陇)南(部)、营(山)渠(县)、宣(汉)达(县)3次外线进攻战役,歼敌近2万,使根据地扩大到23个县,红四方面军发展到5个师约8万余人。川陕根据地成为仅次于中央根据地的中华苏维埃共和国的第二大区域。

是年9月,"二刘"之战结束。9月6日,"二刘"发出联名通电,表示双方停止敌对行动,"协同出兵剿赤"。10月,蒋介石特电刘湘,"限三个月内全部肃清"川北红军①。令军政部拨发步枪子弹200万发交刘湘分配各军使用。10月4日,刘湘正式就任"四川剿匪总司令"职,设总司令部于成都。他纠集了除刘文辉以外的各路军阀部队总计100多个团,近20万兵力,令邓锡侯、田颂尧、李家钰、杨森、王陵基、刘存厚等分任各路总指挥,于11月初,向川陕根据地发动了"六路围攻"。

战争之初,敌兵力占明显优势。红四方面军在徐向前的指挥下,坚定执行"收紧阵地,诱敌深入"的作战方针,主动放弃根据地大部分城镇和地区,利用川北多山的有利地形,实行艰苦的运动防御战。这时川陕根据地建立近一年,各项群众工作已经展开,土地革命轰轰烈烈,人民群众参军参战的热情空前高涨,红军在运动战中保存了有生力量。而川军各部进入根据地以后,运输、给养发生极大困难,且各部之间矛盾重重,各自为谋,保存实力,作壁上观,除刘湘部第5路进攻积极外,其余各部多裹足不前。

为了给刘湘撑腰打气,蒋介石在1933年10月12日电令"川中剿赤各军,如有轻弃防地,自行后退者,不但取消该军防区,且必撤职查办。如他军遇匪,而临近部队观望不援者,或剿匪不力,不服从约束者,一经查出,亦严惩不贷"②。但蒋介石一纸电令没有起多大效果。刘湘又请出江湖术士刘从云(外号刘神仙),委任其为"剿匪总司令部前方军事委员会委员长",企图以帮会的力量督励各军,仍然无济于事。

面对敌人"六路围攻",红四方面军分东、西两线作战。红四、九、三十军主力在徐向前的直接指挥下,在东线阻敌作战;西线在王树声的指挥下,据险

---

① 周开庆:《民国川事纪要》(上),(台湾)四川文献研究社1974年版,第525页。
② 周开庆:《民国川事纪要》(上),(台湾)四川文献研究社1974年版,第525页。

牵制敌人,在大量杀伤敌人后,主动后撤,以诱敌深入。

1934年7月,敌第5路唐式遵部主力向东线万源发起多次攻击。红军集中主力近6万人在万源展开英勇的阻击作战,激战近一月,敌损兵折将近1万人,红军阵地岿然不动。8月10日,红四方面军主力在东线向敌突然发起猛攻,首先突破第6路刘邦俊部防地,然后抄袭第5路唐式遵部后路,唐部全线崩溃,红军全歼唐两个旅。东线反击胜利后,红军除以一部乘胜追击敌人外,主力移向西线。从8月中旬起,红军在两线发起反攻。红军以席卷之势先后收复巴中、南江、旺苍等县,直逼广元城下,嘉陵江以东失地全部收复。至此,历时10个月的"六路围攻"终于被红四方面军粉碎。是役总计毙伤敌6万人,俘2万人,缴枪3万支,炮500余门。刘湘苦心孤诣经营20年的军队,几乎毁于一旦。在"剿共"军事问题上,刘湘是一筹莫展了。

刘湘不仅在军事上"围剿"红军节节失利,而且财政上也发生了严重困难。从1932年"二刘"之战起到1934年9月"六路围攻"川陕革命根据地失败,以刘湘为首的大小军阀均卷入大规模的战争中,时间长达两年。巨大的军费开支,使刘湘在财政上出现了巨额赤字,1934年竟达4100万元。刘湘除从四川地方银行滥发"地钞"2500万之外,还发行各种债券3975万元,以弥补军费亏空,各项债券以公家银行、钱庄为推销对象,致使金融业资金周转困难,各行庄受到很大影响。刘湘军事上迭遭惨败,成渝两地银行每日挤兑,川省资金大量外逃,申汇狂涨,仅成渝两地聚兴诚银行,每日汇出即达百余万元,申汇涨至每百元在40元以上。

二、参谋团入川,川政统一

刘湘从此次"围剿"川陕根据地失败中看到,各军不但不听其调遣,而且还指责他听信巫师妖言,贻误军机,"川军盟主"不过是徒具虚名;防区制依然存在,各军在防区内截留税款,刘湘财源极为有限,入不敷出;川陕革命根据地在反"六路围攻"胜利以后,声威大振,成渝等地绅商亦有风声鹤唳之感。1934年8月23日,刘湘以"川中剿匪军事困难"为由,通电辞职。刘湘此举目的有二:一则是向蒋介石求援,二则是向川军各部施加压力。

刘湘以退为进的策略果然奏效。收拾川省残局,非刘湘莫属。9月1日,川省绅商21人联名电呈国民政府,请慰留刘湘。2日,蒋介石电刘湘,"为国为乡","均应负责到底"。刘湘的参谋长郭昌明向蒋表示:"现以大义所迫,决定以私人资格辅助剿匪事宜。"①刘湘还授意其驻外代表邓汉祥向南京方面探明虚实,当得知蒋介石支持刘湘反共"剿赤"的明确态度时,刘湘决定应蒋之约,"东下拜谒蒋委员长"。

11月20日,刘湘到达南京,向各报发表谈话,明确表示,"此次来京任务有两点:(一)剿匪问题,须面谒蒋委员长,报告及请示机宜;(二)财政问题,须向中央请示具体办法"。刘湘还表示:"四川为中央之四川,本人负川省善后责任,一切惟中央之命是听。川事危迫至今而极,惟有整个在中央指挥之下徐图挽救。本人更为打破历来四川与中央之局面起见,特趋首都面谒政府当局,请求安川方略。"②为了获取蒋介石军事、财政的支持,刘湘不得不恭请蒋系中央势力入川。

蒋介石要打进四川,控制西南可以说是蓄谋已久的,而以刘湘为代表的地方实力派又是蒋系势力入川的主要障碍。此次刘湘新败,主动来京输诚乞援,正是蒋入川的绝好机会。加之中央红军突围西征,已达湘黔边境,如果中央红军绕道与红四方面军会合,形成赤化全川之势,局势对蒋介石将是越发"不可收拾"。蒋介石也迫不及待拉拢刘湘,稳住川军,借以围攻红四方面军,阻止中央红军入川。蒋介石和刘湘从各自的目的出发,在"剿共"、安川问题上取得一致,暂时联合起来。

11月24日,刘与蒋几经会商,达成合作条件:蒋介石方面授权刘湘统一四川军政,打破防区,各军归刘湘节制,并兼川省政府主席,向川军补助饷款械弹,同意刘湘发行巨额公债,偿还历年积欠;刘湘则开放四川门户,允许中央军入川,同意派参谋团入川指导,监督四川反共军务。

12月19日,刘湘回到重庆,同时,蒋介石电成都,已任命贺国光、杨吉晖为行营驻川参谋团正、副主任。21日,南京国民政府明令改组四川省政府:原省府委员刘文辉、邓锡侯、田颂尧、杨森等人均免本职,任命刘湘、邓汉祥、甘绩镛、刘航琛、杨全宇、郭昌明、谢培筼为省府委员;刘湘兼四川省政府主席。

蒋介石以允刘湘兼理军、民两政,换取了参谋团的入川。从此,蒋系中央

---

① 周开庆:《民国川事纪要》(上),(台湾)四川文献研究社1974年版,第546页。
② 周开庆:《民国川事纪要》(上),(台湾)四川文献研究社1974年版,第554页。

势力伸入四川。

参谋团全称为国民政府军事委员会委员长行营参谋团。由主任、副主任、秘书、第一处、第二处、政训处,以及高级参谋、督察专员、各级督察员组成。参谋团主任贺国光、副主任杨吉晖、第一处处长王又庸、第二处处长刘依仁、政训处处长康泽、总务处处长柏良。参谋团入川有双重使命。首先是反共战争的需要。据《入川参谋团组织大纲》规定,参谋团为"对四川剿匪各军作战运筹指导督察之特设机关"[①]。贺国光赴川前夕在南昌对记者谈话时也宣称:"川军非彻底服从中央,不能剿灭赤匪,委员长特组参谋团,前往代表发布命令。"[②]参谋团主任负责军事,拟定作战命令。四川"剿匪"总司令只是执行参谋团的指令而已。参谋团的第二个使命是为蒋介石控制川军,插足川政,进而为统一西南的计划效力。《参谋团组织大纲》规定,川军各师设政训处,参谋团"政治训练人员,分赴各部队担任政治训练事宜","高级参谋除筹议剿匪攸关诸事宜外,并轮流充督察员,督察各路军官作战"。并且规定,川军师长以上军事官员要定期向参谋团作军事报告,凡向刘湘总部报告军情,一定要分报参谋团[③]。在参谋团入川的同时,蒋系中央军胡宗南部第一师由川北入川,上官云湘第四十四、四十七、五十四师等部队由川东入川,这是国民党中央军入川的开始。

根据蒋介石与刘湘在南京达成的协议,川政由刘湘出面统一。1935年2月9日,国民政府任命刘湘为四川省保安司令。10日,刘湘在重庆就任四川省政府主席职。这时,蒋介石已划四川为"剿匪省份",令即实行"剿匪区域行政制度",直接归军事委员会委员长行营管辖。刘湘在就职宣言中亦表示,"本府嗣后一切要政,总期以奉行中央法令为准绳"[④]。刘湘在就职当天,即训令二十一军辖区各县县长,"将往昔代管之一切政务,完全归还四川省政府"。川军各部将领一则因"剿共"战争新败,军力一蹶不振,而刘湘已成为"川军盟主";再则因刘湘得蒋介石支持,尚方宝剑在手;加之刘湘首先放弃防区一切政权,还诸省府,以示倡率,鉴于大势所趋,也电告刘湘,拥护统一。是

[①] 王廷科:《参谋团入川记实》,载《重庆文史资料》第25辑。
[②] 周开庆:《民国川事纪要》(上),(台湾)四川文献研究社1974年版,第558页。
[③]《重庆文史资料》第25辑,第182页。
[④] 周开庆:《民国川事纪要》(上),(台湾)四川文献研究社1974年版,第566页。

年2月下旬,李家钰、邓锡侯、田颂尧、杨森等均表示交出防区民、财各权。2月20日,蒋介石电刘湘及川军诸将领,对打破防区、交还政权,极表赞许。

各军交出政权后,为了防止各军拆台,刘湘对原委各县县长及各征收局局长一律留用,对各军保举人员也择优委用。为了进一步控制川政,3月15日,蒋介石电令川军各将领,不得以军力干涉行政诉讼,军官不得兼任县、局长,军政长官不得与民争利。刘湘也采取一些敷衍措施,从4月份起,对县、局长实行对调,易地任职,到5月底,基本上全部对调完毕。暂未调动者,后来调入四川省县政人员训练所受训。

至此,长达18年的防区制结束,四川省政府完成了行政的统一。省府成立后,蒋介石即向刘湘提出,省府业已健全,为了便于行使职权,宜由重庆迁回省城成都。刘湘在重庆经营了10年之久,不愿离开老巢,但又没有理由拒绝,只得遵旨西迁。7月9日,省府由重庆迁成都。

此时,蒋系中央军主力薛岳部已尾随中央红军开进四川,形成蒋系部队控制四川局面:蒋介石利用追击红军的机会,将贵州王家烈赶下了台;云南龙云朝不保夕,自顾不暇;刘湘在四川也只有招架的功夫了。

经过刘湘与蒋介石的讨价还价,最后蒋介石权衡利弊,决定:四川各军统属中央,名义上仍归刘湘指挥;各军番号予以保全,统一编制;刘湘原二十一军扩编为3个军及善后督办公署直属部队。

6月下旬,参谋团着手整顿川军,核实名额,裁汰老弱。第一期缩编,各军、师一律按现额缩减1/3;各军军费自7月16日起,一律减发1/3。8月10日,参谋团组成点验委员会,点验川军各部。经第一期点验,各军确立新编制为:第二十军,军长杨森,辖3师15团;第二十四军,军长刘文辉,辖3师1旅15团;第四十一军,军长孙震,辖3师19团;第四十五军,军长邓锡侯,辖5师24团;第二十一军,军长唐式遵,辖3师16团又12个独立营;第二十三军,军长潘文华,辖2师14团又6个独立营;陆军第一〇六师,师长李家钰,辖10个团;善后督办公署直属部队3师5个旅2个路司令。刘湘部属共编得11个师5个旅29个独立营,其总兵力达川军总数的一半以上。

为了进一步控制川军,1935年秋,蒋介石开办了峨嵋山军官训练团,自兼团长,刘湘任副团长。川军营长以上军官多被调训。训练内容多是以打破地方割据现象为由,要各级军官服从中央;灌输"拥护领袖,复兴民族,忠党爱国"的思想,培植"黄埔精神"。蒋介石在训练团讲话中多次强调说:"你们现在是我的学生,回到部队后又是我的部下,希望你们努力剿赤,尽忠报国,将来自有无限美好的光明前途。"[①]为了拉拢川军将领,蒋介石、陈诚进行了一系列的活动,如军官集体加入国民党;蒋介石亲自找旅长以上军官谈话;陈诚多次约见团长以上军官,了解川军内部情况。刘湘的大将唐式遵、王缵绪后来逐渐倒向蒋方,与此次训练也有一定的关系。经过开办军事训练团使川军在"中央化"方面又迈进了一步。

蒋介石在统一军、民两政的同时,也加强了对四川财政的控制。在统一财政方面,分三步进行:

第一步,中央银行、中国农民银行等中央银行势力进入四川。1935年1月6日,中央银行重庆分行筹备员抵达重庆。18日,四川财政特派员公署在重庆成立。2月25日,中央银行重庆分行正式开幕。鉴于蒋系中央势力已入川,且川军经费日益枯竭,3月6日,刘湘令二十一军辖区各县国税,经交财政特派员公署接收,交出了财权。各军亦相继交出财权。5月22日,中国农民银行重庆分行筹备处成立(该行7月8日正式开幕)。中央、中农银行打进四川,使蒋在财力方面有了充足的实力,为统一财政打下了基础。

第二步,成立财政监理处。7月15日,蒋介石以整理财政为名,电令成立军事委员会委员长行营驻川财政监理处,以财政部四川财政特派员关吉玉为处长,四川省财政厅长刘航琛兼副处长。并决定中央银行重庆分行成立联合金库,所有国、省两税收入自7月16日起悉解入库,每月应支国、省各费,由该处按核定预算统筹支拨,并按月将收入款目造册呈报行营及分报财政部查核。

第三步,统一币制。四川全省财政权完全归行营驻川财政监理处后,9月10日,蒋介石以"四川历年金融紊乱,其所设之地方银行既未呈经中央批准,而所发钞票现达3200余万之钜,准备空虚,以致时有挤兑情事"为由,宣布收销"地钞"及收兑杂币办法。其办法规定,自9月15日起,所有省内一切公私交易,均以代表国币之中央本钞为本位,"地钞"随即停止使用。凡持有"地钞"之军民人等,准以"地钞"10元换中央本钞8元,至于四川市面所有之银

[①] 邓汉祥:《四川省政府及重庆行营成立经过》,载《文史资料选辑》第3辑。

币,其成色重量与银本位条例规定相合者,可以用一元兑换中央本钞一元行使;其余杂币,一律照财政部规定,依所含纯银实数,换中央本钞[①]。

这一决定公布之后,四川各地市场立即陷于混乱,舆论哗然。重庆商帮及金融界连日请愿,要求收回成命,"地钞"仍十足收回;如十足收回不能达到,则请省府另行补偿损失。在万县、宜宾、涪陵、内江等地也发生市面不稳及群众请愿活动。9月19日,蒋介石电令严禁群众请愿,称群众的请愿"不特破坏金融,而且扰乱治安"。还饬令"各地军警,一体严密防范"[②]。以强制的手段,收销了"地钞"及杂币,在四川发行中央法币。尽管法币起初在四川商民中没有什么信誉,参谋团通告商民人等,如拒绝使用中央钞券,以扰乱金融治罪。最终法币在四川得以流通,四川币制与全国统一。

至此,四川军、民、财政已统一于国民政府之下。

1935年10月3日,国民政府特派顾祝同为重庆行营主任,杨永泰为秘书长,贺国光为参谋长,原设于武昌的行营于10月20日结束,大部分人员西上来渝。11月1日,重庆行营正式成立,参谋团即行撤销。重庆行营辖区为川、康、滇、黔、藏。所有西南各省军队,均受其节制。蒋系中央势力以重庆为基点,完全控制了四川和西南。

国民政府统一川政,有利于重庆经济的发展。防区制的废除,币制的统一,不仅加强了重庆与四川各县的经济联系,也使重庆与华中及沿海发达地区的经济联系加强。参谋团入川以后,先后督促修筑了川陕、川黔、川湘等公路,加强了重庆与西南、西北诸省的联系,从而使重庆这一经济中心位置更显重要,促进了重庆工商业的发展。

川政统一,使重庆不仅成为西南的经济中心,而且成为政治中心。刘湘虽离重庆去成都主持省政府,但重庆为蒋介石的行营所在地,蒋介石以顾祝同坐镇重庆,控制西南各省。

川政统一,为重庆成为抗战时期的陪都创造了条件。参谋团驻重庆以后,重庆就不再是地方军阀的禁脔,重庆跨出了四川盆地,进入全国性政治大舞台。蒋介石南昌行营迁武昌,又由武昌迁重庆,自东而西的迁徙并非偶然。

[①] 周开庆:《民国川事纪要》(上),(台湾)四川文献研究社1974年版,第600页。
[②] 周开庆:《民国川事纪要》(上),(台湾)四川文献研究社1974年版,第601页。

除了"追剿"红军、统一川政、控制西南的目的外,还想找一可靠的战略后方。重庆行营设立以后,在刘湘十余年初步建设的基础上,进一步完善了各项设施,使重庆在抗战以前成为了西南的政治、经济中心。经过两年多的经营,重庆具备了陪都的条件,终于在抗战时期成为了全国大后方的政治、经济中心。

第六章 重庆城市发展的新起点

第一节 重庆建市

一、重庆建市的条件

中国城市的产生,有数千年的历史。城市从产生的时候起就与权力政治结合在一起。大大小小城市只是各级政权的所在地。城市的职能只是有效地统治和镇压人民,权力政治的影响往往超过经济因素的影响。城市居民构成除了统治者外,就是服务于统治阶层的各色人等。城市对周边地区谈不上多大的经济影响力和吸引力。城市规模的大小与驻城市的政权机构的级别的高低成正比。城市政权机构的级别越高,城市的行政地位越重要,对周围地区的控制范围越大。传统的城市,实行"城乡合治",城镇和乡村并无严格的界限,同受一级地方政府管辖。

现代意义的城市与其他社区相比较,基本特点是人口集中,工商业发达,居民以非农业人口为主,并且通常是周围地区的政治、经济和文化的中心区域,对周围地区具有吸引力和辐射力的两重作用。而这些特点,重庆在20世纪20年代已经初步具备。

从19世纪70年代起到20世纪20年代的半个世纪里,重庆已经发展成为四川及西南的商业、金融中心,具有近代资本主义性质的近代工业也初步建立。近代工商业的建立及发展,加强了重庆对邻近区域、四川乃至整个西南的吸引力和辐射力。在西南地区,重庆的工商业占有举足轻重的地位。

在这一时期里,随着民族工商业的发展,民族资产阶级的队伍开始形成,资产阶级民主革命的思想经过新式学堂、报刊等形式得到广泛的传播。特别是辛亥革命以后,自由、民主、共和的思想广泛深入人心。重庆于1891年辟为商埠,西方各国势力纷至沓来。他们在重庆设领事馆、公司、商行、教堂、学校、医院。重庆虽然成了西方列强在西南腹地的经济、文化侵略的据点,但也使重庆人的思想观念发生了很大的变化。他们在反抗外来势力侵略的同时,也有学习西方先进的科学技术、管理经验的要求和建立资产阶级政权的尝试。所以,这一时期重庆绅商一方面致力于发展民族工商业,一方面又积极投入了收回矿权的斗争和参加了保路运动。在政治上,重庆对周边地区的影响已经大大加强。

20世纪20年代,重庆常住人口已达20余万,另有流动人口20余万[①]。人口如此集中,在西南地区也不多见。

现代意义的重庆城市的建立,也经历了一个较长的历史过程:

宣统二年(1910年),重庆设立警察局,设总办一人。虽然其职能仅限于保安、正俗、卫生等,而述及市政机关沿革,应溯源于警察时代。这实际上是"城乡分治"的开始。民国初年,改称警察厅。这一时期是重庆市政机关形成的胚胎时期。进入20世纪20年代以后,警察厅的设置已经不能适应城市经济的发展。"重庆踞长江上游,为四川交通实业之中心,华洋杂处,商务繁盛,诚吾国西隅之一大市场也,然而市政窳败,街道之狭隘,沟渠之秽污,煤烟之蒸蔽,其不堪居住,亦为全世界通商各埠所无。加之地狭人稠,肩摩踵接,非推行市政,力谋改造,实不足以策交通实业之发展……"[②]重庆绅商及地方军阀的这一愿望,实际上反映了重庆城市发展的客观需要。民国建立以后,市政机构的设置即着手进行。

1921年11月,四川各军总司令兼省长刘湘驻重庆,令设重庆商埠办事处,委川军第二军军长杨森任督办。这是重庆新市政的萌芽时期。

1922年8月,杨森去职,川军第三师师长邓锡侯到重庆,将重庆商埠督办改为重庆市政公所,自兼督办。其后,川军第七师师长陈国栋、第七师十四旅旅长朱宗恁相继为督办。先后凡四年,均称市政公所。

[①]《重庆商埠汇刊》1926年度,第28页。
[②]唐式遵:《重庆市政计划大纲》,载《重庆商埠汇刊》1926年度。

1926年6月,刘湘驱逐黔军袁祖铭以后,即以四川善后督办、川康边务督办的身份由成都到重庆,并将两署移驻重庆。此前,重庆迭经战乱,熊克武、刘湘,黔军王文华、袁祖铭,或先或后,或同时驻扎重庆。在近五年的时间中,因战事频繁,"向任督办者率皆五日京兆既无从容规划之时间,以致对外事业毫无表现;对内组织复欠完整。经费子虚,精神涣散。此两时代实拥虚名,即案牍陈迹亦无可寻探"①。从1926年刘湘独占重庆到1935年7月随省府迁成都,近十年的时间内,重庆一直是刘湘的战略据点。刘湘舍成都而踞重庆,主要看中了重庆在四川的经济地位及从重庆可以得到的可观的财政收入。重庆在这十年中,政治局势相对稳定,从而为经济的发展及市政机构的建设都创造了一个较为有利的条件。

二、重庆建市

1926年6月,刘湘令改市政公所为商埠督办公署,改委第三十二师师长唐式遵为督办。唐到任不久去职。7月,又委第三十三师师长潘文华兼任督办。7月19日,潘文华正式任职,8月1日正式办公。公署设督办1人、会办2人。督办名义上由中央政府委派,在中央政府尚未统一时,督办由四川最高级行政长官委任。督办综理全埠事务,对内对外有完全权责;会办襄理一切事务;公署下设收支局、工务处、财政处、公安处、总务处、新市场管理局、江北办事处等机构。重庆商埠督办公署组织机构设置情况如下图:

---

①《九年来之重庆市政》,1936年10月,第12页。

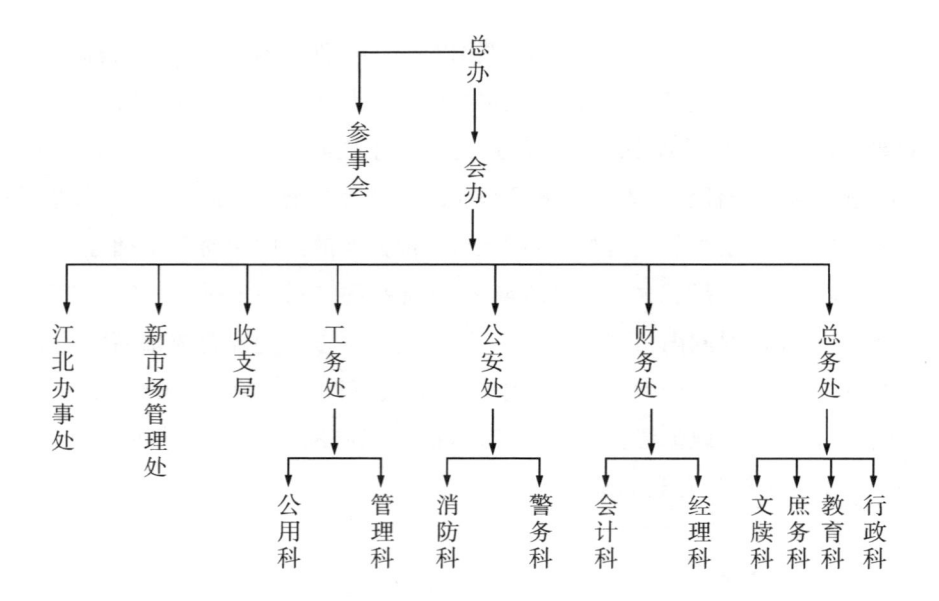

```
                        总办
                  ┌──────┤
                  │      │
                参事会  会办
                        │
  ┌─────┬─────┬─────┬─────┬─────┬─────┐
 江北  新市场 收支  工务  公安  财务  总务
 办事  管理  局    处    处    处    处
 处    处
                  ┌─┴─┐ ┌─┴─┐ ┌─┴─┐ ┌──┬──┬──┐
                  公用 管理 消防 警务 会计 经理 文 庶 教 行
                  科  科   科   科   科   科  牍 务 育 政
                                              科 科 科 科
```

督办公署的行政职责为：商埠内各项规则的订定、修正、公布；公共财产的维持、取缔及处分；房屋土地的调查、登记及收用，规定房屋土地等级及其租赁；街道、桥梁的建设，新市场的开拓及其土木工程等项；交通、电力、电话、自来水、车船、肩舆及其他公用事业的经营管理；航务、码头及保险、堆栈事项；征收各项税捐及国家或地方税费的收支；水陆警察和保安团的监督指挥及其他保安事项；教育及自治事项。

从重庆商埠督办公署的机构设置及职能范围来看，它已经脱离了过去"城乡合一"的行政管理体系，而成为专门负责管理城市的一级行政机构，并且已经具备了市建制的基本规模。总办、督办相当于市长，会办相当于副市长。巴县县政府虽然仍设城区中，但已无权过问市政。县长担任公安处副处长。此时公安处仅具虚名，一切有关公安事项仍由警察厅办理，厅长兼任公安处长。实际上，巴县县长只是协助维护市内治安而已。重庆商埠督办公署的行政级别高于巴县政府，巴县政府在市区内已经不起什么作用了。

商埠督办公署的建立，是重庆城市发展史上的一件大事，它标志着重庆市建制的诞生。重庆商埠督办公署成立以后，重庆城市已经成为一个区域性的自治团体，这将有利于城市自身建设和发展，所以它的建立也标志着重庆在城市近代化管理方面迈出了重要的一步。

1927年9月，潘文华以督办公署名义呈请川康边务督办公署改重庆商埠为重庆市。理由是在国民政府控制的地区内,上海、南京、广州、杭州等商埠均已改为市,并取得了显著成绩;重庆商埠督办公署是经北洋政府所核定,"本埠现隶革命旗帜之下,似应援照改市,俾归划一而免分歧"①。11月,第二十一军军部准其所请,重庆商埠改为重庆市,设市政厅,改委潘文华为重庆市长。从此,重庆成为以市为名的市建制城市。

市政厅的组织和机构在商埠督办公署的基础上,有了较大的扩充。参照其他城市组织规则,制定出《重庆特别市暂行条例》。该条例规定,市设市政厅,设市长1人。市长本应由国民政府任命,但国民政府当时对四川是鞭长莫及,市长实际上由控制重庆的刘湘任命。市长下设公安局、民生局、工务局、财政局、总务处、江北事务处、土地经理处、秘书长等。市政厅的职权范围是:财政事项,公安消防及其他防灾事项,土地分配及使用取缔事项,河道及船政管理事项,公产之管理及处分事项,公私建筑事项,户口之调查及统计事项,市民生计、民食统计及农工商之提倡、改良,交通、电汽、电话、电灯、自来水、煤气及其他公用事业之经营及取缔事项,街道、沟渠、堤岸、桥梁,建筑及其他关于土木工程事项,公共卫生及公共娱乐事项,政府委办及特许处理事项,其他法令所赋予事项。由此可见,市政厅行政职权相当广泛,而且特别加强了警察、财税与市政建设三个部门的职能,城市的功能得到进一步加强和发挥。

1928年7月3日,国民政府同时公布了《特别市组织法》和《市组织法》。《市组织法》规定:市直隶省政府不入县行政范围,凡人口满20万的都市得依所属省政府之呈请暨国民政府之特许建为市。8月,潘文华召集各局、处长及市参事会开联席会议。鉴于重庆为西南重镇,商务繁盛,人口日增,拟暂照普通市组织法成立市政府。会议一致议决通过,并修改条例呈请二十一军军部。1929年2月15日,经二十一军军部批准,正式成立重庆市政府。重庆由是正式建市。

市政府成立后,对组织机构进行了调整。废总务处,增设秘书处;改民生局为社会局;改新市区土地经理处为土地局(后撤销,其事务并入财政局);新设教育局、审计处、南岸管理处。改组后的重庆市政府行政机构计有7局3

---

①《重庆商埠月刊》第9期,1927年8月。

处1库29科。

市政府的组织机构渐趋完备,以后市府组织机构大体上以此设置机构为基础。"九一八"事变以后,刘湘曾以困难时期,机关宜缩小,建设需缓为由,从1932年4月起,重庆市政府紧缩改组:秘书处与社会局合并为总务处;财政、工务、教育三局改为处;公安局改为处,直隶重庆警备司令部,同时受市政府指挥;南岸、江北两管理处废除科一级。此次调整以后,改局为处,科数减少,计有7处1局1秘书长18科。各科科员裁汰甚多,预算较前减少约40%。1935年7月,潘文华去职,国民政府行政院任命张必果为市长,机构再度紧缩,市府除公安局外,都改为科。1936年4月,张必果病死,四川省政府任命李宏锟代理市长。

重庆市区的划定,也经历了一个较长的过程。在警察厅时期,以城、厢为管辖区域,开始与巴县划疆而治,但所辖区域没有正式划定。1921年,杨森为督办时,仅以江北及巴县城区一带为管理区域。1926年7月,潘文华就任督办以后,暂定重庆上下游南北岸各15公里为市政管辖区域。后督办改市政厅,经市政会讨论,市政区划基本照旧,只是范围略有缩小。重庆正式建市以后,市区才逐渐划定。1930年2月,二十一军军部明令召集审定市县权限委员会全权办理划界事宜,并由重庆市政府与江北、巴县政府组织市区测量委员会。规划结果:上自嘉陵江西岸的磁器口、红庙子起,至黄沙溪、黄桷堡过江而达南岸,又从火烧坟起,横经以涂山最高顶峰,沿山脉达于铜锣峡而北渡;经江北大万坪起,至黄葛凼,直抵嘉陵江北岸。计巴县划入市区68.7平方公里,江北县划入市区63.13平方公里,市区面积共约131.8平方公里。划界一般以山脉、河流为限,界限分明。

1932年冬,二十一军军部令重划界址。经数日踏勘,计巴县划入场镇有两路场、姚公场、南城坪、海棠溪、弹子石及县城全部;江北县划入市区的有弋阳、宝盖、金沙、上关、樱花、下石梁、上石梁七厢,溉澜溪、香国寺两码头以及县城全部。此次勘划的结果,巴县划入43平方公里,江北划入3.8平方公里,全部面积为46.8平方公里,仅及以前的1/3。

20世纪20年代是重庆城市发展的重要的十年,市政机构的演变经历了商埠办事处、市政公所、商埠督办公署、市政厅、市政府等几个重要发展阶段。1929年2月,正式建市,标志着重庆市近代化过程中,在城市管理方面已经趋于系统化。随着市政机构的进一步完备,将有力地促进城市市政建设和城市经济的发展。

第二节　城市经济的缓慢增长

20世纪20年代至30年代,四川虽然处于军阀混战时代,但重庆却保持了相对的稳定,特别是1929年2月正式建市以后,市府组织机构渐趋完备,市政设施及经济建设均提上日程,从而为重庆城市经济的发展创造了一个良好的条件。

19世纪末到20世纪初,在重庆商业中心地位形成的同时,近代工业也在重庆产生了。进入20年代以来,近代工业在重庆有了新的发展。

一、城市工场手工业的新发展

火柴业是重庆最早创办的近代工业企业,民国以来,有了新的发展,在四川和西南占有重要的地位。到1936年,全川有34家火柴厂,其中15家在重庆,占44.11%;创办资本重庆为15.69万元,占四川的34.67%;年产量重庆为2.72万箱,占四川的58.31%;工人重庆为3637人,占四川的55.28%[①]。

棉织业是重庆的传统工业,但技术一直很落后。1905年,铁轮织机开始使用,这一技术的进步带动了重庆棉织业的大发展。经过民国初年第一次世界大战时期民族工业的恢复和发展,使用铁轮织机的工厂大大增加。1919年为8家,1926年达18家,1933年达33家。其中规模较大的是裕华织布厂,该厂具有年产布数万匹,毛巾、袜子数万打的生产能力。还有试验用电力织布的三峡染织厂等工厂。到1933年,重庆棉织业达于极盛,各种棉织工厂达百家以上,其中铁轮织机增至2000台。不过这些工厂多数还只能算是手工工场,工人不多,一般在数人至数十人之间;生产能力也很有限,一般年产布数百匹,多者不过3000匹,生产的品种也比较单一。1933年,全市全年棉布产量曾达100万匹以上,产值增至500万元。30年代中期以后,由于农业凋敝,金融枯竭,购买力锐减,加之进口布匹逐年激增,进口棉纱又急剧减少,不少

---

① 《重庆商埠月刊》第9期,1927年8月。

棉布厂开工不足,产量下降,棉织业开始衰退。

煤矿业在重庆是一个新兴的工业行业,是随着城市建设和经济发展而发展起来的。民国以来,煤矿逐渐扩大。1912 年,全济煤矿公司开办;1923 年,江北县境内又成立了三才生煤矿公司,资本 20 万元;1928 年,北碚境内成立了宝源实业股份有限公司,开办了 5 个煤矿,资本 30 万元,遂川煤矿公司,资本 3 万元;1932 年,江北县内北川铁路沿线小矿合并组成天府煤矿股份有限公司,额定股本 24 万元。这些煤矿,基本上采用旧法开采,技术落后,产量较低,工人安全没有保障。但煤矿业的兴起,对于重庆经济的发展,提供了一个重要的前提。随着城市发展和经济建设对能源不断扩大的需要,也进一步刺激了煤矿业的发展。

玻璃瓷器业也是重庆较早使用现代技术设备进行生产的行业。民国以来,从 1911 年到 1931 年的 20 年里,重庆又有 12 家新式玻璃厂建立。其中,中华洋玻璃厂较为著名,能生产灯罩、花瓶、酒瓶等。瓷器工厂创办于 1918 年,名叫蜀瓷厂,资本 3 万元,能生产各种碟、杯、盘、瓶等瓷器[①]。

面粉业在民国以来的发展一直呈上升势头。1925 年,天津人单松年以 4 万元独资,创建了重庆第一家面粉厂——新丰面粉厂。后又有江北香国寺先农面粉厂、南岸窍角沱岁丰面粉厂的创建。1930 年,3 家面粉厂合组成三益面粉公司。1934 年,新丰面粉厂改为复兴面粉厂,生产规模进一步扩大。由于刘湘等军事上的需要和重庆城市人口的与日俱增,对面粉业的需求量增长,从而刺激了面粉业的发展。重庆面粉业基本上满足了重庆军民的需要。

制纸印刷业的发展是城市近代化的反映。民国以前,重庆手工造纸业水平很低。1914 年前后,始有小厂开始制造元边纸、二元纸。30 年代中期,制纸业达兴盛时期,仅城内就曾有数百家纸厂。至抗战前夕,由于市场疲软,规模缩小,仅余 61 家,各家资本在 600 元至 6000 元不等[②]。民国建立以后,随着新闻、出版业的兴起,印刷业在重庆也发展起来。到 30 年代,社会相对稳定,城内已有 12 家较大的用现代方式经营的印书馆或印刷局和 100 余家石印小厂。1931 年,重庆印刷业总资本为 40 万元,常年营业额 20 万元[③]。

[①] 陈真:《中国近代工业史资料》第 2 辑(下),第 886 页。
[②] 张肖梅:《四川经济参考资料》第 18 章 R106—109。
[③] 《重庆海关署理税务司李规庸给海关总税务司的报告》(1931 年 12 月 31 日)。

制革业在民国以后有了较大发展。由于四川连年战争不断,大量军用革制品的需求,刺激了重庆制革业的发展。据统计,到抗战前夕,重庆已有机器制革厂16家,总资本在20万元以上,年贸易额在100万元左右①。

重庆干电池业于1927年开始创立,陆续建有十余家,但规模较小,仅1930年创办的爱国电池厂规模略大,资本3万元②。

二、新兴的机器大工业开始出现

缫丝业是重庆较早使用机器生产的行业。民国以前已出现了一批缫丝厂。民国建立以后,特别是第一次世界大战期间,给四川缫丝业带来发展的极好机会。到1921年底止,重庆市内已有全部用现代机器装备的新式缫丝厂10家,雇用工人3000人。重庆成为四川最主要的机器缫丝基地。20年代重庆缫丝业继续发展,到1931年止,重庆已有天福、同孚、华康、谦吉祥、大江、同泰、大有、天福南、蜀华等机器丝厂。有日式丝机车3695部,工人6070人。30年代,日本生丝充斥国际市场,中国丝受到打击,四川丝业萎缩。尽管如此,到抗战前夕,重庆仍有丝厂10家(全川有机器缫丝厂20家,重庆占有总厂数的50%),有丝车3176部,在四川丝业中占有很大比重。

重庆的机器制造业很薄弱。1928年,江北青草坝民生机器厂创建,这是一家以修理轮船为主要业务的企业,资本10万元,工人数百人。至抗战前夕,已拥有资本48万元,工人达400多人③。1934年,华兴机器厂建成投产,这是由华兴公司开设的官商合办的企业,有各种机器100台,工人700余人,这是抗战前重庆最大的机器厂。据统计,1933年重庆有大小机器厂(社、店)41家,其中工人在20人以上的仅十余家,不到25%,其余多为几人的小厂(店)④。据西南经济建设研究所调查,抗战前,重庆有机械制造厂六七十家,而同时期四川其他地区一共才6家小厂。尽管重庆的机器业十分薄弱,但在四川,仍然占很大比重。

电力工业在重庆有较早的历史。1905年即有刘沛膏、赵资生等创办的烛

---

① 张肖梅:《重庆制革业调查》,《四川经济参考资料》第18章R118—119。
② 《重庆海关1922—1931年十年报告》。
③ 张肖梅:《四川经济参考资料》第18章R21。
④ 《重庆市属机械工业》,《工商特刊》创刊号,1933年。

川电灯公司,只有100千瓦的直流发电机一部,发电量小,仅供电厂附近少数住户及上半城几家大商店照明之用。1926年以后,市面渐趋稳定,工商业亦渐繁荣,对电力需求日益强烈。1933年,刘湘指令市政府成立重庆电力厂筹备处,委市长潘文华兼处长。1934年夏,新厂建成。7月,正式发电。1935年2月,正式定为商办,名为重庆电力股份有限公司,资本200万元。新建电厂设在市区内大溪沟,发电能力为3000千瓦。1935年全年发电349.62万度,其中供民用照明和工业动力大体各占一半,发电量超过全川总电量的一半,资本比全川电力总资本(156.22万元)还多近1/3。

水泥工业的兴建。1933年,"二刘"之战结束,建设之事提上日程,各方对水泥的需要大增。刘湘为增加地方实力,对建水泥厂极表支持。四川水泥厂厂址选在南岸玛瑙溪(位于长江边,与市区隔江相望),水运方便,地面开阔。该厂为官商合办,总资本为200万元。1935年10月筹备兴建,1937年4月投入生产。设计能力为年产4.5万吨。这是四川第一家水泥厂。该厂建成投产以后,基本上满足了本省对水泥的需要,也为后来抗日战争时期陪都建设发挥了一定的作用。

近代炼钢企业开始出现。早在熊克武督川时,为解决制造武器的需用钢,拟在重庆铜元局建设钢厂,曾派员赴美考察,并订购500千瓦透平发电设备两套,250毫米轧机一套和两吨蒸汽锤一台。刘湘派人于1921年将这些设备运回重庆。后因政局动乱,筹建工作几乎停顿。1934年4月,刘湘决定成立重庆炼钢厂筹备委员会,派杨吉晖为委员长。同年7月,在磁器口开始建厂,直到1936年才告建成投产。这是西南地区兴建的第一个近代炼钢企业。

化学工业在20年代开始出现。1928年施美洋行在江北建立新式炼油厂,将各地运来的桐油用机器加工精炼以后,再行出口。1936年11月,中国植物油料厂重庆分厂在江北创立,由国内桐油专家温湘兴主持。该厂设备及生产工艺均较先进。1933年起,重庆陆续兴建了9家提炼煤油的炼油厂,煤油供重庆及川东南各县照明之用,每月产值约10万余元[1]。油漆厂创办于1932年,资本5万元,生产瓷漆、调和漆、防锈漆、耐水漆等。1935年,创办了重庆唯一的一家生产酸类的工厂——广益化工厂,该厂资本5万元,年产硫

---

[1] 张肖梅:《四川经济参考资料》第18章 R73—79。

酸 100 吨、硝酸 5 吨、盐酸 5 吨①。1935 年 5 月,民族资本家吴蕴初将在上海创办的天厨味精厂、天原化工厂、天利氯气厂迁来重庆江北,这是重庆较早期的现代化工企业。

三、交通运输业有了长足的发展

航运业从民国成立到抗战前夕,大致经历了三个发展时期:

从民国成立到第一次世界大战期间,这一时期是川江航线上民族航运业发展的"黄金时期"。1913 年,川江铁路公司决定以路款投资航业,成立了川路轮船公司,向上海求新船厂订购了两艘浅水轮船,取名"大川"、"利川"号,均为 800 马力,搭客 200 人,1914 年,投入川江营运。重庆商界在这一年也纷纷投资航运业,由李觐枫任经理的川江轮船公司成立以后,投资 20 万元,向英国订购的一艘新轮"蜀亨"号也投入川江营运。1914 年是川江航运史上最重要的一年,轮船运输由 1913 年的 5096 吨提高到 25447 吨,提高近 5 倍。1919 年,华商轮船"洪福"、"洪江"号投入川江营运②。这一时期虽然也有一些外轮航行于川江,但华轮大量投入川江营运,出现了"华轮独营时代"。

第一次世界大战结束以后,西方国家的轮船重新闯入川江,而这时的四川是"群雄并起"、"军阀混战"。商船或被拉兵差、运兵粮,或遭土匪抢劫,不能自保,不少民轮不得不付出高昂的"挂旗费",改悬外国旗,以求庇护。这给外轮以极好的机会,它们乘机高抬运价,垄断营运,独占川江。从 1921 年起,英商太古公司、怡和公司、白理洋行、亚细亚洋行,美商捷江公司、花旗洋行,日商日清汽船公司、天华公司,德商德太洋行,法商夹江轮船公司、聚福洋行纷纷进入重庆,经营川江轮船运输。川江航运有了很大发展,出入重庆港运输总吨位 1920 年为 75386 吨,到 1929 年增至 376473 吨,增加了 4 倍③。这一时期,川江航运业发展最为迅速,但华轮发展缓慢。1930 年,重庆至上海航线上共有轮船 24 艘,中国船仅 1 艘,只占 4.17%,而 95% 以上都是外国船,出现了外轮独霸川江的局面。

1926 年以后,重庆政局相对稳定,特别是 1928 年下川东之战结束,以重

---

①陈真:《中国近代工业史资料》第 4 辑,第 510、512 页。
②《1912—1921 年重庆海关十年报告》。
③张肖梅:《四川经济参考资料》H8,四川省银行经济研究所 1936 年印。

庆、万县为中心的川东地区也出现较为稳定的局面,从而为华轮营运创造了一个好的条件;外轮独霸川江的局面,也使一些有民族感的人士不安。爱国的民族工商人士卢作孚先生曾经说过:"扬子江上游宜渝一段,触目可见英、美、日、法、意、瑞典、挪威、芬兰等国旗,反而不容易见到本国国旗。"[1]为了改变这种状况,卢作孚决心兴办航运业实现其"实业救国"的主张。1925年10月,卢作孚发起筹建轮船公司。1926年6月,民生公司正式成立,推卢作孚为公司总经理。是年7月,由卢作孚募集3.5万元在上海买回70吨小客轮1艘,始航重庆至合川一线。由于卢作孚在公司管理上推行了一整套行之有效的、先进的管理体制,自己亦能以身作则,所以公司员工上下一心、精诚团结,为民生公司参与川江航运激烈的竞争创造了一个先决条件。刘湘在下川东之战以后,控制夔门,通过川江航运加强与长江中下游的联系,深知川江航运的重要性,又看到民生公司发展顺利,所以对民生公司亦大力支持。经报国民政府交通部批准,成立了川江航务管理处,以整理川江航运,扩充华轮,委卢作孚为处长。30年代以后,受世界经济危机的影响,一些外船在长江难以维持。特别是"九一八"事变以后,日益高涨的抗日救亡运动,激发了广大民众的爱国热情,他们宁愿出高于外轮的运费也要坐华轮。民生公司正是在这些有利条件下参与川江航业的竞争的。1930年9月,民生公司首航重庆至宜宾长途航线,并逐步控制了长江上游的川江航运。1931年2月,民生公司首航重庆至宜昌一线,实现了川江全线通航。1932年6月,民生公司开辟了重庆至上海航线,这是长江上最长的直达航线。1930年到1936年,民生公司在聚兴诚、川康、和成、金城等银行的支持下一共合并、收购了中、日、美、英、意等国25家公司的43条船,公司规模进一步扩大。在整个长江航线上,民生公司的船只已占各大轮船公司轮船总数的46.46%,在川江航线上,民生公司的货运量已占川江航运轮船货运的59.5%,不但超过了最大外商公司太古,而且超过了三大外轮公司(怡和、太古、日清)的总和[2]。至1937年抗战前夕,民生公司已是一个拥有轮船47艘(20409吨),开辟了3条长线(渝叙、渝宜、渝申)、5条短线,有3个分公司(叙府、宜昌、上海)、6个办事处(合川、泸县、

---

[1]《卢作孚文选》,西南师范大学出版社1989年版,第352页。
[2]《中国近代经济史统计资料选辑》,第251页。

万县、沙市、汉口、南京)、4个代办处(嘉定、邓井关、江津、奉节)以及一批厂矿(民生机器厂、三峡染织厂、合川水电厂等)的大型企业。民生公司的发展,反映了川江航运业的发展,也反映了重庆经济中心的初步形成。此外,国民政府交通部于1931年7月1日批准成立了交通部汉口船政局重庆船舶登记所,专门办理中外船舶检丈登记工作。1933年4月1日,由于业务扩大,经交通部批准,更名为重庆办事处,部分地收回了海关掌握的航政权。民国以来重庆航运业的发展,有力地促进了重庆经济的发展,也为抗战初期紧迫的军事运输、内迁物资的抢运、人口的疏散创造了一个良好的条件。

公路建设及汽车运输业的出现,是交通运输业发展的重要标志之一。20年代初期,公路建设即提上日程,但是时四川正值军阀割据、防区林立,修筑公路只是停留在口头上。1921年,驻守重庆的川军总司令兼四川省省长刘湘即命刘镜如为督办,筹修成渝马路。1922年3月,在重庆成立四川省道路局,刘湘自兼督办。1924年9月,中华全国道路协会重庆分会在米亭子成立,该会以袁祖铭、刘存厚、刘湘、邓锡侯为名誉会长,陈国栋、唐式遵、田颂尧等为名誉副会长,向在杰为会长。这个名单基本上包括了当时在重庆的最高军政官员。重庆分会成立后,成渝马路的修筑再次提上日程。然而四川政局仍不稳定,修路一事仍然停留在口头上。从1913年即筹修筑,至1924年,已经十余年,未见一寸公路修成。

1926年6月,刘湘始坐镇重庆,志在统一全川,对修筑成渝公路渝简(阳)段表示了极大的关注。1927年,刘湘在重庆成立了渝简马路局,以唐式遵为总办,统筹渝简段修路事宜。但事隔不久,上、下川东均发生战事,特别是1932年至1933年的"二刘"大战,战火硝烟,生灵涂炭,修路一事,尽付东流。随着刘湘在军事上的节节胜利,"四川霸主"地位指日可待,刘湘加快了正式修路的步伐。1932年8月1日,成渝公路正式建成,在重庆举行通车典礼[1],同时改渝简马路总局为成渝路政总局。该路全长450公里,在巴县境内约60公里,约有20公里在现市区(包括郊区)内。重庆段起自通远门车站,经化龙桥、小龙坎、新桥、山洞、歌乐山、赖家桥至青木关入璧山县。9月,二十一军召开建设会议,决定加快川东公路建设,将成渝路政总局改为四川公路

---

[1] 重庆市地方志办公室编:《重庆大事记》,科学技术文献出版社重庆分社1989年版,第130页。

总局,以唐式遵为总办,甘绩镛为会办,加紧了以成渝为中心的四川公路建设。

蒋介石出于"追剿"红军和控制四川、西南的目的,对中国西南地区的公路建设极为重视。1934年10月,中央红军长征刚刚开始,即电令四川、贵州、湖南、湖北、陕西5省,推行"公路协剿",限期半年以内修成5省之间的联络公路。1935年,参谋团入川,逐步打破了防区,川政渐归统一,公路建设成为首要的建设项目。1935年1月1日,蒋介石电令川、黔两省赶筑川黔公路,以利"剿共"。2月26日,川黔公路开工典礼在重庆南岸海棠溪举行。3月12日,蒋介石令刘湘,"川黔路应赶速确定,不可再行犹豫……无论如何困难,务望办到,勿再延缓"①,并限定5月15日通车,所需经费40%由中央补助,60%由四川省自筹。蒋介石还亲自派驻军军长郝梦麟督促全线施工。该路修筑先以工兵为主,后又增调各县民工。仅巴县、江津、綦江3县就出动民工6万人。川省共调集民工10万人筑路。6月15日,川黔路重庆至贵州松坎段全线竣工,并举行通车典礼。该路完成土石方260万立方米,桥梁47座,死亡民工1000余人,伤者数万人。从2月26日开工到6月15日通车,不足4个月。该路段工程之艰巨、牺牲之惨重、工期之紧迫,在四川公路史上也是罕见的②。该路由南岸海棠溪经巴县、江津、綦江直达贵州松坎,与黔境公路衔接(1936年,贵阳至松坎339公里公路完工)。川境内长180公里。

1936年8月,参谋团改为重庆行营以后,成立了重庆行营川黔二省公路监理处,以曾养甫、胡嘉诏为正、副处长,负全面规划、指导督促之责,具体修路事宜由四川公路总局实施。中央政府拨1935、1936两年善后公债1500万元作为修路专款。1935年底,川湘公路即已开始施工。11月完成川湘公路重庆、綦江到川湘交界处茶洞一线695公里线路的勘测任务。11月23日綦江段开工。到1937年1月15日,川湘公路全线通车。这是一条十分重要的战略公路。东部人员、物资的西迁,相当大一部分是靠了这条公路。

四川的公路建设在20年代开始筹划,30年代才正式起步。1935年参谋团入川,公路建设的步伐加快。到1937年抗日战争前夕,四川省内形成了以

---

① 原四川公路局永久卷477号工程卷。
② 《川黔两省公路交通之概观》,1937年印。

成都、重庆为中心的公路网络和连接西南、西北各省的川黔、川湘、川陕等公路干线。重庆的交通条件也随着这些公路的建成而大为改观。

铁路与四川人民有不解之缘,为争川汉铁路路权,1911年爆发了保路运动。1914年,政府拟修钦(广东钦州)渝铁路,议定由中法实业银行贷款6亿法郎[①],但在军阀割据、南北对立的条件下,这一计划是不可能实行的。

刘湘盘踞重庆后,曾多次呈请国民政府拨款修筑川汉铁路。1936年3月21日,国民政府特准组织川黔铁路特许股份有限公司,先行修筑成渝线及内江至自流井支线。股本总额定为2000万元。1937年春正式开工,预定两年半修竣。后因抗战爆发,各种器材来源断绝,仅完成渝永(川)段部分工程。另外,在重庆江北曾修有一条轻便铁路,由重庆城北煤矿区文星场直通嘉陵江边,叫北川铁路,长约10公里。1929年试运行,1930年1月正式通车,以后该铁路逐年又有延长,到1935年,已长达16.5公里。

航空业在30年代开始创建和发展。重庆的民用航空业始于1931年。是年10月,中国航空公司开辟了汉口至重庆航线。1933年6月,中航公司又开辟了重庆至成都航线。这样,由成都往重庆,经汉口达上海的沪蓉线全线开通。1935年初,蒋系中央势力入川。4月,中航公司开通了重庆至昆明航线。随着多条航线的开辟,重庆原有的珊瑚坝机场已经不能适应航空业的发展(该机场地势低,每年涨水季节即被淹没)。1936年3月,中航公司派员赴九龙坡勘察。7月,动工修筑九龙坡机场。于是,重庆有了广阳坝、珊瑚坝、九龙坡3个机场。机场的修建,航线的开通,使重庆与全国政治、经济中心的联系大大加强,也促进了重庆的开放和发展。

通讯业也有新的发展。重庆的有线电报始于光绪十二年(1886年)。有线电报以重庆为中心,上通成都、泸州,下通奉节、万县。不久,又架设上、下川东及贵阳、合川等线,重庆成为全国电报局中的一等转报局。1928年6月,在江北大万坪、弋阳观设无线电台,重庆始有无线电报,称为全国无线电网第5区。重庆总台直接受上海交通部无线电管理局指挥。1935年,电报局与电台合并,称交通部巴县电报局。1936年,成渝、川黔长途电话开通。长途电话归电报局兼管。

---

① 谢彬:《中国铁道史》,上海中华书局1929年版。

在农业方面,由于防区制下连年混战,战争的巨额费用很大一部分通过田赋转嫁到农民的头上,农民不堪重负而纷纷破产,沦为佃农;加之工业不景气,特别是轻纺工业的凋敝,对农业影响很大;再者,四川1934、1936两年大面积遭受特大旱灾,农业收入欠佳,所以重庆的农业呈衰退现象。1933年重庆土特产出口约1701万元,至1936年下降为930万元[①]。

科技事业的出现是值得提及的一件大事。1930年9月,中国西部科学院在北碚创立。该院由卢作孚发起,并且得到刘湘及一些学者的支持。刘湘兼董事长,卢作孚任院长。该院下设生物、理化、地质、农业四个研究所和博物馆、图书馆、兼善学校等单位,从事科学研究及人才培养。1933年,四川中心工业试验所在重庆兴隆街15号成立,四川中心农事试验场在重庆磁器口成立。1935年,中国化学会重庆分会成立。1936年,中国水利工程学会、中国护士学会由南京迁重庆。此时重庆的科研机构已初具规模。

19世纪末到抗日战争前的40余年,重庆的经济有了缓慢的增长。近代工业从无到有,表现为:门类增加,在传统手工业的基础上,出现了电力、钢铁、水泥、化学、机器制造等工业,这些新兴工业部门的出现,是城市近代化的重要标志;厂家增多,据国民政府经济研究所《中国工业调查报告》下册统计,1933年重庆有近代工厂和手工工场415家,又据《四川经济季刊》统计,1936年四川同类工厂仅583家,用1933年重庆的厂家数量与1936年全川厂家数量相比较,重庆占全省厂家总数的71%,资本数、工人数均占全省2/3以上[②]。虽然重庆的近代工业刚刚起步,与发达地区相比还比较落后,但在四川乃至西南,重庆仍是工业最集中、最发达的城市;以重庆为中心的川江航运业发展,而且以民生公司为代表的华轮在川江航运业占据了绝对的优势;公路建设从20年代起步,到抗战前夕,修成了成渝、川黔、川湘、川陕等公路,初步形成了以渝、蓉为中心的沟通西南、西北的公路网;民用航空事业初步建立,重庆成了西南各大城市与全国各地联系的重要航空中转站。综上所述,重庆作为长江上游经济中心的地位已经确立。

重庆的工业、交通的发展,并没有改变商业在重庆的主导地位。据1936

---

① 《四川省建设统计提要》07商业类,《四川重庆进出口货物价值比较表》,1938年2月出版。
② 隗瀛涛主编:《近代重庆城市史》,四川大学出版社1991年版,第26页。

年统计,重庆城内有商业行业 27 个,店铺字号 3058 家,而同期各类工厂仅 400 余家。重庆仍然是西南最大的商贸中心城市。

重庆工业、交通的发展,使重庆初步改变了单纯的商业中心的态势而向既是商业中心又是工业中心的现代大城市进步。这一进步又为抗战时期重庆经济的大发展提供了重要的基础条件。

第三节 市政建设与基础设施

重庆城区由嘉陵江、长江汇合处的北岸、南岸及半岛前端等三部分组成。重庆旧城的主体部分在半岛的前端,东、南、北三面临水,西南与陆地相连,但城区不出临江门、通远门、南纪门。三门之外,是一片荒冢,为城区士庶归葬之地。市区以半岛山脊为线,山脊以北为上半城,山脊以南为下半城。下半城为一沿江的东北—西南走向的狭长地带,长约 3 公里,宽仅 300 米至 600 米。主要商业区分布在下半城沿江一带,历代政府机构也设置于此。

重庆市区狭小,人口稠密。20 年代以前,市政无统一规划,更谈不上统一建设,街道凌乱狭窄,房屋依山而筑,杂乱无章。全城没有一条马路,滑竿、轿子是主要的交通工具。城区生态环境极差,"下水道无全部联络通沟,时有淤塞,雨时则溢流街面者有之,积潴成河者有之","用水悉取之河边,满街湿泥","全城除五福宫附近外,无一树木;除夫子池、莲花池两污塘外,无一水池"[①]。

1926 年,刘湘控制重庆以后,结束了重庆地区军阀纷争的局面,重庆局势渐趋稳定,经济有新的发展,城市人口亦增加较快,市政建设及基础设施建设遂提上日程。

是年 6 月,四川善后督办刘湘令改重庆市政公所为商埠督办公署,以唐式遵为督办,旋改潘文华为督办。署内设工务处专司市政建设,1927 年,成立市政厅,工务处改工务局,重庆的市政建设始得以统一规划和管理,城市建设出现了新局面。

1927 年 2 月,督办公署公布了《重庆商埠整齐街面暂行办法》、《整理马

---

① 《九年来之重庆市政》第 1 编《总纲》,1936 年 10 月版。

路经过街道规划》,确定了公共街面,划定了街道宽度,并决定在城区主要街道修建马路①。然而因市民以损失过巨,不甘受此重大牺牲,纷纷请求停修城内马路。市政当局乃决定在城外拓展马路以带动城内街道整理加宽。是年3月,成立新市场管理局,公布《暂行简章》14条,拟在城外开辟新市场6区。"以南纪门至菜园坝一带为第一区,临江门至曾家岩一带为第二区,曾家岩经两路口至菜园坝带一为第三区,通远门至两路口为第四区,南岸玄坛庙至龙门浩一带为第五区,江北嘴至香国寺一带为第六区。次第开辟,分期进行。"②后来新市区的开辟,大体依此规划进行。

市政当局提出《开辟新区说明书》,决定以马路建设为重点,以马路建设带动新开辟街道的片区建设。

1927年,重庆商埠督办公署决定修筑新市区交通干线,"测定干线三线:一由通远门经两路口至曾家岩,约长六里;一由南纪门经菜园坝并斜上接两路口,约长五里许;一由临江门双溪沟经孤儿院至曾家岩,亦长五里许"③。是年,由通远门经两路口至曾家岩——中区干道开始修筑。这是市区修筑的第一条公路。当时,通远门外是一大片坟地,有十数万荒冢,开拓较易,可化无用为有用。在规划路线时,也开始了通远门外广大地区的场地平整和施工,组织了迁坟队。经一年多时间,十数万荒冢处理完毕。筑路工作也加紧进行,经一年多时间,中区干道于1929年8月筑成。路线由通远门外七星岗起,经观音岩、两路口、上清寺达曾家岩,全长3.5公里。道路平均坡度为3%,路面以三合土敷面,底层与中层碎石铺压,人行道以0.5平方米之菱角石铺就,边沟以石料砌筑。1932年至1937年,中区干道逐渐由七星岗延至朝天门,延长部分称中城径路。中干线全长7公里。公路所经的街道包括现在的中山四路、中山三路、中山二路、中山一路、民生路、民权路一小段、磁器街、新华路、陕西街。

1929年7月,南区干道开始动工。路线拟从南纪门外定善寺起,经上石板坡、燕喜洞、菜园坝,绕王家坡而达兜子背码头,全长4.67公里。实际于1930年7月完成了由菜园坝到南纪门(麦子市)一段约2.87公里。1933年4

---

①重庆市地方志办公室编:《重庆大事记》,科学技术文献出版社重庆分社1989年版,第140页。
②《重庆商埠月刊》第2期,1927年。
③《重庆商埠月刊》第7期,1927年。

月到1936年6月,又修成麦子市至陕西街段,与南干道衔接,称南城径路。南干道全长6.87公里。

由于南、中干道分段施工,个别路段延至1937年才完成,所以由南、中两干道达半岛最东端朝天门的路线迟至1937年才正式投入使用。两干线修成以后,又陆续修筑了数条连接南北的纬路线。

北区干道于1927年规划,由临江门沿嘉陵江延至曾家岩。其西段上清寺至大溪沟于1927年至1932年由渝简马路总局征集民工修筑而成。东段和中段因工程艰巨,经费举措困难,时修时停。东段在抗战时,修小梁子至临江门段时停。解放以后,人民政府继续修筑,1951年底,北区干道始全线通车。

两大干线修成以后,带动了新旧城区的建设,重庆城市建设发生了较大变化:

城区突破了旧城区的界限,扩大到曾家岩、两路口、兜子背一线,城区面积增加了一倍以上。新城区的开辟,一定程度上缓和了狭小市区与城市发展不相适应的矛盾。

改善了市内交通条件,促进了市区交通的发展。公路修成以后,滑竿、轿子等落后的交通工具逐渐消失,代之而起的是汽车、黄包车(人力车)。1929年中区干道修成以后,便有车辆行驶。1933年,市政府公布《公共汽车招商承办条例》。9月,重庆市公共汽车股份有限公司成立。起初,只有3辆车,后添至5辆。公共汽车实行分段行驶:由曾家岩至两路口为一段;两路口至七星岗为一段;七星岗至过街楼为一段。车票分临时、长期两种,"市民极口称便"[①]。到1937年,全市营业汽车达73辆,自备车106辆,人力车已达数千辆之多。交通状况的改善,方便了市民的生活,促进了重庆经济的发展。

市容面貌也大为改观。新市区开辟以后,昔日的荒山坟地为繁华的街市和新的居民点代替(1927年8月至1934年3月,共计从新市区迁出土石各坟43.5万余冢),旧城区的不少商家亦迁至新城区。随着公路延伸进旧城区,旧城区市容为之改观,公路两旁开始出现高层建筑,繁华区域逐渐由两江边向公路两侧转移。

[①]《九年来之重庆市政》,第75页。

早期重庆城区公路建设,促进了新城区的开辟和旧城区的改造,使重庆在城市近代化方面迈出了重要的一步。

重庆的路灯兴办于20世纪20年代初期。在此之前,夜间照明多提灯笼、油壶或松明、竹丝藤火把。街市店铺则大都于门前悬挂"号灯",以招徕顾客和方便夜间营业。

1921年,重庆商埠办事处成立以后,曾委托清末创办的烛川电灯公司在都邮街、陕西街、朝天门、小什字等城区主要街道安装了街灯(公用路灯)100余盏,重庆的公用照明事业开始萌芽。1927年,中区干道修筑时,市政厅工务处委托烛川公司在干道两旁共竖立整齐之杉木90根,其档距80米,每根杆木上端安装一盏300W路灯。这是在新建公路上首次安装公共照明路灯[①]。20年代末至30年代初,由于烛川公司资本微弱,设备简陋,1929年的重庆大火中又烧毁部分发电设备,以至于公用路灯有所减少。市警察局为治安需要,令各区警察署安装汽油灯,到1932年,共计安装保险汽油灯98盏、美孚玻璃灯932盏,以供警士夜间巡逻及过往行人照明。1934年7月,重庆电力厂建成并开始供电,重庆市的电力供应大为改善。当月,新市区曾家岩、大溪沟、两路口至通远门一带路灯通电。11月,旧城区七星岗经较场口、都邮街、陕西街、第一模范市场、新丰街、四牌街、镇守使署及苍坪街、大梁子一带路灯通电。次年2月,上清寺至李子坝一带路灯通电。时通电路灯达500余盏[②],重庆城市照明系统正式起步。到1936年,全市新旧城区已有路灯1338余盏。当年全市有街巷、梯道495条段,装有路灯的就有400余条段,覆盖面约占80%。

重庆城市供水系统在30年代开始形成。在30年代以前,供水不便一直阻碍着城市的发展。重庆"负山为城,崖石层叠,凿井不易,低下处间有泉水,率臭秽不堪。全市饮水概系取之临江各城门外河边,渣滓秽水萃汇于兹,水质淤浊,汲运不便"[③]。居民用水完全仰给于两江。从居民居住区到江边,坡多路陡,高差很大,一般都在40米左右,有的高达100米以上。"一般市民,

---

[①]民国《巴县志》卷十八《市政》。
[②]《九年来之重庆市政》第3篇。
[③]《九年来之重庆市政》第3篇第1章。

浊水饮而疾疫丛生,汲水难而火灾迭见。"①全市居民用水量很大,挑水成为重庆一个较大的行业,据20年代末统计,以挑水为生的约达2万人。1926年,重庆商埠督办公署成立。1927年元月,潘文华督办召集自来水发起人会议,决定正式成立重庆自来水筹备处(属官督商办)。1929年2月,正式开工修建自来水厂。1932年1月25日,水厂建成供水。2月1日,重庆自来水公司在模范市场成立。3月1日,重庆自来水公司于干道区域内设售水站10处,正式向市民售水。四川第一家自来水厂便在山城重庆诞生了。随着城市人口的不断增加,自来水业得以不断发展。水厂建成初期,日供水量2000余吨;后经改造,到1937年,日供水量达4000吨,部分满足了城市用水的需要。

重庆地处盆地东部,盆地内嘉陵江、沱江、岷江由北而南汇入长江,长江由西而东流经重庆,由夔门而东出川境。重庆历来为川江航运的枢纽。然而,长期以来,水运都是用木船,所以重庆缺乏停泊轮船的现代码头。1926年,潘文华任督办以后,提议扩充市政,修建码头。经督办公署行政会议决定,先行修建朝天门和嘉陵码头。工程由督办公署工务处负责。该工程1927年2月开工,7月完成。9月24日,举行两码头落成典礼。到1935年,又先后修建了江北、千厮门、太平门、飞机坝、金紫门、储奇门码头。这些码头的修建,一方面反映了这一时期以重庆为中心的川江航运业的发展,同时也有力地促进了川江航运发展,为重庆工商业的进一步繁荣创造了条件。

随着城市的发展,城市公园绿地亦开始兴建和开辟。重庆城市原无公园绿地。"市肆栉比,街巷迫窄","无隙地以种花木,空气之恶,亦遂为全川最"②。1921年,杨森任重庆商埠督办时,拟于上下半城之间的后伺坡建一公园,因杨森兵败逃离重庆,终未建成。1926年,潘文华继任督办,续议兴修。1929年8月,公园建成,定名为中央公园(后称中山公园,今人民公园)。该园占地1公顷多,设有亭、堂、假山、草坪、儿童游戏场、网球场及阅览室等。这是重庆地区的第一座公共园林。同时修建的还有江北公园,于1933年6月建成,占地面积3.16公顷。除了这两处公共园林外,在新市区及郊区陆续兴建了一些达官贵人的私家园林,如范庄(今市二招待所)、王园(今枇杷山

---

① 《重庆商埠月刊》第2期,1927年。
② 民国《巴县志》卷十八《交通》。

公园、市博物馆各一部分)、渝舍(今年宫)、陶园(今人民小学)等等。

重庆的近代卫生事业兴起于19世纪末,最早出现的是一些教会医院。计有美国美以美会在重庆临江门创办的宽仁医院(1892年),英国伦敦布道会在重庆创办的仁济医院(1896年),法国巴黎外方布道会在通远门金汤街创办的仁爱医院(1902年),还有一所"由德国政府资助并由一名德国军医管理"的医院在重庆开业[①]。

1903年,重庆绅商汪云松、王兰楫等人捐资创办医学传习所,1905年在此基础上成立了巴县医学堂,开始以学校教育方式来培养中医人才。1911年,重庆社会士绅方廖延、李觐枫、温少鹤、杨庶堪、张培爵等发起成立中国红十字会重庆分会。该会成立以后,即在临江门外太平桥修建有200张床位的西医院一所。1917年,已先后设立4个中医社。1920年,重庆红十字会总医院正式成立,同年在市区九尺坎设西医治疗所。1921年,重庆红十字医院于南岸玄坛庙设第五中医院。1923年又设分院于通远门外,免费收治贫民,并在售珠市勇善堂开设第六中医所,在南岸海棠溪开设第七中医社。1926年,重庆红十字会在城区五福宫兴建中山平民医院,后改为重庆平民医院。同年在南纪门莲花洞设第二分院。1937年,重庆李义铭医生私人集资在观音岩开办义林医院,主治外科。重庆的医疗卫生事业到抗战前夕,已经初具规模。

重庆的市政建设及基础设施从无到有,并初步发展,为城市的近代化创造了条件,也为以后陪都时期的进一步发展奠定了基础。

[①]周勇、刘景修译编:《近代重庆经济与社会发展:1876—1949》,四川大学出版社1987年版,第161页。

第七章　中国的战时首都

第一节　由内陆工商城市转变为国家政治中心

一、国民政府迁都重庆

川政统一后,国民政府为加强对西南地区的控制,于1935年10月设立了军事委员会委员长重庆行营,川、康、黔、滇、藏五省的军队均受其节制,重庆成了西南地区的军事、政治中心。到1939年2月国防最高委员会移渝办公,重庆行营撤销,共历时3年又4个月。重庆行营的设立,使重庆摆脱了地方军阀的控制而直属中央,成为全国性的政治大舞台,大大提高了重庆的政治地位,使其从一个普通的工商城市变成全国性的大城市。在重庆行营存在期间,特别是国民政府迁渝前的两年中,重庆行营实际成为中央势力控制四川和西南的军政机关,重庆也因此成为西南的军事、政治和经济中心。

随着日本对中国侵略的扩大和国内抗日民主运动的发展,国民政府已被推到对日抗战的边缘,和日本侵略者一战已在所难免。国民党五大和五届二中全会后,对日政策发生了一些变化,国民政府进行了改组,蒋介石取代汪精卫任行政院长,大部分部长由亲英美派担任。与此同时,国民党在行动上也开始准备抗战,制订了"三年国防计划",其主要内容有:争取国际支援,特别是争取苏联支援;实行币制改革,为战争准备财源等各项措施。

"七七"卢沟桥事变后,日本大举侵略中国,平津沦陷。随后又在上海发动"八一三"事变,全国进入抗日战争。8月14日,国民政府发表抗战声明:"中国之领土主权已横受日本之侵略……中国决不放弃领土之任何部分,遇有侵略,惟有实行天赋之自卫权以应之。"①尽管中国军队在上海战场进行了顽强抵抗,但到10月底形势已非常不利。10月29日蒋介石召集国防最高会议,作了题为《国府迁渝与抗战前途》的讲话,确定四川为抗战的大后方,重庆为国民政府驻地。30日,国民政府决定迁都重庆,并于次日电告前线将士。

11月16日,国防最高会议正式决定迁都重庆,当晚,国民政府主席林森登上"永绥"舰,17日晨离开南京启碇西上,19日抵达汉口,22日抵宜昌。因"永绥"舰吃水深,到汉口后改乘民生公司的"民风"轮继续西上,26日下午4时抵达重庆。重庆军政当局及民众10万余人热烈欢迎,盛况空前,5时抵达李子坝官邸。同时在南京的军政机关也开始向重庆、武汉、长沙等地转移。

11月20日,国民政府发表移驻重庆宣言:"国民政府兹为适应战况,统筹全局,长期抗战起见,本日移驻重庆。此后将以最广大之规模,从事更持久之战斗。"②11月25日,重庆市政府工务科奉命将曾家岩重庆高级工科中学(大溪沟学田湾)改建为国民政府府址。26日林森抵渝,国民政府参军长吕超发表谈话:"此次国府移渝,随主席同来者约十余人。文官、参军、主计三处职员,定29、30两日乘民政、民贵轮到渝。国府预定12月1日开始办公。"③之后,国民党中央党部迁渝,国府文官长魏怀、主计长陈其、考试院院长戴季陶、蒙藏委员会委员长吴忠信等亦相继到达。到1938年1月11日国民政府机关均由南京迁到重庆,但军事及外交部门仍留在武汉办公。至此,重庆成为中国的战时首都。同年6月,武汉会战前夕,西迁途经武汉及设于武汉的党政机关亦向渝转移,8月4日全部迁到重庆,军事机关则移往湖南。9月财政部移渝办公。12月蒋介石由桂林飞抵重庆,随后国民政府军事委员会亦移渝办公,重庆遂成为中国抗战时期的政治、军事、经济、文化中心。

国民政府迁渝后,重庆仍是四川省政府管辖的省辖市,与战时首都的地位已严重不相适应。1938年10月下旬,参政员胡景伊等21人提议国民政府改重庆为特别市,并提交行政院第384次会议讨论,鉴于中央势力与地方势力之间的尖锐矛盾,行政院最后决定采取过渡措施。重庆市在隶属关系上仍属四川省政府管辖,但市政府组织暂准按照中央特别市之规模设置,提高市

---

① 《中国近代对外关系史资料选辑》下卷第2分册,上海人民出版社1977年版。
② 周开庆:《民国川事纪要》(下),(台湾)四川文献研究社1974年版,第31页。
③ 周开庆:《民国川事纪要》(下),(台湾)四川文献研究社1974年版,第32页。

长及所属各局行政首长的待遇;在财政上除营业税外其他收入均归市财政,另由中央政府酌情予以补助,会计独立;重庆市政府在必要时可直接函通行政院。同时呈报四川省政府,为时机成熟过渡到行政院特别市作了准备。

1939年5月3日,日机大规模袭渝,市内被炸起火,死伤市民数百人,4日日机再次狂炸重庆,市内发生大火,市民死亡4400余人,伤3100余人,炸毁房屋1200余幢,英、法、德等国使领馆均受重大损害,中外为之震惊[①]。5月5日,国民政府为加强领导,明令重庆市改为直隶于行政院之特别市,任命贺国光为市长,同时拨款100万元救济灾民,组织车辆船只疏散市民,迅速稳定了局势。

在日本的狂轰滥炸下,重庆市区遭受惨重损失,人心惶惶不安。为安定民心,坚定抗战大业,1940年9月6日,国民政府发布命令定重庆为中华民国陪都。重庆的陪都地位从此确立。1946年2月5日,蒋介石接见外国记者时称,政府还都南京后,重庆将永久成为中华民国陪都。4月23日,国民政府决定前因政府迁渝而撤销的重庆行营现因政府还都予以恢复,原设成都行辕撤销,有关事务并入重庆。30日,国民政府发布还都南京令,至此,重庆作为中国战时首都的地位即告结束,但仍然是中华民国的永久陪都。

二、重庆区域的扩大和人口的增长

随着抗战爆发和国民政府迁都重庆,国家政治中心的转移,使大量军政、文教、工矿企业迁渝,抗战时期成为重庆历史上最辉煌的时期,成为举世闻名的国际城市。由于战争原因,抗战时期大量的机关和文教单位也纷纷迁渝,大量人才荟萃,图书、出版、学校教育迅猛发展。内迁重庆的文化机关有国立中央图书馆,初迁至江津白沙,后迁重庆两浮支路建馆;北平故宫博物院文物初运重庆,后迁至歌乐山乡间;中央通讯社、中央广播电台、国际广播电台亦迁至重庆;中华书局、正中书局、商务印书馆、生活书店也迁渝出版图书;迁渝出版的主要报刊有:南京迁来的国民党《中央日报》,武汉迁来的《扫荡报》[②]和中国共产党的《新华日报》,天津和上海迁来的《大公报》,上海迁来的《时

[①] 周开庆:《民国川事纪要》(下),(台湾)四川文献研究社1974年版,第72页。
[②] 1945年抗战胜利后,《扫荡报》改为《和平日报》。

事新报》及北平迁来的《世界日报》等。

抗战前,重庆只有两所大学,一所是沙坪坝的重庆大学,另一所是磁器口的四川省立教育学院。抗战期间迁往重庆的大学、专科学校、军校、国立中学达30多所,其中高等学校20余所,占全部内迁52所高校总数的40%多①,由于大量学校迁渝,在北碚的夏坝、小龙坎与磁器口之间的沙坪坝、江津白沙镇,形成了抗战时期重庆的三个学校文化区(见表7-1)。

表7-1 抗战时期迁渝大学、中学一览表

学校名称	原址	新址	备注
中央大学	江苏南京	沙坪坝松林坡	
中央政治学校	江苏南京	重庆南温泉	后改称中央政治大学,系四年制单科大学
私立复旦大学	上海江湾	北碚夏坝	后改为国立
国立交通大学	上海	重庆九龙坡	初在沙坪坝中渡口
陆军大学	江苏南京	重庆山洞	
兵工学校	江苏南京	磁器口杨公桥	四年制单科大学
国立社会教育学院	江苏南京	璧山县迁建区	
国立音乐学院	江苏南京	巴县青木关	
国立江苏医学院	江苏镇江	重庆北碚	原为江苏省立
国立艺术专科学校	杭州	沙坪坝磐溪	初迁青木关
国立上海医学院	上海	重庆歌乐山	
国立药学专科学校	江苏南京	重庆歌乐山	
私立朝阳学院	北平	重庆兴隆场	迁后改为国立
国立中央工业专科学校	南京	沙坪坝	
私立武昌中华大学	武昌	重庆南岸	
私立武昌文华图书馆专科学校	武昌	江北香国寺	初迁曾家岩求精中学内
私立乡村建设学院		北碚歇马场	
国立苏州东吴大学法商学院	江苏苏州	重庆市内	
上海私立立信会计专科学校	上海	重庆市内	

①抗战时期,我国共有高等学校108所,其中迁至后方52所,迁入上海租界及香港25所,停办17所。

续表

学校名称	原 址	新 址	备 注
私立正则艺术专科学校	江苏丹阳	江津德感坝	
国立女子师范学院		江津白沙	
教育部特设大学先修班	江苏南京	江津白沙	
国立南开中学		沙坪坝	
国立第二中学	江苏	合川	江苏部分省立中学迁川组成
国立第九中学	安徽	江津德感坝	安徽部分省立中学迁川组成
国立第十二中学	湖北	长寿	湖北部分省立中学迁川组成
国立第十四中学		青木关	后改为中央大学附中
国立第十六中学		永川	
国立第十七中学		江津白沙	
国立华侨中学		江津	

由于战争和抗战的需要,大批工矿企业也迁入重庆。抗战时期的重庆不仅是全国的政治、军事中心,而且是经济和金融中心,加上大量人才荟萃、资源丰富、水运方便等有利条件,大量工矿企业迁渝形成战时最重要、最集中的重庆工业区。以重庆为中心,沿长江东起长寿,西至江津,沿嘉陵江北至合川,沿川黔公路南至綦江,构成了大后方唯一门类齐全的综合性工业区,是我国战时工业的命脉。在这一地区,拥有全部内迁工厂的1/3,共200余家工矿企业,包括兵工、冶金、机械、纺织、炼油、烟草等行业,集中了我国战时内迁工业的精华,成为战时生产军需和民用物资的主要基地。

由于军政、文教、工矿企业大量迁渝,使重庆城市人口也大量增长,据重庆市警察局的历年人口统计,抗战前夕,重庆市区有74398户,339204人。其中男性195720人,女性143484人[①]。到1946年增加到125万,增长了2.67倍,10年净增90万。其中增加的人口绝大多数是随军队、文教、工矿企业迁来的,外地迁渝人口占重庆总人口的一半以上。抗战期间重庆人口增长是惊人的,1938年重庆市人口已达53万。1939年和1940年,由于日本对重庆的

[①] 根据1936年3月13日重庆市政府发表全市人口统计。

大轰炸,政府对市区人口进行强制疏散,使其降到40万左右。但到1941年市区人口又暴涨到70万,比上年净增30万,1945年突破100万大关,1946年更高达125万。从1936年到1946年间,重庆人口以每年平均增长率14%的高速度递增,呈极度膨胀式的增长,使城市的容纳能力达到极限。据1945年初统计,两路口、上清寺以东的两江半岛人口密度达每平方公里5.46万人,东部地区更高达9万人左右,东部有些地区人口净密度在11万人以上。人满为患,也造成了一系列社会问题。据1945年底统计,重庆失业人口达25万,占总人口的20.6%,6岁至15岁的失学儿童达8万人。城市人口流动性大,男女比例严重失衡,最高达167:100,最低时也是136:100。由于城市的畸形膨胀,人口过快增长造成了城市无法承受的负担。但另一方面,军政、文教、工矿企业的大量迁渝,东部先进地区的人迁来重庆,改变了重庆人口素质的结构,大大提高了人口的素质。

表7-2 1936—1946年重庆市户口一览表

年度	户数	人口	男性	女性	性别比	备注
1936	74398	339204	195720	143484	136:100	
1937	110120	473904	273361	200543	136:100	
1938	117893	528793	305783	223010	137:100	
1939	93903	401074	244708	156366	156:100	
1940	92301	417379	259276	158103	164:100	
1941	134183	702387	436636	265751	164:100	
1942	144545	781772	488742	293030	167:100	
1943	150994	890000	529465	360535	147:100	
1944	157443	920500	570188	350312	163:100	
1945	185505	1049470	634628	414842	153:100	
1946	201832	1245645	746701	498944	149:100	

随着军政、文教、工矿企业的大量迁渝,城市人口迅猛增长。城市区域也随之扩大。迁都前重庆城市已有相当规模,新市区的开拓已基本完成,南区、中区两条干道相继通车,城市建成区面积由民国初年的5平方公里增至12平方公里左右,城市人口约为34万人。重庆行营的设立,使重庆从一个普通

的工商城市逐渐成为西南的政治、经济、军事中心。抗战爆发后,伴随国民政府迁渝,大量军政、文教、工矿企业也随之而来。各迁渝单位或租赁房屋或新建房棚,城市规模迅速膨胀。旧城区、新市区的旧有空地和化龙桥、土湾、沙坪坝、小龙坎、海棠溪、龙门浩、玄坛庙、弹子石及江北老城、溉澜溪、陈家馆、香国寺、猫儿石一带,各种简易房屋、厂房、工棚拔地而起。市区已扩展至上清寺、两路口,郊区扩展至磁器口、歌乐山一带。到 1938 年底,城市建成区面积达 30 平方公里左右,城市人口达 50 万人,加上流动人口共 60 余万人。

  为减少日本轰炸损失,1939 年 2 月上旬,重庆市政府奉国民政府令动员全市机关、学校、商店限期疏散,国民政府同时令中央、中国、交通、农业四家银行沿成渝、川黔公路两侧修建平民住宅,并划定巴县、璧山、合川、綦江等县为疏散区。3 月底,国民党中央、国民政府机关组成迁建委员会,决定各机关迁散至重庆周围 100 公里以内,同时决定将成渝、川黔公路两侧,重庆周围 80 公里范围划归重庆,以后各党政机关陆续迁至郊区和迁建区办公。"五三"、"五四"大轰炸后,政府机关及市区人口疏散至歌乐山、青木关及北碚之间,遂定此为迁建区。除国民政府设在上清寺国府路,国民党中央党部也在上清寺,国防最高委员会设在下半城储奇门原重庆行营,其他各院、部、会、局机构因轰炸关系,多数迁至郊区和迁建区,行政院迁至歌乐山乡间、立法院和司法院迁至北碚歇马场、监察院迁至金刚坡、考试院迁至中梁山华岩寺、教育部迁至青木关、内政部迁至青木关陈家桥、蒙藏委员会迁至歌乐山等,仅在市区设办事处对外联系。此外,国民政府主席林森官邸设在山洞,军事委员会委员长蒋介石住市区曾家岩德安里 101 号,中共代表团及国民革命军第十八集团军办事处分设在曾家岩和红岩村。迁建区的形成使城市区域随之扩大,东起涂山脚下,西到沙坪坝,南抵大渡口,在两江半岛市区周围形成若干卫星城镇。重庆城市的管辖面积也由 30 年代的 93 平方公里增加到 1940 年的 300 平方公里。

  城市的发展也带动了市政、公用事业的新发展。原有的城市规划与迅速膨胀的城市已严重不相适应,市政当局对 30 年代的规划作了较大调整,决定以发展城市道路、交通来带动城市的发展。在旧城改造上,以都邮街广场地区为重点,大体按经纬路布局,并通过打铜街、凯旋路、中兴路等道路与原居市中心地位的下半城相通,使上下半城形成整体,在旧城区逐步形成一个比较完整的道路系统,促进城市中心地区由下半城向上半城的转移。城市交通迅速发展,已开通五路公共汽车,两江半岛的市中心有一路:从朝天门的过街楼经小什字、民族路、民权路、民生路、中山一路、中山二路、中山三路达于上清寺、曾家岩。近郊有四路:一路由两路口开往青木关、北碚;一路由牛角沱开往小龙坎、沙坪坝、磁器口;一路由牛角沱开往小龙坎、高滩岩、山洞、歌乐山;一路在南岸,由海棠溪开往南温泉。新区道路建设以西郊广大地区为重点,先后修建了佛图关至九龙坡、佛图关至新桥、小龙坎至杨公桥、山洞至白市驿的公路,促进了西郊的发展,带动了卫星城镇的建设和工商企业、机关学校的设置。

三、陪都的建立对重庆的影响

国民政府迁都重庆后,国民政府、国民党中央党部及各院、部、会机构相继迁到重庆,使重庆成为中国的战时首都。1940年9月,国民政府定重庆为中华民国陪都,1946年5月,国民政府还都南京后,重庆仍是中华民国的永久陪都,是隶属于行政院的直辖市。重庆在中国历史上成为一个全国性政权的首都和永久陪都还是首次,它与中国抗日战争紧密地联系在一起,在中华民族反抗外来侵略的历史上,经过八年全国抗战的艰苦历程,最后取得了抗战的辉煌胜利,这个波澜壮阔的时期已载入中华民族的史册。在整个抗战期间,重庆作为国民政府和国民党首脑机关所在地,是国民政府发号施令和指挥全国抗战的中心,是全国的政治和军事中心。

陪都的建立,使重庆成为大后方的经济中心。抗战爆发后,东部地区大量工矿企业迁往内地,其中迁到重庆的最多,共有200多家,占全部内迁工厂的1/3,形成以重庆为中心,东起长寿,西至江津,北到合川,南达綦江的重庆工业区。据统计,到1940年重庆工业区共有各类工厂429家,其中机械(包括兵工)厂159家,冶炼厂17家,电力厂23家,化工厂120家,纺织厂62家,其他行业厂48家,是抗战时期中国最为重要、最为集中、大后方唯一门类齐全的综合性工业区。到1944年6月底,全国登记的国营、民营工厂4346家,其中重庆占1228家。同时,重庆还是中国抗战时期的金融中心。国民政府迁渝后,为了控制和管理金融,明令中央银行、中国银行、交通银行、农民银行四家银行的总行迁到重庆,并准许各省地方银行在重庆设立分支机构,中央信托局等也迁到重庆。1939年9月,为进一步控制金融以适应战时需要,改组并加强了原中、中、交、农四行联合办事总处,总处设在重庆,负责办理政府战时金融政策,并加强理事会,蒋介石兼任理事会主席,使之成为控制全国金融的最高权力机关,使重庆金融业获得空前发展,成为大后方的金融中心。工业中心和金融中心的形成及大量人口迁渝,促使重庆在抗战时期商业极为繁荣,商业门类齐全,经营品种繁多,并形成以重庆为中心,辐射到四川及西南、西北各省的庞大商业网络,从而确立了重庆抗战时期大后方商业中心的地位。

陪都的建立,使重庆成为大后方的文化中心。国民政府迁都重庆后,大量文化机构和学校迁至重庆,东部地区大量优秀人才也随之而来,人才荟萃,文化教育事业迅速发展。抗战时期迁到重庆的大学及国立中学有30余所,在北碚夏坝、沙坪坝、江津白沙镇形成了三个学校文化区。中央图书馆也迁到重庆两路口建馆。大量报社、出版社也纷纷迁渝,当时国民党的主要大报《中央日报》、《扫荡报》等,以及共产党的《新华日报》都在重庆印行;大的出版社有中华书局、正中书局、商务印书馆、生活书店等。此外,中央电影制片厂、中国艺术剧社也迁至重庆,并上演著名话剧《屈原》、《孔雀胆》等,推动了抗战时期重庆文化的繁荣。

陪都的建立,使重庆由一个普通的内陆工商城市变为国家的政治、军事、经济、文化中心,并逐步成为国际名城。抗战前的重庆只在四川及西南地区有一定地位,在全国范围来看是一个极普通的工商城市。国民政府迁渝后,不仅使重庆成为中华民国的陪都,而且在第二次世界大战爆发后成为盟国在远东战区的指挥中心,和美、英等国的联系加强了,促进了重庆城市国际化,并开辟了重庆至香港、重庆至仰光、重庆至河内等航空线,大大提高了重庆的国际声望。

总之,陪都的建立对重庆的影响是巨大的,不论从城市自身的发展,还是从重庆政治、经济地位的提高,都具有深远的影响。陪都的建立,使重庆成为中国抗战时期的政治、经济、文化中心,并确立了重庆的国际地位。陪都时期是重庆历史上最光辉的时期,无论在重庆历史上还是中国近代史上,乃至世界历史上都是一件大事。即便在国民政府还都南京后,仍是永久陪都,仍是西南的政治、经济中心。这一影响一直延续到以后乃至今天。

第二节 国民政府的内政

一、抗战初期国民政府的政策和《抗战建国纲领》

在抗战爆发初期，国民政府公布了一些积极的措施，进行了一些积极的抵抗。1937年8月，国民政府颁布了《战时军律》，规定不奉命令无故放弃所守之要地致陷军事上重大损失者，不奉命令临阵退却者，降敌者，敌前反抗命令、不听指挥者，造谣惑众、动摇军心或扰乱后方者等，都判处死刑。9月又公布了《危害民国紧急治罪法》及《惩治汉奸条例》，这些措施都是有利于抗战的。同时进行了积极抵抗，1937年"八一三"淞沪抗战，国民政府先后投入370万兵力，坚持了3个月，付出了伤亡20万人的代价才撤出上海，给日军以很大的打击。特别是1938年3月，取得了台儿庄战役的胜利。

1937年11月，国民政府迁渝后，最高国防委员会仍留驻武汉，指挥全国抗战。1938年3月29日至4月1日，国民党临时全国代表大会在武汉召开，重点讨论党务问题和国民政府的施政方针。大会确定蒋介石为国民党总裁，汪精卫为副总裁；设立三民主义青年团；制定《抗战建国纲领》，强调抗战与建国同时并行；决定成立国民参政会为战时最高民意机关。大会制定了抗战时期国民政府的基本政策，并发表《宣言》指出，"此次抗战，为国家民族存亡所系，人人皆当献其生命，以争取国家民族之生命"，还说抗战的胜负不仅取决于兵力的多少，更重要是取决于人民。但同时又强调"全国抗战力量应在本党及蒋委员长领导之下"，实行政治上的统一[①]。

《抗战建国纲领》是国民政府在抗战初期全面的政治纲领。它是武汉国民党临时全国代表大会的主要文件，包括外交、军事、政治、经济、民众运动、教育等各方面的政策，提出组织国民参政机关，团结全国力量，巩固抗战的政治和社会基础，注意改善人民生活，鼓励投资，扩大战时生产，实行计划经济，以应战时需要。强调经济、政治等各方面都应以军事为中心，"加强军队之政治训练，使全国官兵明了抗战建国之意义，一致为国效命"。但《抗战建国纲

[①]《临时全国代表大会宣言》（民国二十七年四月一日），见《中国国民党历次会议宣言及重要决议案汇编》，中国国民党中央执行委员会训练委员会1941年编。

领》提出抗战建国必须在国民党和蒋介石的领导下进行,"中国国民党领导全国从事抗战建国之大业,欲求抗战必胜,建国必成,固有赖于本党同志之努力,尤须全国人民戮力同心,共同负担。因此本党有请求全国人民捐弃成见,破除畛域,集中意志,统一行动之必要"[①]。公布此纲领就清楚地表明了国民党在抗日战争时期的政策,是继续推行"一个党、一个领袖、一个主义"的主张,实行国民党一党专政,而对当时处于抗日重要地位(特别是敌后战场)的中国共产党及其领导的人民军队,则采取种种限制和消灭的手法。这条片面的抗战路线使国共两党的合作,时好时坏,矛盾冲突不断,对以后的抗战起了消极的作用。

二、国民政府的消极抗日和亲日派的投敌叛国

(一)国民党五届五中全会及政策转变

抗战初期,日本把国民党作为主要打击对象,迫使国民政府不得不以主要力量来对付日本的进攻。抗战进入相持阶段后,日本"速战速决"的战略失败了,遂改变过去对国民政府以军事进攻为主、政治诱降为辅的方针,加强对敌后抗日根据地的进攻。与此同时,国民党内部消极抗日,对日妥协投降的倾向日益明显。

在此形势下,1939年1月21日至30日,国民党五届五中全会在重庆召开,会议的中心议题有两个:一是在新形势下如何抗日,二是制定限共、反共政策。关于抗战问题,蒋介石作了《敌国必败及我国必胜》的报告,表示要坚持抗战到底。军事委员会根据其报告的精神制定了《第二期作战指导方针》,指出:"国军连续发动有限度之攻势与反击,以牵制消耗敌人,策应敌后之游击部队,加强敌后方之控制与扰袭,化敌后方为前方,迫敌促于全线,阻止其全面统治与物质掠夺,粉碎其以华制华以战养战之企图;同时抽出部队轮流整训,强化战力,准备总反攻。"[②]会议决定设置党、政、军一元化的国防最高委员会,蒋介石任委员长,并规定委员长对于党、政、军一切事务都可以不按平时程序,进一步加强了蒋介石个人独裁的权力。会议还把抗战的胜利寄托于

[①]《抗战建国纲领决议案》(民国二十七年四月十日临时全国代表大会通过),见荣孟源主编:《中国国民党历次代表大会及中央全会资料》(下册),光明日报出版社1985年版。

[②] 吴相湘:《第二次中日战争史》(下册),(台湾)综合月刊社1973年版,第575页。

外交上，企图通过外交活动由美、英等国对日本施加压力，使其屈服，指望以国际压力来和平解决中日问题。

在抗战问题上，国民党第二期作战方针与第一期相比已有以下几点变化：一是发动有限度的攻势，不再像前期那样积极主动地打击日本，开始暴露出对日动摇、妥协的消极抗战态度；二是化敌后方为前方，把八路军、新四军为主力的敌后战场推向主战场，正面战场由战略主体作用转向策应敌后游击队的配合作用；三是借口抽出部队轮流整训，强化战力，准备总反攻，实际上是保存实力，以对付共产党领导的八路军和新四军，不断制造摩擦、冲突，伺机发动反共高潮；四是消极抗战，静观时变，企图依赖美、英等国对日本的压力来解决中日问题。

由此看来，国民党五届五中全会标志着自抗战以来在政策上的重大转变，虽然其主要方针仍然是"继续抗战和联共抗战"，但其政策正在向防共、限共和积极反共方面演变。就抗战而言，国民党内部开始出现动摇、妥协甚至投降的倾向，整个对内对外政策都明显地暴露出消极抗战的态度。

（二）"国民精神总动员"运动

1939年2月，国民政府向一届三次国民参政会提交《国民精神总动员纲领》，并获得通过。3月，国民政府在国防最高委员会下设立国民精神总动员会，蒋介石亲自出任会长，并公布了《国民精神总动员纲领》和《实施办法》，在全国开展国民精神总动员运动。

《纲领》说，"所谓国民精神总动员者"，"在个人为集中其一切意识、智慧与精神力量于一个方向而提高使用之，在国民全体为集中一切年龄职业思想生活各不同之国民的精神力量于一个目标而共同鼓舞以增进之，整齐调节以发挥之，确定组织之中心，以增强发挥之效益"[①]。它不仅为排除暴敌之侵略，尤在于努力抗战之中，树立战后建国之永久基础。《纲领》称，精神力量之所由表现为道德，而其所由发挥则必归于信仰。并明确规定了"共同目标"、"救国之道德"、"建国之信仰"、"精神之改造"等项内容。《纲领》提出国民精神总动员的共同目标是三个口号，即"国家至上，民族至上"，"军事第一，胜利第一"，"意志集中，力量集中"。这是国民精神总动员的三个最高原则，它

[①]《新华日报》1939年3月12日。

表明在抗战进入相持阶段后,国民党开始向消极抗日、积极反共的政策转变,宣传"一个党、一个领袖、一个主义"的思想,以维护国民党的一党专政。《纲领》提出国民应统一实践的"救国之道德",为"忠孝仁爱信义和平之八德",八德之中最根本的为忠孝,全体国民务必竭忠尽孝,对国家尽其至忠,对民族行其大孝。《纲领》所说的"建国之信仰"为完成建设三民主义的国家。《纲领》提出"精神之改造"是醉生梦死之生活必须改正,奋发蓬勃之精神必须养成,苟且偷生之习惯必须革除,自私自利之企图必须打破,分歧错杂之思想必须纠正等,以求振奋民族精神,取得抗战胜利。

5月1日宣布在全国实施国民精神总动员令。当晚在重庆国民政府军事委员会广场举行国民精神总动员宣誓大会,国民党党政要员全部到场,蒋介石作了讲话。会后,规定各机关、团体、学校、街道普遍订立《国民公约》,每月初一、十五举行"精神总动员月会"等活动,并唱《精神总动员歌》,其歌词曰:"救国道德,忠孝仁爱,信义和平。要用精神武器,况复有坚甲利兵。国家至上,忠勇为进;民族至上,大孝当行。同心同德,训谕是遵。三大目标,易知易行;精神总动员,民族复兴。抗战必胜,建国必成。"同时决定在都邮街广场建筑"精神堡垒"以资纪念。1941年12月30日,国民精神总动员会等四家单位联合在都邮街广场建筑的"精神堡垒"竣工。堡垒全高7丈7尺,象征"七七"抗战;共分五层,基底三层系同一形式,象征三民主义;第四层为六角形,分别题制"国家至上,民族至上;军事第一,胜利第一;意志集中,力量集中"等标语;第五层为四方形,分别题制"礼、义、廉、耻"四字;顶端悬挂国旗。

国民精神总动员运动是国民政府在抗日战争时期发动的一次全民性运动,当时正值日本对中国抗战大后方各主要城市进行狂轰滥炸,重庆又是轰炸的重点,国民政府开展这项运动,在一定程度上鼓舞了大后方人民的精神,坚定了抗战到底的决心。特别是重庆,在日本狂轰滥炸中仍巍然屹立,作为国民精神总动员运动纪念物的"精神堡垒",在当时确实代表着一种坚韧不拔的民族精神。

国民精神总动员运动无疑也有其反共的一面,它在《纲领》中宣扬一些封建主义和法西斯主义的东西,旨在维护国民党一党专政和蒋介石个人独裁。当时,中国共产党对此就有比较清醒的认识,并采取克制和维护团结的态度,表示基本拥护《国民精神总动员纲领》,并推动全国人民参加这一运动。中共中央对《纲领》具有抗日和防共的两面性进行分析对待,拥护其中积极的东西,坚持正确的抗战路线。在中共中央发布的《为开展国民精神总动员运动告全党同志书》和毛泽东在延安各界国民精神总动员及"五一"劳动节大会上发表题为《国民精神总运动员的政治方向》的演讲,对三个口号作了新的解释,号召全国人民团结起来,振奋抗战到底的精神,动员一切力量,争取抗战的最后胜利。

(三)国民政府推行新县制

新县制是国民政府在抗战期间内政方面的一大举措。1939年4月,蒋介石在国民党中央训练团党政训练班作了《确定县以下地方组织问题》的讲演,国民政府行政院下设立县政计划委员会,并公布了《县各级组织纲要》,规定各省要在三年内完成。于是,新县制在国统区便普遍推行。

新县制规定,县为地方自治单位,县以下设乡(镇),在面积过大的县或特殊情况下可设区,但区不是法定的行政单位,只是县的辅助机关,代表县政府督导各乡(镇)办理各项行政及自治事务。区的划分以15乡至30乡(镇)为原则。保、甲为乡(镇)内的编制,乡(镇)的划分以10保为原则,不得少于6保,多于15保;保的编制以甲为原则,不得少于6甲,多于15甲;甲的编制以10户为原则,不得少于10户,多于15户。新县制规定,各级执行机关为:县政府、乡(镇)公所、保办公处,甲不设办公处,由甲长执行或开户长会议决定。区则为区署。县政府设县长1人,县政府内设民政、财政、教育、建设、军事、地政、社会等各科;乡(镇)设乡(镇)长1人,副职1人至2人,并设民政、警卫、经济、文化四股,各设主任1人,除警卫股主任由县政府委任外,其余各股由正、副乡(镇)长或中心学校教员兼任。保设正、副保长各1人,并设民政、警卫、经济、文化干事各1人,民政、警卫干事得由副保长兼任,经济、文化干事由保民学校教员兼任。同时规定设立各级民间机关,县设参议会,下有乡(镇)民代表会、保民大会、户长会议;并设立地方武装组织,乡(镇)为乡(镇)国民兵队,保为保国民兵队,甲为甲国民兵班,各级队长分别由乡(镇)长、保长兼任。在教育方面,乡(镇)设立中心学校,保设立保民学校,分别由乡(镇)长兼任校长。

抗战时期重庆市的地方自治是将原有警局的保甲科撤销,另于市政府内设立民政科,并调整区以下基层组织,将原有的镇公所一律裁撤。到1944

年,全重庆市划为 18 区,除水上区外,区的划分依照旧有的行政辖区和警管区配合而定,全市编为 408 保,7177 甲①。

(四)民主宪政运动

1939 年 9 月 9 日至 18 日,一届四次国民参政会在重庆召开,围绕抗战问题,各党派要求结束党治,实施宪政。会上国民参政员提出一个"建议政府召开国民大会,制定宪法,开始宪政"的提案,得到与会者的一致赞同,经共产党及其他各党派提议,通过了要求国民政府明令定期召集国民大会实行宪政的决议。在各方压力下,11 月国民党召开五届六中全会,宣布于 1940 年 11 月 12 日召开国民大会。

宪政问题提出后,使中国社会政治活跃起来,民主宪政运动以重庆为中心迅速展开。1939 年 9 月 21 日至 22 日,重庆《新华日报》先后发表了《建立宪政规模》、《召集国民大会与实施宪政的先决条件》的社论,提出宪政的实质不在乎条文,而在乎事实,国民大会应当是真正的能够代表全国人民意志和要求的全国人民的代表大会。而实行宪政,就是要把全国人民的公意和共同要求用立法的手段确定起来,真正实现"还政于民"。10 月,25 名参政员在重庆共同发起召集宪政座谈会,接着由宪政座谈会中公推 85 人为筹备委员,筹备组织宪政促进会。11 月 30 日,宪政促进会筹备会在重庆召开,决定组成常委会,下设秘书处及宣传、联络、研究三个委员会,推进和协助宪政的实施。同时,重庆 30 多个妇女团体发起妇女宪政座谈会,青年代表发起青年宪政座谈会,在成都、桂林、上海、延安等地也纷纷成立了宪政座谈会和促进会,一时间宪政问题成为全国关注的大事,民主宪政运动出现第一次高潮。当民主宪政运动出现时,中国共产党就采取拥护、支持、积极参加和领导的态度,在统一战线基础上成立国民宪政促进会。1940 年 2 月 20 日,毛泽东在延安宪政促进会上发表题为《新民主主义的宪政》的演讲,指出我们现在所需要的宪政是新民主主义的宪政,就是几个革命阶级联合起来对于汉奸反动派的专政。毛泽东告诫全党和全国人民说:"真正的宪政决不是容易到手的,是要经过艰苦斗争才能取得的。因此,你们决不可相信,我们的会一开,电报一拍,文章一写,宪政就有了。你们也决不可相信,国民参政会做了决议案,国民政府发

---

① 周开庆:《民国川事纪要》(下),(台湾)四川文献研究社 1974 年版,第 247 页。

了命令,11月20日召集了国民大会,颁布宪法,甚至选举了大总统,就是百事大吉,天下太平了。"①由于共产党正确认识和领导了这场运动,使它在国统区和抗日根据地迅速掀起了高潮。

中间党派历来真诚追求实现西方资产阶级的民主政治,民主宪政运动正好符合他们的目标,也积极参与和推动这一运动。但国民党并无实施宪政的诚意,当民主宪政运动高潮到来时,十分恐惧,于是开始破坏宪政运动,在各地禁止和限制争取宪政的活动,限制报刊登载有关宪政的文章,取消宪政座谈会和促进会等。最后到1940年9月国民政府宣布:因交通不便,召开国民大会有困难,国民大会的召集日期另行决定。至此,热闹一时的民主宪政运动即告结束,它充分暴露了国民党玩弄宪政骗局、搞一党专政的实质。

(五)汪精卫集团的投敌叛国

抗战爆发后,华北、华东、华中相继沦陷。日本为了控制这些地区,极力搜罗汉奸,建立了众多的伪政权,以实行"以华制华"的政策,1937年12月在北平成立以汉奸王克敏为委员长的自称"中华民国临时政府"的伪政权,1938年3月在南京成立以汉奸梁鸿志为首的自称"中华民国维新政府"的伪政权。1938年初,重庆国民政府发布通缉令,明令通缉傀儡政权头目、汉奸王克敏、汤尔和、王揖唐、董康、齐燮元等人。由以上这些汉奸成立的伪政权,没有起到日本所期望的作用。于是日本开始物色新的人选。汪精卫是抗战必败的亡国论者,又是国民党元老、副总裁、国民参政会议长,地位和声望都很高,自然成了日本的首选人物。

经过与日本的秘密勾结,1938年12月18日,汪精卫率陈璧君、周佛海、曾仲鸣、陶希圣等潜离重庆,经昆明到达河内,29日在河内向重庆国民政府发表"艳电",为日本侵略者辩解,劝说国民政府与日本和谈,共同防共。陈公博、高宗武、林柏生等也公开投敌。从此,汪精卫集团就公开投敌当了汉奸。

汪伪集团的投敌叛国,激起了全国人民的无比愤怒。1939年元旦,国民党召集临时中央常委会,决定"永远开除汪兆铭(精卫)党籍"。同时,重庆和大后方人民纷纷集会,愤怒声讨汪精卫投敌叛国的无耻行径;6月8日重庆国民政府明令通缉汪精卫;9月15日一届四次国民参政会通电全国,声讨汪精

---

① 《毛泽东选集》第2卷,第736页。

卫。1939年8月,汪精卫在上海召开全部由投敌的国民党员参加的"中国国民党第六次全国代表大会",为成立伪中央政权作准备。1940年3月12日,汪精卫发表号召建立伪中央政府的"和平宣言",要求"重庆方面抛弃成见,立即停战"。30日汪精卫在南京举行"还都典礼",成立伪国民政府。23日重庆国民政府外交部照会各国驻华使节,宣布"日本所捏造的南京伪组织完全无效",并明令通缉汪伪国民政府的主要成员77人。

经过重庆国民政府、各党派和广大人民群众的坚决斗争,汪伪政权虽然在南京成立了,但十分孤立,就连重庆的原汪精卫派的人都没有一个脱离重庆国民政府,追随汪精卫当汉奸,使日本没有达到分化、瓦解抗日统一战线的目的。

三、国民政府的反共政策和三次反共高潮

抗战进入相持阶段后,1939年1月国民党五届五中全会在重庆召开,除讨论抗战问题外,会议的另一个重要议题就是讨论如何防共、限共。会上,蒋介石作了《唤醒党魂发扬党德与巩固党基》的报告和《整顿党务之要点》的讲话,说"对中共是要斗争的,不要怕它","现在要谈溶共——不是容共,它如能取消共产主义我们就容纳它"。会议根据蒋介石的报告,确定了"溶共、防共、限共、反共"的政策,并设立专门的"防共委员会",通过了"整理党务"决议案。会议还大肆制造反共舆论,称"本党领导全国抗战,已届年半,乃异党假借抗战之名,阴分壁垒,分化统一,破坏团结,谋夺政权,已造成党国莫大隐忧"。强调国民党要发展组织,扩展势力,以便同民主力量相抗衡,并提出发展国民党员的设想,要求在3年内增加党员140余万,使国民党员人数超过200万人。还根据共产党领导的革命根据地主要在农村的情况,也强调在农村中发展国民党员,以扩大势力。

会后,国民党发布了一系列秘密文件,如《防制异党活动办法》、《共党问题处理办法》、《异党问题处理办法》、《沦陷区防范共党活动办法草案》、《陕甘两省防止异党活动联络办法》、《运用保甲组织防止异党活动办法》等,采取各种手段,从各个方面加紧反共、防共。这样,国民党抗战以来的政策重心开始由对外转向对内,由抗日转向反共,并不断地制造摩擦,伺机发动反共高潮。

与此同时,"攘外必先安内"、"曲线救国"等谬论也在国民党内十分流行。早在1939年,国民党河北省保安司令张荫梧在给蒋介石的电报中,就把进攻八路军失败后率部投降日军,并变为"冀中剿匪总司令"的柴恩波的叛变行为称为"实施曲线救国"。当时国民党第一战区司令部颁发的秘密文件公然声称:"除奸至为迫切要务,应分别轻重,首先从事剿共,如影响抗战,则可略走曲线。"山东省主席沈鸿烈甚至提出"宁匪化,勿赤化;宁亡于日,勿亡于共;日可以不抗,共不可不打"的反动口号。这表明,国民党五届五中全会后,反共已成为国民党政策的重心。

国民党政策开始转向防共、限共、反共为重心后,在全国各地不断制造摩擦,1939年12月至1940年3月国民党军队在陕甘宁边区、太行山区和山西等地进攻共产党领导的八路军和其他人民军队,掀起了第一次反共高潮。各地人民军队在共产党领导下,根据"人不犯我,我不犯人;人若犯我,我必犯人"的严正自卫原则,给予进犯的国民党军队以有力的回击。

1940年春,国际形势进入了一个新的紧张阶段,法西斯势力极为嚣张。南京的汉奸高唱"和平反共建国"的口号,与重庆的亲日派遥相呼应,掀起了第二次反共高潮。1941年1月6日,奉命北移的新四军军部及所部9000余人行至安徽茂林地区遭到国民党军8万人的袭击,激战七昼夜,因弹尽粮绝,除2000人突围外,3000余人牺牲,4000余人被俘,军长叶挺在与国民党当局谈判时被扣押。17日国民政府军事委员会发布通令,诬蔑新四军叛变,宣布撤销其番号。皖南事变使第二次反共高潮达到顶峰。1月11日,周恩来在重庆得知皖南事变的消息后,立即向国民党当局交涉,提出严重抗议,开展积极有效的斗争。1941年1月20日,中共中央军事委员会发布重建新四军军部的命令,任命陈毅为代军长,刘少奇为政治委员,28日,新四军军部在江苏盐城成立,将全军9万人改编为7个师。通过一系列有理、有利、有节的斗争,挫败了国民党的进攻,迫使蒋介石不得不暂时停止明目张胆的反共活动。第二次反共高潮被粉碎了。

1943年3月,蒋介石《中国之命运》出笼,5月共产国际宣布解散,国民党借此大做文章,叫嚣共产主义已经破产,要求解散共产党。7月,胡宗南率兵40余万人,分兵9路,准备闪击延安,掀起第三次反共高潮。由于中国共产党的坚决斗争和国内外舆论的压力,迫使国民党不得不停止内战,第三次反共高潮也被挫败。

第三节 国民政府的战时外交

一、世界反法西斯联盟的形成和中国国际地位的上升

中国抗战爆发后,世界各国采取不同的态度。德、意支持日本侵华,苏联反对日本侵华,美、英标榜"中立"和"不干涉",采取两面政策。一方面日本侵华损害了美、英在中国的利益,威胁到它们在远东和太平洋地区的统治,所以它们援助国民政府,对日本的侵略进行一定的抵抗,以保住其在华的利益;另一方面美、英又想通过牺牲中国的利益(主要是东北和北方),推动日本去进攻苏联。在太平洋战争爆发前,美、英一方面给重庆国民政府以一定援助,同时又向日本出售军需物资和军用器材。它们希望中、日两败俱伤,然后坐收渔人之利。

美、英策划远东慕尼黑阴谋,企图以牺牲中国为代价拉拢日本,促使日本进攻苏联。1941年12月8日,日本偷袭美国在太平洋上的海军基地珍珠港,太平洋战争爆发,随后日本又袭击了英国在太平洋上的战略基地新加坡,以及美、英在太平洋上的威克岛、关岛、马尼拉和北平、天津、上海的美、英军队,战争范围迅速扩大。当天下午,蒋介石分别召见美、英、苏驻华大使,表示中国决不避任何牺牲,与各友邦共同作战。

太平洋战争的爆发扩大了世界反法西斯阵营,欧、美、亚许多国家纷纷对日宣战。国民政府于12月9日正式宣布对日宣战,同时宣布与德、意处于战争状态。从此,中国的抗日战争不再是孤立的了,它成为世界反法西斯战争的一部分。12月9日,美国总统罗斯福致电蒋介石,对中国坚持抗战四年半重申敬意,并呼吁共同努力打败日本。11日,蒋介石致电罗斯福、丘吉尔、斯大林,提议在反法西斯各国间组织联合军事会议,并邀请驻重庆的美、英等国大使及武官商讨联合对日作战计划。罗斯福、丘吉尔赞成在重庆召集联合军事会议,斯大林因苏联正忙于对德作战,未派代表参加。12月23日,联合军事会议在重庆军事委员会举行,蒋介石亲自主持会议,商讨盟国间协同作战事宜,美国代表勃里德和英国代表魏菲尔参加了会议。30日,国民政府外交部次长傅秉常对外国记者发表谈话,宣布同盟国军事会议已在重庆举行。与此同时,罗斯福和丘吉尔在华盛顿举行一系列会议,于12月25日拟定了《联合国家宣言》,并于1942年1月1日由美、英、苏、中等26国在华盛顿发表了这个宣言。宣言规定签字国政府保证用自己全部的经济、军事力量来对法西斯国家作战,援助反法西斯的同盟国家,签字国不得和敌人单独媾和。

《联合国家宣言》的发表标志着世界反法西斯统一战线的最后形成。26个盟国由美、英、苏、中四国领衔签署,其余22国按国名字母依次签署。国民政府外交部长宋子文代表中国签字后,罗斯福总统表示欢迎中国列为四强之一。至此,中国的国际地位空前提高,成为世界反法西斯战争同盟国的四强之一。这是中国四年半来坚持抗战,承受巨大牺牲,英勇顽强抵抗日本侵略者所赢得的国际声望。

二、重庆成为世界反法西斯战争在远东的指挥中心

由于中国国际地位的提高,重庆作为中国的战时首都,国际声望也大为提高,成为举世闻名的国际城市。1941年12月23日,中、美、英三国联合军事会议在重庆举行,这在中国近代外交史上尚属首次。1942年1月《联合国家宣言》的发表,中国成为同盟国四强之一。1月3日,同盟国宣布蒋介石为中国战区盟军的最高统帅,承担中国、泰国、越南等地区联合部队的指挥任务,重庆成为世界反法西斯战争在远东的指挥中心。

国民政府迁渝后,重庆成为举世闻名的国际城市,各国驻华使领馆也纷纷迁至重庆,增进了重庆与世界各国的交往和联系。1942年6月24日,重庆各界庆祝"联合国日",英国驻华大使薛穆爵士对中国民众发表广播演说,盛赞重庆,"自日本开始进侵中国,迄今已有五载……中国仍屹立不移。足以象征中国不屈不挠意志与决心之重庆,乃成为全世界各地家喻户晓之一名词。为各自由民族而言,重庆乃联合国家所为振奋精神之象征;为独裁者而言,重庆乃若干民众甘冒危险忍受痛苦不接受侵略者之束缚之象征"[①]。

抗日战争爆发后,日本驻重庆领事槽谷连二率日本侨民20余人于1937年8月1日撤出重庆。与此同时,由于国民政府迁渝办公,各国驻华使领馆

---

① 周开庆:《民国川事纪要》(下),(台湾)四川文献研究社1974年版,第185页。

纷纷迁至重庆。各国在渝使领馆有40多个,主要集中在七星岗至较场口之间。这些使领馆在重庆进行了大量活动,特别是美、英、苏等领馆在太平洋战争爆发前给予中国抗战以有力支援。诸如派志愿人员来华参加对日作战,派遣军事顾问,组织救援机构和救援物资,调解国共两党关系等。太平洋战争爆发后,美、英直接对日作战,各国使领馆为巩固反法西斯战线积极开展活动。英国驻华大使卡尔和美军中国战区司令官史迪威将军还给予中国共产党一些积极的支持。但有一些国家的使领馆和驻华人员在重庆的活动却不得人心。太平洋战争爆发前,美、英都试图充当中日战争的调停者,为国民政府向日本妥协充当中介人。特别是德国驻华大使陶德曼的调停,其目的是诱使蒋介石向日本投降,意大利驻华大使柯莱也扮演了与陶德曼同样的角色。

抗战爆发后,苏联和全世界爱好和平的人民都坚决反对日本侵华。苏联奉行争取和平和援助被侵略国家的外交政策。斯大林领导的共产国际发表宣言指出:"中国人民的解放战争,是世界无产阶级和一切先进人类反对野蛮法西斯主义的压迫的总斗争最重要的组成部分。"号召全世界工人阶级和一切真正爱好和平的人士在政治、精神、物资上支持和援助中国。1937年8月苏联同中国签订了《中苏互不侵犯条约》。1938年至1940年,苏联先后给中国贷款4.5亿美元,不带任何附加条件,并把贷款折为中国急需的飞机、坦克、大炮等军需物资运到中国。苏联还直接参与对日作战,在1945年8月苏联对日宣战前,就派遣军事代表团来华帮助作战,并先后派出1000多架飞机和2000多人的航空志愿队参战,还帮助中国训练空军,他们在中国英勇战斗,近200人壮烈牺牲,其中包括轰炸机大队长库里申科和战斗机大队长赫曼诺夫。苏联军官司托尔夫和卡特诺夫在保卫重庆的空战中牺牲,飞机坠毁在万县,至今仍然埋葬在重庆鹅岭公园苏军烈士墓。

抗战初期,美国人民就采取抵制日货,拒绝装运输往日本的物资,捐款援助中国抗战等行动声援中国。1937年至1941年美国给国民政府提供1.7亿美元贷款,并成立美国救济中国难民联合委员会。太平洋战争爆发后,美国总统罗斯福认为:"中国人在杀日本人而俄国人在杀德国人。在我们自己的海陆军还没有充分的配备与能力来帮助他们以前,我们必须使他们能够继续目前的这种任务。"①1942年6月在华盛顿签订了《中美抵抗侵略互助协定》，规定美国提供武器和训练中国军队。并派出以史迪威为首的军事代表团和以陈纳德为队长的空军"飞虎队"来华参加对日作战。1942年2月，美国宣布向国民政府贷款5亿美元，以援助中国抗战。

与此同时，美国政府曾两次声明取消在华领事裁判权和其他特权。1942年10月10日上午，美国副国务卿威尔斯向中国驻美大使魏道明宣读取消在华领事裁判权及有关特权的文告。下午4时，蒋介石在重庆"精神堡垒"广场宣布，美国政府已正式通告我驻美大使，表示愿意自动撤销在华治外法权及其他有关特权，并提议另订新约。蒋介石说，我国百年来所受各国不平等条约的束缚至此可根本解除。蒋介石还致电罗斯福表示感谢，说全中国国民都因美国这一行动欢欣鼓舞。罗斯福复电说："取消在华领事裁判权是美国政府及我个人多年的心愿……中国抵抗侵略者的英勇奋斗令人敬佩。"当天，重庆各报出了号外，全市群情欢腾。12月31日，宋子文与美国代表在重庆谈判新约，1943年1月11日，《中美平等新约》在华盛顿签字，大大鼓舞了中国人民的抗日斗志。1944年12月，美国还帮助国民政府在昆明设立了中国陆军总司令部，何应钦兼总司令，原中国战区美国陆军参谋长麦克鲁为作战司令。

抗战爆发后，英国人民积极支持中国抗战。1937年9月24日，伦敦市民在日本驻英大使馆前示威，高呼"撤去中国境内之日本杀人犯"等口号；10月17日伦敦上万人再次举行示威大会声援中国；英国工人拒绝装运输往日本的货物。英国援华总会还通过宋庆龄给中国共产党领导的人民军队提供援助。英国政府也在1937年至1941年间给国民政府3300万英镑贷款。随着欧洲战事扩大，英国政府于1939年1月24日、1940年7月16日、1941年6月11日三次公开声明：一俟远东敌对行为结束，英国即和中国谈判取消在华领事裁判权和其他特权。并于1941年10月9日在伦敦约见中国大使，告诉美、英会商取消在华领事裁判权的经过。1942年10月10日，英国宣布取消在华领事裁判权及其他特权，12月31日宋子文在重庆与英国代表谈判新约，1943年1月11日，《中英平等新约》在重庆签字。与此同时，英国还宣布给国民政府5000万英镑的贷款，以供作战和稳定货币之用。

---

① 荣孟源：《蒋家王朝》，中国青年出版社1980年版，第198页。

中国的抗战还得到很多国家人民的积极声援。澳大利亚码头工人拒绝装运输往日本的铁;加拿大一些工会组织决定禁止铁输入日本;日本军需工业的工人也曾举行罢工对中国抗战表示支援。在各国人民的援华活动中,还有直接到中国参加抗战的志愿人员,以白求恩为首由加拿大人和美国人组成的医疗队,由柯棣华等组成的印度医疗队,来华参加中国共产党领导的抗日斗争,为中国的抗战作了不朽的贡献。

三、国民政府对日的战与和

"九一八"事变后,日本对华侵略变本加厉,国民政府一味退让,不作积极抵抗。"七七"卢沟桥事变后,中日战争全面爆发,国民政府仍在抵抗与不抵抗之间动摇,在对日的战与和问题上,亲日派力主和谈,国民党左派和各党派爱国人士主张对日抗战以挽救民族危亡。在全国舆论的强大压力下,蒋介石表示要守土抗战,但同时又宣称,在和平根本绝望之前,还是希望和平的。蒋介石把和平的希望寄于英、美、德、法等西方大国的调停上,希望通过国际联盟、九国公约等国际组织对日本施加压力来实现和平。但日本狂妄叫嚣三个月灭亡中国,对国际社会的调停和蒋介石的"和平"姿态都不予理睬,使蒋介石的和平愿望成了一厢情愿,从而被迫对日作战。

"八一三"事变后,中国军队坚守上海达三个月,打破了日本"三个月灭亡中国"的迷梦,日本感到战争不能短期结束,想通过第三国劝说国民政府早日投降,以达到不战而亡中国的目的。1937年10月上海战事正在激烈进行之际,美、英即准备联合调停中日战争。由于日本与美、英有矛盾,不愿让其插手,便请德国斡旋谈判。德国通过其驻日大使狄克逊和驻华大使陶德曼积极策动中国向日本投降的谈判。11月5日,陶德曼在南京面见蒋介石,转达日本外相广田弘毅所提的和谈条件:内蒙古建立自治政府;华北建立非军事区;上海非军事区需扩大,由国际警察管制,停止排日;共同防共;降低日货关税;尊重外国人在华权利等。12月2日,蒋介石表示愿意接受此条件作为谈判基础;6日国民政府举行最高国防会议讨论对日投降问题。但随着国民党正面战场的溃败,日本提出的条件更高了。23日日本外相通过狄克逊提出新的条件:中国政府须放弃联共、反日、反满政策,与日满共同反共;在中国必要区域设立非军事区及特殊政权;中日满缔结密切之经济合作协定;中国偿付日本要求的赔款。并限定国民政府于 1938 年 1 月 15 日前答复。12 月 27 日国民党再次举行最高国防会议讨论和战问题,亲日派仍主张和谈。但如此苛刻的亡国条件,使蒋介石不敢答应,认为抗战比急于议和好一些,"今日除投降外无和平,舍抗战外无生存,彼等实昧于大势,不知国家利害,此革命之所以未能成功而一致于此也"①。"倭寇所提条件,等于征服与灭亡我国;与其屈服而亡,不如战败而亡,当即严词拒绝作答。"②这样,国民政府拒绝了与日本和谈。1938 年 1 月 16 日,日本首相近卫文麿发表《不以国民政府为对手》的声明,宣称:"帝国政府今后不以国民政府为对手,而期望真能与帝国合作之中国新政权的建立与发展,并将与之调整两国邦交,协助新中国之建设。"③至此,陶德曼的调停宣告失败。1938 年 1 月 20 日,国民政府召回驻日大使许世英,28 日日本驻华大使川越茂也撤回日本,但两国均未宣战,仍通过各种渠道保持秘密联系。

1938 年 5 月,宇垣一成出任日本外相,开始了国民政府与日本之间的秘密和谈,宇垣与孔祥熙在香港从 6 月 16 日一直谈到 9 月初,因日本仍坚持灭亡中国的条件,日本军方又开始在中国物色汉奸建立伪政权,拉拢汪精卫,使谈判陷于停顿。

1938 年 12 月 18 日汪精卫潜离重庆,打着"和平"的旗号公开投降日本当汉奸,蒋、汪分道扬镳。1939 年 3 月 27 日,汪精卫在河内发表《举一个例》,说主和"是我一人的主张么?不是,是最高机关经过讨论,而共同决定的主张"④。汪精卫还披露了 1937 年 12 月 6 日国防最高会议第 54 次常委会关于陶德曼调停中日妥协的历史记录,并召唤重庆国民政府共同从事"和平"运动。汪精卫投敌后,遭到全国上下的声讨和唾骂,声名狼藉,这使蒋介石不能不在和谈问题上更加慎重,以防身败名裂。

1941 年 12 月 8 日太平洋战争爆发,次日,美、英政府对日宣战,国民政府

---

① 蒋介石 1937 年 12 月 27 日日记,见[日]古屋奎二:《蒋介石秘录》第 4 卷,湖南人民出版社 1988 年版,第 59 页。
② 蒋介石 1938 年 1 月 2 日日记,见[日]古屋奎二:《蒋介石秘录》第 4 卷,湖南人民出版社 1988 年版,第 60 页。
③ 日本防卫厅战史室编纂,天津市政协译校:《日本军国主义侵华资料长编》(上册),四川人民出版社 1987 年版,第 411 页。
④《举一个例》,《南华日报》1939 年 3 月 27 日,转见汪伪宣传部编:《和平反共建国文献》第 1 辑,第 7 页。

也同时对日、德、意宣战。美、英直接对日作战,坚定了重庆国民政府的抗战意志,由此中断了与日本的"和平"运动。1942年日本陷入了太平洋战争泥潭,大量兵力被牵制在中国。面对重庆国民政府的不屈服,东条英机制定《为完成大东亚战争所需要的对华处理根本方针》,宣称日本"专注于加强国民政府(系指汪精卫在南京成立的伪国民政权——作者注)的政治力量,同时设法消除重庆抗日的根据和名义",并重施故伎,"帝国不进行任何以重庆为对手的诱和工作"[①]。

1943年,世界反法西斯战争转入反攻,8月墨索里尼垮台,意大利退出了战争,轴心国开始瓦解。而国民政府在中国战场仍处于败局。日本在太平洋上也节节败退,为了迅速结束中国战事,小矶国昭上台组阁,提出与重庆国民政府交涉"和平"的计划,日、蒋又开始了"和平"运动。蒋介石一面暗中与日本搞"和平"运动;一面等待世界战局的变化,并未积极有力地配合盟国作战,受到了美、英的严厉抨击。

在整个抗战期间,国民政府在对日的和战问题上动摇不定,抗战与妥协求和相始终。总的来说战是主流,和是暗流,这是由国民党的片面抗战路线决定的。蒋介石曾多次讲话表示要抗战到底,但又多次同日本勾结,搞"和平"运动。蒋介石为首的国民政府对日本采取的是有条件和有限度妥协,而汪精卫集团则是无条件的投降。因此,重庆国民政府尽管多次想向日本妥协求和,但又不敢接受日本苛刻的条件,迫于国内和国际舆论压力,始终不敢像汪精卫一样公开投敌叛国,因而,一直留在抗日民族统一战线阵营内,支撑着正面战场,牵制和消耗了日本的强大兵力,配合了盟军的作战直到抗战取得最后的胜利。

第四节 人民的贡献与牺牲

一、川军出川抗日

川政统一后,蒋介石着手整顿川康军事。1937年6月28日,川康军事整

[①] 黄友岗:《抗日战争时期的"和平"运动》,解放军出版社1988年版,第364、365页。

顿委员会在重庆成立,该委员会直隶于国民政府军事委员会,派何应钦为主任委员,顾祝同、刘湘为副主任委员,成员有贺国光和孙震、邓锡侯、王缵绪等四川实力派19人。7月6日,整军会议在重庆行营举行开幕典礼。由于抗战爆发,整军委员会于8月10日前完成整编,编制如下:刘湘的川康绥靖公署直辖部队编为3个军2个独立师7个独立旅;刘文辉的二十四军编为2个师1个独立团;孙震的四十一军编为3个师1个独立团;邓锡侯的四十五军编为3个师2个独立旅;李家钰的四十七军编为2个师。对川康军事的整顿,结束了四川军事的混乱局面,使川军各派势力统一于中央编制,为川军出川抗日打下了基础。

表7-3 川康整军后川军各派力量状况表

川康绥靖公署直辖部队3个军2个独立师7个独立旅 刘湘	二十一军(3个师)军长唐式遵,副军长范绍增	四十五师师长饶国华,一六四师师长范绍增,一六二师师长彭诚孚
	二十三军(3个师)军长潘文华	一四七师师长杨国桢,一四八师师长陈万仞,一四六师师长张邦本
	四十四军(3个师)军长王缵绪	一四九师师长郭昌明,一五〇师师长廖震,一六三师师长陈兰亭
	2个独立师	一六一师师长许绍宗,一四四师师长郭勋祺
	7个独立旅	十一旅旅长邓国璋,十二旅旅长范南轩,十三旅旅长田钟毅,十四旅旅长周绍轩,十五旅旅长杨亮基,十六旅旅长刘树成,十七旅旅长刘若弼
二十四军(2个师1个独立团)军长刘文辉,副军长陈光藻	一三七师师长刘元塘,副师长刘元琮	
	一三八师师长唐英,副师长杨学端	
	独立团团长刘元琮	
四十一军(3个师1个独立团)军长孙震,副军长董守行	一二二师师长王铭章,副师长杨俊清	
	一二三师师长曾宪栋,副师长刘炜如	
	一二四师师长孙震(兼),副师长税梯青	
	独立团团长余大经	

续表

四十五军(3个师2个独立旅) 军长邓锡侯,副军长马毓智	一二五师师长陈鼎勋,副师长孙贤颂
	一二六师师长刁世杰
	一二七师师长陈离
	独立一旅旅长谢无圻
	独立二旅旅长杨晒轩
四十七军(2个师) 军长李家钰	一〇四师师长李家钰(兼)
	一七八师师长李青廷

  1937年7月7日,卢沟桥事变发生,8日上午川康整军第二次大会在重庆上清花园举行,何应钦宣布日军进犯卢沟桥,中日大战已不可避免,全场闻讯愤慨,四十一军军长孙震等当场请缨,愿率所部出川参加对日作战;10日,刘湘电呈蒋介石请缨抗战;8月5日,四十七军军长李家钰电呈蒋介石,整编后愿率所部出川抗日。

  川康整军后,8月18日就川军出川抗日问题,经有关方面协商决定兵力共11个师,其中川康绥靖公署直辖的潘文华、唐式遵、王缵绪三军承担6个师,四十五军邓锡侯部2个师,四十一军孙震部2个师,四十七军李家钰部1个师。各部已整装待发,一俟中央调令即开赴前线,并决定出川抗日部队于9月5日前开拔。9月8日又增加二十军杨森部2个师和四十七军1个师,共14师出川抗日。10月中旬各部队到达指定地点,杨森部开往淞沪战场,孙震、邓锡侯部开往山西阳泉,潘文华布防安徽徽州等。

  出川抗日的川军官兵在前线不惜牺牲,英勇杀敌。二十一军一四五师师长饶国华在安徽广德前线,奉命死守广德,掩护友军后撤,经过英勇顽强的抵抗后自戕殉国,并留遗言:"我官兵均不惜牺牲为国效力……广德地处要冲,余不忍视陷入敌手,故决与城共存亡……今后深望我部官兵,奋勇杀敌,驱寇出境,还我国魂,完成我未竟之志,余死无恨矣!"[①]事后,国民政府明令褒奖饶国华并追赠陆军上将。12月12日,重庆江北巴县各界在夫子池公共体育场举行集会,追悼饶国华及全国抗敌卫国将士,参加民众逾万人。1938年3月17日,四十一军一二二师师长王铭章在滕县阵亡,国民政府明令褒奖并追赠

[①] 周开庆:《民国川事纪要》(下),(台湾)四川文献研究社1974年版,第32页。

陆军上将。此外,蒋介石电令第五战区司令长官李宗仁,以川军邓锡侯、孙震两部纪律严明,转战各地,人民爱戴,特令嘉奖。

经过统一川政和川康整军,中央势力形式上控制了四川,中央势力与四川实力派的矛盾并未消除,四川地方势力仍然很大。在抗战初期,国民政府由于对日作战不利和刚迁渝不久,对四川实力派作了较大让步。1937年3月,刘湘派邓汉祥、卢作孚到南京研究中央与地方的团结问题,即促进军队国家化和政治统一化进程。经过会商,政治问题已解决,军队仍保留。鉴于当时中央与地方的矛盾很尖锐,影响了控制四川的计划,蒋介石在1937年5月电令重庆行营代主任贺国光:"中央人员在川气焰万丈,令人难堪;种种不法行为,殊堪痛恨!嗣后责成贺主任全权负责处理,无论为官为兵,为文为武,凡有不法者,一体先行拿办,然后具报。"①在政治问题解决后,军事问题经过川康整军也基本得到解决。1937年8月16日,川康绥靖公署所属飞机队在重庆广阳坝机场举行交接,由重庆行营接管,标志着中央已控制了四川军队。在川军出川抗日之初,中央与地方势力的矛盾暂时有所缓解。

1938年1月20日,刘湘在武汉病逝,蒋介石加快了控制四川的步伐。22日即令其亲信张群为四川省主席,旋即遭到刘湘部属四川保安处长王陵基等人的强烈反对,蒋介石只得宣布在张群未到任前暂由原省政府秘书长邓汉祥代理。2月又令张群为四川全省保安司令,同时升邓锡侯为重庆行营副主任,傅常为行营参谋长,但四川实力派仍与中央抵触。蒋介石分别召见邓锡侯、王陵基、王缵绪等人,最后不得不再作让步,由王缵绪代理四川省政府主席。8月又任命张群为重庆行营主任,免其川省主席之职,任命王缵绪为川省主席。1939年10月王缵绪请命率兵出川抗日,蒋介石亲自兼任川省主席。到次年11月,又重新任命张群为成都行辕主任并兼川省主席。此后张群任川省主席直到1947年4月升任行政院长时才免职。围绕着由蒋介石的亲信张群出任川省主席一职,四川实力派与中央经过长期斗争,最终以1940年11月张群再任川省主席,中央势力完全控制了四川而告结束。

二、人民对抗战的积极支持

重庆人民在八年抗战中,直接参与并积极支持了全国抗战。重庆作为中

---

① 周开庆:《民国川事纪要》(下),(台湾)四川文献研究社1974年版,第9页。

国的战时首都,在人力、物力、财力和其他各方面都给予了更大的支持。抗战爆发后,川军即纷纷要求出川抗日,整个抗战期间,四川给前线输运了大量兵源,应征赴前线的兵员达 300 多万人,作出了巨大的牺牲[①]。在物力和财力上的支持更多,仅 1940 年 9 月至 1941 年 7 月的川省捐献军粮运动就捐了稻谷 94360 石,杂粮 1786 石,现金 1693769 元[②]。从 1941 年至 1944 年,全川捐献军粮总数约为 7100 万石[③]。中国大后方非常薄弱的经济,艰难地支持了八年抗战直到胜利。

在重庆,1937 年 8 月成立了重庆市各界抗敌后援会,电呈国民政府速颁抗敌令,支援前方抗战。国民政府迁渝后,重庆与全国抗战息息相关,人民的爱国热情不断高涨。1939 年 2 月,重庆各界举行献金竞赛,各界群众纷纷捐款支援抗战。3 月以重庆为中心开展国民精神总动员,使全国人民树立抗战必胜的信心。1941 年 12 月 14 日,重庆举行国际文化团体扩大反侵略大会,并通过以下要案:拥护国民政府向轴心国宣战;请求所有反侵略国订立军事同盟,成立统一的作战指挥机构;用大会名义通电世界各反侵略国的政府和人民,以及各国劳工团体,团结起来,共击暴敌,并通电全国各文化团体响应重庆举行的大会。同时,由全国劝储总会发起的抗战建国储蓄竞赛,到 1942 年 1 月底全国储蓄达 72540 万元,重庆市占 13046 万元,为全国最多的地区。另据 1942 年 3 月全国慰劳总会发布的统计数字,截至 2 月,重庆市有抗属 2843 户[④]。1943 年 7 月 7 日,重庆开展陪都各界"七七"劳军献金活动,献金总数达 8500 万元。1943 年底开展的全国学生志愿服役参加远征活动,即全国知识青年从军活动,重庆市征集配额原定为 5000 人,其中市区 2600 名,川东各地 2400 名,到 1944 年底,重庆市申请登记志愿从军的知识青年已达 8331 人,超过定额 3300 多人。

重庆在给予前方以人力、物力的大量支援的同时,还在大后方掀起了抗日救亡运动。

---

① 张群:《胜利日感言》,见周开庆:《民国川事纪要》(下),(台湾)四川文献研究社 1974 年版,第 272 页。
② 周开庆:《民国川事纪要》(下),(台湾)四川文献研究社 1974 年版,第 153 页。
③ 张群:《胜利日感言》,见周开庆:《民国川事纪要》(下),(台湾)四川文献研究社 1974 年版,第 272 页。
④ 周开庆:《民国川事纪要》(下),(台湾)四川文献研究社 1974 年版,第 172 页。

三、重庆大轰炸

（一）日本对重庆的大轰炸

抗战爆发后，日本对中国大后方城市实施狂轰滥炸，妄图以此"摧毁中国的抗战意志"，达到"迅速结束中国事变"的目的。为此，日本对重庆、成都、西安、兰州、昆明、贵阳、延安以及一些中小城市进行大规模轰炸。重庆作为国民政府的战时首都，遭受日本野蛮轰炸规模最大、次数最多、持续时间最长、损失最为惨重。总计从1938年10月4日日机首袭重庆到1943年8月23日止，日机共空袭重庆218次，出动飞机9513架次，投弹21593枚，炸死市民11889人，炸伤14100人，炸毁房屋17608栋，使繁华的重庆市区大半化为废墟，财产损失无法计数，仅市区工商界的直接损失就达500万美元以上，人民的生命财产遭到空前的浩劫。

武汉会战后，日军"速战速决"结束对华军事行动的企图破产，抗战进入相持阶段。为了从困境中摆脱出来，日本改变了侵华方针。一方面对中国共产党领导的抗日根据地残酷扫荡；一方面加紧对国民政府进行政治诱降，同时辅以军事进攻。1938年12月，日本首相近卫文麿发表《调整日华新关系方针》的声明，公开引诱国民政府投降。日本大本营也对侵华日军发布《大陆命第241号命令》，命令对中国内地实施战略轰炸，宣称为了"摧毁敌人的抗战企图"，要开展制空进攻战，"压制和扰乱敌之战略及政治中心"。与此同时，国民党副总裁汪精卫在1938年12月18日潜离重庆，29日在河内发表"艳电"，响应近卫声明，公开投降日本。汪精卫在对日本的"四点希望"中丧心病狂地提出"对重庆可施以致命的轰炸"。日本也认为汪精卫的投降会引起大后方人心混乱，主和派势力抬头，重庆国民政府将瓦解，于是决定对重庆实施"政略轰炸"，迫使国民政府屈服。

1938年10月4日，日机首次轰炸重庆市区。在经过36架次轰炸机把兰州的繁华地带夷为平地的远距离试探性攻击获得成功后，大规模的轰炸就开始了，轰炸的重点就是重庆。1939年5月3日下午1时17分，日机36架侵入重庆上空狂炸市中心繁华地区，大梁子、苍坪街、左营街、陕西街、储奇门、朝天门等地被炸起火，市区27条主要街道有19条被炸，大火蔓延，至夜不熄，市民死伤数百人，情形令人惨不忍睹。5月4日，日机27架再度空袭重庆市区,对都邮街、小梁子、夫子池、七星岗等地狂轰滥炸,市内发生大火,市民死亡4400余人,受伤3100余人,炸毁房屋1200余幢,灾害之惨,目不忍睹。驻渝英、法、德各使领馆均受重大损害,美国教堂全部烧毁,亦有人员伤亡。5月9日,日机对重庆搞"疲劳轰炸",分成数十批轮番入侵,警报长达五天六夜。总计1939年全年日机轰炸重庆34次,出动飞机865架次,投弹1897枚,炸死市民5247人,伤4196人,被毁房屋4757幢。

1940年,日本成立了中国派遣军总司令部,加强对中国抗日力量的打击,扶持汪伪政权,实行"以华制华"的殖民政策,同时也加紧了对重庆国民政府的诱降。5月13日,日本侵华派遣军总司令部和日本海军中国方面舰队司令部达成轰炸中国内地的《陆海军中央协定》,代号为"101号作战",作战时间预定自5月中旬起约三个月。5月18日,日机袭击重庆附近的白市驿机场、梁山机场,20日起把攻击的重点转向重庆,集中力量轰炸市区和工厂。5月至6月,日机轰炸重庆20余天,主要轰炸重庆市区和沙坪坝、江北等地。地处江北的金陵兵工厂遭到毁灭性轰炸。7月至8月,日本出动更加密集的机群轰炸重庆市区及周围的北碚、巴县、江北、合川、铜梁、璧山、江津、綦江等地。8月19日,出动飞机190架次,20日出动170架次,创造了轰炸重庆以来一次使用飞机的最高纪录。据美联社报道:自19日1时35分至20日14时,重庆连续4次遭到轰炸,市区、江北及郊外广大地区遭到破坏,38处起火,殃及民房及商店2000余户,死伤数百人,受灾地区极广。轰炸之频繁,死伤之惨重,令全市人心惶惶不安。9月,日本准备进攻法属印度支那,结束了为期110天的"101号作战",大规模轰炸重庆告一段落,但仍有零星的轰炸。总计1940年,日机轰炸重庆80次,出动飞机4722架次,投弹10587枚,炸死市民4149人,伤5411人,被毁房屋6962幢。

1941年,日本为了尽快结束中国战事,集中兵力南进,日本大本营发出《大陆命第925号命令》,命令侵华日军迅速处理中国事变。侵华派遣军总司令部决定以全力投入夏秋之战,发挥空中和地面的综合战力展开全面攻势,"以期彻底摧毁敌人继续战斗的企图"。从5月起,日本对敌后抗日根据地进行残酷扫荡,在正面战场发动长沙会战,企图围歼中国军队主力。为了配合地面进攻,制订了《第五次内地空中作战计划》,对中国内地实行大规模轰炸,并再次把重庆作为战略轰炸的重点,轰炸目标包括居民区、商业区、军政机关、工厂、学校、外国使领馆等,对重庆的摧毁达到空前惨烈的程度。6月,日机轰炸更加频繁,并采取"疲劳轰炸"战术。6月5日,日机夜袭重庆,因傍晚进城的人很多,致使较场口隧道避难的人超出该洞容量的一倍以上,达近万人。由于日机的持续轰炸和国民党官员的腐败、玩忽职守与不负责任,发生了举世震惊的重庆较场口大隧道窒息惨案,近万人因窒息而死伤。据次日重庆防空司令部公布的数字,除轻伤者自动回家外,死亡者992人,重伤待医治者151人。事后,蒋介石下令将防空司令刘峙、副司令胡伯翰、重庆市长吴国桢革职留任,并下令彻底清查,组成由中央党部秘书长吴铁城、国民参政会主席团张伯苓等七人为委员的审查委员会,并加强了对防空设施的改造和管理。6月15日,日机袭渝,炸毁了美国大使馆;29日袭渝,将英国大使馆全部炸毁。7月,日机继续对重庆实施"疲劳轰炸",7月29日,英国大使馆再度遭炸,苏联大使馆部分被炸;30日,停泊在长江上的美军舰"图图拉"号被炸。8月初至中旬,日机连日空袭,每隔6小时持续轰炸重庆,创造了"疲劳轰炸"时间最长的一次,警报长达7昼夜之久,出动飞机在1000架次以上,空袭时间达150小时。8月30日,日机空袭重庆炸毁了国民政府大礼堂,蒋介石在黄山的官邸亦遭炸。9月以后,日、美关系趋于紧张,日本全力准备太平洋战争,结束了对中国内地的大规模轰炸。总计1941年,日机空袭重庆81次,出动飞机3495架次,投弹8893枚,炸死市民2448人,炸毁房屋5793幢。

1942年,由于日本受太平洋战争的牵制,日机曾两次空袭重庆均未投弹。日本持续三年对重庆的残酷轰炸,并未能使国民政府投降。空中作战失败以后,日本开始酝酿一个更大的阴谋,即从地面攻击重庆的《重庆作战计划》。7月,日本大本营和侵华日军司令部决定实施《重庆作战计划》,规定作战方针是"歼灭敌中央军主力。攻克重庆,迫使重庆政权屈服或崩溃",并预定在1943年春季发动进攻。由于受太平洋战争牵制,在年底不得不宣布取消《重庆作战计划》,同时,日本再也无力对中国进行大规模轰炸了。

1943年,日机9次空袭重庆,最后一次是8月23日,此后对重庆的轰炸即告结束。1943年的9次空袭中,日本出动飞机348架次,投弹151枚,炸死市民21人,伤18人,炸毁房屋99幢。1944年,重庆有两次空袭警报,日机未投弹,6月16日,美军超级空中堡垒从四川基地起飞,首次轰炸日本本土,盟军从此取得了在中国战区的制空权。

表 7-4　1938—1944 年日本轰炸重庆年表

年度	空袭次数	出动飞机（架次）	投弹（枚）	炸死人数	炸伤人数	被毁房屋（幢）	备注
1938	2						1月27日空袭广阳坝机场,10月4日首袭市区
1939	34	865	1897	5247	4196	4757	
1940	80	4722	10587	4419	5411	6962	
1941	81	3495	8893	2448	4448	5793	
1942	2						
1943	9	348	151	21	18	99	
1944	2						

（二）重庆的反空袭斗争

抗战爆发后,四川省政府在 1937 年 8 月 16 日即着令重庆成立防空指挥部,由警备部、航务处、市政府宪兵三团、警察局等机关组成。23 日,重庆行营委任重庆警备司令李根固兼重庆防空司令,市长李宏锟兼防空副司令,负责防空事务。12 月,重庆防空司令部、重庆市政府、成渝铁路局各机关工程人员勘测重庆市防空大避难壕,初设计为由朝天门起,沿望龙门、储奇门、南纪门、临江门到千厮门。后一致认为起点应高于洪水线,同时需与交通线联络,遂将干线改自三元庙起,经小什字、半边街、左营街、较场口、通远门、观音岩到两路口南区路转拐处,并设横道三处,在蔡家湾、望龙门、左营街、临江门、储奇门、七星岗、南纪门七处选择三处,测量完备即开工挖掘。由于空军力量薄弱,防空资金不足,经验缺乏,加之官吏腐败,初期的防空机构形同虚设,设施相当有限。据 1939 年防空司令部统计,重庆市各防空平洞、隧道共 143 处,仅能容纳 73000 余人避难。

1939 年"五三"、"五四"大轰炸,市民死伤 8000 余人,令中外震惊。蒋介石急令疏散人口,在 5 日至 7 日三天内疏散市区人口 25 万,同时改组防空司令部,由重庆卫戍总司令刘峙兼防空司令,贺国光任市长,建立负责防护、消防、救护和工务等工作的防护总团及有关空难救济机构,逐步形成一个以防空司令部为基本队伍,包括广大民众团体的防护系统。但重庆的反空袭斗争由于空军和防空力量极为有限,不能有效阻止轰炸,防空资金严重短缺,无法由政府统一设置现代化、大规模的防御工事。到1941年2月,军政部发表统计,重庆市有防空壕15个,避难室19个,防空洞664个,掩体38个,共可容纳223695人避难①。另一方面,由于防空设施简陋,工程质量低劣,官吏腐败,玩忽职守,导致了1941年6月5日较场口防空大隧道窒息惨案。事后,蒋介石下令成立审查委员会,追查有关责任人,免刘峙兼防空司令之职,任命贺国光兼防空司令,同时成立防空洞管理改进委员会和防空洞工程技术改进委员会加以整顿,防止再发生类似事件。以后,重庆的防空系统也逐渐完善起来,在社会各界和广大群众的积极支持下,防空机构也基本上因地制宜地领导了重庆的反空袭斗争,使重庆在日本的狂轰滥炸中巍然屹立,经受了严峻的考验,更加坚定了人民的抗日斗志。正因为如此,重庆虽是抗战期间全国各大城市中遭日本轰炸最严重的城市,但人员伤亡却是较少的(日本出动飞机9000余架次,财产损失亦居全国之最,市民死亡约12000人,伤14000人,日机空袭架次约占全国30%,市民死亡占全国3%左右)。

重庆能够在日本的狂轰滥炸中巍然屹立,没有被炸垮,并且能在轰炸之后迅速恢复正常生活,在极其艰苦的条件下顽强坚持八年抗战直到最后胜利,这样一种团结抗战、奋勇拼搏、勇于牺牲、自强不息的精神,是抗战时期中华民族精神的象征,为当时全世界所敬仰,它充分表现了重庆在反空袭斗争中坚韧不拔的精神。英国驻华大使薛穆爵士在1942年6月14日发表广播演说,盛赞重庆之伟大,宣称:"自日本进侵中国,迄今已有五载……中国仍屹立不移,足以象征中国不屈不挠意志与决心之重庆,乃成为全世界各地家喻户晓之一名词。为各自由民族而言,重庆乃联合国家所为振奋之精神之象征;为独裁者而言,重庆乃若干民众甘冒危险忍受痛苦不接受侵略者之束缚之象征……例如余可提及日本故意轰炸各大学及学校之政策,然此等轰炸并未达到其预想的效果;中国学生于临时之大学,继续攻读不辍。吾人于亲眼获睹此等艰苦精神之余,实感无限欣慰,此乃中国前途之最佳保证。重庆之民气仍极高涨,斜枕于扬子江上之重庆城,到处断垣残壁,然附近山丘与河

---

① 周开庆:《民国川事纪要》(下),(台湾)四川文献研究社1974年版,第142页。

流,均经开发,市民亦孜孜不倦,使一世生活照常进行。在空袭警报网及防空洞之供应方面,重庆直可与世界任何城市比较,而无愧色。重庆之成为世界理想中之一项事物,实无足异。"[1] 1942年8月15日,中央社费城合众电在论及日本空袭重庆时称:"今日深知无论来自何方之空袭,其坚固之石颚,均能受之而无恐,此乃全世界最英勇之城市。"[2] 1944年8月,德国轰炸英国伦敦,重庆市长贺耀组代表市民致电伦敦市民表示友好同情之慰问,伦敦市长斯密爵士在回电时盛赞重庆在大轰炸时表现的镇定勇敢和坚强难摧的大无畏精神,说:"重庆人民的坚韧刚毅,已为举世所崇敬。"[3]

重庆的反空袭斗争,具有三个明显特点:

第一,重庆的反空袭斗争具有广泛的群众性。参加反空袭斗争的人员众多,并得到社会各界的广泛支持,各界人士、社会团体、海外侨胞都纷纷出钱出力,支援反空袭斗争。1940年参加空袭服务人员已近2万人,他们不畏艰难,承担了艰巨的抢险救灾任务,表现出崇高的自我牺牲精神和不屈不挠的斗争意志。广大人民群众和一些民众团体在反空袭斗争中起了重要作用,自己动手,自筹款项,修建防御工事,仅1940年3月就有120处动工修建的防空洞和避难壕,使容量成倍增长,逐渐与市民的防空要求相适应。1940年10月15日,重庆各界举行反轰炸大会,当场发表宣言,指陈滥炸平民系违背道德原则、阻碍文明进化之暴行,并阐明反对轰炸必须加强防空实力,争取最大之国际援助。每次空袭以后,人民都努力自救互助,尽快恢复正常生活秩序。

第二,在反空袭斗争中逐步积累经验和方法。防空机构在斗争中逐步发展完善,最后形成防护、紧急避难和空袭救济三位一体的反空袭机构。每年年初雾季一过,即开始疏散市民。1939年采取强迫疏散,迁出的市民因各种困难又返回市区,引起了社会各界的关注和批评。1940年以后,陆续颁布了一系列疏散的政策和办法,并分期分批有计划、有组织地进行疏散,市民亦能积极配合疏散工作,同时在社会救济方面,由最初仅局限于抚慰难民,发放干粮、救济款项等,逐步把目标扩大到全社会范围,对被炸难民办理一定数量的贷款,以扶持其自救。为保护劳工安全,重庆市政府颁布《空袭时间内工厂停

---

[1] 周开庆:《民国川事纪要》(下),(台湾)四川文献研究社1974年版,第185页。
[2] 周开庆:《民国川事纪要》(下),(台湾)四川文献研究社1974年版,第191页。
[3] 周开庆:《民国川事纪要》(下),(台湾)四川文献研究社1974年版,第245页。

工办法》规定,凡在空袭警报发出后,无论公私厂商一律停止工作,因空袭误工的工资照发,在空袭防护方面,特别是1941年较场口大隧道窒息惨案发生后,除改组机构,改善防空洞、隧道的管理和设施外,还颁布奖惩办法,落实有关人员的职责范围,并要求市民监督。

第三,重庆的反空袭斗争得到了世界的广泛同情与支持。一些国家的工人拒绝装运输往日本的军用物资,并抵制日货。英、美、苏等国政府对日本滥炸重庆的暴行提出抗议,世界舆论亦给予强烈谴责,并对重庆先后派遣2000多人的航空志愿队参加对日作战,美国由陈纳德组织的"飞虎队"参加对日作战,直接支援中国的反空袭斗争。后来美国还禁止汽油等重要物资输往日本。美国还成立了救济中国难民联合会,对救济中国难民的工作积极推进,做了很多有益的工作,宋美龄代表中国赠送两只大熊猫给该会以表谢意。

第八章　中共代表团在重庆

第一节　中共中央南方局

一、南方局的成立和历史演变

抗日战争爆发后,国共两党第二次合作和抗日民族统一战线的政治局面已在全国范围内形成。但国共两党始终未能在固定的统一战线组织形式和共同纲领上取得一致意见,因而双方的合作采取一种遇事商量的特殊形式。为巩固和发展业已形成的抗日民族统一战线,争取抗日战争的胜利,中共中央派以周恩来为首的中共代表团常驻国民政府所在地重庆,继续同国民党进行协商、谈判和斗争。

1937年11月,国民政府迁渝办公后,日本加速西进。1938年7月,中共代表团和中共中央长江局鉴于日本将夺取武汉,就预先派周怡到重庆筹建办事处,以十八集团军重庆通讯处的名义活动。9月26日,中央政治局通过中共代表团由周恩来负责,并由周恩来、博古、叶剑英、黄文杰组织南方局,由董必武、凯丰、吴玉章组织重庆党报委员会。10月,在武汉沦陷前夕,董必武率领新华日报报馆人员和八路军办事处部分人员先行抵达重庆,其余人员由周恩来率领撤至重庆。1939年1月,根据中共中央六届六中全会决议,中共中央南方局在重庆成立,周恩来担任书记,并设立常委,由周恩来、博古、凯丰、吴克坚、叶剑英、董必武六人组成,其他领导成员还有吴玉章、徐特立、邓颖超、廖承志、张文彬、刘晓、高文华等。

南方局是中共中央派驻重庆的代表机构,负责领导长江以南国民党统治区和沦陷区各省及港澳地区和海外的党组织,并设立派出机构,代表南方局实行分区就地领导。因国民党不允许中国共产党的组织在其统治区域公开活动,南方局是中共中央设在国民党统治区域的秘密领导机关,它以十八集团军驻重庆办事处、新华日报馆、群众周刊社等国民党允许存在的公开机关作掩护,其主要负责人都以中共代表或国民参政会参政员的身份同国民党中央当局打交道。

南方局的办公地点最初在十八集团军驻渝办事处所在的机房街70号和棉花街30号。1939年"五三"、"五四"大轰炸中,上述两地及《新华日报》所在的苍坪街、西三街都被炸毁,之后便迁到了红岩村。另外还用十八集团军办事处名义租下曾家岩50号的部分房屋,周恩来和邓颖超就住在这里。周恩来当时担任国民政府军事委员会政治部副部长,因此,曾家岩50号对外又称"周公馆",实际上是南方局在市区的工作机关。

从1939年1月南方局成立至1946年5月迁往南京的七年中,南方局的历史大致经过三个阶段,且主要负责人和名称都有所改变。

第一阶段从1939年1月至1944年11月,称中共中央南方局,周恩来担任书记。1939年6月,周恩来回延安报告工作,后因手臂受伤去苏联治疗,到1940年5月返回重庆之前,南方局书记由博古代理。1940年11月中共中央把博古、凯丰调回延安;1942年2月叶剑英也奉命调回延安;1943年6月周恩来回延安参加中共七大的筹备工作和整风学习。此时正逢共产国际解散,国共关系非常紧张,国民党反共活动变本加厉,中共中央决定撤回在重庆工作的一大批人员共114人(包括1942年9月到重庆参加谈判的林彪等人)。周恩来回延安后,南方局的工作由董必武主持,直到1944年11月。

第二阶段从1944年11月至1945年12月。1944年5月,中共中央派中央秘书长、十八集团军延安总部副参谋长王若飞作为林伯渠的助手到重庆参加同国民党的谈判;11月,董必武、林伯渠返回延安,至此南方局主要领导成员都先后离开了重庆。在此情况下中共中央指示成立工作委员会,主持原南方局的工作,王若飞担任书记,工作委员会的领导成员有王若飞、刘少文(陈明)、徐冰、钱之光、熊瑾玎、潘梓年、童小鹏。

第三阶段从1945年12月至1946年5月。1945年12月,中共中央派出以周恩来为团长的中共代表团到重庆出席政治协商会议,同时决定恢复南方局(在重庆期间称为重庆局),由董必武任书记,王若飞任副书记,重庆局领导成员委员有董必武、王若飞、徐冰、华岗、钱之光、钱瑛、潘梓年、熊瑾玎、刘少文,候补委员有王世英、章汉夫、童小鹏、张友渔、许涤新、王炳南、夏衍。1946年5月,中共代表团和重庆局东迁南京,重庆局改称南京局,同时在重庆成立中共四川省委,南方局在重庆的工作即告结束。

二、南方局的组织机构

中共中央南方局是中共中央派驻国民党统治中心重庆的秘密代表机关,直接领导长江以南国统区和沦陷区、港澳地区和海外的党组织。南方局的组织机构比较复杂,除十八集团军办事处、新华日报馆、群众周刊社这些公开机构外,还有很多不公开的机构,包括南方局的内部机构、派出机构,所辖的省委、特委及其他组织。

南方局对外的公开机构有十八集团军办事处(通讯处、交通站),在南方局管理范围内的十八集团军办事处共有七个:十八集团军驻重庆办事处、十八集团军驻桂林办事处、十八集团军驻贵阳交通站、十八集团军驻衡阳交通站、十八集团军驻湘通讯处、十八集团军驻韶关办事处、十八集团军驻香港办事处。此外,还有新华日报馆及分馆、推销处,设在新华日报总馆内的群众周刊社。

南方局的内部机构设在十八集团军驻重庆办事处内,最初办公地点在机房街70号。1939年"五三"、"五四"大轰炸中房屋被毁,后迁往红岩嘴13号,部分在曾家岩50号。南方局内部机构设置有组织部(先后担任部长与负责人的有博古、孔原、刘少文、钱瑛)、宣传部(部长凯丰,后由董必武兼任)、妇女运动委员会(书记邓颖超)、青年工作委员会(书记蒋南翔)、统战工作委员会(书记董必武、副书记叶剑英,下设军事组、党派组、社会团体组、国党组、青年组、妇女组、文化组、国际组、经济组、政治研究室)、文化工作委员会(书记凯丰、副书记周恩来,下设书店组、社会科学组、文化组、文艺组、宣传组、新闻组)、国际问题研究室(负责人章汉夫)、华侨工作组(负责人叶剑英)、南洋工作组(负责人博古)、敌后工作委员会(负责人周恩来)、社会部(部长博古,后由吴克坚负责)。另外还设有机要科、文书科和电台等。

南方局的派出机构是为实行分区就地领导而设。1940年6月前,中共中央决定成立中共西南工作委员会和中共南方工作委员会作为南方局的派出机构,对西南和华南各地的党组织实行分区就地领导。1940年11月西南工委在成都设立,管辖川康特委、川东特委、鄂西特委、湘鄂边特委、湖南省委、云南省工委;同时南(方工)委在韶关设立,管辖江西省委、粤北省委、粤南省委、广西省工委、闽南特委、闽西特委、潮梅特委、琼崖特委、湘南特委、闽粤边委。1941年6月,南方局鉴于十八集团军驻桂林办事处撤销,建立了中共桂林统战工作委员会,作为南方局的派出机构领导开展桂林的统战工作,安置从香港回到桂林的进步人士,并重新组建了桂林文化界的党组织,联系领导柳州四战区党的工作。

南方局直属的省委、特委在南方局成立之初有江西省委、闽西南潮梅特委、广东省委、广西省工委、湖南省委、鄂湘西区党委、云南省工委、贵州省工委、川东特委、川康特委和江苏省委。1940年成立西南工委和南委代表南方局进行分区就地领导。皖南事变前后,南方局组织各地划小组织:广东省委划分为粤北省委和粤南省委;闽西南潮海特委划分为闽西特委、闽南特委和潮梅特委;鄂湘西区党委划分为鄂西特委和湘鄂边特委;川东特委划分为上川东特委和下川东特委;川康特委划小,另成立川南特委和川北特委。

此外,南方局直辖的其他党组织还有香港统战工作委员会、香港文化工作委员会以及直接由南方局领导的一些支部和党员,这些支部和党员遍及四川和长江以南的广大地区及香港和海外。

三、南方局的工作和在重庆的活动

南方局是中共中央在抗日战争时期和解放战争初期派驻国民党统治中心重庆的秘密代表机关,在恶劣艰险的政治环境中,领导南方国统区和沦陷区及海外党组织进行了长达八年的艰苦卓绝的斗争,在推动国统区政治民主化的进程中起了重要作用,使重庆在抗日战争时期民主潮流激荡,成为国统区民主运动的中心,为巩固抗日民族统一战线,争取抗日战争的最后胜利,争取中华民族的独立和中国人民的解放作出了重大的历史贡献。

设在重庆的中共中央南方局的首要工作是高举抗日民族统一战线的旗帜,遵循中共中央"坚持抗战,反对投降;坚持团结,反对分裂;坚持进步,反对倒退"的三大政治口号,贯彻"发展进步势力,争取中间势力,孤立顽固势力"的方针,坚持国共合作,动员国统区的一切力量抗战到底。随着抗日战争进入相持阶段,国民党五届五中全会的召开,政策开始转变。会后,国民党顽固派发布了一系列反共秘密文件,推行消极抗日、积极反共的政策,在国统区大肆破坏中共党的组织,逮捕杀害共产党人,迫害进步人士;对共产党领导的敌后抗日根据地和解放区发动武装进攻,制造军事摩擦,特别是1941年1月发动了围歼新四军的皖南事变,使抗日民族统一战线内部矛盾严重激化,国共合作关系几至破裂。在极其艰苦的环境下,南方局根据中共中央的指示,对国民党的反共反人民政策进行了有理、有利、有节的斗争,广泛争取国际国内进步势力的同情与支持,在极为复杂的情况下,使抗日民族统一战线和国共第二次合作关系一直保持到抗战取得最后的胜利。同时,南方局为了扩大抗日民族统一战线,加强了对国民党民主派、各民主党派、地方实力派、文化科技、工商实业及海外侨胞等各方面的工作,促进了各派爱国力量的联合,把各界爱国人士团结在抗日民族统一战线的旗帜下,发展壮大了进步势力,争取了广大中间势力,孤立了反共顽固势力,推动了国统区抗日民主运动的发展。

南方局利用抗战时期重庆是世界反法西斯战争在远东的中心,各种力量集中于此,积极开展了国际反法西斯统一战线工作,广交国际朋友,广泛争取国际社会和国际舆论的同情与支持。抗日战争期间有苏联、美国、英国、法国、荷兰、比利时、波兰、西班牙等30多个反法西斯战争的盟国在重庆设有驻华使领馆;与重庆国民政府建立各种外交关系的国家有40多个;在重庆还设有10多个中外文化协会,世界各国来渝的知名人士和记者甚多;在重庆建立的反法西斯战争的各种国际性组织有国际宣传委员会、联合国善后救济总署中国分会等。这些外国使领馆和国际性组织集中于此,使重庆成为远东的国际中心,南方局利用这一有利条件积极开展国际反法西斯统一战线工作,尽可能利用各种形式和场合,广泛地接触和会晤各国使节、国际友人、新闻记者,讨论国内外大事,宣传中国共产党的政策、主张,得到了国际舆论对中国抗战的广泛支持。皖南事变发生后,美国政府研究分析了形势,通过罗斯福总统的代表居里正式向蒋介石声明:"美国政府在国共纠纷未解决前,无法大量援华,中美间的经济、财政问题不可能有任何进展。"[①]由于苏、美、英政府对

[①] 南方局党史资料编辑小组编:《南方局党史资料》第3卷《综述》,重庆出版社1990年版,第25页。

蒋介石施加压力,使其反共活动不得不有所收敛。1942年后,周恩来等南方局的领导人多次与驻重庆的美国大使馆官员会谈,表示愿与美国进行军事合作。1944年6月,在世界反法西斯战争取得重大胜利的形势下,由驻重庆外国记者发起组织的"中外记者西北参观团"到延安参观访问,普遍对这次访问表示满意,写了不少调查报告,比较客观地反映了解放区的情况;7月至8月,美军观察组在包瑞德上校率领下分两批到达延安,美军观察组在延安设立,使中共中央与美国官方和美军总部之间建立了直接联系。通过调查研究,美军观察组深信与中国共产党合作符合美国的利益。南方局所进行的国际反法西斯统一战线工作,大大加强了重庆在国际上的政治地位和政治影响,同时团结了一大批国际友人,有力地配合和支持了抗日战争。

南方局领导以重庆为中心的南方国统区和沦陷区的党组织,积极加强党的建设,壮大了党的队伍,巩固了党的组织,提高了党的战斗力。在南方局所辖的四川、贵州、云南、湖南、湖北、江西、江苏、上海、福建和港澳广大地区的党组织大都是在抗战开始前后的救亡运动中恢复重建和发展起来的,并在发展壮大的基础上巩固了党的工作。在国民党的反共高潮中,南方局领导所辖各地党组织贯彻中共中央"隐蔽精干、长期埋伏、积蓄力量、以待时机"的方针,撤离、转移已暴露的干部,同时对国民党顽固派的反共活动进行坚决斗争,采取"人不犯我,我不犯人,人若犯我,我必犯人"的自卫原则和有理、有利、有节的斗争策略。到1941年底,南方局在外地的很多下属机构都撤销、转移或划小,以便保护有生力量。与此同时,南方局在重庆召开会议,总结南方局的工作和研究今后的任务,周恩来在重庆发表讲话,要求把西南党建设成为更加坚强、更能战斗的党,时机一到,立即可以起来战斗。为此,周恩来提出党的领导机关要熟悉国民党统治区各方面的情况,善于估计形势,运用策略,创造各种各样的工作方法,使上层工作和下层工作、公开工作和秘密工作、党外的联系和党内的联系相互配合等七个方面的条件[①]。同时,南方局提出"勤业、勤学、勤交友"的"三勤"和"职业化、社会化、群众化(或合法化)"的"三化",作为贯彻"长期埋伏、积蓄力量、以待时机"的组织任务和斗争形式,不断发展和逐渐完善了公开与秘密相结合、"非法"与合法相结合等一系列切

[①]南方局党史资料编辑小组编:《南方局党史资料》第2卷,重庆出版社1990年版,第36—37页。

合实际的斗争方式，使南方局领导的地下党工作更加巩固，在群众中牢牢地站稳了脚跟。从而保全了党的组织，积蓄了革命力量，对以后的斗争发挥了重要作用。

南方局领导下的军事工作，除对十八集团军驻重庆、桂林、香港、韶关、长沙、贵阳、衡阳等地的办事处、通讯处、交通站外，还直接领导华南地区的抗日武装斗争，指导建立和发展了广东东江纵队、琼崖纵队、南路人民游击队等几支革命军队，开辟了敌后游击根据地。同时，南方局积极开展军事统战工作，团结和推动国民党中的许多爱国将领积极参加抗日战争，支持抗日民主运动。特别是在皖南事变以后，十八集团军办事处除重庆外，其他各地都被迫撤离转移，给军事统战工作带来了很大困难。之后，国民党军队和共产党领导的人民军队之间，除了在前方有国民党军队进攻根据地发生军事摩擦外，在重庆，南方局和十八集团军驻重庆办事处同国民党军事当局的斗争也非常激烈尖锐。

南方局通过各种公开和秘密渠道，通过中共党领导和影响的各个群众团体、学术机构、新闻报刊、学校以及小说、诗歌、戏剧、音乐、美术等文艺活动，通过南方局领导人的演讲、谈话和文章，通过各级党组织、广大党员和进步人士的工作，对广大人民群众进行了广泛的爱国主义和新民主主义的宣传教育，直接领导了以重庆为中心的大后方的文化工作和群众工作。南方局直接领导下的《新华日报》和《群众》周刊是中国共产党在国统区公开宣传马列主义毛泽东思想和抗日民族统一战线的主要阵地。南方局领导下的文艺工作和群众工作推动了文艺界的抗日民主斗争和以重庆为中心的大后方的群众性抗日救亡运动的不断发展。文艺界提出以"抗战、团结、民主"作为这一时期文艺创作的三大目标，正因为如此，使重庆在抗战时期的文化空前繁荣，大放异彩。南方局在抗日战争时期和解放战争初期，对以重庆为中心的南方国统区的广大工人、农民、青年、妇女进行广泛的群众工作，使群众工作更加深入扎实地向前发展，在隐蔽中积蓄力量，实行"长期潜伏发展，积蓄力量，争取人心"的方针，领导和推动了大后方的抗日救亡运动。

中共中央南方局在抗日战争时期和解放战争初期，在以重庆为中心的国民党统治区和江南沦陷区的极为艰苦极为复杂的环境下，同国民党顽固派进行了英勇顽强的斗争，有力地配合解放区和敌后抗日根据地打退了国民党反动派掀起的三次反共高潮,通过努力工作和艰苦卓绝的斗争,最大限度地团结了一切可以团结的力量,孤立了国民党顽固派,使抗日民族统一战线和第二次国共合作关系得以保持到抗战最后胜利。抗战胜利后,南方局发动并领导了以重庆为中心的国民党统治区的和平民主运动,为在国统区形成第二条战线奠定了基础,为解放战争的胜利和新中国的建立创造了有利条件。

第二节 南方局在渝对外公开机构

一、第十八集团军驻重庆办事处

抗日战争爆发后,国共合作团结抗战局面形成。1937年8月25日,中国共产党领导的工农红军改编为国民革命军第八路军,并在国民党统治区设立公开的八路军办事处(通讯处、交通站)。不久,国民政府军事委员会命令将八路军改编为国民革命军第十八集团军,并通令全国禁止使用"八路军"名称,所有原八路军办事处一律改为国民革命军第十八集团军办事处。新四军组建后所设的办事处或通讯处,大都与十八集团军办事处设在一起,通称十八集团军办事处,但习惯上仍称八路军办事处。这些办事处既接受十八集团军总部的领导,又接受南方局的领导,是中国共产党设在国统区和沦陷区的军事代表机关。南方局直接领导的办事处有重庆、桂林、韶关、香港、湖南、贵阳、衡阳七个。除重庆办事处在1946年5月迁往南京外,其他都在1941年底前被迫撤销或停止活动。

(一)十八集团军驻重庆办事处的建立

十八集团军驻重庆办事处由八路军驻武汉办事处、重庆通讯处、新四军办事处组建而成。

1938年7月,中共代表团和长江局鉴于日本将夺取武汉,国民政府已移渝办公,为坚持长期抗战和加强大后方工作,并为撤出武汉退到后方作准备,派周怡、张玉琴到重庆筹办通讯处,建立据点。周怡到重庆后,通过重庆地方党组织的帮助,租用市内机房街70号作为办公用房,成立了十八集团军重庆通讯处,周怡任处长,同时兼管新华日报重庆分馆的工作。1938年10月武汉沦陷前夕,第十八集团军和新四军驻武汉办事处奉命迁往重庆,经过两个月的水陆辗转,于年底陆续到达重庆。武汉办事处人员到重庆后,人员增多,机房街70号不够使用,又在市区租用了棉花街30号。1939年1月,武汉办事处处长钱之光抵渝,周恩来指示他立即着手筹建十八集团军驻重庆办事处。在原十八集团军驻重庆通讯处的基础上,加上武汉办事处西迁来渝的人员组成的十八集团军驻重庆办事处在机房街70号成立,新四军办事处也设在一起。办事处成立以后,原通讯处即随之撤销。办事处由钱之光任处长,周怡任副处长。南方局成立以后,就设在重庆办事处内,由于南方局是秘密的领导机构,重庆办事处就成为直接掩护南方局的公开机关。

随着南方局、重庆办事处各项工作的展开和人员的增多,在机房街70号和棉花街30号办公有诸多不便,同时在日本飞机轰炸时也很不安全。为了更好地展开党的工作,并在日本轰炸时有个退路,南方局决定在重庆近郊寻觅地址设立机关。经川东特委书记廖志高的介绍,由党员刘圣化陪同周怡找到红岩嘴大有农场女主人饶国模(刘圣化之母),商议在农场内建办公楼和生活用房。饶国模思想开明,同情革命,对此事当即允许。1939年春,重庆办事处开始在离市区约10华里的红岩嘴大有农场兴建房屋。在"五三"、"五四"日本对重庆的大轰炸中,机房街70号和棉花街30号的房屋被炸毁,南方局和重庆办事处就迁到了红岩嘴大有农场。当时房屋正在修建中,就在嘉陵江畔搭竹棚作为南方局和办事处临时办公之地,饶国模也腾出一些原有旧房和柴草屋给南方局和办事处使用。当年秋天办公楼竣工,门牌编号为化龙桥龙隐路红岩嘴13号,南方局和重庆办事处遂迁入新楼,办事处设在一楼,南方局设在二楼,机要科和秘密电台设在三楼,直到1946年5月迁往南京止。

另外南方局和办事处在市区还有一处办公地点,就是市区曾家岩50号。1939年,用重庆办事处的名义租下了曾家岩50号的一部分房屋,因为周恩来当时担任国民政府军事委员会政治部副部长,所以对外称"周公馆",周恩来同南方局和办事处的一些领导成员、工作人员就住在这里。1945年12月,国民政府在重庆召开政治协商会议,周恩来率中共代表团来重庆,十八集团军驻重庆办事处又是中共代表团办事处。1946年5月,重庆办事处随中共代表团迁往南京,在重庆另设立驻渝联络办事处,与中共四川省委合署办公。

(二)重庆办事处的组织机构

十八集团军驻重庆办事处是中国共产党设在国民党统治中心重庆的公

开合法机关,机构设置基本固定,办事处在重庆历时八年,因时局的变化,人员的增减,机构设置也相应有些变化。其机构设置情况大致如下:

十八集团军驻重庆办事处设有处长一人,副处长二人。办事处下设经理科(会计科)、文书科、机要科、运输科(交通科)、总务科、招待所、医务室、托儿所等,并负责管理设在曾家岩50号的周公馆的日常事务工作和安全保卫工作。

十八集团军驻重庆办事处处长钱之光,副处长周怡、薛子正,二人虽名为办事处副处长,但主要工作在南方局,不管办事处的日常事务,周怡在南方局负责情报工作,薛子正是南方局军事组的成员。

经理科(会计科)负责管理南方局、办事处的经费收支;文书科负责办理对内对外的一切往来文件;机要科负责同延安及各地有关的电台联系和机要文件的传送工作;运输科(交通科)负责运输物资和接送干部,下设有仓库和汽车修理厂;总务科负责南方局和办事处的安全保卫及后勤服务工作,下设警卫班、勤务组、炊事班、医务室、传达室、储藏室、招待所、休养所、托儿所等。

十八集团军驻重庆办事处工作任务繁重,工作人员比较多,常驻人员有100余人,而国民政府当局只给20余人的编制,其余编外人员,办事处就以中共代表、十八集团军代表、新四军代表和国民参政会参政员的秘书、副官、警卫员、勤务员、家属、亲友等各种名义向当局申报,合法留下。十八集团军驻重庆办事处从成立到1946年5月迁往南京,历时约八年,先后在重庆办事处工作过的有数百人,为争取抗日战争的胜利做了大量工作。

(三)重庆办事处的经常工作

十八集团军驻重庆办事处作为中国共产党在重庆的公开办事机构,它的经常工作除经办十八集团军和新四军的一般性军事联系和军事后勤工作外,还要同国民党最高军政当局打交道,同时还承担掩护南方局并完成南方局交办的任务。其经常工作大致有以下几个方面:

第一,负责十八集团军、新四军与国民政府最高军事当局的联系和交涉。在第二次国共合作抗日民族统一战线旗帜下,重庆办事处担任了联系中共中央和国民党最高当局之间的任务,负责经常呈转情况通报和战况通报,并在国共双方发生军事摩擦时进行交涉。十八集团军和新四军通过重庆办事处把掌握到的日伪军情况报告国民政府军事委员会、参谋总部、军令部等部门,重要情况随时通报,并报道十八集团军和新四军的战报和敌军动态。国民政府军事委员会也把每天印的《敌伪广播》和每周印刷的《敌情通报》等材料通过重庆办事处发给十八集团军和新四军。皖南事变后,国民政府军事委员会发布取消新四军的命令,此后新四军的战报就不再报送了。后来,两党就新四军问题多次进行交涉谈判,但始终未获得满意结果。在一系列的军事摩擦和反共高潮中,中国共产党始终以民族利益为重,顾全大局,维护国共合作关系和抗日民族统一战线,直到抗战取得最后胜利。

第二,负责办理十八集团军和新四军的部分后勤事务,领取军饷、弹药、通讯和卫生器材等。抗日战争时期,共产党领导的人民军队被编为国民革命军第十八集团军(即八路军)和国民革命军新编第四军,因此有一部分后勤工作在重庆,到国民政府军事委员会领取十八集团军和新四军的军饷、弹药、卫生器材、药品等,都由重庆办事处负责办理。按抗战初期国共两党达成的协议,国民政府每月给十八集团军军饷50万法币,新四军军饷20万法币,由重庆办事处到国民政府军需署领取,然后汇到十八集团军总部;武器装备、弹药、医药卫生及其他各类军需物资也可在国民政府军事委员会领取少量补充,重庆办事处领到后即转发给十八集团军和新四军前方部队。后来,军饷和军需物资的领取拨到第二战区,就不再由重庆办事处领取了,办事处就负责到国民政府有关部门催问和交涉。1940年秋,国民政府完全停止发给十八集团军和新四军的弹药和医药补充;皖南事变后,国民政府又停止发给十八集团军和新四军军饷。重庆办事处在这方面的工作即告终止,但有关的交涉仍在继续。

第三,掩护南方局机关,并承担南方局交给的任务。南方局是中共中央派驻重庆的秘密代表机关,南方局的领导机关设在公开合法的重庆办事处内,对外都用办事处的名义。重庆办事处作为南方局领导下驻渝的公开办事机关,承担南方局机关的全部行政事务工作和安全保卫工作,并配合南方局进行抗日民族统一战线工作和重庆地区地下党的工作。重庆办事处还利用公开合法的机关的地位,营救被国民党顽固派逮捕、扣押的十八集团军和新四军的官员和地下党的领导人,及时向国民政府军事委员会交涉,进行营救,并大多获得了成功。另外,重庆办事处还按南方局的指示寻找和接济革命烈士和革命同志的子女和亲属。在办事处的八年间,先后为许多同志和烈士寻找亲人、沟通音讯、抚养家属子女,把他们送到延安或转移到其他安全的地方去,这里面有毛泽覃的儿子毛楚雄,蔡和森的女儿蔡博,任弼时的女儿,叶剑英的儿子叶选平,李硕勋的儿子李鹏,吴玉章的外孙女大兰、小兰、霞飞、署苹,李克农的父母和妻子赵英、女儿李冰,陈毅的父母,刘伯承的弟弟,叶挺、罗瑞卿、罗炳辉、夏曦、郭亮、严朴等的儿女,徐特立的亲属等;寄钱接济的有林伯渠、谢觉哉、甘泗淇、唐延杰等的亲属[①]。

第四,向延安输送物资和接送干部。抗战时期,重庆办事处的另一重大任务就是经常向延安运输重要物资,并接送往返于重庆与延安之间的干部。这条路线由重庆起,经成都、宝鸡、铜川、洛川等地到达延安,一般需要8天至10天。在物资输送方面,规模较大的几次都在1939年。5月至6月份,重庆办事处和贵阳交通站按南方局指示,从贵州黄平县军火库提取弹药和TNT炸药10吨,经贵阳、重庆、西安输送到延安;同年夏天,南方局在新加坡购进几辆汽车,加上华侨捐赠的共9辆,车上还装满了华侨捐助的救济物资、药品等,并购得汽油5000加仑,机油、黄油30多桶,由重庆办事处、桂林办事处、西安办事处联合行动,经过近六个月的努力,历经千难万险,终于把这批贵重物资从越南海防经凭祥、河池、贵阳、重庆、西安运到了延安;同年,重庆办事处还转运了宋庆龄、何香凝等人从香港和华侨中募捐来的大批药品、医疗器材和救济物资到延安。在接送干部方面,重庆办事处在重庆与延安之间先后接送过中共党的许多重要领导人,还护送过越南共产党领导人胡志明等。起初,接送工作还比较顺利,皖南事变后,国民党动辄逮捕扣留重庆办事处的人员和车辆,给办事处的接送工作带来了很大困难。接送干部最多的几次是:1941年2月,送边章伍、李涛、蒋南翔等120余人去延安;1943年6月送周恩来、邓颖超、林彪、孔原等114人回延安;1945年1月送伍云甫等80余人到延安。

第五,举办公开集会,参加抗日救亡运动,代表十八集团军接受捐赠。重庆办事处经常在红岩嘴13号和曾家岩50号举行集会,如1939年9月举行欢迎印度国大党领袖尼赫鲁的茶会,1941年冬为旅美华侨司徒美堂举行欢迎会等。同时还积极参加重庆各界群众举行的抗日救亡活动。此外,重庆办事处

[①]《重庆抗战纪事》续编,重庆出版社1991年版,第34页。

还代表十八集团军和新四军接受国内外援赠。从 1939 年起,重庆办事处先后接受过大后方人民及美国、加拿大和东南亚各国华侨,包括司徒美堂、陈嘉庚等的捐赠,还接受过英国援华总会、美国联合援华会、英美红十字会、世界学生救济委员会、国际救济委员会等的援助[①]。

总之,十八集团军驻重庆办事处从 1939 年 1 月建立到 1946 年 5 月迁往南京期间,在大后方国民党统治中心重庆的八年战斗岁月中,为中国共产党及其所领导的人民军队做了大量的工作,为中华民族的独立和解放作出了重大贡献。

二、新华日报社

(一)《新华日报》的创刊和迁渝

新华日报社是南方局在国统区的一个公开对外机构。《新华日报》是中国共产党在国民党统治区第一张向全国公开出版发行的党报,是共产党宣传抗日民族统一战线政策的主要阵地。

1937 年秋,《新华日报》在南京筹备,中共中央军委副主席周恩来请国民党元老、国民政府监察院院长于右任题写《新华日报》报头。1938 年 1 月 11 日,《新华日报》在武汉创刊,由中共中央长江局领导。《新华日报》是中国共产党在国统区的重要思想舆论阵地,它一开始就广泛宣传共产党的方针政策和抗日主张,宣传八路军和新四军抗日战绩和抗日民主根据地的成就,反映国统区广大人民群众的呼声。在《新华日报》发刊词中就明确地阐明了它的宗旨是"贯彻抗战到底,争取最后胜利",为此,"愿在争取民族生存独立的伟大的战斗中作一个鼓励前进的号角",并在"抗日高于一切,一切服从抗日"的原则下,与全国一切抗战救国之士,互相勉励,共同携手,为驱除日本侵略者争取抗战胜利而奋斗。并"将尽其所能为巩固与扩大抗日民族统一战线而效力","愿将自己变为一切抗日的个人、集团、团体、党派的共同的喉舌","力求成为全国民众的共同的呼声"[②]。

1938 年 10 月武汉沦陷后,新华日报总馆随十八集团军办事处一起迁到

[①] 南方局党史资料编辑小组编:《南方局党史资料》第 4 卷,重庆出版社 1990 年,第 442 页。
[②] 南方局党史资料编辑小组编:《南方局党史资料》第 4 卷,重庆出版社 1990 年,第 51、52 页。

重庆,在重庆苍坪街和西三街租下原《星渝日报》的房屋和设备,印刷出版,10月25日,在重庆出版了第一张《新华日报》。1939年1月,南方局在重庆成立,新华日报总馆作为南方局的对外公开机构接受南方局领导。1939年"五三"、"五四"大轰炸中,《新华日报》在苍坪街和西三街的房屋被炸毁,之后,总馆迁往化龙桥虎头岩。《新华日报》从1938年1月11日创刊到1947年2月28日被国民党查封,共历时9年又1个月18天,出版报纸3231期。其领导成员前后也有一些变化。初期,中共中央长江局专门成立了由王明、周恩来、博古、潘梓年等组成的党报委员会对其实施领导,报馆设有董事会,为报馆的最高权力机构,王明任董事长,董事会下设三部一室,即编辑部、营业部、印刷部、经理室,各部、室下再分设课、股。迁渝后由南方局领导,从1938年10月至1946年3月,新华日报总馆领导成员是:社长潘梓年,总经理熊瑾玎,总编辑先后为吴克坚、华岗、章汉夫、夏衍(代理)。1946年4月至1947年2月,社长傅钟(1946年4至7月)、张友渔(1946年7月至1947年2月),经理于刚,总编辑熊复[1]。

《新华日报》在重庆的工作人员有100多人,其机构设置大致如下:总馆下设馆务委员会、编辑委员会和社论委员会。此外还设有社长办公室、秘书室、编辑部、采访部、印刷部、营业部、总务科、会计科。在外地还设有分支机构,在成都、桂林等地设有新华日报分馆,在贵阳、昆明、南充、自贡等地设有分销处,在宜昌、雅安等地设有推销处。

(二)《新华日报》在重庆的出版发行

《新华日报》从1938年10月25日出版迁渝后的第一张报纸第287期开始,到1947年2月28日出版第3231期后被国民党查封,在渝期间共发行了2945期,历时8年又4个月4天。在此期间,《新华日报》向全国人民宣传中国共产党的抗日主张,宣传抗日民族统一战线的意义和作用,揭露和批判国民党内亲日派的投降活动,使国统区的广大人民呼吸到新鲜空气,为争取抗日战争的胜利作出了重大贡献。《新华日报》根据党的方针政策,在各种形势变化的重要时刻,及时发表言论,宣传共产党的政治主张,向群众指明方向。

1938年12月,国民党副总裁、国民参政会主席汪精卫公开投敌叛国,一

---

[1] 南方局党史资料编辑小组编:《南方局党史资料》第4卷,重庆出版社1990年,第70—71页。

时间国民党内投降妥协危机甚为严重。针对当时情形,《新华日报》以《汪精卫叛国》为题发表社论,并连续发表文章系统地批判汪精卫的投敌叛国言行,以阻止国民党内其他亲日派的投降活动,进行坚持抗战到底反对妥协投降的宣传。与此同时,《新华日报》大量报道八路军和新四军的抗日战绩,大大鼓舞了人民的抗日斗志,对友军坚持抵抗的行为也作了大量报道,在舆论上大力加以支持。这在当时国民党内以汪精卫为首的一些亲日派党政要员纷纷投敌叛国的形势下,起到了稳定局势、安定人心的作用。

1939 年 12 月,国民党掀起第一次反共高潮,《新华日报》借故避开国民党的新闻检查,刊登中共中央的重要文件,如毛泽东写的代论《当前时局的最大危机》等,并出特刊追悼在平江惨案中牺牲的烈士,发表《追悼新四军平江遇害烈士专刊》等文章,揭露国民党的反共阴谋,提出"坚持抗战,反对妥协;坚持团结,反对分裂;坚持进步,反对倒退"的口号,挫败了国民党的第一次反共高潮。

1941 年 1 月皖南事变发生后,为冲破国民党当局对事变真相的封锁,《新华日报》在周恩来的领导下,不顾国民党的严密限制和监视,巧妙地应付了国民党的新闻检查,1 月 18 日,发表了周恩来题写的"为江南死国难者志哀"的悼词和"千古奇冤,江南一叶,同室操戈,相煎何急"的挽诗;19 日又以传单形式发表了《新四军皖南部队惨被围歼的真象》,把事变的真相公诸于众,使国民党顽固派反共反人民的罪行受到公开揭露,从而打退了第二次反共高潮。

1941 年 6 月,苏德战争爆发后,《新华日报》连续发表社论和述评文章,积极声援苏联人民反对纳粹德国的战争,强调苏联所进行的反法西斯德国侵略战争的重大作用,号召反法西斯各国建立国际统一战线。12 月太平洋战争爆发,中国共产党提出反法西斯各国各民族应结成最广泛的国际统一战线,《新华日报》发表了《中国共产党为太平洋战争的宣言》和《中共中央关于太平洋反日统一战线的指示》等重要文件。在国民政府对日、德、意宣战后,《新华日报》以《正义的怒吼》为题发表社论,对此表示赞许。《新华日报》对太平洋战争与世界战局的分析,科学地展望了世界反法西斯战争的进程,即盟国以相持和准备阶段取代以前的防御和退却阶段,最终以反攻取得最后胜利。

1943 年 3 月,蒋介石《中国之命运》一书出版,并伺机发动第三次反共高潮。6月,共产国际宣布正式解散,国民党顽固派以此为借口,要求解散中国共产党,并组织军队包围边区。《新华日报》配合延安的《解放日报》发动了较强大的舆论攻势,挫败了第三次反共高潮。

1944年以后,国统区民主运动出现了新的高潮,中国共产党提出废除国民党一党专政,建立民主联合政府的主张,深得各民主党派的广大进步人士的支持。《新华日报》对中共中央和民主党派的正确主张及群众运动作了详细的宣传报道,在国统区形成了一股争民主反独裁的强大舆论力量。

此外,《新华日报》在积极同国民党顽固派斗争的同时,还进行了其他方面的一些活动。1938年11月28日举行义卖一日,将所得全部支援前方,孔祥熙和孙科等国民党要人分别以200元和100元订购了28日的《新华日报》。

当然,这与《新华日报》的内容多彩是分不开的。《新华日报》自创刊起就十分注意加强和各界人士的联系,不断征求读者意见,开展为群众服务的活动,根据读者意见、希望和要求改进工作,成为进步文化界的一个主要论坛。《新华日报》还定期出版"读者信箱"、"工人园地"、"青年生活"、"妇女之路"、"友声"、"自然科学"等专刊,还设有"文艺之页"、"时代音乐"、"日本研究"等副刊。

《新华日报》工作人员的工作很艰苦,在国民党一党专政的时代,经常遭到种种非难,甚至有时还要冒生命危险。国民党对《新华日报》的稿件经常刁难,动辄便扣留稿件,致使《新华日报》版面上经常"开天窗",经常遭到国民党新闻检查机构的停刊处分,报纸也常被没收。在第一次反共高潮中,国民政府军事委员会办公厅制定了《〈新华日报〉违检案件处理步骤方案》,规定在必要时将对《新华日报》实行永久停刊处分,永久停刊后"注销其登记并撤销其登记证";方案还补充说明,"为了不予中共以过甚刺激,该报永久停刊后得准许其另办一报纸,但须另换名称,依法申请登记"[①]。皖南事变后,情况更为严重。1941年1月8日送检稿子15件,竟有11件被扣,国民党想通过新闻检查来窒息《新华日报》。2月1日,由于免登稿件过多,《新华日报》被迫缩减篇幅,改为一中张,处境异常艰难。皖南事变使国民党遭到国内绝大多数中间派和进步人士及海外华侨的强烈反对,国际舆论的压力也很大,甚至

---

① 韩辛茹:《新华日报》,重庆出版社1990年版,第161—162页。

美、英等国都谴责蒋介石的行为。在此情况下,蒋介石被迫下了道手谕,要求宪、军、警及党政机关保护《新华日报》和共产党人,国民党中央宣传部为此专门给战时新闻检查局下了一个密件,这以后,国民党有关当局对《新华日报》的刁难有所收敛。抗战胜利后,随着民主运动的高涨,《新华日报》在宣传工作中起了积极作用,直到1947年2月被国民党查封为止。

(三)《新华日报》的历史地位和作用

《新华日报》是中国共产党第一张在全国公开发行的党报,从1938年1月11日创刊到1947年2月28日被国民党查封,历时9年又1个月18天。对它的地位和作用,董必武早在创刊初期就有一个生动的比喻,说《新华日报》是共产党的嘴巴,向全国人民宣传中国共产党的抗战主张,抗日民族统一战线的意义、作用以及爱国主义和马列主义,揭露旧社会一切不合理的现象,使抗战时期国统区的广大人民群众呼吸到新鲜空气,成为群众的精神食粮。毛泽东在评价《新华日报》时曾说过,它是八路军和新四军以外的又一个方面军。

《新华日报》在重庆出版发行的八年多中,高举党的抗日民族统一战线的旗帜,同国民党顽固派进行了有理、有利、有节的斗争,在极其艰难的环境下,把报纸办得有声有色,深受广大群众的欢迎,发挥了党报的宣传作用和党同人民群众联系的纽带作用。报纸的发行量最高时达5万份以上,成为当时国统区的著名报纸。《新华日报》还在舆论上积极参加世界反法西斯斗争,支持世界人民的进步事业,受到国际上的重视,当时苏联的《真理报》和英国的《工人日报》都给予它以很高的评价,国际声望也随之提高。

《新华日报》出版发行的时期几乎是整个抗日战争时期和解放战争初期,它把斗争的锋芒直接指向国民党顽固派"消极抗日,积极反共"的错误政策,无情地揭露了国民党统治者的贪污腐败、结党营私、哄抬物价、以权经商、发国难财等一切腐败的社会现象,为保卫人民利益,竭尽舆论监督之职责。因此,它在重庆出版发行的时期,成了国民党顽固派的眼中钉,诸如扣留稿件、没收报纸、宣布停刊,甚至抓人打人,百般刁难,非要置之死地而后快。《新华日报》在如此险恶的环境下,高举中国共产党抗日民族统一战线的旗帜,团结一切可以团结的力量,最大限度地孤立和打击了顽固势力,为坚持抗战到底作出了特殊的贡献。在整个抗日战争时期,《新华日报》发挥了团结人民、教育人民、推动抗日救亡运动的重要作用;在抗战胜利前后和解放战争初期,积极推动国统区民主运动的高涨,在反独裁、反内战、争民主的斗争中起了重要作用。因此,《新华日报》是中国共产党在国统区的喉舌,它在中国新闻史上也占有重要的地位。

三、群众周刊社

群众周刊社是中共中央南方局在国统区的又一对外公开机构。《群众》是中国共产党在国统区公开出版的机关刊物,是共产党第一个在全国公开发行的党刊,是共产党在国统区的又一重要思想舆论阵地。

《群众》周刊于1937年12月11日在武汉创刊,比《新华日报》早一个月。1938年底武汉会战期间停刊了半年,尔后随新华日报总馆一道迁往重庆,1938年12月在重庆恢复出版。群众周刊社与新华日报总馆同为南方局领导下的对外公开机构。

群众周刊社设在新华日报总馆内,其领导成员有:社长潘梓年,主编先后有许涤新、乔冠华、戈宝权(代理)。

《群众》周刊配合《新华日报》的舆论宣传,揭露国民党顽固派"消极抗日,积极反共"的罪行,分析抗日战争和第二次世界大战中反法西斯战争发展的趋势和前途,坚定了中国人民抗战必胜的信心。此外,在宣传马克思列宁主义,批判国民党的法西斯主义,揭露国民党统治的腐朽和黑暗等方面也做了大量的工作。

1946年"旧政协"闭幕后,《新华日报》准备迁往南京和上海出版,筹备处已建立。但蒋介石已决心打内战,《新华日报》未能在上海、南京出版,党在上海《新华日报》编辑部的基础上出版《群众》周刊,用各种方式揭露国民党的独裁统治,揭露美蒋勾结,揭露国民党政府的恶性通货膨胀和财政破产。同时宣传解放区新民主主义的政治、经济、文化和广大农民在土地改革运动中的翻身解放。1947年2月,国民党查封了在重庆出版的《新华日报》,接着,强迫中共代表董必武和其他工作人员离开南京和上海,在上海出版的《群众》也被迫停刊。

与此同时,中国共产党为了向海外和国统区人民继续宣传,又在香港出版《群众》,1947年1月出版创刊号。这时,美蒋勾结已发动了内战,中国人民的解放战争已全面展开。为了配合解放战争的发展,在香港的《群众》集中力量宣传党的政策,宣传解放区广大农民彻底粉碎中国两千多年封建土地所有制的胜利,揭露美蒋勾结和国民党在军事上、经济上、政治上的全面崩溃,有力地配合了解放战争的胜利到来。1949年解放战争在大陆已基本取得胜利,《群众》作为在国统区和香港战斗了12年之久的党刊,终于看到了新中国的曙光,同时也光荣地完成了它的使命。

第三节 地方党的重建与发展

一、地方党组织的重建

自大革命失败以后,在重庆和川东地区的地方党组织,迭遭反动军阀的破坏,损失极其惨重,到1935年夏天,重庆地区地方党组织的活动已基本停止[①]。抗日战争爆发后,为巩固抗日民族统一战线,推动抗日救亡运动的发展,争取抗日战争的胜利,迅速恢复重庆及川东地区的地方党组织,已成为当务之急。为此,重庆地方党组织开展了重建工作。

1937年10月,中共中央特派员张曙时派人由成都到重庆,与漆鲁鱼等人取得联系,并恢复了漆鲁鱼、杜延庆等人的党籍,同外来重庆的中共党员接上了关系,将重庆地区遭到严重破坏、基本停止活动的中共党组织重新建立了起来。1937年12月,经过中共四川省工委批准,成立了中共重庆市工作委员会,由漆鲁鱼任市工委书记。根据党的指示,原重庆救国会的主要成员大部分加入了中国共产党[②],发动和领导重庆地区人民群众的抗日救亡运动。1938年3月,中共中央发出《关于大量发展党员的决议》,指示在南方各省积极发展大批新党员,以适应国统区抗日救亡运动的发展。6月,中共四川省工委派廖志高到重庆,在中共重庆市工作委员会的基础上成立了中共重庆市委,由廖志高任重庆市委书记,负责重庆及川东地区党的工作。由此,重庆地方党的组织逐渐壮大,并以此为基础,建立了市区各级党组织。到1938年11月,重庆全市党员人数已达300余人。重庆地区地方党组织进入了一个大发展时期。

[①] 在严重白色恐怖下,一些失去组织关系的共产党员仍然自觉地坚持斗争,积极准备重新恢复组织,重庆救国会是其领导力量。

[②] 1939年,中共川东特委决定改变救亡运动的形式,救国会停止活动,逐步消失。

1938年11月，中共四川省工委撤销，分别在重庆和成都成立川东特委和川西特委（后改为川康特委）。川东特委的领导成员有廖志高、李应吉、漆鲁鱼、王亦青、杨述、陈红藻等人，廖志高任特委书记，宋林任组织部长，漆鲁鱼任宣传部长。以后在川东特委担任领导成员的还有林蒙、荣高棠、王致中、孙敬文、于江震等人。川东特委同时兼重庆市委，重庆市内党的工作由川东特委直接领导。1939年1月，中共中央南方局在重庆成立，重庆和川东地区的地方党组织就直接受南方局的领导。

二、地方党组织的巩固和发展

重庆地方党组织在1938年和1939年有了很大的发展。1939年，重庆市和川东地区的党员人数已达3000余人，并建立了各级基层组织。在重庆市各区，先后建立了城区区委、新市区委、下城区委、化龙桥区委、沙磁区委、江北区委和南岸区工委（后改为巴县工委），在许多重要的行业和部门，也都建立了中共党的基层支部。重建后的重庆市及川东地区的中共党组织，有力地推动了抗日救亡运动的发展，培养和输送了大批党的干部，为抗日战争和解放战争时期党在重庆地区的工作开展奠定了基础。

1939年以后，国民党顽固派逐步加强了反共措施，通过了《防制异党活动办法》和《共党问题处置办法》等一系列反共文件。从1939年底至1943年夏，国民党顽固派掀起了三次反共高潮，国统区环境日益恶化。重庆及川东地区在抗日救亡运动中建立的党组织，人员比较暴露，组织不够巩固，重庆作为国民党统治的中心，在日渐逆转的政治形势下，整顿和巩固党的组织已成为一项非常重要和紧迫的任务。1939年4月，周恩来在视察南方局工作时指出，要整顿和巩固党的组织，在党员和组织发展上，要"质重于量，巩固重于发展"[1]。1939年7月至8月，中共中央政治局举行扩大会议，研究了巩固国统区党组织的问题，作出《关于巩固党的决定》。随后，南方局在其所属的各省贯彻落实党中央的这一决定。同年10月，南方局代理书记博古在参加川东特委召开的特委扩大会议上，传达了党中央《关于巩固党的决定》和南方局的

---

[1] 南方局党史资料编辑小组编：《南方局党史资料》第2卷《综述》，重庆出版社1990年版，第7页。

指示，会议决定立即着手审查干部、整顿党的组织、转变工作作风。川东特委所属党组织经过整顿，党员人数由原来的 3500 人减少为 2900 人，提高了党员质量，纯洁了党的队伍，巩固了党的组织。

从 1940 年起，重庆及川东地区地方党组织根据南方局的指示，切实贯彻中共中央关于"隐蔽精干、长期埋伏、积蓄力量、以待时机"的方针，在整顿和巩固党组织的同时，改变工作方式，有计划地进行隐蔽和撤退，将重庆地方党组织的工作重点由发展转变为巩固，组织上由比较暴露转变为长期埋伏、隐蔽待机。在反共高潮中，国民党顽固派在国统区加紧镇压共产党组织和抗日进步活动，大肆逮捕和杀害共产党员和进步人士，使很多共产党人和进步人士与党组织失去了联系，被迫疏散各地。据统计，从 1940 年至 1941 年，川东特委的党员人数从 3000 人左右减少到 1900 余人，使重庆和川东地区党组织的活动陷入了比较困难的境地，并被迫由公开转入秘密活动。

为了适应新形势下的斗争需要，南方局根据中共中央的有关指示，要求所属的地方党组织贯彻"长期埋伏、积蓄力量、以待时机"的正确方针，加强党内思想政治教育，逐级审查干部，停止发展党员和组织大规模的群众运动，清洗党内少数动摇投机分子，撤离已暴露的党员，暂时割断同有暴露危险而又未撤离的党员的组织联系。1941 年 4 月至 5 月，周恩来指示南方局今后的工作是要保存力量，坚持长期斗争。为此，南方局撤离了已经暴露的干部，提拔新干部，改变地方党的组织路线和工作方法，党员要在社会生根、交朋友、学习——巧妙地落实党的政策来为党工作，努力做到党员的社会化和职业化。同时指出，南方局还不是巩固的地下党，必须建设巩固的组织，培养新的干部，不要随便发动斗争，在特殊的政治环境下，为建立秘密的战斗的西南地方党组织，必须把巩固党的工作作为长期的中心任务。

1941 年底至 1942 年初，周恩来在南方局召开的会议上发表讲话，要求把西南党建设成为更加坚强、更能战斗的党，以便时机一到，立即可以起来战斗。为此，周恩来提出党的领导机关要熟悉国民党统治区各方面的情况，善于估计形势，运用策略，创造各种各样的工作方法，使上层工作和下层工作、公开工作和秘密工作、党外联系和党内联系相互配合等七个方面的条件[①]。

[①] 南方局党史资料编辑小组编：《南方局党史资料》第 2 卷，重庆出版社 1990 年，第 36—37 页。

同时提出彻底审查干部、改变组织方式、党的发展以及反奸细斗争等几个方面的问题。根据周恩来的上述基本思想,南方局要求所属党组织的党员、干部一律实现"勤业、勤学、勤交友"和"社会化、职业化、群众化"的"三勤"、"三化"政策,把"三勤"、"三化"作为具体贯彻"长期埋伏、积蓄力量、以待时机"的方针而提出的组织任务和斗争形式。经过整顿的重庆地方党组织,在南方局的领导下,同国民党顽固派的反共活动进行了艰苦的斗争,经受住了严酷斗争的考验。

与此同时,重庆及川东地区地方党组织根据中共中央和南方局的指示精神,实施缩小组织机构,实行单线联系,及时撤退有被捕危险的党员,严格秘密制度和工作方法,建立若干平行组织。1941年皖南事变后,根据缩小组织、精简机构的原则,原川东特委划分为上川东和下川东两个特委,上川东特委负责人孙敬文,下川东特委负责人曾惇。改变过去的组织联系方式,同一地区或单位有两个以上的平行组织,互不发生横的联系,严格执行"横不超支,纵不越级"的规定;取消支部和小组活动,党员与组织之间采取单线联系;上下级联系以不通信、少来往为原则,严守秘密工作制度。

由于皖南事变后党的支部及小组活动已基本停止,这样,通过"三勤"、"三化"政策隐蔽下来的广大党员和干部仍在默默地为党工作,以党员和进步分子中的骨干为中心形成据点,广泛团结了周围的群众。这些据点没有名称、章程和固定形式,使国民党特务和宪警摸不着、抓不到。到1942年底,南方局青年组在重庆地区所联系的据点已发展到9个,联系进步分子达252人。同时,在原川东特委辖区还建立了一些农村据点,一些党员打入了国民党乡村政权,控制了乡镇保甲组织,掩护地下党的工作。川鄂边界地区在农村据点的基础上,发展了革命武装,有力地配合了解放战争在这一带的进行。

从1941年皖南事变后到1944年上半年的三年多中,重庆及川东地区的党组织贯彻党中央和南方局的有关指示,坚持"长期埋伏、积蓄力量、以待时机"的方针和"隐蔽精干"的政策,转变了工作作风和工作方式,度过了一段艰难险恶的时期。在此期间,国民党顽固派用尽种种办法,妄图消灭地下党组织,重庆及川东地区的地方党组织遭到破坏,一部分党员干部被国民党顽固派逮捕、杀害。但是,重庆和川东地区的地方党组织经受住了严峻斗争的考验,不屈不挠,坚持斗争,不仅使党的组织和大多数党员得以保存下来,而且使党深深扎根于广大人民群众之中,为重庆地区迎接抗日战争的胜利和解放战争的到来打下了坚实的基础。

1944年下半年,民主运动在国统区逐步兴起,要求废除国民党一党专政,改组国民政府为民主联合政府。在此形势下,迫切要求重庆地方党组织及时改变工作方法和组织方式,以适应新形势发展的需要。在前一个时期,南方局青年组在重庆建立的一些据点,实际上成为党与群众联系的一种桥梁。这些据点"既非党组织,也非定型的群众组织"[1],是带有新民主主义性质的进步团体。到1945年春,南方局青年组所联系的据点已达到48个,联系进步分子989人,联系的地区除重庆和川东地区外,还扩大到川西、川南、贵州等地。1945年2月,重庆发生国民党特务枪杀电业工人胡世合的事件,南方局和重庆地方党组织因势利导,声援受害者,形成了一次声势浩大的群众性民主运动。随着形势的变化,地方党为了斗争的需要,使这些据点转化成严密的有形的地下组织,并由据点核心组起草《新民主主义青年社章程》,进行筹建工作。1945年8月,新民主主义青年社在重庆建立。新青社建立后,立即投入到反内战、争取和平民主的斗争中。

与此同时,为了迎接新的革命高潮,南方局指示各地方党组织再次逐步改变工作方式,恢复、建立和健全党的组织,加强地方党的力量。根据新形势下斗争的需要,重庆市委成立了工人运动领导小组,把反内战、反独裁作为中心任务,积极支持工人的合理要求,把经济斗争和政治斗争结合起来,积极推动国统区民主运动的发展。

总之,重庆及川东地区地方党组织在抗日战争时期国统区的险恶环境下,认真贯彻中共中央"隐蔽精干、长期埋伏、积蓄力量、以待时机"的方针,改变工作方式和斗争方法以适应不断变化的形势。经过长期的艰苦卓绝的斗争,使重庆和川东地区地方党组织得到了巩固和发展,党员干部经受了考验,党的各级骨干得以保全。在中共中央南方局的直接领导下,使党在国民党统治中心重庆和大后方站稳了脚跟,并有力地领导了重庆及周围地区的民主运动,为迎接新的斗争打下了坚实的基础。

---

[1] 南方局党史资料编辑小组编:《南方局党史资料》第2卷,重庆出版社1990年,第114页。

第九章 抗日民主力量的大汇聚

第一节 国民政府迁渝后重庆救亡运动的高涨

一、各种救亡团体的成立和发展

重庆的抗日救亡运动兴起得比较早。早在1932年底,重庆市民就掀起了收回王家沱日租界的群众运动。1931年"九一八"事变、1932年上海"一·二八"事变、1935年华北事变三次重大事件,重庆人民在重庆掀起了三次抗日救亡运动的高潮。1937年7月7日,"七七"卢沟桥事变发生,日本发动全面的侵华战争,重庆各界民众配合全国抗战,掀起了规模更大、参加者更多、时间更久的第四次抗日救亡运动。

1936年6月,共产党员漆鲁鱼等人就在重庆团结了一批进步人士和青年学生,成立了重庆各界救国联合会(简称重庆救国会),这个组织后来逐步成为重庆抗日救亡运动的核心。"七七"事变后,全国团结抗战的局面逐渐形成。随着国民政府迁都重庆,许多全国性的抗日救亡团体也先后迁到重庆,使重庆的抗日阵营不断扩大,抗日救亡运动也随之高涨。

重庆政治地位的上升,使民众反日爱国斗争的声势越来越大,各抗日团体也争取到一定的合法地位。尽管国民党在抗战的同时力图限制民众的抗日救亡运动,但随着国难日深,民众日醒,抗日救亡已成为全民族的迫在眉睫的重任。为了推动重庆民众抗日救亡运动的发展,1937年底,中共重庆市工作委员会成立。此后,在重庆地方党组织的推动和领导下,救国会等各种抗日救亡团体利用各种合法条件,在民众中开展更加广泛深入的活动,使重庆的抗日救亡运动出现了空前的高潮。

1936年6月,由共产党员漆鲁鱼等人组织成立的重庆救国会,领导和推动了重庆救亡运动的开展。重庆救国会有四个下属组织,即重庆学生界救国会联合会(简称学救)、重庆职业青年救国联合会(简称职救)、重庆文化界救国联合会(简称文救)、重庆妇女界救国联合会(简称妇救)。其后,各抗日救亡团体纷纷成立,其中比较著名的有10多个,如重庆文化界救国联合会、重庆各界抗敌后援会等。

"七七"卢沟桥事变后,抗日成为合法,重庆各抗日救亡团体纷纷成立。1937年7月,国民党当局成立了官办救亡组织——重庆各界抗敌后援会;"八一三"事变后,宋美龄在南京成立了中国妇女慰劳自卫抗战将士委员会,力图把民众的爱国斗争控制在他们所允许的限度内,从而使抗日阵营中的斗争更为复杂。重庆救国会因势利导,利用合法名义,在注意保持救国会组织的秘密性的前提下,将救国会组织的分支机构挂上官办组织的头衔,或者派救国会成员参加官办组织,掌握部分领导权,充分利用各种合法条件,使抗日救亡运动更加公开化、合法化。

1937年底,文协[①]被迫解散后,于1938年1月利用重庆各界抗敌后援会的合法名义,成立了重庆各界抗敌后援会文化界支会;1937年12月,妇救利用宋美龄的中国妇女慰劳自卫抗战将士委员会的招牌,成立了中国妇女慰劳自卫抗战将士委员会重庆分会;1937年下半年,在国民党重庆市党部操纵下成立了重庆市学生抗敌后援会,国民党CC派的学生生活社也到各校发展成员,重庆救国会就组织各校学救骨干加入学生抗敌后援会,掌握控制领导权,并将救国会骨干温嗣懿选为全市学生抗敌后援会副主席,利用合法身份,支持各校的抗日救亡活动。

[①]1937年11月23日,重庆市文化界救国联合会改称重庆市文化界救亡协会,简称文协。

表 9-1 抗战时期重庆著名抗日救亡团体表

团体名称	成立时间	负责人	备注
重庆各界救国联合会	1936年6月	漆鲁鱼、侯野君、温嗣翔	由于重庆地方党重建，1938年6月以后逐步停止运动，年底消失
重庆职业青年救国联合会	1936年7月19日	翟廉、丁雪松等	
重庆学生界救国联合会	1936年11月	刘传福、温嗣懿、罗煜镛	
重庆文化界救国联合会	1937年5月16日	金满成、漆鲁鱼等	1937年11月23日改名为重庆文化界救亡协会，简称文协，会员达800余人
重庆青年职业互助会	1937年7月18日	王启祥、李郁生等	前身是重庆职业青年救国联合会
重庆各界抗敌后援会	1937年7月		为国民党官方主办的救亡组织
重庆妇女界救国联合会	1937年8月	丁雪松、陈和玉等	
重庆妇女抗敌后援会	1937年8月16日		12月1日改名为中国妇女慰劳自卫抗战将士委员会重庆分会，参加的妇女达500余人
重庆抗敌经济绝交委员会	1937年8月		
重庆工人后援会	1937年8月		
怒吼剧社	1937年9月15日	陈叔亮、余克穆等	
重庆救亡歌咏会	1937年9月29日		
重庆留日学生救亡会	1937年11月5日		
重庆各界抗敌后援会文化界支会	1938年1月27日	谢冰莹、金满成等	
中国学生救国联合会川滇黔办事处	1938年6月18日		
中国国民救国协会重庆分会	1938年11月27日	温少鹤、伍剑若等	
重庆各界义卖献金委员会	1938年12月13日		

除表9-1中所列的十余个著名的抗日救亡团体外,比较著名的抗日救亡团体还有由爱国华侨胡文虎、胡文豹兄弟在1937年秋组织的"虎标永安堂抗日宣传队"和1938年6月川军第六十七军开赴前线,由重庆救国会组织的"六七战地工作团"随军出川,宣传抗日。这些抗日救亡团体成立后,积极投入抗日救亡活动,在重庆地方党组织的推动和领导下,迅速把救亡活动推向了高潮。

二、救亡运动的开展及特点

1936年6月,重庆救国会成立后,抗日救亡运动就迅速展开。"七七"事变前,抗日救亡运动是"非法"的,因此,主要是开展一些秘密活动。"七七"事变后,全国团结抗战的政治局面逐渐形成,重庆的政治环境也有所好转,虽然国民党力图限制民众的抗日救亡运动,但在国难愈深、民众日醒的形势下,加之在武汉沦陷前后,许多全国性的抗日救亡团体纷纷迁至重庆,抗日阵营不断壮大。各抗日救亡团体利用各种合法条件开展各种抗日救亡活动,使抗战初期以重庆为中心的大后方的抗日救亡运动迅速开展起来。

抗日战争爆发后,重庆民众的反日斗争声势越来越大。1937年9月18日,重庆市暨江巴两县各界民众在夫子池体育场举行纪念"九一八"六周年的声势浩大的抗敌救国大会,参加大会的党政机关共64个,学校54个,军警机关27个,工商团体146个,各界群众共约10余万人。会后,救国会发起举行了由800人开始、最后会聚到3000多人的歌咏大游行。游行队伍抬着激动人心的血迹斑斑的巨幅国难地图,每个人臂上带着黑色袖章,场面悲愤激昂,唱着救亡歌曲,许多群众也自动参加游行队伍,救亡歌声震荡着重庆。1938年"七七"和"八一三"一周年纪念日,重庆救国会等14个青年团体,发起组织了盛大的纪念会和数千人参加的火炬游行,轰动一时。

1937年至1938年间,重庆的各救亡组织和外地迁渝的全国性救亡团体,极为频繁地举行抗日戏剧的演出和歌咏活动,先后举行大型戏剧公演六七十场次,演出的剧目达50多个,其中著名的有《放下你的鞭子》、《保卫卢沟桥》、《民族万岁》、《自由魂》等剧目,集中揭露了日本帝国主义在华的罪行,歌颂了我国同胞的反日爱国斗争,观众达数十万人。

重庆的各种抗日团体还组织了宣传队、歌咏队、演剧队,利用各种宣传形式进行活动,在遍及城市、农村的广大地区,演出街头剧,张贴壁报、漫画,慰劳,募捐,举办暑期文艺讲习班、文艺研究会、战时知识训练班、救亡图书室、平民识字班、平民夜校等,并邀请进步的社会知名人士参加定期演讲会等活动,各种形式紧密结合,广泛宣传联合抗日和抗战必胜的道理,揭露日本帝国主义的侵略罪行,动员民众积极投身抗日斗争。

随着经常性宣传活动的不断深入,各救亡团体的活动不仅在城市的街头巷尾、茶楼酒肆和娱乐场所,而且深入到农村的田坝、山坡;不仅活跃在重庆市区和郊区,而且遍及重庆周围及川东地区;不仅活动在学生和职员中,而且深入到兵工厂工人、川军士兵,以及工商界上层人士、华侨巨商之中,使重庆的抗日救亡队伍更加发展壮大。1937年秋,华侨巨商胡文虎、胡文豹兄弟组织的"虎标永安堂抗日宣传队",深入到川东、川南、川北各地进行抗日宣传演出,深受群众欢迎。1938年6月,川军第六十七军开赴抗日前线,重庆救国会组织了"六七战地工作团",随军到鄂东平原向部队和沿途群众宣传演出,并在六十七军中举办士兵培训班,培养了一批抗日宣传积极分子。

随着救亡运动的不断深入,为了支持前线浴血奋战的将士,重庆各抗日救亡团体发起了募捐、义卖、献金和各种慰劳活动,广大工人、职员、妇女、各界爱国人士及一般市民都积极参加。这些活动种类很多,次数频繁,几乎遍及重庆的各行各业和城乡各地。1938年的"七七"献金运动中,3天就献金10万元;1938年底的一次寒衣募捐,就募得寒衣款20万元、棉背心4万余件;1939年2月16日至3月12日的近一个月中,重庆各界群众捐款达500万元。

抗战时期重庆的抗日救亡运动的主要特点是:第一,各抗日救亡团体利用不同的地位,公开与秘密相结合,特别是重庆救国会所领导和联系的一些救亡组织,挂上官办组织的招牌进行活动,有利于运动的开展;第二,各救亡团体广泛团结、联合各界群众,展开了声势浩大的救亡活动,重庆的抗日救亡队伍不仅包括广大工人、学生、职员、妇女,而且扩大到工商界上层人士、川军士兵及华侨巨商等;第三,各救亡团体展开了形式多样、比较经常、比较深入的抗日救亡宣传活动,"七七"事变后,利用每个国耻纪念日和"三八"节、"五一"节、"双十"节、戏剧节等节日开展经常性的宣传活动。

重庆抗日救亡运动的高涨,推动了政治民主化的进程。抗日救亡运动唤起了民众的爱国热情,也培养了民众的民主政治态度和政治行为方式,激发了民众对国家、民族命运的关注,积极参与政治,关心国事、政事,表现出高度的政治热情。

同时,重庆民众的抗日救亡运动的高涨,也引起了国民党顽固派的恐慌,他们采取种种手段限制、打击进步力量。1938年8月,国民党四川省党部通令全川,禁止人民组织任何抗日救亡团体和集会游行,并宣布图书杂志审查办法。重庆的各抗日救亡团体相继遭到国民党的压制和迫害,重庆文化界救亡协会、中国妇女慰劳自卫抗战将士委员会重庆分会等组织先后被迫解散或停止活动,重庆市、江津县等地都有中共党员被捕。1940年5月,国民党当局以邹韬奋、沙千里、沈钧儒鼓动军委会政治部设在綦江县的战时工作干部训练团学生举行暴动为由,派特务监视三人的行动和住所。同时对战干团部分青年严刑拷打,清查共产党员和"汉奸",杀害20余人,致伤400余人,制造了"綦江战干团惨案"。同年12月,重庆大学商学院院长马寅初因抨击"四大家族"借抗战之名大发国难财,被国民党当局以"调赴前方考察战区"为名秘密逮捕。在国民党的高压政策下,重庆各界民众仍在中共党组织的领导下,坚持团结抗战,把抗日救亡运动同反独裁、反投降、争民主的斗争结合起来。

第二节 国民参政会

一、国民参政会的历史发展

抗日战争爆发后,为了动员和团结全国各族人民进行全面抗战,中国共产党和其他民主党派及无党派爱国人士,强烈要求国民政府建立民意机关,实行抗日民主。在全国人民的强烈要求和积极推动下,1938年7月,象征各党派团结抗战的国民参政会在武汉正式成立。

在此之前,即抗日战争爆发初期,国民党当局曾在南京设有国防最高会议参议会,为国民参政会的前身。国防最高会议参议会主要讨论如何动员各方力量进行抗战,其中包括争取国际同情与支持方面的问题。参议会的人员组成,均系各方面推荐,由国民党最高当局具名邀请。第一次参议会于1937年8月17日在南京召开,会议由汪精卫主持,成员有20余人,包括中国共产党领导人毛泽东、周恩来（毛泽东名列参议员名单之首，由于毛泽东始终未到会，一直由周恩来代表出席），救国会的邹韬奋、沈钧儒，青年党的左舜生、李璜，乡村建设派的晏阳初、梁漱溟，教育界的黄炎培、胡适、张伯苓等人，此外还有国民党元老及军事、外交方面的代表。此后不久，南京沦陷，国防最高会议参议会随国民政府迁到武汉，还存在了一个较短的时期。由于形势的变化，中共和各方人士普遍认为，为开展全面抗战，设置一个由各党各派和各方代表参加的民意机关已成为必要。为此，国民参政会应运而生。

1938年3月29日至4月1日，国民党在武汉召开临时全国代表大会，会议主要讨论党务问题和施政方针，制定《抗战建国纲领》，同时决定在原国防最高会议参议会的基础上成立国民参政会为战时全国最高民意机关。大会闭幕后，公布了《国民参政会组织条例》。《条例》声明："国民政府在抗战期间，为集思广益，团结全国起见，特设国民参政会。"[1]并规定在此期间，政府对内对外之重要施政方针，于实施前，应提交国民参政会决议。

1938年6月17日，经过国民党中央执行委员会遴选的第一届国民参政会参政员名单正式公布。21日，又宣布汪精卫为国民参政会议长，张伯苓为副议长。7月6日，第一届国民参政会第一次会议在武汉开幕；之后，国民参政会即迁往重庆。1947年迁往南京召开第四届第三次会议后，到1948年3月宣告结束，国民参政会共历时9年又8个多月，召开过4届13次会议，其中11次是在重庆召开的。

国民参政会在其存在的近10年间，大致可以划分为三个阶段：

第一阶段，从1938年7月至1940年4月的第一届会议期间。

第一届国民参政会历时1年又9个月，召开了5次会议。第一届国民参政会时期，国民党、共产党及其他民主党派和无党派参政员中的绝大多数，都积极支持抗战，为抗战献计献策，在团结全国人民、坚持全民族抗战、反对妥协投降方面起了重要作用。到后期，由于形势的变化，第一届国民参政会内部出现的摩擦和分歧已初现端倪。

第二次国共合作未能达成和建立统一战线的纲领和组织形式，这不利于全民族的抗战。国民参政会成了各抗日民主力量大汇聚的场所，使国共两党

---

[1]《国民参政会》，国民政府行政院新闻局1938年印行。

和其他民主党派和无党派人士能够坐在一起共商抗战大计。

表9-2 历届国民参政会概况一览表

届次		召开地点	召开日期	参政员总数	实际出席人数	提案数	决议案数
第一届	一次大会	武汉	1938年7月6日至15日	200	146	130	120
	二次大会	重庆	1938年10月28日至11月6日	194	140	93	80
	三次大会	重庆	1939年2月12日至21日	194	146	96	96
	四次大会	重庆	1939年9月9日至18日	193	141	82	82
	五次大会	重庆	1940年4月1日至10日	190	145	78	78
第二届	一次大会	重庆	1941年3月1日至10日	241	203	155	152
	二次大会	重庆	1941年11月17日至30日	229	173	115	115
第三届	一次大会	重庆	1942年10月22日至31日	240	218	255	255
	二次大会	重庆	1943年9月18日至27日	240	191	179	179
	三次大会	重庆	1944年9月5日至18日	226	186	202	202
第四届	一次大会	重庆	1945年7月7日至20日	290	238	422	415
	二次大会	重庆	1946年3月20日至4月2日	282	234	436	436
	三次大会	南京	1947年5月20日至6月2日	362	302	480	480

注：提案中，除第一届一次会议政府交议案9个，一届三次会议政府交议案13个，三届三次会议政府交议案2个外，其余均为参政员提案。

抗战时期，国民党是中国的第一大党和执政党，领导着全国的抗战，其《抗战建国纲领》的基本精神与中国共产党的抗日主张基本上一致，受到全国人民的拥护。在一届一次国民参政会上，由中共参政员陈绍禹领衔提出了《拥护国民政府实施抗战建国纲领案》，号召全国军民积极帮助政府，为全部实现《抗战建国纲领》而努力奋斗。这一提案得到了全体参政员的一致拥护，并得到67位各党派领袖和无党派知名人士"联署"。参政员郑震宇提出《精诚团结拥护抗战建国纲领案》，参政员王家桢提出《拥护抗战建国纲领案》。陈绍禹代表中国共产党表示热烈拥护政府抗战建国的政策，以中华民族的整个力量，摧毁暴敌阵线；曾琦代表国家青年党表示绝对实现精诚团结，以打破敌人挑拨离间之虚伪宣传；蒙古、新疆及其他各党派、地区代表亦竭诚拥护。

最后三案合并，另起草一决议交付表决，全场爱国情绪激昂，"全体一致起立通过，掌声雷动，历数分钟不止"。大会决议指出："深感吾民族存亡，系于目前之奋斗，成则俱生，败则俱亡。吾整个民族，不分党派，不分职业，惟有精诚团结，艰苦奋斗，一面抗战，一面建国，始能免沦于奴隶灭亡之境，而跻身于自由平等之域。""切望国民政府制定实施办法，督促各级政府，切实施行……以取得抗战最后之胜利，而达到建国之战功。"①大会最后发表宣言，号召全体参政员和全国人民一道拥护《抗战建国纲领》，精诚团结，艰苦奋斗，"中国民族必以坚强不屈之意志，动员其一切物力、人力，为自卫，为人道，与此穷凶极恶之侵略者长期抗战，以达到最后胜利之日为止"②。

一届一次国民参政会在抗日民族统一战线的旗帜下，汇聚各抗日党派和无党派人士，为实现全民族的团结抗战起到了积极作用。

1938年10月28日，一届二次国民参政会在重庆召开，这是国民参政会迁到重庆后召开的第一次会议。中共六参政员提出了《拥护蒋委员长和国民政府，加紧民族团结，坚持持久战，争取最后胜利案》，并得到通过，提案痛斥了汉奸亲日派的妥协投降。一届二次会议闭幕后不久，身为国民参政会议长的汪精卫就公开投敌叛国了。事后，国民党中央以"违反纪律，危害党国"的罪名开除了汪精卫党籍，撤销其国民参政会议长职务，改由蒋介石担任。其后，一届第三、第四、第五次会议分别通过了《拥护政府抗战国策决议案》、《声讨汪逆兆铭案》、《声讨汪逆兆铭南京伪组织电》等议案，历数汪精卫倒行逆施的叛国罪行，重申了抗战到底的国策。与此同时，共产党和各抗日民主党派要求国民党承认各党派的合法地位，实行民主政策，以实现国内各抗日党派的空前团结，并由此掀起了宪政高潮。

然而，国民党却在五届五中全会上通过了一系列限共、防共、反共的文件，开始了政策的转变，从军事上和政治上进攻共产党，致使国共摩擦已初现端倪。随后，国共两党斗争逐渐升级，直至发生严重的军事摩擦，从而使业已形成的团结抗战局面陷入了空前危机。

第二阶段，从1941年3月至1944年9月。

---

① 《拥护〈抗战建国纲领〉决议案》，载《国民参政论坛》1938年第2期。
② 孟广涵主编：《国民参政会纪实》（上卷），重庆出版社1985年版，第183页。

这个阶段的第二届和第三届国民参政会是与军事上的反共高潮相配合的,在参政会中,国民党逐渐排挤进步势力,欺骗社会舆论,不断制造反共摩擦。

1941年1月的皖南事变使国共关系濒于破裂的边缘。皖南事变激起了全国大规模的抗议运动,并遭到国际舆论的普遍谴责,使蒋介石陷于内外交困的境地。蒋介石为了给自己下台阶找借口,只好从政治进攻转入防御,决定于1941年3月1日召集第二届国民参政会。参政会选五名主席组成主席团,以便拉拢分化中间党派,并诱骗中共参政员出席会议,以粉饰皖南事变以来抗战营垒内部存在的重大裂痕,减轻国内外舆论对国民党政权的压力。

中国共产党为彻底揭露国民党的反共阴谋,粉碎第二次反共高潮,争取团结抗战,拒绝出席二届一次国民参政会。会议通过了反共的决议案,但仍然缺席选董必武为驻会委员。中共有理、有利、有节的斗争,使国民党的骗局昭然若揭,从而打退了第二次反共高潮。从此,国民参政会开始了历史的重要转折,即在抗战的前提下,国共两党的斗争成为参政会的主要内容。

1941年11月的二届二次国民参政会,蒋介石以张群担保释放叶挺,作为中共参政员出席会议的条件。虽然国民党食言,但中共仍然出席了会议。

1942年10月的三届一次国民参政会,国民党排挤进步参政员,增加反动分子的名额,但中共顾全大局,本着团结抗战的态度出席了会议。1943年,国民党发动的第三次反共高潮被制止后,国民党召开五届十一中全会,诬蔑中共"破坏抗战,危害国家",并通过了反共决议案。在此情况下召开的三届二次国民参政会,鉴于国民党利用参政会反共,中共代表董必武中途退席以示抗议。会后,国共两党重开谈判,再次维护了团结抗战的大局。

1944年9月召开三届三次国民参政会,国共代表公开报告了两党谈判情况,引起了社会的关注。中共提出建立民主联合政府的主张,美国对此表示了极大的兴趣,并从中斡旋。但国民党顽固派坚持一党专政,拒不接受联合政府的主张。会后,重庆各党派、各阶层代表500多人举行宪政座谈会,强烈要求废除国民党一党专政,建立联合政府,要求政治民主。从此,"联合政府"问题成为抗战胜利前后国共两党斗争的焦点。

第三阶段,从1945年7月至1948年3月的第四届国民参政会。

本届国民参政会召开了三次大会,在抗战胜利前夕,国民党就已准备发动内战,抢夺胜利果实,在参政会内进一步增加反动分子,排挤进步人士,抵制联合政府,维护一党专政。抗战胜利后,参政会成了国民党鼓动内战、制造分裂的御用工具。

1945年春,世界反法西斯战争和中国抗日战争的胜利已成定局,就战后中国的前途问题,中国共产党主张建立民主联合政府,得到中间势力的广泛支持,这是一个光明的前途;国民党却打着"还政于民"、"实施宪政"的口号,维护其一党专政,这是一个黑暗的前途。7月7日,四届一次国民参政会在重庆召开,共产党声明不参加参政会。事前,5月份召开的国民党六大已确认在11月12日召开国民大会,并决定提交四届一次国民参政会审议通过。在讨论国大问题时,国民党控制了参政会,诬蔑共产党,侮辱中间党派。中间党派认清了国民党的本质,支持共产党"停止召开国大,从速召开政治会议"的主张。中间势力在参政会内的斗争与中共在会外的强大政治攻势融为一体,挫败了国民党在参政会上强行通过召开国大具体办法的企图。

1946年1月,国民党在国内反战运动和国际上美、苏等国的压力下,被迫同中共签订了停战协定,并召开政治协商会议,通过了一些有利于和平民主的决议。嗣后,国民党六届二中全会又推翻了政协决议。紧接着在3月20日召开四届二次国民参政会,这是最后一次在重庆召开。此次参政会完全为国民党所把持,成为国民党的御用工具。《新华日报》为此发表题为《休矣,参政会!》的文章。这时的参政会已经完全失去了抗战初期的光彩,已行将就木了。

四届二次会议后,国民参政会随国民政府迁往南京。此时,国民党已发动了全面的反共内战,同时一手包办召开了制造分裂的"制宪国大"。1947年5月20日,国民参政会召开最后一次会议——四届三次会议,讨论和平问题。但是,会议高喊"和平",却又鼓吹打内战,消灭共产党,因此,参政会成为国民党内战、独裁政策的帮凶。

随着解放战争形势的发展,人民解放军由战略防御转入战略进攻,国民参政会也最终为中国人民所唾弃,于1948年3月28日,国民党包办召开的"行宪国大"前夕,草草收场了。

二、国民参政会的性质和特点

国民参政会是抗日战争时期由国民政府设立,包括国民党、共产党及其他抗日民主党派和无党派人士代表的全国咨询机关,是第二次国共合作的产物。作为抗日战争时期中国各党派合作的政治性组织,受当时整个中国政治的制约,国共关系之间的合作和斗争是参政会历史发展的主旋律。

国民参政会的设立,显然是抗战初期国民党向全国人民开放一点民主权利的表现,但这是有一定限度的。它不是全国各党派所要求设立的真正的民意机关,而仅仅是一个全国性的咨询机关,因此,它没有改变国民党一党专政的实质。依据《国民参政会组织条例》规定:国民参政会的决议案须"经国防最高会议通过后,依其性质交主管机关制定法律或颁布命令行之";"遇有紧急特殊情形,国防最高会议主席得依国防最高会议组织条例,以命令为便宜之措施"[1]。由此可见,国民参政会只有向政府提出建议、听取政府施政报告及向政府询问之权,它并不是国民党所标榜的战时全国最高民意机关,而仅仅是个咨询机构,并随着历史的发展经历了一个由进步走向反动的过程,最终演变成了国民党反共反人民的御用工具。

国民参政会是为了适应抗战时期各党派团结合作的一个咨询机关和议事场所。虽然在《抗战建国纲领》中曾提出要把它作为战时全国最高的民意机关,但事实上,国民参政会不同于资本主义国家的议会,它既无立法权,也不代表民意,因此它讨论的问题和作出的议案,对国民政府都没有任何约束力。1938年4月1日,国民党临时全国代表大会发表宣言,称设立国民参政机关是为了集中全国的思虑与识见,"惟值此非常时期,政府自不能不有紧急处分之权",而国民参政机关的设置,仅仅是为抗日战争胜利后推行宪政建立"民权之基础"[2]。1938年7月6日,蒋介石在国民参政会开幕典礼上更清楚地阐明了其性质,说:"我们的国民参政会,当然不是议会。但要以以前议会的民主政治失败为戒,以期树立一个真正的民主政治的基础。"[3]这就表明,国民参政会仅仅是一个可供公开议事的场所,它所作出的决议,既不代表民意,也不具有多大的约束力,只是可供国民政府在决策重大问题时作参考的建议。

---

[1] 孟广涵主编:《国民参政会纪实》(上卷),重庆出版社1985年版,第47页。
[2] 《临时全国代表大会宣言》(民国二十七年四月一日),见《中国国民党历次会议宣言及重要决议案汇编》,中国国民党中央执行委员会训练委员会1941年编。
[3] 《国民政府军事委员会委员长蒋中正致词》,见《国民参政会文献汇编》,民团周刊社1938年版。

作为抗日战争时期国民党当局向全国人民开放一点民主和近现代中国民主政治发展的一个重要阶段的国民参政会,仅仅就作为一个咨询机关而言,它在其形成、演变和主要活动过程中,表现出以下几个方面的特点:

(一)国共两党的合作和斗争贯穿国民参政会历史发展的全过程

从国民参政会的产生、演变和结束来看,国共两党在其中的合作和斗争是参政会历史发展的主旋律。这一显著特点,正表明了在近现代中国,民主政治产生、发展的艰难历程,受中国封建专制主义传统政治思想的影响,民主政治的实践举步维艰。在参政会内部,一方面,国民党要极力维护其一党专政,不愿意进一步开放民主;另一方面,共产党和其他民主党派却力求在团结抗战的旗帜下,争取应有的地位和民主权利。这场斗争以国共两党的矛盾斗争为核心,皖南事变后,这一特点表现得更为突出、明显。但是,参政会作为全民族团结抗战、共御强敌的议事机构,合作仍然是其重要的一个方面,对维护以国共合作为基础的抗日民族统一战线也起到了积极的作用。由于第二次国共合作是没有统一战线组织形式和共同纲领的党外合作,采取遇事协商的特殊形式,这样,国民参政会就成了联系两党关系的一个重要途径,也正是因为如此,国共两党的合作和斗争才成了国民参政会最显著的特点。

(二)国民参政会的参政员是由遴选和选举产生的

尽管蒋介石一再声言国民参政会是"为国家建立一个永久的真正的民主政治的基础",但从参政员产生的方式来看,国民参政会并不是资本主义民主国家的议会,参政员的产生也不是民选的,不论是遴选还是选举,都不是直接的民选,选举出来的名单最后还要由国防最高会议报送国民党中央执行委员会审查,然后决定。这就使得国民参政会终究是国民党控制下的一个咨询机关,国民党所占名额最多,完全可以左右参政会。这一点越到参政会历史发展的后期就越明显。国民党在参政会中增加反动分子,排斥共产党,压制和打击进步势力,限制中间势力,到抗日战争胜利后,受国民党左右的国民参政会已经完全成了国民党鼓动内战、制造分裂的御用工具。这是与参政员产生方式紧密相关的。

(三)国民参政会基本具有言论自由和议事公开的特点,这是国民参政会具有现代民主政治色彩的重要方面

据《国民参政会组织条例》和《国民参政会议事规则》规定,国民参政会

不是议会,因而没有立法权,它提出和通过的不是法律案,不具有法律效力。但参政会有提案权、审议权、建议权、询问权、调查权等,所作的决议案须经最高国防委员会通过后,依其性质交主管机关制定法律或颁布命令执行。同时还规定参政会一般议事公开,参政员在会场内可以自由发表言论,不受会外之干涉。正因为如此,在参政会存在的十年间,提案数达 2723 个之多(其中参政员提案为 2699 个,政府交议案为 24 个),所作的决议案为 2666 个,决议案数占总提案数的 98%。可见,国民参政会确实为全国各党各派提供了一个讨论问题和议事的场所。尽管其言论自由、议事公开的民主氛围,为国民党一党专政所限制而大打折扣,但这种言论自由的议事方式,已初步显现出了现代民主中国的一线曙光。

三、国民参政会的作用和历史地位

国民参政会是抗日战争时期中国各党派实现合作的政治性组织。虽然在它的历史发展进程中,国共两党之间的合作和斗争是参政会历史发展的主旋律,并随着国民政府的没落,国民党日益走向反动,国民参政会也逐步演变成了"参卖国之政,参独裁之政,参内战之政"的破车,最后草草收场,但国民参政会毕竟是抗战时期各党派实现合作的政治组织,也曾为各党派团结抗战发生过一些积极的作用。

(一)动员全国人力,支持抗战

它表现在要求取缔反动的保甲组织、改善兵役实施办法、确保兵源和加强抗日宣传、增强民族意识、动员全民抗战、提高部队的战斗力等方面。

抗战初期,作为国民党推行独裁统治基础的保甲制度,是束缚民众抗战的枷锁。它造成了壮丁征集过程中的种种流弊及草菅人命的黑暗现象,以致兵源减少,不少参政员对此进行了尖锐的批评,要求国民政府改革以及取缔反动的保甲制度,改善征兵办法,提高士兵待遇,用加强政治宣传和教育的办法来动员壮丁志愿入伍,确保兵源。并提出减少壮丁疾病和痛苦、优抚出征军人家属、抚恤伤亡等措施,集全国人力团结抗战。

同时,一些参政员提出,加强国民教育、培养民族意识,是动员全国军民坚持抗战的重要手段。沈钧儒呼吁增加前线将士的精神食粮,提高"前线战士抗战之认识";陶行知提出"必须把民族意识的教育普及到敌人后方去",

普及游击战知识,做到"地失人在";邹韬奋提出"普及民族意识,以增强广大民众对于抗战建国之知识与参加"。这些建议产生了广泛的社会影响。

(二)动员全国物力,推动战时经济建设

这集中反映在对国民政府战时经济政策的批评和建议上。国民参政会从一届五次会议起,由于政治民主气氛下降,政治性提案减少,财经提案明显增多。这些提案大体分为四个方面:一是批评国民政府贱价征粮以供军需的政策,要求统一办法,减少弊端,以解民困;二是批评管制物价实行专卖的政策牺牲了小商人的利益,要求改进制度,稳定物价,促进经济发展;三是要求鼓励手工业和其他工业生产,注重农村建设;四是确保大后方经济建设,发展向西、南、北的交通运输。此外,参政会还先后成立过"川康建设期成会"、"经济动员策进会"、"经济建设策进会"等专门组织,对于解决战时财经问题提出过详尽的参考意见,为动员全国物力,推动战时经济建设起了积极的作用。

(三)为共产党和其他民主党派的政治合作提供了公开、合法、稳定的场所,客观上有利于抗日民族统一战线的巩固和发展

中国共产党的统一战线主张也在参政会的实践中得到了充分的检验、丰富和完善。对于国民党政府,共产党参政员一方面拥护其抗战的大政方针,求同存异,维护国共团结;另一方面,针对其反共摩擦,采取退席抗议、有条件出席和不参加等手段,配合全党打退反共高潮的斗争。对于中间党派,中共参政员始终努力争取,积极引导。在参政会上先后采用联合提案、参加联署、支持中间党派提案、摆事实讲道理、事前征求意见等方法,使中间党派充分了解共产党及其政治主张,从而放弃了对蒋介石假民主假宪政的幻想,最终与共产党"肝胆相照,荣辱与共",为后来共建新中国奠定了坚实的政治基础。

(四)为在中国实行民主政治提供了一个重要的合法讲坛

国民参政会并不是国民党所标榜的"民意机关",更算不上是民主政治的典范,但与中国封建专制主义政治相比,和民国以来的所谓"民主政治"相比,国民参政会在形式和内容上都有一定程度的进步。在形式上,它容纳了中国各抗日党派,为它们提供了一个阐述各自政见的合法讲坛;在内容上,各在野党派有了参政的可能(虽然这种可能很有限)。没有这个过程,国民党的假民主假宪政就得不到充分暴露,共产党与各民主党派的真诚合作就难于形成。

正因为如此,国民参政会在中国建立真正的民主政治的历史上应占有一席之地,其积极作用是应当适当肯定的。

国民参政会在国共合作的高潮中诞生,在团结抗战和分裂摩擦中发展,在反共内战的喧嚣中蜕变为国民党的御用工具。它曾有过光荣的历史,对中国人民的抗日战争作出了贡献,但最后狂热地拥护内战,坚决地反对和平,留下了可耻的记录,最终为中国人民所唾弃,为时代的潮流所淹没。

国民参政会的设立,并没有实现人民的民主愿望,它不是一个真正的民意机关。从它所表现在抗战时期我国各党派、各民族、各阶层的团结和全国各种政治力量为抗日救国所起的作用上,表现在现代中国民主政治发展进程中的一个重要阶段上,仍不失为一个具有民主色彩的政治性组织。这样一个能够容纳各方人士的政治咨询机关,它的成立标志着中国政治生活走向民主政治的一个进步,振奋了全国人民团结抗战的精神,适应了时代的需要。

如果从整个世界民主政治的发展历程来看,国民参政会也许是无足轻重的。但在中国民主政治的进程中,国民参政会却是一个重要的发展阶段,特别是在抗战胜利后,各党派要求民主,迫使国民党召开了政治协商会议,这个过程使国民党假民主假宪政的面目彻底暴露,共产党为国为民的一片赤诚之心公诸海内外,新民主主义宪政的思想深入人心,绝大多数中间党派由拥护国民党转为反对国民党拥护共产党,与共产党通力合作,为共建一个新民主主义的中国而奋斗。因此,从现代中国民主政治的进程来看,国民参政会是连接旧民主主义和新民主主义两种民主制度的桥梁,在现代中国走向民主政治的探索过程中起着承前启后的历史作用。国民参政会的历史发展表明,旧式的资产阶级民主制度在中国破产的同时,已显现出现代中国走向民主政治制度的曙光。

第三节 抗战时期重庆的民主党派

一、中间力量的大汇聚

抗日战争爆发前夕,中国的中间力量主要有中华民族革命同盟、中华民族解放行动委员会(第三党)、全国各界救国联合会、中国国家社会党、中国青年党、中国致公党、中华职业教育社、乡村建设派等党派和团体。

抗日战争爆发后,国民党和各中间党派的关系也发生了重大变化。在全国人民的强烈要求下,国民党释放了救国会领导人沈钧儒、章乃器、邹韬奋等"七君子",并邀请他们去南京共商抗日大计。为共赴国难,长期在国外从事抗日反蒋活动的中华民族革命同盟领导人李济深、陈铭枢,中华民族解放行动委员会领导人黄琪翔、章伯钧等陆续回国参加抗战。中国青年党和国家社会党因拥护国民政府,也逐步取得了合法地位。

1937年8月底,国民党为了表示团结各党派抗日,在南京设立了国防最高会议参议会,参议员由国民党、共产党、青年党、国社党、第三党、救国会、职教社、乡建派的领导人组成。9月,以国共合作为基础的抗日民族统一战线正式形成。次年7月,在参议会的基础上成立了国民参政会,表明各党派之间业已形成的抗日民族统一战线又有进一步的发展。

在抗战初期,国民党对抗战比较积极,做出了一些团结各党派共同抗日的民主姿态,因此,各党派都表示了拥蒋抗日的态度。但一些中间党派的领导人对国民党的合作诚意估计过高、希望过大,产生了一些不切实际的幻想,以为国民党将会放弃一党专政,实行民主政治。

应当指出的是,抗日战争爆发后,中间党派的幻想是有两面性的。当然,各党各派的情况也不尽相同,有的较"左"倾,有的较"右"倾。随着国民党对抗战的日趋消极和对内政策的日趋反动,中间党派同国民党之间的矛盾也日益加深;更由于中国人民革命力量的日益强大,中国共产党政策的正确和新民主主义宪政思想的深入人心,中间党派除极少数继续倒向国民党外,绝大多数在实践中是不断进步的,加入到了人民的阵营中来。

1937年11月20日,国民政府发布移驻重庆的命令。随着国民政府西迁,各党派的活动中心也逐步由南京经武汉转移到重庆。实现合作抗战的各党派以重庆为活动中心,在全国展开了积极有效的抗日活动,各党派的主要活动就是国民参政会内的合作和斗争。抗战时期,作为国民政府战时首都的重庆,是中间力量大汇聚之地,随着抗日战争的全面展开和国共合作局面的形成,中间党派也纷纷聚集重庆,响应国民政府共赴国难的号召,和国共两党一道组成了抗日民族统一战线。

抗战前期,在渝的中间党派主要有中华民族革命同盟、中华民族解放行动委员会(第三党)、全国各界救国联合会、中国青年党、中国国家社会党、中国致公党、中华职业教育社和乡村建设派等党派和团体。这些中间党派以国民参政会作为主要的活动场所,以重庆为活动中心,在全国范围内为支持抗战和争取民主作了不懈的努力,主要表现在以下几方面:

(一)动员全国人民,拥护《抗战建国纲领》,积极支持抗战

各中间党派赞成国共合作、团结抗战,并同国共两党一起组成抗日民族统一战线。抗战初期,国民政府制定了《抗战建国纲领》,在一届一次国民参政会上,各党派通过了关于支持国民政府抗战的决议案,拥护《抗战建国纲领》。各党派积极开展抗日救国的宣传活动并直接参与抗战,动员全国人力、物力、财力支持抗战,组织募捐和慰问前方将士,表现出了极大的爱国热情。它们的活动主要有:

1. 创办报刊、书店,大力进行抗日宣传

救国会在全国创办了多种抗日报刊,如《抗战》、《全民周刊》、《救亡日报》、《大众报》等,其中由《全民周刊》和《抗战》合并后创办的《全民抗战》深受广大读者的欢迎,成为当时全国最有影响的刊物。同时,第三党的《前进日报》和《抗战行动》半月刊,国家社会党的《再生》杂志,青年党的《新中国日报》和《国论》杂志,职教社的《国讯》杂志等,以及邹韬奋等人创办的生活书店,积极宣传抗日和民主思想,对推动人民群众的抗日运动,坚定人民抗日必胜的信心,不同程度地发挥了积极的作用。

2. 组织各种抗日民众团体支援抗战

抗战爆发后,各中间党派曾建立了许多抗日民众团体,开展活动,积极支援抗战。救国会和中国共产党合作组织了中国青年救国团,第三党组织了青年抗敌救国团、黎明抗敌剧团等进步团体,救国会、中华职业教育社和乡村建设派还在大后方办了不少学校,培养抗日人才。

3. 各中间党派成员直接参加前线和敌后抗战

"八一三"上海抗战爆发后,第三党领导人黄琪翔被任命为第八集团军副总司令、总司令,指挥淞沪抗战,由于他的关系,第三党的很多党员也投身抗战战场,李旭东、季方等人还组织了抗日游击队。救国会、乡建派和致公党的部分党员和青年也纷纷投入到抗战第一线,有的甚至还参加了八路军和新四军。

4.发动募捐、慰问将士、救济灾民

抗战爆发后,各中间党派把发动募捐、慰问将士、救济灾民作为一项重要的经常性工作来进行,组织了多次慰问活动。救国会组织了很多战地服务团随军服务,进行抗日宣传,沈钧儒、邹韬奋等人亲临前线慰问将士,给抗日将士以很大的鼓舞。为了解决慰劳军队和救济灾民的经费,各党派一方面呼吁政府拨出专款,另一方面积极组织募捐,各党派领导人节衣缩食,带头捐款,致公党元老、华侨领袖司徒美堂在八年抗战中组织的捐款就达5400多万美元。这些活动都给予抗战以很大的支持。

(二)各党派反对汪精卫集团的亡国论,声讨汪逆叛国罪行

抗战爆发后,国民党内就存在着以蒋介石为首的亲英美派和以汪精卫为首的亲日派,两派同在抗日民族统一战线营垒中,因此,作为抗战初期领导力量的国民党,本身内部就不团结。汪精卫集团的主要成员有周佛海、高宗武、梅思平、陶希圣、陈公博等,抗战初期就散布"亡国论",鼓吹"和平",叫嚣"战必大败,和未必大乱",主张妥协投降。对于汪精卫集团这些谬论,各中间党派的绝大多数成员都坚决反对,特别是救国会和第三党,更是针锋相对地进行斗争。在1938年召开的一届二次国民参政会上,华侨领袖陈嘉庚提出《在日寇未退出我国土之前,公务员不得言和案》[①],并得到通过,这是对汪精卫集团的一个沉重打击。

1938年12月18日,汪精卫等潜离重庆,公开投敌叛国,当了汉奸。全国人民一致声讨,要求国民参政会和各党派揭露汪精卫集团反蒋反共的阴谋。汪逆叛国后,除汪精卫集团的人追随其后当了汉奸外,青年党和国社党的少数人,如青年党中央委员赵毓松和国社党中央领导成员诸青来等,也在日寇和汪精卫集团的引诱下投敌当了汉奸。1939年1月1日,国民党中央以"违反纪律,危害党国"的罪名开除了汪精卫的党籍,撤销其国民参政会议长职务。接着,救国会和第三党发出声讨汪精卫叛国投敌罪行通电,其他各抗日党派也纷纷发表声讨汪精卫的通电、谈话和文章,严斥汪逆罪行。

[①]1938年10月25日,陈嘉庚先生向国民参政会秘书处发出电报,提出三项提案,第一项就是《日寇未退出我国土之前,凡公务员对任何人谈和平条件,概以汉奸国贼论》,矛头直指当时担任国民参政会议长的汪精卫。由于汪精卫把持参政会,因此,围绕这一提案展开了一场斗争,最后以《在日寇未退出我国土之前,公务员不得言和案》提交大会讨论并获得通过。1941年,邹韬奋先生曾经在香港《华商报》上连载《抗战以来》一文,称赞它是"古今中外最伟大的一个提案"。

1940年3月,汪精卫纠集沦陷区各党派和各地区的汉奸,在其主子日本帝国主义的导演下,成立了南京伪国民政府,更激起了全国人民的极大愤慨。继一届二次国民参政会后,一届三、四、五次国民参政会继续围绕坚持抗战和反对投降的主题,分别通过了《拥护政府抗战国策决议案》、《声讨汪逆兆铭电》、《声讨汪逆兆铭南京伪组织电》等议案,重申抗战到底的方针,历数汪伪集团的叛国罪行。同时,各抗日党派、各人民团体、爱国民主人士和海外华侨,也纷纷举行集会,发表通电,进一步声讨汪逆的卖国罪行。

(三)积极争取政治民主,掀起民主宪政运动的高潮

抗日战争开始以后,国民党实际上承认了各抗日党派的合法地位,实现了国内各党派空前的团结,形成了全国抗战的良好局面。但国民党反共和压制中间党派的言论活动与日俱增,在国民参政会内,共产党和各中间党派为争取民主权利、推动民主宪政运动和促进各党派的联合,进行了一系列的斗争。

1939年9月9日至18日,一届四次国民参政会在重庆召开,各党派要求实行民主宪政的主张首次被提了出来。围绕着民主宪政问题,各党派和无党派参政员同国民党参政员之间进行了一场异常激烈的斗争。

中共参政员向会议提出了《请政府明令保障各抗日党派合法地位案》,中国青年党左舜生、国家社会党张君劢、第三党章伯钧等参政员联合向大会提出了《请结束党治,立施宪政,以安定人心,发扬民主而利抗战案》。会议经过激烈争论,最后国民党参政员和其他党派参政员各作一点让步,达成了《请政府明令定期召开国民大会,制定宪法,实施宪政案》的决议草案,并提交大会获得通过。会后,蒋介石不得不根据大会决议,组成宪政期成会。1939年11月,国民党召开五届六中全会,表示接受国民参政会决议,决定于1940年11月12日召开国民大会,制定宪法。这是中国共产党和各中间党派参政员齐心协力、共同斗争的成果,并获得了无党派参政员的支持,是民主势力对反民主势力的一个重大胜利。此后,各党派在全国范围内掀起了民主宪政运动的高潮。

一届四次国民参政会后,民主宪政运动首先在重庆展开。1939年10月1日,参政员沈钧儒、褚辅成、张澜、章伯钧、左舜生、李璜、张君劢、王造时、张申府、江恒源等人共同发起,在重庆市银行公会,邀请各界著名人士举行宪政

问题座谈会。受其影响,重庆的中国青年记者学会、中华职业补习学校和其他青年团体也先后召开了宪政座谈会,重庆妇女界27个妇女团体也联合发起举行妇女宪政座谈会。这些宪政座谈会主要讨论宪政与抗战、宪政与建国、宪政与青年、宪政与妇女等的关系,要求制定一部真正民主的宪法,实行宪政。

在举行宪政座谈会的同时,重庆各界又积极筹备建立宪政促进会,为民主宪政运动做了大量工作,进一步推动了民主宪政运动的开展和向全国各地的发展。

二、中间力量的发展和新党派的建立

抗日民族统一战线形成以后,围绕抗战和建国问题,中间党派一方面积极支持和参与抗战,支持国民政府的抗战国策;另一方面,对国民党存在很多幻想,希望国民党能够放弃一党专政,在中国建立西方式的资产阶级民主制度。在支持抗战和争取民主的过程中,中间党派也得到了新的发展。

1940年,国民党压制了第一次民主宪政运动,发动了两次反共高潮,引起了国内外进步势力的强烈不满。为了摆脱内外交困的局面,继续维持其统治,国民党不得不在1943年重新提出准备实施宪政,玩弄起假民主假宪政的花招。在1943年9月的国民党五届十一中全会上,通过所谓"战争结束后一年内即召开国民大会,颁布宪法,实行宪政"的决议,国防最高会议决定设置宪政实施协进会。11月,宪政实施协进会在重庆成立,该会由各党派和无党派人士组成,负责修改宪法草案。

与此同时,各党派也努力行动起来,从各方面进行准备,积极投入第二次宪政运动。1944年元旦,各党派联合创办宣传民主宪政的大型政论性杂志《宪政月刊》在重庆创刊,引起很大轰动。各党派在重庆、成都、昆明等地纷纷举行宪政座谈会,各党派的报刊也大量发表宣传宪政的文章进行配合,抨击国民党的独裁统治,要求实现真正的民主宪政。

在第二次宪政运动中,中国共产党提出了建立民主联合政府和召开党派会议的主张,得到了中间党派的强烈支持。在争取民主的斗争中,使中间党派逐渐认清了国民党一党专政的实质和假民主假宪政的骗局,逐步动摇了他们对国民党的幻想,绝大多数党派都转而支持共产党的正确主张。

各中间党派在抗战后发动的要求实现民主宪政、召开党派会议、成立联合政府、反对内战独裁的活动,有力地支持和配合了共产党的斗争。在这场争取民主的斗争中,锻炼了民主党派,打击了国民党顽固派,迫使国民党不得不同意召开政治协商会议,作出要求和平、赞成民主的姿态,从而使争取民主的斗争进入了一个新的历史阶段。

在支持抗战和争取民主的运动中,中间党派经历了一个分化、组合和新的发展过程。在这个过程中,反动势力越来越孤立,进步势力得到了新的发展,这主要表现在抗战的中后期,中间势力在重新分化、组合的过程中,建立了一批新的进步的党派和政治团体。

(一)中国民主政团同盟的历史演变

在第一次民主宪政运动中,各中间党派为了改变势单力薄的状况,共同对付国民党的压迫,以便今后继续推动民主宪政运动,调解国共关系,促进团结抗战。因此决定采用适当形式组织起来,建立一个介于国共两党之间的政治组织,形成一种"第三者"的立场和力量。1939年10月,参政会中间党派领导人和民主人士张澜等,在重庆发起组织了统一建国同志会。11月23日召开成立大会,黄炎培被推为该会主席。蒋介石以该会不能成为正式政党为条件,同意其成立和合法活动权利。

统一建国同志会作为各中间党派联合的政治组织,还算不上是一个政党,但它实现了各中间党派的初步联合,为后来的进一步联合和成立中国民主政团同盟作了组织上的准备。

皖南事变后,国共关系非常紧张,国民党在对付共产党的同时,也对中间党派进行打击、压制,肆意摧残民主,破坏抗战。为实现国共两党继续团结抗战和发展民主力量,各中间党派感到必须加强联合,决定将统一建国同志会改组为中国民主政团同盟。

1941年2月至3月,中间党派利用调停国共关系的机会,多次秘密召开筹备会议,决定于3月19日下午在重庆上清寺特园秘密召开中国民主政团同盟成立大会,通过了政纲、宣言,产生了中央领导机构,推选黄炎培为主席(不久由张澜担任),左舜生为秘书长,章伯钧为组织部长,罗隆基为宣传部长,一个由中间党派组成的介于国共两党之间的政党联合组织就建立了。11月,民主政团同盟中央以主席张澜等人名义邀请国共两党代表在重庆召开茶话会,公开宣布其成立。

1942年春,民主政团同盟将沈钧儒及其领导的救国会派吸收入盟,扩大了同盟的影响,这样,同盟就成为"三党三派"(第三党、青年党、国社党、救国会、职教社、乡建派)联合的一支比较强大的政治力量。1944年第二次民主宪政运动中,大批要求民主的无党派知识分子都希望参加民主政团同盟。但民主政团同盟基本上是"三党三派"的联合体,同盟中央的日常事务由青年党中央代办。青年党为了控制同盟,拒绝"三党三派"以外的人士加入,阻碍了同盟的发展。

为了广泛吸收无党派人士入盟,并使同盟由政团的联合体变为广大民主分子个人的联合体,早在1943年就有人提出将中国民主政团同盟改为中国民主同盟。1944年9月19日,中国民主政团同盟全国代表会议在重庆上清寺特园召开,会议讨论了同盟的改组问题,决定取消同盟的团体会员制,盟员一律以个人名义入盟,组织名称由中国民主政团同盟改为中国民主同盟(简称民盟)。

改组后的民盟得到了很大的发展,在全国各地设立了很多支部,到1945年10月,民盟全国盟员已发展到3000人,其中无党派盟员占全国盟员总数的70%以上。民盟虽然人数不多,但绝大多数盟员都是有相当社会声望的中上层知识分子,他们活动的能量很大,在人民群众中有相当的号召力,在国外也有一定影响。他们代表中国的民族资产阶级、小资产阶级和广大知识分子的利益和要求,是一支不可忽视的重要的政治力量。

(二)其他新党派的建立

三民主义同志联合会(简称民联),是由谭平山等人发起组织的,是国民党内一部分爱国民主人士为反对蒋介石独裁统治建立的政治组织。皖南事变后,国民党反共反民主的面目暴露无遗,这使谭平山等人对国民党更加感到失望,便同陈铭枢、王昆仑、郭春涛等人举办一个经常性的时事座谈会。从1943年2月开始就在重庆不断举行座谈会,参加者除国民党党政人士外,还有一些民主人士,共100余人。座谈会定名为民主同志座谈会。通过座谈,大家加强了了解,建立了感情,提高了认识。8月成立了一个筹备小组,到1944年确定以三民主义同志联合会为组织名称,秘密吸收会员,并委托邓初民等人起草政治主张和组织章程。抗战胜利后,1945年10月28日,三民主义同志联合会在重庆上清寺特园秘密举行第一次全体会员大会,宣告正式成立。

中国国民党民主促进会(简称民促),是由李济深、何香凝、蔡廷锴等人发起组建的,是继民联之后在国民党内建立的又一个民主派组织。1944年,李济深同国民党左派元老何香凝、柳亚子及蔡廷锴等人在广西筹建中国国民党民主促进会,后因形势紧张,直到抗战胜利前还未正式成立。1946年1月,李济深到重庆参加国民党六届二中全会时,委托蔡廷锴等人组织筹备会,到1946年4月,中国国民党民主促进会在广州秘密召开成立大会,通过了《成立宣言》,产生了领导机构,正式宣布成立。

中国民主建国会(简称民建),是由黄炎培、胡厥文、章乃器等人发起组建的,主要代表民族工商业界及其知识分子的一个民主党派。在抗战胜利前夕,他们就开始了创建民主建国会的工作,1945年11月28日在重庆建立了筹备会,12月16日,民主建国会在重庆白象街实业大厦召开成立大会,通过了章程、宣言和政纲,选举了中央领导机构,宣告民建正式成立。

中国人民救国会(简称救国会),是由沈钧儒、史良、陶行知等人领导抗战时期的救国会改建的。抗战胜利后,原救国会为适应新的斗争形势和任务的需要,实现"建立一个独立、自由、平等的人民共和国",进而"走向社会主义"的政治目标,决定改组原救国会,建立中国人民救国会。1945年12月,中国人民救国会在重庆丰家院坝召开成立大会,通过了纲领和章程,产生了领导机构,宣告其正式成立。

中国民主促进会(简称民进),是由马叙伦等人发起组建的。在抗战时期,他们就在进行活动。抗战胜利后,决定成立一个以"推进中国民主政治"为宗旨的政治组织,定名为中国民主促进会,经过一段时间的筹备,于1945年12月30日在上海召开成立大会,宣告正式成立。

九三学社(简称九三),是由许德珩、褚辅成等人发起组建的,是以我国文教界、科技界知识分子为主的一个民主党派。在抗战后期,许德珩等人组织民主科学座谈会,又称为民主科学社,宗旨是发扬"五四"运动的民主与科学精神,为坚持团结抗战和争取民主而努力。1945年9月3日,日本签字投降,民主科学座谈会成员为此举行集会,决定把座谈会改名为九三座谈会,并组织了筹备会。经过半年多的筹备工作,1946年5月4日,九三学社在重庆召开成立大会,宣告其成立。

第十章 抗战时期国共合作的历程

第一节 第二次国共合作的形成

一、第二次国共合作的酝酿

第二次国共合作酝酿的时间很长,大致从1931年"九一八"事变开始,到1936年12月的西安事变,历时五年多。其间,国共两党的政策发生了很大的变化,共产党逐步由"抗日反蒋"向"逼蒋抗日"转变,国民党由"攘外必先安内"向"联共抗日"转变。最后形成了以国共合作为核心的抗日民族统一战线。

"九一八"事变后,中国共产党发表了一系列关于反对日本侵略、呼吁团结抗战的宣言。其中,最著名的是1935年8月1日发表的《为抗日救国告全国同胞书》(即《八一宣言》),指出:只要国民党军队停止进攻苏区,中共愿意与之亲密携手共同救国。这标志着共产党对国民党的敌视政策开始转变。11月28日,中共中央发表《抗日救国宣言》,号召不论任何政治派别,任何武装队伍,任何社会团体和个人,只要抗日反蒋,中共均可与之建立合作关系。12月,中共中央召开瓦窑堡会议,通过了《关于目前政治形势与党的任务的决议》,决定了建立抗日民族统一战线的策略,提出国防政府和抗日联军作为抗日民族统一战线的组织形式,中共正式确定了关于抗日民族统一战线的策略。

华北事变后,蒋介石对日本的态度发生了变化,中共对国民党的政策也进一步发生变化。从1936年起由"抗日反蒋"转变为"逼蒋抗日"。1936年1

月,中国苏维埃中央政府主席毛泽东和人民外交委员长王稼祥与红色中华社记者谈话时表示,中国苏维埃政府对于蒋介石的态度非常率直明白,倘蒋能真正抗日,中国苏维埃政府当然可以在抗日战线上和他携手。这是中共中央第一次表明"联蒋抗日"的态度。6月,中共中央发布《致国民党二中全会书》,提议停止内战,一致抗日。8月25日又发布了《中国共产党致中国国民党书》,提出"我们愿意同你们结成一个坚固的革命统一战线,如像一九二五至二七年第一次中国大革命时两党结成反对民族压迫与封建压迫的伟大的统一战线一样,因为这是今日救亡图存的唯一正确的道路"[①]。9月1日,中共中央对全党发出了《关于逼蒋抗日问题的指示》,以便统一全党的思想,指出在新的形势下,总方针应是"逼蒋抗日"。至此,共产党对国民党的政策由"抗日反蒋"转变为"逼蒋抗日"和"联蒋抗日"。

与此同时,在"九一八"事变到西安事变的五年多时间内,蒋介石虽仍坚持"攘外必先安内"的内战方针,但1935年后,形势急剧变化,日本加紧了对中国的侵略,严重威胁着国民党的统治,加之国内抗日救亡运动高涨,迫使蒋介石不得不对其内外政策进行调整。华北事变后,蒋介石一方面加紧对红军的"围剿",另一方面也不得不正视现实,抵制日本侵略。1936年7月,蒋介石在国民党五届二中全会上作了《外交的限度与组织国防会议之意义》的报告,明确解释了对日忍让的限度,并提出在危及国家民族的根本生存时,也要起而抵抗,表明对日本的妥协政策开始发生变化。在对待共产党问题上,仍顽固坚持要消灭的政策,但在策略上发生了某些变化。华北事变后,蒋介石在"围剿"红军的同时,也企图用谈判的方式解决共产党及其领导的武装力量问题,收编红军,实现"溶共"的目的。这表明蒋介石对共产党的政策也有一些变化。

由于国共两党政策的变化,两党开始了一些秘密接触。1935年底,蒋介石为实现其收编红军的方针,开始同共产党接触。1935年秋,驻苏联大使馆武官邓文仪回国述职途经新疆考察时,国民政府命其迅即回莫斯科,通过苏联方面的关系与中共驻共产国际代表团接触。邓文仪与中共驻共产国际代表团团长王明多次会谈,并告诉王明,蒋介石看到王明在共产国际七大上关

[①] 中共中央党史资料征集委员会编:《第二次国共合作的形成》,中共党史资料出版社1989年版。

于建立抗日统一战线的发言和有关文件后,决定同中共接触谈判。经过反复协商,王明决定派潘汉年回国,促成国共两党直接谈判合作抗日的问题。这是自1927年两党分裂后的第一次谈判,重开了两党谈判之门。

1936年5月,潘汉年和胡愈之到达香港后,陈果夫派国民党中央组织部调查科总干事张冲去香港会见潘汉年。经过协商,张冲陪同潘汉年到南京与国民党代表曾养甫会商。双方商定:潘汉年去陕北听取中共中央对与国民党谈判的意见后,再返南京与陈果夫面谈。8月,潘汉年到陕北向中共中央报告与国民党接触的情况。9月,中共中央电告正在西安的潘汉年,任命他为中共谈判代表,直接与陈立夫会谈。11月10日,潘汉年在上海与陈立夫会谈,陈立夫转达了蒋介石的意见:对立的政权与军队必须取消等条件。潘汉年严正驳斥,指出这是蒋介石站在"剿共"立场上的收编条件,不是合作抗日的谈判条件。11月19日,陈立夫与潘汉年在南京再次会谈,陈立夫说蒋介石仍坚持原来条件,决无让步可能。潘汉年把《国共两党抗日救国协定草案》交给陈立夫,并表明共产党只能在保全红军全部组织力量、划定抗日防线的基础上谈判。由于双方分歧很大,会谈已无法继续进行。

12月8日,中共中央指示潘汉年,离开实行抗日救亡的前提就没有任何商谈余地。10日,中共中央又指出,在抗日的条件下红军可以改换番号,划定抗日防线,服从抗日指挥,兵员决不能减,还应在抗战中扩充,国民党如有诚意就必须停战,并以此作为继续谈判的基础。同时,陈立夫也派张冲到上海见潘汉年,表示国共两党谈判不宜中止。

此外,国民党还通过宋庆龄等人、中共上海地下党沟通同中共中央的联系,所有这些接触,虽未取得任何结果,军事上仍处于对立状态,但毕竟已在开始酝酿第二次国共合作。

中共在与国民党秘密接触的同时,给进攻陕甘宁边区的国民党军队以有力还击,并联合南京以外的地方实力派,以达到"逼蒋抗日"的目的。1936年6月两广事变中,中共与李宗仁、白崇禧联合,支持桂系军队北上抗日,收复失地。中共在山西与阎锡山合作,于1936年9月成立了"牺牲救国同盟会",这是第二次国共合作中最早的一个合作组织。1936年11月,中共支持傅作义绥远抗战,在全国掀起了援助绥远抗战的运动。中共还与四川地方实力派刘湘联合,在抗日救亡运动推动下,刘湘把反共政策改为"抗日、反蒋、联共、建川"的政策。中共还同国民党左派宋庆龄、冯玉祥等联合。通过这些活动,以达到"逼蒋抗日"的目的。

中共与地方实力派的联合,最重要的是同张学良的东北军、杨虎城的西北军形成三位一体的"西北大联合"。蒋介石把东北军调入陕西,下令张学良的东北军和杨虎城的西北军"剿共",实际是要削弱和消灭地方势力。张学良在进攻红军失败后,认识到只有联共抗日才是东北军的唯一出路。因此在1936年,经过一系列卓有成效的工作,红军分别与杨虎城、张学良签订了停战协定,保存实力,联共抗日。由于形成了中共领导的工农红军和张学良的东北军、杨虎城的西北军三位一体的"西北大联合",才成为后来发生西安事变和完成"逼蒋抗日"的重要环节。

"西北大联合"形成后,三方停战合作,共谋抗日救国大计。但蒋介石仍逼迫张学良、杨虎城"剿共",张、杨表示只愿抗日、不愿"剿共"。于是,蒋介石在1936年10月下旬赶往西安,亲自逼张、杨继续"剿共"。张、杨苦谏蒋停止内战抗日,但蒋介石顽固坚持"剿共",表示若不听命令将要严惩,甚至撤换,并提出两个方案供张、杨选择:第一方案是东北军和西北军全部开往陕甘前线,进攻红军;第二方案是将东北军和西北军分别调往福建、安徽。张、杨被蒋介石逼上了绝路,于是决定采取"兵谏",逼蒋抗日。

1936年12月12日,张学良、杨虎城两将军以民族大义为重,并出于高度的爱国热忱,扣留了蒋介石,囚禁了国民党中央在西安的军政大员陈诚、蒋鼎文等数十人,通电全国,提出停止内战、共同抗日等八项抗日救国主张,这就是震惊中外的西安事变。

西安事变发生后,各国和国内各派政治势力由于立场、利益的不同,采取不同的态度,使局势复杂而又紧张。中共以民族利益为重,提出和平解决西安事变的方针,在国际上得到苏、美、英、法等国的支持,在国内得到各党派和国民党内亲英美派的支持。中共中央派周恩来到西安参加谈判,做了大量工作,经过紧张的谈判斗争,最后迫使蒋介石接受了"停止内战,一致抗日"的条件,"西北大联合"的三方同意释放蒋介石,西安事变得以和平解决。

西安事变的和平解决使时局发生了转变,全国范围内的合作抗日即将形成,中共"逼蒋抗日"和"联蒋抗日"的目标即将实现,第二次国共合作的酝酿阶段已告完成。

二、第二次国共合作的正式形成

西安事变的和平解决为国共两党再次合作提供了前提,两党的战争冲突停止了,国内出现了和平局面。

蒋介石离开西安后,在洛阳发表了《对张杨的训词》,背信弃义地囚禁了张学良。返回南京后,他内战之心并没有死,用军事压迫和政治分化手段破坏西北抗日联合战线,把原驻防西安的东北军和西北军调防甘肃和渭北,派中央军进攻西安,形势非常紧迫。1937年1月1日,何应钦下令中央军进攻西安。中共中央为敦促蒋介石停止进攻西安,实现团结抗日的诺言,1月8日发表了《为号召和平停止内战通电》。蒋介石不敢公开违背在西安事变中"不打内战"的承诺,在国内外舆论的压力和中共的坚决斗争下,蒋介石停止了进攻西安,并同西北方面进行谈判。

为了推动抗日民族统一战线和第二次国共合作的早日形成,中共中央于1937年2月10日,发表了《致中国国民党三中全会电》:"西安问题和平解决,举国庆幸,从此和平统一团结御侮之方针得以实现,实为国家民族之福。"[①]表示如果国民党实施停止内战、团结抗日、推行民主、改善人民生活等国策,中共保证在全国范围内停止推翻国民政府的武装暴动方针;并改工农政府为中华民国特区政府,红军为国民革命军,直接受南京中央政府和军事委员会的指导,停止没收地主土地,执行抗日民族统一战线的共同纲领等。这对稍后召开的国民党五届三中全会产生了重大影响。

1937年2月15日至22日,国民党五届三中全会在南京召开。会上,宋庆龄、何香凝、冯玉祥、孙科等向全会提出《关于恢复孙中山"三大政策"之提案》,提出:"总理于民国十三年改组本党,确立联俄联共与扶助农工'三大政策'后,革命阵容为之一新,革命进展一日千里。不幸十六年以后,内争突起,阵容分崩,三大政策,摧毁无遗。革命旋归失败,外侮接踵而来,尤其最近五年间,失地几及六省,亡国迫在眉睫。"趁中共"屡次提议国共合作,联合抗日"之时,国民党"应乘此机会恢复总理'三大政策',以救党国于危亡,以竟

[①] 孟广涵主编:《抗战时期国共合作纪实》(上卷),重庆出版社1992年版,第307页。

革命之功业"①。与此同时,汪精卫提出坚持以"剿共"为中心内容的政治决议草案,全会经过抗日派与亲日派的尖锐斗争,否定了汪精卫的提案,从而使国民党开始结束"剿共"误国政策,转向联共抗日、救亡图存的新政策。

由于蒋介石为首的多数代表仍想消灭、根绝共产党,在此思想指导下,全会通过了《关于根绝赤祸之决议》,把内战的责任推在共产党身上。在对中共进行攻击的同时,又提出处理与共产党关系的"最低限度"办法:"第一,一国之军队必须统一编制,统一号令,方能收指臂之效,断无一国家可许主义绝不相容之军队同时并存者,故须彻底取消其所谓'红军',以及其假借名目之武力。第二,政权统一为国家统一之必要条件,世界任何国家断不许一国之内有两种政权之存在者,故须彻底取消所谓'苏维埃政府'及其他一切破坏统一之组织。第三,赤化宣传与救国救民为职志之三民主义绝对不能相容,即与吾国人民生命与社会生活亦极端相悖,故须根本停止其赤化宣传。第四,阶级斗争以一阶级之利益为本位,其方法将整个社会分成种种对立之阶级,而使之相杀相仇,故必出于夺取民众与武装暴动之手段,而社会因此不宁,居民为之荡析,故须根本停止其阶级斗争。"②

虽然国民党五届三中全会通过的宣言和决议没有根本放弃反共立场,没有制定明确的抗日方针,但由于中共中央致全会电的影响和国内外形势的压力,迫使国民党同意实施孙中山三民主义的精神,对日本的侵略态度较强硬,对中共提出的国共合作条件也表示接受。全会表明国民党由内战和对日不抵抗政策向团结抗日方向转变。

会后,两党领导人进行了多次直接谈判。国民党方面是蒋介石、顾祝同,共产党方面是周恩来。虽经多次谈判,但双方在陕甘宁边区政府和红军改编问题上存在很大分歧。在军队问题上,双方经过激烈争论,各有让步,最后双方协议红军编为3个师6个旅12个团。在边区政府问题上,蒋介石提出行政长官由中共推举国民党方面的人担任,副职由边区政府自由推选。中共向蒋推选张继、宋子文、于右任三人中选一人担任,林伯渠为副。

"七七"卢沟桥事变后,国共合作的步伐加快了。这时,周恩来正同蒋介

---

① 《救国日报》1937年4月5日。
② 荣孟源主编:《中国国民党历次代表大会及中央全会资料》(下卷),光明日报出版社1985年版。

石在庐山会谈。7月8日,中共中央发表《中国共产党为日军进攻卢沟桥通电》,号召全国同胞、政府和军队团结起来,共同抵抗日本侵略。蒋介石也对卢沟桥事变发表声明表示:"如果战端一开,那就是地无分南北,年无分老幼,无论何人,皆有守土抗战之责任,皆应抱定牺牲一切之决心。"[①]7月15日,中共中央将《国共合作宣言》交给国民党中央。由于蒋介石对抗日仍在动摇,寄希望用和平的办法解决卢沟桥事变,表示要到中日全面开战后再发表这个宣言。7月27日,西安行营主任蒋鼎文向周恩来转告蒋介石的话,要红军迅速改编,出动抗日。与此同时,中共中央电示周恩来去红军前敌指挥部商定改编问题,并请蒋鼎文将以下各点转达蒋介石:(1)8月15日改编好,20日出动抗日;(2)3个师以上必须设总指挥部,朱(德)正,彭(德怀)副,并设政治部,任弼时为主任,邓小平为副主任(不要康泽);(3)3个师45000人,另地方部队10000人,设保安队正、副司令,高岗为正,萧劲光为副,军饷照发;(4)主力出动后集中作战,不得分割;(5)担任绥远方面之线;(6)刺刀、工具、子弹、手榴弹等之补充。并制定具体的改编方案,一经改编完备,即开赴前线作战。

8月13日,日本进攻上海,中日战事扩大,抗日战争全面爆发。蒋介石为调集红军早日开赴山西前线,接受了中共提出的几点要求。8月19日,双方达成协议,红军改编为国民革命军第八路军,下辖3个师,设总指挥部,国民政府不派参谋长、政治部主任,军队中的副职从副师长到副排长也由中共自行选派,国民政府只向八路军总部及3个师各派一名联络参谋。8月22日,国民政府正式发布命令,任命朱德、彭德怀为八路军正、副总指挥。10月,南方八省红军游击队1万余人改编为国民革命军陆军新编第四军,叶挺任军长,项英任副军长。中共中央强调,红军改编后要加强党的领导,使之成为共产党的党军,蒋介石收编红军的企图落空了。

在边区政府行政长官人选问题上,中共提出在张继、宋子文、于右任三人中选一人,康泽向蒋介石建议认为这三人都不合适,而推荐丁惟汾,被中共拒绝。中共中央提议由林伯渠任边区政府主席,9月16日陕甘宁苏维埃政府改为陕甘宁边区政府。至此,国共两党南京谈判达成了协议,并付诸实施。

---

① 《蒋委员长对卢沟桥事件之严正声明》,载《革命文献》第69辑,台湾"中央"文物供应社1976年版。

9月22日,国民党中央通讯社发表了《中国共产党为公布国共合作宣言》。宣言向全国同胞提出奋斗的总目标:"(一)争取中华民族之独立自由与解放。首先须切实地迅速地准备与发动民族革命抗战,以收复失地和恢复领土主权之完整。(二)实现民权政治,召开国民大会,以制定宪法与规定救国方针。(三)实现中国人民之幸福与愉快的生活。首先须切实救济灾荒,安定民生,发展国防经济,解除人民痛苦与改善人民生活。"[1]9月23日,蒋介石发表谈话,表示要接纳共产党实现再次合作。"对于国内任何派别,只要诚意救国,愿在国民革命抗敌御侮之旗帜下,共同奋斗者,政府无不开诚接纳,咸使集中于本党领导之下,而一致努力。"而"此次中国共产党发表之宣言,即为民族意识胜过一切之例证"。这"足证国民今日皆已深切感觉存则俱存,亡则俱亡之意义,咸认整个民族之利害终超出于一切个人、一切团体利害之上也"[2]。蒋介石的谈话实际承认了中国共产党的合法地位。《国共合作宣言》的发表和蒋介石的谈话,标志着第二次国共合作正式形成。

第二次国共合作是在民族危机空前严重的形势下形成的,它具有几个明显的特点:(1)它是在中日矛盾极其尖锐的条件下形成的,具有广泛的民族性,但合作的双方都有各自的政权和军队,合作关系很复杂,存在着严重的矛盾和斗争。(2)它没有固定的统一战线组织形式和共同纲领,因此合作的双方只是采取遇事协商的特殊形式。(3)它是世界反法西斯战线的一个重要组成部分,得到了广泛的国际援助和支持。

国共两党的再次合作也宣告了抗日民族统一战线的形成。它使中国走向一个光明的伟大的前途,就是打倒日本帝国主义,实现中华民族之复兴。它开辟了中国革命史上的新纪元,使中国革命进入了一个崭新的阶段。

第二节　国共关系在曲折中发展

一、抗战初期国共两党的密切合作

抗日战争爆发后,日本大举进攻中国,救亡图存已迫在眉睫。在民族危

---

[1]《中央日报》1937年9月23日。
[2]《中央日报》1937年9月24日。

亡的严重关头,国共两党虽然抗战路线不同,但首要目标是对日作战,双方在军事、政治上都有比较密切的合作。

抗战初期,日本推行速战速决的侵略计划,对此国共两党都进行了探讨研究。抗战一开始共产党就确定了持久抗战的战略方针。1937年8月7日,蒋介石在南京召开国防会议,各省军政长官到会,并邀请周恩来等代表中共出席。蒋介石提出了"举全国力量从事持久消耗以争取最后胜利"的国防方针。12日,国防会议决定设立军事委员会,由蒋介石任陆海空三军总司令,另设国防最高参议会,任命中共代表周恩来等及各党派、社会名流20余人为参议员,共商抗战大计。15日,国民政府军事委员会发布总动员令。20日,将全国战场划分为五个战区:第一战区平汉路沿线,司令长官程潜;第二战区山西地区,司令长官阎锡山;第三战区江浙地区,司令长官顾祝同;第四战区两广地区,司令长官何应钦兼;第五战区津浦路沿线,司令长官李宗仁(后随战局变化,战区调整为15个)。国民党大部分军队在正面战场顽强地抵抗日军。

与此同时,8月15日红军改编为八路军,随即开赴华北前线。9月,八路军完成了战略展开,开辟敌后抗日根据地。10月,南方八省红军游击队改编为新四军,在南方开辟敌后抗日根据地。共产党领导的敌后战场有力地配合了国民党正面战场的作战,互相支援,互相配合,共同抗击日本的侵略。毛泽东指出:"抗日战争中国共两党的分工,就目前和一般的条件说来,国民党担任正面的正规战,共产党担任敌后的游击战,是必须的,恰当的,是互相需要,互相配合,互相协助的。"①

第二次国共合作正式形成后,全国出现了团结抗日的新局面。日本占领平津向西推进,企图占领山西、陕西,然后向南进攻四川,摧毁国民政府的抗战斗志。为此,国共两党军队合作,以保卫太原为中心进行了平型关战役、忻口防御战等,阻止日军的西进企图。阎锡山与周恩来会商,决定由晋军在平型关作正面防御,八路军一二○师掩护雁门关一线,一一五师主力向平型关急进,利用天险伏击日军。1937年9月25日,八路军一一五师在平型关伏击日军板垣师团一部,经过一天的激战,歼敌1000余人,击毁汽车百余辆,缴获

---

① 《毛泽东选集》第2卷,第553页。

大量武器和军用品,取得了中国军队抗战以来的第一个大胜利,这是国共军队第一次配合作战,打破了"皇军不可战胜"的神话,大大鼓舞了全国人民抗日的斗志。

10月,忻口防御战开始,由卫立煌率第十四集团军组成中央集团军,朱德率第十八集团军组成右集团军,杨爱源率第六集团军组成左集团军。由于中国守军的顽强抗击,双方战斗成胶着状态。在国民党军队顽强抗击的同时,朱德指挥第十八集团军奉命配合友军,负责阻击增援之敌,并对退却之敌相机歼灭。10月19日,一二九师一部夜袭阳明堡日军飞机场,炸毁了全部24架敌机,从而解除了日军对忻口正面战场卫立煌部的空中威胁。11月2日,当忻口陷入日军包围之中时,卫立煌下令守军全部后撤。历时1个月的忻口防御由于国共军队的紧密配合,取得了歼敌3万余人的胜利,是国共两党军事合作的典范。

忻口防御战后不久,太原失陷,蒋介石下令不准一兵一卒过黄河。为牵制日军南下,重新部署御敌方针,调整国民党第三军曾万钟、第十四军李默庵、第四十七军李家钰、第九十四师朱怀冰等部接受朱德领导,国共两军互相配合,协同作战,给予了日军以沉重打击。

此外,在南京保卫战、徐州会战、武汉保卫战等国民党主战场上,八路军和新四军在敌后开展游击战,牵制了日军数十万兵力,有力地配合了正面战场的作战。

军事上协同作战的同时,国共两党在其他方面的联系也加强了。为进一步巩固和发展业已形成的国共关系,两党达成协议,国民党同意共产党在国统区主要城市设立公开办事机构八路军办事处。共产党员参加国民参政会与各党派共商抗日救国大计。抗战初期,国民政府还给八路军、新四军发一定数量的军饷、服装、武器弹药、医药器材等。此外,1938年初国民政府改组军事委员会,恢复政治部的设置,任命周恩来为国民政府军事委员会政治部副部长,这是抗战时期国共合作的重大事件,也是抗战期间共产党在国民党领导机关担任的唯一要职,是两党政治合作的重要表现。

从卢沟桥事变到武汉失守的一年多对日作战中,由于国共两党的密切合作和共同努力,打破了日本速战速决的美梦,使抗日战争进入了相持阶段。

二、冲突升级和两党关系的恶化

第二次国共合作是在中日矛盾极其尖锐的条件下形成的。国共两党在抗战初期,虽有较密切的合作关系,但矛盾与冲突已初现端倪。因为国民党始终想"溶共",消灭人民武装,而共产党则力争平等合作,坚持合理斗争,在民族危亡的紧要关头,相忍为国,巩固团结合作。

武汉失守前,由于日本大举进攻,国共两党虽有矛盾,但还未充分暴露。武汉失守后,抗战进入相持阶段,日本速战速决的计划失败,在政治上,日本从"不以国民政府为对手"的政策,转而实施破坏国共合作、对国民政府诱降的政策。1938年12月8日,汪精卫潜离重庆公开投敌叛国,日本以共同防共为诱饵,极力煽动蒋汪合流。汪精卫投敌后,举国一致声讨,蒋介石清楚地认识到如果投敌叛国,将成为中华民族的千古罪人而被人民唾弃,这无异于自掘坟墓,"中国如果同意日本的要求,国民政府将会被舆论浪潮所冲倒","其结果是共产党在中国占优势"[①]。另一方面共产党领导的敌后抗日武装日益壮大,又使蒋介石非常恐惧。这就使蒋介石不得不继续抗日并同共产党保持合作关系,同时又采取消极抗日、积极反共的政策。

1939年1月,国民党五届五中全会在重庆召开,会议的中心议题是讨论新形势下的抗战问题和反共问题。蒋介石在会上作了《敌国必败及我国必胜》的报告,表示要继续抗战,还作了《唤醒党魂发扬党德巩固党基》的报告和《整顿党务之要点》讲话,说对共产党是要斗争的,要"溶共"而不是"容共"。以后,根据此次会议精神,制定了一系列反共文件,确定了"溶共、防共、限共、反共"的方针。从此,国民党不断制造借口,对共产党搞军事摩擦,使国共关系时好时坏,甚至几至破裂的边缘。

从五届五中全会后到1939年11月第一次反共高潮前,国民党就连续不断地制造了多起反共血案,如山东博山惨案、河北深县惨案、湖南平江惨案、湖北鄂东惨案和河南确山惨案等,袭击八路军和新四军,残杀共产党人。对此,中共中央分析了国民党既有抗战的一面,又有反共的一面,制定了正确的方针,对国民党顽固派的反共摩擦进行有理、有利、有节的斗争。1939年6月

[①] [日]古屋奎二主编:《蒋总统秘录》第8册,日本产经新闻社1977年版,第92、94页。

7日,中共中央发出《关于反对投降危险的指示》,指出制造军事摩擦就是破坏国共合作,反共即是准备投降。7月7日,中共中央发表《为抗战两周年纪念对时局宣言》,提出"坚持抗战到底——反对中途妥协！巩固国内团结——反对内部分裂！力求全国进步——反对向后倒退！"[1]三大政治口号,有力地回击了国民党的反共逆流。9月16日,毛泽东在与国民党中央通讯社、《扫荡报》、《新民报》记者谈话时提出对国民党挑起的军事摩擦,共产党用严正的态度对待,即是"人不犯我,我不犯人；人若犯我,我必犯人"的严正自卫原则[2],并强调任何共产党员不许超过自卫原则。

国民党五届五中全会制定的反共方针是政治限共为主、军事限共为辅,虽有军事摩擦,但规模不大。1939年11月,国民党五届六中全会确定了军事限共为主的方针,其后掀起了第一次反共高潮,发生了几次较大的军事冲突。一是对陕甘宁边区的进攻。1939年5月,胡宗南集结30万兵力对陕甘宁边区形成包围封锁,12月占领了部分县城,并集结大军准备进攻延安。二是晋西事变。阎锡山与日军配合进攻晋西决死二纵队和八路军晋西四支队。三是朱怀冰、石友三等进攻太行山区。这几次较大规模的军事摩擦都在中共有理、有利、有节的斗争和严正的自卫原则反击下被粉碎了。

打退了第一次反共高潮后,中共中央以大局为重,坚持"斗争是团结的手段,团结是斗争的目的",为巩固抗日民族统一战线,主动提出和谈。先后派萧劲光、王若飞与阎锡山谈判,朱德与卫立煌谈判,解决军事纷争。国民党方面,蒋介石因反共遭到失败也表示愿意谈判。1940年6月,中共中央派重庆的南方局书记周恩来与何应钦,白崇禧谈判,谈判缓和了两党的紧张关系。但国民党坚持要十八集团军和新四军开到黄河以北作战,中共中央为团结抗战,同意将皖南新四军部队撤到长江以北,但国民党不作丝毫让步,终于发生了皖南事变。

1940年秋,蒋介石指使江苏省主席韩德勤制造苏北摩擦,围攻新四军,双方在黄桥决战,陈毅、粟裕指挥新四军打败了韩德勤的进攻,本着有理、有利、有节的原则,给韩德勤留了一条活路,争取其继续抗日。苏北摩擦失败后,蒋

---

[1]《解放》周刊第75、76合期。
[2]《毛泽东选集》第2卷,第590页。

介石仍积极策划反共阴谋,指使何应钦、白崇禧以军事委员会正、副总参谋长名义,于1940年10月19日向十八集团军正、副总司令朱德、彭德怀和新四军军长叶挺发出"皓电",诬蔑八路军、新四军不服从中央命令,不打敌人专事吞并友军等,并限令黄河以南的八路军、新四军部队一月之内全部开到黄河以北。"皓电"发出后,国民党加紧了对新四军的进攻。11月9日,中共中央以十八集团军总司令朱德、新四军军长叶挺等的名义发出"佳电",对"皓电"作了公开答复,揭露亲日派何应钦等的投降阴谋。同时,为顾全大局,维护国共合作,提出江南新四军"遵命北移",以示让步。但对于其他则是寸土不让,有进攻者必粉碎之。

11月14日,国民党军令部拟定《黄河以南剿灭共匪作战计划》,要第三战区和第五战区的国民党军队主力避免与日军作战,集中力量迫使中共军队撤至黄河以北。限顾祝同第三战区于1941年1月底前"肃清"江南新四军,然后"肃清"苏北新四军;限李宗仁第五战区于1941年2月底"肃清"黄河以南十八集团军和新四军。12月8日,蒋介石指使何应钦、白崇禧发出"齐电",要十八集团军和新四军迅即遵令开赴黄河以北;蒋介石还密令顾祝同,如果新四军不遵命北渡,应立即将其解决,勿再宽容。12月25日,蒋介石在重庆约见周恩来谈话,软硬兼施,周恩来及时把谈话内容电告中央,中共中央感到情况危急,屡次电令项英尽快北移。项英坚持新四军留在皖南的错误主张,而且对国民党的进攻毫无警惕,直到1941年1月4日,在中共中央的再三催促下,项英才开始布置部队转移。由于当时情况已发生变化,原定的渡江口岸已被国民党和日军封锁,不能直接北上渡江,因而被迫向南,经泾县茂林、旌德、宁冈、广德到苏南,再渡江北上。1月4日,叶挺、项英率军部及所属9000余人由驻地向南转移,行至泾县茂林时,遭到顾祝同、上官云相所部8万多伏兵的包围袭击,新四军被迫迎战,经过七昼夜的殊死战斗,终因力量悬殊,弹尽粮绝,除1000余人突围后渡江脱险,大部壮烈牺牲。军长叶挺为挽救全军,不顾个人安危赴国民党第三战区司令部与顾祝同谈判,旋即被扣。副军长项英、参谋长周子昆、政治部主任袁国平遇难。

皖南事变后,蒋介石于1月17日以国民政府军事委员会的名义发布命令,宣布新四军"叛变",并取消其番号,将军长叶挺革职,交军法审判;同时令汤恩伯、李品仙率20余万人进攻江北新四军,致使反共高潮达到顶峰,国共两党的合作濒于破裂的边缘。

事变发生后,中共中央分析时局,认为国民党还不敢与共产党分裂,同时为了团结抗战,共产党也不宜与国民党分裂。据此决定实行"政治上取全面攻势,军事上取守势"的方针。中共中央严厉抨击国民党破坏团结抗战和实施反共政策,指出:"皖南反共事变,酝酿已久。目前的发展,不过是全国性突然事变的开端而已。"警告国民党顽固派不要玩火自焚,并向国民党提出解决时局的十二条办法:"第一、悬崖勒马,停止挑衅;第二、取消1月17日的反动命令,并宣布自己是完全错了;第三、惩办皖南事变的祸首何应钦、顾祝同、上官云相三人;第四、恢复叶挺自由,继续充当新四军军长;第五、交还皖南新四军全部人枪;第六、抚恤皖南新四军全部伤亡将士;第七、撤退华中的剿共军;第八、平毁西北的封锁线;第九、释放全国一切被捕的爱国政治犯;第十、废止一党专政,实行民主政治;第十一、实行三民主义,服从《总理遗嘱》;第十二、逮捕亲日派首领,交付国法审判。"① 同时,中共中央决定重建新四军军部,将全军9万人改编为7个师1个独立旅。1月20日,中共中央发布命令,任命陈毅为代理军长,张云逸为副军长,刘少奇为政治委员,赖传珠为参谋长,邓子恢为政治部主任,继续高举抗日大旗,活跃在大江南北。

与此同时,在重庆的中共代表团和南方局在周恩来的领导下积极展开斗争。事变后,周恩来即代表中共中央向国民党当局提出严重抗议,并于1月14日在重庆《新华日报》上将皖南事变的消息公诸于众。1月17日蒋介石发布取消新四军番号的命令,周恩来随即打电话给何应钦,抗议国民党,怒斥何应钦:"你们的行为是亲者痛、仇者快,你们做了日寇想做而做不到的事。""你何应钦是中华民族的千古罪人!"1月18日,《新华日报》刊登了周恩来题写的"为江南死国难者志哀"的悼词和"千古奇冤,江南一叶;同室操戈,相煎何急"的挽诗。1月19日,新华日报馆将《新四军皖南部队惨被围歼的真象》印成传单,大量散发,使皖南事变的真相大白于天下。

皖南事变的真相被揭露后,全国人民及爱国华侨、国际舆论普遍对蒋介石不满,对共产党表示同情和支持,国内外各方人士呼吁消灭内战、团结抗

---

① 《中国共产党中央革命军事委员会发言人对新华社记者谈话》,载延安《新中华报》1941年1月26日。

日。宋庆龄、何香凝等在香港致电国民党中央和蒋介石,要求撤销"剿共"部署,实行联共抗日。上海各界民众团体、香港爱国人士、华侨司徒美堂和陈嘉庚等纷纷致电国民党中央,呼吁制止内战、团结抗日。在国际上,苏、美、英等国都对中国的内战深表忧虑,美国总统罗斯福特使居里来华,在重庆向蒋介石声言:"美国在国共纠纷未获解决前,无法大量援助中国,中美之间的经济与财政各问题不可能有任何进展。"[1]美国加州六位著名人物致电重庆国民政府,"抗议其对共产党领导之新四军所发动之战争,谓此事'将使美国赞助者统统离去'"[2]。美国的态度是蒋介石始料未及的。

在国际国内舆论的强大压力下,蒋介石在政治上处于孤立地位,为挽回被动局面,指令张冲一定要争取中共参政员出席3月1日的二届一次国民参政会,以掩盖皖南事变以来抗战营垒内存在的重大裂痕,减少国内外各方对他的非难。为打退反共高潮,争取时局好转,中共中央决定不出席本届国民参政会。围绕这个问题,两党展开了激烈的斗争。周恩来就中共参政员不出席国民参政会征询各民主党派意见,沈钧儒等对此表示谅解,并建议中共以"善后十二条"作为出席的条件。2月15日,中共七参政员致函国民参政会秘书处,提出"善后十二条"请政府采纳,作为出席的条件。张冲多次与周恩来面谈,周明确表示不解决"十二条"就拒绝出席。蒋介石又亲自召见中间党派谈话,以孤立中共。2月27日,沈钧儒、黄炎培等在重庆曾家岩50号会见周恩来,希望中共再作一次让步。28日,中共中央为争取民主党派和政治上的主动,再次作出让步,不要求惩办事变祸首、逮捕亲日派首领等条,但国民党仍不接受。

3月1日,二届一次国民参政会在重庆召开,中共参政员未出席,但仍选董必武为驻会代表。迫于国际国内的压力,蒋介石不得不采取一些措施,以缓和紧张的国共关系。

三、国共关系趋向缓和

二届一次国民参政会后,国共关系逐步趋向缓和,到1943年夏第三次反

---

[1] 延安《新中华报》1941年3月9日。
[2] 延安《新中华报》1941年3月23日。

共高潮前的两年多,国共关系比较稳定。国共关系出现缓和局面主要有四个因素:(1)苏、美、英签订三国协定后,对中国战事极为关心,不愿中国打内战,希望中国内部团结集中力量对付日本,并对蒋介石施加压力,这就促使蒋介石不得不改善同中共的关系;(2)日本为打通大陆交通线,配合太平洋战争,迅速解决中国战事,向国民党战场发动多次大规模的进攻,对此蒋介石需要中共军队配合作战;(3)国民党自身面临着严重的困难,特别是经济上的困难,国统区物价上涨,人民生活艰难,经常发生农民骚动;(4)共产党也由于各种严重困难,加上日本实行"以战养战",对沦陷区进行疯狂掠夺,对抗日根据地进行大规模扫荡,使解放区缩小,人口由1亿人减为5000万人,十八集团军从54万人减为30多万人,新四军从13万人减为11万人。这些因素促使国共两党注意缓和关系。

1941年是世界反法西斯战争进入关键时期的一年,国际形势发生了巨大变化。6月22日,德国入侵苏联,苏德战争爆发。12月8日,日本偷袭美国在太平洋上的海军基地珍珠港,太平洋战争爆发。苏、美、英反法西斯联盟建立,美、英与中国在共同反对日本的基础上也建立了联盟,世界反法西斯战线业已形成。1942年1月,苏、美、英、中等26国在华盛顿签署了共同反对法西斯侵略的联合宣言,《联合国家宣言》的发表,标志着世界反法西斯统一战线的最后形成。

由于国共两党都有改善关系的愿望,在1941年5月的中条山战役中,两党军队已有了较好的配合。中共军队进行游击战,牵制日军,掩护国民党军队南撤。12月,国民党五届九中全会及以后,表示"对共产党仍本宽大政策",承认中共党员的合法存在及其活动;军事上十八集团军完全国军化,作战区域在黄河以北,新四军余部重新建制,划归就近战区指挥。与此同时,毛泽东在1941年9月1日会见国民党驻延安联络参谋时提出:中共决不推翻国民政府,决不越过疆界;何应钦停止反共,中共停止反何,并重新往来等。1942年7月7日,中共发表纪念抗战五周年宣言,向国民党提出按合理原则改善两党及一切抗日党派间的关系,加强国内团结,商讨解决过去两党间争论的问题。这就为两党的谈判、协调关系创造了条件。

1942年8月14日,蒋介石约见周恩来,提出他想同毛泽东谈谈。周恩来随即电告毛泽东,并认为毛见蒋的时机还不到,建议由林彪或朱德代毛见蒋。

中共中央采纳了这个建议,派林彪到重庆与蒋介石会谈。9月14日林彪从延安出发,10月7日抵达重庆,开始与国民党谈判。蒋介石派张治中为谈判代表,双方经常保持接触,谈过很多次,前后历时8个月之久。

  10月13日,林彪在张治中陪同下会见蒋介石时提出:中共有几十万军队在敌后抗击日军,要求扩编军队,发给药品等。蒋答应叫何应钦发给药品。当林彪提及新四军问题时,蒋立即拒绝提新四军之事。为改善国共两党关系,加强抗日统一战线内部的团结,12月20日,林彪、周恩来与张治中谈判时提出四项要求:"一、党的问题。在《抗战建国纲领》下取得合法地位,并实行三民主义,中央亦可在中共地区办党办报。二、军队问题。希望编四军十二师,请按中央军待遇。三、陕北边区。照原地区改为行政区,其他各地区另行改组,实行中央法令。四、作战区域。原则上接受中央开往黄河以北之规定,但现在只能作准备布置,战事完备保证立即实施,如战时情况可能(如总反攻时),亦可商承移动。"①并声明,如果这四项可以谈,林彪就留下继续谈,倘相距太远,就请蒋提示具体方针,交林彪带回延安商量。张治中认为这四项应该是可以接受的,而且觉得中共确已让步,确实具有合作抗战的诚意,同意将此四项报告后作答。可在1943年1月9日林彪、周恩来与张治中谈判中,张说蒋认为中共所提四项与国民党中央及何、白"皓电"相距甚远,解决问题须根据"皓电"提示精神,正式谈判须由何、白主持;承认中共合法和边区政府无问题,十八集团军太多不行,并且必须遵照"皓电"限期开动。会谈后,周恩来、林彪请示中央答复,同意以"皓电"为基础,何、白主持谈判,提示具体问题可让步到李先念部与山东于学忠部对调。3月28日,林彪、周恩来按国民党提议与何应钦谈判,何坚持以1940年的中央提示案为依据,并以中共无诚意为由,表示不能超过1940年中央提示案与中共谈判。

  国民党对两党谈判本无诚意,提出由何、白主持谈判及根据"皓电"精神等,故意同中共为难,没料到为中共接受。国民党又从中作梗,使谈判无结果。林彪到重庆谈判的事实证明,蒋介石约毛泽东会谈并不是要真心解决两党关系问题,只是想缓和一下皖南事变后国内外舆论的压力。1943年5月,共产国际宣布解散,国民党乘机挑起反共摩擦,谈判即告中断。6月7日,周

---

① 孟广涵主编:《抗战时期国共合作纪实》(下卷),重庆出版社1992年版,第57页。

恩来、林彪面见蒋介石,表示谈判无法进行,提出近期返回延安,蒋表示同意。28日,周、林一行离渝返延,谈判以毫无结果告终。

四、再次危机与新的发展

1943年,国际国内形势发生重大变化。德国在苏联红军的反击下节节败退,行将瓦解;日本在太平洋的战争也开始崩溃;美、英宣布取消在华治外法权,承认中国为四强国之一。蒋介石完成了集国民党党政军一切大权于一身,实施专制独裁统治。1943年3月,蒋介石发表了《中国之命运》一书,为发动新的反共高潮作充分的舆论准备。

《中国之命运》完整地表达了蒋介石法西斯主义的立场、观点和内外政策。书中大肆宣扬封建宗法制和伦理道德,竭力以此来维持其法西斯统治。全书极力攻击共产主义思想,也反对自由主义思想,说"自由主义和共产主义之争,则不外英美思想与苏俄思想的对立。这些学说和理论,不仅不切于中国的国计民生,违反了中国固有的文化精神,而且根本上忘记了他是一个中国人,失去了要为中国而学亦要为中国而用的立场"。宣称"抗战的最高指挥原则,惟有三民主义,抗战的最高指导组织,惟有中国国民党"。"没有三民主义就没有抗战;没有中国国民党就没有革命","中国国民党如能存在一天,则中国国家亦必能存在一天,如果今日的中国,没有中国国民党,那就是没有了中国。如果中国国民党革命失败了,那就是中国国家整个的失败。简单地说,中国的命运,完全寄托于中国国民党"①。并扬言两年之内解决中共问题。蒋介石抛出《中国之命运》,其实质是要强化国民党,消灭共产党,维护封建法西斯统治。

《中国之命运》一出笼,中国共产党就揭露其反动实质,指出它是"中国的法西斯主义",是为蒋介石发动新的反共高潮作舆论准备。它使国共合作、团结抗战受到严重威胁。中共中央对此展开坚决的揭露和批判。在思想理论战线上两党进行了一场激烈的斗争,通过斗争,揭露了蒋介石所宣扬的封建法西斯主义,宣传了共产主义,是在思想理论上对第三次反共高潮的还击。

蒋介石抛出《中国之命运》的同时,在军事上开始向共产党进攻。1943

---

① 《中国之命运》,正中书局1943年版。

年3月,即令李仙洲、王仲廉部东进,韩德勤接应配合进攻新四军。新四军自卫反击,俘虏了韩德勤,并争取韩合作抗日,并达成协议,今后双方互相协助抗战,严禁摩擦。5月,共产国际解散,蒋介石加紧军事部署,准备闪击延安,一举解决陕甘宁边区问题。6月18日,胡宗南召集军事会议,除原屯集于边区周围的40万人外,还抽调执行河防任务的三个军中的两个,共60万大军包围陕甘宁边区,准备分九路闪击延安。7月7日开始炮击边区,挑起武装挑衅数十次。在国共关系的严重关头,中共中央指示发动宣传反击,同时准备军事力量,粉碎其进攻的可能。毛泽东还致电董必武,要他与国民党交涉,停止反共摩擦,并通告各国驻华使馆,动员各方舆论来压倒国民党的反共舆论。在国际国内舆论都反对中国打内战的情况下,7月10日,蒋介石下令胡宗南停止进攻陕甘宁边区,并说国民党无意进攻,纯属误会。12月,胡宗南下令撤退了部分军队。第三次反共高潮被阻止了。

制止第三次反共高潮后,中共仍以民族大义为重,愿同国民党继续谈判。1944年1月26日,毛泽东约见国民党驻延安联络参谋,告以中共拟派周恩来、林伯渠、朱德三个人之一或三人同行到重庆会见蒋介石,并同国民党重开谈判。2月2日,国民党中央复电表示同意三人同去重庆,于是中共中央先派林伯渠为代表谈判。1944年5月4日至11日,林伯渠同国民党谈判代表张治中、王世杰进行会谈,中共提出承认中共合法、承认边区政府、承认中共领导的军队、恢复新四军番号、撤销对各根据地的封锁与包围等五点要求为谈判的基础,遭到国民党拒绝。国民党代表提出先谈军事和边区问题,林伯渠表示同意,但双方谈判并无结果。5月17日,双方谈判代表一起飞往重庆继续谈判。

国民党对林伯渠到重庆谈判事前作了充分准备,研究对策,对这次谈判采取"注重其宣传性,而不期待其成功"的方针。由于国民党无谈判诚意,当林伯渠把中共中央向国民党中央提出的《关于解决目前若干急切问题的意见》20条交给张治中、王世杰时,他们认为条件太多,并说有些条件无异是宣布国民党的罪状,拒绝转呈蒋介石。中共从大局出发,将20条改为12条,主要内容是要国民党实行民主、开放党禁、中共军队扩编、防地维持现状等,但仍遭拒绝。

6月5日,林伯渠、董必武、王若飞就10天来的活动及各方面的动态致电毛泽东,说:"蒋目前虽极困难,但绝无解决问题诚意(苏、英、美人士,小党派,地方实力派及孙科、许宝驹、王昆仑,都如此看法),今天只是作出谈判状态给中外看。"①据此中共中央认为,对这次谈判既不闭谈判之门,也不存急切解决问题之想,既不急于催促张治中、王世杰,也不拒绝谈判和冷落他们。这时张治中、王世杰向林伯渠面交《中央对中共问题政治解决提示案》,主要内容有三点:(1)10个师以外的队伍全部限期取消;(2)规定10个师集中到哪里就必须集中到哪里;(3)敌后解放区所有政府一律交给流亡重庆的省政府接收。这些条件中共无法接受,双方的条件差距甚远,谈判未解决任何问题。

1944年9月15日,三届三次国民参政会在重庆召开。15日,林伯渠在参政会上作《关于国共谈判的报告》,报告了4个多月来国共两党谈判的经过和失败的原因,提出希望国民党立即结束一党统治的局面,由国民政府召开各党派、各抗日部队、各地方政府、各人民团体的代表参加的国是会议,组织各抗日党派的联合政府。提出目前应加强全国团结,集中全国力量,配合盟军反攻,将日本打垮。张治中也代表国民党作了关于国共谈判经过的报告,谈判遂暂告一段落。从此,国共两党的谈判进入了一个新阶段,即公开谈判关于联合政府的问题。

第三节 国共关系走向新阶段

一、关于建立联合政府

关于民主联合政府与建国基本方针问题,是抗战胜利前后国共两党谈判和斗争的中心问题,它标志着国共两党关系走向新的阶段。共产党的方针是:立即召开党派会议,成立临时的联合政府,战后召集国民大会成立正式的联合政府。国民党的方针是:不放弃一党专政,包办国民大会,继续一党专制。因此,成立包括国民党在内的各党派联合政府,作为抗日民族统一战线在政权上的最高形式,就成为抗战胜利前后国共两党谈判与斗争的焦点。

在抗战胜利后建立联合政府的主张是共产党首先提出的,得到了全国人

---

① 《林伯渠、董必武、王若飞关于十天来的活动及各方面的动态致毛泽东电》(1944年6月5日),见南方局党史资料编辑小组:《南方局党史资料》第3卷《统一战线工作》,重庆出版社1990年版。

民和各民主党派的积极支持。1944年8月23日,毛泽东在延安会见美驻华使馆二等秘书谢伟思时,明确提出召开一次中国所有主要政治集团的会议,建立一个新的国民政府的主张,并希望美国政府对此施加影响。9月,中共中央向在重庆谈判的林伯渠发出指示,认为改组政府的时机已成熟,这一主张一定会受到各民主党派、地方实力派、国内外进步人士及盟国开明人士的赞成。中共要求在取得抗日民主党派和进步人士同意的前提下,准备将改组政府的主张正式提交三届三次国民参政会。9月5日,三届三次国民参政会在重庆开幕。15日,林伯渠代表中共在会上正式提出组织各抗日党派联合政府的主张。

中共中央提出成立联合政府的主张,使蒋介石极为恐慌。蒋介石出席三届三次国民参政会并作报告强调"军令统一,政令统一",顽固坚持国民党一党专政,不接受成立联合政府的主张。然而,中共提出建立联合政府的主张却得到了全国人民和各民主党派的热烈响应和支持,推动了国统区民主运动的迅速发展。

中共关于建立民主联合政府的主张也得到盟国的支持。盟国(特别是美国)希望国民党开放民主,容纳共产党,通过联合政府加强中国的抗战力量,共同对日作战。早在1943年11月开罗会议期间,美国总统罗斯福与蒋介石交谈时即表示希望中国各派政治力量联合起来反对日本,要求蒋介石在战争尚在继续时,与共产党人组成一个联合政府。基于罗斯福的这一对华政策,美国希望在中国建立一个在蒋介石领导下的联合政府,让"小党派的人进入政府","建立一个战时内阁,使其它党派或组织的行政及军事领导人参加进来"[①]。为此,在中共提出建立联合政府的主张时,美国即从中斡旋,促成国共两党的谈判。

1944年9月,罗斯福总统特使赫尔利来华,其使命是防止国民政府崩溃,支持蒋介石为中国领袖,协调蒋与美国司令官的关系,为击败日本统一中国境内一切军事力量等。为此,赫尔利以"调停人"的姿态调处国共关系,引诱中共交出军队。赫尔利到重庆后,先后同国民党当局及中共在渝代表林伯

[①]《美国驻华大使高斯致赫尔国务卿和罗斯福总统》(1944年9月16日),载《美国对外关系》1944年中国卷,译载《抗战时期国共合作纪实》(下卷),第349页。

渠、董必武接触,10月28日,提出作为会谈基础的五点建议,经国民党修改后,赫尔利携此文件飞往延安。

11月8日赫尔利与毛泽东、周恩来举行会谈。双方经过四次协商,于10月达成关于建立民主联合政府、联合军事统帅部和承认中共合法的五项协议,规定:"一、中国政府、中国国民党及中国共产党应通力合作,为击败日本而统一所有国内武力,并共同致力于中国的复兴工作。二、国民政府应即改组为一联合政府,由一切抗日政党及无党派政治团体所派代表构成之,并应拟定及颁布一民主政策,就军事、政治、经济及文化各事项之改革方案予以规定。军事委员会亦应同时改组为联合军事委员会,由所有抗日军队派遣代表构成之。三、联合政府应遵照孙中山先生所倡原则,创设一民治、民享、民有之政府。联合政府所采取政策,其目标应为:提倡进步与民主;主持公道及维护信仰自由、出版自由、言论自由、集会结社自由,并给予人民以向政府诉愿之权利,关于人身保护状之权利,以及住宅不受侵犯之权利。联合政府并应采取政策,俾前所规定之'免除恐惧之自由'及'免除匮乏之自由'得以有效实施。四、一切抗日武力应遵守并实施联合政府及联合军事委员会之命令,并由政府及联合军事委员会予以承认,所有获自友邦之军事分配,应公平分配与各该武力。五、中国的联合政府承认中国国民党、中国共产党及一切抗日政党的合法地位。"①上述五点协议,中共作了较大让步,但若能实现联合政府的方针,将有利于中国的进步和抗战事业。毛泽东和赫尔利分别在协议上签了字。

随后,中共中央派周恩来随赫尔利到重庆继续与国民党谈判。蒋介石虽然赞同赫尔利引诱共产党交出军队,却拒绝接受由毛泽东、赫尔利共同签署的五点协议。11月15日,国民党向赫尔利提交四点反建议,21日修改为三点:"一、国民政府,因欲有效完成所有国内武力之统一与集中,俾能从速战胜日本,且对中国之战时复兴,寄其厚望,故愿将中国共产党之武力,于改编后收为国军之一部分,此后该共产党武力,在薪饷、津贴、军火及其他配备方面,即取得与其他部队之同等待遇,并承认中国共产党之合法地位。二、中国共

---

①《中美关系资料汇编》第1辑,载孟广涵主编:《抗战时期国共合作纪实》(下卷),重庆出版社1992年版,第374页。

产党应在抗战建国方面竭诚拥护国民政府,并经由军事委员会将其所有部队,交由国民政府统一指挥。国民政府愿就中国共产党之高级军官中,遴员参加军事委员会。三、国民政府愿遵孙中山先生所倡导并经中国共产党表示拥护之三民主义,创设一民治、民享、民有之中国政府。国民政府并愿采取政策,以策进步而促进政府之民主程序。"[1]这三点反建议于22日由王世杰奉命提交赫尔利转交周恩来,作为修正国共协议的三项条件,片面要求中共交出军队,然后承认其合法地位,根本不提联合政府问题。鉴于此,中共拒绝将这三项作为谈判条件,明确表示是不同意和不满意的。12月7日,周恩来、董必武等返回延安,谈判遂陷入停顿。

　　随后,赫尔利多次致电中共,邀请周恩来到重庆继续谈判。为促进召开党派会议,正式商讨国是会议,联合政府的组织及其实现步骤等问题,周恩来于1945年1月24日再次到重庆与国民党代表宋子文、王世杰、张治中谈判,赫尔利应双方邀请列席会议。国民党在原三点反建议的基础上又提出三项办法:在行政院下设一容纳中共及其他党派的战时内阁;由军事委员会委派国共军队军官各一人,美国军官一人组成三人混合委员会,负责拟定中共军队整编及待遇之办法;指派美国军官一人直接指挥中共军队作战。这三项仍是要中共交出军队,不提联合政府问题,中共严正拒绝。2月2日,周恩来向国民党提交《关于党派会议的协议草案》,主要内容是:(1)党派会议应包括国民党、共产党及民主同盟三方代表,会议由国民政府负责召集,代表由各方自己推出;(2)党派会议有权讨论和决定如何结束党治,如何改组政府,使之成为民主联合政府,并起草共同施政纲领;(3)党派会议之决定和施政纲领草案,经将来的国是会议通过,方能成为国家法案;(4)党派会议应公开进行,并保证各代表有平等地位及来往自由。

　　可国民党认为中共主张召开党派会议、国是会议和联合政府是在"破坏国家法规和革命制度",诬蔑中共主张建立联合政府就是要推翻政府,开党派会议就是分赃会议,只同意召开政府咨询会议。中共坚持要以废除党治,承认一切抗日党派的合法地位,组织民主联合政府作为谈判条件;国民党顽固

---

[1] 载《美国对外关系》1944年中国卷,译载孟广涵主编:《抗战时期国共合作纪实》(下卷),重庆出版社1992年版,第349页。

坚持一党专政,反对联合政府。这样,使谈判毫无结果。2月16日,周恩来返回延安,至此,国共两党关于联合政府的谈判暂告停止。3月1日,蒋介石在重庆宪政实施协进会上发表演说,要中共把军队交给国民政府,然后承认中共合法,并以"还政于民",召开由国民党所控制的国民大会来抵制中共关于建立民主联合政府的主张。

二、中共七大和国民党六大,两党合作走向新阶段

为争取抗日战争的最后胜利,并在战后建立一个独立、自由、民主、统一和富强的新中国,1945年4月23日至6月11日,中共七大在延安召开。毛泽东在会上作《论联合政府》的政治报告,提出只有成立联合政府才是目前中国时局的出路。大会围绕与各党派建立联合政府的中心议题,反映了共产党与各党派成立联合政府的真诚愿望。报告分析了国际国内形势,提出了中国人民的基本要求,对比了两条不同的抗战路线,即"国民党政府压迫中国人民实行消极抗战的路线与中国人民觉醒与团结起来实行人民战争的路线";阐明了中国共产党的一般纲领和具体纲领;规定了国统区、沦陷区与解放区的工作任务,提出"在广泛的民主基础之上,召开国民代表大会,成立包括更广大范围的各党派和无党无派代表人物在内的同样是联合性质的民主的正式的政府,领导解放后的全国人民,将中国建设成为一个独立、自由、民主、统一和富强的新国家。一句话,走团结和民主的路线,打败侵略者,建设新中国"。毛泽东在报告中说:"为着彻底消灭日本侵略者,必须在全国范围内实行民主改革。而要这样做,不废止国民党的一党专政,建立民主联合政府,是不可能的。"并提出结束国民党一党专政实现联合政府的两个步骤:第一步是成立临时联合政府;第二步是召开国民大会,成立正式的联合政府。为彻底打败日本侵略者,实现中华民族的彻底解放,七大总结了中国革命的历史经验,"决定了党的路线,这就是放手发动群众,壮大人民力量,在我党的领导下,打败日本侵略者,解放全国人民,建立一个新民主主义的中国"[1]。七大还把以马克思主义理论与中国革命实践之统一的思想——毛泽东思想作为全党的指导思想,使全党在新的形势下达到空前的团结,为迎接抗日战争的伟大胜利

---

[1] 毛泽东:《论联合政府》,《毛泽东选集》第3卷。

和新民主主义在全国的胜利作了充分的准备。

中共七大召开期间,国民党六大也于5月5日至21日在重庆复兴关(佛图关)中央青年干部学校召开。大会的中心议题是讨论中共问题,坚持国民党一党专政,抵制联合政府,准备内战。5月17日,大会就中共问题通过了决议案和工作方针,进一步确定了其独裁、反共政策。《对中共问题之决议案》攻击中共"仍坚持武装割据之局",并声称对中共问题采取政治解决的方针,说:"现值国民大会召开在迩,本党实施宪政还政于民之初愿,不久当可实现。为巩固国家之统一,确保胜利之果实,中央自应秉此一贯方针,继续努力,寻求政治解决之道。"[1]《对中共问题之工作方针》诬蔑中共破坏抗战,说:"中共最近更变本加厉,提出'联合政府'口号,并阴谋制造其所谓'解放区人民代表会议',在企图颠覆政府,危害国家。"[2]把妨碍抗战、危害国家的罪名强加在中共头上,为其准备内战制造借口。由于共产党提出的联合政府主张已深入人心,国民党六大不敢公开作出反共内战的决议,被迫作出一些民主的姿态,如通过《关于国民大会召集日期案》,宣布在1945年11月12日召开国民大会,通过宪法,实施"宪政"、"还政于民",并以此来抵制中共联合政府的主张,最终确定实行一党专政和内战的反动政策。

国共两党在抗战胜利前夕关于联合政府问题的斗争,在中共七大和国民党六大以后实际上已分道扬镳,两党的合作关系已是貌合神离、各执一端了。中共代表中国绝大多数人的利益,提出联合各抗日党派,打败日本侵略者,解放全国人民,建立一个新民主主义的中国,把中国引向光明的前途。而国民党却提出实行一党专政,消灭共产党和中国民主势力,加强独裁统治,准备内战,把中国引向黑暗的前途。中国人民面临着光明与黑暗两个前途、两种命运的严重斗争。但国民党还不敢公开反共打内战,而共产党也仍在希望国民党能接受联合政府的主张。

6月2日,褚辅成、黄炎培等七参政员联名致电毛泽东、周恩来,表示希望国共两党从速恢复商谈,促进国内团结。中共中央回电表示,只要国民党放弃一党专政,召开党派会议,商组联合政府,中共乐于会谈,并欢迎他们访问

---

[1] 中国国民党中央委员会党史委员会编:《革命文献》第76辑。
[2] 中国国民党中央委员会党史委员会编:《革命文献》第76辑。

延安商谈国是。7月1日,褚辅成、黄炎培、冷遹、左舜生、傅斯年、章伯钧六人经蒋介石同意从重庆飞往延安,就组织联合政府事宜与中共会商。双方商定两点:(1)国民大会停止进行;(2)从速召开政治会议。蒋介石拒不接受。7月7日,国民党一手包办的四届一次国民参政会在重庆召开。事前,中共于6月16日发表声明,决定不参加这届国民参政会,原因是:(1)国民党拒绝成立联合政府的主张;(2)此届国民参政会召集,完全由国民党一手包办;(3)国民党拟在即将召开的参政会上操纵参政会,以实现国民党六大制定的政策。民主党派也开始同国民党进行斗争。

三、美、苏等国在第二次国共合作中的作用

第二次国共合作无论在酝酿时期还是在合作期间,苏、美等国都曾起过积极作用,并一直维持到抗日战争取得最后胜利,以后由于美国的扶蒋反共政策,使国共关系完全破裂。

早在酝酿时期,共产国际和苏联就指示中共应当同其他一切抗日力量建立抗日民族统一战线,苏联还从中斡旋,为谋求国共两党的重新合作努力。震惊中外的西安事变发生后,各国从各自不同的利益出发,对事变采取不同的态度。苏联支持和平解决西安事变,美、英、法等国从需要中国牵制日本维护自身利益出发,也支持和平解决。正是由于西安事变的和平解决才为第二次国共合作提供了前提。斯诺在《西行漫记》中说西安事变的和平解决是"中国得了利,日本失了利"。"七七"事变后,中国人民的抗日得到了广泛的国际援助和支持,最终形成了以国共两党合作为基础的抗日民族统一战线,并作为世界反法西斯统一战线的组成部分,长期得到苏、美、英等盟国的支持。

第二次国共合作正式形成后,两党关系在曲折中发展,国民党先后掀起了三次反共高潮,使两党关系几至破裂。在国内外强大压力下,蒋介石不敢公开中止两党关系。美国对蒋介石施加压力,对维护国共合作关系起了至关重要的作用。如皖南事变发生后,美国总统罗斯福派特使居里来华对国共关系进行调解,希望两党能团结抗日。居里在重庆与蒋介石和周恩来分别会谈,并向蒋声言:"美国在国共纠纷未获解决前,无法大量援助中国。"[①]以此

[①] 延安《新中华报》1941年3月9日。

向蒋介石施加压力,迫使其改善国共关系。

1943年,共产国际宣布解散,蒋介石抛出《中国之命运》掀起第三次反共高潮。在此之后,1944年6月,美国总统罗斯福派副总统华莱士来华与蒋会谈,调解国共两党关系,华莱士说:"罗斯福总统曾经谈到中国共产党。罗斯福总统认为,共产党人和国民党的党员终究都是中国人,他们基本上是朋友,'朋友之间总有商量的余地'。""罗斯福总统表示,如果双方不能够一致,他们可以'找一个朋友来',并且表示他可以充当那个朋友。"蒋介石说美国"不了解共产党对中国政府所构成的威胁,并且过高估计了共产党抗日的作用"[1],并提出要政治解决之。可见蒋介石并不是真诚同共产党合作,由于美国的强大压力,使得蒋不能不作出一些让步。

当然,美国调停国共关系是从它自身利益出发的。在抗战胜利前夕,美国也曾就组成联合政府从中斡旋,但在罗斯福总统逝世后,杜鲁门上台,加上苏联红军在反法西斯战争中的伟大胜利,美国的调停就越来越偏向国民党一边,最后推行一套反动的扶蒋反共政策。

---

[1]《华莱士副总统与蒋介石会谈纪要》(1944年6月21日),见孟广涵主编:《抗战时期国共合作纪实》(下卷),重庆出版社1992年版,第265、272页。

第十一章　重庆城市的第二产业(一)——工业概况

第一节　沿海工矿企业的内迁和迁渝

抗战时期,是中国生产力布局大调整的时期,也是重庆经济,特别是工业经济大发展的时期。

1937年以前,中国工业在半殖民地半封建社会里畸形发展,布局上极不合理,沿海地区集中了全国80%以上的工厂[1];结构上,以轻工业为主,重工业寥寥无几,比例严重失调;广大西部地区长期动乱,工业极端落后。

1931年"九一八"事变以后,随着中日民族矛盾的逐步上升,国民政府始将经济建设与国防建设结合起来,把中国西部地区作为未来作战的后方基地。在对外战争的情况下,寻找后方基地,这是一个主权国家的一种战略考虑。

1935年1月,蒋介石派参谋团(即国民政府军事委员会委员长行营参谋团)入川。参谋团在重庆的任务:一是"剿赤",即"围剿"红军;二是"安川",即统一川政。四川军阀自1927年易帜以来,名义上接受国民党中央政府的领导,实际上军阀割据,不服中央管束。参谋团入川后,打破了军阀防区制,重建四川省政府于重庆;统一四川财政、币制;打通四川和西南公路;实施"川军国家化"。

1935年3月,蒋介石第一次来到重庆。他多次宣称,"四川应作民族复

---

[1] 国民政府经济部统计处:《后方工业概况统计》,1943年编制。

兴之根据地"①。抗战胜利后,他解释说,当时讲的民族复兴根据地,也就是抗战的根据地。因此,"剿赤"与"安川"是蒋的直接目的,而建设对日作战的后方基地,以巩固其统治地位,则是他的战略目的。

由于有国民党中央政府的支持,在1935年以后的两年多,重庆的钢铁、电力、水泥等投资巨大的重工业企业先后投产,交通条件也有了相当的改善。重庆工业经济又开始有了一点生气。

1937年抗战全面爆发,国民政府加快了内地的开发和建设。而最有效的办法,就是在尽量设法利用内地原有工厂的同时,把沿海和接近战区的厂矿迁往内地,这既可免其沦于敌手,又可赢得时间,节省人力财力。因此,国民政府确定"政府第一期的工业政策,其中心工作就是协助厂矿内迁"②。8月10日,行政院通过了资源委员会关于拆迁上海工厂的提案。8月13日,即由军事委员会、工矿调整委员会筹组的厂矿迁移委员会派员,分赴临近战区各省市督导公私厂矿迅速迁移。从此,拉开了中国近代工业史上规模空前的大迁徙的序幕。

起初,厂矿内迁的目的地并不是西南,而是武汉。当局计划以武汉为中心,建立新的工业区域。1937年9月,由上海内迁的各厂器材设备开始运抵武汉,于是在汉口成立了迁鄂工厂联合会。至11月中旬,上海内迁各厂器材大部分到达汉口;山西、河南、山东、天津等地由资源委员会经营的一些厂矿和民营的一部分厂矿,如郑州豫丰纱厂、济南陆大铁工厂、山东中兴、河南中福、六河沟煤矿等厂矿的设备也大部分到达汉口,武汉遂成为迁移的中心。为此,工矿迁移监督委员会在汉口正式办公,负责督促迁厂事宜。在百余天中,仅上海迁到武汉的即达123家,而从沪宁、沪杭沿线,广东、福建、江西、山东等地迁出的极少。在各厂等待分配去向,勘定厂址工作中,为了支援抗战,维持各厂生计,迁鄂工厂联合会组织64家迁汉工厂利用空余堆栈或租用民房作厂房,组织临时生产。自1937年底至1938年6月的半年中,共生产手榴弹十多万枚,迫击炮弹两万多发,此外还有地雷、水雷、洋镐等军需器材。这是内迁的第一阶段。

---

①周开庆:《四川与对日抗战》,(台湾)商务印书馆1971年版,第10页。
②《抗战时期工厂内迁史料选辑》(一),见《民国档案》1987年第2期,第36页。

10月,由于日军迅速向南京逼近,国民政府决定迁都重庆,以武汉为中心筹设工业区的计划落空。已经迁到武汉的厂矿,在开工一段时间以后,于1938年6月再次拆迁。武汉本地的厂矿也加入了内迁的大军。武汉沦陷以前,经武汉或由武汉起运的厂矿为304家,机件51182吨[1]。

在内迁的第二阶段,一些厂矿选择了广西、湖南、陕西、云南为目的地,但更多的选择了四川,特别是重庆。这主要是因为,重庆是战时首都,政局稳定,有利于开工生产,支援抗战。同时,重庆有丰富的工业生产必需的劳动力以及煤、铁、水等资源,有广大腹地可供给农产品等工业原料,交通也有发展。再加上,长期以来,重庆是四川、西南的商业金融中心,有支援工业发展的便利条件。因此,重庆就成了第二阶段内迁的主要目的地。

为了吸引更多的民营厂矿迁到重庆,四川省政府制定了不少优惠政策,创造了较好的条件。例如针对有的厂家对工厂选址、地价、地租、捐税方面的疑虑,四川省政府成立了迁川工厂土地评价委员会,由重庆市长、江北和巴县县长、重庆市商会会长、省建设厅代表、建筑专家、工业专家,以及中央政府厂矿迁移监督委员会委员共同组成,制定了《迁川工厂用地评价实施办法及评价标准》。税收方面规定,凡迁川工厂厂地印契准免收附加税3成,后降至5成[2]。同时,在交通运力十分紧张的情况下,重庆民生轮船公司全力抢运内迁物资,创造了战时运输的奇迹。同时又组织木船抢运,规定凡木船承运的迁川工厂物资保险费,由四川省政府补助79%[3]。

兵工厂由政府有关部门直接安排内迁重庆。在重庆行营的督促下,重庆市政府、江巴两县在两江沿岸的有利地势,为工厂划拨了大量厂地,迅速建厂开工。所有原料供应、设备补充、营建经费、人员招募、产品调拨,均由政府操办,保证优先供应。兵工企业,恢复迅速。

对于迁渝民营工厂的复工,政府也在举办兵险(即战时兵险业务)、协助疏建、贷发资金、实行奖助、招训技工、奖励发明等方面予以扶助,使民营厂在迁川之初都有不同程度的发展。

---

[1] 以上见林继庸:《民营厂矿内迁纪略》,载《工商经济史料丛刊》1983年第2辑;张策佳:《抗战时期厂矿迁渝述略》,载《重庆地方志资料》1986年第1期。

[2] 林继庸:《民营厂矿内迁纪略》,载《工商经济史料丛刊》1983年第2辑。

[3] 即每20元,补助15.95元,见《抗日战争时期国民党政府开发西南历史考察》,第46页。

到1940年中,工矿内迁工作大体结束。

然而,内迁重庆的企业到底有多少,行业和分布状况如何,它们在迁川工厂和全国内迁厂矿中的比例有多大?至今有过一些统计,但并不完全,也不十分准确,有的地方存在矛盾。

首先,全国内迁厂矿的数字就有好几个。国民政府主计处统计局1939年底的数字是410家(《中华民国统计简编》)。资源委员会1940年的统计是452家[1],工矿调整处的统计是354家[2]。另据有的学者统计,内迁的厂矿为600余家,其中经国民政府工矿调整处协助迁移的为448家,其余为自动拆迁,而这448家才是内迁工厂中的精华,是军需和工业急需的重点厂家[3]。另据《新华日报》1938年12月14日报道:自1937年秋至1938年12月,除国营的工矿企业和兵工厂外,由上海等地迁来重庆的工厂已达124家。据《新华日报》消息,这些工厂中有:机器厂49家、肥皂厂4家、电池厂3家、电料厂12家、电器厂2家、煤炭厂7家、印刷厂29家、米厂12家、烟草厂3家、其他3家。笔者认为,1939年的数字尚不能反映迁川全貌;600家的数字,还缺乏有力的证据和详细的说明;354家的数字,没有统计年份;而1940年的452家,是厂矿迁移监督委员会提供的,较为可靠。

其次,迁川的数字也有好几个。据《迁川工厂联合会会员名录》统计,为223家。据当年主持内迁工作的林继庸先生记载为250家[4]。另有254家之说,载于中国工业经济研究所1945年编制的《工业统计资料提要》。笔者认为,250家左右是可信的。因为林先生亲历此事,且条分缕析,资料齐全;工业所的统计也有权威性。《会员名录》有逐渐增加的可能,而作者没有看到更新的版本。当然还应加上迁川的10余家兵工厂[5],迁川总数当在260家以上。

再者,迁渝的数字迄今不见准确记载,大都是学者的推断。有的只讲重庆占四川的99%[6]。如以四川250家为据,就该有225家。有的讲迁渝工厂

---

[1]《经济部的战时工业建设》,载《资源委员会公报》第4卷第4期。
[2]《川康经济建设计划草案》,第3页。
[3]《抗日战争时期国民政府财政经济战略措施研究》,西南财经大学出版社1988年版,第214页。
[4]《工商经济史料丛刊》第2辑,第137页。
[5]傅润华等:《陪都工商年鉴》第8编,第9页。
[6]周开庆:《四川与对日抗战》,(台湾)商务印书馆1971年版,第52页。

约占全部内迁厂矿的 1/3[①]。若按内迁 450 家计,就为 150 家;即使按 600 家算,重庆也才 200 家。据笔者对《迁川工厂联合会会员名录》记载的 223 家企业的逐个分析,结果是在这 223 家中,乐山 2 家,宜宾 2 家,五通桥、自流井、遂宁、南川各 1 家,重庆 214 家。223 家只是一个比较接近迁川工厂数的数字,但重庆在其中比例占 93.04% 则是相当可靠的。重庆的这 214 家还仅仅是对民营工厂的统计,应加上迁渝的 10 余家军政部所属的兵工厂。按四川 250 家计,迁入重庆的民营厂矿应为 233 家,再加上迁渝的 10 家军政部所属的兵工厂[②],重庆内迁工厂总数为 243 家。

现根据上述 3 个数字可计算出迁渝工厂 243 家,占迁川工厂总数(260)的 93.46%,占内迁工厂总数(450)的 54%。

进行这种计算,目的在于尽可能弄清迁渝工厂的全貌,以及它在四川和大后方的地位。因为这批企业是当时中国工业的精华,他们的迁渝,改变了重庆原有的工业结构,扩大了重庆工业的产业资本和生产能力,给重庆带来了先进的生产技术和管理经验,成为重庆工业的骨干,对于抗战时期重庆经济的发展,具有极其重大的作用。不仅如此,它还完成了重庆工业中心的形成,使重庆得以担负大后方工业中心的重任。

第二节 战时重庆工业主要行业与技术进步

战时重庆工业较之战前已面目一新。本节介绍其主要行业(其骨干行业钢铁与棉纺织另节专述)。

一、兵器制造业[③]

在为战争服务的工业体系里,兵器制造业处于中心地位,重庆作为中国大后方的战时首都,担负起了兵器制造中心的历史重任。

抗战以前,中国的兵工企业主要建在湖北、河南、湖南、江苏、山东、广西、

[①] 刘敬坤:《重庆与八年抗战》,载《重庆抗战纪事》,重庆出版社 1985 年版,第 13 页。
[②] 刘敬坤:《重庆与八年抗战》,载《重庆抗战纪事》,重庆出版社 1985 年版,第 13 页。
[③] 参见《抗战时期迁川的兵工单位》,载《抗战时期内迁西南的工商企业》,云南人民出版社 1988 年版。

广东、山西以及四川等地。抗战开始以后,陆续内迁。1937年10月,兵工署重庆办事处成立。1938年,兵工系统最高管理机关——军政部兵工署也迁到重庆。在兵工署的统一指挥和组织下,各兵工厂陆续向重庆集结。国民政府首先将金陵兵工厂全部西迁,该厂机器设备和各种器材4300多吨经武汉转来重庆,于1938年3月1日在江北陈家馆复工生产。与此同时,湖北的汉阳兵工厂、河南巩县兵工厂、保定修械所、株洲炮兵研究处,以及六河沟、大冶等处的机械设备也陆续迁入四川。各厂经改组后,于1938年3月先后复工生产(是时,兵工署共辖有14座兵工厂),遂使重庆成为大后方的主要军事工业基地。抗战期间,重庆市兵工系统拥有各种工作母机16000余部,职工26000余名,占全市产业职工总数的1/4强。兵工与煤炭、纺织是战时重庆的三大产业部门。

经过调整和改组,按战时序列,形成了新的兵工生产体系。其主要厂家有:

第一兵工厂,前身为汉阳兵工厂,1938年迁湖南辰溪,1940年奉命迁重庆鹅公岩,生产步枪、迫击炮弹。

第二兵工厂,前身为汉阳火药厂。1938年迁湖南辰溪,1940年迁重庆巴县纳溪沟,生产各类枪弹发射药及化工产品。

第三兵工厂,前身为上海炼钢厂的一部分,经武汉迁重庆,1940年并入钢铁迁建委员会,从事机械修配及工兵器材制造。

第十兵工厂,前身为南京炮兵技术研究所,1938年辗转由株洲迁来重庆,设址江北忠恕沱,主要生产迫击炮、迫击炮弹、手枪及信号枪子弹。

第十一兵工厂,前身为河南巩县兵工厂,经湖南长沙、烟溪,1940年迁到重庆铜罐驿建厂。

第二十一兵工厂,系南京金陵兵工厂和汉阳兵工厂迁渝后组成。为当时重庆最大的兵工厂。总厂设重庆江北陈家馆,一分厂设鹅公岩。该厂生产马克沁重机枪、捷克式轻机枪、82毫米迫击炮、中正及汉阳式步枪。

第二十五兵工厂,前身为株洲兵工厂之枪弹厂,1938年4月迁重庆,生产7.9毫米和6.5毫米枪弹、木柄手榴弹。

第三十兵工厂,前身是济南兵工厂,经西安迁重庆王家沱,生产木柄手榴弹、二七式掷榴弹、掷弹筒、缓燃导火线。

第三十一兵工厂,设重庆南岸大佛寺,主要生产各种子弹、手榴弹、枪榴弹等。

第四十兵工厂,原为广西兵工厂筹备处,1939年迁重庆綦江,生产7.9毫米机枪弹、八二迫击炮弹。

第五十兵工厂,原为广东第二兵工厂,后迁重庆郭家沱,生产60毫米、150毫米迫击炮弹,十年式山炮弹,三八式野炮弹,克式山炮弹。

钢铁厂迁建委员会和第二十四、二十八兵工厂,皆为钢铁企业,此处不赘述。

到渝以后,兵工署采取了一系列措施迅速组织生产,增加制造能力。

首先,调整产品结构,尽可能实行专业化生产。如将金陵兵工厂等制造枪弹的机器归并到第二十厂;将第二十厂、汉阳兵工厂制造步枪、机枪的机器,以及重庆武器修理所归并到第二十一厂;将第四十厂制造轻机枪的机器并入第四十一厂,第四十一厂的枪弹制造设备则并入第四十厂。

其次,增建新厂,解决原料。战时炸药需要量很大,相当部分需要进口。为减少对外的依赖,先后筹建了第二十六兵工厂,生产氯酸钾、钾桐炸药;筹建了第二十八兵工厂,炼制合金钢。还新建了特种车辆零件试制研究所、兵器陈列所、技术总库等。

第三,进行技术改造,试制新材料和新产品。如第二十厂将圆头枪弹生产线改造为尖头枪弹生产线;将由精硝、TNT混装的甲雷改为纯装的TNT新式甲雷。第二十一厂完成了启拉利轻机枪、汉阳式步枪生产线和捷克式轻机枪、中正式步枪的改造。第三十厂试制成功掷弹筒,结构简单,使用方便,被命名为二七式掷弹筒。第五十厂试制成三七战防炮,可用于射击坦克和装甲车。

第四,疏散隐蔽生产线,减少空袭损失。从1938年秋开始,日机轰炸重庆,尤以1939年至1941年最为频繁。相当部分兵工厂的主要生产车间都疏散到隐蔽区域,有的还搬进了山洞。

第五,组织民用工厂生产军工产品。

这些兵工厂生产枪炮弹药和军用器材,有力地支援了抗日战争的需要,同时设备先进的兵工厂又带动了民用工业企业的发展。

二、机器制造业

由于战争的需要,重庆的机器制造业在内迁工厂的带动下,"风虎云龙,乃呈空前丕变"[1],是发展最快的行业之一。

抗战开始后,重庆市民营机器工业一度勃兴,1942年底曾达到436家,拥有资本一亿七千多万元,工人一万一千多人,但1943年以后即呈疲惫状态。重庆市机器工业的黄金时代是1940年至1942年间,这两年间,厂数增加约1倍到3倍。1942年,重庆机器工业公会360家机器厂中,歇业者已达55家,停工者13家。此外,尚有未具报的。又,1943年底,机器工业中,1/3厂家因销路停滞、资金缺乏、原料困难而无法维持,停产者已达20%,其中,江北范围内32家民营机器厂中,倒闭的15家,半停工2家,占50%强;沙磁地区的64家机器厂中,停工12家,占20%。[2]

从1938年至1940年间,迁渝的民营机器厂共有77家[3],以它们为骨干,于1939年6月28日成立了机器工业同业公会,在此基础上,每年以50%至180%的速度向前发展,1942年重庆机器工业达到发展的巅峰(见表11-1)。

表11-1　1939—1942年重庆机器工业发展状况表[4]

项目 时间(年)	工厂	资本(万元)	技工	工具机	动力机
1939	69	—	—	—	—
1940	185	794.8	4200	970	—
1942	436	17388	11762	2400	636具 5441马力

从上面情况可以得知,1942年的厂家比1939年增加了5.32倍,年平均增长率为177%。1942年的总资本是1940年的21.9倍(此数可能偏大,但

---

[1]傅润华等:《陪都工商年鉴》第4编,第17页。
[2]《机器工业现状》,载《新华日报》1944年1月1日。
[3]据《迁川工厂联合会会员名录》统计。
[4]重庆第一区机器工业同业公会统计,1942年。

原始统计如此),年均增长率为59.5%;同期技工数增长了1.8倍,年均增长率90%;工具增长1.47倍,年均增长率73.5%。工厂资本增加也很快。战前只有三家资本在10万元以上。仅到1939年,资本10万以上的厂家发展到9家,最高的已达到120万元。据对重庆市74家机器厂的调查,资本1万元以上(不含1万)的厂家有35家,占47.3%,资本额为444万元,占当时重庆机器业资本总额458.33万元的96.87%。机器业总资本较战前已增长了8.17倍①。这样的发展速度在重庆工业发展史上都是空前的。

在重庆机器业中,有几个特别重要的大型厂家:

恒顺机器股份有限公司,由汉阳迁渝的周恒顺机器制造厂与重庆民生实业公司合资改组,1939年4月成立,同年在南岸李家沱新厂开工。该公司有各种工具机100余台,动力机数十台。抗战期间,生产了煤气机和煤气发生炉、1400马力船用蒸汽机20余部,4000马力陆用蒸汽机、1800马力热气抽水机200余部,以及各种鼓风机、压风机、工具机数百台(部),还为民生公司修理了大量船只。该厂发明的二冲程煤气机取代了进口产品,获得政府10年专利②。该厂是后方设备最好的工厂之一。

震旦机器铣工厂重庆分厂,1918年设于上海,1937年迁来重庆,计有工人200余人。主要生产轻型汽油、煤油发动机,汽车零件和消防器材等③。

上海机器厂股份有限公司,1930年春设于上海杨树浦,经理颜耀秋,有资本650万元,工具机81台,工人140人。该厂先迁武汉,继迁重庆。生产水轮机、抽水机、碾米机、植物油和木炭内燃机、各种车床。尤其是它生产的离心抽水机,每分钟出水400加仑,抽水高度40尺,很适合山区农田使用,畅销四川④。

国光工业社股份有限公司,1940年成立,资本100万元。专为富荣盐区各井灶设计制造电力汲卤机、汲卤绞车、蒸汽绞车、风泵、水泵、工作母机、车床、铣床、月产机器七八部。

民生机器厂,战前就已成立,战时有了巨大发展。该厂吸收了上海江南

---

① 据《四川机器工厂资本统计表》,见《川康经济建设计划草案》,第3—4页。重庆机器工业总资本额根据该表所列厂家平均资本数估计。
② 《周恒顺机器厂发展史略》,见《武汉文史资料》第1辑。
③ 傅润华等:《陪都工商年鉴》第4编,第21页。
④ 《重庆工商史料》第5辑,第46页。

造船厂和全国的优秀造船专家、各种技术人才,有工作母机395部,动力机51部。有些大型设备,如290吨水压机、80吨水压铆钉机、水压弯扳机、剪冲机等,为西南罕见。民生厂的主要任务是为民生公司生产和修理航行川江的各种船只。整个抗战期间,它制造了技术难度很大的轮船19艘,改造旧船8艘,自制船用高压水管锅炉,其造船技术为国内大后方首屈一指。它还为国内其他厂矿制造了一批大型锅炉和重型水轮机。抗战时期,民生厂自身也获得了大发展,职工增加了8倍,达2200人;固定资产达到1753万元,成为后方最大的民营机器厂[①]。

经过短短两年的发展,重庆机器工业就从无足轻重,走上了在大后方举足轻重的地位。据1939年底对四川机器业的统计,它已经形成相当规模的军工生产能力,月产手榴弹、炮弹、飞机炸弹、各种炸弹引信44.6万枚,机枪零件千余套,圆锹、十字镐50万把,以及军用炮表、测量仪器、子弹制造机1000多部;动力机,包括蒸汽机、煤气机、柴油机、水力发电机,月产110部;工作母机,即车、刨、铣、钻、冲床,月产100余部;交通工具,货车及其发动机,月产30余部;作业机器1000余部,还有其他各种机械[②],并能建造轮船和大型起重机。这里虽是四川全省的数字,但四川机械工厂大部分在重庆,再从列出的生产厂家看,绝大多数也都是重庆工厂,因此足以说明1939年底重庆机械业的生产规模和能力。

到1940年,重庆机械业厂家就已占到大后方机械厂家682家的65%,资本337亿元的51.5%了[③],成为重庆工业中一个门类比较齐全的骨干行业。

三、化学工业

重庆的化学工业,由战前的几个零星小厂发展为一个包括酸碱、电化工、煤油与酒精、橡胶、制盐与制药等厂家的重点行业。

酸碱化工方面,有天原化工厂。该厂1928年设于上海,1940年9月在重庆复工,1944年资本1000万元,生产烧碱、盐酸、漂白粉,以及味精。中央工业试验所纯粹化学药品制造实验工厂,生产纯品氢氧化铵、纯硫酸、蓄电瓶

---

① 凌耀伦、熊甫等:《民生公司史》,人民交通出版社1990年版,第7页。
②《四川机械工业生产能力》,见《川康经济建设计划草案》,第5—8页。
③ 隗瀛涛主编:《重庆城市研究》,四川大学出版社1989年版,第118页。

酸、纯硝酸、纯盐酸、结晶草酸等几十种化学药品。中国制酸股份有限公司，1939年10月在重庆成立，生产各种酸类制品，月产250箱。抗战时期，位于五通桥的永利化学工业公司，其办事处也设于重庆。据统计，抗战时期，大后方有酸碱工厂31家，其中9家重要工厂均设于重庆①。

电化工方面，主要有中国工业煤气公司。该公司在长寿、泸县各设一厂，资本50万元，月产氧气3600立方米、氮气38600立方米、高压空气4800立方米、液态氧30公斤，日产电石5吨。此外，还有天利氮气厂②。

炼油及酒精制造方面，由于战时汽油等燃料需求大增，而进口量大减，因此加快发展民族炼油业成为必然，政府遂拨款8000万元改造大后方的旧厂与增设新厂，并开发酒精等代用燃料。到1944年，大后方已有炼油厂80余家，总资本2.5亿元，其中重庆为35家，占43.75%。主要有国营中国植物油料股份有限公司，资本200万元，厂设重庆、万县、南川等地，出产精炼桐油、汽油、煤油、柴油等燃料油和酒精，以及各种润滑油；动力油料厂，资本200万元，1938年开办，月产汽油5000加仑、柴油24000加仑、机器油3000加仑、擦枪油100加仑。民营工厂主要有民生公司炼油厂、华西兴业股份有限公司、新源炼油厂、新中国人造汽油厂(酒精)等③。

橡胶工业方面，整个大后方唯一的橡胶厂中南橡胶厂总厂，1940年4月设于重庆。该厂生胶由印度进口，并试制成功了再生胶技术，生产了大量的汽车轮胎，汽车飞机橡胶制品，各种胶管、胶鞋，为支援抗战军事和经济作出了突出贡献④。

制药工业方面，亦随战争的需要而发展。1944年，重庆有药厂23家，资本总额588.5万元，可以生产99种战争急需的药品。其重要厂家有中国药产提炼公司、光华化学制药厂、中法药房制药厂、重庆化学工业制造厂等10多家。国民政府军医署的卫生用具制造厂，除生产各种医疗器材外，还大量生产假肢，为残疾军人服务⑤。

此外直接关系国计民生的颜料、油漆、皂烛、火柴、玻璃等业也有相当大

---

① 傅润华等：《陪都工商年鉴》第4编，第28—30页。
② 傅润华等：《陪都工商年鉴》第4编，第22页。
③ 傅润华等：《陪都工商年鉴》第4编，第35—39页。
④ 傅润华等：《陪都工商年鉴》第4编，第53页。
⑤ 傅润华等：《陪都工商年鉴》第4编，第47—52页。

的发展。

四、电力电器业

电力工业的发展主要体现在重庆电力股份有限公司的发展上。它于战前开工,当时资本 200 万元。经过 1936、1938、1941 年的三次增值,抗战后期,资本总额已达 3000 万元,下辖 3 厂,发电量 1.1 万千瓦[①],为四川最大发电厂。此外,重庆还有北碚富源水力发电公司、长寿龙溪河水力发电厂、綦江大华水力厂、巴县电厂等。据统计,战时四川电力装机容量为 3 万千瓦,年发电量 2.6 亿度,居大后方各省第一位[②]。重庆至少为 1.5 万千瓦,占 50%以上[③]。

重庆电器工业厂家,绝大部分由外地迁来,以国营中央电工器材厂规模最大。该厂由经济部资源委员会主办,1939 年 8 月正式成立,设有电线、管泡、电话、电机 4 个厂,其中管泡厂和电机支厂在重庆。其管泡技术与美国亚克屈勤公司合作,依照美国 RCA 公司标准生产,所有产品均由重庆办事处销售,负责供应大后方军队和各省的需要。民营厂中,西亚电器厂生产灯泡,华生电器厂生产发电机、变压器、电动机、开关、电压表等。整个重庆电器工业,最足称道的是电灯泡的生产,1941 年生产了 33.16 万只,1942 年增长 60.51%,年产量达 54.8 万只[④]。

五、煤炭石油业

随着经济的发展和人口的增加,煤炭需要量猛增。1938 年,重庆需煤量已达 65 万吨,其中工业交通用煤占 33.92%,商业用煤占 57.6%,民用煤 4.61%,其他 4.61%,原有的煤矿已不能适应这种需要。

重庆地区煤炭储量丰富,当时估计占四川全省储量的 58.82%,主要集中在嘉陵江沿岸。因此,煤矿在嘉陵江流域星罗棋布,发展很快;1943 年,这一地区煤矿发展到 254 家,资本 8658.8 万元,工人 19580 名,产量 84.16 万吨,

---

① 傅润华等:《陪都工商年鉴》第 4 编,第 2 页。
② 《论抗战时期的川省工业》,作者据《资源委员会公报》、四联总处《工商调查通讯》等统计。
③ 重庆电力公司 1.1 万千瓦,其余 4 厂按 0.1 万千瓦的低限计算。
④ 傅润华等:《陪都工商年鉴》第 4 编,第 6—7 页。

(按10个月计算)。具体情况见表11-2。

表11-2 1943年重庆地区煤矿业统计表

煤区	资本总数(万元)	矿家数	工人数	月产量(吨)
吴粟溪	1771	21	991	5219
夏溪口	1260	5	5612	16890
黄桷树	1000	10	3080	3975
鸡 冠	943	51	1450	5520
麻柳坪	665	13	385	1896
白庙子	661	7	1240	23055
歌乐山	643	29	1031	5595
南 岸	391.5	12	911	2040
狮子口	351.5	10	948	1505
合 川	326	6	746	6984
东津沱	234	2	1024	5180
盐井溪	189	60	894	2496
鱼洞溪	110	10	376	1195
北 碚	100	3	223	390
水土沱	50.8	11	465	1356
金刚碑	13	4	141	860
总 计	8658.8	254	19517	84160

资料来源 重庆《商务日报》1943年10月18日。

各煤矿于1937年4月筹备成立四川省江巴壁合嘉陵江区煤矿工业同业公会,最初只有会员16家。1940年6月正式成立,1941年改称嘉陵江区煤矿业同业公会,会所设在北碚夏溪口,抗战结束时,会员已发展到103家。

在众多的煤矿中,以天府煤矿为第一大矿。该矿属天府矿业股份有限公司,成立于抗战之前。1938年5月,为谋发展,与北川铁路公司、河南中福公司合组,资本增为150万元[1],后进一步增为450万元。该矿采用机械采煤,铁路运输,发展成为重庆、四川煤业的第一大矿,也是大后方最大的煤矿。它年产煤炭35.21万吨,占当时国统区机械采煤量66万吨的53%;月销售3万吨,为重庆用煤量的一半,其中电力用煤的60%,纺织、航运用煤的80%,都由天府煤矿供给[2]。

除此之外,宝源煤矿的资本也从30万元,增为1000万元,采煤实现了半机械化。三才生煤矿公司增资为800万元。其余小矿也有所发展,但采煤仍系手工操作,即如江合公司这样的老矿,也不例外。

民国以来,重庆附近巴县石油沟即发现石油露头。1936年资源委员会组织四川油矿勘探处,1937年开始钻探,到1938年冬,钻成1400米深井。虽未遇工业油层,但天然气可观,遂将此气用于市郊短程公路和过江航渡之用[3]。

六、建材建筑业

水泥厂仍以抗战前开办的四川水泥股份有限公司最为重要。当时该厂所有产品均由国民政府经济部统制,分配于前方要塞堡垒、后方工厂仓库,以及有关国防建设。但因电力、煤炭等不能完全保证供应,故长期开工不足。

耐火材料,系由江津等地运入原料,在重庆烧制耐火砖,供工厂使用。较大者有美成实业股份公司耐火砖厂,除生产4种型号耐火砖外,还能生产耐火水泥及烧粉等。

一般建房用的机砖厂,也在战时大量创办,这是因战时政府机关、军队要塞、工厂学校的建房需要所致。

建筑公司纷纷设立,较具规模的有200余家,其中以馥记营造厂为最大。该厂战前设于上海,承接过南京中山陵、国民党中央党部、上海四行22层大楼,以及重庆美丰银行。战时迁来重庆设厂,又修建了国民政府高级官员住宅工程嘉陵新村、国民大会堂、綦江蒲河船闸等重要工程。重庆本地最大的

---

[1] 傅润华等:《陪都工商年鉴》第10编,第5—14页。
[2]《天府概况》,民生公司档案。
[3] 傅润华等:《陪都工商年鉴》第10编,第23页。

建筑企业为华西兴业股份有限公司,设计承建了重庆电力厂、水泥厂、自来水厂等工程①。

七、食品业

重庆的大米向以土法碾制,由市外加工后输入城内,市内并无大米加工厂商。抗战开始,城市人口猛增,军需民食,光靠各地输入已经不敷。1941年10月,粮食部联合中央信托局、中国农民银行,共同组织成立了中国粮食工业公司。该公司主要业务为谷米加工,凡政府供应公务员的平价米,皆委托该公司以机器加工碾制。此外,它还磨制麦粉、加工杂粮、利用副产品、制造粮食加工机械等。它是重庆最大的粮食加工企业,它的创办,开始了四川机器碾米的历史。

其余用机器碾米的有惠丰、协记、中央、年丰等厂。土法碾房也纷纷迁入城内。1945年,重庆碾米业公会会员已达110家,资本2000万元。

面粉业也十分兴旺,以复兴、福民、天城、福新、岁丰5家大厂为骨干。它们全部替政府加工,全部产品也由政府包销。由于战时实行粮食平价、政府补贴的政策,销售越多,补贴就越多,因此政府采取少配面粉的办法,减少生产。所以,尽管5家面粉厂有月产14万包的生产能力,但政府只准其生产7万包。这样做的结果,一方面使生产开工不足,另一方面使市面紧张,黑市猖獗,给重庆附近的小面粉厂有利可图,如雨后春笋般发展起来。1943年,这种小面粉厂就发展到二三十家,月产面粉7.68万包,相当于5家大厂的总和,全部或大部分供应重庆市场②。

重庆的食品制造,战前仅10余家,生产饼干、糖果。抗战时期大小厂家增至231家,资本1460万元。首要的是天府味精厂,生产味精,兼制淀粉、面粉、葡萄糖等。其他还有生生农产制贮公司、康乐园食品厂、冠生园罐头厂等③。

重庆的机器榨油始于抗战时期。1940年4月,四川榨油厂在重庆开办,该厂资本350万元,机器均来自美国、英国和德国,主要加工菜油。这是大后

---

① 傅润华等:《陪都工商年鉴》第5编,第44—48页。
② 经济部、四川省建设厅税务署、国民参政会经济策进会等实地调查。
③ 傅润华等:《陪都工商年鉴》第5编,第23—24页。

方仅有的两家机器榨油厂中的一座。其余的为土法榨油①。

八、造纸业

战时重庆为大后方文化中心,对纸的需要很大,造纸业迅速发展。大部分骨干厂为内迁而来,另一部分为政府或民间投资创办。

最大者为中央造纸厂。该厂原为上海龙章造纸厂,规模宏大。抗战初期率先内迁,经汉口辗转迁到重庆。因损失巨大,由政府以贷款性质投资,于1941年建成投产。该厂生产白报纸等,日产3吨至4吨。1941年11月,由中央银行出资购买该厂,改组为中央造纸厂,资本增至2000万元,月产可达120吨,职工200余人,成为大后方最大的机器造纸厂。

九、印刷出版文具业

抗战文化是重庆的一份宝贵遗产,它得以传播的物质基础则是重庆的印刷出版业。

印刷业加入同业公会者为185家,分为两类:一类为印刷机具制造厂,业务如印刷机、铸字、制版等,以上海华丰印刷铸字所重庆支店最大,资本15万元,月出7000余磅。另一类为印书馆,系由南京、上海等地迁来,主要有京华印书馆重庆分馆,资本9万元,月印纸1200令;重庆安记集成印刷所,1939年开办,资本40万元,印刷图书、杂志、表册、地图、画报等,月印纸700令;军委会政治部印刷厂,1938年5月开办,资本40万元,主要承印政治类、宣传类书刊,月印纸1500令;商务印书馆重庆分馆,资本500万元,月印纸1500令。

图书出版业有200多家,大部分内迁而来,小部分为新设。当时重庆有国内著名的出版机构,如大东书局、上海杂志公司、中华书局、中国文化服务社、中国书店、五十年代出版社、文信书局、正中书局、开明书店、生活书店、商务印书馆等。重庆成为当时大后方印刷出版业的中心。

文教用品的制造,有鼎新制造厂、精一科学器械厂、建国教育用品厂、中央文具厂等,可以生产测量、理化、医学仪器,以及铅笔、油墨等等②。

---

① 傅润华等:《陪都工商年鉴》第5编,第41页。
② 傅润华等:《陪都工商年鉴》第6编,第10—23页。

十、制革业

战前,重庆制革大小厂家一共才 16 家,资本 20 万元,以手工制作为主。抗战以后,军需很大,因而制革厂大量增加,机器亦普遍使用。

据制革业同业公会统计,抗战结束时,重庆有制革厂 415 家,其中又分为制皮、制鞍、皮件三类,总资本 2760.25 万元。锅炉、蒸发器、皮革压光机、磨光机、喷光机、制革机等已广泛使用,能鞣制各种带革,箱革,军用革、皮包、鞍面、衣服、手套所用的皮革,生产一切陆海空军用皮件、男女皮鞋等①。

战时重庆工业的发展,不仅表现为行业、厂家资本迅速增长,生产规模的不断扩大上,而且还体现在工业生产技术的进步上。重庆又成为大后方工业技术发展的中心。

这首先是由于沿海先进企业和高等院校的内迁,带来了先进的技术和人才,国民政府的重要工业科研机构,如中央水工试验所、矿冶研究所、中央工业实验所、中央地质调查所、中央研究院等相继迁到重庆,大大增加了重庆的工业研究能力。其次是国民政府对工业技术进步的鼓励政策。它于 1929 年、1942 年两次修正公布《奖励工业技术暂行条例》及《施行细则》;1943 年颁布《奖励仿造工业原料器材及代用品办法》。1942 年 5 月,资源委员会公布《合作奖励工矿技术暂行办法》,通过与高等院校的合作来促进技术进步。1943 年,国防科学技术策进会还悬赏 100 万元(法币),公开征求对 10 项国防工业课题的研究。教育部也从 1941 年起,连续五年颁发 105 项自然科学奖。这些政策和措施促进了战时重庆工业技术的进步。

这种进步主要体现在三个方面:

第一,仿造品和代用品的不断涌现。战前中国工业落后,基本上依据外国技术和工艺;抗战以后,特别是太平洋战争爆发后,中国的国防交通路线基本中断,外国机械输入十分困难,仿造外国产品和生产代用品,成为主要任务。

矿业方面,探、采、选矿机械,钢铁及有色金属的冶炼机械,如小型炼铁炉、电炉、平炉、贝色麻炉,均由中国工程师主持制造成功。以前不能生产的

---

① 傅润华等:《陪都工商年鉴》第 5 编,第 20—21 页。

工具钢、高速锋钢、钢轨、钢板,均可自制。

机械电机方面,2000千瓦汽轮机、1500千瓦汽轮发电机、120—180马力船用蒸汽机、250马力陆用蒸汽机、小型水轮机、桐油汽车、发动机活塞、传动齿轮等制造成功,还试制成功了发电机、电动机、变压器、油压开关、收发报机、无线电话机、收音机及电线器材。

化工方面,成功地将酒精与醚配合,以代替汽油;以烧碱、木屑制造纯碱;干馏木材取得丙酮。还利用四川丰富的甘蔗渣造纸等。

机器纺织方面,当时推广一种改良木纺机——"七七棉纺机"。"七七棉纺机"一人可同时纺32根纱,日产量大约相当1.4个动力纺锤。它是农产促进委员会穆藕初领导试验成功的,因用铁极少,仿造甚易,成本低廉,产量较多,因此一年多来推广区域遍及各省。仅四川一省,已达84县,推广纺机2万余架。1941年初更增加到36000多架,据估计,后方各省的"七七棉纺机"在1942年达到6万架左右。1941年,后方24家纱厂所产棉纱可供织布560万匹,而6万架"七七机"所产的棉纱即可织布230万匹。①

第二,取得了一些发明创造。旧中国实行专利制度以来,从1912年至1937年,总共批准专利157件,大都属于日用消费品。而自1938年至1943年6月止,经济部奖励工业技术审查委员会批准的工业专利就达286件,超过前25年全部专利的总和。其中约200件是化学、机械、工具、交电器材,约占70%。如:中央工业试验所窑业原料实验工厂生产出中性火砖、酸性火砖等十余种产品,其化学瓷的耐火点已由250度增至350度;北碚经济部中央地质调查所地性探矿室主任李善帮,完成水平地震仪一架,可放大120倍,垂直仪二架,即可投入使用测定地震地点;钢铁专家李华研究改良内燃机成功,效率可超过普通内燃机三倍②。社会上开始形成发明的风气,实用性技术发明不断出现,因而发明成果能够较快地投入生产,产生社会和经济效益。

第三,经济、教育、交通三部还规定各厂举办技工短训班或职业学校。三部共同商定,为培养工业人才,要求各工厂举办技工短训班,并限定自当年度开始实施,其具体办法是:(1)各公、私营工厂,按其生产性能,设立与之有关

---

① 《重庆抗战经济大事记》,中共重庆市委党史工作委员会1985年12月编,第128页。
② 《重庆抗战经济大事记》,中共重庆市委党史工作委员会1985年12月编,第295—296页。

的职业学校或技工短训班,每厂设立二校或二种训练班为原则,如因厂小,可与就近工厂联合举办;(2)各公、私工厂的职业学校或技工短训班的学生来源,除招收小学或初中毕业生外,可分期抽调本厂学徒训练;(3)无论公、私厂的职业学校或短训班的学生,均一概免费;(4)举办职业学校或短训班的各种费用,可由各厂生产盈余及利润总额中拨付,或由工厂福利金额中补助之;(5)各种材料,以遵照教育部审定的标准教材为原则。1944 年 10 月 27 日,根据国民党五届十二中全会关于利用外资及技术的决议,经济部拟定了利用外资及技术方案。该方案主要内容是:尽量给予外国人在华投资及引进技术以便利条件,并确保其安全及相当的利润。

当然,战时重庆工业的技术进步,是在旧的生产关系下,在封闭与战争的环境里进行的,同国外先进技术相比还相当落后,还担负不起中国工业建设和技术现代化的重任。我们所说的进步是相对战前重庆工业而言的,是相对整个中国落后的工业水平而言的,因为它毕竟在一定程度上促进了中国工业的发展,促进了重庆城市的近代化。

第三节 战时重庆部分工业典型分析

一、钢铁业

综计抗战以前,中国炼铁能力有 100 多万吨,但实际产量不过 47 万吨,其中 72.34% 为日本人控制,钢产量不过 5 万余吨[1]。中国所需钢铁大量需要进口,可以说,抗战前的 50 余年间,中国钢铁工业规模很小,产量极低,主要控制在日本帝国主义者手中。

抗战全面爆发以后,国民政府对国家经济结构和经济布局进行了大调整,钢铁工业被放在突出的重要地位,主要以重庆和云南为基地,建立了 12 家国营和民营钢铁骨干企业。其中重庆为 9 家,占 75%[2]。经过 8 年的经营,

---

[1]《钢铁界季刊》1942 年第 2 期。另有生铁 60 万吨说,见傅润华等:《陪都工商年鉴》第 4 编,第 8 页;钢 2.5 万吨说,见《重庆城市研究》,第 116 页;还可见陈真:《旧中国工业的若干特点》,《人民日报》1949 年 9 月 24 日。
[2]《抗战后方冶金工业史料》,重庆出版社 1987 年版,第 3 页。

建立起了以重庆为中心的完整的后方冶金工业体系。

战时重庆冶金工业以钢铁为主,按其地位作用和创办系统,可分为两大部分、四种类型。第一部分即骨干企业,分为官办(资源委员会办)、官商合办与民营三类;第二部分即民营小厂。

(一)以兵工署为主和兵工署独办的官办钢铁企业

这类企业直接为政府的兵工厂提供生产原料,实行军事管制体制,任务由政府指定下达,经费由国库直拨,亏损国家包干,是国家重点扶持的企业。

1. 钢铁厂迁建委员会

该会全称为国民政府军政部兵工署、经济委员会钢铁厂迁建委员会,简称钢迁会,于1938年3月在武汉成立。蒋介石给它规定的任务就是"将汉阳钢铁厂择要迁移"[①]。该会先将汉阳、大冶两钢铁厂的部分设备和六河沟铁厂的百吨炼铁炉拆卸内迁,在重庆大渡口重建新厂,并于1939年冬与兵工署第三工厂合并,是抗战时期大后方规模最大的钢铁联合企业。1949年3月更名为兵工署第二十九兵工厂,现为重庆钢铁公司。

该厂的主要生产系统为制造所、矿山与运输三部分:

(1)制造所有7个,一所供给水池,二所冶炼生铁,三所炼钢铸造,四所轧钢为主,五所研究新式炼焦,六所制造耐火材料,七所修造机械。

(2)矿山主要是南桐煤矿、綦江铁矿。

(3)运输主要有运输所,负责厂内运输;接江水道运输管理处,专司煤铁原料运输;煤铁两矿联络铁路工程处,修筑矿山轻便铁路。

该厂生产经营费用全部由国民政府国库划拨。

随着1941年该厂的全面开工,1942年至1943年生产达到全盛时期,年产生铁1.33万吨,钢锭1万吨。综计1941年至1947年,该厂生产生铁5.65万吨。实际产量只有生产能力的38%至50%[②]。

2. 第二十四兵工厂

该厂前身为刘湘创办的重庆电气炼钢厂,1936年投产。1937年1月,由兵工署接管,改称重庆炼钢厂筹备处,1939年1月正式建厂,改名为兵工署第

---

① 《钢迁会五周年大事记》第二十九厂档案第3卷,重庆市档案馆藏。
② 《抗战后方冶金工业史料》,重庆出版社1987年版,第130—131页。

二十四兵工厂,为抗战时期国民政府在后方最大的兵工用钢的冶炼轧制工厂,现为重庆特殊钢厂。

由于该厂主要炼制兵工用钢,与战争关系至巨,国民政府在接管以后,投入了大量资金进行扩建和技术改造。据不完全统计,1937年至1945年间,兵工署以扩建费、建设费、防空设备费、空损修建费的名义,向该厂拨出专款计5277.79万元①。扩建的重点是炼钢部和两个轧钢部。炼钢原有莫尔式电炉1具、欧炉1具,后增加了西门子3吨电炉和自制莫尔式电炉。可以炼制军工生产所需的各种枪管钢、刺刀钢、低中高碳钢和铬镍钢。轧钢主要是将原汉阳钢铁厂的600M/M轧钢机迁来,陆续补充了空气锤、起重机、热锯机、钢板校直机、摩擦压力机等配套机械。1942年10月正式轧制钢板,是西南唯一的轧制钢板厂家。

抗战时期(1937年至1945年),该厂共生产了各种钢锭和铸钢32891吨,年产量从1937年的344吨,发展到1946年的4458吨;轧制各型钢材18117吨,年产量从1938年的730吨,增加到1945年的3943吨②。同时还生产了炸药、手雷、手榴弹、发射筒、圆铁等兵工器材。

3. 第二十八兵工厂

该厂原为兵工署材料试验处筹办的合金制造工厂,1941年正式成立。该厂主要设备为5座合金电炉,生产锋钢、冲模钢、不锈不伸缩钢、磁钢、镍钢、铜铬钢、钨钢等。从1943年起,又生产纯钨和氧化钨,到1945年分别生产了31251吨和33132吨③。

(二)资源委员会主办的钢铁企业

这类企业资金来源以国家投资与银行贷款为主,按供需合同进行生产,使用国家投资并承付利息,盈利按比例分成,实行盈亏自负,是以营利为目的的商品生产者。

1. 电化冶炼厂

这是一家综合性有色金属冶炼厂。中国的有色金属冶炼业向由资源委员会举办,战前规模很小。1937年,资源委员会筹办中央炼钢厂、湖南临时炼

---

① 第二十四兵工厂档案第3376卷,重庆市档案馆藏。该数为审计处核准数。
② 第二十四兵工厂档案总102卷,重庆市档案馆藏。
③ 第二十八兵工厂档案第519卷,重庆市档案馆藏。

钢厂,1938年又兴办长沙精炼铜厂和重庆炼钢厂(后兼炼锌),从此开始了中国电冶精钢的历史。1940年资源委员会将所属在渝的炼钢厂、纯铣厂、炼锌厂合并为电化冶炼厂,设于綦江三溪大田坝,共有资本1762.2万元[①]。

该厂分为四个分厂,主体为第一分厂,冶炼电铜及纯锌。它先将粗铜精炼为电铜,然后浇铸铜钱、钢锭,同时还炼制纯锌。1943年陆续出货。其他分厂分别用低温还原方法冶炼纯镁,电炉冶炼合金铜和平炉炼钢、轧钢。1943、1944两年,该厂共产铜1095吨、锌73吨、合金钢91吨。其中钢就有26个品种规格[②]。

2. 资渝钢铁厂

该厂前身为1941年筹办的资渝炼铜厂。1942年由资委会将资和钢铁冶炼公司、陵江炼铁厂与资渝炼铁厂合并而成。1943年7月正式成立,认定资本额7532万元,主要设备为1.5吨贝氏炼钢炉5座、3吨化铁炉4座,月生产能力为产钢400吨,但实际只达1/4[③]。

3. 资蜀钢铁厂

原为民营人和钢铁股份有限公司所属,厂设江北人和沟、水土沱。至1943年无法维持,改由资委员以5800万元收买,1943年8月19日改名资蜀,该厂规模较小。

(三)官商合办和独资经营的民族工业

这类企业的命运,常常随着国家对民营企业的政策演变而起伏。民族资本与官僚资本既有斗争,又有妥协。民族资本常常成为被排挤和吞并的对象。

1. 中国兴业股份有限公司(简称中国兴业公司)

它是抗战时期大后方最大的官商合办钢铁联合企业,规模仅次于钢迁会。前身为华西兴业股份有限公司,1932年在重庆成立,由重庆地方军、政、商界头面人物合组。1936年开办华联钢铁厂,因抗战爆发而停止。

1937年冬,公司总经理胡子昂赴汉口,以年产30万吨钢计划,要求国民政府贷款600万元,行政院长孔祥熙乘机提出,由国家银行投资扩大,改组为

[①]《电化冶炼厂大事摘要》,见《抗战后方冶金工业史料》,第258页。
[②]电化冶炼厂档案第549、359卷,及《资源委员会季刊·抗战八年工矿建设专号》。
[③]资渝厂档案第584、290卷,重庆市档案馆藏。

年产120万吨钢的大型企业。经双方谈判,达成合办协议,1939年3月报蒋介石批准成立。该公司1939年创办资本为1200万元,其中政府投资(以中央信托局、中国银行、交通银行、中国农民银行、经济部和四川省政府、省银行名义)938万元,占78.16%,其余262万元为商股(重庆军、政、商界名流),占21.84%[1]。经过1942年3月和1943年9月的两次增资,总资本增至1.2亿元,其中官股1.1124亿元占92.7%,股权85%;商股不足876万元,占7.3%,股权15%[2]。

中国兴业公司的钢铁生产,1941年11月至1944年12月共出了生铁19490吨,1940年至1944年产钢锭和钢铁铸件9839吨、钢材7165吨[3]。这个数字虽大大少于钢迁会的产量,但它在大后方民营钢铁业中却占有非常重要的地位。1941年至1944年间,钢和铁都占大后方民营钢铁厂产量的1/3左右[4]。

此外,中国兴业公司还直接开办铁矿,制造机器、电器和陶瓷,对外投资兴办其他企业。

2. 渝鑫钢铁厂股份有限公司

此乃抗战时期后方主要民族资本冶金企业之一。原名大鑫钢铁厂,1933年成立于上海。1937年7月开始内迁,11月与重庆民生实业公司合资经营,迁往重庆。1938年10月更名渝鑫。1940年有资本计200万元,1943年增资为1000万元[5]。该厂生产规模不大,从1939年到1945年间,共产生铁6057吨、钢5586吨[6]。

(四)民营小厂

1. 人和钢铁冶炼公司

该公司有炼钢、炼铁、火砖三个小厂,1943年因经营困难,为资源委员会收买。

---

[1] 中国兴业公司档案第118卷,重庆市档案馆藏。
[2] 中国兴业公司档案补充第209卷,重庆市档案馆藏。
[3] 中国兴业公司档案补充第209卷,重庆市档案馆藏。
[4] 中国兴业公司档案补充第209卷,重庆市档案馆藏。
[5] 渝鑫钢铁厂档案总第1074卷。
[6] 渝鑫钢铁厂档案,工业第92卷。

2. 中国制钢公司

1942年成立于董家溪,登记资本700万元,1943年增至1000万元;曾得到经济部工矿调整处及四联总处的经济支持;有炼钢厂、轧钢厂和机器厂;其特点在于以自产之钢料轧制钢材,而大部分设备为自行设计制造,特别是其中的5吨起重机、4米车床、300马力蒸汽机等①。

3. 东原实业有限公司

1937年7月建于綦江,专门炼铁。

4. 大昌矿冶股份有限公司

1937年由重庆商人设于合川,1941年工厂建成,年产铁600吨,1944年为1200吨②。

此外,还有上川钢铁公司(永川)、蜀江矿冶股份有限公司(江北)、华新电气冶炼股份有限公司(石马河)等小铁厂③。抗战初期,重庆的大钢厂急需生铁,致使铁价上涨,不少人在煤、铁矿附近投资兴办小铁厂。这些小铁厂初期获利不少,所生产的铁为重庆主要钢铁厂的原料来源,对战时工业生产起了一定的辅助作用,但大部分规模较小、技术落后、资金不足,当1943年生铁滞销以后,大都停业。

抗日战争时期,在特殊的历史条件下建立和发展起来的重庆钢铁工业,在中国钢铁工业史、中国近代经济史和重庆城市发展史上,都占有极其重要的地位:

第一,重庆钢铁工业的建立和发展,标志着以重庆为中心的大后方钢铁工业体系的形成。在生产技术方面,从总体看,它是战前技术的继续,而这些设备大都来自英、美、德等国家。但在抗战时期扩大和发展起来的那些部分,如新型小型炼铁炉、炼钢平炉、中小型轧钢机、贝色麦炉低温氧化去磷法、废热式炼焦炉、增蜗炼制合金钢、纯铣冶炼、电解铜锌技术等,均为国内首创的技术成果,是中国近代冶金工业史上的重要进展。

从产品品种看,重庆已能生产生钢、普通钢、钢材、合金钢、有色金属材料,门类齐全,代表了大后方冶炼工业的最高成就,在相当程度上满足了军工

---

① 四联总处档案第343卷,渝分行第1266卷。
② 四川工业厅档案永久第59卷,四川省档案馆藏。
③ 傅润华等:《陪都工商年鉴》第4编,第15—16页。

和民用生产的需要。

在技术队伍方面,战前中国不少有志之士或远涉重洋,或在国内高校学习工业技术,学成以后却报国无门。抗战时期重庆钢铁业的大发展,吸引了大量的专业人才。以资渝钢铁厂为例,16 名重要职员全部都是大学和专科学校毕业生,其中 6 人从海外归来,任职平均年龄 37.58 岁[1]。他们在老一代专家的带领下,在从采矿到冶炼,从加工到制造的钢铁生产全过程中迅速成长,形成了一支我国自己的钢铁工业技术队伍。

在管理方面,这些企业主要吸收西方资本主义企业的管理方法,改变了封建落后的小手工业管理方式,较早和较全面地形成了旧中国工业企业的管理法规,使企业机构设置与企业内部管理开始走向规范化。

第二,重庆钢铁工业的建立和发展,使重庆处于大后方钢铁工业的中心地位。我们先从战时钢铁骨干企业的数量而论,据目前最完整的钢铁工业断代史《抗战后方冶金工业史料》统计,当时大后方有钢铁骨干企业 12 家,重庆占 9 家,四川 1 家,云南 2 家。重庆占大后方的 75%[2]。

战时大后方有炼钢厂 10 家,重庆为 7 家,占 70%;钢年产量约 5 万吨,重庆 1943 年为 4 万吨,占 80%[3]。1943 年大后方有铁厂 114 家,重庆为 23 家,占 20.18%,但产量都达 5 万吨以上,约占大后方的 47.17%[4]。抗战期间,据重庆九区金属品冶制工业同业公会统计,全市共有冶炼厂 22 家,其中炼铁厂 18 家、冶钢厂 4 家。但由于技工缺乏,原材料、工具奇缺且不易补充,销路不畅,资金短绌,因此开工不足。至 1943 年底,全市更有 14 家炼铁厂停炉,1 家冶钢厂完全停产。[5]

第三,重庆钢铁工业的建立和发展,改变了中国工业经济的结构和布局。战前,中国钢铁工业规模极小、残缺不全,在工业结构中的比重很低,且主要掌握在外国人手中。抗战时期,在优先发展为军事工业服务的重工业的思想指导下,钢铁工业有了长足发展,在工业经济中的比重大幅度上升,开始成为

---

[1]《抗战后方冶金工业史料》,重庆出版社 1987 年版,第 313 页。
[2] 重庆的 9 家我们已在上面分别述及,其余 3 家为威远炼铁厂、昆明炼钢厂、云南钢铁厂。
[3] 陈真:《中国近代工业史资料》第 4 辑,第 766—773 页;《重庆战时经济大事记》,载重庆《商务日报》1948 年 12 月。
[4] 陈真:《中国近代工业史资料》第 4 辑,第 769 页。
[5]《重庆抗战经济大事记》,中共重庆市委党史工作委员会 1985 年 12 月编,第 187 页。

战时国民经济的基础;当然从总体水平上看,重庆和大后方的钢铁工业水平还是很低的,用翁文灏的评价,"不过与美国工业革命之初年相仿佛"[①]。应当指出的是,这里讲的发展是以抗战以前的中国钢铁业为参照系的。

战前,重庆是西南地区工业发展程度最高的城市,但仍是处在工场手工业到机器大工业之间,以工场手工业为主,以轻纺和出口加工工业为主。战时,重庆钢铁业不论从发展速度、投资规模、技术水平、经营管理上看,它都是重庆和西南工业中最重要的行业之一。这就改变了中国工业的地区分布,是一个具有战略意义的历史性进展。

二、棉纺织业

抗战以前,重庆没有一枚纱锭,机器棉织也只有三峡织染厂一家,规模不大。可以说,重庆没有机器棉纺业,而棉织业大都还停留在工场手工业阶段。抗战的爆发、工厂的内迁,使重庆成为新的工业中心,从而完全改变了重庆棉纺织业的落后状况。至1945年,重庆市大小织布厂曾发展到724家(此外尚有织军布工厂约百余家),铁机5899架,木机不详。织布厂家以江北一带最盛,南岸次之;江北一带多集中于陈家馆,南岸则集中于弹子石。重庆市土布业厂家虽多,但没有统一公会,各织布厂分别加入的有布业公会、织布业公会、织布业联合社、土布业公会等组织,故较散漫[②]。

抗战时期,重庆发展最快、规模最大的轻工行业就是机器纺织业。

首先,机器棉纺业由外地迁入,从无到有,一跃成为国统区最重要的生产行业。主要有:[③]

郑州豫丰和记纱厂重庆分厂(豫丰纱厂),1938年2月迁来重庆,1939年1月复工,资本1470万元。分为重庆和合川两厂,有纱锭3万枚,工人2438名,月产纱1800件。

汉口裕华纺织公司渝厂(裕华纱厂),1938年8月迁渝,1939年7月复工,资本600万元,工人3185名,月产纱1300件,在成都有分厂。

[①]傅润华等:《陪都工商年鉴》第4编,第8页。
[②]《重庆抗战经济大事记》,中共重庆市委党史工作委员会1985年12月编,第301—302页。
[③]以下材料除有另注外,均见重庆政府编印:《重庆市工业普查报告》第1辑《纺织业》,1944年5月;傅润华等:《陪都工商年鉴》第6编《陪都纺织业》。

申新第四纺织公司重庆分厂（申新纱厂），1938年9月由上海迁渝，1939年1月复工，资本420万元，纱锭1万枚，工人1000名，月产纱500件。

沙市纺织公司重庆分厂（沙市纱厂），1938年11月迁渝，1941年5月复工，资本1000万元，纱锭1万枚，月产纱650大包。

除上述四家民营纱厂外，迁渝的重要纱厂还有国民政府军政部的两家纺织厂等官办企业。抗战初期，重庆人口猛增，军需数量更大，纱布严重供不应求，价格高扬，利润丰厚，迁渝各厂争先恐后边搬迁边复工，生产规模逐渐扩大。

其次，棉织和染整业迅速由工场手工业转变为机器大工业。主要有：

中国纺织企业公司，于1942年10月增资改组成立，是大后方唯一集棉纺、织、染三业为一体的大企业，资本5000万元。

大明染织公司，1939年2月由重庆三峡染织厂与迁渝的常州大成纺织厂、汉口隆昌染厂合资改组而成，资本40万元，工人600名。由大成、隆昌两厂迁来的全新布机、发电机、烘缸机等先进设备和技术力量，一改原厂旧貌，月产军民各种用布5600匹。

重庆染整厂，1940年10月开办，资本90万元，有各式锅炉、发电机、发动机、烧毛机、染布机等先进机械设备，月产布2万匹。

此外，还有外地迁来的上海大中国棉织厂、汉口迁川的亚东祥记织造厂、上海冠成织造厂等。

到1942年，重庆机器棉纺织业已是异军突起，工厂由1家急增到13家，布机由几十台增加到500余台，年产棉布19万匹；纱锭从无到有达十数万枚，年产棉纱近6万件；全行业工人1.3万以上[1]。重庆棉纺织业的发展进入了一个"黄金时期"。

1943年以后，重庆棉纺织业开始陷入停滞，继而衰落的危机之中。这主要是由于国民政府对花纱布实行全面的管制，原料全部由国家配给，产品全部上交国家，不得自行销售。由花纱布管制局核定工缴，并照工缴的20%付给厂方加工费。这种"以花易纱，以纱易布"的政策，从生产规模、原料、利润方面严重地束缚了企业的发展，造成上缴利润大幅度下降，甚至不敷成本，赔

---

[1] 四川省中国经济史学会编：《中国经济史研究论丛》，四川大学出版社1986年版，第132页。

累不堪的状况。

这种停滞和衰落,一方面表现为新设工厂数量和规模的减少。1943年至1945年仅增加了3家小厂,资本不过几百万,纱锭1218枚,布机20台。厂数只及前段的1/4,纱锭只占总数的0.95%,布机占3.45%①。另一方面则表现为开工不足与小厂倒闭。1942年下半年,纱产量开始减少,1942年7月,棉纱产量指数(以1941年2月为100)下降为97.5,仅及1941年12月的55%②。1945年原料供应发生危机,政府令各厂从4月份起减产50%。这一釜底抽薪的打击,使大厂半开半停、不死不活,小厂则有一半以上关门停业,棉纱产量比上年减少了40.5%③。

下面对重庆棉纺织业作一些分析评价:

首先,抗战时期重庆棉纺织业的大发展,主要得益于战争形成的有利的销售市场和廉价的劳动力市场。

在商品经济条件下,商品价值的实现必须要有相应的商品销售市场,而战时重庆棉纺织品市场为棉纺织业的大发展提供了历史性的机会。战前四川棉纱70%靠从外省进口,抗战的爆发造成了进口的全部断绝,而内地需求又急剧膨胀,国统区有2.5亿人口,重庆城市人口也成倍增长,达100余万,棉纺织品的供不应求,造成价格的大幅度上涨。1940年棉纱价格比1937年以前上涨了9倍。大后方的棉纺织品在很大程度上依靠重庆供应,而交通运输的困难也导致了纱价的上涨,仅运费一项,1941年即比战前上涨了5倍。而在重庆本地产纱织布,当地销售,减少了中间环节,大大降低了成本,但价格仍旧高昂,因此,纺织厂获利极大;1939年至1944年间,裕华厂年平均利润率为155.6%,超过了中国民族资本在一战时期最高利润率53.15%的近2倍④。

廉价的劳动力市场是重庆棉纺织业大发展的又一重要原因。据豫丰纱厂的调查,1939年12月,工人月平均工资为14.2元(劳动力价格),而工人的月劳动力价值为49.1元,工资仅占29%,劳动力价格大大低于劳动力价值。女工和童工的大量使用,是纺织业的一大特点,而他们的工资仅及男工

---

① 《中国社会经济史研究》1984年第4期。
② 傅润华等:《陪都工商年鉴》第5编,第2页。
③ 《大后方纱厂一览表》,中国纺织企业公司1945年绘制。
④ 《中国社会经济史研究》1984年第4期。

的30%至50%。同时,企业又采用增加劳动强度,延长劳动时间等办法来进一步剥削工人。在1939年至1945年,裕华纱厂的平均剩余价值率达到了448%。巨大的剩余价值刺激了棉纺织业的发展。

其次,重庆机器棉纺织业大发展的原因表现为经济现象,但从根本上讲,仍是一种非经济因素在起作用。

如前述的有利的销售市场、廉价的劳动力市场,以及质优量丰的陕棉转销四川和重庆,重庆棉纺织业没有受到外资染指以外,战争这个最大的非经济因素又是这些经济原因得以出现的根源。正因如此,重庆棉纺织业走的是一条外部置入式而非城市经济自然成长式的发展道路。

1943年以后,政府实行花纱布管制政策,非经济因素决定了棉纺织业的发展命运:一是获利丰厚的企业成了国民党政府搜刮的对象,每年有100亿元被搜入"四大家族"的腰包;二是政府统收统管棉花,很不稳定,影响企业发展;三是政府干预的结果是控制了商品市场,但扼杀了工业企业。1943年至1945年重庆棉纺织业的停滞和衰落,不能不归咎于此。

最后,重庆机器棉纺织业的发展,一定程度上改变了旧中国纺织工业极不合理的格局,推动了内地经济的发展。

抗战以前,中国机器纺织工业主要在中原和江湖一带,内地几乎是一片空白。抗日战争造成的生产力布局的重大调整,也带动了棉纺织业。到1945年1月,国统区的四川、陕西、云南、贵州、新疆等内陆地区均已开办了一大批纱厂,占大后方纱厂的83%。其中又以重庆为中心,当时重庆有纱厂19家,占四川26家的73%,占内陆地区46家的41%,占整个大后方55家的35%[①]。纺织业以投资少、见效快、利润丰厚而著称,它所带来的巨大经济利益,对城市经济的成长是有很大意义的。

同时我们也应看到,与沿海纺织工业相比,重庆棉纺织业的规模还相当有限,发展水平还相当低,我们所讲的大发展,也只不过是生产力在地理位置上的平行移动和重新组合,它并没有带来全国纺织工业量的增加和技术的进步。

---

① 《大后方纱厂一览表》,中国纺织企业公司1945年1月编制。

第十二章　重庆城市的第二产业(二)——工业结构

工业结构与工业乃至整个经济的增长,城市工业结构与城市经济中心作用的发挥,有着极为密切的联系。一方面,工业结构和整个经济结构随着工业和整个经济的发展而不断地调整,它是工业和经济发展的表现和产物;另一方面,工业结构和整个经济结构的发展变化,又深刻地影响着工业和经济的发展和变化。合理的工业结构,是经济发展的巨大推动力,不合理的工业结构则是经济发展的严重障碍。

我们这里着重分析战时重庆工业的主要结构。

第一节　部门结构

工业可以划分为轻重工业两大部门。抗战以前,在我国工业制造业资本中,轻工业占80%,重工业占20%。其中纺织、食品工业又占去工业总资本的48.8%和总厂数的45.8%[1]。重庆工业因为低于全国发展水平,大量的是轻工业小厂(手工工场),因此,轻工业的比重会大于80%。

抗战爆发以后,情况开始发生变化,这首先是由于工厂内迁引起的。1938年,当迁川工作刚刚开始时,重庆重工业部门有27家工厂,占全部工厂总数244家的29%,而轻工业有173家占71%,轻重比例约为2.5:1[2],轻工业大于重工业。

---

[1] 吴承明:《中国资本主义与国内市场》,中国社会科学出版社1985年版,第70页;《工业统计资料提要》,中国工业经济研究所1945年编印,第2页。

[2]《重庆工厂调查》,载《商务日报》1938年12月10日。

到 1940 年迁川工作大体完成的时候,情况便起了根本的变化。因为迁川工厂就是一个重工业远远大于轻工业的结构。据对重庆《迁川工厂联合会会员名录》中 223 家会员厂家的分析统计,轻工业 73 家,仅占 32.74%;重工业为 150 家,占了 67.26%;轻重比例约为 1∶2[①]。从此,重庆工业中轻重工业比重的差距越来越大。

到了抗战后期,这种情况达于巅峰。以厂家为例,据国民政府经济部统计,1944 年 2 月重庆共有工厂 451 家,其中冶炼业 16 家、机器五金业 210 家、电工器材业 27 家、化学工业 108 家、纺织服装业 42 家、食品业 17 家、印刷文具业 17 家、其他 14 家[②]。重工业占 80%,轻工业占 20%,轻重工业厂家比例为 1∶4。

再以产值为例。1945 年在重庆全市工业总产值中,重工业产值为 81.3%,其中化工 31.3%、机械 28.3%、冶金 17.1%、其他 4.1%;轻工业产值仅占 18.7%,其中纺织 9.1%、食品 5.3%、其他 4.3%。轻重工业产值比例为 1∶4.35[③]。

以上情况表明,抗战时期重庆工业的发展呈不断上升趋势,其中重工业持续高速发展。抗战初期轻大于重的差距随工厂内迁开始逐渐缩小,以致倒置。以内迁工厂的全部到来为转折点,重逐渐大于轻,两者的差距加速扩大,并一直持续到抗战结束。轻工业的发展也是明显的,但其发展速度小于重工业,而且到抗战后期,棉纺织等重要的轻工业部门还日趋萎缩。

这种状况,主要是国民政府的以"军事工业为中心,优先发展重工业"的指导思想所致。它在改变重庆工业部门结构,建立门类齐全的工业体系方面,具有非常积极的意义,但同时又埋下了某些行业结构的隐患,影响深远。

第二节 所有制结构

在半殖民地半封建的旧中国,存在着官僚资本和民族资本的矛盾和斗争,抗战时期,是这一矛盾和斗争走向激化的时期。处在国统区中心的重庆,

---

① 《迁川工厂联合会全体会员名录》。
② 傅润华等:《陪都工商年鉴》第 4 编,第 1 页。
③ 据《重庆市情》,重庆出版社 1985 年版,第 23 页资料统计。

在抗战经济基础的工业领域里,这种矛盾和斗争尤为突出。官僚资本经营的国营工业在数量、质量、地位上的惊人发展,成为抗战经济中最突出的特征。

战时对工业实行统制,是国民政府工业政策的基础,也是官僚资本得以发展的前提。因此,官僚资本的发展,得到了法律的保护。1938年10月,国民政府颁布了《非常时期农矿工商管理条例》。根据这个《条例》,大后方所有基础工业和军事工业或由政府收归官办,或由政府投资合办,即便是生活日用的工业,政府也可以随时直接经营。官僚资本在工矿领域里的垄断地位和对民族资本的侵吞和掠夺,就合法化了。

官僚资本在工业中的发展,首先表现为数量的激增。1937年,国统区新增国营工厂为20家,到1941年,一年新增即达162家,是1937年的8倍。其间每年几乎是成倍的递增(见表12-1)。

表12-1　大后方1937—1941年国营工厂新增数[①]

年份	1937	1938	1939	1940	1941
新增数	20	45	95	108	162
较上年增加百分比	125	111	13.68	50	

其次表现为产值比重的上升。1940年国统区工业产值9548万元,其中官僚资本1447万元,占15.2%。到1943年这个比例上升到36.3%,增长指数为370.4(以1940年为100)。而同期民族资本产值比例下降,增长指数仅为116[②]。具体过程见表12-2。

[①] 国民政府经济部编:《后方工业概况统计》,重庆1943年,第15页。
[②] 郑友揆:《中国的对外贸易和工业发展》,上海社会科学院出版社1984年版,第140页。

表 12－2 大后方工业 1940—1944 年官僚资本增长表

	年份	1940	1941	1942	1943	1944
	工业总产值	9548	1216	13849	14757	13726
官僚资本	产值(万元)	1447	2886	4314	5359	4928
	比例(%)	15.2	23.7	31.2	36.3	35.9
	增长指数	100	199.4	198.1	370.4	340.6

比重的上升还表现在动力分配和工厂工人上。1942年,大后方工业动力总共14.4万马力,工人24.2万名,官僚资本分别占42.3%和32%[1]。

以上数字,都是就大后方总体而言的。由于重庆处于大后方工业的中心地位,因此,它也间接地反映了官僚资本在重庆的增长情况。

官僚资本在重庆工业中的发展,一方面表现为政府直接经营的企业的增多、资本的增多和地位的显赫;另一方面表现为大官僚、买办对企业的直接插手,进行垄断和掠夺。

在政府经营的企业中:一是军工企业。军工生产的全行业都由军政部兵工署独家经营。二是经济部资源委员会支配的企业。到抗战结束时,资源委员会在重庆的9个行业里,以各种形式经营了工矿企业18家,其中独资11家、合资(参加经营,有的主办,有的不主办)7家,主要力量集中于钢铁、化工行业[2]。三是经济部支配的企业。经济部直接经营的企业很少,只9个部属的工业试验性工厂。大量的活动是以投资、合资、合作经营的方式侵吞民营工厂,主要有中国兴业公司、四川丝业公司、中国毛纺织厂、永利化学公司、兴原化工厂等15家[3]。四是以政府银行出面,官僚金融资本向民营工业渗透。中央银行和中央信托局、邮政储金汇业局在重庆向8家企业投资;中国银行投资18家,投资3593万元;交通银行投资20家;农民银行投资11家[4]。

此外,政府各部门,如交通部、粮食部等也办了一部分企业。

---

[1] 国民政府经济部编:《后方工业概况统计》,重庆1943年,第11—14页。
[2] 据《资源委员会公报》第10卷第3、4期统计。
[3] 陈真:《中国近代工业史资料》第3辑,第826—828页。
[4] 陈真:《中国近代工业史资料》第2辑,第969、959—961、963—964、967—968页。

国民党及其政府中的大官僚、大买办和主要派系的资本在重庆工业中的扩张,表现更为突出。

一是孔祥熙。抗战以前,孔祥熙主要致力于财政与金融,在抗战时期掌握了四联总处,于是开始向工业扩张,来势凶猛。他在重庆吞并的企业有中国兴业公司、中国火柴原料厂、中国火柴专卖公司、中国毛纺厂、华福烟草公司、中央制药厂、三才生煤矿等。其中最典型的是对中国兴业公司的吞并。

华西兴业公司原来是四川地方军阀的企业,向国民政府贷款扩建。孔祥熙身为行政院长,乘机提出,以政府投资的方式,使华西就范,并派亲信傅汝霖与之谈判,达成合资协议,改称中国兴业公司。在第一届理事会的22名理事中,代表官僚资本的有16人,占72.72%,创办资本计1200万元,官僚资本占78.16%[1]。总经理由孔氏亲信傅汝霖担任,总会计则是傅的亲信奚伦。中国兴业公司几乎完全成了孔家企业。后来该公司两次增资,官僚资本的比例进一步上升,股款占92.7%,股权为85%[2]。由于宋系势力的上台,孔祥熙不得不有所收敛,把董事长让与傅汝霖,公司仍在孔家的控制之下。中国兴业公司成为大后方被官僚资本吞并的最大企业。

二是宋氏兄弟。他们或亲自出面,或委托亲信,在重庆控制了中国毛纺织公司、建川煤矿公司和成渝铁路的修筑。其中中国毛纺织公司董事长即由宋子良担任,他个人投资60万元,为总资本的1/8。也正因为如此,该厂得到了政府的大量贷款和订货,获得了很大的利润。作为回报,该公司于1943年两次向政府提供平价呢料,1944年向国民党军队捐献军服呢,一次就达10万套[3]。

三是二陈的CC派。陈氏的经济活动主要在金融领域,但对战时工业也未放松。他们在重庆掌握的企业有中国汽车公司华西分厂、中国桥梁公司、中益电工制造厂、巴县电力厂等,但份额不大[4]。

对于官僚资本在重庆工业中发展的总水平目前尚未有全面的统计。这里用四川省的资料来作一间接的说明。据李紫翔先生在1943年的统计,官

---

[1] 中国兴业公司档案第118卷。
[2] 中国兴业公司档案第54卷。
[3] 陈真:《中国近代工业史资料》第3辑,第1047—1048页。
[4] 陈真:《中国近代工业史资料》第3辑,第1103—1110页。

僚资本在四川工厂厂家中仅占9.43%,工人占18.8%,动力占28.21%,而资本却占了62.95%[①]。具体情况见表12-3。

表12-3 抗战时期四川省官僚资本和民族资本工厂、资本、动力、工人数比较表

单位:%

类别	工厂数 公营	工厂数 民营	资本数 公营	资本数 民营	动力数 公营	动力数 民营	工人数 公营	工人数 民营
总计	9.43	90.57	62.95	37.05	28.21	71.79	18.8	81.2
水电工业	48.28	51.72	85.03	14.97	15.94	84.06	33.5	66.5
冶炼工业	27.27	72.73	86.97	13.03	86.80	13.20	21.0	79.0
金属品工业	1.47	98.53	—	100.00	37.33	62.67	18.3	81.7
机器工业	3.62	96.38	58.36	41.64	13.11	86.89	8.8	91.2
电器工业	11.12	88.88	71.64	28.36	20.44	79.56	45.1	54.9
建筑材料工业	—	100.00	—	100.00	—	100.00	—	100.0
土石品工业	8.51	91.49	27.68	72.32	7.44	92.56	9.8	90.2
化学工业	6.76	93.24	73.45	26.55	26.37	73.63	12.3	87.7
饮食品工业	3.07	96.93	14.03	85.97	29.63	70.37	8.7	91.3
纺织工业	20.16	79.48	38.50	61.50	9.37	90.63	24.6	75.4
服饰品工业	3.71	96.29	8.94	91.06	—	100.00	13.7	86.3
文化工业	9.49	90.51	4.55	95.45	5.3	94.96	29.1	70.9
杂项工业	—	100.00	—	100.00	—	100.00	—	100.0

民营工业在抗战前期有较快的发展。国统区内,1937年新增民营工厂仅71家,1938年即达175家,1939年为371家,1940年为481家,1941年达到

[①]《抗战以来的四川工业》,载《四川经济季刊》第1卷第1期,第36—37页。需要说明的是,作者仅用以"民营"招牌出现的官僚资本所属工厂加以统计,因此这个数字是偏低的。

顶点为 681 家①。前两年增长率为 100% 以上,后两年也保持在 30% 至 40% 的水平上。

在重庆,1942 年有民营机器工厂 439 家,资本总额 1.74 亿元,平均资本近 40 万元②。1942 年以后,官僚资本已占绝对优势,而民营工厂由于资金缺乏、生产资料价格高涨、原材料不足,面临重重困难。截至 1944 年底,重庆市共撤销、歇业、改组、转向工厂 133 家,而民营占 94%,达 125 家。

抗战时期重庆工业的所有制结构说明,官僚资本经营的重庆国营工矿的迅速发展,垄断了兵工、钢铁、化工、动力等重要工业部门企业,规模越来越大,在重庆工业体系中起着决定性的作用。而民营企业,特别是在重工业中的民营企业虽然有了较快的发展,但具有明显的依附性。

第三节 规模结构

重庆工业企业在规模上存在着两极分化的趋势。一方面,官僚资本得到国家的大力扶持,出现了少数垄断性组织。如中国兴业公司成为大后方最大的重工业康采恩,经营钢铁、矿山、电力工业,有资本 1.2 亿元,职工 3500 人。国家对官僚资本企业在资金上的支持也相当大。1943 年国民政府发放工矿事业贷款 55.5 亿元,其中仅资源委员会就得到 9 亿元,中国兴业公司得了 1.6 亿元③,官僚资本主义企业得以不断扩大规模。就连民营企业较多的轻纺工业也不例外,1945 年 5 月,花纱布管制局因棉纱缺乏,缩减各织户领纱数量。到 6 月份,每月每机只能织布三匹半,一般较小织户多无法维持。故此后小织户纷纷转让与大织户而另谋他业,于是大织户更形壮大④。另一方面,抗战中后期大量的民营工厂资金不足,生产资料短缺,产品销售困难。大后方工业中,缺乏器材或无法补充者,占 30%,资金困难的占 27%,销售困难的占 4%。除此以外,原材料价格上涨、生产成本增加、税收不合理等因素也困扰着民营工厂,简单再生产难以为继,更不能扩大再生产,这已成为普遍现

---

① 郑有揆:《中国的对外贸易和工业发展》,上海社会科学院出版社 1984 年版,第 138 页。
② 傅润华等:《陪都工商年鉴》第 4 编,第 18 页。
③ 《四联总处三十二年度工作报告》。
④ 《重庆抗战经济大事记》,中共重庆市委党史工作委员会 1985 年 12 月编,第 345 页。

象。这就使重庆和大后方工业企业规模不断萎缩。以重庆机器工业为例，1942年有工厂439家，共有工具机2400台，平均每厂5.47台；共有技工11762人，平均每厂26.79人，每4.9人才有一台工具机；共有动力机636台、5441马力，平均每厂仅1.45台、12.39马力[1]。在这439家机器工厂中，包括了恒顺、民生、震旦、上海等拥有数十台机器的大厂。如扣除这几家，以上很低的平均值还将进一步下降，这样的企业与其说是工厂，不如说只是一些作坊。

在重庆，工业企业规模呈两极分化，少数官僚资本企业不断扩大，而大量民营工厂规模日趋缩小。官僚资本企业的扩大，不是经济发展的产物，而是战争时期人为政策加吞并和掠夺的结果，目的在于巩固官僚资本的统治，因而它没有带来工业经济的繁荣，反而搞得怨声载道。

民营企业占企业总数的绝大多数，它们代表着旧中国民族工业发展的方向。早在1938年8月，武汉形势紧张后，据国民政府经济部统计，经武汉内迁的民营工厂即有452家，其中入川的就有252家[2]。在抗战时期，它们规模的日益缩小，有悖于资本主义生产集中的趋势，也有悖于社会化大生产的要求，更不符合城市工业发展的规模，因此是重庆工业生产水平落后的重要标志，是整个经济水平低下的重要原因。它又反过来束缚了工业和经济的发展，束缚了城市近代化的步伐。

重庆企业规模结构同部门结构、所有制结构一样，连接着社会制度——半殖民地半封建的旧中国，在这个制度下，生产力不可能得到正常的充分的发展，城市的经济中心作用也不可能真正发挥出来。

第四节 地域分布结构

工业企业的地域分布，即工业生产力布局问题，也就是企业群落在地理和空间上的表现形式。生产力布局必须遵循客观规律，在特定的区域里把企业放置在合适的位置上，决不能任意摆布。对于大至国家、中至地区、小至城

---

[1] 马雄冠，在全国第二次生产会议上的报告，转引自傅润华等：《陪都工商年鉴》第4编，第18页。
[2] 《重庆抗战经济大事记》，中共重庆市委党史工作委员会1985年12月编，第21页。

市的空间来说，莫不如此，工业生产力布局对于工业乃至整个城市经济、地区发展关系非常紧密。

重庆城市的地理特点是山峦起伏、地势崎岖不平，这是城市基础建设，特别是公路修筑的严重障碍，同时它又阻碍着内外经济的联系。重庆城区三面环水，常年江水涨落二三十米，轮船运输的上下起卸，全靠人力，生产成本很高。因此工业区的选择，宜在地域平坦、交通便利、工业用水和排水方便、有利于起卸设备安装的两江沿岸地区。

因此，战时重庆工业地域分布基本都是在沿长江、嘉陵江两岸，地势较为平坦的土地上修建厂房，或者在河谷隐蔽之处凿岩建厂。最大的钢铁企业——钢铁厂迁建委员会就设在长江边大渡口地区，属于前者；豫丰纱厂、裕华纱厂、大鑫机器厂、资渝炼铁厂、资蜀炼铁厂，则属于后者。特别是设在磁器口、香国寺、唐家沱等地的兵工厂，把生产车间置于人工开凿的隧道之中，构成了坑道生产自动线网。这在技术上颇为先进，且不受日机轰炸的威胁。

在具体布局上，半岛工厂最多（今市中区），在1356家工厂中，半岛即有389家，占28.7%；其次为南岸弹子石地区152家，占11.2%；再次为小龙坎122家，占9%。以下顺序为龙门浩、海棠溪、江北、化龙桥、溉澜溪、沙坪坝、香国寺、玄坛庙、菜园坝、李子坝、磁器口[①]。

实践证明，由于战时重庆公路交通较落后，铁路尚未出现，主要的交通方式还是水运，因此沿江设厂的工业布局能够扬长避短，重庆战时工业的地域结构基本上是合理的。

第五节　重庆工业的主要缺陷

战时重庆工业的主要缺陷是能源工业特别薄弱，这是阻碍工业发展的重要因素，也是制约城市发展的重要因素。

一、电力缺口较大

战时重庆电力工业以火电为主，水电发展极为缓慢，且在远郊。市内电

[①]《陪都十年建设计划草案》，第63—65页。

力的主要供应者是火力发电的重庆电力公司。抗战开始时,该厂装机容量3000千瓦,但实际负荷只有42%。抗战开始以后,由于工业和城市的急速发展,用电量猛增,全市实际需要量为1.6万千瓦,供需矛盾极为尖锐。该公司几次增资,特别是1941年经财政部批准,资本从500万元增至3000万元。陆续进口几台英国发电机,到抗战结束时,扩大为3个厂,装机容量达到1.1万千瓦。但由于种种原因,长期不能满负荷发电,虽有1944年7月超负荷运转(1.2万千瓦),但抗战时期绝大多数时间的实际发电量只有装机容量的67.1%,即7381千瓦[1]。加上其他小电厂、水电厂大约4000千瓦,城市供电也只有1.1万千瓦,只占实际需要量的68.75%。整个抗战时期,政府没有投资开办电厂,所差1/3的缺口无从弥补。为缓解重庆市电力紧张的状况,市政府曾作出调整工厂用电时间的规定。规定各普通工厂每日午后五时至七时停止用电。为执行这项规定,市府特派技术人员检查各用电工厂,如不遵守规定用电,给予停电三天处分;如查出二次,则剪线撤表,停止用电,但仍然无法缓解电力不足这一突出问题。

电力的严重缺乏,使重庆工业,特别是耗能高的重工业陷入困境。如化学工业,烧碱月产量从120吨,降到1945年5月的30吨;液碱从月产300吨,降到120吨;酸类到抗战后期几乎停产,整个化学工业产量只及高峰时期的1/5。

二、煤炭不敷供应

煤炭是抗战时期重庆的主要能源和重要工业原料,对钢铁、电力、化工和交通运输有特殊意义。

1938年重庆全年需煤65万吨,其中工业用煤14万多吨,船用煤72000多吨,商业用煤37万多吨,砖瓦、石灰等业及民用煤各约3万吨。全市用煤主要供应者为嘉陵江产煤区,该煤区在抗战期间生产极盛时有煤厂(包括小煤窑)284家、工人2万多人。

随着工业和城市的发展,需要量不断上升,原有大矿不断扩大生产并刺激了小煤矿的普遍开设,但仍赶不上实际需要。1941年全市普遍发生煤荒。

---

[1] 傅润华等:《陪都工商年鉴》第4编,第2页。

1943年以后,重庆工矿业衰退,用煤量大减,一度出现煤炭滞销现象,造成煤业危机。到1944年7月主要供应重庆的嘉陵江煤区的中小煤矿先后全部停采,仅残存几家大矿。10月以后,各厂和码头存煤已经不多,全市煤荒又趋严重。到1945年重庆每天需煤为2400吨,但煤炭产量仅2000吨。

重庆是战时首都,大后方的兵工、钢铁、机器、纺织等工业部门均集中于此,同时人口亦剧增。因此,煤炭供应问题成为影响工业生产和人民生活的重要问题。1944年,由于各厂矿亏本,嘉陵江区中小煤矿先后被迫停采,而煤的各种成本额波动很大,各矿已无法维持煤产数额。对于煤业的危难,国家总动员会议8月15日决定:由政府拨款收购存煤4万吨,以资周转;至于煤炭限价价格仍维持不变。由于煤价管制价格过低,资金困难,生产更加萎缩,政府对煤业的补贴又迟迟不发,因此,10月份后,各厂和各码头都缺少存煤,而各大矿还在逐月裁减员工、紧缩生产,致使全市煤荒日趋严重。

煤荒日益严重后,停电、停航、停工接踵而来,黑市煤价高涨,沿江来渝的煤炭船多被沿路用煤大户拦截,一般市民既买不到煤炭,又无力购买木柴,只能被迫烧破桌、破椅。

一方面是城市需要大量的煤炭,而可供开采的煤炭资源也很丰富,但另一方面却是生产严重不足。究其原因,根本在于煤炭政策的不合理。

(一)价格政策

抗战时期煤炭为政府统制物资,由政府限价,政府补贴。但即使加上政府的补贴,生产成本也高于市场限价,更何况煤炭补贴常常拖欠。而与煤相关的15种产品,六年间(1937年至1943年)涨价329倍,而煤炭却只涨了118倍。1943年每吨煤成本为3200元,但市场限价为1100元。如果说抗战初期的煤炭业的发展动力在于有利可图的话,那么这时价格已经严重背离了价值,生产越多,亏损越重。各煤炭厂家多产不如减产,多销不如少销,因此裁减员工、紧缩生产,或者干脆歇业。如此,煤炭焉能不荒。煤炭工业的困境严重地影响了工业的发展和人民的正常生活。

(二)政府的产业政策

重庆煤炭业最多时达200余家,1945年仅剩40余家。政府对煤业缺乏积极培养政策,是造成煤业不景气的原因之一。但是,在中小煤矿举步维艰的同时,政府却以优惠条件扶植天府煤矿在生产上扩张,对市场进行垄断和操纵。据统计,天府煤矿产煤量,1939年仅为11000多吨,而1941年则达到451000吨;销售量1939年为5万余吨,1945年则达到39万余吨;全市电力、兵工、航运、纺织、化工等重要生产部门所需煤炭的50%至80%均由天府供应。

三、能源代用品逐渐缺乏

用植物油(桐油、菜油)提炼汽油、柴油、煤油代用品,是一个重要的新兴事业。1944年初,大后方有80余家炼油厂,月产油料29.5万加仑。重庆有油厂35家[1],月产汽油代用品1000吨,这对于动力油料的短缺,有一定的缓解。但进入抗战后期,因桐油价格高涨,成本增加,生产难以维持,产量日减,到1944年7月全市开工的炼油厂仅剩3家[2]。

酒精也用于代替汽油。抗战爆发后,酒精业发展了几年,1942年全市共有酒精厂23家,月产酒精25万加仑,但1943年后衰落,仅存1/3[3]。

抗战时期,重庆能源工业投资不足,重视不够,本身发展就不稳定,供需矛盾一直尖锐。1943年以后,出现了严重的能源危机,这是整个工业和经济衰退的表现,而能源工业的危机又对整个工业和经济的衰退,起了推波助澜的作用。

---

[1] 傅润华等:《陪都工商年鉴》第4编,第33页。
[2]《重庆抗战经济大事记》(征求意见稿),中共重庆市委党史工委编印,第319页。
[3]《重庆抗战经济大事记》(征求意见稿),中共重庆市委党史工委编印,第244—245页。

第十三章 重庆城市的第三产业(一)——金融业

第一节 银行、钱庄的增加

抗战前夕,除中央、农民银行重庆分行外,重庆市共有银行13家。其中,外省银行设渝分行4家:金城、大陆、上海、江海;本地银行9家:聚兴诚、美丰、四川省、川盐、川康、重庆、建设、四川商业、重庆平民。此外,尚有资本在5万元以上的钱庄23家。

"七七"事变后,国家危亡,各种公债价格暴跌,银根奇紧,握存者无法抛售,上海的交易所停拍。原在重庆办理公债押款的上海等行,宣布拒押,并限期收回已押之款。当时,重庆各行庄多在买卖统一公债,统一公债暴跌,致使各行庄亏损惨重;此外,各行庄还握有3500万元左右的四川善后公债和建设公债。而其中的1200万元左右的公债已抵押出去,到期必须赎回。因此,造成重庆银根奇紧,各行庄同时出现了提存风潮。7月21日,利率高达二分四厘以上,为渡过难关,市银钱两业公会于21日、27日两次召开会议,经与重庆行营、四川省财政厅、中央银行重庆分行等多方洽商,最后议定由需款各行庄以善后公债、建设公债各半为担保,向中央、中国、农民三行借款200万元,方暂时渡过7月底难关。渝市银钱业渡过难关后,形势虽有和缓,但现金仍不敷使用。

尤其是8月2日,由于利济财团7月底期票700万元未能如期照兑,宣布延期,更加剧了危机,致使全市银行自15日至19日停业5天。利济财团系1937年1月,由川盐、美丰、川康、重庆、江海、四川商业、四川省等七家银行合组而成,资本额共500万元,除由省禁烟局认股50万元外,其余由七家银行分认。利济财团组成时,即与省禁烟总局合组成立了官商合办的烟土统收处,负责收购烟土。统收处所需购烟款,由利济照数开出为期两月期票,由统收处转付烟商,烟商持期票到期向利济兑现。统收处将购进烟土全部转卖给禁烟总局,总局转交统收处,然后归还利济财团。此项期票使利济获利极丰。但1937年4月以后,统收处和禁烟总局将大量烟土堆存在公栈内,准备运往外省牟暴利。因此,禁烟总局再无款可付利济财团。以致到7月底,利济除将资本500万元全部垫光外,还多开出700万元期票无法兑现。于是,被迫于8月2日宣布延期兑付。这不仅威胁到参加该财团的七家银行,同时由于利济期票已大部辗转落在重庆各行庄手中,因而危及了整个银钱业,以致造成全市银行业不得不停业5天。

为挽救渝市金融,8月19日,银钱业以公债和特贷(鸦片)各半为抵押,再向中央、中国、农民三行借款500万元,各行庄方于20日恢复营业。

至于利济期票,后由省财政厅长刘航琛从禁烟总局提出1500担烟土,向农民银行抵押借款,兑回一部分期票。剩余部分则由持票人以七成期票、三成现金向禁烟总局收回烟土自销。至11月底,利济财团期票方全部兑回注销。

为稳定金融,稳定抗战大后方的经济局势,国民党政府决定将四行二局迁往重庆。随着四行二局的到来,重庆成为大后方的金融中心。大批外地银行纷纷迁渝,重庆的地方银行、钱庄也以得天独厚之势,蓬勃发展。

国家银行是重庆金融中心的主体。1937年8月,原在重庆设有支行的中央银行、中国银行、中国农民银行三行成立了联合办事处。是月,交通银行来渝,购打铜街原四川商业银行旧址为该行重庆支行行址。次年1月10日,交通银行重庆支行正式开业。至此,中、中、交、农四行都在重庆设立了支行。此外,中央信托局也迁入中央银行办公,邮政储金汇业局亦于1938年初迁渝,4月在重庆设了重庆分局。改组后的四联总处设在重庆;11月,中、中、交、农四行的总行或总管理处也内迁到渝,中央信托局、邮政储金汇业局也都设在重庆。除四行二局外,从外地陆续迁到重庆的银行还有号称北四行的金城、盐业、中南、大陆银行,号称南四行中的上海商业储蓄、浙江兴业、新华信托银行,号称小四行的中国通商、中国实业、中国国货、四明银行,以及西康、广东、湖北、河南等省银行的分、支行和办事处;本地的银行有四川省、聚兴诚、美丰、川康平民商业、川协、四川建设、和成、重庆银行。据1939年12月7日,《商务日报》刊载消息。是时重庆共有大、小银行30余家。加入银行业同业公会者23家,这些银行在重庆的资本约在1亿元以上。可以说,这时,重庆已经成为全国的金融中心。

外地银行有两种:一种是财团银行和商业银行,如上所述的北四行、南四行、小四行等,集中了中国主要的民族资本;另一种是各省的地方银行,如广东、广西、江苏、安徽、浙江等省银行,或将总行迁来重庆,或在重庆开设分行。更多的省和地方银行,如江西、贵州、陕西、西康、湖北、甘肃、福建、湖南、河北等省,四川的南充、遂宁、合川、垫江、忠县、隆昌、广安、富顺、丰都等县,则是在重庆开设银行办事处,既与中央保持联系,又同时经营银行业务[①]。1942年3月至9月,太平洋战争爆发后,原在上海租界的银行,有的也到重庆开设了分行;一些爱国华侨也来渝筹设银行。至当年9月止,当年新开设的银行有:3月2日,中国通商银行渝分行开幕,该行董事长为杜月笙,经理骆清华,副经理吴宗焘,资本400万元;9月1日,中国农工银行渝分行开始营业,该行原设上海,历史相当悠久,太平洋战争爆发后,上海环境恶劣,遂迁渝设立重庆分行,资本1000万元;9月16日,中国工矿银行成立,该行系国内热心工矿事业人士及华侨投资所兴办,以扶植工矿事业为营业方针,总经理为翟温桥,资本1000万元,其总行设重庆,分行设自流井、南充、衡阳、桂林、昆明、西安等六处;除中国工矿银行外,华侨回渝筹资设立的银行,尚有华侨兴业银行以及美洲华侨领袖司徒美堂来渝创办的华侨建设银行。截至9月,重庆银行除中、中、交、农四行外,各省银行有14家,商业银行35家,总数达到53家。1942年5月9日,重庆银行界出版社也正式成立[②]。

本地的银行,一方面调整巩固,川帮五大银行稳步发展[③],以五大银行为核心的川帮财团完全形成;另一方面新的银行不断开办,有亚西实业(1941年)、建国(1941年)、长江实业(1941年)、济康(1942年)、华侨兴业(1943

[①] 傅润华等:《陪都工商年鉴》第7编,第16—18页;《全国金融机构分布一览表·四川省》,中央银行金融机构业务检查处编印,1945年8月编印。

[②] 《重庆抗战经济大事记》,中共重庆市委党史工作委员会1985年12月编,第228页。

[③] 川帮五大银行分属于五大财团:以聚兴诚银行为中心的杨氏财团、以美丰银行为中心的康氏财团、以重庆银行为中心的潘昌猷财团、以和成银行为中心的吴晋航财团,以及以川康、川盐两行为中心的刘航琛财团。

年)、华侨联合(1943年)、建业(1945年)、其昌(1945年)、同丰(1945年)、复兴义(1945年)等先后开设。

银行的增加与一大批钱庄银号改为银行有极大关系。据初步统计,1937年7月至1945年8月,就有25家钱庄银号增资改组为银行[1]。这一势头以1942年至1943年最为突出。为此1943年3月,财政部曾通令钱业公会,凡欲增资改组为银行者,须合并3家银号钱庄以上,不得单独改组。1944年再次规定,在重庆,只有实收资本达到1000万元以上者,才可增资改组。企图对这一势头有所遏制,但未能奏效,因此,1945年1月,下令取消银号钱庄改为银行办法[2]。

银号钱庄在改组为银行的同时,又新创办了一大批,致使数量并未减少。1940年至1945年,重庆净增银号19家,数倍于战前。1939年至1945年,钱庄增加28家,是抗战前重庆实有钱庄的4倍[3]。

抗战时期,重庆金融机构增加,金融业发展的另一特色是外资银行的开办。开埠以后,外资在渝从事进出口贸易和开办工矿,也曾试探过建立金融机构。1922年成立的四川美丰银行亦为中美合资,但经营不久,在大革命的高潮中,美方即退出。后来,川人与外商曾拟议设立中意华信银行、重庆中美银行,甚至法国汇理银行为投资成渝铁路,一度在重庆设立办事处,然而都未能开张或办理业务。直到1943年中国和英、美签订新的条约以后,经国民政府批准,英国汇丰和麦加利银行才第一次在重庆开办分行。两行主要为英、美官员代表开立存户,与登记注册的英、美商行建立业务往来,但作用不是太大[4]。

抗战时期重庆银钱业的发展,大体分为两个阶段:

第一阶段,1937年至1941年,为普遍发展时期。1937年,重庆有本地银行9家,国家和外地银行的分支行、处27家,银号钱庄23家,共计行庄59家。到1941年太平洋战争爆发时,重庆银钱业行庄已增至143家,较抗战以前增加84家,在四年半的时间里,平均每年增加约19家。银行的总行增为18

---

[1]《近代重庆金融机构调查表》,见《近代重庆货币与金融》(未刊稿)第3章。
[2]《中国近代金融史》,第246页。
[3]《近代重庆金融机构调查表》,见《近代重庆货币与金融》(未刊稿)第3章;另见傅润华等:《陪都工商年鉴》第7编,第29页,战前重庆仅剩7家钱庄。
[4] 重庆《大公报》1943年2月28日;《中华民国史资料丛稿:汇丰——香港上海银行》,第147页。

家,较战前增加 9 家,平均每年增加 2 家;银行的分、支行及处增为 72 家,较战前增加 45 家,平均每年增加 10 家;钱庄银号增为 53 家,较战前增加 30 家,平均每年增加约 6.5 家①。至 1941 年 12 月 31 日,全市银行、钱庄已增加到 145 家。1941 年 1 月以来,又有亚西银行、建国实业银行、华康银号、长江实业银行、复礼银号、大信钱庄等陆续在重庆市成立、开业;四明银行、复兴实业银行、云南兴文银行等亦在重庆设立了分、支行;重庆市又成立了巴县银行。到 1941 年底,国民党中央及各省政府银行在重庆设立的部、分、支行及办事处共 37 家;商业银行 55 家;钱庄银号 53 家,总数共计 145 家。银行、钱庄的利率达到 19.2%,较 1939 年的 13%、1940 年的 15%,都有较大增加。②

第二阶段,1942 年至 1945 年,普遍大发展的势头有所减缓,而银行总行的发展更为突出。到 1943 年 10 月底止,总行设在重庆的银行增至 37 家,银行的分、支行和处增至 89 家,钱庄银号则减少为 36 家。与 1941 年底相比,除了钱庄银号是减少,以及银行的分、支行和处平均每年增加数略趋降低外,在 1 年零 10 个月的时间内,总行设在重庆的银行,净增 19 家,平均每年增加 10 家,5 倍于前几年的平均增加数。由此可见重庆作为大后方的金融中心的地位,在太平洋战争爆发后,得到显著的加强。到 1944 年 7 月底,仅重庆银行业登记资本就已达法币 7 亿余元,港币 2000 万元,英镑 300 万元,吸收存款 13.5 亿元③。1944 年 8 月 9 日,重庆市银行业公会理事长报告渝市银行业现状,全市现有银行达 71 家。和济银庄、振华银行合并增资改组为建业银行,资本为 1000 万元;6 月 2 日,安康银行在渝开业,资本 1000 万元。年初,原设天津的茂华银行总管理处亦移设来重庆。据重庆市银行公会理事长吴晋航报告重庆银行现状:截至月前,本市已入公会的银行共 75 家,从业人员约 4000 人,已登记的资本为国币 7 亿余元,港币 5000 万元。至 6 月底止,共吸收存款 13 亿 5000 多万元,除交中央银行存款准备金 2 亿 7000 余万元外,可运用的存款并不多④。在渝银行达到了抗战以来的最高峰。

1945 年 8 月抗日战争结束时,重庆一共有银行、钱庄总、分、支行和处

---

①康永仁:《重庆的银行》,载《四川经济季刊》第 1 卷第 3 期,1944 年 6 月。
②《重庆抗战经济大事记》,中共重庆市委党史工作委员会 1985 年 12 月编,第 215—216 页。
③傅润华等:《陪都工商年鉴》第 7 编,第 15 页。
④《重庆抗战经济大事记》,中共重庆市委党史工作委员会 1985 年 12 月编,第 318 页。

233个,其中总行(处、局、会、公司)61、分行32、支行6、处(办事、代理、分理)113、钱庄银号21[①]。全国国统区共有总行416家[②],重庆约占15%,它代表了中国官僚资本和民族资本的主体,是中国金融业的核心。

第二节 银钱业资本的扩大

抗战以前,国家银行和地方银行的区别并不是十分明显,某些地方银行也在发行货币。抗战开始以后,为了加强对国家金融的控制,国民政府一方面推行中、中、交、农四行的专业化,实行对金融业的垄断;另一方面严格把地方银行的活动范围限制在省市之内,主要从事地方工商农业的发展,避免与官僚资本控制的国家银行争利。为此,1938年、1939年两次召开地方金融会议,要求省市地方银行执行政府的金融政策,"以抢购物资,抵制敌伪经济侵略","活跃地方金融"为重要任务。由于新兴业务增多,需要大量资金,因此地方银行纷纷增加资本,据四川、西康等16个省银行的统计,抗战时期资本总额较战前增加了2.6倍[③]。除此而外,在抗战时期通货膨胀逐渐发展,投机之风遍于商业、金融两界的刺激下,商业银行的资本也大幅度增长。重庆作为大后方金融业的中心,其增资幅度也高于全国平均水平。

四川省银行抗战前的资本为200万元。1940年,财政部以丁种统一公债的形式投资200万元,资本增至400万元。1942年,进一步将该行应付省政府和财政部之股红息和省府历年应得的公积金等转账,连同原资本,增资至4000万元(其中财政部1000万,四川省3000万)[④]。五年之中,增加资本19倍。

重庆商业银行的增资状况各有不同,仅以川帮六大银行为例(见表13-1)。

[①] 中央银行编:《全国金融机构一览表》,1945年8月。
[②]《中国近代金融史》,中国金融出版社1985年版,第244页。
[③]《中国近代金融史》,中国金融出版社1985年版,第246页。
[④]《四川文史资料选辑》第7辑,第78页。

表 13 – 1　重庆主要商业银行增资状况表

单位：法币　万元

年份	聚兴诚	美丰	川盐	川康平民商业	重庆商业	和成
1937	200	300		350	100	
1938			200		200	60
1939			300		500	
1940	400	500				
1941		1000	600	1000		200
1942					1000	500
1943	1000	2000			1000	
1944			4000	5000		2000

资料来源　据《聚兴诚银行》，重庆出版社 1987 年版；康心如：《回顾四川美丰银行》，见《重庆文史资料选辑》第 8 辑；《重庆川盐银行史料》（未刊稿）；宁芷村等：《川康平民商业银行述略》；石体元等：《重庆商业银行的兴起和衰落》；《和成银行档案汇编》；《重庆 5 家著名银行》，西南师范大学出版社 1989 年版；傅润华等：《陪都工商年鉴》，1945 年版。

从表 13 – 1 的粗略统计可以看到，抗战初期（1937 年、1938 年），这几家商业银行平均资本约为 200 万元，到抗战结束时，平均资本已达到 2500 万元了，是战争初期的 12.5 倍。另据中国工矿、中国实业等 55 家商业银行的统计，抗战时期增资总额为 89426 万元，比原有的 10499 万元，增加了 7.5 倍[①]。美丰银行成立于 1922 年 4 月。创立时，它是在美国注册，有 25 万资本。1931 年至 1945 年是美丰银行的"黄金时代"。抗战前，该行经三次增资，资本由 25 万元增加到 300 万元；1940 年增加到 500 万元；1941 年 3 月 8 日，增加到 1000 万元；1942 年又增加到 2000 万元，总资本是成立时的 80 倍，是战前的 6.7 倍。

就整个重庆银钱业的平均资本来看，增资情况也是明显的，见表 13 – 2。

[①]《中国近代金融史》，中国金融出版社 1985 年版，第 246 页。

表 13-2　重庆银钱业资本历年平均数统计表

单位:法币　万元

	1937 年 7 月 7 日前	1941 年底	1943 年 10 月底
总平均	50.0	357.9	826.1
银行资本平均	15516	1266.7	1486.1
钱庄银号资本平均	8.7	49.2	127.2

资料来源　据康永仁:《重庆的银行》所列数据统计,见《四川经济季刊》第 1 卷第 3 期,1944 年。

从表 13-2 看,1941 年底的总平均数,为战前的 7 倍多;1943 年 10 月底的总平均数,又为 1941 年底的 2 倍多,而为战前的 16 倍半。其中,银行资本的平均数,1941 年底为战前的 8 倍多,1943 年 10 月底为战前的 9 倍半。钱庄银号的平均资本,1941 年底为战前的 5 倍半,1943 年 10 月底则又为 1941 年底的 3 倍,而为抗战前的平均数的 14 倍半,所以 1941 年以后,是钱庄银号增加资本最多的时期。

再以重庆银钱业总资本的增长状况来看一看重庆金融中心在资本方面的发展,见表 13-3。

表 13-3　重庆银钱业历年资本总额统计表

单位:法币　万元

	1937 年 7 月 7 日前	1941 年底	1943 年 10 月底
总计	1600.6	25408.8	57825.8
银行资本	1400.0	22800.0	53525.8
钱庄银号资本	200.6	2608.8	4325.8

资料来源　据康永仁:《重庆的银行》所列数据统计,见《四川经济季刊》第 1 卷第 3 期,1944 年。

从表 13-3 中可看到,1943 年 10 月底的资本总额为战前的 36 倍。其中,银行的资本总额为战前的38倍多,钱庄银号的资本总额为战前的22倍。在1941年底时,资本总额还不到战前的16倍,银行资本也不过为战前的16倍多,钱庄银号资本,也不过为战前的13倍。所以,从1942年至1943年10月底的1年零10个月中,是银钱业资本增加最多的年份,这段时间所增加的资本,较抗战后至1941年底的4年半间所增加的资本还要多。由此不难看出,1942年以后,是银钱业大幅度增加资本时期,而钱庄银号资本的增加较银行还要迅速。

到1943年底,重庆金融业总资本已达到64725.8万元[1],是1937年1600万元的40.45倍。其中国家银行28000万元,占43.25%;四川省银行4000万元,占6.18%;一般商业银行28400万元,占43.87%;银号钱庄4325.8万元,占6.7%,达到了重庆金融资本发展的顶峰。

抗战时期,重庆金融业增加资本的方式还有:

一是发行公债。1937年8月18日,国民政府公布《救国公债条例》,发行总额为法币5亿元,年息4厘,分30年还清。这是抗日战争期间国民党政府发行的第一个公债。

以后在整个抗战期间,国民党政府发行的公债主要的有18种。其中,有按法币和关金计算的,总额达150亿元;此外,还有按英金、美元计算的外币债券,按谷麦等粮食计算的实物债券。国民党发行的外币债券全系公开发行,目的在吸收华侨资金;实物债券在农村公开发行,采取向农民征借的形式。法币公债,除此次救国公债在民间公开发行外,以后所发行的公债都没公开发行,而是以总预约券方式向银行抵借,银行则以这种预约券作为发行准备,发行不兑现的纸币。为了发行此次救国公债,1937年9月6日,财政部公布了《修正救国公债募集办法》,在上海设立了救债劝募总会,重庆成立了支会。至11月19日,本市银钱两业按资本10%,共认购200万元,其中银行业175万元、钱业25万元。11月底,市劝募支会颁布了个人承买救债补充办法,规定:月薪不足30元者,自愿认购;满30元,不足50元者,月缴1元,缴足3月即填给5元债票一张;月薪50元以上至60元者,认购10元;月薪60元

---

[1]《抗战时期的大后方经济》,四川大学出版社1989年版,第327页。

以上者,月薪每增加10元,认购也随之增加10元①。

二是成立重庆市贴放委员会,以缓解内迁民营企业的贷款问题。抗战开始后,上海工厂内迁,但迁移费用各厂都无力解决。于是,1937年8月9日,由中、中、交、农四行在上海成立了一个临时机构,即四行联合贴放委员会,对内迁民营工厂发放长期贷款。当时在四行联合贴放委员会下设立了一个具体核批贷款业务的机构——四行联合办事处,它即是1939年10月成立的四联总处的前身。四行联合贴放委员会在上海成立后,为挽救渝市金融,市商会于8月20日电呈财政部,要求成立重庆市贴放委员会,获准。8月底开始办理抵押、转抵押、贴现等业务。至10月上旬,全市共贴放1300余万。此后,规定了每日贴放额以10万为限,并限制公债押款。四行联合贴放委员会自成立至1939年底,在全国17个省、区成立了分支机构,两年多,全国贴放总额3亿元,重庆一地即达1亿余元。

三是发行保证代现券。1937年8月31日,重庆银钱两业联合准备委员会成立,并发行保证代现券600万元。8月27日,银行业同业公会以金融恐慌为由,呈请政府准予发行保证代现券,以资周转,并要求成立重庆银钱业联合准备委员会。20日获准,但规定保证代现券只限于至9月半的一个比期内施行。是日,联合准备委员会成立,并发行保证代现券约600万元。9月初,省政府规定保证代现券可做纳税之用。而重庆行营则电示四川,规定不准用保证代现券缴纳一切赋税。实际上,省内各税收机关仍按省政府通令执行,重庆行营之规定,仅限于联合金库之税收。原规定保证代现券只限于一个比期,至9月半即收回。后来,渝市金融界以三行贴放委员会拒绝增加抵押品种类,以及川军出征,省府向银钱两业借款600万元等为由,多次要求重庆行营将收回时间延期。实际上,至1939年1月,重庆银钱联合准备委员会才奉令收销保证代现券,至3月27日全部收回。综计共发行700余万元②。

四是规定储蓄标准。如重庆节约建国储蓄分会于1942年4月23日举行第六次委员会,决定:(1)公司、企业、行号之纯益、股息及红利,一律组织节储实践会,举办团体储金;(2)产权移转价额及房、地租,一律劝储5%;(3)娱

---

① 《重庆抗战经济大事记》,中共重庆市委党史工作委员会1985年12月编,第8—9页。
② 《重庆抗战经济大事记》,中共重庆市委党史工作委员会1985年12月编,第10—11页。

乐场所,按每人场券储蓄2元,筵席超过50元者,储蓄一成以上。并规定:该决定自5月1日起分别开始执行。

五是建立强有力的、高度集权的金融体制,以保证金融资本的集聚。1939年9月8日,国民党政府公布《战时健全中央金融机构办法》,改组和加强了原四行联合办事总处,规定该处"负责办理政府战时金融政策有关各特种业务",并加设理事会,由四行首脑人物及财政部代表组成,蒋、宋、孔、陈亲自担任理事会常务理事,而由蒋介石兼任理事会主席。改组后的四联总处职权很大,包括:掌握全国金融网之设计;资金的集中和运用;收兑金银的管理;四行联合贴放事宜;战时特种事业的联合投资;特种储蓄的推行;四行发行准备的审核;内地及口岸汇款之审核;外汇申请审核;四行预决算复核;战时物资调剂,等等。除四行外,同时还将中央信托局、邮政储金汇业局也划归该处统制。而理事会主席的职权更大,规定"主席总揽一切事务","财政部授权联合总处理事会主席在非常时期内,对中、中、交、农四行,可为便宜之措施,并代行其职权"。从此,四联总处成为主宰全国金融的最高权力机关,被当时人们视为之"中央银行之上之中央银行"。蒋介石更直接掌握了金融独裁大权。

重庆银钱业资本的巨额增加,反映了抗战时期重庆经济中心形成过程中,工业、商业、交通和其他行业对资金的需要,是金融中心发展的重要标志。但如果仔细分析一下,就可以发现重庆地方和商业银行、钱庄资金的投向有明显的倾斜。1939年底,15家行庄中商业放款占放款总额的89%;1940年对26家行庄(银行2家、钱庄24家)的放款统计,商业放款占96.86%;1941年对36家行庄的放款统计,商业放款为89%;1942年3月下旬,对60家行庄(银行26、钱庄34)的放款统计,商业放款仍超过一半,占52.19%[①]。

与商业相比,用于工业、矿业和交通的资金严重不足。上述1940年的放款中,工矿、交通一共才占0.79%;1942年为11.32%。支撑抗战大业的工业、矿业和交通事业的发展,完全依赖于国民政府的有限投资。1943年7月25日,经四联总处理事会核准当年度工厂事业贷款为:工厂事业贷款总额20

[①] 1940年、1942年数字,见经济部统计处编:《重庆市资金分配情形》;1943年、1939年、1941年数字,见《中国近代金融史》,中国金融出版社1985年版,第247页。

亿元,其中国营 8 亿元、民营 12 亿元。各业需要数目为:煤矿业 16000 万元,钢铁业 15000 万,机构电机 19000 万,棉纺织业 19000 万,化工 28000 万,毛、丝纺织缫制业 14000 万,面粉制糖业 1 亿,电力业 4000 万元。贷款手续仍由各业拟具生产计划、借款详细用途等,照规定应备书表申请核转。又据 1943 年底的报道,当年工业贷款已发行大半,其中 1/4 为钢铁界所得,5 亿元中资源委员会的所属厂得 27000 万元,中国兴业公司获得 18000 万,而真正民营厂仅得到 5000 万元。1944 年 7 月,四联总处核定的 1944 年底工矿业贷款中,国营为 132000 万元,民营为 20 余亿元,但真正贷给民营厂的仅有 5000 万元。

抗战期间,从 1939 年起四行的贷放总额就大于存款总额,而贷放对象,主要是官僚资本控制的工业、商业和交通运输业。这种信用膨胀,对于发展垄断资本、集中财富起了重要作用;同时,也因此造成了重庆工业发展的暂时性和跳跃性,因而留下了许多薄弱环节。反过来,大量资金拥向商业,进入市场,加剧了通货膨胀,刺激了投机与黑市交易,导致经济的虚假繁荣和经济秩序的混乱。

第三节 银钱业活动的加强与扩大

银钱业活动范围的扩大与能力的加强,是与金融业的发展、经济中心的形成成正比的。抗战以前,重庆仅仅作为四川省和长江上游地区的经济中心,其金融业的活动范围也主要限于这一地区。随着抗战时期重庆成为整个国民党统治区、抗战大后方的政治、经济中心,重庆的金融业也就以中心的地位,出现在全国金融舞台上。

抗战以前,特别是 1935 年以前,重庆金融业主要为进出口贸易和城市商业服务,从事商业投机活动,基本上不涉足工矿、交通业。抗战以来,重庆地方银行和商业性银钱业的放款已扩大到商业、工业、矿业、交通、同业、个人、其他等 7 个方面,投资也涉及商业、工矿业、公用事业、交通、房地产、政府债券、其他等 7 个方面[①]。尽管除商业以外,其他领域的放款、投资较少,但它反映出重庆金融业功能的进一步完善。

[①]《重庆市资金分配情形》。

更值得注意的是银钱业活动能量的大大加强。

一是存款增加。抗战以前,重庆工商业资本不大,故工商业和个人存款很少,银钱业吸收存款的主要对象是政府机关。1936年,重庆商业银行存款总额仅有2700万元。抗战爆发后,四行迁渝,四川省银行也得到发展,它们吸收了政府存款的绝大多数。沿海厂矿的内迁和迁渝,人口的大量西移,带来了大量的工商业资金,使重庆城市经济得到了较大的发展,也创造了大量新的价值,因此,重庆的工商业及私人存款大量增加,迅速上升为首位。1941年存款额达2亿元,近战前的10倍,1944年更达到13.49亿元,较战前增加近50倍[①]。

国家行、局储蓄存款额的增加更多。战前,中、中、交、农都在重庆开有分行,但存款不多。但到1943年8月底止,四行二局在国统区26个省市和沦陷区、国外,共有储蓄存款54.06亿元,位居全国第一,而重庆分行就有21.58亿元,占39.93%,是位居第二的四川省的2.44倍[②]。

二是贷款数目的巨大。仅1939年8月,中央银行重庆新市区分行在上清寺设立办事处。当月即吸收存款1000多万元。1943年8月,大后方18个城市经四联总处核定贷放的工矿、粮食、盐务、交通、购销和其他款项共为10.84亿元,而四行重庆分行就占86.27%,达9.35亿元。其中,工矿3.33亿元,占35.65%;交通5.62亿元,占60.12%;购销0.32亿元,占3.42%;其他0.075亿元,占0.8%[③]。重庆地方和商业银行的放款余款,在1942年3月也达到了2.74亿元[④]。在重庆的国家、地方银行和商业银行、钱庄,如此大规模地对重庆投资,是空前的。

三是资金调动能力的加强。1943年5月,重庆市各行庄就向国内各城市汇出4.81亿元,汇入3.72亿元,共计调动资金8.53亿元[⑤]。当年上半年,重庆15家地方和商业银行就在全国调动资金48.6亿元[⑥]。如照此发展,全年

[①] 傅润华等:《陪都工商年鉴》第7编,第12页。
[②]《金融月刊》第4卷第51期,1943年12月。
[③]《金融月刊》第4卷第51期,1943年12月。
[④]《重庆市六十家银钱业(1942年)3月下旬放款余额类别》,见《重庆市资金分配情形》附表四。
[⑤] 这些城市是成都、昆明、内江、万县、衡阳、泸县、三斗坪、柳州、贵阳、上海、江津、宜宾、西安、梧州等,见《金融月刊》第4卷第35期。
[⑥] 这15家银行是和成、重庆、四川、聚兴诚、亚西、金城、美丰、云南、广东、湖南、同心、川盐、川康、江律、上海,见《金融月刊》第4卷第37期。

调动的资金将超过当年四行二局重庆分行局储蓄存款余额 21.58 亿元的 3.5 倍①。重庆地方和商业银行有如此强大的经济实力,这在重庆历史上是极为罕见的。

四是银行业务范围的扩大。首先是地域范围的扩大。早在 1938 年,重庆银行界就纷纷在各地设立办事处。6 月,重庆银行在仁岸、仁丰、茅台、兴场、合江、安顺等地设立了六个办事处;年底又开设了昆明、康定两支行,设立了泸县办事处。美丰银行设立了隆昌、西昌、雅安、叙永、绵阳、綦江等六个办事处。稍晚些时候,四川省银行也在广安、奉节设立了办事处。1939 年 5 月 15 日,财政部令各省银行暨中、中、交、农四行增设分、支行和处,以完成西南、西北金融网。1938 年 11 月,财政部曾令四川省政府,协助四行在全川各县增设分行。1939 年 5 月 15 日,又令在后方各省普遍推行。截至 1940 年 1 月,中央银行即在重庆新市区、北碚、南温泉设立了分行,在后方各省更设分、支行和处 87 处。与此同时,四川省银行的资本增加为 500 万元,1940 年 10 月,亦在省内外设立了分、支行及办事处 46 处。此外,农本局也在西南各地设立合作金库 76 处。其次是业务种类的增加。除各大银行不断在各地设立分支机构,扩大业务外,中、中、交、农四行储蓄会及四行信托部也在渝设立了重庆分会及重庆分部,于 6 月正式开业。此外,由上海四明银行与金融界联合组织资本在渝开设的重庆四明保险公司办事处也正式开业,主要业务为保水险、火险、邮包、汽车险等。如美丰银行,建成了当时重庆首屈一指的标志性建筑物——美丰大楼。该行先后在各地扩充分支机构达 45 处,不仅经营商业银行一切业务,并发行总换券(钞票),最高曾发行 150 万,还组设了"丰"字号子公司,经营进出口货物、房地产及农产品等,同时还大量投资工矿、交通、商业、金融、保险、信托以及文化新闻事业先后共达 66 个单位。美丰遂成为川帮的五大财团之一。重庆市银行界于 1942 年 6 月 1 日,开始进行票据交换。票据交换是同一城市中各银行对相互间收付的票据所进行的当日清算。方法是参加交换的各银行,每日在规定时间,集中于票据交换所,将他们收进的票据同其他各行收进的该行票据相互进行交换,彼此抵消债权债务。抵消后的差额通过各行在中央银行或其他大银行的存款,进行划账,或通过

---

① 《金融月刊》第 4 卷第 51 期,1943 年 12 月。

票据交换所转账,予以清算。重庆市票据交换,由中央银行办理,经审查认可参加交换行庄共 96 家,各行庄缴至该处的保证、准备金,均属公债与储蓄券,汇集此项债券共计有 17 种。各公债及储蓄券,除甲种节约建国储蓄券、美金节约建国储蓄券照票面十足估价外,其余均按八、七五、七、六五、六、五折等分别估价。票据交换开始后,平均日交换票根 1800 余张,交换额 1 亿多元;比期日交换票据 6800 余张,交换额 4 亿余元。据统计,1943 年,全年交换总额 1400 余亿,差额 310 亿元。[1]

第四节　保险与信托业

一、保险公司

保险业在抗战时期有了相当大的发展。抗战前,重庆保险公司皆为民营。抗战开始后,中央信托局保险处、邮政储金汇业局人寿保险处等国营保险机构相继从上海迁来重庆;同时,国内几家最大的民营保险公司,如中国、太平、宝丰、四明等,也将业务重心移来重庆。外地保险公司的到来,壮大了重庆保险业的规模。

促使保险业发展的主要原因,在于战时陪都这个特殊的政治和地理环境。首先,国民政府迁渝后,重庆成为日军攻击的战略目标,从 1939 年至 1942 年间,日本飞机对重庆进行战略性轰炸,妄图达到摧毁中国的抗战意志,迅速结束对华战争的目的。重庆成为抗战时期遭受日本飞机轰炸次数最多、规模最大、持续时间最长、损失最为惨重的城市。人民生命财产受到严重威胁,从而刺激了保险业的发展。其次,重庆地处两江汇合之处,交通运输在很大程度上依赖水运,而水运条件较差,需要相应的保险业予以弥补水险损失,保护工商业的发展。第三,战时货币贬值,物价上涨,银行、钱庄大都竞相从事商业投机活动,加剧了市场的混乱。国民政府为了控制市场,抑制混乱,一再限制行庄的新设和钱庄改组为银行,加强对商业银行、钱庄的管理,从而阻断了一部分握有资金的人的投机活动。这些人便转而开设保险公司,或者从

---

[1]《重庆抗战经济大事记》,中共重庆市委党史工作委员会 1985 年 12 月编,第 239—240 页。

事正常的保险业务,或者假保险公司之名,行金钞买卖和囤积居奇的投机活动。因此,重庆的保险公司如雨后春笋,得到进一步的发展。

1939年2月,重庆的天一、中国、华安、中央、太平、支平、四明、宝丰等10家公司发起成立了重庆保险业同业公会①。到1943年,重庆的保险公司已达21家。就规模而言,计总公司12家,分公司8家,代理处1家;就业务而言,人寿保险3家,产物保险15家,简易、盐铁、人寿兼物产各1家。

到1945年,保险业的发展达到顶点,各类保险公司已增至53家②。在这53家中,专营者48家,兼营者5家(其中官办3家,即中央信托局人寿保险处、产物保险处和邮政储金汇业局人寿保险处;外商2家,即英商太古、怡和两洋行兼营,但因战事爆发,其业务已陷停顿)。这53家保险公司从资本上分析,除资本额不详者9家之外,其余44家的资本总额约26000万元,资本额最高者为3000万元,最低者仅20万元,平均每家资本额则为581万余元。平均资本额不高,但保险业总资本已相当于重庆商业银行1945年的总资本水平了(28400万元)。以各家成立时间而论,在44家中(不包括成立时间不详的9家),战前成立的只有9家,战时成立的则达35家。仅1943年至1944年11月底止,设立的保险业机构高达20家。重庆保险业在战时发展迅速,特别是抗战后期的两三年内更为突出。

就保险业务而言,44家中(除不详的9家)37家为产物保险,4家为人寿保险,其余3家分别为人事、意外、特种保险。办理保险的种类很多,有火险、水险、兵险、运输险(包括轮船、木船、汽车、飞机、驮运、板车、邮包、停泊等)、船壳险、人身意外险、人事险、盗匪险、茧壳险、信用险等等。可以说,只要有一种危险发生,就会有一种相应的保险业务相对应。其中最有特色的是兵险的开办。兵险即对战争损失予以赔偿,是我国在抗战这一新情况下开办的新险种。1940年1月5日,为了加强兵险业务,财政部决定增加投资250万元,加上原投资,兵险业务资金已达500万元。重庆厂商投保兵险的数额已超过1000万元。当年7月,重庆市社会局与中央信托局及有关同业公会正式签订了《非常时期营业处投保兵险办法》,规定保险物品种类为:(1)粮食用品;

---

① 《重庆抗战经济大事记》(征求意见本),中共重庆市委党史工委编印,第84页。
② 董幼娴:《重庆保险业概况》,见《四川经济季刊》第2卷第1期,1945年。

(2)服装用品;(3)其他日用必需品;(4)医药品;(5)与上列货品有关的生产工具、必需用品及设备等。保险费由政府代替商人缴纳。同时规定,各商店一经投保兵险后,即不得再停业或随意提高价格。据到8月底的统计,重庆市区商店在中央信托局投保兵险的共70余家,总额达78万元,7月份日机轰炸重庆,有35家商店被炸,中信局给予了一定赔偿。兵险分为运输兵险和陆地兵险。运输兵险主要针对航运;陆地兵险既针对运输,也针对一般工商业企业的日常营运。它主要由中央信托局产物保险处举办,从1937年至1945年,投保兵险金额达539.11亿元,保险费收入7.1亿元,赔款金额4.15亿元[①]。中信局人寿保险处在机关和工厂开办的团体寿险,也是我国保险业的第一次。该办法规定,凡投保者保费由投保单位(工厂或机关)与所属员工(被保险人)各半负担。因此,投保者甚为踊跃。这既增加了保费收入,又有利于促进战时社会安宁,提高员工生产工作积极性。

保险业务的增加促进了公估行的产生。1942年,由民生公司总经理卢作孚发起,在重庆成立了中国公估行。凡参加保险的动产与不动产遇有损失发生须按保险契赔偿者,保险双方均可委托该行实地调查,公正估定赔偿金额,使双方能于短期内得到合理调处,深受各界欢迎。

抗战以前,中国保险业集中在上海等沿江沿海城市,1937年保险费约为3000万元。虽有少量华人保险公司,但资本既小,同业又少,对于保额稍大的项目,往往又转保于外商,致使资金外流,因此,外国保险公司直接和间接攫取了中国保险费的68.67%,达2600万元之巨。抗战时期,重庆保险业的发展,既为经济服务,又成为经济发展的一种反映,更重要的是,它从此"奠定了中国本位之保险事业"。

二、信托公司

重庆的信托业也在抗战时期达于极盛,这主要是中央信托局随国民政府迁来重庆,原中信局重庆分局并入总局。中信局在全国设有26个分局,19个代理处。

[①]《中央信托局抗战时期运输兵险与陆地兵险业务一览表》,见《近代重庆货币与金融》(未刊稿),第399页。

信托是中信局的主要业务,抗战时期有长足发展,以信托存、放款和投资为例,1935年分别为605万元、13万元和9万元,1944年则分别达到了30.23亿元、31.15亿元和5.19亿元,分别增长了499倍、23960倍和5766倍,即使扣除通货膨胀率,其增长速度也是十分迅速的。

更为重要的是,中信局的业务极为广泛,如前面已提到的保险业务;代各军政机关在国内外采购油料、物资器材和生活必需品;采购土产,开展易货贸易;利用自有汽车,从事长途大宗货物运输;开办普通和特种储蓄;印制钞票和各种证券。中信局是重庆信托业的主体。

除中信局外,重庆新的信托公司不多,主要有中华实业信托公司、上海信托公司渝庄等,最大量的是各银行开办的信托部、代理部等。由于信托公司业务相当广泛,所托之目的物有金钱、证券、债权、动产、土地建筑等,营业分类又有银行、信托保险等业务,故有"金融百货公司"之称。开办信托相当有利可图,因此,到1942年9月,重庆信托业公会会员单位已达29个[①]。

这些信托机构或代新建的公司招募股本,或代不善管理者经营产业,或扶助实业界经营实业,或吸收资金,以便自己经营。信托公司的开办对于城市经济的发展,是有积极作用的。

第五节 金融市场的完善与新的金融网络的形成

抗日战争的爆发,也把业已形成的重庆金融市场扩展到了整个长江上游地区和大后方。票据交换制度的状况,是衡量金融市场的重要尺度。抗战开始后,由中央银行重庆分行主持的重庆银钱业票据交换所立即陷入了严重困难的地步,1938年的交换总额为9895万元,仅及1937年77555万元的12.76%[②]。它表明,在重庆逐渐成为大后方金融中心的条件下,原有的金融市场已不适应,需要走向更高的层次和更大的规模。因此,重庆的银钱业行庄大多转向中、中、交、农四行开立存款账户,以四行支票来办理相互的收交,四行间的收解大量增加,实际上四行就成了结算中心。由于四行间的收解极

[①] 重庆市档案馆藏:券号103。
[②] 《近代重庆金融与货币》(未刊稿),第426页。

为频繁,1940年10月便实行了四行轧现(局部清算)制度,以中央银行为总轧算机关。至此,基本完成了重庆金融市场由区域性向全国性的转换。

1941年12月,四联总处和财政部建议中央银行筹办票据交换机构。央行据此拟定了有关交换办法和办事规程,1942年6月1日起正式施行。开始时参加的行庄有79家,年底增加到96家,加上银钱业在城郊的分、支行及处,参加交换的单位共计113家[①]。1944年4月,财政部颁布了《非常时期票据承兑贴现办法》,规定先在重庆等19地试办。同时,四联总处也拟订办法,筹建联合票据承兑所。1944年10月2日,联合票据承兑所在重庆成立。

中央银行总结了几十年来重庆银钱业票据交换制度的经验教训,结合战时重庆和大后方金融状况,制订了一套较为严密又行之有效的办法,其主要特点是:交换组织更为严密,行庄交易完全由央行居间办理,从而提高了效率,加强了监督管理;拆款期限缩短到1天至3天,防止了某些行庄透支套用之弊,限制了信用膨胀,对保证准备品作了严格限制,保证了交换的顺利实现;交换票据种类增加,使转账结算省时省力,市场资金更为灵活方便。正因为如此,票据交换业务发展很快,1942年交换票据77.76亿张,交换总额1391.01亿元。到1945年,就分别达到202.88亿张、26104.29亿元,增长率为160%和1776%[②]。

由中央银行主持重庆金融市场的票据交换,方便了银钱业的收交,适应城市商品经济发展的需要,有利于完善、控制和稳定重庆金融市场,也使经历了半个世纪的重庆银钱业票据交换制度进入了比较成熟的阶段。特别是中央银行在重庆第一次全面筹划组织、全权办理票据交换业务,也提高了中央银行的地位,促进了成都、桂林、昆明、西安等大后方城市的票据交换工作,进一步巩固了重庆在大后方的金融中心地位。

外汇管理在抗战前期以沪、港、渝鼎足而立,沪、港沦陷以后,重庆遂成为中国大后方唯一的外汇交易和管理中心。

随着银行向重庆的集中,重庆银行界也逐步向外扩展。1939年6月,财政部命令中、中、交、农四行以重庆为中心增设分、支行。它们遂先后在25个

[①] 杨厚承:《重庆票据交换制度》,中央银行经济研究处1944年印行,第56—65页。
[②]《重庆各行庄汇入汇出数额表》、《各地四行联合贴放余额表》,见《金融月刊》第4卷第35期,1943年8月。

省市及沦陷区和国外设行,尤其注重建立和完善西北、西南金融网;四川省银行也在省内外设行、处 46 处;民营银行在省内外广泛设立办事机构[①]。到 1943 年为止,中、中、交、农四行已与四川、云南、贵州、广西、江西、甘肃、陕西、湖南、上海、浙江、青海、湖北、香港等省市的 35 个城市建立了稳定的贴放款关系。重庆地方商业银行也与四川、云南、湖南、湖北、广西、广东、贵阳、上海、陕西的 15 个城市建立了稳定的业务联系[②],形成了以重庆为中心,以国统区为活动范围的新的金融市场和金融网络。

但是抗战时期,在严格的金融管理体制与不健全的市场机制的条件下,金融市场秩序极为混乱,炒作美钞愈演愈烈。1938 年 3 月 12 日,国民政府开始实行外汇统制,颁布购买外汇清核规则及清核办法三条,规定换取外汇须向中央银行申请,以防敌伪套取外汇。自此,外汇经营管理权集中在中央银行办理。这是国民政府实行外汇统制的开始。1935 年 11 月 3 日,国民党政府实行"币制改革",规定以中央、中国、交通银行(1936 年 2 月又加上中国农民银行)发行的纸币为法币;禁止白银流通并收归国有,作为外汇准备金;还规定中、英货币汇率为法币 1 元合英镑 1 先令 2 便士半,由中央、中国、交通三行无限制买卖外汇。1936 年 5 月,国民党政府又与美国签订了《中美白银协定》,规定法币 1 元等于 0.295 美元。法币本身没有固定含金量,它的价值由外汇汇率体现,即通过与英镑、美元的固定比值表现出来。法币遂成为"外汇本位制",成为英、美货币的附庸。但它放弃银本制,改行纸币,将货币发行权集中到中央,有利于经济发展和商品流通。同时,它禁止用白银,将白银收归国有,防止了白银外流,稳定了法币汇价,在抗日战争中,对于抵御日寇侵略起了重要作用。

国民党政府实行的法币政策,本来规定法币可以无限制地自由购买外汇,但是抗战开始,特别是上海沦陷以后,四行已不可能无限制地自由买卖外汇了。1938 年 3 月 10 日,北平日伪政权成立"中国联合准备银行"发行伪币,排斥法币,利用伪钞代替法币。对此,国民政府实行了外汇统制,以稳定法币汇率,维持法币信用。这是战时金融政策上的大事。外汇统制后,出现

[①]《重庆抗战经济大事记》(征求意见本),中共重庆市委党史工委编印,第 100 页。
[②]《重庆各行庄汇入汇出数额表》、《各地四行联合贴放余额表》,见《金融月刊》第 4 卷第 35 期,1943 年 8 月。

的法币与黄金、美钞之间的价差,必然导致黑市猖獗,为平息黑市价格的飙升,1944年9月下旬,国民党政府自美国贷两亿美元之黄金从印度陆续空运来渝,由中国农民银行、中国国货银行售出之黄金期货相继付现同时开始出售现货。由于来渝黄金甚多,重庆黄金黑市暂时消失,每两价格恢复到17500元,较2月跌落3000元左右。但好景不长,由于通货膨胀,加之沦陷区金价高涨,如当时汉口的黄金黑市,每两6万元,上海更高达9万多元。因此,投机者大量扒进黄金,运入沦陷区,以获暴利。所以,当年10月下旬起,金价再度暴涨,黄金黑市活跃。11月13日,黄金牌价即涨至2.4万元(每两),至1945年6月,黄金每两黑市价格达到18.2万元。由于战局影响,人们认为美钞最保险,且携带方便,因而投机之风愈盛。美元的黑市价格,已从1美元卖250元上涨到600元,比官价高30倍。美元投机盛行,大量游资入于投机市场,商业银行信用紧缩,工矿业资金更加短缺,各厂矿纷纷缩小生产范围,资金充裕者,亦将资金投入了美钞、美金公债投机。1944年12月1日《新华日报》报道,民营工矿业目前最头痛的三件事是:(1)商业银行信用紧缩;(2)生意清淡;(3)负担太重。重庆工业界为靠自身力量解决困难,于12月初发起组织成立了中国联营公司,以解决生产运销和原料供应,参加者有震旦机器厂等20余家,但事并无多大补益。正当的商业同样由于信用紧缩、资金周转不灵、社会购买力下降、市场萧条,再加之管制苛繁、负担太重,因而入不敷出。

  1945年7月上旬,渝市金融市场黄金、美钞狂涨。7月3日,黄金黑市价格每两已突破21万元之纪录,为官价每两5万元的四倍多,较6月下旬的每两13万的黑市价格也上涨了60%以上;美钞每元售价达2800元以上,而国民党的官价规定为每元美钞值20元法币,6月下旬的美元黑市价也仅为1400元,几天时间上涨了一倍。对此,财政当局予以紧急处置,规定:凡操纵黄金、美钞者处死;还规定:从7月5日起,禁止非银钱业公会人员入场交易[①],但效果甚微。

[①]《重庆抗战经济大事记》,中共重庆市委党史工作委员会1985年12月编,第350—351页。

第十四章 重庆城市的第三产业(二)——交通业

第一节 战时航运业的发展

抗战的爆发,使中国的民用轮船业遭受了严重的损失,或被日军掠夺,或逃往国外,或改悬外国旗,或被日军轰炸沉没,或为免遭日军掠夺而由政府征用自沉于沿海各口与长江要塞。为保存实力,长江中下游的国营轮船招商局、民营三北轮船公司等幸存的轮船,陆续退入川江。运力的增加,使重庆成为大后方新的水运中心,当时在重庆的军民用运输轮船有100余艘、9万余吨。后经日本飞机的轰炸,真正能经常用于运输的川江轮船不过20余艘、1.8万吨,加上小吨位客轮,总吨位也不过2.5万吨左右。这就是当时中国政府所能支配的轮船,这个数字,还不到战前重庆港轮船吨位34756吨的3/4,仅仅是战前中国商轮总吨位50万吨的5%[1]。

然而,就凭借这仅存的轮运力量,抗战初期在很短的时间内,完成了入川的兵工厂、内迁国营厂矿、政府机构和物资,以及各类人员和出川抗战的军运等十分艰巨的任务。据不完全统计,到1941年底止,仅运输政府物资即达40多万吨,人员及壮丁200多万人,其他任务不计其数[2]。这是抗战时期重庆轮船业对国家民族的历史性贡献。

由于川江水运在战时交通体系中的重要作用,国民政府当局采取了一些措施来扶持发展川江航运。首先是调整航政机构。中央政府在重庆的长江

---

[1] 据张肖梅:《四川经济参考资料》H21—23,四川省银行经济研究所1936年印;傅润华等:《陪都工商年鉴》第8编第2章,第8—9页,综合统计。
[2] 傅润华等:《陪都工商年鉴》第8编第2章,第9页。

管理机构原是汉口航政局重庆办事处,1931年成立;地方航运则由川江航务管理处管理。1938年10月,汉口航政局迁往重庆,改名为长江区航政局,原重庆办事处和川江航管处同时裁撤。它不仅接管了川江航管处所辖的管理职责,而且管理范围扩大到川、鄂、湘、赣、苏、皖等省[1]。其次,增加对川江航运的投资。1940年至1942年,政府对西南水运建设的拨贷款总数为4956万元,其中用于修理川江被炸轮船的补助款、贷款和发展川江浅水轮船的款项即达3729万元,占全部的75.24%[2]。第三,统制运价。川江运价向由航商自订,政府先后制定了宜渝上下行运输规则和各城市之间的运价,后来又颁布了《四川省木船及轮船运价章程》,规定统一价目,然后依航线及货物性质,并参照当时物价,厘订最高最低标准,按时调整。1943年以后,因物价变动强烈,航商亏本,政府又实行补贴政策,收到一定效果[3]。

综观抗战时期重庆轮船业的发展,主要表现在以下几个方面:

一、川江轮运企业的发展

抗战以来,长江中下游一些轮船公司迁到重庆,但由于它们的船体大、吃水深、马力小,不适宜川江航行,因而发展受到限制。而重庆的轮船公司则乘势发展了自己的势力,达到了新的水平。在重庆航运企业中,民生轮船公司始终居于领先地位,本章将专门予以介绍。这里着重介绍发展较快的两家本地企业和两家外来企业。

合众轮船公司:该公司成立于1936年,是由宜宾、泸州商帮和重庆宝元通等大商号创办的民营公司,主要解决股东本身的货运问题,其特点是股额小,股东多,集众人之力量,共谋发展。成立时只有1条270吨的小船"长虹"号,投入重庆至宜宾航线。经过8年的发展,到1944年止,该公司轮船由1艘发展到13艘,资本由10万元增至500万元,航线则扩展到以重庆为中心,从川鄂交界的三斗坪到泸州兰田坝的10条航线。抗战胜利后,实力进一步壮大,航线展至上海,成为仅次于民生公司的川江第二大民营企业[4]。

---

[1] 行政院新闻局印行:《航运》,1947年10月,第16页。
[2] 据《交通建设》第1卷第3期,1943年;《战时航政与航政建设》,1942年。
[3] 行政院新闻局印行:《航运》,1947年10月,第19—20页。
[4] 王绍荃主编:《四川内河航运史》,四川人民出版社1989年版,第237页。

强华轮船公司:该公司成立于 1920 年,原为民营福记航业部,有两艘轮船,行驶宜渝航线。后与在渝的法商永兴洋行订约,改挂法国旗,改名聚福洋行,依仗帝国主义势力,避免了兵灾匪祸,牟取暴利。抗战时期,它转而投靠官僚资本,得到国民政府粮食部部长徐堪和中央银行的支持,摆脱法商控制,于 1942 年改组成立强华实业股份有限公司,由中央银行重庆分行经理杨晓波任董事长。在官僚资本的庇护下,强华在资本、设备、货源方面有充足的保障,很快便得到了蓬勃的发展。它是官僚资本扶植发展的典型。

轮船招商局:该局是中国最大的合办航运企业,成立于清同治十一年(1872 年)。历经商办—官督商办—商办隶部,1930 年正式收归国有。战前有轮船 8.6 万吨,总局设于上海。抗战爆发后,总局迁往香港,但在重庆成立长江业务管理处,代行总局职权,组织该局轮船西撤入川,抢运内迁物资。抗战初期,中国航运界以该公司损失最为惨重,得以保存并撤入川江的仅 18 艘轮船,23842 吨。该局原主要经营长江中下游和沿海航线,因而轮船吨位很大,到重庆的 3000 吨以上轮船就有 6 艘,占该局总吨位的 90% 以上。然而这些船只能在洪水期航行重庆以下万县等航线,其作用不是太大。真正担负重任的是另外 12 条小轮,既跑重庆以下川江的长途运输,又主要担负重庆周围短途客货运输任务。后来,又专门建造了浅水轮船 12 艘,投入嘉陵江、沱江航线,向支流发展。1942 年 12 月香港沦陷后,该总局迁到重庆。

三北轮船公司:该公司于清光绪末由虞洽卿创办于上海,因草创时有"慈北"、"姚北"、"镇北"三轮,故称"三北"。抗战之前获巨大发展,航线扩展到长江沿岸和南北洋各线,在重庆成立了分公司。抗战开始,公司损失数十艘轮船,实力大减。撤至重庆的轮船多因吨位太大,无法行驶。三北重庆分公司后来虽改称总公司,但实际上仅有几条新买的小轮行驶于重庆至丰都、宜宾航线上。

总之,经过抗战时期的发展,到 1945 年时,重庆轮运业达到了它的鼎盛时期,在重庆的轮船公司达到了 15 家,总吨位 73682 吨,吨位比抗战前增加了 2.12 倍。具体情况,详见表 14-1。

表 14-1　1945 年重庆轮船航运公司统计表

公司	性质	资本(元)	航线	船只	吨位(吨)
轮船招商局	国营	—	长江	17	23894
三北轮船公司	国营	—	长江	16	12418
民生实业公司	股份	700 万	长江、嘉陵江	98	27290
永昌实业公司	股份	50 万	渝叙	2	182
大达轮船公司	股份	—	长江	3	4213
燮记轮船局	独资	150 万	重庆附近	3	181
重庆轮渡公司	股份	40 万	重庆附近	12	600
庆磁航业公司	股份	50 万	重庆附近	6	166
强华实业公司	股份	600 万	长江	2	1747
三兴轮船局	独资	700 万	长江	4	381
顺记轮船局	独资	100 万	重庆附近	1	121
华中航业局	股份	100 万	重庆附近	4	181
大通顺记航业公司	股份	—	长江	1	1372
佛亨轮船公司	股份	100 万	重庆附近	3	181
合众轮船公司	股份	200 万	渝叙	8	755
合计	—	—	—	180	73682

资料来源　招商局和三北公司的数字见《重庆交通大事记》,第 27 页;其余见傅润华等:《陪都工商年鉴》第 8 编第 2 章,第 9—11 页。

二、木船业的又一个"黄金时代"

　　重庆的木船业自民国初年轮船勃兴以来,逐渐衰落,但抗战爆发后运输任务的繁重,又为木船业的重新繁荣创造了条件。

　　当时的川江上下游来的轮船云集,但因多数吨位太大,吃水太深,不宜行驶;而且,川江及其支流上险滩太多,这些都是轮船在当时所无法克服的困难,而木船恰恰可以弥补轮船之不足。有鉴于此,国民政府对川江木船业进行了有计划的扶持。从1939年到1941年,政府向民间贷款100余万元,用于建造567只木船;1941年,交通部川江造船厂等又造了1988只木船。此外,在渝的各公私机关,如粮食部储运局、军政部军粮局、兵工署、经济部、燃料管理处、财政部盐务局等都自造了不少木船。川江木船业走出了衰落的困境,又一次进入了大发展的"黄金时代"。

1939年,川江木船为10465只,1942年为11696只,到1944年达于鼎盛,计有船16436只,总吨位26.66万吨[1],直接从业人员30万人,木船的吨位数量不仅数倍于轮船,而且担负着维持重庆市生存和运转的米、盐、糖、煤、茶、棉花、杂粮、食油、布匹、五金、百货等生活必需品的任务。仅1942年一年,木船即向重庆运送了大米35万吨、盐15万吨、煤70万吨[2]。

除此以外,木船在参加抗战初期入川货物的抢运、政府重要物资的运输、开辟水陆联运等重大运输工作中,都发挥了独特的作用。

三、航道的整治

川江,尤其是宜昌到重庆,是抗战时期最重要最繁忙的航线,加紧整治川江航道对战时运输来说,有特别重要的意义。为了加快过滩速度,特别是帮助中下游的江海巨轮撤入四川,政府先后在川江和嘉陵江上设置了44个机器绞滩站,占西南区绞滩站的3/4以上。仅在川江上,1938年至1949年间,就施绞各种船只14.2万次[3],它不仅大大减少了事故,而且提高了效率。

川江上几处重点滩险,如长寿附近的柴盘子,重庆上游的小南海、笤箕背、莲石滩,以及宜渝段上的17处滩险,都得到了治理,大大改善了航行条件。

助航设施也在抗战时期加快了建设步伐。抗战以前,重庆以下川江上已有部分助航设备。根据1936年开始执行的三年规划,到1938年为止,标志船由19艘增加到53艘,各种助航设施达392座,比三年前增加了65%。重

---

[1] 四川省人民政府参事室、四川省文史研究馆编:《抗日战争时期四川大事记》,华夏出版社1987年版,第201页。
[2] 王绍荃主编:《四川内河航运史》,四川人民出版社1989年版,第266页。
[3] 傅润华等:《陪都工商年鉴》第8编第2章,第17—18页;重庆市交通局交通史志编纂委员会编:《重庆交通大事记》,科学技术文献出版社1991年版,第26页。

庆到宜宾的河段则从无到有,到 1941 年,新建助航设施达 381 座,各种事故因此大为减少。

四、新航线的开辟

抗战时期,大批工厂内迁,形成了以重庆为中心的四川工业区。这些厂矿大都建在川江及其支流两岸,工业原材料的供给、产品的销售和交流、人口的增加和生活的消费,绝大部分都依赖水运。因此,为适宜这种需要,在原有通航河段上又开了一批新航线。据长江区航政局统计,1940 年以重庆为起点的轮船航线即达 20 条,后来又陆续有所增加。1942 年,仅民生公司一家,即有固定航线 21 条。

航行条件的改善,使川江和嘉陵江的轮船航线得以向上延伸。战前,川江轮船航线以宜宾为终点,1941 年 10 月,民生公司的"民教"轮由宜宾上驶安边,获得成功;12 月,进一步扩展到屏山,开辟固定班轮。在嘉陵江上,轮船运输向来止于合川。抗战时期,嘉陵江成为西南与西北联系的重要通道,1944 年 7 月,又是民生公司"民听"轮从重庆试航南充,获得成功,实现了渝南间洪水期的轮船通航。有一段时间,浅水轮船还可驶达广元[1]。

木船则沟通了长江、綦江、沱江、永宁河、岷江、涪江、嘉陵江、渠江、黔江、御林河等四川十大江河,通航里程扩展到 4500 公里,是当时轮船通航里程 1740 公里的 2.59 倍[2]。甚至尝试用羊皮筏运送煤油。为了增加运量,减低成本,甘肃油矿局试用充气皮筏满载煤油由广元运抵重庆,费时半月,每百吨油较汽车运输节省 60 万元。皮筏抵渝后可将充气放掉由汽车运回广元,往返一次需时 20 天,若用木船运输往返需费时 3 个月。1943 年 6 月 26 日,三只羊皮筏满载煤油由广元运抵重庆[3]。

五、港口码头建设

重庆为长江上游第一大港,是西南地区水路交通枢纽。抗战以后,在渝的轮船数量增加,客货运输繁忙,战前非常简陋的重庆港口设施已不能适应。

---

[1]《抗战时期迁都重庆之交通部》,重庆市档案馆藏。
[2] 傅润华等:《陪都工商年鉴》第 8 编第 2 章,第 17 页。
[3]《重庆抗战经济大事记》,中共重庆市委党史工作委员会 1985 年 12 月编,第 278 页。

经过八年的建设,抗战时期,重庆港内的轮船锚泊地由过去的少数几个,发展为从长江窍角沱到黄桷渡,全长3公里;嘉陵江朝天门到大溪沟,全长1公里,并且根据地理环境和客货流向,划分了专门码头,囤船有了较大增加,1944年,港区内已有44个囤船。码头普遍得到了修整。根据重庆山城的特点,各码头基本上都修建了石阶梯道和装货平台,大大便利了客货运输。沿江仓库也陆续修建。抗战时期修建的嘉陵码头(高10余丈,石梯222级)、朝天门码头(平台4层)至今仍在发挥作用。

第二节 公路事业的规范

一、以重庆为中心的四川公路事业的初步统一

民国以来,四川公路从无到有,但因军阀割据,防区林立,路政分割,不特工程草率,无一规范,且管无专人,各自为政。因此,20余年的公路运输史于全国而言,自生自灭;于地方而言,不过是一部劳役、捐税扰民、于经济与社会发展无关紧要的历史。

1935年春,蒋介石派国民政府军事委员会委员长行营参谋团(简称参谋团)入川,驻扎重庆,打破了四川军阀割据的状态,重庆的公路事业开始与中央政权的统治发生联系。

当时,蒋介石面临两个难题:一个是中国工农红军的存在和国内尚未统一。在蒋发动第五次"围剿"后,红军向西实行战略转移,蒋则希望在运动中消灭红军。但西部属不发达地区,地方势力强大,尤以公路交通落后,有碍围追堵截。另一个是日本咄咄逼人的侵华态势,威胁到国民党在江浙一带的利益。蒋屡次向西寻找退路,因此,把包括西部交通在内的西部开发提上了日程。如果说,在政治上"安内"与"攘外"孰先孰后的问题上,蒋介石选择了"攘外必先安内"的政策的话,那么,在经济上他就只有一种选择,那就是努力开发西部,直接为"围剿"红军("安内")服务,为抗战("攘外")服务。因为,不论是"安内"还是"攘外",都离不开西部的统一和开发。

在西部开发的过程中,公路交通居于最突出的地位。早在1934年10月,红军长征刚刚开始之时,蒋介石就电令四川、贵州、湖南、湖北、陕西五省,

推行"公路协剿(红军)"政策,限期半年完成五省之间的联络公路,其中最重要的有川黔路(成都—重庆—贵阳)、川鄂路(重庆—汉口,汉渝路)和川陕路(成都—陕西)[①]。1935年1月,红军长征进入贵州,威胁重庆,蒋介石立即派遣参谋团入川。1月1日,蒋介石令川黔两省赶筑川黔公路,以利"剿共"。3月,蒋飞赴重庆,亲自督师,命全面彻底整修成渝公路[②]。

参谋团到重庆以后,秉承蒋的旨意,在政治上,一方面督促川军,统筹西部各省军队堵截进攻红军,另一方面着手统一四川军民两政;在经济上,则着力统一以重庆为中心的四川公路事业,为其政治目的服务。

首先,制定规划,设置专门机构,筹措修路经费。1935年3月,参谋团制定了《四川剿匪公路建设计划图表》,提出四川公路建设"对军事运输尤关重要。兹值大军进剿之期",应从速进行[③]。同时,指调原江西公路处处长胡嘉诏来川主持公路工作。参谋团改为重庆行营后,1936年8月,成立重庆行营川黔二省公路监理处,以曾养甫、胡嘉诏为正、副处长,负全面规划指导督促之责。四川修路事宜由在渝的四川公路总局负责实施,有关经费先后由中央政府指拨四川省1935年、1936年善后公债1500万元作为公路专款[④]。

其次,统一标准,整理旧路。1935年以前,四川已有公路近3000公里,大多因不合规范,无法使用。重庆行营制定了《整理四川省已成公路实施办法》,规定以成渝线等5大干线为整修重点,对整修的职责、范围、技术要求、实施步骤、保养、奖惩等作了详细的规定。到1936年3月,四川公路干线整修完成,共计834公里,其中成渝路444公里,占53.24%[⑤]。第一次实现了以重庆为出发点,连接四川主要地区的公路的联网。

第三,赶修新路,延伸干线。1935年以前,四川无一条与外省相连的公路。为了"围剿"贵州境内的红军,1935年3月12日,蒋介石首次来川,即令四川省主席刘湘:"川黔路(重庆到贵州松坎段——作者注)应赶速确定,不

[①]《四川公路月报》第5卷第4期,1934年10月。
[②] 重庆市交通局交通史志编纂委员会编:《重庆交通大事记》,科学技术文献出版社1991年版,第116—117页。
[③]《善后督办公署训令卷479号》,原四川省政府公路局重要案卷。
[④]《军事委员会委员长行营整理川黔康三省公路经过》,1937年印行,第1页。
[⑤]《军事委员会委员长行营整理川黔康三省公路经过》,1937年印行,第3—12页。

可再行犹豫……无论如何困难,务望办到,勿再延缓。"①限定5月15日通车,所需经费,40%由中央补助,60%由川省自筹。蒋介石还亲自指派驻军军长郝梦麟督促全线施工进展。由于有蒋介石的亲自过问,参谋团也"深恐建筑松懈,不能限期完成,有碍军事进展",相继派出高级参谋田湘藩和张笃伦为督察专员。四川省政府也由财政厅长刘航琛等组成川黔路财务委员会,保证经费供给。

川黔路(四川段)分巴县、江津、綦江北、綦江南4段,边勘测边施工。1935年3月25日,巴县段率先全线开工。由于该路穿越贵州山地,开山、桥涵、防护等石工工程占4/5以上,需工极多,在层层高压威逼之下,四川省政府采取非常手段,曾命重庆区域内公私工程一律停工(特别情况除外),抽调石工修筑公路②。四川省政府专门颁布了《修筑公路征用民工暂行条例》,先后征调民工10万、石工3万,奋力赶修。一时,重庆四乡"里长承风催逼上道,畚箕犁锄一切皆办自民,民尤怨愤"③。地方官员和技术人员也因督饬无方,不能幸免,工程处长罗竟中被记大过处分一次,巴县县长毛作盘被记过逼疯,分段长、工程师文酉村被锁禁。

经10万民工的昼夜赶筑,6月19日,川黔路重庆至贵州松坎段全线竣工,举行通车典礼。该路完成土石方260万立方米,桥梁47座,耗资97万元,死亡民工1000余人,伤者数万。从3月25日开工到6月19日通车,全线费时不到3个月,工程之艰巨,工期之紧迫,牺牲之惨重,在四川和重庆公路史上都是空前的④。到1936年,贵阳到松坎的339公里也由贵州省督修完工,至此,成都经重庆到贵阳的公路全线通车,共979公里,3日可达⑤。这是四川第一条陆上对外交通干线,给重庆交通中心的进一步发展以深远的影响。

1935年11月,重庆行营完成了川湘路重庆、綦江至川湘交界的茶洞一线695公里的勘测任务。11月23日,綦江段率先开工,分段施工。该线蜿蜒于崇山峻岭之中,艰苦异常。1937年1月15日,川湘路全线通车,重庆至长沙

---

① 原四川公路局永久卷477号工程卷。
②《川报》1935年4月7—8日。
③ 民国版《巴县志》。
④《川黔两省公路交通之概观》,1937年印行。
⑤ 傅润华等:《陪都工商年鉴》第8编第3章,第21—23页。

1300余公里可直达而至①。与此同时,在重庆行营的督导下,到1937年抗战前夕,川鄂路渠万段(渠县—万县)、川湘线(雷神店—茶洞)、川青路绵江段(绵阳—江油)、川陕路成七段(成都—七盘关)、川康路成雅段(成都—雅安)均建成通车,从而大大改善了四川和四川与邻省的公路交通。

第四,统一营运管理。1935年以前,四川公路的营运管理与修筑一样,分属不同防区,互不统率,混乱不堪。参谋团入川后,决定收归公营,乃制定《川黔二省公路营业办法》,规定凡公路干线及交通频繁之路,由省公路局统一营业,保证"路路有车,车有定时",禁止私人及商办公司在其间行驶;颁布有关管理汽车和司机的章程,建立汽车检查处等。

1936年2月6日,重庆行营宣布将成渝线收归公营,以200辆客货汽车投入成渝线运输,禁止商车行驶。不久,川黔线重庆至松坎段等四大干线均正式营业,并实行四川与贵州、陕西的联运②。公营干线的实行,引起了民营公司的不满,曾发生民营公司及商车车主请愿及捣毁公营成都总站,殴伤车站人员的事件。不久,重庆行营颁布商营车辆行驶办法,规定,除干线外,暂准商营车辆行驶1700余公里,对车辆的检验与评价、车辆分配、运输管理均作出了明文规定③。从此,不论公私车辆,一律按章行驶,改变了无章可循的状况。国民党政府为统一公路运输及集中管理起见,于1940年1月1日组建中国汽车运输公司。该公司成立后,即将川桂公路局及复兴公司业务接收,其业务范围主要是:(1)经营公路、铁路、水路及航空的客货包裹运输;(2)制造装备运输工具;(3)载运邮件;(4)投资其他运输公司及购买证券;(5)经营其他有关运输业务。

二、陪都时期的公路与运输

1935年以后,参谋团和重庆行营完成了四川公路事业的初步统一,重庆作为公路交通的中心也开始形成。从交通方面看,1937年抗战爆发后,国民政府以重庆为陪都,为建设抗战战略后方打下了良好的基础。整个陪都时期,重庆公路交通事业的发展,在战前发展的基础上,转变为战时体制而进一步完善。

---

① 傅润华等:《陪都工商年鉴》第8编第3章,第21—23页。
② 《军事委员会委员长行营整理川黔康三省公路经过》,1937年印行。
③ 《军事委员会委员长行营整理川黔康三省公路经过》,1937年印行。

1938年7月,国民政府交通部总管理处迁到重庆,担负起统制大后方,尤其是川康公路与运输的职责。1941年,全国公路机构从交通部划归军事委员会运输统制局领导。1943年1月,该局撤销后,复归交通部管理,设公路总局。1945年初,为配合战时运输需要,军委会设战时运输局,公路总局改隶战时运输局。这些中央机构均设在重庆。在其下面,分别设有西南公路管理局(设贵阳)、川陕、川滇东路、川滇西路、川湘、川康、四川、西康等8个公路局。从1938年至1944年,国民政府在大后方共新筑公路11675公里,改善道路88901公里[1],成就相当显著。

在重庆,从1939年8月起,开始修筑汉渝公路,该路自重庆小龙坎,经大竹、达县、万源,以达西乡,与汉白路相接,全长952公里,1941年底完成[2]。这是重庆经川东北方向与陕西相连的重要陆上通道。

除修筑汉渝公路干线以外,国民政府着重修了一大批公路支线,使重庆在干线基础上,与附近地区进一步联片成网。这些公路见表14-2。

表14-2 抗战时期新修的重庆与附近地区主要公路一览表[3]

起止地点	竣工时间	长度(公里)	备注
海棠溪—广阳坝	1937.10	24	
巴县一品—石油沟	1938.4	12	用于开发石油沟气矿
长寿龙溪河	1938.7	22.24	用于开发龙溪河水电
海棠溪—南温泉	1939.4	6	第一条旅游公路
赖家桥—白市驿	1939.11	14	机场公路
两路口—佛图关	1940.4	3.8	特种服务
浮图关—九龙坡	1940.6	10.4	通机场、渡口
赶水—小鱼沱	1940	15	通第41兵工厂
北碚—北温泉	1941.12	7	旅游用
江津—蔡家	1944	51.5	
山洞—白市驿	1945.3	9	通机场

---

[1]《抗战时期迁都重庆之交通部》,重庆市博物馆藏。
[2]《抗战时期迁都重庆之交通部》,重庆市博物馆藏。
[3]据重庆市交通局交通史志编纂委员会编:《重庆交通大事记》,科学技术文献出版社1991年版综合统计。

与对公路统制同时进行的是对汽车运输事业的统制,而公路事业的繁荣也带来了汽车运输业的繁荣。

长江航线被日军切断以后,公路便成了重庆与西南、西北各省和国际交通路线的主要渠道,一时间云集重庆和四川的汽车多达五六千辆。在国家统制下,中央公路运输机构经营省际干线运输,以货运为主,重在运输进出口物资和国防物资,客运则维持。

省际交通,办理省际联运。四川公路局经营省内干线运输,以客运为主,兼营少量货运。

战时后方的旅客运输,以渝筑线(重庆—贵阳)、渝沅线(重庆—川湘边境)、泸昆线(泸州—昆明)三条线路为沟通川、湘、桂、滇、黔五省的干线,有定期班车行驶。从1938年秋至1939年7月,渝筑、渝沅两线就运送旅客27.2万人次,2048.63万人公里;1939年8至12月,重庆区的客运量则为14.58万人次,929.5万人公里[①]。此外,重庆与桂林、宝鸡、第六战区间,亦相继开出了特约交通车,货车也规定了搭客办法。1941年,川陕联运开办后,重庆至成都再至广元开通直达客车,与西北公路联网。1943年3月以后,公路联运进一步发展,重庆与贵州、广西、云南、陕西、甘肃、青海、新疆等省,相继开辟了联营客运班车。

国际交通路线转向西南、西北以后,贵阳成了西南的公路货运中心,重庆至贵阳再至昆明、重庆至綦江再至沅陵再至长沙、重庆至成都再至陕西等干线,成为沟通陪都重庆与西南、西北、中南各省的交通命脉,具有国际意义和军事战略地位。其中,尤以渝筑线担负着最关紧要的进出口战略物资的运输任务。1938年秋至1939年7月,渝筑线才运送货物4530吨,到1940年增加到8927吨,1941年猛长到33275吨,1942年又有所增长,为33800吨,居西南公路干线货运之首。货物主要包括军品、器材、汽油、桐油、机油、酒精、棉纱、布匹、猪鬃、药材、盐、米、香烟、杂货等重要物资[②]。1938年10月,武汉、广州沦陷,华南国际运输线被切断,中越交通线便取代粤汉路成为我国衔接海运的主要干线。滇缅公路全线修通,开辟了我国的西南国际运输线,特别是

[①]《三年来之西南公路》,西南公路管理局1940年印行。
[②] 王立显主编:《四川公路交通史》(上册),四川人民出版社1989年版,第304—305页。

1940年9月,中越路被切断后,它更成为我国对外的主要通道。据统计,自1939年初至1942年5月日本占领缅甸,滇缅公路被切断止,行驶在这条公路上的公私车辆达2000辆以上,经济部还特造板车1万辆用于渝昆之间的土产货物运输。三年中,共运入军事物资、机器设备和原材料80余万吨,运出桐油、钨砂等出口物资20余万吨。这些对坚持抗战、建设后方经济都起了重要作用。由此,1941年,重庆新建工厂大量增加,如中国毛纺厂、中国火柴原料厂、中南橡胶厂等厂矿的设备、器材都是经滇缅公路运至重庆的[①]。

陪都重庆,通过川黔、川湘、川鄂、川桂、川滇、川汉等公路干线,连接着大后方,形成了大后方公路交通运输网。

第三节 战时联运和驿运

一、联运

武汉、广州失守以后,国民政府完全退守到以重庆为中心的西部地区,形势更为严峻,交通问题更为突出。水陆空联运事业应运而生,成为战时交通的一个创造。

先看公路联运。1937年行政院颁布《修正川陕滇黔湘五省公路联运办法》,组成由军事委员会、经济委员会、铁道部、交通部、军政部及五省参加的联运委员会,全面扩展省际联运,建立了以重庆为中心的西南、西北与中南地区的长途汽车运输线,主要线路有:重庆至常德再至恩施、重庆至兰州再至老河口、重庆至迪化(乌鲁木齐)、重庆至宁夏再至绥远、重庆至宝鸡等,打破了封闭,促进了交流与发展。1943年3月1日,交通部成立公路总局,下设联运汽车管理处,重庆成为大后方公路运输网的中心。公路总局、联运汽车管理处成立后,以重庆为中心,陆续开办了各条线路的客车联运业务。当天,重庆至广元客车联运通车;3月15日,重庆至宝鸡客车联运通车;8月1日,联运汽车管理处开始举办包裹联运,由重庆可直达兰州,沿线共设11个联运站,即重庆、遂宁、梓潼、广元、褒城、双石铺、宝鸡、徽县、天水、华家、兰州;以后,

---

[①]《重庆抗战经济大事记》,中共重庆市委党史工作委员会1985年12月编,第90—91页。

相继举办川鄂(重庆—恩施)、川湘两路的联运;对开渝兰联运客车;1944年3月,又开办了重庆至迪化的客车联运。

水空联运只1944年在重庆与宜昌之间办理,以增强进出口物资的运量。

比较而言,成效最为显著的是水陆联运。抗战时期,机械交通工具和燃料、材料都很缺乏,公路、航运的发展都不能完全满足战争的需要。国民政府迁到重庆以后,在交通部主持下,开辟了一条以重庆为中心,比较经济的川湘川陕水陆联运线,以实现陕棉、川盐、湘米和其他重要战略物资的交流。

1940年9月,经交通部次长卢作孚的倡导,官办轮船招商局与民生公司合办的川陕川湘水陆联运管理处在重庆成立,双方合作经营湖南衡阳至重庆再至广元的水陆联运。这是企业之间的合作。1942年,水陆联运发展为官方主持。6月1日,交通部成立了川湘川陕水陆联运总管理处,下设川湘联运处和嘉陵江运输处,前招商局和民生公司合办的联运业务,均由总管理处统一办理。1943年,政府拨款1500万元,建设这条主要干线。

川湘川陕联运线由湖南衡阳开始,经常德、沅陵,入四川龙潭、彭水,顺乌江至涪陵,沿长江到重庆,再由重庆嘉陵江,经合川、南充至广元,长2300公里。全线均采用轮船、木船、人力运输。到广元后,与陕甘驿运配合,接送到天水、兰州,再循兰新线,用骆驼经西北出口,在总长3683公里的联运线上,成本仅为汽车运费的1/5[①]。全线有职工21187人,各种轮船16艘,木船410艘,汽车315辆,板车300辆。在1942年6月至1943年8月的一年中,共运货56817吨,占全部运力的2/3以上[②]。

二、驿运

驿运的发展,是抗战时期交通事业上的一件大事。驿运,即使用畜力、人力为动力的大车、板车、木船运输。这种落后的运输方式随着近代交通事业的发展,已日渐减少,但到抗战时期,交通运输的紧张状况,又促使它重新兴旺。

1938年10月,在重庆召开的国民参政会第一届第二次会议和行政院会

[①]傅润华等:《陪都工商年鉴》第8编,第2页。
[②]周天豹、凌承学主编:《抗日战争时期西南经济发展概述》,西南师范大学出版社1988年版,第241页。

议上,就通过了以畜力、人力承担货运,以补汽车运输之不足的决定。1939年12月,交通部成立了驿运管理所,开始筹建全国性的驿运网络。1940年4月,军委会运输统制局设立驿运管理组。同年7月,全国驿运会议在重庆召开,对战时驿运工作作了全面规划和部署。为了发展后方运输事业,1940年9月,交通部决定以重庆为中心,组建全国驿运(即畜力运输)网,决定全国驿运工作由交通部驿运管理处统一管理,各省成立管理处,由交通部部长张嘉璈兼处长。该处成立后,有16个省区先后建立了省级驿运管理处,并规定长期担任驿运和粮食运输者可以免或缓兵役。至1942年初,全国水陆驿运线网初步完成,以陪都为中心,计有干线7条(川黔、川鄂、川陕、川湘、黔桂、泸昆、叙昆),总长8688公里,支线189条,总长29546公里,1941年全年运量达128417吨,计3460万多吨公里,大部分为军工器材和与民生有关的物资。太平洋战争爆发后,又开辟了国际驿运线,1942年上半年成立了中印、八保、川康3线驿运管理处,中印有3条驿道可通。川康线主要为与金沙江水运衔接。国民党政府建立的驿运组织全系国营,建立的当年,各线即亏损数十万元。1941年7月以后,又对驿运机构进行了调整,将行政与业务严格分开。

经过两年的发展,到1942年,初步建成了以重庆为中心的长达5万公里的全国驿运网。驿运物资主要为不太紧急的军用器材和粮食等民生物资。1944年以后,由于空运量增加,交通部驿运总管理处及各省驿运管理处先后撤销,驿运归公路运输部门管理。

抗战时期,从1940年9月至1944年底,4年之中全国驿运干线共运送货物124.98万吨,相当于1938年至1944年7年中公路货运的总量(125.29万吨)[1]。驿运对于加强战时运输、弥补运输之不足、克服国际封锁、供应前方军品、转运国内物资、调剂后方供需,发挥了重大的作用。

第四节 大后方的航空中心

抗战以前,中国航空事业向以上海为中心,中国航空公司和欧亚航空公司均设在上海,系国民党政府的两大航空公司。抗战爆发后,两航于1937年

---

[1]《抗战时期迁都重庆之交通部》,重庆市档案馆藏。

8月分别迁至武汉和西安；1937年12月，欧亚再迁昆明。1938年1月中旬，欧亚航空公司在渝设立航空站。而中航则于1938年1月迁往陪都重庆。重庆和昆明就成为战时中国的航空中心，其中尤以重庆作用最大。

欧亚航空公司成立于1930年，是由交通部与德国汉莎航空公司合股经营，中方占股本的2/3，所有飞机均系德制。中国对德宣战后，德国资本被接管，改名为中央航空公司。该公司基地设香港，1941年11月，基地被日本摧毁，仅剩4架飞机。欧亚航空公司在渝设航空站后，所有自汉口飞往成都、西安、兰州、宁夏的航空班机均在重庆停落。

中航成立于1929年4月。1930年7月与美国飞运公司签订合同，美方正式加入中航。公司股本总额1000万元，美方占45%，中方占55%。总公司与机场均设上海，1937年8月迁往武汉，1938年1月迁至重庆。中航公司在战前已通航重庆，当时它有航线3条，总长4913公里。迁渝以后，到1940年，航线有了相当大的发展，先后开辟了重庆至香港、重庆至昆明、重庆至成都、重庆至宜昌、重庆至乐山、重庆至贵阳等6条航线。1942年8月25日，为增进战时西北交通，中国航空公司又增辟重庆至西北的航线——重庆至宝鸡再至兰州的航线，两周开航一班，当日往返。1945年初，兰渝航线增加航次，改为每周一班。1945年春，中航还开辟了重庆至南郑、重庆至新疆哈密的航线；东南方面，开辟了重庆至赣州的不定期航班。

欧亚航空公司战前有航线5条，6680公里。虽然迁到昆明，但仍以重庆为中心扩展事业。到1940年，相继开辟了重庆至成都再至汉中再至兰州再至宁夏（加强了大后方的战时空中交通联系）、重庆至昆明再至河内（与法国航空公司的河港线相接）、重庆至香港等航线8条，总长达5880公里。

战时重庆航空事业的大发展，与战局的演变有重要关系。1941年12月，太平洋战争爆发，香港、缅甸相继沦陷，严重地威胁到中国西南国际运输线的安全。为了维持这条唯一的国际交通线，国民政府一方面筹建中印公路，另一方面拨出一批飞机，交由中国航空公司，用于开辟重庆至昆明至丁江再至印度加尔各答的空中航线。中印航线1943年7月开辟，中航负责民用进出口货物运输，军用物资运输则由美国空军担任。这条航线高2.8万英尺，飞越喜马拉雅山，被称为"驼峰"运输线，创造了当时世界航空史上的奇迹。它是自我国陆上国际交通断绝以后，唯一的空中战略物资运输线，每月运量从几百吨增至数万吨①,对于支撑中国抗战大局,作用巨大。

国际航线的开辟,建立与世界主要国家的空中联系,是战时重庆航空业最值得称道的事情。1937年底,中航公司即开辟了西南第一条与外航连接的航线,它由重庆经香港,与美国泛美航空公司太平洋航线衔接,飞往世界各地,第一次沟通了重庆与世界各主要城市的空中联系。1939年3月,中国国民政府交通部与苏联民用航空总管理局在渝签订了《组设哈密—阿拉木图定期飞航协定》,规定由中苏双方合组中苏航空公司,主办飞行业务。公司股本为美金100万元,由双方平均认购,中苏间正式通航。由重庆经哈密至阿拉木图再至莫斯科四日可达。重庆至新疆哈密的航线开通,该线在哈密与中苏航空公司的哈密至苏联阿拉木图航线连接,实现了重庆与莫斯科的通航②。1939年1月24日,中英达成开办中国西南与缅甸通航的换文。经筹备,于1939年10月30日,重庆至仰光正式通航。重庆至仰光间飞机每周往返一次。

香港沦陷以后,中国对外空运改由重庆至印度加尔各答出境,仍由中美联航。重庆至加尔各答间每周有固定航班,然后从那里飞往伊朗、伊拉克、约旦、巴勒斯坦、埃及、苏丹、巴西、美国、西班牙、英国和法国③。

抗战时期,重庆作为大后方航空中心,作出了巨大贡献。从表14-3的航空公司的成绩中,可见一斑。

表14-3 1937年至1944年上半年航空运输统计表

年度	飞行里程(公里)	客运量(人)	货运量(吨)
1937	2673000	23000	440
1938	1299000	15000	264
1939	2099000	29000	640

---

① 张嘉璈:《十五年来之交通概况》,转引自《抗日战争时期西南经济发展概述》,第226页。
② 重庆市交通局交通史志编纂委员会编:《重庆交通大事记》,科学技术文献出版社1991年版,第269页。
③ 傅润华等:《陪都工商年鉴》第8章,第29页。

续表

年度	飞行里程（公里）	客运量（人）	货运量（吨）
1940	2769000	29000	1097
1941	3091000	29000	4345
1942	3102000	31000	4449
1943	8840000	36000	19752
1944.1—6	6840000	19000	10482

资料来源　《中华民国统计提要》1944年。

第五节　民生公司的航运事业

一、卢作孚和他的"实业救国"思想

研究近代重庆交通中心形成发展的历史，首先必须研究川江航运业的发展演变，特别是研究民生公司和它的创始人卢作孚先生。如果说，川江航运业始终居于近代重庆交通中心的主导地位的话，那么，民生公司则是川江航运业盛衰演变的缩影。

卢作孚，四川省合川县人，1893年4月14日出生在一个世代贫农的家庭里。自幼因家境贫寒，小学毕业即辍学，靠自学而在数学方面有所造诣。16岁即著有《卢思数学难题解》一书。在清末资产阶级革命思潮的影响下，他研读了大量的社会科学和自然科学著作，在探索救国之道的过程中，接受了孙中山先生的三民主义思想，参加了同盟会。

辛亥革命以后，卢作孚主张"教育救国"，开始从事教育工作，先后任成都《群报》记者兼编辑，《川报》编辑、记者、主笔、社长兼总编辑，参加了少年中国学会，投身于"五四"新文化运动。1921年后，曾任永宁公署教育科长，在泸州开展以民众教育为中心的通俗教育与新教育试验。1924年创办成都通俗教育馆。尽管他在教育实践中表现出惊人的毅力和组织才能，但在军阀割据混战的情况下，教育救国试验屡遭夭折，遂转而从事实业，企图走一条"实业救国"的道路。

卢作孚认为,中国的"内忧外患是两个问题,都只需一个方法去解决它,这个方法就是将整个中国现代化"①。而阻碍中国现代化的重要原因是交通闭塞,在四川这更是主要原因,因此,"实业救国"应从交通,特别是从航运业入手。他说:"航业是一切事业之母——主要因素,我们在运输业上工作,便是救国的事业。"②正是本着这一思想,他创办了民生公司,开始了"实业救国"之路的实践。

在实践中,卢作孚逐渐形成了一整套经营管理思想,这就是以"服务社会,便利人群,开发产业,富强国家"为指导思想和企业宗旨,希望通过经营企业来达到社会进步、国家兴旺和事业成功三者的统一;以"管理的核心,全在建立秩序"为组织管理思想,他认为"技术和管理是决定生产进步的两个因素"③,为此,他建立了一套有效的管理制度和管理方法;以"中国的根本问题是人的训练"为人事管理思想,把教育与企业结合起来,在理论与实践上都有杰出建树;以"最少之物力与财力发挥最大之效用"为物资财务管理思想④。

卢作孚的思想和实践,是旧中国一批民族爱国实业家"实业救国"道路的缩影。他借助当时社会各方面的关系和力量,在他的企业里取得了一定成效,他本人也因创办民生公司,开拓川江航运而被毛泽东同志誉为中国实业界"不能忘记"的人物,他的经营管理思想是一笔宝贵的历史遗产。但是,也应看到,在旧中国,"实业救国"并不能达到改造社会、富强国家的目的,旧中国崩溃的时候,民生公司和卢作孚先生本人也已经处于内外交困的绝境了。新中国的建立,才为民族航运业的发展开辟了广阔的道路。

二、民生公司的成立与初期经营

第一次世界大战期间,民营川江轮运业曾繁荣一时,但随着战争结束,西方列强重新东来,外轮很快便垄断了川江进出口货物运输,民族航运业在外轮的竞争和军阀的困扰下,处境十分艰难。

正是在川人视航业为畏途的时候,1925 年 10 月 11 日,卢作孚约集陈伯

---

① 卢作孚:《中国的建设问题与人的训练》,生活书店 1935 年版,第 28 页。
② 《新世界》第 32 期。
③ 《新世界》第 100 期。
④ 参见凌耀伦:《卢作孚》,见《中国近代民族企业家的经营管理思想》第 5 编,云南人民出版社 1988 年版。

遵等12人,在合川筹备成立民生实业股份有限公司,以"促进交通,开发产业"[①]为宗旨,计划以经营川江航业为主,同时开发其他实业,实践孙中山先生民生主义的理想。次年6月10日,民生公司在重庆正式成立,推卢作孚为总经理。他在合川县知事郑东琴、县教育局长陈伯遵的支持下,募集到3.5万元,到上海购买了一条70吨的浅水小客轮,命名为"民生"号,回到重庆。与当时横行川江的外国轮船公司和民营公司相比,民生公司和"民生"轮实在太小了,但卢作孚就是从这里起步,开始了他后来风云一时、叱咤川江的船王生涯。

在当时的川江上,各轮船公司均集中于宜昌至宜宾的主航道长途货物运输,竞争十分激烈,而内河支流上的短航客运,则问津者少。卢作孚采取"人弃我取"、"避实就虚"的方针,决定开辟嘉陵江重庆至合川新航线,而且以客运为主[②]。1926年7月,"民生"轮首航渝合航线;11月,又开通了重庆至涪陵的航班。

两年之内,轮船由1艘增加到3艘,3艘轮船循环航行在渝合、渝涪两条线上,充分发挥了船舶效率,获得了很好的经济效益。实践的结果,弱小的民生公司避开了同业竞争,建立起独特的定期航班,为进一步发展奠定了稳固的基础。

当时,川江民营轮船公司的管理体制普遍实行"包办制"(又名"三包制"或"买办制"),公司将人事、事务、物品分别包给有关部门负责人或买办,由他们在船上自行实施管理。这样,一条船便形成了几个集团,集团内部又有若干小集团。卢作孚认为,这是导致经营亏损、与外轮竞争失利的关键。因此,他在创业之初便毅然决定予以废除,代之以新的管理体制——"四统制"。新制度规定:船上的人员由公司统一任用,不准滥用私人;财务由公司掌握,不准营私舞弊;燃料、油料由公司统一定额核发;全船由船长统一指挥,不准各自为政。

随着事业的扩大,卢作孚建立了总公司集权与层层节制的分级管理体制,为提高经济效益提供了组织保证;建立了一整套科学的包括用人、奖惩、

---

①《民生实业股份公司章程》,民生公司档案,财第163卷。
②《卢作孚文集》,西南师范大学出版社1989年版,第353页。

考勤考绩、人员编制与调遣在内的人事管理体制。公司的工资、福利制度较为合理,职工生活状况比较稳定,优于其他行业。同时,建立各种会议制度,如朝会、主干人员会、处室经理联席会、各轮经理会、处务会、船员大会、讲演会、读书会、纪念会等,发动群众,群策群力,推进民主管理,要求领导干部或管理者树立良好的工作作风,卢作孚本人则严于律己,以身作则。

这套新的管理体制的建立和领导核心的形成,为民生公司挤入长江主航道与其他公司竞争创造了最为有利的条件。

从1930年9月起,民生公司第一次试航重庆至宜宾的川江长途航线,很快便以安全、正点、服务优质而建立了信誉,逐步控制了重庆以上川江的轮船航运。1931年2月,民生公司又首航宜昌,获得成功,实现了川江全线通航。1932年6月,民生公司再一鼓作气开辟了长江上最长的直达航线——重庆到上海的航线。

与此同时,民生公司还创办了民生机器厂、三峡染织厂、合川水电厂等附属企业,参与了北碚三峡的乡村建设事业,投资北川铁路公司、天府煤矿,以及重庆的自来水、公共汽车、水泥厂、纱厂、银行等。

到1937年抗战前夕,民生公司已是一个拥有轮船47艘、20409吨,以重庆为中心,开辟和经营3条长线(渝叙、渝宜、渝申)、5条短线(渝合、渝涪、涪万、沪邓、叙嘉),在沿江设立了3个分公司(叙府、宜昌、上海)、6个办事处(合川、沪县、万县、沙市、汉口、南京)、4个代办处(嘉定、邓井关、江津、奉节)和一批厂矿的大型企业。它不仅垄断了川江航运,而且在长江中下游航线上占有重要地位[①]。

三、统一川江航运业

民生公司成立之时,川江上已有20多家中外轮船公司,船多货少的矛盾相当突出,因而竞争激烈。华商公司之间的盲目竞争,进一步削弱了本已弱小的民族航运业,让外轮公司坐收渔人之利。有鉴于此,卢作孚和郑璧成(公司主任秘书、船务经理)先后撰文,呼吁川江华轮联合起来,打败外轮,统一川江航业。

---

① 凌耀伦、熊甫等:《民生公司史》第3章,人民交通出版社1990年版。

当时四川军阀刘湘,以四川善后督办名义坐镇重庆,正与其他各路军阀争夺"四川霸主"地位。他深知要称霸四川,就必须占据西南经济中心——重庆和控制川江航运。这前一步已经实现,而后一步必须尽早完成,否则将影响他防区内的经济稳定、军事运输和政治统治的巩固。因此,他对外轮垄断川江和华轮破产倒闭深感不安,遂决定设立一个机构,扶植一个公司来统一川江航运,为他的政治、经济利益服务。他想到了卢作孚[1]。

卢作孚和刘湘的根本目的不同,但统一川江航运的具体目标却是一致的。卢作孚也深知,没有地方军阀的支持,民生公司要获得大的发展也很困难,因此,他接受刘湘之请,1930年春,出任川江航务处处长一职。上任后,他即借助刘湘的力量,革除了各地军阀强迫华轮无偿运兵载粮的恶习,实现了中国人对包括外国轮船在内的川江所有船只的检查与监督,强迫川江外轮接受了与华轮合理分配营运收益的条件[2]。卢作孚虽在航管处任职仅短短的几个月,但他以过人的聪明才智和高超的管理艺术,创造了由民生公司来统一川江航运的外部条件。

民生公司统一川江航运是从重庆上游开始的。1931年,民生公司即合并了上游7家公司,接收了11条轮船。3年以后,重庆上游全部航业已掌握在民生公司手中。从1932年起,民生公司又着手重庆下游的统一,开始与外国人竞争,当年,即合并了4家中国公司和1家英国公司,接收7条轮船;1933年至1934年间,合并了3家中国公司,接收了3条华轮,购买了2条外轮;1935年,又接收了美国捷江公司5条轮船。

从1930年至1936年,民生公司一共合并、收购了中、日、美、英、意等国25家公司的43条轮船[3]。在整条长江航线上,民生公司的船只已占各大轮船公司轮船总数的46.46%[4];在川江航线上,民生公司的货运量已占川江轮船货运的59.5%,不但超过最大外商公司太古,而且超过了三大外轮公司(怡和、太古、日清)的总和[5]。

---

[1] 刘航琛:《戎幕半生》,(台湾)文海出版社1978年版,第174—177页。
[2]《抗战时期的大后方经济》,四川大学出版社1989年版,第176页。
[3] 据《卢作孚文集》,西南师范大学出版社1989年版,第357页;凌耀伦、熊甫等:《民生公司史》第2章,人民交通出版社1990年版综合整理统计。
[4] 参见凌耀伦、熊甫等:《民生公司史》第2章,人民交通出版社1990年版。
[5]《中国近代经济史统计资料选辑》,第251页。

四、战时川江航运的中流砥柱

抗战爆发以后,我国最大的轮运企业招商局、三北公司等相继退入川江,但因船只很少,又多为江海巨轮,难以行驶川江,因此,战争初期紧迫的军事运输、内迁物资抢运、人口疏散,以及抗战中完成大后方交通和建设的重任,历史地落在民生公司身上,民生公司成为川江航运的中流砥柱。

从1937年9月民生公司担任川军出川抗战部队的运送任务起,到1945年抗战胜利时为止,民生公司就运送出川部队和壮丁270万人,武器弹药30余万吨[1],以及大量的军粮和食盐。这些部队转战于10多个省区,参加了保卫南京、武汉,坚守山东滕县等重大战斗,涌现出饶国华、王铭章等抗日英雄。民生公司发挥了战时运输部队的作用。

国民政府西迁以后,撤退抢运任务相当艰巨。民生公司总经理卢作孚出任交通部次长,担负起组织所有轮船企业抢运人员、物资的任务。民生公司主要负责宜昌至重庆段的运输任务,其中尤以入川物资的抢运最为惊心动魄。1938年底,武汉失守后,日军进一步向宜昌进犯,内迁任务更加紧迫,有3万人员和9万吨物资器材在宜昌待运入川。这些内迁工厂的精华如果落入敌手,将给本已十分薄弱的中国工业以致命的打击。按常规运输,这9万吨物资要1年才能运完,而当时距枯水季节只有40天了,这意味着40天要完成1年的工作量,而且别无选择。为此,卢作孚凭借多年航行的经验,组织了一个强大的领导班子,制订了一个周密的抢运计划,指挥24条轮船(其中仅有两条不是民生公司的),采取分段运输的方法,充分利用难得的40天中水位时间,最大限度地发挥轮船的运输能力。同时,对码头设备、装卸力量、通讯联络等方面予以充分配合,终于在枯水期到来之前完成了这一被誉为"中国实业上的敦克尔克"的壮举[2]。据不完全统计,从1937年至1940年,民生公司从上海、南京、武汉、宜昌等地一共抢运到重庆及四川各地的物资器材达19.6万吨[3]。

抗战时期,长江航道缩短,民生公司在仅有的航道上,开辟了重庆至巴

---

[1]《简讯》第885期,1945年11月5日。
[2] 卢国纪:《中国实业界的"敦克尔克"》,见《重庆抗战纪事》,重庆出版社1985年版。
[3] 民生公司档案:总类162卷。

东、三斗坪的重点航线,直接为战争和前线服务。在重庆工业区建立以后,它们又开辟重庆及附近地区短途航线,支持经济发展。它们还在金沙江、嘉陵江上开辟和延伸新的航线,在水陆联运、轮木联运、水空联运方面取得重大进展。

抗战时期,在极端困难的情况下,民生公司轮运事业仍有巨大发展。船只1945年比1937年增加了82.6%,吨位增加了37.73%,马力比1938年增加了16.69%[①],年客运量增加近11倍,货运增加1倍以上。民生公司担负了战时军事运输的重要任务,运出了大量军粮、民食和食盐,保证了抗日与建设的顺利进行;运进了大批工厂器材和人员、学校、团体,为重庆工业中心的形成和大后方工业体系的重建,促进后方文教卫生事业的发展,都作出了重大的贡献。民生公司的其他事业也有较大发展,民生资本集团开始形成。

五、走向海洋与陷入困境

还在抗战时期,卢作孚和民生公司的高层领导就为战后民生公司的发展规划了一条壮丽的辉煌之路。他们设想,立足万里长江航线,垄断上游,充当中下游的主力之一,走出长江口,走向海洋,开辟南北洋航线,进而在太平洋、大西洋上与列强从事海洋航业的竞争,形成江海相联的航运网络,在世界的海洋上"都要飘扬着有'民生旗'的海船"[②]。为了争取这一天的到来,抗战时期,卢作孚广泛结交中外人士和各国驻华使节,做了大量的准备工作。

随着抗战胜利的到来,卢作孚开始着手实施这一计划。1944年10月,卢作孚等奉派赴美国参加国际通商会议,考察美国实业,探讨向外国贷款的可能性。1945年2月,卢作孚转赴加拿大,与加拿大帝国银行、多伦多银行、自治领银行达成了贷款1500万加元(约合1455万美元),用于在加订造轮船和购买材料的协议草约。1946年10月,协议正式签字生效。民生公司用这笔钱先后向加拿大两家造船公司订造了3艘5000匹马力的大船和2400匹马力的小船。从1948年9月起,这批船舶陆续来华,加入长江上沪渝航线的运输。与此同时,民生公司又在美国、加拿大等国购买了一批(载重3万吨)退

---

①民生公司档案:《简讯》876期,1946年11月。
②卢作孚:《一桩惨淡经营的事业——民生实业公司》,《新世界》杂志第12卷第3期。

役的军用船只,改装成货轮和拖轮,使公司的航运能力大为加强。战后4年中,民生公司总吨位较战时增加了178%,总马力增加了167%,载重能力增加了295.7%[①]。

抗战胜利为民族航运业的发展提供了有利条件,民生公司决定将业务重点由长江上游转向中下游和沿海,特别是发展海运。为此,公司和金城银行合组了太平洋轮船公司,在上海建立总经理办事处,增设专用码头和仓库,为发展海运提供了组织保证。从1946年8月起,民生公司先后开辟了上海至台湾、青岛,以及连云港、威海、烟台、秦皇岛、大连、龙口、营口等沿海航线。1948年4月,又先后开辟了上海至日本、香港、曼谷、新加坡、澳门的航线,使江海固定航线达30条。在香港、广州、基隆、汉口、南京增设了分公司,在九江、沙市、福州、汕头以及美国纽约开设了办事处,初步实现了立足长江、走向海洋的宏愿。

战后民生公司走向海洋的时候,也正是国民党反动派统治面临崩溃的时候,因此,民生公司在艰难地走向海洋的同时,也陷入了事业发展的困境。这主要是国民党发动全面内战,加紧搜刮内战军费,引起整个经济生活的混乱和崩溃,直接影响了民生公司的发展。

首先,一方面战争引起民用客货运量大大减少,另一方面政府以低于成本的费用强迫征调轮船,用于内战,使公司蒙受巨大的经济损失,因此,船队越发展,亏损越大。而在民不聊生、商旅不行的条件下,民族航业又不得不依赖政府的极低运费,以求维持,如此恶性循环,无异于饮鸩止渴。其次,在当时通货恶性膨胀的条件下,普通运输成本也大大超过实际收入,而政府又以虚假的物价指数为依据,限制运价的正常调整;原来在抗战时期给予民生公司的补贴也大大减少,由此造成民生公司财务状况的严重恶化。第三,抗战时期默默无闻的官办轮船招商局在政府扶持下急剧膨胀,垄断了长江航运。官僚资本在吞并民生公司不成以后,转而施以打击、排挤、削弱、遏制民生公司,扼杀了民营企业的生机。第四,公司职工的工资、福利等实际收入急剧下降,生活状况恶化,劳资矛盾加深。第五,腐化堕落之风侵入民生公司,营私舞弊,拉帮结派,人浮于事,丑恶现象屡禁不止,赖以维系职工精神的"实业救

[①] 凌耀伦、熊甫等:《民生公司史》第10章,人民交通出版社1990年版。

国"、"集团生活"、"热爱公司"、"艰苦奋斗"等已烟消云散,公司主干人员中除卢作孚及个别人员外,几乎都卷进了各自谋私的漩涡。

1947年4月14日,公司在一份整饬内部风纪的通函中不得不承认:"公司兴隆之主要因素,所谓谨严风纪者,至今已荡然无存。言念及此,不寒而栗。"[1]在半殖民地半封建社会的旧中国行将灭亡的时候,"民生精神"的崩溃,标志着这个诞生在重庆,作为重庆交通中心的支柱,旧中国最大的民营轮运企业,也面临着最后的选择:要么,作旧制度的随葬品;要么,跟上新中国前进的步伐。卢作孚毅然地选择了后者。

---

[1] 凌耀伦、熊甫等:《民生公司史》第2章,人民交通出版社1990年版。

第十五章　重庆城市的第三产业(三)——商业

第一节　抗战时期重庆商业的繁荣

抗战爆发以后,1937年11月南京国民政府移驻重庆,到1938年底,各党政军机关已全部在重庆办公。随着国家政治重心的西移,经济重心也逐渐移向了重庆。奉命内迁的400多家厂矿,有一半以上都迁往重庆城郊及附近地区,重庆的工矿、交通运输业迅猛发展。国家的工业、商业、金融、交通等经济管理机构,也陆续迁到重庆;教育、文化、科技、卫生、体育等单位大批迁渝;特别是由于重庆战时首都地位的确立,各国驻华使领馆、新闻机构、援华团体也纷纷来到重庆,致使重庆人口激增。生产资料和生活资料需求的猛增,刺激了重庆商业的繁荣,从而巩固和扩展了重庆商业中心的地位和范围。

一、商业规模的扩大

(一)行业的增加

商业行业的多少标志着商业活动领域的大小,是评价商业发展程度的重要尺度。战时重庆商业行业的增加,特别是能够依法成立同业公会的行业的猛增,是重庆商业繁荣的标志之一。

1937年,重庆有经政府批准成立的工商业同业公会14个[①],1939年就增加为39个,是1937年的2.8倍。在后来的几年里,每年都有大幅度增加:1940年增至69个,1941年3月增至86个,1942年初增至88个,1943年增至

[①]《重庆工商行政管理志·资料汇编》,第44页。

116个,1945年4月已达123个,而这一年还有未成立同业公会的行业37个。在这些行业中,扣除大约40个工业公会,抗战末期,重庆商业行业已达到120个①。

（二）商业企业数量的增加

1937年,向市政府登记的商业企业有1007家②。但资本在2000元以上的,不过700余家。这一年,重庆百货业不过70余家,每天营业额最高时为2万元。抗战时期,百货业成为发展最快的商业行业,到1942年,百货业已膨胀到2403家,较抗战前增加了30多倍。1941年,重庆商业字号已从抗战初期的千余家,增加为14262家,1942年进一步猛增到25920家③,商业字号达于顶峰。

（三）商业从业人口的增加

据重庆市人口职业统计,1941年12月,全市总人口数为702002人,其中有职业人数536686人,而从事商业的人口就达106083人,分别为总人口和职业人口的15.1%和19.8%。更值得注意的是,当年重庆工矿业人数才92006人,商业职业人口开始超过工矿业④。到1946年1月,重庆市商业人员已达到262074人,已分别占全部总人口（124.56万）和职业人口（71.14万）的21.04%和36.84%⑤。不但从业人数绝对值增加了147%,而且在总人口和职业人口中的比例也有大幅度的提高。

（四）行业齐全

抗战以来,重庆商业日益发达,行业日益增多。1939年10月,重庆市餐饮业已达150家以上,全市著名饮食业有上海的冼冠生1938年来渝开设的冠生园,以及国泰、重庆餐馆、四川饭馆。除餐厅外,全市尚有茶馆1200余家⑥。又据《商务日报》消息,全市服装店已达130家以上。1942年10月,重庆市商会所属会员已达120多个行业、15000余家,其中百货业1200余家、服

---

① 傅润华等:《陪都工商年鉴》第2编,第7页。
② 《重庆工商行政管理志·资料汇编》,第44页。
③ 重庆市档案馆藏:卷号103。到1945年4月,加入商会各同业公会的商号已达27481家,见傅润华等:《陪都工商年鉴》第2编,第7页。
④ 周勇主编:《重庆·一个内陆城市的崛起》,重庆出版社1989年版,第349页。
⑤ 《陪都十年建设计划草案》表七。
⑥ 《重庆抗战经济大事记》,中共重庆市委党史工作委员会1985年12月编,第111页。

装业223家、印刷业182家、绸布商业316家、银行商业41家、糖果饼干罐头商业143家、糖业250家、照相业有会员117家(1944年)、五金电器业有商家356家(1944年)、油商636家(1944年)。先后成立了重庆市山货交易市场、牛羊皮猪鬃肠衣输出业公会交易市场。后者以牛油、水油、皮油、漆蜡、桐碱等山货为交易范围,制定了《交易市场简则》,包括总则、会员、职员权责、货物登记、市场及其经济等共5章22条。

不过应该指出的是,尽管商业数量和从业职工幅度增加,行业经营规模扩大,但从单个企业的平均规模来看,仍然较小。1941年全市商号14262家,资本12583万元,每家平均仅为8822元,其中资本额10万元以上的仅占15%[1],可见战时重庆商业经营规模的扩大主要表现为行业规模而不是企业规模。

二、商业资本的扩大

战时重庆商业资本规模的迅速扩大,是商业繁荣的又一重要标志。1942年是重庆经济发展的高峰,我们选取这年的资本状况来作一考察,请见表15-1。

表15-1 1942年重庆商业各主要行业资本状况

资本单位:万元

行业	家数	资本	在商业资本中的比例(%)
花纱布	3074	10227.25	20.65
丝绸呢绒	269	5887.85	11.89
煤炭	804	134.65	0.27
粮食	1513	944.53	1.91
食油	291	360.30	0.73
盐	73	2040.35	4.12
糖	117	1473.93	2.98
中西药	528	1261.65	2.55

---

[1] 重庆档案馆藏:卷号103。

续表

行业	家数	资本	在商业资本中的比例(%)
蔬菜水果	626	851.96	1.72
木材	1115	1896.39	3.83
五金电料	1549	3293.16	6.65
纸	338	748.29	1.51
图书教育用品	536	1261.89	2.55
山货	83	451.61	0.91
煤油	24	1365.00	2.76
百货	2403	4998.48	10.09
餐旅	3545	1372.87	2.77
其他	9032	11265.12	22.74
1942年总计	25920	49535.77	100.00
1941年总计	14262	12583.00	100.00
1942年比1941年增长(%)	81.74	293.67	—

资料来源　据重庆市社会局工商业统计表(1942年9月底止)编制,见经济部统计处编印:《重庆市资金分配情形》。

通过上表,我们可以看到,1942年比1941年商业企业增加了81.74%,资本增加了293.67%。虽然资本包括了通货膨胀的因素,但企业的大幅度增加必然带来资本的大幅度增加则是无疑的。

1942年是战时重庆商业发展的高峰,这一年,重庆商业资本在社会总资本中的比例,也达到了前所未有的高度,请见表15－2。

表15－2　1942年重庆市各业资本比较表

资本单位:万元

类别	家数	资本	百分比
商业	25920	49625.127	72.76
工业	1612	17856.97	26.20
矿业	1	100.00	0.15
运输	165	551.41	0.81

续表

类别	家数	资本	百分比
农场	14	117.50	0.17
总计	27712	68161.15	100.00

资料来源　经济部统计处编印：《重庆市资金分配情形》，第1—2页。据国民政府经济部统计处，本表所列商业家数和资本额偏小，因此，商业资本在各业资本中的比例要高于72.7%。

商业资本是商业活动的基本条件，但商业活动的数额往往大大超过资本数额，这就需要有资金的来源。战时重庆商业的资金来源主要有4个渠道，即国家银行贷款、地方银钱业贷款、各工商行号借入、地方银钱业投资。其中国家银行贷款主要用于工矿、交通事业，对商业的直接意义不大，因此，我们主要分析后面3个来源。请见表15-3、15-4、15-5。

(一)地方和商业银行放款

在上述银钱业贷款中，有5492.19万元为对银钱业自身的贷款，应予扣除，因此，银钱业对社会各业的贷款为65.25%，而工矿、交通一共才14%，个人贷款额4%，其他为15%。其实个人贷款和其他贷款大都属于商业性贷款。因此经济部统计处认为，此数有80%被用于商业贷款[1]。

表15-3　1942年3月重庆60家银钱业对各业放款金额统计表

金额单位：万元

类别	金额	百分比(%)
总计	27437.05	100.00
商业	14318.98	52.19
工业	1926.56	7.03
矿业	722.70	2.63
交通	459.45	2.63
同业	5492.19	20.02
个人	1063.31	3.87
其他	3456.86	12.60

资料来源　经济部根据各银钱业行号填送财政部的旬报统计。

[1]《重庆市资金分配情形》，第3页。

1942年，重庆银钱业至少有商业和地方行号121家，每家平均放款余额为450万元，据此推算，全年放款为54450万元，扣除同业放款的有43000万元，其中65.12%（28000万元）用于商业。

(二)各工商行号借入资金

表15-4　1941年重庆各业从工商行号借入资金统计表

类别	金额（万元）	百分比（%）
总计	13292.08	100.00
商业	10316.66	77.62
工业	279.92	2.11
运输	21.60	0.16
农场	30.36	0.23
商业兼工业	1433.74	10.78
商业兼运输	1086.30	8.17
工业兼运输	123.50	0.93

资料来源　《重庆市140家与银钱业有往来之行号三十年度借入资金用途分析》，经济部统计处编制。

表15-5　1840年12月底重庆26家银钱业行号投资分配统计表

类别	金额（万元）	百分比（%）
总计	1545.57	100.00
商业	407.76	26.38
工矿事业	59.26	3.83
公用事业	17.65	1.15
交通事业	4.56	0.29
房地产	137.34	8.89
政府债券	916.29	59.28
其他	2.71	0.18

资料来源　据川康直接税局重庆分局1940年各银钱业行号报表编制。

表15-4中商业兼工业,商业兼运输两项,若一半计入商业资金,那么商业借款将占到87%。

(三)地方和商业银行行号投资

若将上表中政府债券投资除外,则商业投资约占65%。

通过以上分析,我们可以看到,重庆的商业资本占社会总资本的73%(1942年);对商业的贷款占银钱业贷款的65%(1942年3月);商业借入资金占工商行号借出资金的87%(1941年);商业投资占银行投资的65%(1940年2月)。社会资金的绝大部分投入商业,商业的繁荣就顺理成章了。

三、外贸中心地位的上升和外贸额的减少

抗日战争以前,从上海到重庆的长江流域地区,是中国的主要外贸地区,其中上海第一,重庆游移于三位到四位间。抗战爆发以后,长江中下游地区和对外口岸城市相继沦陷,国民政府控制的47个海关也只剩下12个了,其中大部分处在西南内地。随着国民政府政治重心迁往重庆,对外贸易的重要通道也由上海转向了西南。在西南七关中(重庆、梧州、南宁、龙州、蒙自、思茅、腾越),重庆居于后方中心地位。1941年12月,新的海关总税务司署在重庆正式成立,重庆成了大后方的对外贸易中心。

这种贸易中心的作用,主要体现为国家外贸机构的建立和政策指导上。抗战以后,政府在重庆相继设立了贸易调整委员会、资源委员会、海关总税务司等外贸经营管理机构,制定了一系列战时贸易统制政策,推行国营外贸制度,统筹易货贸易,垄断指定外销农产品和特种矿产品的购销,及时调整进口商品结构,鼓励和疏导大宗必需品进口。这些政策措施对国统区经济发展,保证抗日战争物资的供应,发挥过促进作用。

除了政策指导方面的作用以外,重庆在外贸物资的进口上也具有重要意义。这不仅仅是因为国民政府在外贸路线上倚重西南、倚重重庆,还因为它已失去了东南沿海的比较发达地区,出口物资也只有西南一域可以大量供应,特别是富庶的四川省具有传统出口产品的优势。如果说云南、广西的海关是国统区外贸的前沿的话,那么重庆则是它的后方供给地,因为重庆不但有充足的物资,而且处于西南国际交通路线的起点。

重庆的对外进出口贸易经历了一个曲折发展的过程,见表15-6。

表 15-6 1936—1946 年重庆外贸统计表

货值单位：法币　万元

年度	进口货值	出口货值	外贸总值
1936	5366.93	3765.70	9135.70
1937	4935.35	3943.44	8878.44
1938	3716.87	1669.31	5383.31
1939	2745.26	987.34	3727.34
1940	4500.00	1131.92	5631.92
1941	3610.00	2020.00	5630.00
1942	16.00	—	—
1943	59.00	8.40	67.70
1944	288.40	218.30	506.70
1945	2955.10	232.30	3187.40
1946	113420.00	69690.00	183110.00

资料来源　根据《通商海关华洋贸易总册》、《中国海关统计年刊》、《海关中外贸易统计报告》以及中国第二历史档案馆所藏海关档案统计资料编制，见周勇、刘景修译编：《近代重庆经济与社会发展：1876—1949》，四川大学出版社 1987 年版，第 500—506 页。这里的进出口包括对国内、国外的进出口。表中进口货值与出口货值之和与外贸总值数略有出入。

战时重庆的进出口贸易大体可以分为四阶段：

第一阶段，1937 年至 1939 年，这期间重庆传统出口路线——川江被逐渐阻断，开始转向西南国际交通线。在转换过程中，进出口货值逐年下降。重庆地处长江与嘉陵江的交汇处，战前虽然工业落后，但却是西南数省的水陆交通枢纽，为长江上游第一大商埠。四川所产的猪鬃，肠衣，牛、羊皮等山货，以及桐油、生丝、药材等传统外销物资均以重庆为转运中枢，然后沿长江东下经上海出口。因此，输出业为重庆商业中的一大行业。抗战爆发后，上海、南京相继沦陷，重庆输出业即受到很大影响，重庆出口商业陷于停滞状态。1937 年 12 月初，由重庆市经汉口改道由粤汉铁路运往香港的桐油仅有 1000 吨，全市尚积压 9000 吨无法运出。至 1938 年底，全市出口业积货达到 500 万元。特别是 1938 年 10 月以后，武汉、广州失守后，粤汉路断绝，重庆市场进口货价格上涨，出口业陷于困境。四川盛产猪鬃，肠衣，牛、羊皮（统称山货)与桐油、生丝、药材,一向为主要出口物资,重庆则为外销物资的集散中心,输出业为重庆的一大重要行业。抗战爆发后,输出业即处停滞状态。1938年上半年,输出业积货达500万元以上;川北一带积滞蚕丝约2200担;资阳、内江一带糖、酒业也一蹶不振,重庆的同裕、富有、全旭、东升等大糖号纷纷要求救济;桐油价格也下跌,全市共存桐油千余吨。

第二阶段,1940年至1941年,外贸路线的转移完成,进出口值回升。

第三阶段,1942年至1943年,1941年12月太平洋战争爆发以后,日军占领缅甸,西南国际交通路线完全中断,国统区外贸处于停顿状态。为了扭转这种局面,外贸通道由陆路转为空运。由于空运以军事物资为主,不受海关检查,因此1942年无记载,从1943年开始又有了一点恢复。

第四阶段,1944年至1945年,随着抗战最后胜利的到来,外贸走向复苏。

上面的统计数字包含着国内和国外的进出口。

在进口物资中,从国外进口的货值在1937年至1945年间的变化和进口总值变化的规律差不多,1937年为323万,1938年为263万,1939年为105万,1940年为480万,1941年为910万,1942年为16万,1943年为59万,1944年为288万,1945年为2955万[1]。这是因为洋货进口对支持抗战有特殊意义,政府予以特别的保护,更何况大量军用物资的进口并未包含在上述数值中。

出口的情况则有所不同,从1938年至1941年是逐渐上升的趋势,表明在经过抗战初期出口路线的转换以后,出口又走上了上升发展的轨道。但1942年以后一蹶不振,这主要归咎于外贸走空运路线以后,除猪鬃、生丝等重要出口物资能搭乘返航飞机出境以外[2],其余物资均已严重受阻。

抗战时期,重庆外贸总值是大大的减少了。战前的1936年重庆进出口总值9135.7万元,到1945年下降到3187.4万元,其间更有1943年的67.7万元,对外国的贸易甚至不及龙州、蒙自、腾越等关[3]。但是,它的参照系也在发生重大的变化。国统区域已大大缩小,1941年国统区外贸急剧下降,仅占

---

[1] 周勇、刘景修译编:《近代重庆经济与社会发展:1876—1949》,四川大学出版社1987年版,第503、472页。

[2] 周勇、刘景修译编:《近代重庆经济与社会发展:1876—1949》,四川大学出版社1987年版,第503、472页。

[3] 周天豹、凌承学主编:《抗日战争时期西南经济发展概述》,西南师范大学出版社1988年版,第215页。

全国外贸总额的19%,不到沦陷区的1/4[①],因此,重庆这个内地口岸的贸易值的下降,就是必然的。在抗日战争的特殊条件下,这无损于重庆作为大后方对外贸易中心的地位。

四、重庆商业繁荣中的畸形现象

战时重庆商业繁荣,是抗战经济的必然结果,但随着商业的发展,这种繁荣已变得有些畸形。其主要标志就是社会资金大量流向商业,商业资本在社会总资本中的比例,已大大超过了社会的实际需要,大大超出了工业和市场的需求,从而导致社会财富的巨大浪费和经济的混乱。

我们在前面论述过商业资本的扩展,社会总资本的73%在商业,地方和商业银行投资、贷款的65%以上,工商行号借出资金的87%都投向了商业。而与此同时,发展工矿、交通事业的资金则显得过少。以资本来说,工矿两业仅占社会总资本的26%,银钱业贷款的9%[②]。

重庆的商业银行、钱庄大多由旧式商业和金融机构转化而来,一般来说,资本较少,有经营商业的传统,因此,不可能对工矿、交通等需要较长生产周期才能赢利的行业大量投资。在抗战时期物资严重短缺的情况下,从事商业经营和投机活动,转瞬即可牟取暴利。这些以追逐利润为主要目的的银行、钱庄,在战时商业利润和投机牟利大大高于工业生产的情况下,当然就只热衷于商业投资,而冷淡工矿、交通事业了。

如果说,商业银行大量投资商业,进行投机活动是一种必然的正常的情况的话,那么,在商业资金过多的情况下,国家银行对工矿、交通事业的投资,也被移向商业,参与投机活动,就很不正常了。

国家四行二局在抗战时期的放款,主要用于工矿、交通事业,其数额和比例大大高于商业。但是,由于政府放款措施很不完善,漏洞太多,特别是没有将放款数额与生产成果、经济效益挂钩,对放款使用监督不力,工矿放款很难全部用到生产上去,因此,相当一批政府对工矿业的放款被借名转贷,转向商业,用于囤积居奇和投机倒把。特别是某些有权势的官僚在向国家银行申请贷款时,往往向四联总处施加压力,有时四联总处明知该项贷款并非用于生

---

① 郑友揆:《中国的对外贸易和工业发展》,上海社会科学院出版社1984年版,第158页。
② 《重庆市资金分配情形》,第5页。

产,但迫于压力也不能不批准。

　　为了解决这个问题,1944年,国民政府进一步采取措施管制金融,企图对商业资本有所节制,但是为时已晚。1945年7月,国民参政会第四届第一次会议在重庆举行,参政员黄宇齐等9人提出一项提案,揭露了这一问题,指出:"查渝市商业资金约只20亿元,但最近每月交换总数曾达2000亿。其溢出之数字,大多为国家银行放款票据,其数之大,至可惊人。如以此或一部分资金变为商业资本,用于不正当之经营,其害之大,不难想象。"[①]商品愈紧缺,而商业资本愈膨胀,商品紧缺与商业资本的膨胀相伴而生。这是战时重庆商业资本发展的一大特点。这表明,商业资本脱离产业资本而独立发展,商业资本已不受产业资本支配,商业的繁荣已不是以工业繁荣为基础,而是建立在囤积居奇、投机倒把的基础之上。这种商业利润表现为社会财富的侵占和对消费者的欺诈。商业的畸形繁荣还说明,在社会总资本中,商业资本所占比例已大大超出社会的实际需要,大大超出了工商和市场需求的程度,从而导致社会财富的巨大浪费。

　　因此,战时重庆商业资本的畸形繁荣,不仅不能促进生产规模的扩大,反而成为生产发展的绊脚石。资本高度集中在商人手中,意味着社会经济的不发达。正如马克思所指出的那样,"生产越不发达,货币财产就越集中在商人手中","资本作为商人资本而具有独立的、优先的发展,意味着生产还没有从属于资本,就是说,资本还是在一个和资本格格不入的、不以它为转移的社会生产形式的基础上发展。因此,商人资本的独立发展,是与社会的一般经济发展成反比例的"[②]。

第二节　重庆商业的部分典型行业

一、棉货进口业

　　近代以来,重庆商业由开埠前的6个行业发展到抗战时期的120个行业,其中最具有典型意义的是棉货业,包括棉花、棉纱、棉布三种商品。它起于近代初期,大盛于抗战时期,它的演变,不仅反映了重庆商业中心形成发展

[①]《中国农民银行》,中国财经出版社1980年版,第232页。
[②]马克思:《资本论》第3卷,第365—366页。

的过程,而且反映了重庆商业与我国东、西部的关系,以及重庆在东、西部关系中的枢纽地位。

(一)棉货业发展概貌

长期以来,四川棉花产量很少,而且棉质较差,只适合手工纺制。因此,明清时期,四川境内只有川北产地附近有一些手工棉纺城镇。重庆附近既不产棉,又无棉纺手工业产生的条件,棉货业交易量极少,只从湖北一带进口一点土棉用于四川各地土纺业。

近代以后,洋纱涌入四川,取代了部分土纺业,洋布也接踵而来。在1937年以前,洋纱、洋布的进口量一直占据重庆进口货物的第一位,重庆棉货业遂成为近代重庆商业中的第一大帮,成为商业中心的骨干行业。

抗战时期,重庆继续进口棉货,但棉货业发生了一个根本性的变化,使重庆棉纺织业迅速崛起,成为国统区棉货生产中心。在重庆市场上,本地棉产品占了相当大的比重。由于处在战争时期,政府对棉货市场采取了强制性的统制政策。

所以,近代重庆棉货业以1937年抗战的爆发为界标,可以分为两个时期。表15-7即反映了前一时期棉货业发展的基本状况。

表15-7　1891—1935年重庆棉货进口统计表

单位:万　海关两

年度	棉纱价值	棉布价值	棉花价值
1891	56.41	40.76	2.86
1895	262.08	189.13	51.59
1900	1228.06	272.23	11.44
1905	723.68	280.02	—
1910	722.56	302.13	—
1915	1280.76	295.75	0.17
1920	1549.16	263.43	47.67
1925	2279.54	420.73	3.56
1930	2738.92	439.82	22.54
1935	1693.59	393.29	3.77

资料来源　据《最近四十五年来四川省进出口贸易统计》编制。

第十五章　重庆城市的第三产业(三)——商业

对第二时期(抗战)重庆棉货业的交易量,尚难进行全面统计,表15-8只是反映这一时期的主要现象和趋势。

(二)棉货的进口与销售

重庆棉货中又以棉纱交易量最大,不但棉纱进口量一直占据进口贸易额的第一位,而且重庆与四川市场的联系,在进口货方面也首推棉纱,甚至"川江轮船各货运价之涨跌,也常以棉纱运价之涨跌为标准"①。由此可见,棉纱业在重庆经济生活中的重要地位。

表15-8　1937—1942年重庆棉货进口与生产统计表

单位:公担

年度	棉纱进口量[2]	棉布进口量	棉花进口量
1937	198062	85782	5990
1938	98285	10118	37680
1939	28546	17676	73011
1940	12409	13656	86188
1941	8796	14942	40623[4]
1942	15151[3]	54438	
重庆地方产品[1]	57800 件	190000 匹	

资料来源　据《重庆棉货市场及市价之研究》(中央银行经济研究处丛刊)及《重庆文史资料》第31辑有关资料编制。说明:

1 抗战以后,重庆成为大后方棉纺织中心,建立了一批棉纺织厂。这里只是1942年的生产情况,其他年份暂缺。

2 进口量均系重庆海关贸易册登记数字。

3 当年棉布进口改为从价征税,海关未登记数量。

4 系1—10月数字。

1935年据重庆棉纱同业公会负责人称,在此之前,重庆市场上棉纱交易

---

① 见1935年平汉铁路经济调查组考察报告《重庆经济调查》,1937年1月出版。以下未注出处者,均采自该报告提供的情况。

量一般年份保持在12万包(25200吨),最高时可达81万包(37800吨)。

其来源,20世纪20年代以前,主要为印度纱和日本纱,也有少量的英国纱,从上海进口。1892年至1901的十年中,洋纱与国产纱在重庆市场上的比例为4.67∶1(见表15-9)。

1921年以后,国内抵制洋货声浪日烈,同时国产纱已大为增加,因此,重庆市场的棉纱结构就开始变为国产纱为主,其主要厂家有上海永安纱厂、申新纱厂、南通大生纱厂、武昌裕华纱厂,以及上海英商怡和纱厂。由于进口结构改变,进口地点也由上海一地改为上海、汉口两地,其中上海占60%、汉口占40%。

表15-9 1892—1901年重庆市场棉纱状况统计表

单位:担

年度	洋纱			国产纱	总计
	英国	印度	日本		
1892	618	128227	—	300	129145
1893	129	77573	—	423	78125
1894	474	124599	45	2139	127257
1895	685	114565	3	4053	119306
1896	34	166636	6	3957	170633
1897	177	188390	8785	33930	231282
1898	324	160426	9284	52200	222234
1899	538	291841	32813	106975	432167
1900	91	250347	35464	136516	422418
1901	—	240981	2486	52952	296419
总计	3070	1743585	88886	393445	2228986
比例(%)	0.14	78.22	3.99	17.65	100.00

资料来源 《1892—1901年重庆海关十年报告》。

四川棉货进口绝大部分都控制在重庆棉货业手中,如洋布进口,早在1897年就由27家重庆商号垄断。他们直接派代理人常驻上海,由这些字号把洋布运回重庆,然后分销到四川各地。

棉货入川的主要渠道是长江,分为直航和接运两种形式。所谓直航,即在涨水季节用轮船将棉纱由上海或汉口直接运到重庆,开始于民国初年。而接运,就是将棉纱用轮船运至宜昌,转交木船运往重庆,民国以前只此一途,民国以后,也是重要形式。

从上海到重庆棉纱成本要提高30.8%。以一包20支采莲牌细纱(1935年)为例:上海成本为175元,在重庆与上海交易过程中要加上捐税5.95元、外缴(水脚杂费)12.03元、汇水(申本水脚与上海杂费)27.87元、子金(即申本、捐税、外缴、汇水4项合计的利息)7.95元,因此,重庆成本即为228.90元。

开埠以来,重庆就建立了专门的棉纱业同业公会——同庆公所,民国以后改称重庆市棉纱业同业公会。1935年,重庆有棉纱字号22家,资本33.98万元;商铺(居间商性质)26家,资本26万元;棉纱铺29家,资本6.79万元;水客17家[1]。

字号又称来货商号,它负责从上海、汉口收购棉纱,并运抵重庆出售,有的还是上海、汉口纱厂的代理商;纱铺又称进出商号,它居于字号与水客之间,扮演捐客作用,分为商铺、棉纱铺两种,有的兼零售;水客主要为外地客商,他们来重庆购货,然后销往省内外各地。水客中著名的有泸州帮、叙府帮、嘉定帮、成都帮和隆昌内江帮。

交易程序为四个步骤:申汉进货—重庆字号商售于纱铺—重庆纱铺售于水客—水客销往外地小纱铺和消费者。

重庆棉纱的销场以水路运输,线路分为四个方向:(1)小河路。即嘉陵江一线,由合川、广安、顺庆、保宁、遂宁、三台、中江、德阳、绵阳以至成都,占总销量的30%。以遂宁销路最旺。(2)大河路。即长江上游一线,由江津、合江、泸县、江安、宜宾、乐山以至成都,占重庆总销量的30%。以宜宾、乐山销路最旺。(3)中路。即先由长江水路至松溉,然后以人力、骡马运至隆昌、内江,占重庆总销量的10%。(4)下东路。即重庆以下长江一线,由长寿、涪陵、丰都及綦江、南川以至贵州,占重庆总销量的20%。

真正重庆市内及附近地区销量只有10%。

以上销场为1935年调查时的情况。清末以来,重庆棉纱还销往陕西、云

---

[1] 据大陆社记者1935年调查《渝市棉纱业之现状》,见《四川经济参考资料》第19章,第4—6页。

南、贵州各省。民国以后,由于军阀混战,实行防区割据,"川省捐税太重,商人成本过高,省外销场如陕、滇、黔各省区销纱,遂改他路输入"①。尽管如此,重庆棉货的主要市场——四川市场从未缩小过,重庆一直是四川棉货销售中心。

(三)战时花纱布管制

抗战开始以后,上海、武汉均沦于敌手,入川的长江航线中断,传统市场的改变,给予重庆棉货业以沉重的打击。与此同时,重庆人口猛增,大批棉纺织厂迁到重庆,又需要大量的棉织品和原料,以适应战争和经济发展的需要,这就促进了四川棉花种植面积的增加,也促使了棉花进口渠道的多样化。抗战以前,重庆棉花进口主要仰赖湖北。1938年以后,这个渠道仍旧保留,只是交易地点由宜昌改为三斗坪。更重要的是,经农本局的调整,大量的陕西棉花进入重庆。由于前者靠近战区,又主要由重庆商人自行采购,因而数量有限;而后者由国家调拨,农本局专门组织了500辆畜力车、500辆贷款车用于棉花运输,大量陕棉以每月1万担的速度调往重庆,因此,随着时间的推移,陕棉逐渐居于主导地位,占到了重庆市场的80%,而鄂棉下降为20%。棉布的进口路线也由水路改为公路,来源地改为柳州(40%)、贵阳(29%)、衡阳(10%)、上海(8%)、梧州(3%)、其他(10%),1942年以后又改为湖北(54%)、营山(10%)、万县(5%)等地②。再加上内迁重庆的纺织厂陆续投产,重庆的棉货市场又逐渐兴旺起来,为保证军需民用发挥了极为重要的作用。

棉花、棉纱、棉布是关系国计民生的重要物资,其重要程度仅次于粮食。抗战初期,由于重庆商界的努力,尚能按正常商业渠道和方式供应市场。但随着战争形势的发展,在全国范围内由于棉花产地的大量沦陷和交通不便,棉花生产萎缩,致使原料供应紧张;由于加工水平低和加工结构不合理,使产品不能满足日益扩大的市场需要,这在重庆非常典型。尽管重庆是当时国统区纺织中心,但大部分厂家生产规模小、设备陈旧、生产效率低下、开工严重不足,再加上不法商人囤积投机、操纵黑市,使棉货更加短缺、物价飞涨。1940年一年之内,就由每包1000元涨到接近5000元的水平,其中3月份一月之内由1847元涨到3420元。因此,国家决定从1942年起在全国范围内对

---

① 《重庆经济调查》,第18页。
② 傅润华等:《陪都工商年鉴》第5编,第10、18页。

花纱布实行管制。

由于重庆的陪都地位,事关重大,政府在制定全国性花纱布管制法规的同时,制定了专门适用于重庆的法规,如行政院颁布的《重庆市纱布商人运销陈报须知》,经济部物资局颁布的《登记及处理重庆市江巴两县内运布匹暂行办法》、《管理重庆市棉纱棉布买卖暂行办法》等。不仅如此,还直接控制重庆的花纱布市场。为此,国民政府行政院经济会议还决定"以渝市为全川聚散市场……为划清权责,加强管制,并统筹分配,渝市花纱布管理、关于市场买卖及调查登记与评定价格等项,仍由经济部平价购销处负责统筹主办,由社会局、农本局联系执行"①。

最初重庆的管制分为五种:(1)所有从外地运抵重庆的花纱布和重庆市场上的一切棉货交易,均须向同业公会和花纱布管制局呈报;(2)转运花纱布出境者,必须由同业公会主席和两家同业字号负责人担保,向花纱布管制局重庆办事处申请出境许可证,方能出境;(3)所有重庆的花纱布商人和仓库负责人,必须每月将库存向同业会报告;(4)土布、土纱同样纳入管制范围,外销土布1匹或15丈以上者,亦须领取出境许可证;(5)所有要求零售配销给公教人员和市民的平价布的商号,一律向花纱布管制局重庆办事处申请,由该处审查资格,核定销售量。价格一律执行限价标准,违者严惩不贷。

1943年,花纱布管制局成立,制定了统购棉花、以花易纱、以纱易布、以布控价的更加严格的管理措施。

对棉花统购程序为:(1)所有棉花到渝,须立即向该局重庆办事处报告;(2)重庆办事处将该批棉花情况报告总局,然后转入指定仓库;(3)入库时要查验棉花品质,然后结账付款;(4)棉花到渝以前的所有费用,由货主代垫,结账时由政府付给;(5)统购棉花除由主管机关拨供军需之外,其余部分供给纱厂。所有纱厂不再向产地购棉,一律由国家配给,所有产品也一律由国家收购。

花纱布管制对于保证军需、平抑物价、增加生产、稳定人民生活、稳定民心,从而稳定社会经济、赢得抗战的胜利,是有积极作用的。在这个过程中,重庆作为大后方商业中心的作用也得到了充分的发挥。

---

① 《重庆市工商行政管理志·资料汇编》,第162页。

二、生丝出口业

四川生丝的大量出口也是近代以来的事情,全川出口之丝大部分集中于重庆一地,在相当长的时间里,生丝出口值占重庆出口货值的第一。然而,也正是因为四川生丝业与国际市场的密切关系,它又成为受国际市场波动影响最大的行业。可以说,重庆生丝出口业的产生、发展与曲折经历,反映了重庆经济中心与世界市场的关系,这对于考察重庆城市的发展具有重要意义。

表 15-10 1891—1942 年重庆生丝与主要出口产品统计表

单位:1935 年以前为海关两,1937 年以后为海关担

年度	生丝	猪鬃	一般药材	桐油
1891	702031	5133	173252	—
1895	811754	96152	505091	—
1900	1001626	158213	447078	—
1905	2292851	325485	1080912	—
1910	2572405	760031	1549577	—
1915	4098762	1089176	1831566	—
1920	3013290	851016	1791825	470
1925	6578625	1978244	2644178	1217677
1930	11878568	2180173	4117341	3056688
1935	549328	2769372	1645346	2380012
1937	760	—	—	—
1938	2000	—	—	—
1939	2100	21000	—	—
1940	2100	21000	—	—
1941	1650	21000	—	—
1942	1200	22000	—	—

资料来源 据《最近四十五年来四川省进出口贸易统计》;傅润华等:《陪都工商年鉴》第 9 编,第 25—26 页。其中药材、桐油 1937 年后数字缺;桐油 1920 年以前极少年份有出口。

从上表我们可以形成如下认识:(1)生丝自开埠以来,在重庆出口贸易额

中长期居于第一位,以 1980 年为鼎盛时期;(2)20 世纪 30 年代以后开始衰落,其原因在于国际市场上日本丝畅行,以及人造丝的发明和世界经济危机的影响;(3)1935 年川丝出口跌到极点,甚至低于开埠时的水平,其出口首位的位置被桐油取而代之;(4)抗战初期,曾给川丝带来转机,但 1941 年以后又走入低谷。抗战以后,川丝出口畅旺的局面再没出现过了。

四川缫丝业集中于三台、绵阳、阆中、南充、合川、重庆、乐山、万县 8 个地区,其中三台、绵阳产量最高,占川丝产量(2.37 万担)的 59.07%,重庆仅占 1.69%。但是,除万县一地之丝由万县口岸出口以外(约占 1.27%),川丝 98.73% 都汇集于重庆[①]。

重庆的丝商分为厂商及字号商两种。厂商为制造商,其直接向产区收购蚕茧,加工成丝以后,自营出口。字号商则为贩运商,由川丝产地收购生丝,然后贩运出口。丝业之特点在于交易均在产地进行,重庆本地没有多少交易可言。

重庆出口的川丝绝大部分销往国外,因此大都以上海为转运地。丝货运抵上海以后,由重庆厂商或丝商的庄客或代庄交由上海丝栈代为出售,由丝栈与外国洋行接洽论价,买卖双方并不见面。成交以后,丝栈按每箱(100 斤)12 两抽收回扣,其他杂费也在卖价内扣除。

川丝自受日丝打击,1930 年以后每况愈下,丝价一跌再跌,抗战前夕陷于绝境。抗战爆发以后,我国重要产丝地区江浙一带沦入敌手,后方用丝,仰赖四川。在政府的扶持下,川丝的存货逐渐得以输出,停产的丝厂又纷纷重新复工,因此四川丝业又走向复苏。与此前不同的是,这时川丝已是内销为主,出口国外因交通障碍,大大减少,如此平稳地进行了两三年。这一时期,重庆的生丝贸易主要由四川丝业股份有限公司进行(总公司设重庆)。

1941 年底太平洋战争爆发后,英、美正式对日宣战,不再购进日丝,转而向中国进货,主要用以制造降落伞及其他军用物资;加之大后方因纱、布昂贵,逐渐出现以绸代布的现象,川丝的身价又显重要。因此,国民政府决定对生丝实行统购统销。1943 年 4 月,重庆市政府下达了财政部颁发的《全国生丝统购统销办法》,规定全国所产内外销改良丝暨土丝之收购运销,由财政部责成贸易委员会所属复兴商业公司统一办理。生丝评价委员会依据各地生

[①]《重庆经济调查·川丝》。

产成本及农商正当利益,随时评定各地各种丝的收购价格,由贸易委员会呈请财政部核定,颁布执行。这个政策一直执行到抗战结束。

第三节 战时重庆的物价与消费

一、重庆的物价走势

抗战以后,重庆物价一路飙升。整个抗战时期,重庆物价指数不断攀升,而实际工资指数日趋下降。见表15－11、15－12。

表15－11 抗战时期历年法币发行额与重庆物价指数

时间	法币发行额(亿元)	增发指数 1937年6月=1	同期重庆物价指数 1937年1—6月=1
1937年6月	14.1	1	1
1938年12月	23.1	1.64	
1939年12月	42.9	3.04	1.77
1940年12月	78.7	5.58	10.94
1941年12月	151	10.71	28.48
1943年12月	754	53.46	200.33
1945年12月	5569	394.84	1795.00

资料来源 《中国近代经济史》(下册),第240—241页。

表15－12 抗战时期重庆产业工人实际工资指数(1937—1945年)
1937年1—6月=100

年份	工资指数	生活费用指数	实际工资指数
1937	103	101	101.5
1938	180	116	154.6
1939	226	192	117.8
1940	437	550	79.5
1941	1018	1840	55.4
1942	2082	4135	50.4

续表

年份	工资指数	生活费用指数	实际工资指数
1943	4823	11498	41.9
1944	16808	39094	43.0
1945	53025	143806	36.9

资料来源 《中国近代经济简史》,第 268 页。

抗战时期,各种消费品价格更是有升无降。1940 年重庆米价陡涨。渝市所需大米,大多来自江津、合川、叙府、江安、南溪及泸州等地,其中以江津朱家沱、白沙镇为最多。以上各县每月销售到重庆的大米,在六七万担左右,总计重庆市每月销米达 10 万余担。1940 年,食米来源减少,奸商囤积居奇、哄抬米价,7 月前每斗米 10 元,到 9 月已涨到 33.5 元,其他如猪肉、牛肉等均超过社会局平价的 2 倍左右。根据行政院之规定,重庆市社会局平价购销处于1941 年 1 月 26 日完成了对全市棉花、棉纱、煤炭、纸张、肥皂、火柴、油类等存货的登记工作。同时,市社会局还与平价购销处、燃料管理处、市商会一道,规定了一部分物品的最高限价。其中:棉纱,如 20 支双马棉纱,每包为 4400元;上等棉花每担 400 元;匹头,如阴丹布每匹定为 278 元;此外,猪、牛肉,煤炭,木炭等也一律按社会局公布之价格执行。但是,1941 年 4 月上旬,全市肉、菜等食品价格又急剧上涨:牛肉每斤由限定的 1.7 元涨到 2 元以上,猪肉由每斤二元三四角涨到 3 元,猪油由 3.6 元涨到 4.5 元,鸡蛋每 10 个由 1.7元涨到 2.4 元,鸡每只由 2 元涨到 4 元,洋白菜价格也上涨了一倍多。4 月中旬,政府当局逮捕了一批违反限价的屠宰商,打击猪肉市场上的囤积居奇现象,但也没有解决问题。6 月下旬、7 月上旬,市场上副食品价格又进一步上涨:菜油每斤上涨 50%,达 2.6 元;猪肉每斤涨到 3.6 元;煤油每斤 12 元;糖每斤 3 元。到 8 月份,市府社会局不得不重新规定最高限价。自 8 月 11 日起,全市实行的新价格规定:猪肉每斤 2.3 元、牛肉每斤 2.8 元、边油每斤 5元、脚油每斤 4.4 元。新的最高限价较 1 月份定价上涨了 50% 左右。一市石白米,1939 年价格为 14.8 元,而到 1941 年年底已涨到 435 元。

1944 年春节以后,金价与物价上涨都达到惊人程度,尤其粮价波动更大。在粮价急剧上涨的情势下,波及各方面,重庆市出现了物价全面上涨的局面。

据报道:全市马车加价,由两路口到化龙桥的价格从 25 元增至 35 元;煤炭、食油、纸张三业的价格,经主管机关核准,亦分别向上调整;电报总局也宣告电报增价,国际电报加收六成;川江轮船业各线票价均提高,货运价加价 50% 至 60%;下旬,重庆盐务管理分局报告,每斤食盐开征优待国军副食费 10 元。至 4 月 1 日,全市自来水、电力、横江轮渡等都同时提价。1944 年 6 月 3 日,国民政府行政院发言人称,重庆当前物价指数较 1937 年上涨 450 倍[①]。1944 年 8 月 19 日,重庆市政府评定和议定的物价:牛肉每斤 64 元、鸡蛋每枚 8 元、盐皮蛋每枚 12 元、鸭蛋每枚 10 元、公鸡每斤 120 元、老鸭子每只 280 元、仔鸭子每只 240 元。1942 年,太平洋战争爆发后,重庆市物价又急速上涨。2 月初,美亨阴丹布每匹 660 元,至下旬即涨到 900 元。猪、牛肉价亦上涨,2 月下旬,全市牛肉断市。市警察局对抬高价格的屠宰商或逮捕或罚款,至当年 7 月已逮捕 80 多人。1945 年 3 月以来,各种物价均上涨凶猛。米价在年初突破万元(每石)大关以后,已涨到 2 万元;各种面粉制成品的黑市售价又较议价高出 3 倍至 10 倍;煤炭价格亦较三个月前上涨 1 倍;猪肉每斤 450 元、猪油 800 元、鸡蛋每个 30 元、皮鞋一双 9 万元。市郊公共汽车票价亦由每公里 9 元提高至 14 元。纸张价格上涨尤烈,熟料纸、夹江纸均上涨两三倍;土报纸每令由一千一二百元,至 5 月已上涨至五千二三百元。由于纸贵钱贱,市民多用小面值钞票糊墙壁。物价暴涨,重庆市各业 4 月以后均采取一日一议价的办法,主管当局亦采取默认态度。

　　1945 年日本投降后,人们以为胜利既已来到,交通即可恢复,物资就要畅通,通货不会再膨胀,商品地区差价会得到平衡,因此,囤货的尽量抛售,手里有现款的也不愿购货。加之大量货币流入收复区,还乡者纷纷廉价卖货求现,于是 1945 年八九月间,一直狂涨的物价,转变为狂跌。据中央银行经济研究处编制的重庆 22 种主要商品零售物价指数,1945 年 10 月初比 8 月上旬下降了 42.7%,其中金属类商品竟跌价 69%。重庆的金价 9 月下跌 70%,美钞下跌 60%。而大官僚资本家则乘后方物价狂跌之机囤积大量物资,同时又调大量现金转到收复区去抢购物资。正是由于他们的囤积居奇、哄抬物价以致人民对胜利后物资畅通、和平生活的幻影的破灭,所以,10 月份以后,重庆

[①]《重庆抗战经济大事记》,中共重庆市委党史工作委员会 1985 年 12 月编,第 311 页。

物价迅速回涨。

消费品价格和原材料价格的上涨,使工商业出现萧条。1943年12月底,据重庆社会局调查,四季度全市商店歇业者达201家,其中10月份歇业56家、11月份歇业48家、12月份歇业90家。歇业商店中以棉花、布业、五金、丝绸业为最多。以棉花市场为例,1943年9月20日,重庆市豫丰、裕华、申新、沙市四大纱厂,每年需棉花约34万担,由于花纱布管制局实施管制,各纱厂不能自购棉花,同时由于国家规定棉花议价每担为2700元,而陕棉的当地价却为6500元,所以,棉商虽有存棉抛出,且为棉市旺季,但市场上却是有货无市,致使棉花市场呈现停滞状态,各纱厂产量大减。由于棉荒,花纱布管制局8月份将全市各纱厂存棉千担以每担2700元价格征收;再者,政府规定的纱价仅及自由市场纱价的1/10,且专卖机关又经常拖欠,致使各纱厂亏损严重,生产量大减。又如,民生公司总经理卢作孚说,由于物价飞涨,公司赔蚀很大,以1944年4月的市场物价计算,公司购物费用已涨到战前的860倍,而客运、货运费仅上涨400倍左右,而差运费只涨了一二百倍。公司每月运费收入仅占支出的10%,负债已达1.8亿元,而5月份的利息支付即需1000万元,困难已严重之极。公司具有较大造船能力,但限于财政,无法进行。战前造一艘内江轮船,耗资6万元,现时却需6000万元。公司已负债累累,陷于困境。

在物价高涨情况下,重庆出现工业衰退现象。重庆民营工业出现了以下情况:(1)民营机器工厂中的大厂,由于资本较多、设备较好,能承接政府定货,勉可维持,而小厂却得不到定货,资金周转困难,生产成本高,市场不景气,因而纷告停工;(2)因天原厂需碱量大,故制碱工业尚有暂时出路;(3)机制纸及印钞票所需之油墨畅销,因而,操此业者转趋发达;(4)化工产品由于国防需要减少,市场购买力低落,亦渐呈衰退之势。据统计,重庆1944年4月份即有十余家工厂停工歇业。工矿业的不景气,用煤量大减,嘉陵江区煤炭亦出现滞销现象。据统计,由嘉陵江运到重庆的煤,3月份是55000吨,4月减到41000吨。当时,民营工矿业最头痛的三件事是:(1)商业银行信用紧缩;(2)生意清淡;(3)负担太重。重庆市正当的商业,同样由于信用紧缩,资金周转不灵,社会购买力下降,市场萧条,再加之管制苛繁,负担太重,因而入不敷出。

其实,物价问题,最基本的是货币问题。在1939年以前,物价很少波动;1940年物价的变化,使经济开始活跃起来;1941年到1942年上半年,是中国经济繁荣时期,这是因受物价上涨的刺激而繁荣起来的,是恶性的不正常的繁荣。短期的繁荣,带来的是经济的萎缩,其原因是通货膨胀后的反作用造成。成本剧增与产成品的价格管制必然使工业衰退,而工业的衰退又将影响到商业的衰萎,长此下去,最终甚至会导致整个国民经济的崩溃。

二、消费与生活

1943年4月12日,长纱《大公报》揭露:"孔小姐(孔祥熙女儿)结婚耗费,如用来作军服,可以解决两师人的全部军服,或50个伤兵医院的全部伤兵衣服;如用以救济饥民,则一万饥民可以起死回生。"

与国民党上层侈奢生活形成鲜明对照的是,下层人民却陷于极度贫困中。据报道,重庆市1942年度遗弃街头之死尸,每日约15具,慈善团体购备棺木2000余具,尚难足应付,年内已购备棺木5000余具。

又据报道,重庆市内发现弃婴情况颇多,两路口、都邮街、海棠溪三地平均每天收到一个或更多。是年2月,《新华日报》曾以《抚养弃婴》为题发表社论。提出,时常发现弃婴,私生子虽占一部分,但究竟是少数;发生弃婴的主要原因是父母不堪生活的负担,无力抚养,才忍心抛弃自己的骨肉。要希望不弃婴,物质上的救济要重过道德上的责备。

以薪水最低的小公务员而论,1943年4月正薪60元,再加上战时补助津贴及家属平价米等等,以各项津贴补助的最高额计算,每月收入也不过500元左右。这个收入,对一个单身人来说,也只能勉强维持生活。一个公务员在《读者园地》写道,我现在虽身为股长,然而每月所得,正薪140元,薪附加95元,生活补助200元,米代金300元,食米2斗,合计刚好835元。而每月开销,除去食米100元,菜蔬110元,其余一个钱不用,所余者625元,也不过仅够购买皮鞋一双,哪里谈得上"仰足以事父母,俯足以养妻子"!公务员生活困难,而寻找职业更困难。据重庆职业指导所1943年5月初报道,五年来,全市求职与就业人数相距甚远,求职者共23542人,其中男性20011人,女性3531;而五年来介绍职业成功者仅3000人,占求职人数的12.7%,其中男性2659人,占求职人数的13.3%,女性341人,仅占求职人数的9.7%。据报道,1943 年重庆黄包车夫每月收入 2500 元至 2600 元,除去租金 500 元,草鞋费 105 元,修理、储管费 70 元至 80 元外,所剩无几。

另据《新华日报》报道,1944 年上半年,四口之家,以消耗米 8 斗、盐 4 斤、煤 200 斤计,每月的支出为 5300 元左右。《新华日报》在《后方农民生活掠影》一文中指出,全国征集兵员 1100 万,其中 95% 是农民,滇缅路的修筑,被征集的农民达 2500 万,全国的征实征购达 5000 多万石。农民虽然过着最艰苦的生活,但对抗战贡献了伟大的力量。农民现在多交的租,在物价向剪刀形发展的情况下,加速走向贫困境地。近年来,国民政府推进农贷政策不遗余力,但在贷款数量上达不到适应农民的实际需要,在农贷方式上,也存在不少问题。文章最后说,为增进农业生产,提高农民抗战的积极性,改善农民的生活,便是当前刻不容缓的课题。1943 年春节,在苍坪街闹市中,一位乞钱者身穿一件用中行发行的一元钞币作成的上衣,引起人们的注意和围观。

中国儿童保健会受社会部委托,自 1945 年 3 月 5 日至 3 月 21 日,对全市 14 个小学的 5486 名学龄儿童健康状况进行了检查,其健康状况如下:(1)营养状况:优良者仅占 3.03%,不良者占 59.608%,缺乏者占 37.29%。(2)疾病状况:患沙眼者最多,占 64.98%;其次为扁桃腺肿,占 49.02%;再次患近视眼者,占 44.99%;第四,患龋齿者占 13.09%;其余为疥疮 216 人、支气管炎 157 人、贫血 94 人、淋巴腺炎 90 人、鼻炎 79 人、心脏病 48 人、耳炎 26 人、脓巴疮 11 人、结膜炎 8 人、角膜炎及肺结核各 4 人、不详者 36 人。

据重庆市社会局局长包国华称,全市自 1940 年 6 月 22 日至 11 月 30 日止,公卖处共发售平价米 10000 多石、碛米 32000 余石,即经常有 4/5 平民不能买到平价米。在米价高涨的情况下,平民路死者甚多,赈济委员会特拨款 2000 元备置棺木施舍。

为救济贫苦市民,市社会局在平价米中每天抽 50 石,由市商会及救济机关等开办平价粥厂,开办费由市府补助 60%,规定每碗售价一角,共计在市区设立粥厂六所。平价粥厂成立一周即招来 9000 食客,而这里每天只能出售 2000 多碗,每人限吃两碗,也只能接待 1000 人。

第十六章 战时重庆城市建设

第一节 市政建设

1939年12月1日,重庆市建设期成会正式成立,该会拟定了《重庆市建设方案》。1940年4月9日,重庆市临时参议会第二届大会通过了这一方案。该方案共分六个部分:第一,建设之前提:(1)请政府明令定重庆市为中华民国战时之行都及战后永久之陪都;(2)请市政府从速设置"都市计划委员会",经常协助建设事业之进行。第二,交通建设部分,共七项:(1)完成既定计划;(2)重新确定本市区建设计划;(3)建筑螺旋形马路之新干线;(4)建筑地下隧道及过江铁桥;(5)改善及增建交通工具;(6)水上交通应办事项;(7)筹划经费办法。第三,经济建设部分:(1)原则为创倡都市经济建设,奠定民生主义基础;(2)办法为创设生产机关,设立市银行及市金库,施行土地整理,促进合作事业等。其余部分为警政自治、教育、文化及市民福利等。由此而开始战时城市建设。

一、城市公路交通

抗战以后重庆城市公路交通得到很大的发展。市内陆路交通工具,既有公共汽车,还有客运商车、校车,以及人力车、驿运马车等。

1938年初,市政府决定修建两浮公路。同时修筑的还有市区的三大马路,即由临江门经定远门达劝工局段;由段牌坊经玉带街、雷公咀、三圣殿达磁器街段;由临江门沿嘉陵江而上达大溪沟段。7月,上述各路基本完工。8月,市府又令工务科会同马路工程处翻修城区都邮街,关庙街,较场口,大、小梁子等支马路。至此,重庆城区马路干、支线基本形成。年底,渝碚路正式通车,每日来往客车一次,单程票价为3元。1941年4月,南纪门至较场口马路修竣正式通车。此前,市区上、下半城的马路只有两条:一是由过街楼至南纪门,一是两路口经南区马路至菜园坝,交通非常不便。为此,市工务局报经市政府批准,在市中心修建南纪门至较场口一段马路,以进一步沟通上、下半城间之联系,全路工程费约20万元。

早在1934年,重庆即有由卢作孚投资兴办公共汽车。抗战开始后,市政府拨款100万元,由市政府接办,改为公营。1940年5月,私营重庆公共汽车公司由于资金不足,四联总处即以100万元作为官股,增购车辆,公司遂由商办改为官商合办。1941年4月,该公司又奉令召开改组问题的股东会议。宣布了对该公司整顿办法:(1)公司自行结束;(2)拨开商股,改为公营;(3)政府拨款投入新股等。公司董事会鉴于政府指示和物价上涨,公司已不能支撑,故通过了三项决议:(1)旧公司资产作价500万元,由董事会盘交交通部;(2)对商股除还股本外,还加全部利润;(3)商股一概退出公共汽车公司,正式成立公共汽车管理处。自此,重庆市公共汽车改由政府经营。

此外,市内还有巴县长途汽车股份有限公司。该公司成立于1932年。1938年,渝马路总局为修建市区至郊区马路向市商会和巴县城区人民筹集路股50万元,后又招募股款300余万元修筑渝磁(器口)干线和海(棠溪)泉(南温泉)路,1943年竣工。当时由渝马路总局通知各出资者推举路股代表成立了巴县汽车股份有限公司。公司成立时曾增资40万元购车设站。抗战后又扩充股本。公司在城区和市郊区设有13个车站和1个招呼站,先后拥有汽车40辆。

1942年,驿运总管理处还在渝试办马车。交通部驿运总管理处在重庆设立驿运服务所及上清寺、化龙桥两处驿运站,在市内试办马车,12辆新式马车即在上清寺、化龙桥间开行客运班车。此后,驿运线路不断延长。1943年3月又添办市区马车线路,并代运海棠溪至市郊的行李。1945年2月,重庆驿运服务所并入市公共汽车管理处管理,易名为驿运营业所。抗战期间,市区内有驿运马车33户、马匹49头,行驶路线有牛角沱至化龙桥,化龙桥至小龙坎、新桥,两路口至大坪,菜园坝至过街楼等,每日乘客2000人。此外,南岸土桥至南温泉亦有马车,属巴县管辖。

抗战期间,重庆市公共交通行业发展情况如下:

1937年:据1937年11月30日市政府社会科统计,市内有各种交通工具数量为营业汽车88部、自用汽车151部、运货汽车5部、人力车2091部、自用包车174部、人力载货车41部、营业脚踏车193部、自用脚踏车469部、机器脚踏车12部、营业汽船7只、自用汽船8只、渡江木船1045只、驳船228只、乘轿3332乘。全市从事交通运输业工人为14833人,其中汽车司机269人、人力车夫2831人、渡船工人3893人、轿夫4000人、搬运工人3238人。

1939年:据《国民公报》1939年2月28日报道,全市各种交通工具数量为营业汽车54部,较1937年11月减少34部;自用汽车457部,比1937年增加306部;人力车2091部,与1937年相同;自用人力车(包车)208部,增加34部;营业脚踏车196部,增加3部;乘轿3332辆,与1937年相同。全市有汽车司机523人,增加254人;人力车夫4680人,增加1894个;轿夫4000余人,与1937年相同[1]。

1944年:据1944年7月12日《新华日报》报道,全市公共汽车每天乘客有20万人。全市公共汽车共49辆,城区内有车21辆,其中9辆是特别快车;城郊有车28辆,其中到北碚的3辆,青木关的2辆,小龙坎的8辆,石桥铺的4辆,九龙坡的2辆,化龙桥的1辆,海棠溪到南泉的8辆。汽车保养场有3个,分布在曾家岩、国府路和小龙坎,每场有工作人员20多人。此外,在高滩岩尚有汽车修造厂1所,有工人五六百人,该厂可以制造车身及汽车零件。重庆城区公共汽车司机有40人,平均工资为四五千元;行车津贴每月1000元;节约奖每月五六百元;公里奖每月最多的有2000元。这种数目收入,对于有妻室儿女的人来说,是谈不上富裕的。公共汽车售票员有70余人,年龄都在十七八岁,全是初中毕业生。他们大都来自贫困家庭,无法升学才以此为业,他们的月薪一般为五六千元,此外尚有1000元食宿津贴和每月大约1000元的奖金(即按每售一票得七分奖金计算)[2]。

二、城市供水

1930年前,重庆市无自来水设施,城市日用水全靠人力挑运。当时全市

---

[1]《国民公报》1939年2月28日。
[2]《新华日报》1944年7月12日。

以挑水为业者约 2 万人,他们多来自邻近农村,散居在沿江码头一带。1927 年春,成立了官督商办的自来水公司筹办处,由我国工程技术人员主持规划设计,从德国西门子公司订购设备,于 1931 年 3 月正式供水。但是,由德国订购的设备运转一年多后即损坏或阻塞失灵,故在 1934 年由政府接管,成立自来水公司整理处,交由华西公司承办整理,后由市商会负责整理处的工作,至 1937 年 3 月开始营业。1937 年 10 月 24 日正式成立重庆市自来水股份有限公司,公司资本 200 万元,系由官商合办,董事长潘昌猷,经理胡子昂。

该公司成立时,敷设水管总长 35000 公尺,设售水站 10 处。1938 年 9 月,安设两浮公路干管,至 1944 年,售水站共有 22 处,专用户 2260 户。抗战期间,该公司遭轰炸 60 余次。

由于重庆市地形分散,山川阻隔,远非一个水厂即可普遍供给全市用水。因此,抗战期间又陆续建成沙坪坝渝西自来水特种股份有限公司,日供水量可达 1000 多吨;李家沱给水公司,日供水量 3000 吨;北碚水厂,日供水量有 400 吨[①]。

三、城市供电

1938 年初,重庆电力股份有限公司增加发电设备。新购两部 4500 千瓦发电机安装在大溪沟原厂址,称第一厂;原有 1000 千瓦发电机移装南岸弹子石,称第二厂(另一部 1000 千瓦发电机售与五十兵工厂);不久,为防轰炸,又将一厂的 4500 千瓦发电机一部迁装在鹅公岩山洞内,称第三厂。至此,该公司发电量增加到 1.1 万千瓦,月发电 500 万度。公司资本增加到 500 万元,新增的 250 万元为中、中、交、农四行和川盐、川康银行所投资,原有私股比重相应大大减少。至 1942 年,该公司资产增值和追加投资,资本达到 3000 万元,成为战时大后方最大的发电厂。

抗战前,该公司所发之电主要供市区照明;战时,内迁的兵工纺织及大型厂矿多自带发电设备,该公司电力仅供小型厂矿之动力用电。1939 年、1940 年,日本飞机大轰炸,该公司厂房、线路、用电器材遭到严重损失,用电户由 1.5 万余户降到 9000 余户,加之交通阻塞,新设备无法增添,尤其抗战后期,

---

① 《重庆经济大事记》(征求意见稿),第 17—18 页。

物价飞涨,器材缺乏,公司亏损严重,困难重重。1944年时,全公司共有员工1400人,其中职员200余人,工人1100多人。

除重庆电力股份有限公司外,1942年后,又新建了富源水力发电有限公司、巴县电力公司,但发电量均很小。巴县电力厂建成发电,可发电1000千瓦。1944年,国民党政府水利委员会水利示范工程处在迁建区完成两项工程:一是南温泉水电站,该处利用南温泉堤坎五尺跌水,创办水力发电站,计发电30匹马力,供给附近各机关,可燃灯1000盏;另一是北碚水厂,该厂除进水管道使用铁质管外,输水管道则采用瓦管,每日可供北碚地区用水400吨左右。1945年1月,北碚歇马高坎岩水力发电厂开始发电。1943年3月,政府曾拨款1亿元,作为后方小规模动力设备之费用。国民党政府水利委员会、经济部工矿调整处遂与民生公司、川康兴业公司、北碚管理局及交通、农民、金城银行等联合筹办了歇马场高坎岩水力发电站。该厂有发电机两部,各具240匹马力,其机件均为国内自制,在国内尚属首创。该厂所发之电仅供北碚区住房所用。

动力不足,是抗战时期重庆较突出的一个问题。1941年,因本市电力供应紧张,为缓和供需矛盾,节省电力,采取了分区轮流停电办法。整个市区划分为:(1)菜园坝至储奇门,陕西街至千厮门一带;(2)张家花园至中山一路、七星岗、回水沟、民主路、民权路一带;(3)董家溪至江北城、曾家岩一带;(4)虎头岩至土湾、磁器口、杨公桥一带。这些区域实行轮流停电。1944年11月,因电力公司负荷过重,市政府特又调整用电时间,规定各普通工厂每日午后5时至7时停止用电,为执行这一规定,市府特派技术人员检查各用电工厂,如不遵守规定用电,给予停电三天处分,如查出二次,则剪线撤表,停止用电。

为缓解用电矛盾,重庆市制定节约用电办法。抗战时期,负担重庆电力供应的主要是重庆电力公司,它是大后方唯一具备规模的电力公司,三个发电厂最大发电量为1.1万千瓦,而全市实际需要量则为1.6万余千瓦,因而供需矛盾甚大。又加上窃电现象严重,每月有近25%的电力被有权有势的人物窃用,致使电力供应更加紧张。

电力缺乏使重庆工业,尤其是重工业更加陷入困境。如化学工业,烧碱原每月产120吨,五六月仅产30吨;液碱原每月产300吨,现仅120吨;酸类几乎全部停产。整个化工业产量只及原来的 1/5。永利、天原等大化工厂的产量亦大为减少。1945 年 8 月 4 日,经行政院核准,重庆市制定了节约用电办法,规定:(1)商店营业部单间只准装电灯 2 盏,不得超过 100 瓦,其余每间只准装 1 盏,不得超过 40 瓦;(2)住宅不准装门灯;(3)各种广告及喜庆彩灯一律取消;(4)沿街摊贩电灯一律取消。

四、市区轮渡

重庆三面临江,交通以水路为便,码头之建筑,对工商关系甚大。战前,市内乘客和货物过江全靠木船摆渡,全市计有渡、驳船 2000 多只,重要码头有 12 处,其中建筑最早、最大的码头,为 1927 年建成的嘉陵江码头,稍后建的有江北觐阳码头,其余的有朝天门、千厮门、太平门、金紫门、储奇门、望龙门、飞机坝、九龙坡、牛角沱码头等。1939 年建成西南公路之起点的南岸海棠溪码头。随后又建成江北廖家台新码头。

1937 年 11 月,市政府召集川江航务处、公路局、民生公司、驳渡事务所等商开办轮渡。决定由驳渡董事会与民生公司为承办主体,并向民生公司租船两只,先行试办储奇门至海棠溪轮渡。当时资本为 40 万元,民生公司占 83%。储海线于 1938 年元旦开航。试办三个月后,由川江航务处组成重庆轮渡公司筹备处,正式开办本市轮渡,并增设朝天门至玄坛庙、朝天门至弹子石两条航线。1938 年 6 月,省建设厅长何北衡兼任轮渡筹备处主任,嗣后又在汉口购油船数艘。1938 年 9 月正式成立重庆轮渡股份有限公司。至 1940 年,该公司共拥有轮渡 14 艘、航线 7 条,计有储海线、望(龙门)龙(门浩)线、朝野(猫溪)线、朝弹(子石)线、朝溉(澜溪)线、朝江(北嘴)线、储黄(沙溪)线。公司职工曾达 700 余人,每日客运量达 5 万人次,月载乘客 160 万人次。

除轮渡外,全市尚有渡口 17 处,由木船摆渡,日载客量超过轮渡载客之数。1941 年 1 月,江北廖家台新码头举行落成及开渡典礼,市长吴国桢,内政部、卫戍司令部代表及民众万余人参加了典礼。1942 年以后,该公司又开辟了南纪门至鹅公岩,朝天门至化龙桥、小龙坎,储奇门至九龙坡等顺江航线。1944 年 10 月,又成立了渝工轮渡公司。该公司由重庆渡船公会集资 20 万元创办,公司董事长卢建人,总经理董泽晋。渝工轮渡公司成立后,开辟了临江门与江北香国寺及廖家台间的水上交通。

五、电报电话

抗战爆发后,中国邮政总局由南京迁武汉;1938年又迁昆明;1941年日本侵占缅甸后,又由昆明迁重庆。

重庆邮局原隶属东川邮务管理局,到抗战时期,重庆为大后方邮政中心,其业务才逐渐发展起来。是时,该局下辖有分局16处,另有乡村代办处及邮箱和邮筒。1942年2月,重庆市邮局又在南岸和铜元局设立了十七、十八支局。1943年5月,交通部设立电信、邮政两总局,乃隶属交通部管辖。

1938年以后,川藏电政局迁渝与重庆电报局合并办公。抗战期间,该局报房设市郊天然岩洞内,每月收发电报达40万次以上,电报费收入约600万元。1943年后,电报局与电话局两局合并,成立重庆电信局,始综理重庆电信业务。

重庆市电话系由市府借电话公债10万元筹组建立,当时名为重庆电话总所。1937年10月,有资本40万元,用户1000余号。抗战爆发后,电话用户增多,总所遂派人赴香港购买器材,扩充内部,电话达到1400门。1938年7月,电话总所奉令移归交通部接管,改组为重庆市电话局。1939年初,市电话局又增设自动电话800门,全市即共有电话3000门,市内电话用户2450户。以后为防空袭,在长安、纯阳洞各辟地下室一座,将两部电话总机移入洞内,又开始敷设地下电话线,至1941年底,城区内地下电话线达3000公尺。

当时,重庆市的电信分三类:自动电话,其通话地区为城区及新市区(大坪、九龙坡、大渡口等处),其中中山一路、上清寺、国府路就拥有自动电话1000门;南岸、江北地区使用人工电话880多门;其他如化龙桥、沙坪坝、山洞、白市驿、北碚、李家沱等迁建区的通话则属长途电话。1941年9月,市电话局共设有9个市郊分局,以后又增设了香国寺分局。西南各省长途电话全部开通,重庆至香港的无线电话也正式通话,每月电话费收入达120万元(其中长途占75%)。

1943年1月1日,交通部又将电报、电话二局合并,成立重庆电信局,综理电信业务。

抗战期间,重庆亦增辟了国际、国内无线电报业务。1942年2月,重庆与荷属东印度爪哇之万隆间无线电报直接开通。6日,成都与新德里电台亦直接通报。综计,自太平洋战争爆发以来,重庆方面增开的国际无线电路,已有美国旧金山、洛杉矶,南洋新加坡、万隆等四处;成都方面新开的电路有澳洲雪利及印度新德里两处,连同原有的重庆至莫斯科,成都与伦敦、日内瓦、旧金山及昆明与仰光间等电话,中国的国际无线电路已有十余条。1943年5月,重庆与昆明间开办无线电传真业务。

六、文教卫生及其他事业

1939年4月,南泉公园事务所改为公园管理局。重庆被定为战时首都后,国民党军政要员陆续迁渝。1938年3月,委员长重庆行营令巴县政府修筑南温公路。巴县政府调2000民工当月即告完工。后成立了南泉公园建设委员会,由四川省主席王缵绪、巴县县长等20余人任委员,赵资生任主任委员,并决定在南温泉有计划地修建住宅区,培修风景区;取缔不合格的私人建筑。是日,将公园事务所改为南泉公园管理局,由巴县县长任局长。

1942年4月4日,中国第一个跳伞塔在重庆两路口落成。

1943年12月上旬,市立产科医院开始门诊。该院于当年8月动工兴建,耗资120万元,设病床50张。

1942年4月,重庆有书店180家,杂志141种,印刷所145家。

1938年3月,中央广播电台迁渝,开始播音。该台电力为1万瓦特,周率为1450千周,呼号仍为KGOA。同年9月15日,国民党《中央日报》由长沙迁重庆出版;2月1日,《扫荡报》重庆版发刊。至此,国民党中央的主要宣传机构均迁来重庆。

七、城市减灾防灾

重庆是三面临水,一面连陆的山城,人口集中,市街狭窄,遇有紧急事变,人口疏散十分不便。因此,战时的城市减灾防灾主要集中在防空与救火方面。

抗战开始后,市防空当局在老城区内建防空大隧道,以作战时避难之用,于是成立了隧道工程处。该隧道由朝天门至通远门、临江门至南纪门,横贯老城区的南、北、东、西,共有13处进出口,共可容纳4万人。由于负责隧道建设的工程技术人员多是学土木的,对隧道工程并不十分在行,加之经办人员贪污腐败成风,因此工程进展十分缓慢。后在社会舆论压力下,当局才于1940年将已贯通了的一部分隧道开放使用,包括临江门、千厮门、公园路、半边街、石灰市、演武厅、十八梯等共7段。这些隧道内本已安装了通风、照明设备,但由于贪官间分赃不均,纠葛难解,故长期未能开放使用,后终致酿成1941年的防空隧道窒息惨案。据国民政府军政部1941年1月份的统计,全市共有防空壕15个、避难室19个、防空洞664个、掩体38个,可以容纳22万多人。

1939年2月,重庆市成立紧急疏散委员会,国防最高委员会委员刘峙为主任委员、李根固为副主任委员。3月1日,国民政府批准重庆市紧急疏散人口办法。市府宣布限3月10日前为自动疏散,10日后强迫疏散,要求全市机关、学校、商店、住户疏散四乡,并令中、中、交、农四行沿成渝、川黔路两侧修建平民住宅。市府又划定江北、巴县、合川、璧山、綦江等地为疏散区。3月底,又决定各中央机关疏散至重庆周围100公里范围内。同时,将成渝、川黔、渝丰公路两侧,重庆周围80公里的范围划归重庆市区。

1944年4月,重庆市再次实行强迫疏散人口办法,计划1个月内疏散人口13万,平均每天5000人左右。当时,《新华日报》也发表短评,对国民党当局的疏散工作提出了批评,指出:一是被疏散者离渝后的生活问题没能解决;二是疏散方式不善。短评最后说,人民愿意疏散,但根本的生计不能解决,这是重庆行政的弱点;同时,宣传疏散不与人民配合,防空与人民之间隔上了一堵墙[①]。从1939年至1945年抗日战争胜利止的六年中,每年雾季一过,重庆市即开始组织市民的疏散工作,以减少日寇空袭时的人身伤亡和财产损失。

但是,重庆的防空设施没能起到应有的作用,反而因人为因素酿成大祸。1944年6月5日,日机夜袭重庆,造成防空隧道窒息惨案。这次空袭长达3小时,由于市民缺乏思想准备,仓促避难。特别是石灰市、演武厅、十八梯一带防空隧道,地处繁华市区,流动人口特多,隧道容量不够,通风不畅,加之天气炎热,引起隧道内秩序混乱。在喧哗挤闹中,当局不顾洞内人民的死活,竟将洞门关闭不准外出,终酿成震惊中外的惨案,死亡千人。这次惨案与黄河花园口决堤、长沙大火,被称为抗战时期国民党统治区发生的"三大惨案"。

[①]《新华日报》1944年5月18日。

据不完全统计,抗战时期,日机对重庆空袭达 200 多次,出动飞机 9000 多架次,投弹 2 万多枚,炸毁房屋 17000 余栋,死难同胞达 11000 多人,伤 14000 多人(不包括大隧道惨案),仅市区工商界的直接损失即达 500 万美元[①]。

1938 年 3 月,重庆消防联合会奉军事委员会委员长重庆行营令,将本市救火车队由三队增加到八队,所需经费由市政府会同市警察局、征收处、市商会拨给。不仅如此,在 1939 年 4 月上旬,市疏散委员会又决定城区内从速开辟火巷,限 4 月中旬开始拆除,所需费用由政府和业主各承担一半。

第二节 重庆城市的市政管理

一、重庆城市行政区划的调整

1939 年 5 月 5 日,国民政府命令:重庆由四川省政府直辖乙种市,改为行政院直辖市。同时任命贺国光为市长,是年 12 月又由吴国桢继任市长。

重庆被定为战时首都后,国民党的党、政、军机关,以及工厂、银行、商业、学校、文化团体纷纷迁渝,重庆的地位日益显要。由于大量单位迁渝,市区人口急剧增加,加之日机的不断轰炸,不少机关、工厂向市区四周疏散,致使郊区也迅速发展起来。当时,市区范围逐步扩大,将市中心至青木关到北碚的公路沿线地带划为了迁建区。1939 年 9 月,全市就由原来的 6 区增加为 12 区,到 1940 年底全市的范围包括:江北方面,自大兴场对岸的梅子岗岚垭江边起到上游的沱江边止,包括郭家沱、唐家沱、黑石子、寸滩、头塘、江北城、溉澜溪、廖家台、香国寺、石马河等地;南岸方面,市区越过了涂山,自大兴场起到金沟岩止,包括放牛坎、大田坎、大佛寺、弹子石、玄坛庙、龙门浩、清水溪、崇文场、海棠溪、南坪、铜元局等地;西郊方面,北起嘉陵江渡溪沟,经歌乐山背斜层,南达长江边的余溪浩处,包括詹家溪、磁器口、沙坪坝、小龙坎、新桥、歌乐山、金刚坡、上桥、石桥铺、九龙坡等地。加上原来市区,全市面积达到 328 平方公里。

[①]《重庆经济大事记》(征求意见稿),第 193、202 页。

以后，重庆市调整区以下行政组织，将全市划为18区、408保、7177甲。1943年10月，完成本市户地测量，计新旧市区面积共43万余亩，其中旧市区自1940年6月起至1942年2月止，共完成户地测量五百分之一图371幅、一千分之一图278幅、地籍调查649幅；新市区自1942年3月起至1943年9月止，共完成户地测量五百分之一图126幅、一千分之一图1099幅、地籍调查1225幅。

二、战时重庆人口的膨胀

1927年，本市人口仅20万人，抗日战争爆发时发展至46万人。抗战期间，沦陷区1000余万人迁往西南、西北地区，其中有700万人来四川，迁至重庆地区的达100万人。抗战胜利时，重庆人口已达126万余人。

1938年11月13日，重庆市警察局公布全市人口统计结果：全市人口为496789人，较1937年增加了2.3万人，如加上流动人口和江边船户，全市人口约60余万。本市固定人口的具体分布情况是：上城分局86340人、中城分局88226人、下城分局96322人、新市区84430人、江北64413人、南岸77067人。

1943年10月27日，重庆市警察局再次公布全市人口统计结果：截至9月底，全市人口总数共达156827户、915443人。其中男567605人、女347838人，3月至8月迁入13569人、迁出8117人、死亡71337人。留渝外侨1129人，其中英国人329人、美国人168人、德国人191人、苏联人163人；外侨中有外交24人、军事200人、传教119人、政治86人、文化60人、商业53人、医务44人、自由职业40人、经济32人、慈善25人、交通4人、其他218人。全市人民团体共518单位、会员135753人；中等学校50所、428班，学生共20032人。发生刑事案件3911件、火警44次。

为控制城市人口增长，国防最高委员会于1941年初命令，重庆市在1941年3月底前完成重新换发居住证工作。指定新居住证由重庆卫戍总司令部监制，由警察局根据户籍编造名册颁发后，旧有居住证作废。今后，凡无证的人，应强迫疏散出重庆市区，以解决本市人口骤增问题。是时，重庆全市市区人口约在43万人。至3月7日，换发居住证工作初步完成，总计请领居住证市民共342521人，经初步核准者为283469人。1942年初，市政当局又呈准行政院核准，颁发市民身份证。证内详细注明本人经历，并有本人指纹。

三、市产、公用事业的营运与市容管理

1942年4月22日,据市政当局统计,全市有市产:土地18817平方丈又367亩、佃户720户、房屋750栋,占地面积470亩,每月收租金295700元,地点为唐家沱、黄桷垭、观音桥、羊坝滩、小沙溪、弹子石及望龙门7处。

1944年7月,因各项公用事业亏损严重,决定自8月起减少各项支出。1944年2月,市政府决定,市区内电灯、电话、自来水、公共汽车等公用事业由政府接管。但由于物价不断高涨,入不敷出,亏损甚巨。公共汽车公司已负债1亿元,国家总动员会议决定从6月份起每月补贴该公司1000万元;马车业也因赔累很大,纷纷停业,收马不干,致使重庆交通更加恶化。

在困难重重之下,重庆公用事业自8月起,多方减低成本负担。减少现金支出。其具体办法为:(1)紧缩生产;(2)停止各项有关业务建设;(3)再度裁减现有员工;(4)按照各该业每月成本额赔损比例减少员工薪金和工资;(5)暂时停付各项原料购料欠额。据统计,电力公司1400余名员工,其生活水平已降到战前的1/3。是年12月23日,重庆市政府又再度约集电力公司、自来水公司、轮渡公司负责人与工务局主办人商讨渡过难关之办法,提呈国家总动员会议审核,其办法为:(1)调整水、电价格,并稍增补贴数额,从10月开始实行;(2)不调整价格,全部由政府增加补贴,亦从10月份开始实行。补贴数额,除原有补贴外,电力公司每月增加补贴1000万元,自来水公司增加1200万元,轮渡公司增加300万元。总计政府每月增加补贴2500万元。据报道,国家总动员会议议决暂按第二项办法办理。但是,这些办法均没从根本上解决问题,如公共汽车公司到1945年8月,亏损更达6亿元。

重庆市政当局以街头棚户有碍观瞻,日来出动警察,勒令迅即迁移。是时,全市共有街头棚户2000户,均系战区流亡难民,本市被炸灾民或贫苦无靠之寡母孤儿。他们本小利微,无地可去,呈请市政当局收回成命。市工务局以棚户于交通安全、市容观瞻以及业主主权有碍,规定从1943年1月起一律严禁再搭木棚。除街头棚户外,本市尚有大量沿江棚户。据统计,住这种棚户的大约3万户、10余万人。

第十七章　战时城市经济社会组织

第一节　城市经济社会组织的大发展

城市社会的特点,就是生产与消费的分离,因此,城市社会的集团结构基本上可分为企业和家庭两大类别,前者担当物质生产功能,后者通过消费担当劳动力再生产功能,但是,如果城市仅存在这两大社会集团,就不能充分地发挥其功能,于是一些社会集团便出现了。这些集团是为满足城市的各种生活要求的补充集团,也是功能集团,包括政治、经济和文化等各种集团。城市人根据自己的要求,可以自由地选择这些集团,这些集团就成为个人与社会的媒介。

民国以后,重庆原有的一些社会团体,如商会、农会等继续发展,而且不断出现一些新的社会团体。据 1944 年统计,当时重庆存在的职业团体有农会、渔会、工会(分总工会、职业工会、产业工会)、商会、工矿业同业公会、输出业同业公会、商业同业公会;自由职业团体有教育会、律师公会、药师公会、会计师公会、医师公会、中医师公会;另外还有各种文化团体、宗教团体、慈善团体、公益团体、妇女团体、体育团体等。

据不完全统计,1944 年重庆有社会团体 536 个,其中职业团体 216 个(农会 11、渔会 1、工会 81、工商团体 123)、自由职业团体 6 个(教育会、律师公会、药师公会、会计师公会、医师公会、中医师公会各 1 个)、社会团体 314 个(文化团体 22、宗教团体 6、慈善团体 32、公益团体 240、妇女团体 3、体育团体 4、其他社会团体 7)。在各团体中,以职业工会会员为最多,达 10 万人以上;其次是同业公会,有 3 万余人;再次是农会,有 1 万余人。1944 年重庆社团统计见表 17-1。

表 17-1 1944 年重庆社团统计表

类别			团体数	会员数	团体会员数
职业团体	农会	市农会	1	—	10
		区农会	10	13421	—
		小计	11	13421	10
	渔会		1	232	—
	工会	市总工会	1	—	80
		职业工会	61	101877	—
		产业工会	19	19210	—
		小计	81	121087	80
	工商团体	市商会	1	—	122
		同业公会	122	31464	—
		小计	123	31464	122
	合计		216	166204	212
自由职业团体	教育会		1	1749	17
	律师公会		1	97	—
	药师公会		1	61	—
	会计师公会		1	216	—
	医师公会		1	292	—
	中医师公会		1	425	—
	合计		6	2840	17
社会团体	文化团体		22	1311	—
	宗教团体		6	3399	—
	慈善团体		32	—	—
	公益团体		240	3229	—
	妇女团体		3	—	—
	体育团体		4	7589	—
	其他社会团体		7	3342	—
	合计		314	18870	—
总计			536	187914	229

资料来源 重庆市政府编印：《重庆要览》，1945年版，第23—24页载表1、表2综合改制。说明：

1 同业公会又分为工矿业同业公会（团体27个，会员4449人）、输出业同业公会（团体3个，会员380人）和商业同业公会（团体92个，会员26635人）三部分。

2 原表职业团体会员数合计栏为 13421 人,显系误,现重新更正。

3 自由职业内有助产士公会,因系筹备期,故未列入。

4 社会团体原统计无会员数。现将 1942 年的统计数补入。

抗日战争时期是重庆社团发展的一个重要阶段,如 1942 年统计,重庆 6 个自由职业团体会员不过 182 人,到 1944 年就发展到 2840 人;1942 年重庆各种工会有 64 个,工会会员 26672 人,到 1944 年工会达到 81 个,会员增至 12.1 万人。据上表统计,重庆 1944 年参加各种社会团体者近 19 万人,当时重庆人口约为 100 万,可见社团人数占人口的比例已相当高。

除各种社团外,重庆还存在不少合作社,作为社区经济生活的一种补充,分为消费合作社(其中又分为机关社和镇保社)和生产合作社(其中又分为工合社和眷合社)两种,表 17-2 是 1944 年 12 月重庆合作社统计。据表,1944 年重庆有消费合作社 577 个、社员 30.8 万人、股金 1872 万元,有生产合作社 78 个、社员 0.7 万人、股金 877 万元。

表 17-2　1944 年重庆合作社统计表

社别		社数	社员数	股金数(元)
消费合作社	机关社	512	240148	13183284.50
	镇保社	65	68146	5538942.00
	小计	577	308294	18722226.50
生产合作社	工合社	48	6175	8202413.00
	眷合社	30	1265	517170.00
	小计	78	7440	8773583.00
总计		655	315734	27495809.50

资料来源　重庆市政府编印:《重庆要览》,1945 年版,第 25 页表 3。

第二节　抗战时期重庆经济组织及活动

抗战时期,因重庆的特殊地位,中国的经济组织或迁往重庆,或在重庆成立分会,或是适应形势的需要而新成立经济组织,五花八门,种类繁多。但就其功能和作用而言,大体可分为三个方面:一是代表企业利益与政府部门进行协调;二是举办各种活动,分析经济形势,沟通企业之间的联系,约束企业行为;三是开展产品宣传,树立企业形象。以下抗战时期重庆的各种经济组织的宗旨和活动,可见一斑。

一、部分经济组织概要

抗战开始后,在重庆陆续成立了中国生产促进会、迁川工厂联合会、国货厂商联合会、西南实业协会、全国工业协会五大工业团体。

1938年10月22日,重庆工商界人士组织成立了中华工商协进社。该社宗旨是:(1)研究促进各地工商业之改良;谋工业、商业、金融三方面之团结;并谋与党、政机关之结合,工商界与学术专家之联络。(2)在可能范围内自行集资,或受政府、民众委托,举办国家、社会最需要而本会担任又最相宜之工商事业。(3)改进工商业。该社还创有季刊《工商协进社通讯》。

1938年12月,重庆国货厂商联合会成立。该会是工商界的联合组织,系当年4月由外省迁渝的38家国货厂商单位发起筹备组织起来的。参加该会的单位包括有银行业、纺织业、百货业等。联合会历届理事长为潘仰山。次年2月,该会曾组织35家国货厂商举办产品展览会。

1938年12月,中国工业合作协会由汉口迁来重庆。中国工合会成立后至1941年的3年间,其在全国所辖的事务所达86处之多,协会各级工作人员有1000多人,建立合作社1700多个,每月产值2000多万元,工合在重庆亦建立了工业合作社72处,社员达1000多人,入社股金70余万。行业主要为印刷、纺织、印染、药棉、五金、玻璃等,产品遍销大后方的城乡。工业合作社成为重庆工业界的一个重要方面。

1939年2月1日,重庆市保险业同业公会成立。抗战爆发后,民营保险公司陆续迁渝达20余家。1938年3月,天一、中国、华安、中央、太平、安平、四明、宝丰等十余家保险公司发起组织保险业同业公会。经近一年筹备,该会正式成立。此后,又陆续成立了一些保险公司。如重庆金融界于1942年3月筹组了兴中保险公司,以保自贡井盐为其主要业务;民生公司亦成立了保险公司,开展航运保险业务。抗战期间,重庆保险公司曾达到29家,资本7000多万元。

1939年6月28日,第一区机器同业公会成立。1938年10月,迁川工厂联合会召集迁川的钢铁机器业同业聚餐会,讨论成立在渝的组织及工作问题。同年12月,呈国民政府经济部核准,正式组织成立了第一区机器同业公会。该会成立时,有会员工厂69家;1942年底发展为436家,共有资本1.73亿元、技工11762人、动力设备600多具、工具机2400具。1943年后,由于通货膨胀、负担加重、原料缺乏、运输困难等,很多厂处于困境,至1944年底完全停工者达79家。

1940年2月16日,川东川煤矿业产运销联合办事处成立。各码头均设立了办事分处。该处宗旨为:相互扶助、增加生产、合理平价。

1940年2月19日,重庆市长途汽车商业同业公会成立。当时,行驶在西南、西北的商业长途卡车在2000辆以上。

1941年2月3日,中国药物自给研究会在重庆成立。会议通过了调查重庆市区制药及有关工作的工作计划。当年10月14日,该研究会又召开了第二次理监事扩大会议。华侨领袖陈嘉庚被选为名誉理事长。抗战时期,重庆的制药工业已发展到23家工厂,资本总额为600余万元,可制药品94种。

1942年4月19日,重庆市金属品冶制工业同业公会正式成立。重庆市及巴县、江北、璧山、大足、永川、荣昌、合川等县的民营钢铁厂在重庆成立金属品冶制工业同业公会,推选佘蕴兰为主席。据统计,抗战时期,西南、西北民营厂中有冶炼厂114家,资本为1.24亿元。其中重庆民营厂98家,而资本仅为0.1908亿元。重庆地区冶制工业同业公会的民营厂共22家,其中冶铁18家、冶钢4家。

1942年5月19日,迁川工厂联合会筹办工业经济研究所,主持者有胡西园、章乃器、潘序伦等及其他各厂主持人。该会研究关税、劳工、法令、保险、金融等问题,成为迁川工厂联合会的参谋部,并拟出版定期会刊。

1942年10月15日,重庆商业日益发达,市商会公布其所属会员已达1.5万家,分属120多个行业。其中百货业有1200余家、服装业223家、印刷业182家、绸布商业316家、银行业41家、糖果饼干罐头业143家、糖业250家。全年重庆工商界的营业总额为20亿元。

1942年3月20日,中国粮政协进会成立。该会邀集本市有关机关团体讨论粮食节约运动推行办法,决定组织陪都各机关团体推行粮食节约运动联席会议。工作重心定为:推行粮食部规定的限制米麦碾制精度;提倡食糙米及杂粮;组织调查队,同时筹备举行改进营养及节约粮食展览会。据市粮政局的报告,重庆市有米店 98 家、合作社 2 处,分布于 12 个警区。重庆经营面食业者 300 余家、烧饼业者 800 余家。

1943 年 8 月 20 日,川江民船商业同业公会及船员工会联合会成立,会议通过了制止非法封船和船员缓服兵役等提案百余件和该会成立宣言,选举了理、监事。据统计,抗战期间,重庆木船共在 4 万只以上,每年运量达 250 万吨,船工达 30 万人。当年,国民政府对川江运输组织进行初步调查完竣,并将前渝蓉线、渝巫线、渝津线、渝合线、渝遂线、渝渠线等各帮公会组织,改为岷江区、沱江区、长江上游区、嘉陵江区、下江区、渠江区、长江下游区等民船公会。

1943 年 8 月 23 日,市商会为处理国际贸易问题,并适应国内外各方接洽咨询需要,特筹设国际贸易渝咨处,由市商会国际贸易研究委员会督导指挥。其任务是:(1)国外市场动态调查;(2)国内生产情况统计;(3)各国贸易政策研究;(4)战后国际贸易设计;(5)其他有关国际贸易问题。

1944 年 5 月 5 日,重庆市公益储蓄推行委员会成立,并当场通过本市本年底推行乡镇公益储蓄额为 20 亿元,其中商会承担 4 亿元。

1944 年 10 月,先后成立六个工商经济界的团体。中国进出口贸易协会成立,邹琳为主席。该会宗旨是:促进进出口贸易,加强国际经济合作。战后建设协会成立,该会由吴铁城、潘公民等人发起,会员逾 200 人。此外,成立了经济研究社、中国建设协会、中国工商企划协进会、中国营建研究社。

二、部分经济组织活动

1938 年 12 月 4 日,中国经济学社在重庆召开第十四届年会,马寅初主持讨论了法币问题与西南经济建设问题。他在发言中指出,破坏法币政策势必导致以下弊端:(1)物价腾贵;(2)投机盛行;(3)企业家发财;(4)债权者损失;(5)外汇投机泛滥。故提出解决办法三条:(1)设法利用沦陷区之资本;(2)奖励华侨投资;(3)向国外借款。中国经济学社除总社外还设有分社,重庆分社于 1938 年 3 月成立,由关吉玉(政界)、宁师度(实业界)、康心如(金融界)、胡庶华(学界)、温少鹤(商界)5 人为理事,美丰银行总经理康心如为理事长。

1939年11月25日,西南实业协会主办"星五聚餐会",中、中、交、农四行,中国工业协会,经济部工矿调整处,迁川工厂联合会等80余团体、180余人参加。座谈会上西南实业协会理事长张群致辞,翁文灏作演讲。座谈会决定举办"星五聚餐会",照例于每周星期五举行,交西南实业协会主办。举办"星五聚餐会"的宗旨是:"联合西南实业金融界,并欢迎专家学者参加,以集中力量,交换意见,解决困难问题,检讨计划方案,改善自身事业,协助推进经济建设。""星五聚餐会"自创办至重庆解放止,共举行400余次,凡在重庆或来往于重庆的中外名流学者、政界要人、实业界巨子都应邀到会作过讲演。每次出席人数常在三四百人。1945年10月19日,周恩来同志曾应邀参加了"星五聚餐会",并作了《当前经济大势》的重要讲演,阐明中国共产党的工商政策。

1940年6月,川东煤矿业产运销联合办事处,召开各煤商代表会议,议定了平定煤价办法及检举囤积居奇者公约。6月23日起,煤价一律按照燃料管理处改定的价目发售。8月7日,市社会局又限令全市煤商登记,将其资本、营业设备、存煤种类及数量填表呈报,以防囤积抬价。经济部燃管处又拨煤炭1.5万吨交日用品公卖处售卖。同年12月21日,煤矿业同业公会为平定煤价问题,招待本市新闻界,申诉煤矿业的困难,指出,当前物价米价高涨,煤业忍痛按政府的平价出售,其损失过甚,结果必然会导致无力经营而停业。该会望政府拨出一笔巨款,解决免除矿工兵役问题、矿工及其家属食米问题,以及降低煤矿所需钢铁、电料价格的问题等。

1941年1月8日,重庆市政府召集本市商会及各同业公会开会,商讨确定合法利润之标准。规定运销商应得合法利润为25%,省外运销商为30%。同时还规定,商店、行号除将存货登记外,必须将每次进货量、每月销量累报到平价购销处和社会局。

1941年1月11日,市商会拟定了《重庆市各业进货销货登记办法》,至14日,全市商店行业登记者已达8000余家,估计是时本市商店达1.005万余家。

1941年10月6日,嘉陵江区矿业公会召开会员大会,请求政府解决煤炭业困难。抗战爆发后,随迁川与新建厂日益增多,需煤亦急。据经济部燃料管理处1938年的统计,重庆全市当年需煤65万吨,其中工业用煤14万多吨、船用煤7万多吨、商业用煤37万多吨、砖瓦石灰等业及民用煤各约3万吨。全市用煤主要供应者为嘉陵江产煤区,该煤区在抗战期间生产极盛时有煤厂(包括小煤窑)284家、工人2万多人。1940年冬,因迁川工厂全部开工,需煤量大增,因此,全市曾发生煤荒。到次年夏季以来,由于敌机轰炸,工厂用煤减少,煤炭销路积滞;更加之粮食、工资、物价和捐税加重,全市的煤矿商已从1100家减为500余家。因此,嘉陵江区矿业公会召开会员大会,并通过决议:(1)请求政府减轻贷款利息;(2)公会在各商业煤务码头设办事处,负责办理向政府交煤等事宜;(3)要求煤款改由政府燃管处直接交矿业公会,然后由公会统一分配给各矿商。11月21日,嘉陵江区煤矿业同业公会、重庆市煤炭业同业公会为要求增加煤价,又举行了新闻招待会,深望政府体会商难,要求给予增产贷款,并望速核煤售价格,以资救济。

1942年1月24日,重庆工商业1941年度决算及盈余分配发生重大困难,工商团体呈请经济部予以救济。按照现行法令和财政部的解释,各公司分配盈余时,"应先提百分之一作公积金","提法定公债","提战事损失准备金十分之一","再加提盈余百分之十至百分之三十的特别准备金","交纳所得税","又纳利得税,提股息一分"。扣除以上各项后,本市工商业本年度已无余款可供股东及董、监事及职工分配。为此,迁川工厂联合会、国货厂商联合会、西南实业协会、重庆市商会等团体已呈请经济部予以救济。

1942年4月15日,迁川工厂联合会举行第五届大会。参加这次大会的单位共211个,大会通过了11个提案,主要的有:请求政府拨美金借款1亿元,以发展工业;请政府将工矿业国家资产增值,直接转为资本,不纳税款;请政府主管机关扩大工矿贷款,并确定贷款办法;发起筹设工业经济研究所;筹设会员工厂联合营业所、工商补习学校、消费合作社及俱乐部,等等。该会的社会影响颇大,《新华日报》为此发表了《扶助产业的发展》的社论。指出,当前,产业界存在着资金、交通运输、扩大市场等方面的困难,迁川工厂联合会第五届年会所通过的提案,正是针对这几点而发的。社论说,这些请求,都很重要,为了产业之发展,政府当局必须考虑这些请求!社论还针对有的厂家以囤积原料为主业,有的在工资问题上转念头等情况,指出,当前产业工人的实际工资远远落在物价之后,为了提高生产,希望厂家们能切切实实去转动机轮,而不去囤积,更希望他们在和衷共济的前提下,改善职工生活,提高他们的情绪。如若这样,则生产的情形当必较目前更为活泼。

10月24日,迁川工厂联合会、国货厂商联合会、西南实业协会、中国战时生产促进会等团体提出关于协助政府稳定物价之共同意见。强调指出解决物价问题三条原则:

(1)政府与社会应合力以谋解决。

(2)安定物价应有全面之措施,切望政府各部门通力合作,切实负责,在指定期间内做到:①对公营之邮电、交通公用事业,专卖物品之价格,以及各项捐税征率,宣告不再增加;②对于生产攸关之粮食及其他重要物资,限制其主管机关,不再上涨;③对于工资、市场利率,予以稳定不再变动。

(3)一切经济设施应以物价为中心,以图革新,应竭力推行:①对于我国之生产及公用事业,应有整个计划,官办民营,明白规定;②对于公私生产设备,应谋彻底调整,互通有无,互补盈绌,以期充分动员生产力量;③对于必需之物资,除应奖励生产外,尤应多方奖励购运;④对于稀有之材料,无论公私存储,均应订立管理,合理分配,并严格限制浪费,以求延长使用时期;⑤对于市场游资,应开放外汇及金银之自由买卖,设立证券市场,使为无害而利之活动,以减轻对物价的压力;⑥对于通货应限制,凡大数偿付须用支票转账,以节省钞券消耗,而限制非法交易及非法接受;⑦对于人心的纠正,政府除继续维持其合理之发行额外,应随时公布法币的安定及物资的供应情形,以坚定人民信念,破除人民恐慌。

1942年11月26日,社会局邀集警察局、燃管处、平价购销处、煤炭业公会、工资联合办事处等单位会商解决煤荒办法,要点如下:(1)煤量每月暂定1.5万吨(照1940年供应量),由矿业公会自运8000吨供应,煤炭业公会自运供应3000吨,余4000吨由平价购销处供应;(2)矿业公会及煤炭业公会所负责供给的数量,由各该公会半月内拟具体办法呈核;(3)分配方面,由社会局统筹监督;(4)运输工资亦应切实平定,市区由工资联合办事处负责办理,市区以外,由燃管处召集劳动局、社会局、北碚管理局等单位会商切实办法;(5)煤价因各矿成本不同,由燃管处按实际情况分别加以规定,对于各个矿井设法酌加救济。此外,对矿场工人之增加以及交通的改进,均商定了办法。

但是至年底,渝市煤荒愈加严重,生产运输均有问题。12月31日,嘉陵江区矿业公会负责人招集新闻界,说明煤矿业所遭遇之困难,为劳动力与资金之缺乏。关于劳动力问题:旧历九九节后农业休闲,本为产煤增加之期,但因各地保甲截阻壮丁出境,致使原有矿工多未返厂,新招者更不易到达,影响矿厂劳力,势难增加生产。关于资金问题:因煤炭核价赶不上成本之飞涨,且流动资金所需甚大,政府虽拨款救济,但银行手续繁复,限制甚严,难获时效;加之工资力价高涨,运费甚高,政府核价,必遭亏蚀。因此,若至来年春雨后,需煤量仍与本年相同,则更供不应求,煤荒更加严重。

1943年3月8日,市商会编定各公会会员资本表,供国民政府税收参考,见表17-3。

表17-3 1943年重庆市商会各公会会员资本表

序号	行业	资本(元)	厂家(家)
一	输出业	3112740	68
二	矿业	1391860	165
三	必需品业	5870318.10	510
四	重要工业	826460	835
五	普通工业	153209.70	664
六	必需品商业	1315053570	3170
七	重要商业	138972244	2313
八	普通商业	5311033010	11728
九	非会员	1364700	13
合计		12029719411.80	19760

资料来源 重庆市商会档案,重庆市档案馆藏。

1944年2月27日,国民政府经济部资源委员会主办的工矿产品展览会在求精中学内正式开幕。参加展出的有该会所属厂矿共计105家,共分十馆,参观展览人数达12.3万人次。资源委员会是官僚资本垄断工矿的主要机构,至1943年,它所辖的工矿企业事业单位增加至105个,1945年底增加到128个。1943年底,该会拥有职员1.2万人、工人17万人。国民党统治区的重工业、矿业和动力工业,大部分为资源委员会所独占。

为资源委员会举办工矿产品展览会,《新华日报》特发表了社论《看工矿展览会后的几点感想》。指出,国防工业绝大部分控制在政府手中,要建立强大的国防工业,必须努力驱逐日寇,收复大好河山。同时呼吁,当前民营工业处在艰难之中,政府应关怀、帮助他们,使它们生机焕发。

1944年12月22日,马寅初在"星五聚餐会"上发表演说《中国的工业化与民主是不可分割的》。他大声疾呼,中国抗战中的士兵十分之八九为农民子弟,他们才是"真正的民族英雄","中国要工业化,就必须实行民主,必须发展农业,改善亿万农民的生活;要发展农业,就必须土地改革"。并特别指出,中共今日在西北所做的工作,就是国民党自己应做的事,也就是最能促进社会经济发展和政治民主的制度。今日惟有从速组织联合政府,召开国是会议,开放言论,确立党派合法地位,建立地方自治,并且必须在战后的和平会议之前实行,中国的工业化才有可能。

1945年8月26日,重庆工业界要求政府救济。当时的情况是:全市纱厂纱锭开工率仅占1/3;印染、土布业工厂自3月份以来已停业一半;7月份已有70余家手工卷烟厂停业;22家牙刷厂全部停工或倒闭;全市10多家耐火材料厂因无销路大多停工;29家出版社也因印刷成本较战前增加4069倍,而书价仅涨1000倍,陷入绝境;38家植物油厂目前开工者仅剩4家。交通运输业也是入不敷出,川江木船业运费收入仅及成本的1/4;重庆轮渡公司7月份负债已达3000万元,为该公司资本总额的200倍。

日本宣布投降后,物价惨跌,银根奇紧,产品更无销路,重庆经济已经陷入绝境。迁川工厂联合会、全国工业协会、全国工业协会重庆分会等三团体曾联合请求政府拨款100亿元作为救济金,并宣布,如请愿无结果,抗战胜利之日起,各厂停工三星期。

1945年8月31日,市商会请求财政部拨款救济商业。抗战后期,全市不但工业萧条,商业也不景气。1945年初,全市药材商店停业者即达40家;7月,又有数家大百货商店停业或倒闭。其中宝元渝商店负债已达20亿元,小梁子五都百货店倒闭;银钱业中的同丰银行在7月份也歇业清理债务,豫立钱庄、福鲸银行也因头寸短绌被财政部勒令停业。日本宣布投降后,由于百物物价下跌、银根奇紧、资金周转不灵,商界更加困难,市商会派代表请求财政部给予救济。据此,财政部订出"救济"金融办法,决定由中国、交通、中农三行各放款7亿元,共计放款21亿元。同时规定放款以黄金、黄金存单、美金、美金储蓄券作抵,其中到期黄金存单每两仅作价3.5万元,而原官价为5万元,美金债券每元作价400元。各银行、钱庄认为作价过低,此乃落井下石。

第十八章 战时重庆城市经济体制与经济政策

1938年4月1日,国民党临时全国代表大会在武汉闭幕,通过了《抗战建国纲领》。《抗战建国纲领》是抗战初期国民党的政治经济纲领,共七章三十二条,其中属经济方面的有八条:(1)经济建设以抗战为中心,同时注意改善人民生活;(2)全力发展农村经济,奖励合作,调节粮食,开垦荒地,疏通水利;(3)开发矿业,树立重工业基础,鼓励轻工业经营,并发展各地手工业;(4)推行战时税制,彻底改革财务行政;(5)统制银行业务,调整工商活动;(6)巩固法币,统制外汇,管理进出口货物,安定金融;(7)整理交通系统,举办水陆空联运,增筑铁路、公路,加辟航线;(8)严禁奸商垄断居奇、投机操纵,实施物品制度。该《纲领》于7月2日由国民政府正式公布。为适应抗战需要,实施这一纲领,重庆建立起了战时统制体制。

第一节 战时工矿业政策和管理体制

抗战以前,中国工矿业产值在国民经济中的比重极其微弱,仅占10%左右;工矿业部门结构也极不合理,重工业资本仅占4.4%;地区分布也偏于东南一隅;许多关系国家经济命脉的重要部门均为西方国家操纵。面对日本帝国主义的进攻,国民政府也开始进行以国防为中心的经济建设,不得不优先发展重工业[1]。

1937年"七七"事变以后,日本帝国主义大举进攻中国,沿海经济中心损

---

[1]《抗日战争时期国民政府财政经济战略措施研究》,第193页。

失惨重,抗战前决定的重工业发展区域武汉、广州等地相继沦陷,国民政府退守西南,经济上处于孤立的地位,已严重不适应急剧发展的战争需要。将经济迅速地由平时状态转入战时体制,以军事为中心来进行经济建设,成为必然的趋势。而经济建设中,又以建立中国自己的工业体系为首要任务。为此,国民政府采取了一系列强制性措施。

一、实施统制政策

1937年10月,军事委员会发布《关于建立农矿工商独占组织的训令》,宣布在军委会内设工矿、农产、贸易三个委员会,所有工矿企业的新办和发展,一律受该委员会的统辖。1938年10月,又颁布了《非常时期农矿工商管理条例》。抗战期间,国民政府颁布了一系列法令和条例,这个《条例》是其中最重要的一个。它明确规定:凡经济部所指定的企业或物品,由地方政府分别管理;对战时所必需的矿业、军事或电力工业等企业,由国民政府分别收归官办,或由政府投资合办;对生产生活日用品的工业或物品,经济部得直接经营;对所用原料是军用必需品的或生产非必需品而缺乏原料的工厂,经济部得令其停业,等等。凭借这一纸条例,官僚资本加强了对农矿工商的垄断与掠夺。在工矿内迁暂告段落后,经济部又制定了《内移各厂矿限期复工办法》。据统计,迁入大后方的民营厂矿共计452家、物资12万吨,其中迁川的即达250家、物资9万吨。这些迁川工厂的90%设在重庆及其附近,它们来自上海、汉口、南京、杭州、无锡、香港、青岛、天津、石家庄、郑州等地,包括钢铁、机械、电器、化工、纺织、食品等行业。经济部制定《内移各厂矿限期复工办法》,规定凡逾期不能复工,又未经呈报准予展期者,给予各种不同之处分。至1939年1月,迁川厂复工即达50多家,当年内复工率已达80%。大量工厂迁渝,全国著名的爱国实业家、工程技术人员、厂矿设备荟萃重庆,维持了后方经济,补充了军需民用,改变了重庆面貌,使重庆由战前的一个商业消费型城市变为一个后方唯一的综合性工业区。它以四川丰富的物质资源为后盾,以兵工、钢铁、机械、煤炭、纺织、化工、造船为骨干,又有长江、嘉陵江水运之便,成为了支持抗战的工业基地,也是大后方的金融、贸易中心。

1941年3月24日,国民党五届八中全会在重庆开幕。这次全会主要解决确立战时经济体系,进行"经济改革",以适应战时需要等问题。同时又围绕确立战时经济体系,将国民党抗战以来所实施的经济政策、措施进一步加强和系统化,其核心内容是实行统制经济。

这次全会通过了《战时三年建设计划大纲》。计划从1941年1月开始,到1944年底完成。该《大纲》包括:(1)四年抗战之总结;(2)三年计划之主要任务;(3)计划之实施程序;(4)基层政治建设;(5)国防经济建设,等等。其中,对《大纲》的主要任务又作了一系列的具体规定,主要有:(1)动员人力、物力确立战时经济体系。(2)实行统制经济,如举办盐、糖、酒等消费品专卖事业,以稳定物价,改进桐油统制,增加外汇;举办土地登记,开展地价申报;扩大水利等。(3)规定各省田赋暂由中央接管。田赋改征实物以解决军用民食,设立粮食部和贸易部以统制战时的贸易工作。(4)调整各级经济机构等。

国民党五届八中全会所制定的以进一步加强对战时经济的统制为中心的一系列经济政策,对于维持战时经济,坚持抗战,客观上起了一定的作用;但另一方面,它又对经济发展尤其对生产起了压抑作用,特别是官僚资本借战时经济之名,加强了垄断与掠夺,大发国难财,致使抗战后期的国民经济陷入危机。

在这一政策的指引下,在一些主要的行业,还建立了专门的机构进行管理。如1943年1月,财政部成立花纱布管制局,接办花纱布统制业务。国民政府对棉花和土布始终采取定价收购办法,对机制纱布及土纱最初采取收购办法。1940年8月,经济部平价购销处开始实行放纱收布办法。花纱布管制局成立后,即改用"以花易纱、以纱易布"办法,规定以一定数量的棉纱,以一定数量棉换取一定数量的棉布,另给工缴(即加工费)和利润。花纱布管制局规定纱厂和布厂利润为20%,至此,对花纱布的实物控制形成了一套"统购棉花、以花易纱、以纱易布"的完整形式,花纱布管制局成为了唯一的包买主。

二、确立工矿业建设的基本方针,即"开发矿产,树立重工业的基础,鼓励轻工业的经营"[①]

这一方针在具体措施上有三个重点:(1)保存国有工矿设备,以充实内地

---

① 朱子爽编:《中国国民党工业政策》,独立出版社。

生产能力,也就是组织沿海工矿内迁,以此为骨干,重建内地工矿体系。(2)积极筹设国防急需的工厂。当时大后方基本上没有国防工业,而战争又急需大量的武器装备,兵工厂在内地的建设是头等大事。(3)妥筹燃料及动力供给。要重建工业体系,必须首先注意基础工业。此外,还要提倡与促进农村手工业,以补城市经济的不足;兼顾资本与劳工的利益,以集中发展生产,等等。1938年1月27日,国民政府经济部长翁文灏(同时兼管资源委员会和工矿调整处)谈到经济建设时指出,我国数十年来经济建设分布失均,发展畸形,以后建设应注意地域,尤其注意内地建设,以西南、西北为基础。他同时宣布,我国今日经济建设目的有二:一为国防,二为民生。故拟定两大方针:一曰工矿并举,二曰农商并重。其具体目标有四:(1)建立国防基础工业,促进矿产之开发,电力之供应,并为普通工业建立基础;(2)促进农业改良及科学方法之利用,以期增加产量,并改善农民生计;(3)利用本国原料,改善农工矿生产技术,以减少成本,推广销路,并使燃料、粮食,以及其他必需品渐能自给;(4)健全农村经济及工商业团体之组织,使能互相协助,运用灵活。为助民营事业之发展,政府将力加提倡,并优于奖励[①]。同时,经济部还制定了一些具体的经济政策。如1943年9月,经济部决定扶助工矿事业办法是:(1)筹备资金,以供预付购买机器定金;(2)钢铁业的补助,除扩大贷款外,并拟作全部配合措施;(3)重要机器业工厂,主要以发挥其专长为原则,以达增产之目的。同时,四联总处最近也为扶助工矿业拟发放购买原料贷款,总额8亿元,其中棉花5亿,五金、液体、燃料各1亿,羊皮业3000万元。同年10月,工矿调整处又以原料款10亿贷给有关厂家,其中2亿元由银行界代各厂购买原料,8亿元由银行直接贷给各厂购储原料,作为扩大生产之用。

三、以国营企业为主,严格界定国营、公营和民营企业的经营范围

在抗战初期,国民政府对凡有利于抗战的工矿企业都给予倡导和扶持,但也严格规定了各类企业的经营范围。对国营企业,主要从事有关国防的基本矿业和工业,创建新式设备及组织规模,以奠定国防工业的基础;在能源方面,设置动力工厂,以平价向其供应电力;开发煤炭、石油、金、钨、锡、锑等重

[①]《重庆抗战经济大事记》,中共重庆市委党史工作委员会1985年12月编,第27—28页。

要资源,以内增供给、外利贸易;大力增加战时必需的工业机械、电工器材、汽油、酒精等重要物品的生产,提高自己能力,减少进口[①]。这样就把关系经济命脉的工矿业抓在了国家的手中。对公营,主要是省营企业,采取限制其发展的方针,既不准染指重要国防工矿业,又不准与民营争利。对民营企业,当国营工业尚未发展起来的时候,则采取引导奖励与扶持的方针。

为便于管理,经济部将重庆重要工商业划分为3大类52业。3大类是:重要输出业、重要工业、重要商业。重要输出业有植物油、茶、生丝、丝织品、猪鬃、牛皮、羊皮、肠业等8业。重要工业有电器、机器、电工器材、金属品冶制、水泥、棉纺织、面粉、碾米、印刷、教育用品、缫丝丝织、猪鬃整理、植物油帛炼、造纸、制革、制糖、火柴、制盐、交通器材、橡胶、酒精、酸碱等22业。重要商业有粮食、茶、南北货、国药、西药、棉花、纱业、绸布、五金电料、钢铁锅器、百货、木器、煤炭、煤油、运输、纸张、肥料、银行、钱业、典当、保险、包装等22业。另据1938年12月10日《商务日报》"重庆工厂调查"披露,重庆共有工厂244家,分为45个部门。其中,机器厂49,印刷厂29,纺织印染厂28,电料、电池、电镀、电器、电化厂共20,肥皂4,煤面料厂7,米厂12,烟草厂3,军服厂6,织袜厂10,自来水厂2,制革厂7,玻璃厂7,木器厂3,洗毛厂4,牙刷厂3,火柴厂5,搪瓷厂3,实业厂4,制冰厂4,面粉厂3,化工厂5,建筑厂3,制药厂3,油漆厂1,水泥厂1,炼油厂3,盐业厂1,造纸厂1,生丝厂2,锡箔厂1,玩具厂、汗衫厂各1,呢帽厂1,制罐厂2,璐珞厂1,铅笔厂1,生活用品厂1,食品厂2。

同时,政府当局清查限制及取缔与抗战无关各业。国民政府社会部拟定的《重庆市人力车轿夫及与抗战业务无关各业及其从业员工清查限制及取缔办法》,经行政院会议修正通过。该项办法之主旨,在清查限制及取缔市内劳动力浪费,以充实兵源,并使转就生产事业,有利于抗战。其主要对象为人力车轿夫及其所租赁之车轿;各机关、公司、行号、厂商及私人自备之人力车轿及所雇佣之车轿夫;与抗战无关各业及其从业人员;各机关超过编制规定之公役,各公司行号厂商之逾额夫役等,一律从严限制或取缔。私人雇佣之逾额工役及无业游民,更在彻底取缔之列。并规定,以后车轿行业须经登记许可,始得营业。此外,该项办法还将澡堂、旅馆、饭馆、娱乐场所等业列入了限

[①] 谭熙鸿:《十年来之中国经济》(下册),中华书局1948年版。

制范围。以后,市政府又公布了《取缔肩舆实施办法》,规定市区第一至第七警区辖内,暂准保留肩舆(滑竿)300 乘。所有保留之营业肩舆,只能在保留地点上、下坡经营,其他一律严格取缔。

四、提倡和实行多种形式的经济联合

首先是中央、地方和私营企业的联合。例如基础工业,原则上是由中央举办,但若干部分也允许斟酌情况由中央与地方合办;地方公用事业,原则上由地方政府负责,但资本较大的也可由中央与地方合办;一般普通轻工业,原则上由民间投资经营,中央与地方政府予以监督和保护,但也可由中央、地方与私人合资举办所需资金较大的轻工企业。其次,加强对民营企业的统制与监督。主要是通过实施新《商会法》及《同业公会法》,把一切企业组织起来,以便于政府领导。

五、强化经济管理机构,完善宏观调控体系

1941 年 2 月,为加强战时经济体制、调整物价、稳定金融、调剂供需,国民政府在行政院内特成立了经济会议。由蒋介石兼行政院长为该会议主席、孔祥熙副院长为副主席。经济会议成员有经济、军政、交通、农林、社会等部部长,行政院秘书长,全国粮食管理局长,中央银行总裁、副总裁及四联总处秘书长,资源委员会、贸易委员会主任委员,军需署长、兵工署长等。经济会议是战时经济最高决策机关,它的设立加强了对大后方经济的统制。

1942 年 5 月,行政院经济会议改组为国家总动员会议。行政院经济会议系 1940 年底组成,以财政、粮食、军政、交通、农林、社会诸部及运输统制局、四联总处等主管长官为会员,每周会议一次,统筹战时一切经济设施,及各项平价事宜。经济会议至结束止,共开会 58 次,通过重要提案 100 余起。国家总动员会议成立后,进一步加强了对战时经济的统制。1945 年 4 月 4 日,总动员会议奉命裁撤后,该会制定的法令、规章宣布废除,惟物资管制,则分别划归有关机关办理;限价由经济部负责;工资运费由社会部主办;布、纱由花纱布管制局办理。1941 年底,国民政府首先在四川建立了经济检查机构。1942 年 11 月,国家总动员会议所属经济检查机构扩大至全国,并在重庆、桂林、贵阳、昆明、西安、衡阳等重要城市,成立了经济检查总队。该队成立后,

在裕华纱厂囤积的大批粮食、布、纱等物资就被查获。该厂资本原为60万元,本年增至120万元,而该厂囤积物资却值1000万元。

在明定重庆市为中华民国陪都后,行政院决定组织陪都建设计划委员会,详细规划重庆建设事宜。1940年10月1日,行政院通过《重庆陪都建设计划委员会组织规程》。该会直隶行政院,由孔祥熙任主任委员,周钟岳、杨庶堪任副主任委员,委员有翁文灏、吴国桢、康心如等。1942年1月,陪都建设计划委员会在两浮支路中央图书馆举办了第一届陪都建设展览会。

这些措施对实现平时经济体制向战时经济体制的转变,实现大后方经济的重建与发展,是非常必要的,也是世界各国在战争状态下普遍采用的经济战略措施。

在这样一个方针的指引下,国民政府对经济管理体制,特别是工矿业管理体制,进行了较大的调整。

战前,国民政府的经济行政管理机构和事业单位隶属关系紊乱,重复设置,政出多门。如中央实业部有工、商、矿、劳工、合作等司;同时,建设委员会又主管一部分电气、矿业、铁路建设;经济委员会要管水利、公路建设;军事委员会第三部管重工业动员,第四部主管轻工业动员;资源委员会主管国营工矿事业,其下属的工矿调整处主管民营工厂事业。这种状况对战时经济动员与建设极为不利。

1937年,国民政府在军事委员会下设立了工矿、农产、贸易三个调整委员会,加强了对工、农、商业贸易的经济统制。工矿调整委员会的任务:一是扩张官营工业;二是吞并民营工业,对原有或新设的民营工矿采用接管或加入官股的办法由政府统筹办理或共同经营。1938年1月,国民政府着手对中央行政领导机关进行重大调整,主要是"停、撤、并、创",使中央经济管理机构由分散趋向统一,建立新的战时经济管理体制。该委员会改隶新成立的经济部,并改名为工矿调整处,由经济部翁文灏兼处长。贸易调整委员会则是官式的商业垄断组织。1938年1月改隶财政部,并改名为贸易委员会,它下设的复兴、富华、中国茶业三大公司,对国民党统治区的丝、茶、桐油、猪鬃等出口物资的贸易加以独占,实行统购统销。在工矿业方面,主要是将中央政府实业部改为经济部,将原实业部、军事委员会(第三部、第四部、资委会、工矿调整委员会)、建设委员会、经济委员会等分别承担的经济行政管理权和经济建设任务,统统集中起来,实行一元化领导。经济部下辖矿业、工业各司,作为行政管理机关。原来的资源委员会改隶经济部领导,起用专家学者为核心,经营基础工业、重要矿业、动力事业以及政府指定的其他事业。组建工矿调整委员会,以协调政府与民营工矿事业的关系。这种调整,有利于国民政府对战时经济的集中统一领导,有利于大后方经济的发展。

经济为战争服务,在经济与军事的外部关系上以军事为中心,经济建设内部以工业为中心,工业体系建设以西南为中心。而在西南广袤的土地上,又以哪里为重心呢?

1939年5月,第一次全国生产会议在重庆举行,行政院长孔祥熙在开幕词中就提出了这一问题。他提出,当前政府特别注意的三件事中,第一件就是"区域经济计划的厘订"。他说:"政府已斟酌西南各省资源及交通,决定在四川境内,选择适当地点,为第一期要发展的工业区域。"[①] 同年2月,国民参政会在重庆召开一届三次会议,决定成立川康建设经济委员会,组织川康建设视察团,对川康地区进行大规模的经济调查。同年9月,蒋介石向国民参政会提出了《川康建设方案》,制定了大规模开发川康地区的全面方案。与此同时,西南经济建设研究所等单位也提出了《川康经济建设计划草案》。

当时,政府在布点时主要有以下考虑:这些地方首先要离海口较远,而且防守较易。因为国防工业及其直接关联的工厂将设于此地,必须首先考虑这个问题,而且政府采取的是小分散、大集中和重点发展的方针,因而既要减少敌机轰炸的可能性,又要符合工业发展的规模。其次,要因地制宜,因事设制。要充分估计到发展工业所需要的资源、原料、产品销路、交通运输等方面的条件,统筹考虑。第三,要充分依靠旧有的经济中心,争取尽快形成新的工业布局。

重庆是第一个列入西南工业重点布局的地区。这首先在于它有得天独厚的地理优势,东、南、北有群山拱卫,易守难攻,远离战区;其次,有丰富的煤、铁等矿产资源和粮食、棉花等生活资料与轻工业原料,有漫长的江河连接着西南、西北诸省,公路联网,交通方便;特别是经过清末以来50余年的发展,已经在商业、金融、工业方面有了较大发展,形成了综合经济力量,在西南

---

① 《国民政府经济部报告》(1939年)。

处于中心和领先地位。

因此,国民政府把大后方工业经济的重心放在了重庆,将东起长寿、西至江津、北到合川、南达綦江的区域,划为重庆工业区,投入了大量的资金和物资。按照前述工业方针政策,仅仅花了两年时间,重庆工业区就初具规模,1940年工业企业达到429家,占西南地区8个工业区的50.7%,占大后方工业区的31.6%[①],形成了以重庆为中心的大后方工业生产新格局。

与战时全国工矿业管理体制相对应,重庆形成了以重庆市政府直接管理为主,中央有关机构管理为辅,重庆市商会、同业公会组织协调,各生产厂家实施经营的管理体制。

重庆市政府直接管理工商业,其具体部门为社会局。当时工与商合为一业,因此,该局设有工商行政科,科下再分工业、商业专股。凡工商行政、工商业务、物价工资评定、工商团体的组训,皆由该局负责。财政局管捐税的征收。

当时,重庆为直辖市,隶属于行政院,又为陪都所在地,中央有关机关和官署聚集一地,因此,重庆同时又受中央机关的管束。如经济部直接管理着在重庆的国营大企业(资委会管的);通过工矿调整处(后改为战时生产局)管理和协调民营厂矿,迁川工厂即为一例;通过物资局,管理所有工业物资的生产与销售,等等。特别是1944年战时生产局成立,相当一批工厂都直接受它的指导与扶持[②]。财政部、社会部也要管一些企业的事情。当然,就总体而言,中央机构的管理,还是宏观的、间接的。

如果说政府机构是企业的上层管理机关的话,那么商会就是它的基层直接领导组织。1938年1月,国民政府颁布修正《商会法》,明确规定在《工业会法》未颁布之前,商会主要包括工、商两业,以及一切矿业、实业及无公会之公司行号而为法人组织者。商会为财团法人,它的基础是同业公会,同业公会由公司行号组成。在颁布修正《商会法》的同时,还颁布了《商业、工业、输出业同业公会法》。

重庆市商会成立于清末。1938年根据新的《商会法》改组,在抗战期间

[①] 黄立人:《抗日战争时期国民政府在中国西部的开发和建设》,见《抗战时期大后方经济研究》,中国档案出版社1998年版。

[②] 傅润华等:《陪都工商年鉴》第2编,第1—5页。

发挥了组织协调经济发展的作用,其宗旨是"以图谋工商业及对外贸易之发展,增进工商业公共之福利"[①]。在工商业方面的作用表现为:筹议工商业之改良及发展,关于工商业之征询及通报,关于工商业之调查及公断,关于工商业之证明、调查、统计,等等。在抗战期间,它发挥了组织协调重庆工业发展的重要作用。

除商会这个综合性团体外,工业企业还组织了一些工业团体,作为《工业会法》颁布以前,工业界加强团结、便利工作、保护权益、发展生产的专门团体。

这些工业团体主要有中国生产促进会,它是全国工业界的组织,1938年3月在武汉成立,后迁来重庆,有会员工厂154家,旨在加强后方产业团体与政府的合作,扶助生产的发展。对于促成1939年、1943年两次全国生产会议,规划后方经济,解决一些生产难题,曾发挥过显著作用。迁川工厂联合会是内迁到四川的工厂的最大组织,1938年在重庆成立,有会员厂家230多家。它在经济部的指导下,致力于迁川工厂的建厂复工,增加生产,改进工业技术,解决工业困难,多有贡献。中国全国工业协会,1943年11月23日在重庆成立,是中国工业界全国性的单纯工业经济组织,与国际工业界有密切联系,致力于大后方的工厂内迁与救济。西南实业协会,包括了西南各省农、工、矿各界人士,会址设重庆,致力于生产实业之研究与推进发展。

第二节 战时财政、金融体制的形成

一、战时的财政体制改革

抗战时期,国民政府的财政体制分为国家财政与地方财政两个系统。地方财政最初是以省级为主要单位。1942年财政改革,撤销省财政,将县市一级作为地方财政自治系统。

(一)战时财政机构的设置

为适应战时需要,财政机构多次调整。1943年,国民政府又修正了财政

[①] 傅润华等:《陪都工商年鉴》第2编,第7—8页。

部组织法。依照该法规定,设财政部长,政务、常务次长,参事,秘书,并设国库、直接税、关务、税务、缉私5署,以及人事、会计、统计3处,又设特种委员会。审计财政的机关是监查院。省设财政厅,为县市一级的行政主管机关。县市地方财务机构,设财务委员会后由财政科(局)主管。

(二)中央与地方财政管理权限的划分

综观战时财政系统的收支演进情况,可分为两个阶段:第一阶段,自1939年县各级组织纲要实施至1942年财政收支系统改革前为止。这时,地方财政仍分为两级,但在财政收支系统方面,已有重大突破,即县市财政逐渐独立,省财政的权限较前缩小。第二阶段,1941年11月国民政府公布了《改订财政收支系统实施纲要》,将全国财政分为国家财政和自治财政两大系统。所有中央与省两部分财政,统为国家财政系统。自治财政系统以县为单位,包括县以下的各级地方自治组织,并通令全国于1942年实行。

以1942年实施改进财政收支系统为起点,确立以县市为单位的地方财政系统。此项改革,为战时财政制度的重要改进。

(三)税制改革

国民政府为解决日益扩大的财政赤字和巨额军饷,频繁地调整财政税收政策和措施。归纳起来,大致可分为两个时期:第一个时期,自抗战爆发至1942年的第三次全国财政会议召开为止。内容有二:一是调整战前的间接税,提高税率以弥补一部分税收损失;二是加强和完善直接税制。第二个时期,自第三次全国财政会议至抗战结束。将关、盐、统税改"从量"为"从价"计税,其调整内容为:实行普遍的增税政策。一是间接税。主要有关、盐、统税。二是直接税。属中央的有所得税、印花税、遗产税、关税、战时消费税和营业税,并成为战时国民政府赋税收入的主要来源;属地方的原有18种,后裁并为6种,有筵席捐、娱乐捐、屠宰税、营业牌照税、使用牌照税和房捐。

(四)实行聚敛型的财政政策

抗战初期,主要的财政政策是增加发行、调整税制、增加税收、募集内债与外债并举、募集捐款。1941年以后,因1940年农业歉收,通货膨胀,公债发行萎缩,收入来源枯竭,加上开支浩大,财政状况日益窘困。面对这种情况,国民政府一方面加大通货发行,一方面推行增税政策,如扩大直接税课征范围、改进货物税、继续田赋征实、举办战时消费税、鼓励储蓄、统制物价、专卖政策、管理银行收缩信用、管制金融、出售黄金、对外贸易、政府编定预算、税制之厘订、募债、管理金融、办理国际贸易等,以切实增加财政收入,调节支出,促进生产,妥谋军事之供给,预筹战后建设工作之所需。

战时财政体制和财政政策的实施,具有增加收入、弥补财政赤字、稳定战时财政、支持抗战经济的作用。但又有扰民掠民,榨取民脂民膏,有利于官僚资本的膨胀,奸商得以欺行霸市,以及强化国民政府对财政统制的一面。

二、战时重庆的财政收支状况与财政政策的实施

(一)战时重庆财政的权限与划分

1939年以前,重庆市财政收支直接隶属省财政。1938年,重庆捐税收入约84.1万元,直缴省库;市区营业税由省税局统收,约300余万元。支出方面,市政经常和临时费用约40万元,警务费约50万元。自国民政府西迁,市政府改组,扩充各科为局。

1938年10月28日,国民政府公布《非常时期过分利得税条例》。该《条例》规定,除依所得税暂行条例征税外,加征非常时期过分利得税。次年7月,国民政府又修正公布《非常时期过分利得税条例》,提高了起征点,但实际上,直至1941年才开始征收此税,每半年征收一次。10月29日,重庆市征收处决定征收娱乐、筵席捐。该项税捐由市征收,税率为5%。此前,四川省营业税总局还决定,自本年9月18日起,凡进口奢侈品,加征营业税,税率由原2%提高为4%。

1939年春,市财政局成立。即拟定了省、市税初步划分办法,除营业税一项外,其余所有捐税归市有,自行征收,总计1939年度收入达340余万元,支出亦达此数。本年度,全市收支预算增至850余万元,其中营业税420万元,中央特别补助120万元,其余300万元均由市财政局负责征收。截至10月底,全市共已实际收入590.5万元,支出为530.4万元。

在战时财政体制改革的情况下,重庆市改为特别市后,1940年1月,经蒋介石核准,自1940年起,本市之田赋、附加及营业税由四川省政府移交重庆市办理,并收归市有。具体规定有五点:(1)田赋与附加,划归市有,但应由市政府办理市区土地测量登记,俟其全部完成,再行交接,改征地价税(市府自本年2月开始办理全市土地清丈工作至年底完成);(2)契税、屠宰税及附加税作为江、巴两县教育专款;(3)营业税,自当年 1 月起划为市府征收,应即由省、市双方会商交接办法;(4)前列各种税收划归市有后,中央对市政府补助费即日停止;(5)四川省政府减少部分,应由省政府自行筹补,不足时则由中央酌情补助。

营业税划市问题,经省、市多方商量,到 1940 年 4 月方圆满解决。由重庆市政府设置重庆营业税局,每年税收由市政府提收 420 万元,余数拨交省府;至于省营业税收入减少之数,由中央与重庆补足。

1941 年 3 月 5 日,重庆市财政局开始增收屠宰税,宰牛一头为 10 元,猪一头为 8 元,羊一头为 2 元。抗战期间,重庆市的地方税收除屠宰税外,还有筵席税、娱乐税、营业牌照税、使用牌照税、房捐。1942 年 1 月起,全市共划为 11 个税区,各设稽征所 1 所。1943 年全市屠宰税收共 2600 多万元,占当年全市税收总额 7700 多万元的 33.7%。

1941 年 12 月 11 日,财政部接管各省营业税。营业税原为省税,1931 年起各省先后实施,1941 年 9 月 9 日,行政院通过《改订财政收支系统办法》。是日,财政部接管营业税,自 1942 年起,营业税收归中央,由直接税征机关办理。重庆营业税自 1936 年起开征,隶属省政府;1940 年划归市有;1942 年起由国民政府中央自办,惟将其中四成划给重庆充作地方财政收入。营业税课征标准分为两项:一是以营业额为标准,税率为 1% 至 3%;一是以营业资本为标准,税率为 2% 至 4%。

1942 年 5 月 9 日,《重庆征收土地税暂行章程》公布。此章程经行政院会议通过,其规定为:

(1)凡在本市区域内之土地,已办土地登记之各区,应一律征收地价税及土地增值税。

(2)本市地价税及土地增值税按照第一次土地所有权登记时申报地价征税,未申报地价的土地依标准地价为准。

(3)征收地价税的土地,原有田赋及其附加税一律免除,但旧欠仍应计缴。

(4)地价税率,依照申报地价规定为:①改良地,市地每年征税 16‰,市郊地征 12‰;②未改良地,市地征 20‰,市郊地征 10‰;③荒地,市地征 35‰,市郊地征 30‰。

到1943年11月21日,本市地价税已收入4亿元。经财政部地政局和市财政局重估地价,计全市市区地分为28等,最高每方丈为3.3万元,最低为200元;市郊地分为20等,最高每亩为1.6万元,最低每亩为300元。

1943年9月16日,巴县、江北县开始实行粮食征借。国民政府自1941年下半年起实行田赋征实;1942年将田赋征实翻番,同时又将原征购改为随赋代购;于当年开始实行征借,并规定征借为一次集中,且由粮民直接运往集中地。据统计,1943年底,全国田赋征实3360多万石,征购、征借2955万多石,共计6316万余市石。据重庆田赋管理处统计,1943年、1944年的田赋征实各为4万余石。

在本市营业税收中,以屠宰税占第一位,每月平均达400万元;娱乐税占第二位,每月平均达300万元;筵席税占第三位,每月平均达150万元。1944年营业税预算为1.8亿元。其中不包括临时追加项目。据1945年初统计,全市1944年营业税达2亿元[①]。

(二)战时重庆财政的收支

1939年12月31日,市政府公布当年财政收支均为306.026万元。1939年1月,市政府财政科与四川省征收处合并,成立市财政局。市财政收支独立,征收不再交省,惟营业税一项仍须交省。本年全市经费核定为300万元,预算收入为150万元,不足部分由中央补助。本年全市财政收入以补助收入最多,计146.85万元;房捐次之,83万元。支出以公安费最多,计96.225万元;建设费次之,76.86万元。

1940年全市预算收支为839.8538万元,较上年增加500余万元。收入以营业税为主,共486.24万元;支出以保安费最巨,计236.618万元,经济建设支出169.94万元。

1941年度的财政决算为2153.4122万元。由于物价上涨,原预算不敷支出计544.8566万元,因税收超收可抵384.8566万元,尚差160万元,特向中央银行添借专款,以借款收入科目编列追加预算,以资平衡[②]。

1941年度财政预算支出为1680万元[③]。其中,常时部分为11255370元,

[①]《重庆抗战经济大事记》,中共重庆市委党史工作委员会1985年12月编,第317—318页。
[②]重庆市财政局向重庆市临时参议会的工作报告,1942年5月。
[③]《商务日报》1941年4月7日。

包括：(1)政权机构支出 248352 元；(2)行政支出 646224 元；(3)建设支出 725064 元；(4)卫生支出 1649504 元；(5)教育文化支出 1046999 元；(6)社会支出 471888 元；(7)保育及救济支出 329776 元；(8)劳工行政支出 25800 元；(9)财政支出 1461828 元；(10)公安支出 3211044 元；(11)保甲支出 369312 元；(12)抚恤支出 50000 元；(13)职员储蓄补助支出 249574 元；(14)预备金 570000 元。临时部分为 4054630 元。

据《商务日报》报道，重庆自设直辖市以来，建设百端待举，经费支出逐年增加。1939 年度，全市经费支出仅 300 余万元；1940 年度达到 800 余万元；1941 年度预算已达 1680 万元。

1942 年 5 月 7 日，市财政局在庆祝该局成立三周年时，报告本市三年来税收增加情况：1939 年总收入为 150871061 元；1940 年总收入为 319641274 元；1941 年总收入为 964073081 元；1942 年度 1 月至 4 月收入 820032832 元。

据有关统计，1943 年国民政府预算支出为 362.3 亿元，而实际支出为 700 亿元。税赋收入只占 20% 左右，即使将征实、专卖、统购等加在一起，也不能解决当时的财政问题。于时，除大量增税外，把滥发纸币作为唯一应急的手段。通货膨胀、货币贬值、物价上涨，给大后方的经济造成了极大的灾难[1]。

1943 年 7 月 9 日，市财政局报告本市财政、地政情况：(1)本年度上半年地方税收，即契税附加、房捐、屠宰税、营业牌照税、使用牌照税、筵席税、娱乐税、公产租金及罚金等项，共收 2221.9364 万元，超过预算 100 余万元；(2)上半年国家税收共 527.7782 万元；(3)本市各种公债账面已收 4244.58 万元；(4)美金公债已收 1020.54 万元；(5)地价估计，旧市区总额为 6.5 亿元，扩大市区为 7.5 亿元。

1943 年，本市地方税收已核定为 4000 万元，但后又追加 2000 万元。娱乐税率增加为 50%，营业牌照税由每年 54 元增加为 240 元，从下半年开始征收。另外，1943 年上半年，全市直接税收入已达 2.4 亿元，全年总计为 4 亿元[2]。

---

[1]《重庆抗战经济大事记》，中共重庆市委党史工作委员会 1985 年 12 月编，第 260 页。
[2]《重庆抗战经济大事记》，中共重庆市委党史工作委员会 1985 年 12 月编，第 289 页。

1944年7月29日,市财政局公布本市1月至6月财政收支状况:计经手地方预算收入部分为1.3188亿元,国家预算收入部分为1.0884亿元,共计收入约2.407亿元;经手地方预算支出1.1716亿元,国家预算支出0.923亿元,总共支出2.0947亿元,结存3125万元。

1944年12月19日,重庆直接税分局报告:当年全市直接税收可达15亿元。直接税分局报告本年底的所得税、利得税、营业税、印花税、遗产税等五种直接税收入预计为10.5亿元,其中所得税、利得税占6.48亿元。至目前止,该局本年度各种税收中,除所得税、利得税外,其余三种税收都已超过预算收入,预计全年总收入可达15亿元。又根据重庆税务分局负责人回忆,重庆市本年底税收原定为3.1亿元,但实际征收达到6亿元,此项地方税收中,以酒税为最大宗[①]。

就西南各省来看,重庆财政收支在1939年还位居西南各省之末尾,而到1941年已跃居第三位,增长速度惊人(见表18-1)。

表18-1 战时西南各省岁入岁出总额比较表

单位:元

省别	1937年	1938年	1939年	1940年	1941年
四川		2773795	61927082	84032567	188485409
云南	875927	437963	8813513		
贵州	720888	360444	10388184	13594384	21957041
西康			5358051	11441720	22328141
广西	296351	167080	30803087	33905269	96236427
重庆			3060026	8398580	29603981

资料来源 财政部地方财政司《十年来之地方财政》,中央信托局印刷处,1943年。

三、战时金融体制的调整与金融政策

(一)战时金融体制的调整

抗日战争全面爆发以后,国民经济转入战时体制。1937年8月15日,国民政府实施《非常时期安定金融办法》,对金融体制作了相应调整,进一步建

[①]《重庆抗战经济大事记》,中共重庆市委党史工作委员会1985年12月编,第328—329页。

立和强化了对战时金融的垄断。

1937年8月,国家所属的中央、中国、交通、农民四大银行在上海组成四行联合办事处(简称四联),11月迁往汉口,改称四行联合办事总处(简称四联总处),1938年底迁到重庆。1939年9月,国民政府公布《战时健全中央金融机构办法纲要》,改组四联总处,由蒋介石亲自兼任四联总处理事会主席。同时,中央信托局和邮政储金汇业局也归四联总处管理。各省市相应成立分处,统管全国各级各类金融机构和业务。四联总处成为国民政府主宰全国金融业的最高机构,重庆则成为中国大后方的金融中心。

作为建立和加强战时金融体制的重要一环,四联总处重新规定了四行的业务划分范围。它规定:中央银行主要经管集中货币发行,统筹外汇收付,代理国库,集中各银行之存款准备金,集中办理票据交换、办理票据重贴现;中国银行主要受中央委托,经理政府国外款项的收付,发展支持国际贸易,办理有关贷款与投资,受中央银行之托,经办进出口外汇、侨汇业务,办理国内工商业汇款,办理储蓄信托业务;交通银行主要办理工矿、交通及生产事业之贷款与投资,办理国内工商业汇款、公司债券及公司股票的经募与承受,办理仓库及运输业务,办理储蓄及信托业务;农民银行主要办理农业贷款与投资、土地金融业务、合作事业贷款、农业仓库信托保险业,以及吸收储蓄存款。四行的专业化,既是政府对战时金融业的控制,又是"四大家族"官僚资本对国民经济的垄断。

国民政府为了加强对金融市场的控制,进而控制工、农、商各业资金流通,成立了四行联合贴放委员会,颁布《四行联合贴放办法》,通过一系列的办法来保证战时有限的资金,用于最急需的军事、生活必需品的生产和工、农、商各业的发展。同时,又有利于官僚资本聚敛财富。

(二)战时的金融法规与政策

1938年6月1日,国民政府财政部在武汉召开第一次金融会议,主要讨论改善地方金融机构之实施办法。会议决定的重要政策有:(1)继续推行贴放事宜;(2)扶助内地必需品生产事业,并推广农村贷款;(3)限制向敌占区汇款,但应畅通内地汇兑;(4)提倡节约,奖励储蓄;(5)增设金融机关,完成金融纲要;(6)奖励出口,便利侨胞汇款回国;(7)继续努力收集金银;(8)训练金融人才。

战时，国民政府根据经济形势的变化，陆续颁布了大量的法令与法规，运用了各种金融政策。

1. 黄金

国民政府实行的是外汇本位制。黄金只是一种金属，并非通货。抗战开始后，币值不断贬值，黄金逐渐成为一种重要筹码，一种公认的通货。1937年底，财政部规定，金类牌价由银楼业与四行、邮政储金汇业局会同核定，开始对黄金价格实行管制。1938年10月21日，财政部公布《实施收兑金类办法》。是日，又公布《收兑金类办法》，黄金由国家银行统一收兑。受此项政策的影响，第二天，重庆黄金价格陡涨，银行业同业公会决定，每两售出市价为220元，购进价208元，比前上涨5元。次年1月，财政部又制定《组织采购金银办法》、《实施收兑金银办法》、《监督银楼业办法》、《限制私运黄金出口及到沦陷区域办法》等，并决定拨款500万元至1000万元为收兑金银营运基金；规定除四行收兑金银办事处及其委托的同行业行店、银楼、金店外，均不得私收金银；规定银楼业不准购买土产黄金。3月24日，财政部又公布实施《非常时期采金暂行办法》，规定：勿论团体、个人在当地采金，必须办理呈报手续；采得之金必须全部售予政府所设之收金机关，不得私售予非政府所设之收金机关，不得私售与隐匿。4月又规定：个人不得收购生金，违者予以没收；银楼业购买原料，亦不准采买金条、金叶、金块、砂金。5月，经济部专门设立了采金局，经办自采金矿，管理民营金矿及代收生金。

1939年8月29日，财政部公布《取缔出售金类办法》，银楼业停止售卖金类饰物。该《办法》规定：金类收购概由四行及其代理机构办理，任何团体、个人不得收购，各银楼业原有金类及其制成品一律封存、收兑。是年10月，又公布《取缔金融业典当业贷押金类办法》，规定金币、金质器皿或生金，不得再行质押。至此，黄金在市场上完全禁止流通。黄金被禁止流通后，银楼业受到很大打击。重庆的银楼业始于清代，1931年发展到47家，并成立了金业公司。抗战之前，是重庆银楼业的"黄金时代"，当时仅凤祥、杨庆和、裘天宝、景昌、凤梧、源丰、宝盛等十余家银楼店就拥有资本近百万元，全年经售金类饰物万余两。黄金停止流通后，自9月1日至9日止，本市各银楼将自存黄金2000余两交中央银行。此后，又陆续交出3000余两；同时，还为中央银行代收黄金1万余两。至1939年底，全市银楼业仅余20多家，幸存者也纷纷裁减员工。

1943年,国民政府从美国对华贷款中贷得2亿美元的黄金运回国内,该项黄金重约100吨,如以目前每两1.2万元计,则值法币500余亿元。国民政府为吸收游资、紧缩通货、回笼货币、控制物价,财政部宣布解除禁止黄金买卖的禁令,恢复了黄金自由买卖,准许人民自由采售。黄金买卖解除后,财政部又规定:由指定银行出售黄金,必须按400两整块出售;并由四行两局举办黄金存款,存入法币,按当时调整后的金价折合为黄金,以此回笼货币,稳定币值。重庆市自1944年9月15日举办黄金存款起,至1945年6月23日止,共售出黄金96.8078万两,收回法币267.54亿元,其中1944年售出的不足20万两。8月4日,财政部又规定购存黄金捐献办法,凡7月份以前购存黄金满100两者,均需献金40%。在"捐献"四成后,仅重庆一地即收"献金"40余万两。可是截至1945年5月,通过这两项措施仅收回法币800余亿元,而同期的法币发行总额却为10310亿元。因此,黑市黄金大大高过官价(1945年6月,最高达到每两18万元,比官价每两5万元高近3倍),引起黄金投机势潮,所以,国民政府的黄金政策,不仅没有回笼货币,反而助长投机,官僚资本集团更乘势大量套购黄金,大做黄金投机生意,物价涨得更凶,人民更受其害。

2. 法币

1935年11月3日,国民政府实行"币制改革",推行法币政策。规定以中央、中国、交通银行(1936年2月又加上中国农民银行)发行的纸币为法币,将纸币发行权控制在四行手里,禁止白银流通并收归国有,作为外汇准备金;还规定中英货币汇率为法币1元合英镑1先令2便士半,由中央、中国、交通三行无限制买卖外汇。1936年5月,国民政府又与美国签订了《中美白银协定》,规定法币1元等于0.295美元。法币本身没有固定含金量,它的价值由外汇汇率体现,即通过与英镑、美元的固定比值表现出来。法币遂成为"外汇本位制",成为英、美货币的附庸。但它放弃银本制,改行纸币,将货币发行权集中到中央,有利于经济发展和商品流通。同时,禁止使用白银,将白银收归国有,防止了白银外流,稳定了法币汇价。在抗日战争中,这对于抵御日本侵略起了重要作用。

国民政府实行的法币政策,本来规定法币可以无限制地自由购买外汇。

但是,抗战开始,特别是上海沦陷以后,四行已不可能无限制地自由买卖外汇了。北平日伪政权成立"中国联合准备银行"发行伪币,排斥法币,利用伪钞代替法币,再以法币套取外汇,以此破坏法币。对此,国民政府实行了外汇统制,以稳定法币汇率,维持法币信用。

原四川发行的"地钞"全部以八折兑换成法币。但法币是以元为单位,在其发行条例中规定,1元以上为法币,1元以下为辅币。当时,四川省财政厅长刘航琛即依据这一规定,向财政部呈准,在四川发行五角的辅币,至抗战爆发时,这种五角辅币发行达1000万元在省内流通。除这种纸料辅币外,还有铜圆作为辅币流通。抗战开始后,铜辅币流通额紧缩,钱价上涨,1938年底,钱价由每元法币兑换铜圆24千文降至20千文,财政部虽曾通令禁止收囤铜圆,也无济于事。

1939年,重庆市政府规定钱价,法币每元兑换铜圆22千文,并限制铜圆出口。此法实施后,本市再无铜圆入市。当年2月,财政部又规定省铜圆统一兑价,取缔铜圆囤积,同时令各地赶造镍辅币。同时,经济部亦规定严禁铜料出口,今后所有铜钱、铜料,概由川康管理处收买交厂熔炼,民间严禁私卖。川康管理处也公布《川康铜业管理规则》,规定粗铜、废铜概由该处收购。

1940年1月1日,财政部宣布自元旦起发行全国金属新辅币。此前,财政部已决定取缔市民囤积铜圆或携带5元以上铜圆出境,以免金属货币外流。为了调剂金融,呈请行政院通过,自元旦起发行全国金属新辅币,计分1分、2分、5分、1角四种。3月,又发行了1角、2角、5角的辅币;4月份,又在川发行5分、1角、2角5分的三种辅币,发行额共200万元。1942年3月,中央造币厂又铸造了20分和半元两种镍辅币,投入市场流通。

1942年6月23日,国民政府行政院通过了《货币统一发行办法》,规定全国货币发行权由中央银行所专有。该办法自10月起施行,从此,中央银行独占了纸币发行与集中准备的特权。与此同时,6月30日,财政部特准中国、交通,农民三行半加官股,使其资本总额达到6000万元,中央信托局也增资到5000万元,从而更加强了四行两局的实力。它们所属的各分支机构,遍布国民党统治区,据统计,至1945年8月,这些机构总数共达2281个,占国民党统治区同期全部金融机构的3/4以上。

货币发行权集中,又为进一步滥发通货作了准备。据统计,抗战时期的法币发行,从 1937 年的 16.8 亿元,至 1945 年底,增发达 10319 亿元,增加了 600 多倍。同一时期,物价上涨了 890 多倍。

3. 信贷

抗战开始后,上海工厂内迁,但迁移费用各厂都无力解决。于是,1937 年 8 月 9 日,由中、中、交、农四行在上海成立了一个临时机构,即四行联合贴放委员会,对内迁民营工厂发放长期贷款。当时,在四行联合贴放委员会下设立了一个具体核批贷款业务机构——四行联合办事处,它即是 1939 年 10 月成立的四联总处的前身。

四行联合贴放委员会在上海成立后,为挽救渝市金融,市商会于 8 月 20 日电呈财政部,要求成立重庆市贴放委员会,获准。8 月底,开始办理抵押、转抵押、贴现等业务。至 10 月上旬,全市共贴放 1300 余万。此后规定了每日贴放额以 10 万为限,并限制公债押款。四行联合贴放委员会自成立至 1939 年底,在全国 17 个省、区成立了分支机构,两年多,全国贴放总额 3 亿元,重庆一地即达 1 亿余元。

1939 年 4 月 2 日,经济部公布小工业贷款暂行办法 17 条。该办法规定,凡经营纺织、造革、造纸、金属冶制、化学、陶瓷、农林产品制造及其他经济部认为有贷款必要的工业,资本总额在 5 万元以下、1 万元以上而合于该办法规定者,均可向经济部申请贷款。随后,成立了重庆市小本贷款处。据统计,至 1940 年底,共贷款 30 万元。

为了统制国内汇兑业务,防止内地资金外流,鼓励资金流入内地,国民政府财政部令中、中、交、农四行组织成立了国内汇兑管理委员会。该会设重庆四总行所在地,全国各地设立了分会。

1942 年 5 月 22 日,财政部制定管理银行抵押放款及信用放款办法。主要内容有:

(1)关于管理银行抵押放款办法:①银行承做抵押放款,得以有价证券,银行定期单、栈单、商品或原料之一为抵押品,但不得以本行股票、禁止进口物品,以及易腐烂变质之物品为抵押品;②抵押放款得以票据承兑及贴现方式办理,但每户不得超过该行放款总额 10%。

(2)关于管理银行信用放款办法:①个人信用放款以 2000 元为限;②工商各业信用放贷在 5000 元以上者,应以已加入同业公会之厂商为限,并担保作增加生产或购运必需品销售之用,期限不得超过3个月,每户放款数不得超过该行放款总额5%,各户总计不得超过总额50%;③信用放款得以票据承兑及贴现方式办理,不受各户总计50%限制,但每户不得超赤字放款总额10%。

同年6月,为加强各地银钱业同业公会管制机能,又规定:(1)私人借款上2000元者准免申请,上5000元者必申请核准始能借用;(2)公司行号信用借款,除事先申请外,并经有两家商号担保,所借数量,至多不得超过原借款行庄借款总额5%;(3)属专卖性质之抵押借款,数额时间不予限制,惟须经主管官署证明其用途,以免作不正当之使用,渝市未经批准行庄将勒令停业。据1944年1月统计,加入本市银行业放款委员会的行庄达82个。

4. 银行管理法规,规范银行行为

1940年8月7日,财政部公布《非常时期管理银行办法》。该办法共十条,自公布之日施行。规定中、中、交、农四行有权监督私营银行的业务和检查私营银行的账目,银行吸收的存款,除储蓄存款照《储蓄银行法》的规定(须缴存款总额1/4的担保确实的资产于中央银行)外,其普通存款应以所收存款的20%为准备金,转存当地四行中的任何一行。通过这个办法,四行及其总处成为全国金融业的主宰,控制着庞大金融网,掌握着压倒一切的金融势力。仅银行存款一项,四行在全国银行存款比重中,就由1938年的77.7%,上升到1940年的84.6%,1944年底更高达92%。

本办法公布后,重庆市私营银行存款下降。渝市银行所收存款,以20%分存国家银行,其目的在于保证存户的安全,凡有银行存款者,随时均可全部本息提取现钞。

1943年1月,重庆市银行废除比期制度。比期是旧中国各地银钱业和工商业规定的一种债权债务结算日期,以每月15日和月底最后一天为大比期,届期,全市银钱业和工商业进行大结算。一般拆放短期款项,界限以半个月为期,至大比期即收回或续转,故称为比期。国民政府财政部认为,重庆银钱业长期实行的比期制度,利息过高,妨碍生产。因此,自1942年以来即屡经筹议废除办法。年底,财政部钱币司会同中央银行业务局,召集重庆市银钱两业同业公会负责人商计实施办法。1943年年初,全市开始废除比期制度。为适应废除比期制度后之新需要,由四联总处与银钱业公会共同组织成立了放款委员会,并指出,今后放款应注意生产事业发展与防止沦陷区抢购物资。

1943年5月,为便利票据承兑促进工商业发展,财政部指定重庆、成都等区域实行非常时期票据承兑,并重新规定抵押放款办法;8月,工矿业筹设票据承兑机构,1944年10月2日,重庆联合票据承兑所,暨其附属的联合征信所正式开业,其组织办法及成立原则是:(1)本所由中央、中国、交通三行及中央信托局、邮政储金汇业局及渝市信用昭著之银行、钱庄共同发起组织,采用股份有限公司制度;(2)本所资金暂定2500万元,由各会会员自由认交,三行两局分担1/3;(3)各银行承兑的票额不得超过其实际资产总额的25%,本所承兑不得超过基金的四倍;(4)承兑的票据每张不得超过100万元,由委托人申请票据时,应受殷实商户作保,必要时需实物押证;(5)承兑之手续费按票额1/10计算。票据联合承兑所为了明了后方各企业团体信用情况及各地物价金融市场之实情,特组织征信处,以求票据承兑之普遍化。

5. 外汇统制

1941年9月1日,国民政府成立外汇管理委员会,由孔祥熙任主任委员。本月15日,该委员会召开第一次会议,通过了《外汇管理委员会组织大纲》。从此,进一步加强了外汇统制。10月9日,外汇管理委员会平准基金委员会规定《购买外汇申请办法》,以后不论民营工厂、商店或私人,只有购买国内之绝对必需的进口物品,才可申请外汇。1943年12月,国民政府调整外汇管理机构,结束平准基金委员会,其民用、商用业务由中央银行接办;同时将外汇管理委员会改隶财政部,仍由孔祥熙任主任委员。直至1945年6月,外汇管理委员会才予以撤销,之后所有外汇审核工作交由中央银行办理。

1942年,发行同盟胜利美金公债时,曾规定美金6元折合法币100元。自3月1日起,一律改按中央银行牌价美金5元折合法币100元计算,1元法币折合英镑3便士。1943年1月28日,国民政府财政部规定,维持20元法币折合1美元的外汇官价。可是,重庆美钞每元的黑市价格,1943年12月为85.4元,1944年为542.2元,1945年6月为1410元,8月更涨到2400元以上。这种情况就为"四大家族"及其爪牙牟取暴利大开了方便之门,他们利用各种特殊关系和手段,以官价买进外汇,再以黑市价格向市场抛售,转手之间,即获暴利。

6. 强制储蓄

1942年4月23日,重庆劝储分会决定储蓄标准,决定:(1)公司、企业、行号之纯益、股息及红利,一律组织节储实践会,举办团体储金;(2)产权移转价额及房、地租,一律劝储5%;(3)娱乐场所,按每入场券储蓄2元,筵席超过50元者,储蓄一成以上。并规定:该决定自5月1日起分别开始执行。

1943年9月16日,国民政府推行强迫储蓄。重庆当年度储蓄目标为9亿元,规定:凡旅客士绅、商店经理、学生、公务员等皆须购买储蓄券。全国劝储会还拟定了过分消费搭销储蓄券办法,除娱乐场所业经实施外,对于卷烟及其他消费用品,均将实行搭销储金邮票,随货售与消费者。此邮票可向储汇局兑换储蓄券,或立存折存储。对其他统购销物资亦将搭售储券,预计全年可增储蓄80亿元。重庆市也规定售卖烟类搭销储金邮票原则,凡10支装纸烟一包,勿论质量好坏,一律搭销储金邮票1元,20支装的搭销2元,由厂商统销搭发。仅此项收入,全年可达10亿元。

7. 与盟国加强金融合作

1941年4月1日,中美、中英签订《外汇平准基金协定》。1942年3月31日,中美签订《五亿美元贷款协定》。根据这两个协定,美国政府向中国政府拨款5000万美元,英国政府向中国政府增拨5万英镑,以稳定法币与美元、英镑的汇率。此外,还有《中美桐油借款》、《中美信用贷款》、《中美飞机公司借款》、《中美滇锡借款》、《中美钨砂借款》、《中美租借协定》等。国民政府取得这些贷款后,则以大量的桐油、猪鬃、锡、锑、钨等战略物资输往美国。

同时,国民政府在1941年加强统制经济,特别是对出口物资的统制,力图以物资出口换取大量外汇,防止法币购买力下降。与此同时,还在外汇黑市上,牺牲外汇平准基金保证外汇供应,力求法币稳定。

8. 发行公债

1937年8月18日,国民政府公布《救国公债条例》,发行总额为法币5亿元,年息4厘,分30年还清。这是抗日战争期间国民政府发行的第一个公债,以后在整个抗战期间,国民政府发行的公债主要的有18种,其中有按法币和关金计算的,总额达150亿元。此外,还有按美元等计算的外币债券,按谷麦等粮食计算的实物债券。国民政府发行的外币债券全系公开发行,目的在吸收华侨资金;实物债券在农村公开发行,是向农民的征借;法币公债,除此次救国公债在民间公开发行外,以后所发行的公债都没公开发行,而是以总预约券方式向银行抵借,银行则以这种预约券作为发行准备,发行不兑现的纸币。为了发行此次救国公债,9月6日,财政部公布了《修正救国公债募集办法》,在上海设立了救债劝募总会,重庆成立了支会。至11月19日,本市银钱两业按资本10%,共认购200万元,其中银行业175万元、钱业25万元。11月底,市劝募支会颁布了个人承买救债补充办法,规定:月薪不足30元者,自愿认购;满30元、不足50元者,月缴1元,缴足3月即填给5元债票一张;月薪50元以上至60元者,认购10元;月薪60元以上者,月薪每增加10元,认购也随之增加10元。

第三节　交通管理机构的强化

抗战爆发以后,国民政府的政治、经济重心逐渐西移,在促进重庆经济与社会迅速繁荣的同时,也促进了重庆交通事业的空前发展,重庆由一个区域性交通中心变成了功能完备的大后方交通中心。

抗战以前,整个西南、西北地区的交通事业相当落后,即使如重庆这样的交通枢纽,由于各项交通事业分别由海关、军阀、行营(1935年以后)多头插手,市政府虽设有工务局(处、科),但根本无法实行有力的管理。因此,从1935年开始,国民政府即着手强化管理,以公路为中心发展内地交通。到1937年抗战爆发时,情况已有所改善。1938年1月,国民政府交通部在重庆、长沙、湘潭、桂林等地设立办事处。6月,在武汉、广州战事吃紧的情况下,交通部及其在各地的办事机构,陆续迁往重庆。

交通部迁到重庆以后,除重庆市政府负责市内的道路交通建设和管理外,重庆的所有对外交通事业和管理,均由交通部纳入全国的范围进行宏观和直接的管理。重庆交通事业多头管理、软弱无力的状况得到了根本改观。

抗战时期,交通部在行政方面,协助政府进行物价管制,实施行政三联制(设计、考核、执行),推行工作竞赛;在建设方面,修筑与改善了西南地区的公路及运输,开辟驿运、水运路线,发展航空事业,建设电信线路,增设邮局邮路,努力兴修铁路;在业务方面,大力发展公路运输,开拓驿运业务和水、陆、空及联运业务,维持国际电信和邮运,发展国内电信与邮务;在交通器材的修造、抢运和储转等方面,都发挥了重大的作用。

为了加强战时运输的需要,沟通西北、西南、华中之间的交通,交通部制定了加强水陆联运方案及加强嘉陵江水道运输方案,并决定由招商局与民生公司合力办理执行。1940年8月1日,在陕西街曹家巷一号,正式成立了川湘、川陕水陆联运总管理处,月底即开始承办联运业务。

川陕水陆联运线:自重庆经合川、南充到广元可用水运,广元至宝鸡利用川陕公路车运;或由广元水运到阳平关,由阳平关至烈金坝到宝鸡。全线由重庆至阳平关水运线达800多公里。这条联运线的开辟,使川陕交通线联成一片,西南与西北的交通线可畅行无阻。

川湘水陆联运线:1940年夏,沙市、宜昌先后沦陷,湘鄂水道交通也被阻断,遂开办了川湘水陆联运。此线,一路由重庆经涪陵至龚滩利用水运,龚滩至龙潭利用驮运,龙潭经沅陵到湖南常德利用水运;另一路由重庆经涪陵至彭水利用水运,彭水至酉阳至龙潭或沅陵利用川湘公路车运,龙潭或沅陵至常德用水运,全长900多公里。这条联运线,在宜昌失守后,成为川湘战时交通的重要路线。

此外,卢作孚还主持修建了四川南部的水陆联运线。1938年10月,广州沦陷后,渝港运输线被切断,抗战所需物资从缅甸转口运进,卢作孚便主持建设了长江上游港口泸州,穿过贵州西北部经云南沾益的公路。这条公路在泸州与长江航运相衔接,形成了以泸州为枢纽点的另一条水陆联运线,使从缅甸转进的抗战物资能及时运到大后方和抗日前线。

抗日战争,改变了全国交通形势,以川江为主干形成了一个完整的水陆交通网,成为战时后方运输大动脉,对大后方物资交流和前线军需品运输发挥了重大作用。

为了发展后方运输事业,交通部决定以重庆为中心,组建全国驿运(即畜力运输)网。1940年9月1日,交通部成立驿运总管理处,由交通部部长张嘉璈兼处长。该处成立后,有16个省区先后建立了省级驿运管理处,并规定长期担任驿运和粮食运输者可以免或缓兵役。至1942年初,全国水陆驿运线网初步完成。太平洋战争爆发后,又开辟了国际驿运线,1942年上半年成立了中印、八保、川康三线驿运管理处,中印有三条驿道可通。川康线主要为与金沙江水运衔接。国民政府建立的驿运组织全系国营,建立的当年,各线即亏损数十万元。1941年7月以后,又对驿运机构进行了调整,将行政与业务严格分开。

1941年2月11日,国民政府军事委员会成立运输统制局。与此同时,颁布交通运输检查所、站的业务职权为监督运输、检查走私、督导军事物资的调运。嗣后,军委会又决定,从本年3月1日起,全国交通线路检查所、站的运输检查等工作均由运输统制局监察和统一设置,其他各检查机关或类似组织一律撤销,实行交通检查的一元化。军委会运输统制局重庆检查所,实际上从1940年12月22日开始工作。是时,根据运输统制局加强检查所、站业务一事,为便利重庆水陆交通检查,特在朝天门、千厮门、太平门、玄坛庙等地各设立了一检查哨,检查水路;在两路口设立一检查哨,实行陆路检查。1942年12月,该局竣事,其业务工作归交通部办理,运输检查仍由军委会执行。

1941年10月1日,为了配合粮食征实工作,国民政府在重庆成立了四川粮食储运总局,同时决定在各县设立储运分局。

1943年3月1日,交通部在渝成立公路总局,交通部长任该局局长,该局下设联运汽车管理处。公路总局、联运汽车管理处成立后,以重庆为中心,陆续开办了各条线路的客车联运业务。

抗战时期,重庆交通中心获得的空前发展,是与交通部的迁渝和交通管理机构的强化分不开的。

第四节　商业管理机构的强化

一、中央政府对重庆商业的督导

抗战时期,国民政府迅速将国家经济转入战时经济的轨道。战时经济本身就是一种国家干预、国家控制的集权统制的经济,商业与工业同属一个部门管理,其控制随着战争进程推进而日渐加强。

国民政府迁都重庆以后,重庆成为中央直辖市。陪都与直辖市的两重身份,使得中央的主管官署和兼管官署都可以直接插手和督导重庆的工商行政管理工作。当时管理商业的主要官署有国民政府行政院经济会议、经济部、财政部、战时生产局、花纱布管制局、盐务缉私队等。

政府机构中最主要的有行政院经济会议。该会成立于1941年,当时后方物资匮乏、物价飞涨、经济混乱、财力日蹙,成立该会的目的在于审定一切经济措施,维持大后方经济秩序。该会由蒋介石任主席。该会有一个职权很大、内容广泛的检查组,通过公开和秘密的两种方式,检查各工业、商业、金融、交通、经济产业机构执行国家政策与计划的情况,商业活动尤其是检查重点。

一般来说,中央机关对重庆商业的管理都是原则性、政策性的管理,只有对重大经济政策的实施,才直接决定重庆的商业工作。较为经常和直接的是督导工作,这种督导就成为中央对重庆强化管理的主要措施。

二、地方政府对重庆商业的管理和指导

地方政府管理商业的机构为市政府及其社会局、财政局等单位。市政府负责根据中央部署制定商业重大政策,并组织实施。由于重庆地处陪都,这类政策往往对全国产生重大影响。社会局为商业直接主管单位,设有工商行政科,内有商业专股,凡团体组训、物价工资评定、商业业务管理,均由其主管。财政局则专管各种商税的收缴。

除市属单位以外,中央机关在重庆的分支机构——重庆盐务分局、重庆直接税局、重庆商品检察所亦对商业负有管理之责。

抗战时期是重庆市政府对商业管理最为直接、指导最为频繁的时期。

三、商会和同业公会对商业活动的组织与协调

抗战时期也是商会最为活跃、作用最为明显的时期,政府主要是通过商会和同业公会来指导政策推行。

抗战爆发后,经济部公布了《非常时期重要商会同业公会工作纲要》,规定:被划定为重要商业的14个行业公会,其商品种类、数量、价格、储备都必须纳入政府管理的范围。重要商品的批零价格一律由同业公会随时公布。1941年又颁布了《非常时期工商业及团体管制办法》,授权商会、公会协助主管官署评议价格,督饬会员严守法令、严格执行价格和分配供应办法。到1944年,行政院更明确规定要促使商会、公会朝着"战后即为国家实施计划经济之基层机构"的方向发展,要求各级政府把指导工商团体作为重要工作

之一,作为检查考核下级政府的内容之一[①]。

由于有政府的支持与监督,重庆市商会在抗战时期对商业的发展做了许多卓有成效的工作:

一是协助政府严格执行工商管制。战时商业由政府全面管制,其中最为重要的是物价管制,商会就是物价管制的执行者。特别是1944年全国实施限价以后,所有报价、议价、限价,以及工资、运价的评定,皆由商会奉命促其实施。为了加强管制,市商会还组织限价检查队,检查公司行号;同时对商品的销售、零售物价进行调查统计,报告政府,为政策的制定提供咨询。

二是维护市场秩序,促进商业进步。抗战时期,市场物价波动很大,商会协助各业公会,制定市场管理办法,协调保护各方利益;解决公断各业之间纷扰,排解商事纠纷;调处各业被阻于途中的货物。

三是建议政府,推行政令。商会除督促各业遵守政府法令之外,还建议政府修改了一些法令,以便更加有效地推行。

四是组训工作[②]。

第五节　政府对商业活动的全面管制

抗战时期,重庆市的商业活动受到了政府最严格的管制,主要包括行政管制、物价管制、物资管制、税收管制等。

一、行政管制

行政管制分为三个方面:一是强化对商业团体的组训。战时统制经济的执行者是商会和同业公会,因此需要建立一个完全受政府控制、从上到下体系完整的商会体系。对商业团体的组训就是要达到这一目的。二是加强对公司行号的登记检查。这是商业管制的重要措施,规定所有公司行号非经登记不得成立,只有经过登记的企业才具有法人资格。从1942年起,政府采取强制措施实施登记,逾期不登记者,将被依法惩处。通过登记检查,政府掌握

[①]《重庆市工商行政管理志·资料汇编》,第28页。
[②] 傅润华等:《陪都工商年鉴》第2编,第9—10页。

了确切的工商业发展状况,增加了国家税收和政府收入(登记费)。三是商业账簿登记盖章印。1942年5月,行政院通过了经济部、财政部呈报的《非常时期商业账簿登记盖印办法》,1943年1月开始在重庆施行。所谓账簿盖印,即政府要求商业行号每年携带本号的商业账簿(总账或流水账)前往指定地点接受检查,并加盖专门印章,其目的在于掌握商业行号每年的经营情况和异动状况,取缔违章商业企业[①]。

二、物价管制

抗战爆发以后,重庆物价即呈不断高涨之势。以物价指数为例,如以1937年为100的话,1938年1月即为110,1939年1月为170,1940年1月为350,1941年1月为1120,1942年1月已高达3270,较抗战前提高了31.7倍。因此,整顿市场、平抑物价便成为政府管制商业的核心措施。

为此,政府先后颁布了《非常时期评定物价及取缔投机操纵办法》、《非常时期取缔日用重要物品囤积居奇办法》,作为平抑物价的基本准绳。在国防最高委员会设立物价审查委员会,作为审查物价的最高机关。

1939年2月7日,行政院通过《非常时期评定物价及取缔投机操纵办法》。该办法由经济部拟定,共15条,规定各地官、司、署应会同当地机关、商会或国营日用必需品之同业公会设立评价委员会,办理当地日用必需品平价供应。年内,经济部连续不断地发布通令、办法平抑物价。2月18日,经济部通令各县政府严禁物价上涨,严防、取缔商人垄断、操纵物价。12月5日,公布《非常时期取缔囤积日用品办法》14条,规定日用必需品平价购销,应维护生产者、消费者和商人的正当利益。

本市物价评定委员会早于1938年11月即成立,该会成立后,由行营拨款10万元,购煤存储,从煤面料着手平抑日用价格。1939年5月,又指定匹头、纸张、文具、棉纱、西药、皮革、粮食、苏货、杂货等九种日用品为评价范围。7月,市物价评定委员会又召开本市米、煤、油、面粉、土布、肉等同业公会负责人商定统一物价办法,规定以后由各公会负责逐日将价格向物价评定委员会呈报,并登报通知。本年9月16日,《新华日报》发表了署名文章《论物价统

---

① 傅润华等:《陪都工商年鉴》第3编,第13—16页。

制》，指出物价上涨的原因除战争、交通的影响外，就是商人的操纵居奇，并指出国民政府虽采取了一些措施，但物价仍然上涨不已。文章最后认为，平定物价，不能只当作地方的工作，要有全国性的领导机构，要有专人负责，要动员政府机构解决运输与购买问题，要实施战时超额利得税，打击奸商；同时政府应拨款帮助人民广泛组织生产消费合作社。

重庆市主管平价工作的机关是市政府社会局。1940年以来，先后成立了日用必需品公卖处、市商会评价委员会。平价以粮食为中心，主要包括花、纱、布等重要日用生活必需品，对物价高涨有所缓解。

1942年12月19日，重庆市政府转行政院令，从1943年1月15日对辖区重要市场的物价、运价、工资，一律实行限价，限价以1942年11月30日各该市场原有价格为准。此限价政策一直执行到抗战胜利。

三、物资管制

抗战时期，物资匮乏，物价飞涨。为了保证军需民用的基本需要，维持社会的稳定，加强物资管制，至关重要。

从中央政府来说，就是将物资划归各专门机构统一管理。其中经济部管辖的最多，分为三大类：(1)日用必需品，主要包括花、纱、布、煤焦、食油、纸张等；(2)工业器材，包括工业机器、钢铁、水泥、烧碱等重要化工原料；(3)出口矿产品，包括钨、锑、锡、汞、铋、铜6种。其次为粮食部主管粮食；财政部贸易委员会管理桐油、生丝、羊毛、猪鬃、茶叶、药材；财政部管理盐、糖、火柴、烟叶等。

在重庆，物资的管制都由市政府具体实施，但重要物资管理，都由中央政府指导，甚至直接制定政策。粮食管理，就由全国粮食管理局直接颁布过《重庆市粮食供应统购统销规则》；花、纱、布管制，则几乎完全在中央政府花纱布管制局的统一指挥下进行的；煤炭和食油，经济部颁行过《重庆市煤炭规则》、《重庆市食油供应暂行办法》；桐油、猪鬃、生丝等重要出口物资，钢铁五金、电料、汽车及配件等重要生产资料，全部照中央的具体办法执行；即使生活必需品，也是由重庆市政府和中央有关机关共同管制。

抗战时期，中央政府和地方政府对重庆商业活动的全面管制，对于发展抗战经济是必需的，也是有效的。但长期实行，也造成后来重庆商业的衰退。

第十九章 重庆行政区划与人口变迁

第一节 重庆建市以来行政区划的调整

重庆行政区划自1929年正式建市以来不断扩展。抗战前,主要按历史形成的人口聚集中心建制管辖,基层行政区划沿袭明清以来的厢坊制。抗战以后,随大批迁川厂矿、机关、学校等单位内迁和市区人口向郊外迁建区扩散,形成一批以厂矿企业、机关学校聚集的卫星城镇,实行分区设署(后改为公所)的近代行政管辖体制。至1949年,重庆市辖18区,面积为295.78平方公里。

1929年2月15日,根据上年国民政府颁布的《市组织法》,重庆正式建市。正式建市前后,仅临时指定了管辖区域,"指定重庆(长江)上下游南北岸环城三十里为市辖区域",市的辖境范围并未划定。1930年2月,国民革命军第二十一军召集审定市县权限委员会办理划界事宜。经开会决定,上自嘉陵江西岸之龙隐镇红庙子起,至黄沙溪、黄桷堡渡长江而南,又自火烧坟向东横经以涂山最高峰为限沿山脉达铜锣峡,北渡长江经江北县大坪起至黄桷沟抵嘉陵江东岸止。巴县划入重庆市的范围为68.125平方公里,江北县划入重庆市的范围为63.125平方公里,重庆市的辖区为131.25平方公里。这次划界由于江北县和巴县士绅的反对而未能实行。

1931年冬,第二十一军再次召集重庆市与巴县、江北县有关方面会议,共同查勘,到1933年始确定了重庆市的辖区。其范围自红岩嘴起经姚公场(佛图关至化龙桥)、小阳洞至长江边;越江自千金岩沟起,经南城坪(南坪)、海棠溪、弹子石至苦竹林长江边;江北自溉澜溪同德庙起,经江北城外刘家台、黄家垭口至香国寺以西的嘉陵江边止。从巴县划入的地区有巴县县城（即原重庆府城、今重庆市市中区东部）、两路口、姚公场、南城坪（南坪）、海棠溪、弹子石；江北县划入的地区有江北城及附近刘家台、廖家台和溉澜溪、香国寺两码头。巴县划入市区的面积有43平方公里，江北县划入市区的面积有3.75平方公里，合计重庆市区面积46.75平方公里。

1937年，抗日战争全面爆发，国民政府西迁重庆。1939年5月，国民政府升重庆市为行政院特别市。同月，重庆市将原有的6个区改设为12个区。同时在日军飞机空袭的轰炸下，机关、企业、学校与居民大批迁入城郊四乡；6月，巴县龙隐乡（今小龙坎、沙坪坝、磁器口一带）划入重庆市。1939年至1940年，巴县、江北县位于城郊的区域陆续划归重庆市。

1940年9月6日，国民政府宣布重庆市为中华民国陪都，重庆市政府与四川省政府正式办理省市划界事宜，划定重庆市与四川省的边界，计巴县划归重庆市的有龙隐、新丰、高店、石桥、崇文、大兴6乡；江北县划归重庆市的有回龙、石马2乡及恒兴、石坪、龙溪3乡各一部分。

1941年2月，巴县划入的新丰、高店两乡建为第十三区；龙隐乡先设沙磁区临时办事处，此时建为第十四区；划入的崇文、大兴2乡建为第十五区；划入的石桥乡先于1939年12月建为石桥直辖镇，1942年2月改建为第十七区；江北县划入的龙溪乡一部分（香国寺、猫儿石、陈家馆等地）和石马乡并入第十区；划入的回龙乡及恒兴、石坪两乡各一部建为第十六区。17个区的辖区范围如下：

第一区辖龙王庙、太华楼、马王庙、镇江寺一带；

第二区辖桂花街、大阳沟、蹇家桥、北坛庙一带；

第三区辖段牌坊、东华观、东昇楼、五爷庙一带；

第四区辖观音岩、骡马店、安乐洞一带；

第五区辖石板坡、金马寺、菜园坝、宝善寺一带；

第六区辖张家花园、大溪沟、曾家岩一带；

第七区辖上清寺、两路口、中山二路一带；

第八区辖化龙桥、复兴关、李子坝、黄沙溪一带；

第九区辖米亭子、木关街、四方井、体仁堂、三洞桥、五里店一带；

第十区辖香国寺、刘家台、陈家馆、猫儿石、石马河一带；

第十一区辖龙门浩、玄坛庙、弹子石、窍角沱一带；

第十二区辖海棠溪、南坪场、铜元局一带；

第十三区辖歌乐山、高店子、山洞、新桥、上桥一带；

第十四区辖磁器口、金沙街、童家桥、沙坪坝、小龙坎、红槽房一带；

第十五区辖黄桷垭、大兴场、清水溪一带；

第十六区辖寸滩、溉澜溪、唐家沱一带；

第十七区辖石桥铺、歇台子、鹤皋岩、九龙铺一带。

加上以朝天门、千厮门、香国寺、弹子石、海棠溪、黄沙溪、磁器口等码头水上居民为主建立的水上区，重庆市辖18区。

1944年9月，第十一区的弹子石、窍角沱、鸡冠石地区分建为第十八区。1946年，重庆市水上区撤并，其所属基层保甲组织，改隶附近陆上区，重庆市仍辖18区。同年，江北县的龙溪乡一部（观音桥地区）划入重庆市第十区。

1942年，重庆市的辖区范围东至大兴场（今南岸区峡口乡），北至石马河（今江北区石马乡）嘉陵江边的堆金石，西至歌乐山，南到马王场（今九龙坡区九龙乡大堰村）和川黔公路二塘（今九龙坡区花溪乡二塘村）以北。1944年1月，市工务局测定市区面积为294.3平方公里，1946年观音桥地区划入后面积为295.78平方公里。1946年至1949年重庆行政区划见表19-1。

表19-1　1946—1949年重庆市行政区划表

区域名称	驻地	面积（km²）	辖区范围
第一区	龙王庙	1.67	龙王庙、太华楼、马王庙、镇江寺
第二区	桂花街	0.85	桂花街、太阳沟、塞家桥、北坛庙
第三区	段牌坊	1.58	段牌坊、东华观、东昇楼、五爷庙
第四区	观音岩	1.29	观音岩、骡马店、安乐洞
第五区	石板坡	2.15	石板坡、金马寺、菜园坝、宝善寺
第六区	张家花园	2.39	张家花园、大溪沟、曾家岩
第七区	上清寺	1.44	上清寺、两路口、中山二路
第八区	化龙桥	8.57	化龙桥、复兴关、李子坝、黄沙溪
第九区	米亭子	5.12	米亭子、木关街、四方井、体仁堂、三洞桥、五里店

续表

区域名称	驻地	面积(km²)	辖区范围
第十区	香国寺	33.94	香国寺、刘家台、陈家馆、猫儿石、石马河、观音桥
第十一区	龙门上浩	7.50	龙门上浩、龙门下浩、玄坛庙
第十二区	南坪场	27.95	海棠溪、南坪场、铜元局
第十三区	歌乐山	41.63	歌乐山、高店子、山洞、新桥、上桥
第十四区	磁器口	36.11	磁器口、金沙街、童家桥、沙坪坝、小龙坎、红槽房
第十五区	黄桷垭	36.26	黄桷垭、大兴场、清水溪
第十六区	寸滩	27.46	寸滩、溉澜溪、唐家沱
第十七区	石桥铺	38.56	石桥铺、歇台子、鹤皋岩、九龙铺
第十八区	弹子石	21.31	弹子石、窍角沱、鸡冠石
重庆市	中山二路川东师范	295.78	东至大兴场,西北至嘉陵江岸之堆金石,西至歌乐山,南至二塘以北

资料来源 《重庆市志》第一卷,第701页,重庆行政区划表(1942),并据重庆市档案馆藏《市政统计提要》(1948)有关资料修订。

第二节 重庆城市人口变迁

重庆1929年建市,城市人口仅20余万。究其原因:一是四川军阀连年内战,民不聊生,严重制约人口发展;二是城区建制狭小,限制了人口规模;三是作为内陆工商城市,对周边地区人口集聚能力有限。抗战以后,大量人口内迁,城市辖区不断扩张,并在1944年突破百万人,反映出重庆经济、政治地位变化所带来的显著效应。1945年抗战胜利后,随着国民政府还都南京,大量工矿企业、机关、学校迁离,重庆人口规模逐步萎缩。但重庆作为西南经济中心的基础已奠定,人口仍保持在百万以上,成为当时仅次于上海、天津、北平、南京、沈阳、广州的第七大城市。

一、人口迁移

1937年,"七七"卢沟桥事变爆发,由于国民党实行消极抗日、积极反共政策,战事节节失利,被迫于1938年6月9日从汉口往重庆撤退,其党政机关移来重庆,军事机关退往湖南。一些社会团体、学校、工厂和外国使馆也随之来渝,还有沦陷区人民也纷纷向重庆逃难而来,从而使人口剧增,以致国民政府在其幕僚机构迁到重庆的第2天即6月10日,不得不开始疏散人口。到6月底止,长江中下游来渝入户的人口达41.9万余人。1938年11月13日,重庆市警察局公布:全市固定人口为49.7万人,较1937年底增加2.3万人,加上流动人口和江边船户,约60万人。人口的大规模迁入,使这座古老的旧城呈现出"战时繁荣"的景象。

由于一方面人口的大量涌入,给城市供水、交通、治安等都带来严重困难;另一方面战势不断恶化,日本侵略军飞机常常对重庆进行空袭。为减少人员伤亡,国民政府于1939年3月1日发布紧急疏散人口的命令。接着,重庆市社会局发布《告公众书》,宣布3月10日前为自动疏散,11日起强迫疏散;同时召集交通运输机关开会,统筹运输。国民政府又命令中央银行、中国银行、交通银行、农业银行四家金融机构沿成渝、川黔公路两侧修建平民住宅。随后,重庆市一些机关、学校、商店陆续向重庆附近的江北县、巴县、合川县、璧山县、綦江县等地疏散。仅1939年5月5日至7日,重庆居民紧急疏散到各县乡村的就达25万人。接着重庆卫戍总司令部及市政府,又奉命疏散人口20万人。由于人口向郊区大量疏散,所以1939年底全市人口只有301074人,比1938年底的528393人减少22.8万人,1940年也只有417379人。1941年后,由于市区范围扩大,所以从1941年至国民政府还都南京之时的1945年,总户数和总人口均有较大的增长。

1945年抗日战争胜利后,人口开始向各地迁出,国民政府于1946年5月5日正式还都南京,使重庆经济呈现萎缩,人口也大幅度减少。1945年总人口为1255071人,1948年下降到1000356人。

二、户籍制度

1929年2月15日,重庆市政厅改为重庆市政府后,在市政府下设公安局,原来的重庆警察厅随之撤销。在户口管理方面实行厢坊制。据1932年统计,在当时的行政辖区内,重庆市共22坊,其中老城区7坊、新城区3坊、南岸4坊、江北8坊。1935年联保制取代了厢坊制,各保有保长,各甲有甲长,甲长具体负责段组的户口管理。建立了每年层层上报户口的制度。从这时起,在统计总人口时增加了分性别统计两项数字。

1937年1月1日,根据行政院公布的《各级警察机关编制纲要》规定,重庆市公安局改名为重庆市警察局,仍隶属市政府领导,下设12个警察分局(亦即12个区)。重庆市警察局设户籍科,负责重庆市的户籍管理;各分局设户籍员。1939年,根据《重庆市改进保甲养成人民自治实施程序》之规定,又废除联保制,实行警保联系制。市辖12区(分局)、46镇(派出所或分驻所)都按警管区范围划分,并由同级警察人员兼任区、镇长。这一时期,不但进行了总人口分性别的统计,而且还对出生、死亡、迁入、迁出等人口异动情况进行了统计,并制定了旬报、月报、年报制度。

1941年2月14日,国民政府公布的《户口普查条例》规定,以1942年4月5日,即清明节为调查时点。当时,重庆市警察局对各区、镇保甲户口进行了清查,统计结果是:重庆市共有155495户、795480人,其中男性458153人、女性337327人。

1942年6月中旬,重庆市成立居民身份证登记处。规定市内居民均应申请登记,领取身份证。但这一办法未能得到很好地施行,只有部分地区进行了居民登记,颁发了身份证。

1944年9月2日,重庆市调整区以下行政组织,撤销了镇公所,划全市为18个区、408保、7177甲。

从1946年到中华人民共和国成立前,实行了每年一次的全市性的户口总清查。1946年的户口总清查,由国民政府重庆市警察局执行。自1947年5月1日起,依照修正户籍法之规定,改由国民政府重庆市民政局办理户口后,户口总清查就由后者执行。

三、人口数量

民国时期,虽然战火绵绵,生灵受戮,但从重庆市的家庭人口规模来看,有确切记载的年份,每户均是在4人以上。家庭人口规模最大的是1935年,为6.97人/户。对重庆来说,人口的损耗并不严重。在1940年以前,平均每户的人口只在4人左右。1941年至1945年,是家庭人口数显著增多的时期,1941年为5.23人/户,1943年增加至5.84人/户,1945年高达6.22人/户。这一时期的总户数和总人口也较以前有明显增加。1945年,抗日战争胜利后,国民政府还都南京,其相应幕僚机构、友邦使节、工矿企业纷纷迁出重庆,不但带来了重庆市总户数和总人口的萎缩,而且也带来了家庭人口规模的缩小。1946年4.94人/户,1947年下降到4.72人/户,到1948年每户就只有4.70人/户了。

表19-2 重庆建市以来人口统计表(1929—1949年)

年份	总户数	总人口 人数	家庭人口规模(人/户)	男(人)	女(人)	性别比例(X:100)
1929	45038	232993	5.17			
1930		253899				
1931		256596				
1932		268991				
1933		280449				
1934		309997				
1935	61552	428801	6.97	310692	118109	263.06
1936	99152	451897	4.56	252917	198980	127.11
1937	110120	473904	4.30	273361	200543	136.31
1938	122893	528393	4.30	305383	223010	136.94
1939	93903	401074	4.27	244708	156366	156.50
1940	92301	417379	4.52	259271	158108	163.98
1941	134183	702387	5.23	436636	265751	164.30
1942	144545	781772	5.41	488742	293030	166.79
1943	158231	923404	5.84	571533	351870	162.43
1944	186090	1049450	5.64	637218	412232	154.58
1945	201909	1255071	6.22	753720	501351	150.34
1946	203677	1005664	4.94	583245	422419	138.07
1947	214956	1014511	4.72	584254	430257	135.79
1948	212813	1000356	4.70	567666	432690	131.19
1949						

资料来源 国民政府重庆市警察局档案,转引自《重庆市计划生育志》,第53页。

表 19-3　1945 年重庆市人口密度、净密度、道路人口密度一览表

区别	人口数	面积（km²）	人口密度（人/km²）	建筑占地（km²）	净密度（人/km²）	道路占地（km²）	道路人口密度（万人/km²）	建筑、道路用地所占百分率（%）
第一区	68473	0.7687	89082	0.6131	111683	0.1555	44.034	99.99
第二区	69872	0.7463	93622	0.6131	113965	0.1331	52.496	99.99
第三区	62687	0.6909	90736	0.5688	110209	0.1219	51.425	99.97
第四区	55163	0.9874	55866	0.6055	91103	0.1259	43.815	74.07
第五区	65321	1.3169	49603	0.6623	98628	0.1231	53.063	59.64
第六区	49346	1.9591	25118	0.9227	53480	0.1133	43.553	52.88
第七区	47320	1.1887	39809	0.5806	81502	0.1106	42.785	58.15
两江半岛（第一至第七区）小计	418182	7.6585	54604	4.5661	91584	0.8834	47.338	71.16
第八区	41471	6.6826	6206	1.1028	37605	0.2203	18.825	19.80
第九区	48875	3.9509	12371	0.6719	72741	0.1626	30.058	21.12
第十区	77141	29.7040	2597	3.2894	23451	0.2327	33.150	11.86
第十一区	120147	25.173	4772	8.6534	13884	0.2948	40.755	35.54
第十二区	65866	24.045	2739	1.6017	41123	0.3273	20.124	8.02
第十三区	55166	41.249	1337	2.2489	24530	0.3718	14.838	6.35
第十四区	103301	32.621	3167	10.0555	10273	0.3119	33.120	31.78
第十五区	33307	31.130	1067	0.7615	43739	0.3056	10.899	3.43
第十六区	33234	23.887	1391	0.9654	34425	0.1366	24.329	4.61
第十七区	44083	32.861	1341	2.8458	15490	0.4589	9.606	10.06
水上区	8697	35.343	246	—	—	—	—	—
总计	1049470	294.309	3565.9	36.3624	28861	3.7059	28.319	13.61

资料来源　人口数根据《重庆市警察局 1945 年 1 月调查表》；面积及各种用地根据《重庆市地政局测量队 1944 年 12 月统计表》。

表 19-4　1946—1947 年国内各大城市人口规模比较

都市	户数	人口数 共计	男	女	家庭人口（人/户）	性别比例（每100女子所占男子数）	资料时间
重庆	233089	973522	551316	422206	4.2	130.6	1947 年 7 月
上海	884443	4494390	2487595	2006795	5.1	123.4	1947 年 12 月
南京	213742	1122110	645851	476289	5.2	135.6	1947 年 12 月
天津	319013	1701210	992838	708372	5.3	140.2	1946 年 9 月
北平	317915	1688335	991892	696443	5.3	144.0	1946 年 7 月
青岛	157033	776905			4.9		1947 年 3 月
沈阳	724748	1094801	608506	486298	4.8	125.1	1946 年 7 月
汉口	130801	696718	375481	321237	5.3	116.9	1947 年 6 月
西安	107359	502988	305015	177973	4.7	154.1	1946 年 7 月
广州	169490	1232606	648613	583992	7.2	111.1	1946 年 12 月

资料来源　《市政统计提要》(1948 年)，重庆市档案馆藏。

第二十章　重庆经济中心的完全形成与城市近代化

经济中心,即指在一定经济区域内,工业、商业、金融、交通以及信息交流等最为发达,能反映该地区经济全貌,作为该地区经济联系的枢纽,并对该地区其他城市具有吸引力和辐射力的中心城市。

重庆经济中心初步形成于19世纪70年代至20世纪30年代初。它以重庆开埠到辛亥革命形成第一次发展高潮,首先成为了四川的商业中心,进而形成为商业贸易服务的金融中心,商贸活动的频繁又刺激了交通中心的形成,最终在西南、在四川率先建立了具有资本主义性质的近代工业,重庆经济中心的形成最终促使四川经济中心由西向东转移到重庆。

但是民国以来,由于四川军阀割据混战和帝国主义的经济侵略,严重地阻碍了重庆经济的正常发展。加上交通不便,信息闭塞,教育、科技、文化落后,技术、人才、机械、工具和原材料缺乏,重庆城市的经济功能难以发挥。即使在第一次世界大战期间,中国民族资本发展的"黄金时代",重庆经济也没能获得突出的进步,经济中心作用仍局限于四川一隅。

从30年代中期国民政府统一川政,特别是1937年抗日战争爆发,国民政府迁都重庆以后,重庆经济形成又一个新的发展高潮,首先形成了大后方工业中心,进而商业中心进一步确立,金融中心急剧膨胀,交通中心趋于完善,科技、文化、教育均获得空前的发展,成为名副其实的中国大后方经济中心。至此,近代重庆经济中心完全形成并大为强化。

第一节　工业中心与城市近代化

一、重庆工业中心的特点

近代重庆工业中心形成于抗日战争时期,是时代的产物,因而既具有时代的特点,又富有重庆特色。关于重庆工业中心的特点,综合起来主要有以下几个方面:

(一)近代重庆工业中心是在近代以来重庆经济发展的基础上,在抗日战争的特殊历史条件下形成的

抗日战争是在抗日民族统一战线的旗帜下,以国共合作为基础的反侵略战争。在国内,抗战全面爆发以后,全国人民要求停止内战、一致抗日。国共两党捐弃前嫌,实行第二次合作,国民政府迁都重庆,继续指挥抗战,以国共合作为使命的中共代表团也迁往重庆。随着第二次世界大战的爆发,国际反法西斯统一战线逐步形成,处在这场伟大战争中心的重庆,既是中国的战时首都,又是国共两党合作的中心,还是世界反法西斯统一战线在远东的指挥中枢。重庆成为中国抗日战争的象征,它为重庆工业中心的形成,提供了最好的政治环境。

抗日战争,还为重庆工业中心的形成提供了经济条件。抗日战争首先是一场政治上、军事上的战争,但支撑战争得以持久进行的是经济实力。沿海经济发达地区的沦陷,迫使国民政府决定对战时经济方针进行重大调整,在中国西部"内地从速筹设工业中心"[1]。1938年,国民政府最终确定了以西南为重点,以重庆为中心,先西南后西北的战时经济建设战略部署。

战时经济以军事为中心,以重工业为基础,同时开发矿产,鼓励轻工业,实行计划经济[2]。在这个方针指导下,作出了沿海工矿战略性内迁的决策,对其中的军工和重工业重点行业的内迁,实行倾斜政策。同时,实行一系列有利于工业发展的产业政策,调整工业管理体制。这些经济决策和政策对于重庆工业中心的形成,具有决定性的作用。

---

[1] 蒋中正:《建国运动》,载《中央周刊》1938年第1卷第14期,第4页。
[2]《抗战建国纲领》,载《中央日报》1938年4月。

国民政府确定重庆为西南和大后方工业中心区,还是和重庆优越的地理环境分不开的。首先,重庆深居中国内陆腹地,外战不易深入,四面有高山或大河作为屏障,易守难攻;其次,重庆通过长江、嘉陵江等十大江河,连接着四川全省,以及贵州、云南、西康、陕西、甘肃等省,是水路交通枢纽;第三,重庆及其附近地区有发展工业所必需的煤、铁、水资源;第四,四川与西南丰富的农副产品和人力资源,既可支撑重庆工业经济的发展,又成为重庆商品的广阔市场。当时的西南地区,成都、贵阳、昆明等地经济也有一定基础,地理上也有一些长处,但在地理综合优势上,最突出的还是重庆。

如果说,抗战陪都的政治环境和政府决策等条件,是重庆工业中心形成的外因的话,那么,开埠以来,重庆经济的积累和发展,则是它形成的内因。

1891年重庆开埠以后,重庆成为四川与外界经济联系的枢纽。辛亥革命以后,重庆城市商品经济水平进一步提高,其辐射力与凝聚力增强,活动范围进一步扩大。

1935年参谋团入川,推行统一化政策,开始打破四川军阀统治封闭的政治壁垒,给重庆工业发展创造了条件。钢铁、电力等基础工业,都是在1936年至1937年间创办投产的,显示了重庆在工业发展上的潜力和趋势。1937年国民政府迁都重庆,最终结束了重庆在政治上的悬浮状态,缓解了经济发展的束缚。重庆工业在新的历史条件和时代环境里,获得了决定性的跳跃式发展。

重庆工业中心的形成,是内外因素相互作用的结果,是近代中国历史和重庆历史发展的产物。

(二)以机器大工业的发展为前提,重庆迅速成为了四川、西南和大后方的工业生产中心

对重庆工业地位的评价,我们选取两个时间作为评价的尺度:一个是1940年,这一年,工厂迁川工作大体完成,重庆本地开办的工厂也初具规模,大后方工业体系的重建工作告一段落。可以认为,至此,重庆工业中心也就最后形成了。另一个是1945年的数字,它反映抗战结束时的状况。抗战胜利以后,国民政府还都南京,大批内迁工厂复员东下,大批资金东调,靠战时经济发展起来的重庆工业失去了发展的优势,地位迅速从大后方工业中心的地位下降为西南中心。

1940年,国民政府经济部根据《工厂法》对大后方的工业情况作了抗战

以来的第一次详细统计①。这份报告以机器、冶炼、电器、化学、纺织 5 大骨干行业为主,包括大后方 11 个工业区的情况。重庆共有各类工厂 429 家,其中机器业最多,159 家,占 37.06%;化学工业 120 家,占 27.97%;冶炼业 17 家,占 3.96%;电器业 23 家,占 5.36%;纺织业 62 家,占 14.45%;其他各业 48 家,占 11.19%。它与四川工业的关系如表 20-1。

表 20-1 1940 年重庆与四川工业比较表

地区与行业		机器	冶炼	电器	化学	纺织	其他	合计
重庆	工厂数	159	17	23	120	62	48	429
	占四川百分比	85.9	26.9	88.4	53.3	63.2	75	64.9
四川	工厂总数	185	63	26	225	98	64	661
	川中	16	23	3	100	31	14	187
	广元	2	3	0	1	1	0	7
	川东	8	20	0	4	4	2	38

根据上表,1940 年重庆的工厂占四川的 64.9%,在 5 个主要行业里占有绝对的厂家优势。即使份额较少的冶炼业,也因国统区最大的两家钢铁联合企业坐落重庆(钢迁会、中国兴业公司),也具有稳固的产量和质量优势的地位。重庆已成为四川的工业生产中心。重庆与西南的关系见表 20-2。

表 20-2 1940 年重庆与西南工业比较表

地区与行业		机器	冶炼	电器	化学	纺织	其他	合计
重庆	工厂数	159	17	23	120	62	48	429
	占西南百分比	70.7	22.4	56.1	43.8	43.4	55.2	50.7
西南	工厂总数	225	76	41	274	143	87	846
	四川	185	63	26	225	98	64	661
	昆明	11	6	7	25	18	13	80
	贵阳	6	1	0	7	1	3	18
	桂林	17	4	8	8	23	7	67
	宁雅	6	2	0	9	3	0	20

① 《经济部报告》。以下统计表凡未标明出处者,均根据该报告统计编制。

由上表可见，重庆工业在数量上占西南的一半以上，而另一半分散在川、云、贵、桂、康五省；在行业分布上也占有明显的优势。就城市而言，除重庆以外，最高水平的昆明（80家）也不到重庆的1/5。重庆又是西南的工业生产中心。

当时整个大后方有11个工业区，重庆在大后方中的地位见表20-3。

表20-3　1940年重庆与大后方11个工业区工业比较表

地区与行业		机器	冶炼	电器	化学	纺织	其他	合计
重庆	工厂数	159	17	23	120	62	48	429
	占大后方百分比	50.7	18.2	47.9	33.2	21	17.8	31.7
西南	工厂总数	313	93	48	361	294	269	1354
	川中	16	23	3	100	31	14	187
	广元	2	3	0	1	1	0	7
	川东	8	20	0	4	4	2	38
	桂林	17	4	8	8	23	7	67
	昆明	11	6	7	25	18	13	80
	贵阳	6	2	0	7	1	3	18
	沅辰	49	3	3	7	5	2	69
	西安、宝鸡	12	0	1	19	15	10	57
	宁雅	6	1	0	9	3	0	20
	甘青	3	1	0	1	8	7	20
	其他	23	13	2	60	111	153	362

由上表可见，重庆工厂占大后方的31.7%，在11个工业区中居第一位[①]。大后方还没有一个城市能赶上重庆的发展，重庆在大后方的工业中心地位已经完全确立了。

1945年抗战结束时的情况，见表20-4。至此，我们可以说，在整个抗日战争时期，重庆都是四川、西南、大后方的工业生产中心。

[①] 这个数字到1944年又有增长。这年2月，大后方工厂约有1300余家，重庆为451家，占34.69%，见傅润华等：《陪都工商年鉴》第4编，第1页。

表 20-4　1945 年重庆与四川、西南、大后方工业比较表

	重庆	占四川百分比	占西南百分比	占大后方百分比
工厂(家)	1690	60	51.5	28.3
资本(法币亿元)	272.6	57.6[①]	45.6	32.1
工人(万人)	10.65	58	47.9	26.9

资料来源　据《重庆市情》，重庆出版社 1985 年版，第 22 页。

(三)近代重庆工业中心的物质基础是独立的、比较完整的工业体系

抗战以前，中国工业不是独立的，即外国资本在其中占了相当大的比重。如 1937 年帝国主义在中国，控制了 72.5% 的机械采煤产量，控制了 97% 的生铁产量和 99.7% 的钢产量；1936 年控制了 64% 的棉布，55% 的电力[②]。中国工业又不是完整的，仅有的一点重工业非常薄弱，只能生产很少的初级产品，占主导地位的是轻工业，而轻工业也不成体系，仅纺织、食品有所发展。总的说，属于轻型结构。

抗战爆发以后，国民党统治区缩小，工业几乎是在大后方一片空白的基础上重新建设，这就割断了与外国资本的联系，使中国有可能第一次独立地由自己规划、设计和建立新的工业体系，这是中国几十年近代工业发展史上前所未有的机会。同时，又由于抗战需要军事工业和重工业的支持，因此国家以基础工业为发展重点，以基础工业带动轻纺工业的发展，工业体系逐渐形成和完善。

从《陪都工商年鉴》提供的材料来看，重庆的基础工业主要有电力和电器、冶炼(含钢铁、有色金属、电化冶炼)、机器制造(含交通器材)、化学工业(含炼油、电化、橡胶、制药、玻璃、油漆、火柴原料等)，再加上军事工业，共 5 大行业。轻工业有纺织(棉、毛、麻、丝)、食品(粮食加工、面粉、食品制造等)、纸业、印刷出版文具业等。从工业内部行业结构上看，重工业已明显地超过了轻工业，这在中国近代工业史上是第一次，也是唯一的一次，使得工业趋于重型化。尽管有的基础工业部门还很薄弱，但毕竟有了一个开端，整体

[①]另据《四川经济地图集》调查的结果，1945 年，四川全省工业资本为 7.178 亿元，重庆为 6 亿，占 83.36%，大大高于此数。
[②]《中国近代经济史资料选辑》，第 124、129、131 页。

上已开始趋于完整。

正是这样一个独立而不再依赖于外国、比较完整而又足以支持抗战、维持人民生活的工业体系,成为了重庆工业中心的物质基础。

(四)近代重庆工业资本的官僚性和民族性,既反映了半殖民地半封建旧中国的经济特征,又具有重庆的地方特色

在中国近代经济史上,官僚资本、民族资本、外国资本构成旧中国的资本形态,他们共生在半殖民地半封建的土地上。抗日战争并没有改变近代中国的社会性质,但由于处于战争的特殊时期,在重庆经济,特别是工业经济中,资本的主要形态是官僚资本和民族资本两种,工业资本也就具有了官僚性和民族性。

官僚资本是重庆工业资本的重要来源,主要投在军工、钢铁、机器、电力、电器、化学等重工业行业,控制着重庆工业经济的命脉。在抗战中后期,官僚资本有很大发展,快于民族资本,它代表了中国半殖民地半封建社会的资本积累方向。

民族资本在工业中所占比重大于官僚资本。在抗战时期,特别是初期,也有很大的发展,在轻工业领域里居于领导地位,为支援抗战、维持大后方人民生活,发挥了极其重要的作用。到了抗战后期,随着官僚资本的扩张,重庆工业衰退时,首当其冲的就是民族资本企业。民族资本和官僚资本之间的斗争日益尖锐。

除了上述符合中国近代工业发展规律的特点以外,两种资本在抗战时期重庆工业中心形成过程中的作用是不同的,因而具有重庆特色。官僚资本在全局上居于垄断地位,主要分布在重工业行业,因此,它决定着重庆工业中心的发展方向和速度。而民族资本占有90%以上的厂家,分布于每一个行业之中,因此,它对于重庆工业中心的规模有决定性的意义。

(五)近代重庆工业中心的形成和发展具有跳跃性、不平衡性、落后性和投机性

1. 跳跃性表现在总体规模上的跳跃式发展

重庆工业的起飞,始于1937年底和1938年初内迁工厂的到来,仅仅两年时间就成为国统区的工业中心,靠的主要是外来工厂和资金的移植,而不是本地经济发展的结果。跳跃性还表现在骨干行业,如军工、钢铁、机器、化

学等的突变式进步。这些本是重庆最薄弱的行业,也在很短时间内就在整个大后方居于领先地位。

2. 跳跃性带来不平衡性

首先是轻重之间的不平衡,重型化趋向特别突出。同是重点行业,基础工业相对落后,动力、能源的薄弱非常明显;再者,同行业之间,生产水平也不平衡,有的已进入机器大工业生产,有的还停留在工场手工业的水平上。

这种经济上的跳跃性和不平衡性,反映了国民党在政治上对抗战前途的茫然和举措的被动。从1931年"九一八"以后,国民党也开始考虑政治、经济重心的西移,但基本国策仍然是"攘外必先安内",因此,没有采取切实有效的措施。1935年蒋介石表示要把"四川作为民族复兴根据地",也只是一种表示,并没有对西南经济开发作整体部署。1937年抗战爆发,国民政府仓促迁都重庆,但经济重心却移往武汉。只是到了1938年武汉、广州就要失守时,才开始大规模向以重庆为中心的地区内迁。直到1939年才在政府的组织下调查川康经济,准备大规模开发。因此,迟至1940年9月才宣布定重庆为陪都。只是到这时候,国民党才最后下定决心以重庆为战略后方的中心。以这样一种不稳定的心态来制定政策,重庆工业建设出现跳跃性和不平衡性就是在所难免的了。

3. 落后性主要指工业生产水平

纺织业的主体由内迁而来,这在当时属较先进行业,但其落后也是十分明显的。如设备陈旧,大都已超期服役10多年,有的甚至超过使用年限2倍至3倍;劳动生产率很低,每1万纱锭使用工人的数量,大大超过国际标准,即使和战前落后的中国厂家比,也要高70%至200%。再有,大量的是小型工厂,机械化程度很低。关于这一点,在此前许多篇章中都已详细地提到了。

4. 投机性则表现在利润的获取上

在旧中国,商业利润高于工业利润,商业投机活动严重,所谓"工不如商"、"商大于工",是一种普遍存在的社会弊端。重庆也不能例外。特别是抗战时期,需求大于供给,有利于商业投机。加之国民政府的通货膨胀政策既推动商业投机,又损害民族工业的发展,因此,抗战后期,不少工厂不得不或抽资经商,或囤积居奇,或投机金融,甚至于贩卖毒品,严重地影响了工业生产的扩大和发展。

二、重庆工业中心的历史地位

（一）重庆工业中心的形成是近代重庆经济中心形成的标志，它结束了重庆城市近代化的起始阶段，进一步改变了重庆城市的性质，推动了重庆城市近代化

从理论上看，按照马克思主义的城市观，近代城市的主要作用是经济作用，主要功能是经济中心，而经济的首要前提是工业，工业中心的形成是经济中心形成的最主要标志。换言之，生产力的发展水平，决定着城市发展的内容和形式。

从资本主义实践上看，工场手工业的发展，是资本主义生产方式得以确立的生产力标志。在世界历史上，"郎卡郡，特别是曼彻斯特，是英国工业的发源地，也是英国工业的中心。曼彻斯特的交易所是英国工业生活中的一切波动的寒暑表"[①]。

由此可见，一个完全意义上的经济中心，必须能对社会生产的全过程，即生产—流通—分配—消费，进行全面的组织，使之正常运行。工业生产中心的形成，就成为近代城市——经济中心的首要条件。

重庆近代工业于19世纪末产生，形成过第一次发展的高潮，产生了一定数量的工业企业，矿产资源也得到初步开发。但是，直到20世纪30年代中期，重庆也没有形成工业生产中心，而只是显示了作为工业生产中心的前景和趋势。经过八年抗战，重庆工业在经历了空前大发展的第二次高潮之后，重庆才真正成为了工业生产中心，也才最终巩固了重庆经济中心的地位。

因此，我们说，抗日战争导致了重庆工业的大发展，也促成了重庆经济中心的完全形成，从而结束了近代城市化的起始阶段，城市性质也由商业城市进一步变成了工商城市。重庆才得以最终告别古代传统城市的模式，走上了城市近代化的道路。

（二）重庆工业中心的形成，标志着中国工业生产力布局第一次历史性大调整的完成，最终确立了重庆在中国经济格局中所处的东西部结合的枢纽地位和长江上游地区中心城市的地位

[①]《马克思恩格斯全集》第2卷，第322页。

抗战以前,中国工业偏重于东南沿海一隅,抗战时期对生产力进行了第一次历史性大调整。这次调整开始于沿海工厂的内迁,从1938年起,400多家企业迁往内地四川、湖南、广西、陕西、云南、贵州等省,其中一半以上迁到重庆。在此期间,重庆本地工业也在各种条件的刺激下蓬勃发展。到1940年为止,大后方已重建起11个工业区,形成了以重庆为中心的大后方工业生产体系,宣告了战时生产力布局调整的顺利结束。

近代以来,中国经济重心逐渐由沿海向内地发展,其中长江流域是最重要的经济区域。在长江流域经济区里,工业的发展大体呈自东向西递减的趋势。如1933年长江流域主要城市工厂数的排列次序是:上海(3485家,占36%)、南京(687家,占7%)、汉口(497家,占5%)、重庆(415家,占4%);工人人数是:上海(245948人,占53%)、武汉(24992人,占5%)、重庆(12938人,占3%)、南京(9853人,占2%)。重庆不但位置靠后,而且落差很大。经过抗战,重庆经济中心形成,重庆工业迅速地赶了上来。但由于缺乏抗战时期长江流域城市经济的综合统计数字,我们不能进行可靠的比较,这里借用一个1947年的数字作一间接说明[①]。1947年,重庆的上述数字有所靠前,工厂数的顺序是:上海(7738家,占53%)、南京(888家,占7%)、重庆(661家,占5%)、汉口(459家,占4%);工人数字顺序为:上海(367433人,61%)、重庆(34367人,占6%)、汉口(21048人,占3%)、南京(9118人,占2%)。重庆的工厂数提前了1位,与前者的距离大为缩短;工人数也提前了1位,上升为仅次于上海的第二大城市。应该指出的是,这还是一个大大缩小了的数字,因为此时距抗战胜利已经两年,当年内迁重庆的工厂已大都复员了。

尽管在抗战以后重庆工业有所衰退,但西南经济中心的地位仍然稳固不移,重庆依靠长江一线连接西南一片的格局一直保持下来了。

抗战时期,长江上游地区的其他城市都有不同程度的发展,成为各自所在的那个区域或某个行业的中心,但重庆始终处于长江上游地区城市体系的最高层次上,发挥着经济、政治的中心城市的作用。

[①] 表8《上海等十二个城市的工业》(1933、1947),见《中国近代经济史统计资料选辑》,第106页。

第二节 商业中心与城市近代化

一、商业中心的半殖民地半封建性

重庆商业中心的形成,是重庆开埠以后城市经济发展最重要的历史进程之一,其形成于半殖民地半封建的近代时期,因而就不能不带有半殖民地半封建经济的特征。

(一)商业中心形成的被动性

明清以来重庆经济的发展,是近代重庆城市经济,特别是商业发展的内在原因。而重庆商业中心形成的直接原因是帝国主义的侵略。近代西方资本主义的东来,其主要目的就在于扩大对外贸易。英国就公开宣称"没有商业,就不会有陆军和海军",商业是"我们的生命源泉"。因此英国在中国牢牢抓住长江流域不放,不遗余力地把它的势力范围从长江口的上海向长江上游的重庆推进,以便让它的商品独霸中国这片最富庶地区的市场。强迫重庆开埠,就是英国实现这一战略目标的重要步骤。为了实现这一目标,它甚至不惜在华北对俄国和德国让步,在华南与法国分享霸权。经过近50年的努力,以1891年强迫重庆开埠为标志,英国独占长江流域的目标终于实现。"商埠且因外人的强迫而开放,商人的地位便完全被动。"[①]大量洋货涌入重庆,由此引起了一系列深刻的经济变化,重庆商业中心的形成就是这些变化的第一个反映。

(二)商业活动只具有一定程度的买办性

一方面,外国商人开办了一批洋行、公司,直接从事进口贸易和出口产品的加工;另一方面,在他们的扶植下产生了一批为西方资本主义经济侵略服务的买办。

但是,也应看到,由于重庆是一个以转口贸易为主的内陆口岸,它的进出口业务在很大程度上靠两种人:一种是上海等地的商人,这中间不排除有一些买办性人物;另一种是重庆本地商人,他们才是经营进出口业务的骨干。

---

① 周谷城:《中国近代经济史论》,复旦大学出版社1987年版,第41页。

与这支庞大的队伍相比,外商和买办经营的份额很小。就行业而言,只有桐油出口为外国人及买办垄断,全行业 3 家出口商中有两家为洋行,全年出口95000 海关担中,两家洋行占 89.47%,资金全为外国预付[1]。同一时期,在工业领域里外国资本也很少,因此,重庆没有形成一个买办阶级,这对社会发展特别是政治运动有较大影响。

（三）商业活动的投机性

商业投机是半殖民地半封建经济的显著特征。商业投机是指利用或操纵市场,通过囤积居奇、贱买贵卖等手段而牟取暴利的商业活动。投机活动一般发生在商品、黄金、外汇和有价证券的期货交易中。投机商人预测某种商品价格或黄金、外汇、有价证券将要上涨或下跌,以少量押金大量买进或卖出,等价格涨跌时就卖出或买进,从差价中牟取暴利。这种投机活动与商品的贩运、经销有着本质的区别,前者不发生实物转移、交换,实际上只是利用行市的涨跌进行赌博,买卖一方所赚的,就是另一方的亏损。

（四）商业管理的多样性

在重庆开埠后的很长时间里,重庆的商业管理是多样的。商会和同业公会管市场,政府放任自流,进出口贸易、税收大权由外国人操纵。即使从 1928 年起海关税务司改为中国人担任,但整个海关体系仍然控制在外国人手里。半殖民地性质的海关体系决定了重庆海关不可能真正成为中国人自己的海关。直到 20 世纪 20 年代,重庆政府才开始改变放任不管的状态,着手加强对商业领域的管理。

二、商业中心的形成开始改变了重庆城市的功能

近代以来重庆商业的发展引导着传统的城市走上了近代城市化的道路,城市的主要功能开始由军政中心让位于经济中心。

马克思在《资本论》中写道:"一切发达的,以商品交换为媒介的分工的基础,都是城乡的分离。可以说,社会的全部经济史,都概括为这种对立的运动。"[2]这是马克思对城乡对立运动的理论概括,也是马克思主义城市观对于

---

[1] 张肖梅:《四川经济参考资料》第 20 章,第 115 页;《重庆经济调查·桐油》,第 10 页。
[2]《马克思恩格斯全集》第 23 卷,第 290 页。

城乡对立——城市起源的一个重要观点。

经典作家进一步指出:"中世纪(日耳曼时代)是从乡村这个历史的舞台出发的,然后,它的进一步发展是在城市和乡村的对立中进行的;现代的历史是乡村的城市化,而不像古代那样,是城市乡村化。"[1]这是马克思主义城市观的一个重要观点,它阐明了古代和近代城市的区别:古代——城市的乡村化,即以自然经济为基础,"乡村在经济上统治着城市"[2],城市的主要功能是政治中心;近代——乡村城市化,即以商品经济为基础,城市(从经济上)统治农村,城市的主要功能是经济中心。同时,它也指出了古代城市向近代城市转变的方式——城市化。只有真正走上了城市化的道路,城市才最终告别古代而走向近代化。

城市化,即由于近代生产力的发展和社会生产方式的变化,而引起的第二、第三产业的聚集过程,以及由此决定的人口集中过程和城市生活方式不断扩大过程相统一的社会过程。应该强调的是:(1)城市化是一种"社会过程",而不是"结果",既然是一个过程,就应有起始、发展、终结等阶段;(2)城市化是一个历史范畴,而不是与城市的产生和消亡相始终的概念,即它是近代历史的产物;(3)城市化是近代历史以来的普遍现象,而不是仅仅存在于资本主义社会。

为了叙述的方便,我们把有关理论要点作一归纳:(1)城市化是近代时期的产物;(2)城市化是一个过程,有起始阶段;(3)经济中心的形成,是城市化开始的重要标志;(4)城市化的核心是工业化。

当我们用马克思主义城市观去考察一个具体地区的城市化的起始阶段——经济中心的形成时,我们发现,有的如马克思所阐述,直接从工业中心开始,逐渐形成商业、金融、交通中心,从而构成经济中心;有的则是从商业中心开始然后形成工业等其他中心。重庆即属于后者。

近代重庆城市经济的发展中,带领重庆走向近代城市化道路的首先就是商业的近代化——商业中心的形成。"工业未兴,商业极盛"成为近代重庆商业的一大特征。正是由于商业中心首先形成,以及这一时期金融、交通中心

---

[1]《马克思恩格斯全集》第46卷,第480页。
[2]《马克思恩格斯全集》第21卷,第189页。

的形成,才促进重庆的城市功能发生了变化。

近代以前,从城市发展的阶段性上讲,重庆属于传统城市的范畴。从重庆本身的历史看,重庆是四川的军事防御中心和区域政治中心。南宋时为四川安抚制置副使驻节之地,经营川东防务,拱卫南宋西大门。明代又置川东兵备道,是控制川东、贵州等地,监视少数民族的军事重镇和兵家必争之地。清代仍置川东兵备道,是川东56属保甲团练所在地。同时,重庆城一直是川东和重庆府的政权所在地。尽管到明清时期,商品经济有较大发展,城市经济功能有所上升,但就城市的主要功能而言,仍然是一个区域性的军政中心,开埠以前的重庆仍然是传统意义上的城市。

开埠以后,这种状况发生了变化。商业的发展促使城市经济中心功能迅速上升,并代替了军政中心的主要地位。1929年重庆建市,最后完成了重庆城市主要功能由军政中心转变为经济中心的过程。

三、商业中心的形成开始改变了重庆城市性质

重庆商业中心的形成是近代重庆经济中心初步形成的标志,商业的突出发展,使重庆开始以商业城市的新面貌出现在近代中国经济、政治的舞台上。

从西方城市发展史来看,由于经历了资产阶级革命和工业革命,建立起一个高度整体化和商业化的资本主义经济体制,加之具有发达的交通工具,从而形成了一批经济中心城市。这样的城市一般来说,都以工业生产为基础,商业、金融、交通的发展都以工业的发展为前提。当然,也不排除商业、金融、交通的突出发展,这是资本主义制度的产物。

但在近代中国,既没有建立起高度整体化和商业化的经济体制——资本主义经济制度,又没有发达的交通工业和交通网络,更为严重的是受到西方资本主义的侵略,因此,中国城市的近代化道路是不可能从工业生产开始,而往往表现为从商业的发展起步。

在近代重庆经济中,最先得到发展的是商业,因此商业中心最先形成。稍后,为商业服务的金融业、交通运输业得到发展,形成金融中心、交通中心。综观20世纪30年代以前的重庆经济,发展最早、发展程度最高、规模最大、作用最大的都是商业。当商业、金融、交通中心都形成以后,重庆经济中心就初步形成了。而商业中心作为重庆城市经济功能中的主导功能,决定了当时

重庆作为商业城市的性质,重庆就以商业城市的新面貌开始出现在中国经济、政治的舞台上。

在近代中国,依靠优越的水运条件,由商业和金融起步发展成为经济中心城市,这既是重庆地区城市化的道路,又是中国近代城市化道路的一般规律。

四、重庆商业的发展使重庆成为长江经济链上的重要一环

近代重庆商业贸易的发展,是近代中国长江流域经济发展的产物,而商业中心的形成,又使重庆成为长江流域经济链上的重要一环,从而初步确定了重庆在中国经济格局中东西部地区接合部的战略枢纽地位。

唐宋以后,中国经济重心自黄河流域移向长江流域,开始了长江流域经济开发的新时期。但是,在几百年的发展中,长江流域经济的发展仅仅局限在下游的江南地区以及某些点上。直到近代以后,才开始了比较完全意义上的长江流域经济的开发,才有了以对外贸易为主要内容的整体的长江流域经济带。长江流域经济带不论对中国人,还是侵略中国的外国人,都具有至关重要的意义,而上海是这个经济带的中心,重庆则是它在上游地区最重要的成员。

近代以来,长江流域经济的整体发展,主要有社会、地理和历史等方面的原因。近代以前,中国社会的经济基础几乎完全是自然经济,交通运输相当落后。在这种工业发展前的社会里,最有可能依靠的贸易通道就是河流水网的水上运输。近代以来,帝国主义的入侵,把商品输出和原料掠夺强加于中国,这样对外贸易的发展就提到了首要的位置。因而,历史就选定了一条江,这就是长江,选定了一个城市,这就是上海。从上海入口,再从上海出发,把西方的商品输往中国内地,把整个长江流域都变成英国的巨大市场。在这种被动状态下,长江流域经济终于形成了一个整体。

长江流域有 194.25 万平方公里的土地,大约相当于中国内地面积的一半,有近 2 亿人口,也大约相当于当时中国人口的一半。这是一个十分巨大充满诱惑力的市场。上海处于从西面和北面向它汇合的华东低地和整个长江流域的焦点。它背靠富庶的长江三角洲,有充裕的粮食和农产品供给,它可以从那里得到独特的原料,它通过长江连接约 3 万英里内河河道,输送了全国外贸总额45%至65%(1865年至1868年)的货物①。伴随着西方的利炮坚船和洋纱洋布,在短短的几十年中,上海由一个江边渔村发展成为长江流域的经济中心——中国的经济中心。

拥有同样优越的地理条件的重庆,则地处长江上游地区嘉陵江的交汇处,通过川江连接乌江、綦江、沱河、岷江,特别是嘉陵江,大约1万公里水路,它连接着几千万人口,连接着富饶的天府之国。特别需要指出的是,四川东障巴山,西屏邛崃,南踞苗山,北倚秦岭,仅长江一线与外部相通,一个独立的自然环境,形成一个相对独立的自然经济区。而重庆则居于四川盆地的水系枢纽之上。开埠以后经过几十年时间,重庆以自身在商业和贸易上的独特地位,加入到长江流域经济开发行列,逐渐由一个区域军政中心,发展成为了长江上游的经济中心,成为长江经济链上连接着西部广大地区的重要一环。

第三节 金融中心与城市近代化

一、金融中心是经济中心的重要组成部分

(一)金融业的发展促进了城市功能和城市性质的转变

城市功能由传统的军政中心为主转变为以经济中心为主,城市性质由传统的都邑性城市转变为工商业城市,是重庆城市走向近代化最重要的标志。金融业作为为适应工商业的发展而发展,并始终为工商业服务的行业,为促进这种转变的实现起了重要作用。

1. 它为城市经济的发展,特别是进口商品贸易提供了巨额资金

以聚兴诚、美丰、川盐、重庆、四川商业5家主要银行而论,1934年至1936年间,共收各种存款16665万元,共放各种贷款13949万元,而贷款又主要用于商业的发展,仅这5家银行的贷款就占同期重庆对外(省外和国外)贸易总额21490.4万元的64.9%②。重庆商业的长足发展与巨额的资金支持关系极大。

---

① [美]罗兹·墨菲:《上海——近代中国的钥匙》(中文版),上海人民出版社1986年版,第51页。
② 存放款数见《重庆金融研究》1985年第3期;外贸总额数见《近代重庆经济与社会发展》,第500页。

2. 以整体优势沟通出口商品的产、供、销环节

重庆是个转口贸易城市,一头连着产地,另一头连着出(国)口口岸,但产地既远且散,生产、收购、加工、运输、销售分属几个行业,需要几套资金。例如,川盐经重庆转口外销,就要产地购进、途中运输、到岸销售三个环节和三套资金;再加上全系水运,事故频繁,需要有一个集资金、统筹于一身的机构。于是,川盐银行应运而生。它除专办盐业的存放汇外,对在途水险、到岸堆放均予办理,极大地方便了川盐的运销,有利于盐业的发展。川盐银行本身获利也不少,从开业到抗战前(1930年至1936年),纯收入即达196.83万元,平均每年32.8万元①。此外,对糖业、猪鬃、桐油等大宗出口业,均有一套产、供、销、保险的专门做法。

3. 投资工矿、交通和公用事业,促进经济中心的完善

20世纪30年代以前,重庆金融业主要着眼于商业,对工矿、交通和公用事业的投资较少。1935年前后,电力、水泥、自来水、轮运等有所发展,金融业开始对此有所投入。抗战爆发以后,急需大量资金发展战时工业,因全国大后方金融中心的迁渝而成为可能,正是在国家银行的大力投入和扶持下,重庆工业才在极为落后的基础上实现了跳跃式发展。

4. 汇兑业务的不断扩大,加速了城市资金的周转

1906年,重庆日升昌票号一年的汇兑额为164.59万两,以此推算重庆全年汇兑额当在2000万两以上②。民国以后,商业银行成为重庆金融业的主体,而汇兑又是主要业务。1934年,聚兴诚汇兑总额则为1.538亿元,全市当在10亿以上。当年,重庆钞荒,聚兴诚与美丰银行由上海收集200万中山版银圆调运重庆,维护了经济秩序的正常运转③。到1943年5月,仅重庆地方商业银行汇兑余额已达到8.52亿元,年汇兑额在100亿元以上④。

5. 为城市经济的发展提供信息咨询服务

金融机构往往利用分支机构多的优势,能及时掌握全国市场行情和本地各项事业的发展,并将其编制成各种行情表,按时公布,《聚星月刊》即为代

---

① 《川盐银行历年损益比较表》,见《四川经济参考资料》第四章 D15。其中缺1930年的数字。
② 卫聚贤:《山西票号史》,重庆人民银行金融研究所资料。
③ 《重庆金融志资料专辑》,载《重庆金融研究》1985年第3期。
④ 《金融月刊》第4卷第35期。

表;同时,许多银行都办有经济研究所(处),对金融、工商、交通各业的发展提供各种研究报告和资料汇编,中国银行、四川省银行即为代表。这些是对当时经济和企业发展有益,对今天的研究更是不可或缺的珍贵资料。

没有金融业的服务,城市商业和工业的发展是不可想象的。

(二)金融中心是重庆与东西部经济联系得以实现的重要纽带,也是反映重庆与东西部经济关系的神经

重庆这个以转口贸易为特征的商业城市,西面连接着四川和西部的广大市场,东面又受制于上海和汉口。与此同时,在金融上也同样存在着这么一个格局,即西部与"全川各地之大宗汇兑,概用渝票(在重庆支付之汇票)为媒介",重庆是"全川之金融中心"①。"重庆对于省外汇兑,又以上海一处为中心。故申汇之涨落遂为重庆市场繁荣或疲弱之大关键。"②即使"对于其他各省汇价,亦以申汇为标准折算"③。申汇与渝票就是上述联系和反映的具体表现。

申汇,即重庆与上海之间,由于币制的不统一,而在汇兑上产生的汇水。通常以沪银1000两为标准,以上海洋厘将银两折合银圆若干后,再比较其差额之多少,以此作为每千两的汇水。当重庆银根紧时,如正常情况下每年4、7、10月,均是各业用钱之际,申汇就跌。如清末民初,这几个月中,在上海收规元1000两,则只需在重庆交渝平银950两。其他时间重庆银根松时,申汇就涨至1000两以上。除正常商业的淡旺之外,政治和军事、内政和外交等非经济因素都可能引起申汇的涨落。

渝票,即重庆与四川内地由于币制不一而在汇兑上产生的汇水。四川各县市与重庆的汇兑都以渝票为本位,通常多以银圆计算,亦有用银两的。例如,成都的渝票价为1080元,即成都交1080元,重庆收1000元。

二、金融中心形成与发展的非经济因素

在半殖民地半封建的旧中国,社会的近代化,特别是经济的近代化,虽然从根本上讲,是经济发展的必然要求,但是非经济因素随处可见,并起着相当

---

① 《重庆经济调查》,1937年1月版,第7页。
② 《民国十一年至二十年重庆经济概况》,1932年版,第43页。
③ 张肖梅:《四川经济参考资料》E22。

第二十章　重庆经济中心的完全形成与城市近代化　　453

大的作用,而尤以金融业最为显著。

重庆金融中心的历史在旧中国大体可以划分三段:清末至1936年为形成期,1937年至1945年为发展期,1946年至1949年为衰落期。认真考察一下金融中心的历史我们不难发现,非经济因素(其中又主要是政治因素)始终是左右其发展进程的主要力量。

(一)军阀统治下金融业的畸形发展

重庆金融中心的形成时期,非经济因素的作用:一为清末政府对票号业的大力扶持,这点,我们在第二卷第五章里已有专门论述;一为地方军阀对银行的"青睐"。

民国以后,四川进入军阀混战时期,防区制逐步形成。在争夺防区的混战中,重庆一直是甲进乙退、频繁易主的中心战场。实行防区制的主要特点在于各军在其成区内就地筹款。因此,谁能占据经济中心和富庶之地,谁就能凭借强大的经济实力,扩充军队,在未来的争夺中居于有利地位,争得更大的地盘。故当时人称重庆为"全川精华所在","凡据之者,其胜算即有十分之七八可操左券。其故何,即'金融'之潜势力是也"[①]。

军阀在重庆的筹款方式以募派最多,即凡遇战斗发生,军队开拔,或败退离城之时,无不向重庆商界筹款,数目为数十万至百余万元不等;否则以战事相要挟。此类款项大多由重庆总商会筹办,转向银钱业、货帮及富绅地主等摊派;也有少数开办银行,发行公债[②]。

1926年,刘湘驱逐黔军袁祖铭部后,开始独霸重庆,直到1935年防区制结束。刘湘据渝期间,每年的财政支出大约为7680万元[③]。为了维持这个庞大的开支,除采用行政手段外,还采用了金融手段来搜刮。

刘湘独占重庆的9年,也是他逐步把持重庆金融业的9年。据统计,到1934年底,重庆的商业银行被刘湘搜刮的资金(即所谓"军政放款"),已占到银行业全部资产的56%和钱庄业的60%,而以刘湘为代表的军政首脑人物的资本也得以渗入商业银钱界。当时银钱两业资本总额不过1000万元,"而

[①]《当局与金融之关系》,见《重庆经济概况》,1932年版,第17页。
[②]《当局与金融之关系》,见《重庆经济概况》,1932年版,第18—22页。
[③]张禹九:《四川之金融恐怖与刘湘东下》,1934年版,第11页。

其有军政人物之资本关系者,约在十分之八以上"①。

这对于民族金融业来说,是莫大的灾难。1921年,聚兴诚银行一度将总行迁至汉口,不堪军阀的派垫是重要的原因。另一方面,重庆银行业又背靠刘湘这位"四川王"的军事、政治势力,借以发展壮大,成为金融业的主体。

(二)官僚资本从金融垄断到经济垄断

抗战时期重庆金融业有了相当大的发展,其大后方金融中心地位来源于两个因素:一是陪都地位引来了国家和各地银行;二是官僚资本实现了对金融的垄断,以此实现对整个国家经济的垄断,而经济垄断的实现,又反过来强化了官僚资本的金融垄断。

官僚资本从金融垄断走向工业垄断的方式或为向企业参股,或为直接投资办厂。如:重庆中央印刷厂为四行二局共同投资兴办;四川榨油厂资本350万元,重庆中国银行即占72%;川康兴业公司全部商股的一半以上亦为四行二局和四川省银行占有。抗战时期,仅四行二局在重庆就通过投资、参与、吞并等方式,控制了重庆的数十家骨干厂矿,加上官僚资本开办的其他厂矿,实现了工业垄断。

官僚资本对商业的垄断主要是通过金融垄断来实现的。一是战时为平抑物价成立了"平价购销处",其资本由四联总处拨给,其账目直接受四联总处稽核和监督,可以说,它是四联总处附设的投机商号;二是"四大家族"通过各自的金融系统对商业投资。如:宋子文通过其金融系统投资于重庆中国国货公司、四川丝业公司、四川畜产公司等主要商业企业;孔祥熙也在重庆以裕华银行为中心,连接了祥记、广茂兴、恒义兴三家商店,从事商业投机。

抗战时期,金融业由国家高度集权控制,地方商业银行主要投资、贷款于商业;国家银行则主要投资工矿、交通企业。但是,工矿投资的相当部分已被转入商业渠道。金融的垄断,一方面有控制地允许商业银行大量投资商业,另一方面也容忍工矿资金流向商业,一切以"四大家族"官僚资本的利益为转移。

(三)在半殖民地半封建社会的总危机中崩溃

抗战的胜利与国府的还都,从根本上改变了重庆作为大后方经济中心的

---

① 张禹九:《四川之金融恐怖与刘湘东下》,1934年版,第18、16页。

政治、经济环境,因此,在由战时体制向平时体制转变的过程中,重庆经济立即陷入"胜利危机",而首当其冲的就是金融业。由于大量人口的复员,同时受上海市场高利率的吸引,重庆金融市场上的大笔资金流向了长江中下游地区,特别是上海。同时,金钞市场活跃,又吸引了部分游资转向投机;重庆市场银根趋紧,市场疲软,物价下跌,客户大量提存;部分商号感于贷款之不易,于是不顾政令的禁止,以较高利息私自兼营存放业务,而存户又为存取手续的简便,既博取较高利息,又逃避10%的利息所得税。因此,到1946年底,银行存款大幅度下降。以重庆市各行庄存入中央银行重庆分行的存款准备金为例,1946年4月为43.55亿元,到12月降到34.35亿元,8个月下降了21.13%[①]。一些资力不厚、信誉欠佳的银行,如正和、同丰、大同、华侨兴业等,或因借贷无门相继搁浅,或因亏损过大倒闭关门。银根紧缩又导致工商业困境,以至于政府为此发放50亿紧急贷款也无济于事[②]。

1945年8月底,重庆市场的金价跌了60%,法币对美元的市价则上升了100%[③],趸售国货物价指数从9月份起,持续5个月下降。1946年2月份起,物价又持续上升,1946年全年平均月指数为384086,比1945年的150193增长了155.73%[④]。新的通货膨胀迅速出现了。

第四节 交通中心与城市近代化

一、交通中心的特点

(一)航运业始终是重庆交通中心的主体

纵观近代重庆交通中心形成发展的历史,航运业始终居于突出地位。

清朝末年,重庆的交通主要借助两种方式:一是航运,包括木船和轮船;二是驿运,即陆路的人畜力运输。航运中,仅木船运输量即达年平均50万吨左右。驿运量没有见诸记载,但从货物流向上分析,可以肯定,比航运少得

[①] 中央银行重庆分行:《检查重庆市各行庄三十五年度总报告书》,1947年1月印行,第17—18页。
[②] 谷昆山:《重庆金融市场的兴衰》(未刊稿),第29页。
[③] 张公权著,杨志信译:《中国通货膨胀史》,文史资料出版社1986年版,第48页。
[④] 《重庆十三年来趸售国货物价总指数》,《工商杂志》创刊号,1949年11月。

多。航运是交通运输的主体。

民国以后,交通方式有了变化,公路运输、航空运输相继出现,发展较快,但在重庆并没有影响航运的中心地位。抗战以前,重庆的公路已初步联网,航空运输也已开通。当时,这二者的客货运量虽未见诸记载,但从其发展也可窥其大概。1935年以前,公路还处于防区分割的状态,作用极小。1935年至1937年经国民党中央势力入川后的整顿,开始形成以重庆为中心的公路网。但时间太短,公路的作用未能显示。战前全川仅有公、私、军用汽车537辆,属于重庆市管辖的为78辆,只占14.5%[1],真正营业性的更少。航空业则刚刚开通,以客运为主。而航运业中,仅民生公司一家在1936年中就运送货物8万吨,旅客41万人次[2]。加上木船及其他中外航运公司,重庆的水上客货运输总量,也是若干倍于公路与航空运输。

即使抗战期间,公路、驿运、联运、航空大发展,而航道缩短的情况下,轮船货运量年平均也为17万吨(民生公司),木船在1942年中,向重庆运送的米、盐、煤即达120万吨[3],因此,重庆的航运客货总量当在250万吨以上。航运仍是交通运输的骨干。

战时重庆的公路运输以重庆至贵阳、重庆至长沙两线最为重要,1941年两线货运量为8.2万吨[4]。加上成渝线的运量,重庆公路货运总量不会超过15万吨。航空运输,战时大后方空运总量以1943年最高,不过19752吨[5],重庆一地肯定少于此数。驿运,1940年9月至1944年12月,4年中全国总量为124.98万吨,年平均31.25万吨,重庆大约占4/7(因全国7大干线中,有4条与重庆有关),约为17.85万吨,重庆的公路(15万吨)、航空(2万吨)、驿运(17.85万吨)三者年货运总量大约为34.85万吨。这也只不过占航运总量的13.94%而已。在资料不足的情况下,这种算法并不十分准确,但有一点是肯定的,那就是除航运以外其他交通工具只会少于我们上面计算的数字。

我们认为,重庆和我国近代发展起来的其他中心城市一样,发达的水路交通是它崛起的重要因素。可以说,当铁路、公路、航空尚未充分发展,水上

---

[1] 张肖梅:《四川经济参考资料》G15—16。
[2] 凌耀伦、熊甫:《民生公司史》第6章,人民交通出版社1990年版。
[3] 傅润华等:《陪都工商年鉴》第8编,第17页;民生公司档案。
[4] 王立显主编:《四川公路交通史》(上册),四川人民出版社1989年版,第305页。
[5] 《中华民国统计提要》,1944年。

运输还是交通的主要形式的时候,交通中心就随着水路交通的转移而转移。因此,抗日战争以前,当以重庆为枢纽的水运体系形成,并辅之以其他运输形式的时候,重庆交通中心也就形成了。

(二)帝国主义的侵略和民族资本的抗争刺激了交通中心的形成

航运的发展是交通中心形成的最主要的标志。特别是轮船业的发展是帝国主义经济侵略的重要前提,因此川江航运的发展与帝国主义的侵略有最密切的关系。

清末木船业的繁荣,就是因为洋货涌入重庆后,引起了进口贸易的增加而形成的。1885年,重庆对外贸易值为466.95万关两,1909年达到3230.88万关两,增加了近6倍。这主要靠增加船只来解决这个问题。

轮船业的出现,其直接导因就是抵制外国侵占航权,重庆成立了第一家川江航运公司,轮船航运业由此而发轫。

第一次世界大战期间,重庆的民族航运业获得重大发展。然而战后帝国主义入侵川江,又抑制了民族航运业发展势头,但这只是问题的一面;另一面是民族航运业被迫让出的份额,不仅完全被外轮占领,而且有所扩张,因此,航运从总体上讲,是发展的。在此基础上,以民生公司为代表的民族航运业,不甘于帝国主义的侵略,在统一川江民族航业之后,又迫使帝国主义势力大部分退出川江。这种退出只是帝国主义势力的退出,其轮船大多为民生接收或购买,民生的事业又大大前进了一步。

因此,在抗战以前重庆交通中心形成的时期,航运业发展的启动因素是帝国主义的侵略,作为回应,是民族资本的反抗,由此开始,经历了侵略—发展—再侵略—再发展的道路。

(三)封建主义和官僚主义左右着交通中心的发展

如果说,航运业的发展是帝国主义大规模侵略重庆的前提的话,那么,整个交通中心的形成和发展,都是封建主义和官僚资本主义建立和维护其统治的重要条件。

川江航运统一的实现,首先得益于卢作孚的爱国精神、"实业救国"理想和卓越的经营才干;其次是刘湘及其政治、经济、军事力量。两者之中,又以后者为主要因素。在半殖民地半封建的旧中国,民族资本处于帝国主义和封建主义的夹缝之中,仅仅凭着爱国的热情和"实业救国"的理想是救不了中国的,民族资本也不可能得到独立的发展。因此,川江航运业的统一,除民生公司自身因素外,还需要从另外方面寻找原因,那就是它得到了地方军阀势力的支持。从卢作孚出任川江航管处处长,到由地方当局维持航运秩序;从第一次实现中国人检查监督外国船,到迫使外轮接受与华轮合理分配营运的条件;从川江航管处在兵运问题上对民生的优待,到打击排挤其他华轮公司;从让民生公司独享渝合、渝涪、渝万航线专利,到默许保护民生公司垄断鸦片和白银运输,获取盈利,无不是借助于刘湘的势力和由于刘湘的直接支持。

抗战时期民生公司的大发展,其重要原因也是因为得到了国民政府的扶持。当时官办的航运机构——轮船招商局损失太重,一时难以恢复元气,其退入川江的船舶又吨位太大,适合于长于川江航运的,就只有民生了。为了战争的需要,国民政府,只能选择民生,因而采取拉拢的办法,任卢作孚为交通部次长,统筹大后方内河航运,并从经费、政策方面给了民生许多优惠。这个时候的民生公司,就其性质而言仍属民营企业,但其待遇和地位已具有了官方企业的色彩。在战争的特殊环境下,得到政府特殊优待,企业的发展是不足为怪的。

民生公司的历史,符合中国民族资本主义企业发展的一般规律。从上述顺利的一面是如此,从被束缚、被扼杀的一面也是如此。从抗战初期,官僚资本就想吞并它。1938年,蒋介石即借口"统一调配运力,便利抗战运输",强迫民生公司把全部船只交给军政部,由运输司令部掌管。民生公司以承担积压在宜昌的全部(8万吨)撤退物资,运费只收10%为代价,并请铁道部长张公权等奔走于何应钦等门下游说,还以否则不能完成宜昌撤退物资规定相要挟,蒋不肯冒完不成宜昌撤退物资的风险,加之民生公司听话、便宜,也就顺势撤销了吞并指令[①]。

抗战胜利后,国民政府不再依靠民生公司了,反而阻碍其发展,因此,抗战结束之日起,公司就碰到种种困难,卢作孚的企业与经营也到了崩溃的边缘。

其他,如公路、航空的发展,要不是"围剿"红军和经营后方的需要,就不会有1935年参谋团对四川公路的整理和修筑;要不是抗战运输的迫切需要,

---

① 童少生:《回忆民生轮船公司》,载《重庆文史资料选辑》第17辑,第162页。

就不会有公路规范化和航空中心的形成。总之,封建主义和官僚资本主义左右着交通中心的发展。

二、交通中心的历史作用

重庆开埠以前,它还只是偏居四川东部一隅的中等城市,是古代的区域性军政中心,但是开埠以后,城市经济的发展,大大加强了重庆与外界的联系。在国内,它开始走向全国。它以长江为中轴和纽带,背靠西南,面向长江中下游地区,既有吸收,又有扩散。在这个广大的区域中,重庆处在我国东部发达地区的后方和西南不发达地区的前沿,在走向全国的过程中,确立了重庆作为我国东西部结合点的战略枢纽地位。

近代以来,重庆被迫走向世界。随着重庆开埠,帝国主义经济侵略步步加深,重庆被纳入了世界资本主义市场,沦为帝国主义的商品市场和原料供给地。走向全国和走向世界的过程中,不论是与长江流域经济区域联系的建立,还是思想文化的交流和革命运动的开展;也不论是第一次被迫向西方打开城门,还是主动与世界建立空中联系,交通都成为连接重庆与中国、与世界的载体,并在这种联系中不断地发展壮大自己。

在重庆城市内部,近代以来最大变化是城市功能的变化,即从军政中心转变为经济中心。在构成重庆经济中心的四个骨干行业中,商业和工业的发展决定城市的性质,交通和金融的发展则是维持城市正常运行的最基本条件。

特别是抗战时期,重庆迅速增加的运力和连接大后方的交通网络的形成,使重庆成为大后方的交通中心,而交通支撑着重庆城市功能的发挥,同时又为经济中心的其他行业服务。它既是城市近代化的产物,又推动着城市近代化的发展,可以说,没有近代交通事业的发展和交通中心的形成,就没有重庆城市的近代化。

需要指出的是,近代时期,重庆交通事业的发展较之中国西部来说,已处于先进的水平,它毕竟比较齐全,形成了相当的运输能力。但与东部发达地区比较而言,又相当落后,如结构不合理,修成渝铁路喊了40年,却未见一寸钢轨,运输手段也较为简陋,航道、公路的技术等级也相当低。这一方面取决于经济发展水平,另一方面与帝国主义、封建主义、官僚资本主义牢牢地控制着交通事业有关,这是半殖民地半封建经济规律所使然。

第五节 近代重庆经济中心的特点及历史地位

一、近代重庆经济中心的特点

（一）近代重庆经济中心的形成是近代历史发展的必然结果，也是重庆城市经济发展的内在要求，但是外部条件曾经起了很大的推动作用，在一定意义上甚至是决定性的作用

考察近代重庆历史可以看到，经济中心的形成，在很大程度上是由于1891年重庆开埠和1937年国民政府迁都重庆两大事件。但是否就可以得出重庆经济中心形成主要是外因作用呢？

经济中心是城市发展的产物，而城市的本质是商品经济。到明清时期，重庆城市的商品经济已有一定程度的发展，而"八省会馆"与"十三帮"的出现，更标志着商品经济已成为重庆城市经济发展的内在动力。近代以来，以长江为中轴的国内市场逐渐形成；四川与长江中下游地区的经济联系进一步加强，传统的流通结构发生变化，而重庆首当其冲，成为四川与外界经济联系的交汇点。经过戊戌维新、辛亥革命的冲击，重庆城市的商品经济水平进一步提高，需要更大的活动范围，然而军阀的割据和混战又遏制了重庆城市经济发展的步伐。

在这样的背景下，重庆开埠，西方资本主义入侵，以政治手段强行向重庆输入更高水平的商品经济模式，尽管具有殖民的性质，但它毕竟加快了重庆商品经济发展的步伐。国民政府西迁是对外抗战的需要，就对内而言，它打破了四川军阀政治上封闭保守的壁垒，解除了重庆经济发展的束缚，更注以新的活力。

因此，这两个外部条件都有赖于重庆的内在需求，其作用在于极大地推动了重庆经济发展的进程。特别是国民政府西迁，如果没有这一事件，没有重庆与外界封闭状况的彻底打破，就不会有重庆抗战经济的发展规模，也就不会有它所产生的深远历史影响。所以，从这个意义上讲，外部条件起了非常大的作用。作为这种外因和内因作用结果的经济中心一旦形成，就具有不可逆转性，又成为重庆经济发展的新的内因，推动着重庆走向新的目标。

还应指出的是,正因为外部条件的特殊作用,重庆经济中心具有相当大的跳跃性和不平衡性,它所产生的某些影响和作用,又制约着重庆的发展。

(二)近代重庆经济中心是一个完整的整体,其发展序列符合中国近代中心城市发展的一般规律

因此,所谓完整,即主要指经济行业和功能的完整。重庆的经济行业经历几十年的发展,到抗战时期已基本齐备,尤以主体行业工业、商业、金融、交通达到近代时期的顶峰状态。就经济整体而言,重庆经济中心反映着大后方经济的全貌,成为了国统区经济的枢纽,对大后方其他城市无不具有强大的凝聚和辐射能力。

重庆经济中心的形成又是一个逐步完善、协调发展的过程。它最初是一个商业中心,稍后成为金融中心,在这个过程中,形成了交通中心,最后才形成了工业中心。这种发展的逻辑关系可以简单表明为:商业—金融—交通—工业。

依靠优越的水运条件,由商业和金融入手发展经济中心,这既是重庆的特点,又符合我国近代中心城市发展的一般规律。近代上海就是依靠长江入海口的位置,最先"成为长江流域的商业中心",同时"也成为世界上最主要的金融活动中心之一","接着又建立了现代工业制造的中心"。因此,西方经济学家认为,"就现代商业、金融、工业都市的最后成熟阶段而论,上海提供了用以说明中国已经发生和即将发生的事物的钥匙"[①]。天津和武汉也无不居于"河海枢纽"和"九省通衢",在商业和金融繁荣的基础上创立了现代工业,然后协调发展成为华北和中南的经济中心。

(三)近代重庆经济中心起始于商业和金融中心,并在前期居于主导地位

重庆经济中心是在开埠以后帝国主义侵略这个特定的历史条件下开始形成的,在其初始阶段,商业和金融获得了突出发展。在商业领域里,新的商业结构、流通渠道已经形成,管理体制和市场体系已经建立,国内其余地区对重庆的经济中心地位也已承认,资本主义经济已相对强大;在金融领域里,各种形式、各种层次的金融机构都在重庆出现,金融活动日趋频繁,金融市场日趋统一。重庆金融业逐渐由封建性向资本主义转化,并日益扩张。重庆商业

[①] [美]罗兹·墨菲:《上海——现代中国的钥匙》(中文版),上海人民出版社1986年版。

和金融业在客观上又服务于世界资本主义体系。因此,在抗战以前,重庆经济生活中居于主导地位的是商业和金融业,重庆是一个以商业和金融业为主的半殖民地半封建城市。

抗战时期,重庆的商业和金融被置于国民政府的严格控制之下,其中心作用不断扩大并得以进一步确立。但出现了两个问题:

一是商业畸形繁荣。重庆地方银行、钱庄的贷款有77%流向商业[1],政府的工矿、交通贷款也往往被借名转贷为商业活动,以至于1944年上半年时,重庆仅20亿元商业资本,却做出了每月2000亿元的交易[2]。商业队伍也过分庞大,到1945年商业从业人员已超过工矿业,达到234278人,占重庆就业人口的40%[3]。商业资本的膨胀与商品紧缺相伴而生,已大大超出了工业和市场需求的发展程度,反而成为了社会发展的绊脚石。

二是通货膨胀日趋严重。抗战时期,国统区的生产总值和市场规模都有缩小,即使不增发货币,也有一定程度的通货膨胀。但终抗战之期,法币发行额较战前却增加了400倍[4];与此同时,物价则上涨了1560倍[5]。因此,囤积居奇、商业和金融投机盛行,出现了"工不如商,商不如囤,囤不如金,金不如(美)钞"的混乱局面。

商业和金融中心是经济中心城市不可缺少的重要功能,商业和金融的协调发展,是经济中心正常运行的必备条件,一旦脱出常轨,将严重地破坏经济生活。

(四)近代重庆经济中心完成于工业中心的形成,工业中心在后期居于主导地位

一个完全意义的经济中心,必须能对社会经济的全过程,即生产—流通—分配—消费,进行全面的组织,使之正常运行,特别是组织生产和流通。

重庆近代工业产生于19世纪末年,形成过第一次发展的高潮,产生了一定数量的工业企业,矿产资源也得到初步开发。但直到20世纪30年代中

---

[1] 康永仁:《战时重庆银行》,载《四川经济季刊》第1卷第3期,第131页。
[2] 《国民参政会第四届第一次大会记录》。
[3] 周勇主编:《重庆·一个内陆城市的崛起》,重庆出版社1989年版。
[4] 杨格:《中国的战时财政与通货膨胀》(1937—1945),美国哈佛大学东亚研究中心丛书之二十,1965年。
[5] 张公权著,杨志信译:《中国通货膨胀史》,文史资料出版社1986年版,第240页。

期,重庆也还没有成为工业生产中心,而只是显示了作为生产中心的前景。经过八年抗战,重庆工业经历了空前大发展的第二次高潮,才真正成为了生产中心,最终巩固了重庆作为经济中心的地位。

以重庆为中心的大后方经济,是国民政府对日抗战的重要支柱。因而整个经济建设以军事为中心,注重树立重工业的基础作用,优先发展重工业(含军工)。工业在重庆城市经济中居于主导地位,而且第一次打破了轻工业的发展远远超过重工业发展的格局。战前,我国轻重工业资本比例大体为8∶2[1]。抗战初期,重庆轻重工业厂家比例为2.5∶1[2],差距有所缩小。到1944年,重工业的发展速度和规模已大大超过了轻工业,轻重工业厂家比例完全改观,达到1∶4[3]。

在所有制结构方面,官僚资本有惊人的发展。1940年,官僚资本占大后方工业生产总值的15.2%,1943年增加为36.3%[4]。它们控制着国家的经济命脉,尤其在钢铁、机器、军工、电器、化工、动力等方面起着垄断的作用。其中,重庆钢产量的80%为官僚资本控制[5]。重庆的中国兴业公司则是官僚资本在大后方最大的重工业康采恩组织,拥有资本12亿元,职工3500人[6]。

抗战时期重庆工业的跳跃性发展,改变了重庆城市的结构。抗战前以商业的繁荣为主要特征的中等城市,让位于工商业相结合的近代化的大都市。这个格局一直保持到今天。

(五)航运业是近代重庆交通中心的支柱

近代以来,中国的交通事业有了极大的改观,轮运、公路、铁路、航空从无到有,互为补充,形成了近代交通的新格局。但是在四川,由于自然和社会的原因,交通事业远远落后于全国发展水平,重庆就是一个缩影。

重庆的公路直到20年代末才出现,但真正发挥作用则是抗战开始以后的事情。铁路从辛亥以前开始筹办川汉铁路,民国以后又勘测过长(沙)渝铁

---

[1] 吴承明:《中国资本主义与国内市场》,中国社会科学出版社1985年版,第70页;《工业统计资料提要》,第2页。
[2]《重庆工厂调查》,载重庆《商务日报》,1938年12月10日。
[3] 傅润华等:《陪都工商年鉴》第4编,第1页。
[4]《中国的对外贸易和工业发展》,第140页。
[5]《抗日战争中的重庆》,西南师范大学出版社1985年版,第51页。
[6]《四联总处三十二年度工作报告》,重庆市档案馆藏。

路,甚至成渝线也已开工,但尽管重庆人民付出了极大的代价,但终近代之期,重庆除一条运煤专线外,没出现过一条用于公共交通的铁路。航空事业的发展,抗战以来已达到了全国发展水平。但也只不过是极少数人的工具,与经济、社会发展的关系并不密切。因此,在整个近代时期,促成重庆发展最主要的交通事业是航运业。

重庆居长江、嘉陵江汇合口,沟通四川盆地的主要江河,连接长江中下游广阔地区,有舟楫之便。这个最基本的地理条件,成为重庆航运业发展的前提。而其他交通工具的落后,就更加突出了航运业的重要地位。

在近代史上,1899年第一艘轮船出现在重庆江面上,到1949年重庆解放,重庆港籍的轮船已有201艘,3.1万吨,轮船公司23家,特别是拥有民生公司这家中国最大的民营轮船公司。木船业除20世纪20年代到30年代中期有所衰落外,一直稳定在船只2万艘左右,年运货30万吨至50万吨。航运业所承担的运输任务,远远超过了公路和其他交通工具运量的总和。

二、近代重庆经济中心的历史地位

(一)近代重庆经济中心的形成和演进,构成了近代重庆历史发展的新线索

1840年至1949年的中国近代史,既是帝国主义、封建主义(后来加上了官僚资本主义)相勾结,把中国沦为半殖民地半封建社会的历史,又是中国人民(后来在中国共产党领导下)反帝反封建,争取国家独立、民族解放的历史。但这是否就是近代历史(国家的和地区的)的全部内容和基本线索呢?

以重庆为例。本书所探讨的经济中心的历史,既无法归入上述第一线索,又无法归入第二线索。事实上,它在重庆历史上是一个独立的存在,一旦形成,就具有不可逆转性。研究重庆这种大城市的历史,不应仅仅把它看成是中国历史的缩写版,也不应把它当作一般意义上的地方史,而应着重从城市史的新角度来审视。城市史既应包括通史的基本内涵,又应该有自己的独特内容和新的线索。

经济中心史,又不是一般意义上的经济史,因为它研究的对象是城市经济,反映的是城市经济的本质——城市商品经济发生发展的历史。经济中心的历史作为城市史的核心内容,在客观上已经构成了重庆城市历史的重要组成部分。因此,我们对它的研究和概括,就成为进一步认识重庆、研究重庆的新线索。

(二)近代重庆经济的发展,大大加强了重庆与外界的联系,重庆在开放中,逐步确立了它在中国和世界上的地位

在国内,以长江为中轴和纽带,重庆背靠西南,面向长江中下游地区,既有吸收,又有扩散,在这个广大的市场中,重庆处在我国东部发达地区的后方和西部不发达地区的前沿,确立了它作为东西部结合点的战略枢纽地位。

在国际,西方资本主义一直把夺取重庆作为开辟中国西部市场,进一步扩大对华贸易的主要目标。随着重庆开埠,海关和外交使团建立,帝国主义经济侵略步步深入,重庆被纳入了世界资本主义市场,沦为帝国主义的商品市场和原料供给地;而1945年抗日战争的胜利,又一洗中国人民的百年耻辱,重庆以坚持抗战到底的业绩,而一跃成为世界名城。

(三)近代重庆经济的发展,促进了重庆人思想观念的重大变革

首先,它促使重庆人走出了封闭的四川盆地,使之以开阔的胸襟更加清楚地看到了中国和世界。清末留学热潮中,四川是留日学生最多的省份之一,而重庆迭演留日"奇观",人称"江流出峡,一泻千里而至东瀛……以汉魂而吸欧粹"①。到了20世纪20年代,重庆留法勤工俭学再起高潮,群星灿烂。封闭的四川能有如此之奇观,使人不能不从经济与社会方面去寻找答案。

其次,重庆作为一个近代工商业城市,形成了较为浓厚的商品意识和企业精神,主要表现为趋新、竞争、开放、快节奏、直率,当然也伴随着在商品经济条件下不可避免的投机、冒险等。特别需要指出的,重庆的民族资本企业主要是为抵制洋货、挽救利权而开办,其办厂方针和企业管理多有民族特点,而卢作孚创办的民生公司就是一个典型。

再次,使已经存在的爱国反清思想更为突出,并逐步发展为民主共和思想。封闭的四川存在着排外的传统社会心理,到了近代,主要表现为强烈的反帝爱国情绪。如近代四川教案之多居全国之首,而第一次和最大的教案均发生在重庆。即使上层社会也如此,维新报刊《渝报》就以其鲜明而坚决的反帝特色而著称于世。到义和团运动时期,又是重庆人最先喊出了"灭清剿洋兴汉"的口号。到20世纪初,资产阶级民主共和思想风起云涌,在四川,又是重庆人率先响应,孕育出杰出的青年资产阶级民主革命宣传家邹容和他的

---

① 隗瀛涛:《邹容》,江苏人民出版社1985年版,第64页。

《革命军》。

最后,随着工人阶级的不断壮大,新文化运动的兴起,到"五四"前后,《新青年》、《每周评论》等宣传马克思主义的报刊传到重庆,《新蜀报》等进步报刊也相继创办,随着马克思主义的广泛传播,重庆新民主主义革命的条件终于成熟了。

(四)近代重庆经济的发展,使重庆成为了政治活动的中心

新的经济环境为新的政治活动提供了新的条件。早在戊戌时期,四川的维新运动就在重庆发端,与全国的维新运动遥相呼应。20世纪初,重庆的留日学生又成为资产阶级革命思想的传播者和革命运动的实践者。1903年,四川第一个资产阶级革命小团体——公强会在重庆成立,标志着四川资产阶级革命派的形成。1905年底,孙中山派人来渝,在公强会的基础上成立了同盟会重庆支部,并在革命运动中成为革命党人领导和推进四川革命运动的中心,1911年辛亥革命高潮中,重庆同盟会领导起义成功,建立了四川省第一个省级革命政权——蜀军政府,它得到南京临时政府的承认和各省军政府的拥戴。

在"五四"和大革命时期,重庆再度成为四川革命活动的中心。1922年重庆团组织成立,1926年中共重庆地委(四川省委)成立。在党的领导下,四川进入了国共合作的新时期。当时,不论共产党还是国民党(左、右派)的四川省级机关,都设在重庆,而四川国民党左派省党部则成为国共第一次合作在四川的旗帜。与此同时,1926年冬,中共重庆地委在四川军阀部队中发动了"顺泸起义",一直坚持到1927年5月大革命失败为止。这场起义,在党史、军史上都有重大而深远的意义。

大革命失败以后,中共四川省委和团组织,仍在重庆秘密坚持斗争。这时,重庆成为四川军阀刘湘盘踞的巢穴。1929年2月,重庆建市。刘湘先后任四川善后督办、"四川剿匪总司令",节制川中各军,称霸四川。1935年,蒋介石派国民政府军事委员会委员长行营参谋团入川,坐镇重庆,"围剿"红军,统一川政,四川省政府改设重庆。同年,蒋介石将其行营也迁来重庆。

1937年抗战全面爆发以后,国民政府即宣布迁都重庆;1940年又定重庆为陪都。重庆迅速成为大后方的政治、经济、军事、文化的中心,成为国共第二次合作的中心,成为中共中央南方局所在地,同时又是同盟国远东指挥中枢。抗战时期,是近代重庆历史辉煌的顶点。

总之，在帝国主义侵略和抗日战争全面爆发的特定历史条件下，重庆的商品经济得以加速发展，终于形成了行业比较齐全、功能基本完备的经济中心城市，把一个局部的物资集散地，发展成为长江上游地区最为发达繁荣、最富于革命精神的近代城市。

第二十一章　大后方文化中心的形成与演变

第一节　大后方文化中心的形成

抗战时期,重庆文化有了迅猛的发展,呈现出空前繁荣的局面,成为战时中国的文化中心。直接影响这一文化中心形成并呈现出空前繁荣局面的因素,主要有三个:

一、城市地位的变化

1937年"七七"卢沟桥事变后,全面抗战爆发。同年10月,中国军队在淞沪战场处于不利形势,国民政府决定迁都重庆;12月,国民政府部分机构相继迁渝,次年10月武汉失守,蒋介石及留在武汉的国民政府机构也迁到重庆。1939年5月5日,重庆升格为行政院直辖市;1940年9月6日,国民政府定重庆为陪都。在这一过程中,随着国家机关的内迁,大量的文化机构、文化团体和大批的文化人也来到重庆。城市地位的变化,政治、军事、经济中心的形成,奠定了重庆作为文化中心的地位。

二、国共合作的背景

促使重庆成为真正意义上的文化中心,还有一个重要的因素,那就是第二次国共合作的背景。中国共产党作为国内两大政治力量之一,其所领导的抗日文化运动,广泛团结了国内进步文化力量,是战时中国文化的一个重要方面,缺少这个方面,就无以体现战时中国文化的基本面貌。第二次国共合作形成后,中共中央南方局以八路军驻渝办事处这一公开合法的名义在重庆开展工作,而南方局领导人周恩来同时又担任国民政府军委政治部副部长。当时,作为国共合作产物的国民政府军委政治部第三厅(简称第三厅)是国民政府中主管宣传的部门,是战时中国的文化领导机构。但它实际上是在周恩来领导下的抗日文化统战堡垒,共产党通过它在重庆团结了大量文化团体和大批文化人,形成了广泛的抗日文化统一战线,极大地影响和推动了全国抗日文化运动的发展,使重庆抗战文化具有广泛的充分的代表性,成为名副其实的战时中国文化的中心。显然,这些都离不开第二次国共合作这一重要的历史条件。

三、人口迁移

除了国府迁渝、国共合作,人口迁移也是影响重庆文化面貌的一个重要因素。抗战时期,重庆人口剧增,1937年约47万,1938年底即达60余万,1941年突破70万,1943年接近90万,至1945年初已逾百万。外地迁渝人口占重庆的一半以上[①]。大量迁入的人口,一部分是随国府迁渝而来,但亦有相当部分并非直接随迁而来。早在"九一八"以后,便有不少同胞流亡内地;全面抗战爆发后,许多人为躲避战争灾难,纷纷向后方迁移,他们的迁入重庆与国府迁渝并没有直接的联系。但无论哪种迁移,都是以战争爆发为动因,总之,在战争背景下大量迁入重庆的人口,改变了重庆的人口结构,直接影响到重庆的文化面貌。

这种影响主要体现在两个方面:一是各地人口涌入重庆,促进了国内地域文化的交融。根据1937年重庆户口籍贯统计,当时重庆人口籍贯涉及全国25个省,在47万总人口中,重庆本籍以外的人口占了近24万[②]。再以1939年10月重庆市政府职员籍贯统计表为例,四川省籍人员约占40%,其余60%的人员涉及近20个外省[③]。抗战期间,重庆大量新增人口来自天南海北,人作为文化的综合载体,其所携带的文化因子,相互撞击、交融,使重庆文化呈现出色彩斑斓的面貌。譬如戏曲,抗战前除川剧外,其他剧种出现在舞台上的不多。京剧虽在抗战前就偶有演出,但都是外地班社,匆匆来去。直

[①] 根据重庆市警察局历年统计。
[②] 四川省政府编:《四川统计月刊》第1卷第1期。
[③] 据《重庆市政府公报》第1期,1939年10月。

至抗战期间,厉家班、刘家班等专业班社迁来重庆定居演出,同时还由上海迁来恒社重庆分社、雅歌平剧社等业余京剧团体,使京剧舞台空前活跃。另外,像昆曲、汉剧、楚剧、评剧、越剧及一些北方曲艺则是抗战期间才在重庆崭露头角的。这些外来剧种不仅使重庆戏曲舞台异彩纷呈,而且在相互交流、借鉴中使本地的川剧在剧目、声腔、表演等各方面都得到了发展,出现了新的面貌。又譬如饮食文化,抗战期间空前发达,各地名店大批迁来重庆,"重庆菜馆之多,几于五步一阁","下江馆如雨后春笋"。所谓下江馆,实际是对川菜以外的各地菜馆的通称。其时,重庆饮食兼收并蓄,广纳各地风味,省外的有江浙味、广东味、湖北味、贵州味、京津味、湖南味等;省内的有成都味、泸州味、乐山味、内江味等。著名的菜馆,如粤菜有冠生园、大三元,江浙菜有状元楼,北方风味有燕市酒家,还有苏州的陆稿荐、松鹤楼,扬州的瘦西湖,宁波的四明宵夜,湖北的四象村,河南的梁园等。据1943年统计,重庆城内有中西餐食店260个,其中川菜110个,外省菜馆53个,西餐、咖啡馆30多个,形成了中西菜、南北味并存的繁荣局面[①]。再譬如重庆的地名文化,过去街道多以机构、姓氏、商业内容、神话传说命名。机构命名的如领事巷、武库街、公园路,姓氏命名的如曾家岩、戴家巷,商业内容命名的如油市街、鱼市街、衣服街,神话传说命名的如白龙池、会仙桥等,仅陕西街等一两处用外省市名称命名。抗战期间却出现大量以外地地名命名街道的情形。如北碚当时划为迁建区,一些重要的国家机关、大专院校、文化团体陆续迁入北碚,使其成了外地人口较为集中的地区,陆续建成的一些街道在命名上也呈现出地域色彩,如北京路、广州路、庐山路、南京路、上海路、天津路、武昌路等。人口迁移带来的地域文化交融,不仅使抗战时期重庆文化呈现出一种丰富性,也使它更具有广泛的代表性。

人口迁移带来的另一个方面的影响是人口素质的空前提高为重庆文化发展到空前高峰奠定了基础。首先,从职业看,1937年到1946年的人口职业变化,仅以自由业为例,人口增加最多的职业依次为新闻、会计师、教育[②]。公务人员1937年占重庆总人口的1.92%,1946年仅重庆17区的人口职业统

[①] 周勇主编:《重庆·一个内陆城市的崛起》,重庆出版社1989年版,第491页。
[②] 根据四川省政府编:《四川统计月刊》第1卷第1期与《陪都十年建设计划草案》第16页所载数据之比较。

计,就上升到 7.68%①。公务人员不仅数量大增,而且有较高文化素质,以 1939 年重庆市政府职员学历统计表为例,在全部职员中,绝大多数具有中学以上学历,其中受过大学教育和专门教育的占了近 1/4②。再从整个重庆人口的文化程度看,1945 年重庆人口中大学毕业和肄业占 5%,中学毕业和肄业占 17%,小学毕业和肄业占 34%③。脑力职业者的增加和市民文化程度的提高,为重庆文化的繁荣和向高水准发展奠定了人口素质的基础,使它在整体上以国家水平的面貌与政治、经济中心相适应,成了名副其实的文化中心。

正是国府迁渝、国共合作、人口迁移这三个重要的历史因素交互作用,决定了抗战时期重庆文化的发展面貌,不仅促使重庆成为战时中国的文化中心,而且使重庆文化进入了一个空前繁荣的历史时期。

第二节　大后方文化中心的发展演变

抗战时期的重庆文化,大致可以划分为三个阶段:

第一阶段,1937 年全面抗战爆发到 1939 年国民党五届五中全会召开前。这一时期由于第二次国共合作的实现,抗日民族统一战线的形成,举国上下团结一致。随着抗日热潮的兴起,国民党政权也采取了一些有利抗战的措施。在民族矛盾空前尖锐的情况下,这一时期的文化以反对日本侵略、揭露汉奸卖国、鼓舞抗战士气为内容,是宣传抗日救亡的文化。

第二阶段,国民党五届五中全会之后到 1941 年初皖南事变发生前。这一时期由于国民党五届五中全会确立了"防共、限共、溶共"的政策,在不断制造军事摩擦的同时,在文化上,其全面实行专制的政策也渐露端倪。由于国共裂痕在国统区尚未公开地、彻底地暴露出来,这种文化专制在继续向前发展的抗日文化主流中表现为一种暗流形式,进步的文化界在坚持发展抗日救亡文化的同时,对这股暗流给予了初步的回击。这时期可以说是一个过渡的时期,是前阶段的抗日救亡文化向抗日与反专制独裁紧密结合的文化过渡演变的时期。

---

① 隗瀛涛主编:《近代重庆城市史》,四川大学出版社 1991 年版,第 428 页。
② 据《重庆市政府公报》第 1 期,1939 年 10 月。
③ 重庆市政府编:《重庆要览》,1945 年版,第 18 页。

第三阶段,1941年初皖南事变发生后到抗战胜利。皖南事变的发生,使国民党制造分裂、破坏团结的面目,在国统区公开地、彻底地暴露出来。在一片谴责声中,国民党政权加紧强化专制统治,对国统区的文化实行全面专制。文化专制的暗流演变为公开的逆流,文化战线上,抗日民主的进步文化与专制独裁的反动文化营垒分明,进步的文化界为了保障抗日文化的正常发展,对国民党的全面文化专制进行了公开的抵制和全面的反击。这一时期,重庆的文化是抗日文化与反专制独裁的民主文化相结合而成的抗日民主文化,它是重庆抗战文化史上,局面最复杂、斗争最艰巨的时期。

一、第一阶段:抗日救亡文化时期(1937年7月至1939年1月)

早在"七七"卢沟桥事变前,重庆就成立了抗日救亡的文化团体。1937年5月16日,由重庆的《人力》周刊社、《春云》杂志社、墨画社、《商务日报》副刊部、《新蜀报》副刊部等文化团体发起成立重庆文化界救国联合会,漆鲁鱼、金满成、陈凤兮、赵铭彝、李华飞、严华龙等15人为干事。"七七"事变后又相继出现怒吼剧社、重庆市救亡歌咏协会、五月剧社、中华全国戏剧界抗敌协会重庆分会等抗日救亡文化团体和《吼声》、《诗报》等抗日文艺刊物。这时,重庆文化界救国联合会为与各地文化界救亡协会取得一致行动,更名为重庆市文化界救亡协会,它相继召开民众肃清汉奸示威大会、检讨汉奸理论座谈会,还与其他抗日文化团体一起通过文艺讲习、文艺座谈、文艺集会、文艺演出等形式宣传抗日救国。1938年8月,中华全国文艺界抗敌协会(简称文协)由武汉迁渝,给重庆的抗战文化带来了深刻影响。文协于1938年3月在汉口成立,它的成立显示了民族危亡关头中国文艺界空前的团结。它的骨干中有共产党员,也有国民党员,还有无党派人士,有"五四"以来不同的文学思想流派的代表人物,在抗日的大旗下,各种力量汇聚到一起。文协到重庆后更广泛地团结文化界人士,举办各种座谈、讲座,出版会刊《抗战文艺》,还组织大规模的群众文化活动。这时,许多全国性的抗日文化团体纷纷迁来重庆,它们团结在文协周围,共同掀起抗日救亡文化运动的高潮。

1938年10月在重庆举行的首届戏剧节纪念活动,把这时期的抗日文化宣传活动推到了高峰。这一届戏剧节活动,从10月10日开始,到11月1日结束,在重庆持续了23天。500多名话剧和戏曲工作者、上千的业余戏剧爱好者参加了演出活动,观众达数十万人,空前广泛地开展了一次抗日救亡文化活动。当时,国共合作的政治形势较好,演出委员会团结了各方面的代表人物,国民党文化人王平陵参加了组织筹备,国民党文化首领张道藩也参加了压轴戏《全民总动员》的演出。

当时,统一战线的口号是"一切为了抗战",自然,一切文化也是为了抗战。所以,当这年12月梁实秋在《中央日报》副刊《平明》上发表"与抗战无关论"后,立刻遭到重庆文化界的批驳。1938年底,《中央日报》聘梁实秋为副刊《平明》的主编,他在12月1日的《平明》上发表"编者的话"说:"我的交游不广,所谓'文坛',我就根本不知其坐落何处,至于'文坛'上谁是盟主,谁是大将,我更是茫茫然。"还说:"现在抗战高于一切,所以有人一下笔就忘不了抗战。我的意见稍有不同。于抗战有关的材料,我们最为欢迎,但是与抗战无关的材料,只要真实流畅,也是好的,不必勉强把抗战截搭上去。至于空洞的'抗战八股',那是对谁都没有益处的。""编者的话"发表后,立即引起重庆文化界强烈反响。老舍代表文协起草给《中央日报》的公开信,抗议梁实秋在《平明》副刊"编者的话"中对文协的挑衅,还谴责了"与抗战无关"的谬论,但由于国民党文化首领张道藩的干涉,这封信未能发出去。但在文协会刊《抗战文艺》第三卷二期中却刊出了宋之的、姚蓬子、魏猛克批驳"与抗战无关"论的文章。罗荪是首先起来批驳梁实秋的,他在12月5日的《大公报》上发表文章,指出,"今日的中国"的"真实","乃是这次的战争已然成为中华民族生死存亡的主要枢纽","在今日的中国"离开这个"真实","与抗战无关"的"真实"是没有的。梁实秋在《中央日报》上发表文章反驳罗荪,坚持"与抗战无关论",这激起了重庆文化界的公愤。《新蜀报》、《国民公报》、《大公报》等报纸副刊,相继撰文予以批驳。《新蜀报》还公开表示愿提供论争战场:"本刊地盘公开……尽量欢迎各方面对这问题的意见。"接着张恨水、巴人、张天翼相继发表文章批驳梁实秋。经过四个月的论争,梁实秋在1939年4月1日以《梁实秋告辞》结束了《平明》的编辑生涯。这次论争充分显示了"抗战高于一切"是重庆文化界的人心所向。

这一年的10月,《新华日报》、《群众》杂志迁来重庆,这实际上是中共中央在重庆的喉舌。年底,周恩来直接领导下的,由郭沫若担任厅长的政治部第三厅迁来重庆,它的来渝,大大地推进了重庆的抗战文化运动。第三厅到重庆后,原机构压缩成四个科:一科主管文字宣传,科长杜国庠;二科主管艺术宣传,科长洪深;三科主管对敌宣传和国际宣传,科长冯乃超;四科主管印刷、出版、发行和总务,科长何公敢;厅长办公室主任秘书由阳翰笙担任。第三厅是国共合作的产物,也是统一战线的组织模式,参加工作的有共产党员、国民党员和无党派人士。由于它是以公开合法的官方文化领导机构的面目出现,在开展工作上有一些特殊的优势,共产党通过它团结了以文协为代表的大量抗日文化团体和大批文化人,在重庆建立了更为广泛的抗日文化统一战线,对全国各地的抗日文化运动都产生了巨大影响。同时,第三厅的一些骨干也是文协的骨干,如郭沫若、阳翰笙、冯乃超在文协中也担任着重要职务,这两个组织关系最为密切。一个是共产党领导下的公开合法的官方身份的文化领导机构,一个是在全国具有广泛代表性和巨大凝聚力的民间文化团体,这两个组织在共产党抗日文化统一战线的旗帜下,紧密配合,并肩战斗,广泛团结一切抗日文化力量,谱写了重庆抗战文化的光辉篇章。

二、第二阶段:文化演变过渡时期(1939年1月至1941年1月)

1939年1月,国民党在重庆召开了五届五中全会,确立了"防共、限共、溶共"的方针,之后,在文化上颁布了《抗战时期文化团体指导工作纲要》、《战时新闻检查法》、《战时新闻违检惩罚办法》等政策法令。但这时期的"限共"主要表现为军事上的公开摩擦,在政治文化上则取极其秘密的形式。如1939年2月底,国民党中宣部秘密传达《禁止或减少共产党书籍邮运办法》、《查禁新知、互助及生活等书店所出书刊办法》;9月,国民党中央党部复下达密令,指示对中共刊物、书店"对付之方法"。中共一方面针锋相对地反限制和破坏,如1940年1月25日中共中央书记处致电南方局,指示在重庆加强翻印和秘密发行延安出版的党报、党刊;另一方面,从抗日大局出发,对国民党政策中有利抗战的因素仍给以配合。1939年3月,国民党以最高国防委员会的名义颁布了《国民精神总动员纲领》,实施国民精神总动员运动。4月5日中共中央党内指示中指出了"纲领的两面性,一方面为抗日的,这是基本的,另一方面是防共的"。要求"运用与发挥其中一切积极的东西,来提倡为国家民族","一面反对防共分子的观点,一面反对反民族分子的观点"。"对纲领中某些两面性的条文与说明给以我们的明确解释。"①根据这些精神,中共中央4月26日发布了《告全党同志书》,"号召全党同志积极拥护国民精神总动员,并尽一切努力推动全国人民参加这一运动"。同时对那些"两面性的条文与说明"逐一进行了有利团结抗战的"明确解释"②。接着,在4月27日的指示中还强调,"在国民党统治区域的各种报纸刊物亦应发表各种适当文章文件讲演,积极推进此运动"③。正是由于共产党顾全大局,坚持团结抗战,尽管文化专制在重庆渐露端倪,这时期文化主流仍是抗日救亡的内容。

第三厅以它特殊的地位做了不少工作。主要有:建立全国慰劳总会,在全国范围内进行前线慰劳;建立了战地文化服务处,输送大批宣传品到前线;购置了大量药品和医疗器材,支援了各战区;进行了对日宣传和国际宣传;协助日本人民反战大同盟开展工作;协助了文艺界各抗敌协会开展工作。第三厅在重庆编写了大量宣传品,如每周宣传要点、重点宣传提纲及传单"标语"口号等,印制出版的重要宣传书刊有《抗战小丛书》,年鉴型的《抗战二年》、《抗战三年》,《抗战文艺》和《抗战壁报》,《敌情研究》和《日台广播资料》,《中国报导》(世界语),《日寇暴行实录》等。第三厅所属的孩子剧团也来到重庆,活跃在山城的抗日文化战线上。

这时期文协与第三厅紧密配合,共同发起举办各种讲习班、座谈会,组织高尔基、鲁迅等人的纪念活动,开展大规模的群众文化活动。如1939年1月,为纪念全国剧协成立一周年,动员2800余人举行盛大火炬游行,在游行中表演《抗战建国进行曲》,规模宏大,轰动了山城。文协除了积极派作家参与第三厅慰劳总会的前线慰问活动,还于1939年6月组织作家战地访问团,以王礼锡为团长,副团长宋之的,团员有李辉英、白朗、陈晓南、袁勃、葛一虹、罗烽、以群、张周、杨骚、杨朔、方殷,这是文协"第一次派出的笔部队"。途中,团长王礼锡不幸因病逝世,宋之的率团行程数千里,时间近半年,归来后,访问团的集体日记和团员的纪实文章均在《抗战文艺》上发表,产生了很大的影响。

在坚持抗日文化主流的同时,文化界对渐露端倪的文化专制也给予了初

---

① 中共重庆市委党史工作委员会编:《南方局领导下的重庆抗战文艺运动》,重庆出版社1989年版,第41—42页。
② 延安时事问题研究会编:《抗战中的中国文化教育》,上海人民出版社1961年版,第281—288页。
③ 中共重庆市委党史工作委员会编:《南方局领导下的重庆抗战文艺运动》,重庆出版社1989年版,第43页。

步的回击。1939年8月5日,电影《马门教授》在唯一电影院上映,这是一部揭露德国纳粹迫害犹太人的罪行的影片,德国驻渝大使馆以"煽动仇德"为由,要求"剪裁或禁令停演"。重庆社会局下令禁演,《新华日报》及其他各报载文对当局这一举措进行谴责。在舆论压力下,影片原样演出,对文化专制的首次抵制,取得了胜利。1940年1月6日,《新华日报》为抗议国民党新闻检查机关扣压送审社论,首开"天窗",用这种方式来揭露文化专制政策。

到了1940年夏秋之际,国民党在加紧策划皖南事变的同时,也开始加强对国统区政治、经济、文化的专制统治。在文化界,首先向第三厅开刀,先是胁迫三厅的部分工作人员集体加入国民党,遭到了郭沫若为首的三厅人员拒绝后,借改组军委会政治部之机撤销政治部第三厅,以强化国民党的文化专制。周恩来对此举表示不满,并表示愿将第三厅全部文化人接到延安。后经新任政治部主任的张治中转圜,当局采取羁縻政策,在政治部下设立"只能做研究工作,不能从事对外政治活动"的学术性机构,即同年11月成立的国民政府军委会政治部文化工作委员会(简称文工会)。

文工会的班子,实际是由中共中央南方局直接组建起来的,它在原三厅统一战线的基础上,扩大了团结的范围。文工会由郭沫若任主任委员,下设三个组:第一组从事国际问题研究,第二组从事艺术研究,第三组是敌情研究。工作人员绝大部分是原三厅的人员,又新吸收了一些文化界人士参加。在三个组外还聘任了10名专任委员和10名兼任委员。新组建的文化工作委员会包容了比第三厅更广泛的各界代表人物,如著名作家沈雁冰、舒舍予,教育家陶行知,史学家邓初民、翦伯赞,自然科学家卢于道,七月派代表胡风等。

撤销第三厅,这是国民党政权在重庆全面加强文化专制统治的一个信号,文工会成立伊始便面临严峻的局面,两个月后爆发了震惊中外的皖南事变,随着国共两党斗争在国统区的公开化、鲜明化,重庆的文化也进入了一个新的复杂的阶段。

三、第三阶段:抗日民主文化时期(1941年1月至抗战胜利)

1941年初的皖南事变后,随着国民党在政治上专制统治的强化,文化上也开始实行全面的专制统治。3月,成立了国民党中宣部文化运动委员会

（简称文运会），用它来取代第三厅，作为全国文化宣传领导机构。它的主要任务是：(1)规划全国文化运动之各种方案；(2)协助策进各地文化事业；(3)其他有关文化运动之调查设计事项。这个国民党进行全面文化专制的工具诞生后，颁布了一系列文化专制的法令，如《杂志送审须知》、《图书送审须知》、《书店印刷管理规定》、《重庆市审查上演剧本补充办法》、《修正图书杂志送审剧本须知》、《战时出版品审查办法及禁载标准》等。在这种专制政策下，仅1941年1月到4月，重庆《全民抗战》等数十种报刊被迫停刊。1942年，先后被查禁书刊计500余种。这期间，中华全国漫画作家抗敌协会"奉命停止活动"。

在压制进步文化的同时，文运会加紧构建反动文化营垒。1942年2月，国民党文运会联合重庆36个机关团体举办"总动员文化界宣传周"，旨在促使文化事业成为"配合国策"的工具。同年九十月间，文运会主办之《文化先锋》、《文艺先锋》先后于重庆创刊，张道藩在《文化先锋》创刊号上抛出《我们所需要的文艺政策》，把国民党的反动文艺理论体系化和法典化，受到了进步文艺界的抵制和批判。

面对尖锐的斗争形势，文工会在中共中央南方局的领导下，做了大量工作。它并没有听从蒋介石"只许做研究工作，不许从事对外政治活动"的禁令，而是遵照周恩来的指示"跳出圈子干"，继续领导、协调重庆各抗敌文化团体的活动。它继续三厅的工作，坚持组织抗日劳军活动，通过时事讲座粉碎国民党顽固派"苏联必败"的论调，增强人民群众反法西斯必胜的信心。坚持组织各种群众文艺活动，只是往往都策略地加了"研究"的名目，如"地方剧研究公演"、"民歌研究演唱会"等。文工会还编印了大量宣传资料，除了三厅延续下来的《中国报导》、《敌情研究》，油印的《日台广播资料》外，还新编印《国际问题资料》，以及在《新蜀报》上主办《国际问题周刊》，创办《七天文艺》等。

在保护进步文化人士方面，文工会也做了不少工作。皖南事变后，文工会根据周恩来"隐蔽精干、长期埋伏、积蓄力量、以待时机"的指示，对一些文化人作了疏散转移。1942年5月28日，郭沫若得到周恩来通知，国民政府拟屠杀中共党员，逮捕左翼文化人士，希关照同志们注意防范。郭沫若立即召集在渝左翼文化人士侯外庐、邓初民、张申府、王亚平、方殷、葛一虹、应云卫、夏衍、郑伯奇、阳翰笙、马宗融、陈子展、陈望道等开会,决定:一是在渝左翼文化人应常在报章杂志露名,使社会皆知在渝;二是如有人被捕即发消息,并尽量营救;三是在文坛地位稍低或过于暴露者,应立即离渝;四是以私人友谊通知英、美在华使馆,说明国民党屠杀进步人士;五是分别通知各地左翼文人注意防范。文工会与文协及其他文化团体一道,对国民党文化专制统治进行了全面反击。他们主要采取了以下几种斗争方式:

(1) 利用纪念高尔基、鲁迅等活动来宣传进步文艺,倡导向黑暗势力勇敢斗争的精神

(2) 通过知名文化人祝寿等活动,宣传他们的斗争精神,鼓舞广大文化人与黑暗统治进行不屈斗争

如为郭沫若、茅盾、老舍、洪深等人都举办过诞辰纪念或创作生涯纪念的活动。其中影响最大的是郭沫若50寿辰及创作生活25周年纪念活动,这个活动事前得到中共方面的周密筹备,重庆各界2000余人参加,声势空前。《新华日报》、《新蜀报》、《新民报》都出了纪念专刊,借此机会还演出了《天国春秋》和《棠棣之花》,抨击国民党政权同室操戈、破坏抗日的罪行,歌颂不畏强暴、反抗专制的精神。

(3) 通过援助贫病作家来揭露国民党黑暗统治对文化人的摧残迫害

当时,大批文艺工作者"因贫而病,因病而更贫,或呻吟于病榻,或惨死于异乡,卧病则全家断炊,死亡则妻小同弃"。张天翼长期处于贫病交迫的困境,万迪鹤、王鲁彦等皆死于贫病。文协为援助贫病作家,发起筹募基金,希爱好文艺者"乐为输将","一元不薄,百万非奢",并在结束募集活动的公启中指出了"作家病不能医、贫无所告、死不能葬的悲惨事实"。这一运动既密切了广大社会人士与文艺工作者的联系,也同时抨击了国民党专制独裁的黑暗统治。

(4) 充分利用戏剧武器进行斗争

早在1940年底,由郭沫若担任团长的中国万岁剧团在重庆国泰大戏院公演宋之的的《雾重庆》,揭露了国统区的政治腐败与人民的痛苦。周恩来看后赞扬说:"这个戏很好,好就好在批判、揭露了国民党。尽管不很深刻,但开了一个好头。"这以后,不断出现揭露国民党统治的戏。特别是在郭沫若的带动下,出现了一个历史剧的高潮,像郭沫若的《屈原》、《棠棣之花》、《高渐

离》,阳翰笙的《天国春秋》、《草莽英雄》,陈白尘的《石达开》等,或影射专制独裁的暴政,或针对制造分裂的现实,总之都是借古喻今,唤起人们对国民党的清醒认识。其中《屈原》的影响最为突出。1942年4月3日至17日,《屈原》冲破重重阻力在国泰大戏院公演,盛况空前,有人半夜带着被盖到剧场门口等候买票;有人没有座位,宁肯站着看三个多小时;有的观众甚至从成都、贵阳专程赶来。新闻界誉为"剧坛上的一个奇迹",连国民党中央社的报道中也不得不承认,"上座之佳,空前未有"。《屈原》为什么能引起这么大的反响呢？周恩来一语中的,屈原受迫害,忧愤而作《离骚》;皖南事变后,我们也受迫害,写这个剧很有意义。正是由于这个剧鞭挞了黑暗的现实,才在人民群众中引起了强烈的共鸣。与此同时,对战国派文人陈铨的《野玫瑰》的上演,进步的文艺工作者进行了斗争。战国派又称战国策派,它是因陈铨、林同济等1940年所办的《战国策》半月刊而得名。他们的理论当时被认为"宣扬权力意志"、"对法西斯有利",因而受到《新华日报》、《群众》等报刊的批判。陈铨是这一派的代表人物,1942年3月5日,他的代表作《野玫瑰》在重庆上演。演出前,一些进步演员和剧社根据共产党的指示拒绝排演;演出后,文化界的进步力量对此剧的继续上演进行了抵制与批评,要求国民党当局撤销对该剧的奖励并禁止上演,同时《新华日报》载文批判该剧"存在着严重的问题——它隐藏着'战国派'的思想毒素"。

（5）直接抵制文化专制政策,要求取消审查制度,呼吁民主

当时,国民党当局对进步文化的摧残还包括经济高压的手段。音乐界、戏剧界对当局以重税施加压力都提出过抗议。1941年3月,重庆各报联合会议一致决议,抗议重庆派报工会拒派《新华日报》的无理行为。1944年5月3日,文化界名流张申府、孙伏园、曹禺、潘子农、马彦祥等50余人集会,要求言论出版自由,取消审查制度。9月4日,工商、文化教育界名流黄炎培、褚辅成、王云五、章乃器、胡西园、卢作孚等30人发表《民主与胜利献言》,要求国民党真正实行民主,"与民更始","一新政象"。11月5日,在潘公展、张道藩炮制的中国著作人协会成立大会上,洪深公开批评国民党的图书戏剧审查制度,要求通过决议予以取消,会议主持者不同意,夏衍等进步作家退出会场以示抗议。

这一股反专制、争民主的潮流以《文化界对时局进言》而达到高潮。1945

年2月22日,由郭沫若起草的重庆文化界知名人士372人签名的《文化界对时局进言》在《新华日报》、《新蜀报》等报刊发表,舆论震动,在国内外产生巨大影响。《进言》要求:召开临时紧急会议,组织全国一致政府;并提出废除一切限制人民集会、结社、言论、出版、演出等自由活动之法令;取消党化教育之设施;停止特务活动,释放一切政治犯及爱国青年;废除一切军事上对内相克的政策,枪口一致对外;严惩一切贪赃枉法之狡猾官吏及囤积居奇之特殊商人等意见。这一进言,代表了民意,使国民党当局愈显孤立。

由于文工会是这次运动的发起者和组织者,国民党政府首先向它采取报复行动,于3月30日下令解散文工会。各报纷载文工会被解散的消息,《新华日报》加编者按说:"几年以来,该会在郭先生领导下,对于抗战文化,贡献宏伟,驰誉友邦朝野。这次突被解散、闻者颇感惊异。"消息发出后,各方人士纷纷前往郭沫若寓所拜访慰问。文化界人士为文工会的解散举办了两次聚会,每次皆逾百人,对当局的倒行逆施表示强烈抗议和极大愤懑。

文工会虽被解散,重庆文化界的斗争并未停止。1945年5月4日,在"纪念文协七周年暨首届文艺节"大会上,通过了要求保障人权,保障作家身体自由、写作自由等议案,并函请国民参政会提请政府切实保障。1945年8月7日日本投降前夕,重庆国讯书店冲破图书检查制度出版了黄炎培的《延安归来》一书,在重庆拉开了"拒检运动"的序幕。8月17日,重庆16家大型杂志联合发表"拒检声明",轰动山城,各方响应;随后又有33家杂志签名"拒检"。各报纷纷载文要求取消图书杂志审查制度,一时全国各大城市纷纷响应,形成声势浩大的全国规模的"拒检运动"。迫于形势,国民党当局终在9月22日决议宣布:从10月1日起,撤销对新闻和图书杂志的检查。至此,文化界争民主反专制的斗争取得了又一次胜利。

纵观整个抗战时期重庆文化的发展演变过程,就是一个由抗日文化发展演变为抗日民主文化的过程。这一时期的文化仍然秉承了中国近代以来反帝反封建的文化精神,由列强的瓜分到日寇的入侵,由军阀封建割据到一党专制独裁,历史背景的变换,使这一时期反帝的文化具体化为抗日的文化,反封建的文化具体化为反专制独裁的文化。中国近代社会的性质决定了这一时期文化的根本性质。但封建文化包容着更为广泛的内容,如吸毒、赌博、娼妓、缠足等等,抗战期间随着历史的发展,这些封建残余也再次受到了时代潮流的冲刷。如1939年重庆发布《禁止出售赌具案》,以抑制当时颇盛的赌博之风。又如抗战时期,重庆仍有妇女缠足,政府发布《禁止妇女缠足条例》,规定未满15岁之幼女缠足者,应立即解放,未缠足者禁止再缠;15岁至30岁妇女缠足者,以3个月为劝导期,3个月为解放期;30岁以上妇女"劝令解放,不加强制"。同时,对《条例》的执行还制定了相应的奖惩措施。随着重庆成为战时中国的中心,社会开放日强,社交更加公开,如婚姻习俗,在抗战期间就有很大变化,不仅恋爱自由,婚姻自主之风日盛,机关、学校多有举行文明结婚者,取现代婚礼形式,甚至出现集体婚礼的形式。凡此种种,虽也属反封建的体现,但从抗战时期反封建文化的本质体现来看,仍以反专制独裁为其基本的或主要的内容。正是这一时期,更加发展了反帝反封建的文化精神,为抗战胜利后又一个文化高潮的到来奠定了基础。1946年出版业要求废止出版法、取消期刊登记法等实际是"拒检运动"的继续。同年初,茅盾、胡风、巴金、冯雪峰等50余文艺界人士《致政治协商会议各会员书》及电影戏剧界和美术界分别致旧政协的意见书,要求取消一党专政、成立联合政府、废止文化统制政策、保障文化工作者权利和自由,这被看作是文化界第二次对时局进言,它实际也是第一次《文化界对时局进言》的延续。直至后来的反饥饿、反迫害、反美蒋勾结,它们都是反帝反封建文化的继续。

抗战期间的重庆文化无疑处在这样一个承前启后的历史地位,抗战期间的重庆文化也无疑是重庆反帝反封建文化斗争史上的一座高峰。

第三节 抗战时期重庆文化的基本特点

综观整个抗战时期的重庆文化,可以看出其鲜明地呈现出以下几个特点:

一、战斗性

抗日战争的残酷性,国共斗争的复杂尖锐性,都决定了这一时期文化具有鲜明的战斗性。早在文协的"发起旨趣"中就号召文化人团结起来,"像前线将士用他们的枪一样,用我们的笔,来发动民众,捍卫祖国,粉碎寇敌,争取胜利"①。《新华日报》庆祝文协成立的社论中也强调,必须"发动文艺家到战场上去,到游击队中去,到伤兵医院去,到难民收容所去,到一切内地城市乡村中去……"②于是有的文化人投笔从戎,参加了直接战斗;有的则组成"笔部队"。"文章下乡,文章入伍"的战斗口号提出来了,文协领导人老舍在《文章下乡,文章入伍》的文章中指出,抗战需要战斗精神,"抗战文学便是战斗精神之发动机","抗战的文艺不是要耍弄风格与字眼,而是要迅速有力,如机关枪的放射",这就是要"简单、清楚、明快"③。抗战文化就是以这"简单、清楚、明快"的战斗风格传达出喷薄的悲愤、无畏的气概、昂扬的斗志、必胜的信心。后期文化与专制统治的斗争,其战斗性则更多地体现为一种含蓄而又犀利的文风。

这种战斗性还体现为进步文化界与汉奸文化的毫不妥协的斗争。对汉奸文化,除抗战期间不时予以揭露、斗争外,直到抗战胜利之际,文协还作出了《关于调查附逆文化人的决议》、《对于惩治附逆文化人的决定》。对于不利抗战的其他文化因素,随时保有高度的敏锐性,及时揭露批判,如对"与抗战无关论"、"战国策派"的斗争。

二、大众化

全面抗战爆发后,"政治上有民主化的趋势,文化上有较普遍的动员",所以,抗战文化从整体上看,就是一种大众化的文化。这种文化的大众性主要体现为:大规模的群众文化活动,通俗生动的文化产品,对文化通俗性问题在理论探讨上的重视。文协还在成立的初期就十分重视对通俗文艺的研究,专门成立了通俗文艺工作委员会,召开了通俗文艺问题座谈会,还出版了《抗日三字经》等五种通俗读物。1938年10月,文协在重庆主办了通俗文艺讲习会;12月,又召开了通俗文艺运动座谈会。1939年春,文协加强了原通俗文艺工作委员会,积极组织专业和业余作者创作通俗文艺作品,出版了专门登载通俗文艺的《抗战文艺·前线增刊》,还编印了许多民众读物。10月,文协出版《通俗文艺五讲》一书,结集了老舍等五人所写的文章。同时在《抗战文

---

① 《文艺月刊·前线增刊》第9期,1938年4月1日。
② 《新华日报》1938年3月27日。
③ 老舍:《文章下乡,文章入伍》,载《中苏文化》第9卷第1期,1941年7月。

艺》上也发表了老舍、姚雪垠、姚蓬子等人所写的有关通俗文艺的文章。当时,在国民政府教育部也专门设立了"通俗读物组",第三厅和后来的文工会也都一直非常重视通俗文艺工作。

在文艺理论界,结合抗战时期通俗文艺运动,提出了"文艺大众化"与"民族形式"问题。1938年,《新华日报》在文协成立的社论中就提出了"文艺的大众化,应该是全国文艺界抗敌协会的最主要的任务"[①]。随之,文艺理论界就"文艺大众化"问题进行了深入的探讨,对"文艺大众化"的任务、实现这一任务的手段等都提出了许多不同的看法,必然也就联系到"民族形式"问题。重庆召开了多次座谈会,围绕向林冰的观点展开了激烈的论争,郭沫若、茅盾、叶以群都发表了很有分量的见解,这些讨论无疑又推动了"文艺大众化"的实践。活报剧、街头诗、通讯报告、短篇小说一度成为创作的主流,以及"旧瓶装新酒"的戏曲、曲艺也汇入了这股洪流。在体育方面,传统节日的民族体育活动也得到坚持和发扬,如春节玩龙灯、舞狮、武术、杂技表演,端午龙舟赛,重阳爬山等活动,抗战期间多次举行。

1939年5月17日,中共中央在《关于宣传教育工作必须经常注意对文化运动的领导》的指示中强调:"应注意宣传鼓动工作的通俗化、大众化、民族化,力求各种宣传品的生动与活泼,特别注意戏剧歌咏等等的活动。"[②]重庆文化界正是在中共中央南方局的领导下,实践了这一精神,特别注意组织大规模的群众文化活动,除了前述的戏剧节,还有诗人节、文艺节、体育节以及各抗敌文化协会的周年纪念等活动,而且往往都声势浩大,人数众多。群众歌咏活动也十分活跃,许多剧社团体也兼有合唱团、歌咏队,广泛组织开展群众歌咏活动。抗战期间还多次举行宣传抗战内容的火炬游行、体育大游行活动,如1938年"七七"火炬游行并献金运动;1940年1月1日体育大游行,参加表演的团体60多个,达1万余人。文化得到了空前的普及,"歌咏戏剧的每次表演,民众蜂拥着剧场,比参加游神会之类更见热烈,而且大都能随歌咏戏剧本身情节的发展而表示适切的喜怒哀乐情绪;壁报、木刻张贴展览的处所常常是攒满了人头,尽多是赤着脚,穿短衣裤的一伙,他们也能运用经验来

[①]《新华日报》1938年3月27日。
[②]中共重庆市委党史工作委员会编:《南方局领导下的重庆抗战文艺运动》,重庆出版社1989年版,第44页。

批评呢；士兵群中，我们也不少能得到这样的奇迹：抗战前还是不识字的，到现在已颇能看报纸、写简短的通讯和报告了；就是小孩子也不能小视，他们关于国际时事国内战局的知识和谈吐，有时简直可以难倒平庸的大学教授；抗战以来，一般书报的出版不特没有减少，反而大量增加，但仍往往供不应求，嚷着文化食粮缺乏的不纯是都市中的知识分子，更多是敌前敌后以及较偏远的后方乡村的兵士和民众"①。这段文字正是对抗战时期大众化的文化的形象写照，作为战时中国文化中心的重庆也正是如此。正是文化知识、文化活动的空前普及，通俗文艺理论指导下大量通俗文化产品的产生，以及大规模的各种群众文化活动，这一切，充分显示了抗战期间重庆文化的大众化特点。

三、广泛性

广泛性有着两层含义：一是如前所述及，指重庆作为文化中心，对各地文化的兼容性，因而各地文化交融而成的重庆文化在地域上有广泛的文化代表性；另一层含义则是指抗战期间的重庆文化在特定的历史条件下于政治思想、艺术主张、文化思潮、学术流派等方面均有很大的兼容性，因而就这些方面而言也有着广泛的代表性。换句话说，也就是统一战线文化的广泛性、代表性。

"尽管在阶级、集团、世界观、艺术方法论上大家有着各自的特性，然而，一个高于一切的共同的目标——抗敌，比什么都有力地使大家都成为亲密的战友。"②抗战时期重庆的文化队伍就是本着这样的原则组织起来的。同时，中国共产党的文艺方针、政策通过《新华日报》、《群众》得到宣传，中国共产党文化统一战线的主张、组织原则在重庆得到实现。当时，重庆的文化对中国共产党领导下的抗日民主根据地的文化也有所反映，如"民族形式"问题最先就是在延安提出来的，而后在重庆展开热烈讨论；又如1940年1月24日，《新华日报》发表方然的延安通讯《延安的艺术》；1944年9月30日，《群众》第9卷第18期出"文艺问题特辑"，载有陆定一、何其芳、刘白羽等人的文章，反映出延安的文艺思想。1945年10月22日，周恩来应邀在文协的联谊会上

---

①巫摩白：《抗战三年来的文化及其第四年的展望》，载《抗战时代》第1卷第6、7期，1940年1月1日出版。

②《庆祝中华全国文艺界抗敌协会的社论》，载《新华日报》1938年3月27日。

讲延安文艺活动。

特别要提到的是毛泽东《在延安文艺座谈会上的讲话》对重庆文化界的巨大影响。1942年,延安文艺座谈会刚结束,6月12日,《新华日报》就转载了延安《解放日报》上刊登的萧军的文章,介绍了《讲话》引言的内容。1944年1月,又在《毛泽东同志对文艺问题的意见》这一总题下,发表了《讲话》的摘录。同年5月,何其芳、刘白羽从延安来重庆传达宣传《讲话》精神。6月,郭沫若、冯乃超等先后主持了文艺界几次座谈会,学习《讲话》。《讲话》精神得到重庆文艺界普遍拥护,郭沫若还根据《讲话》精神提出了"文艺应以人民为本位"的观点。

正是由于抗战时期重庆文化在一定程度上反映了敌后抗日根据地的文化面貌,虽然是在国统区,它也仍具有非常广泛的代表性。但是这种广泛性也并非毫无原则,这原则就是:"在抗日前提下,一切愿意或赞成抗日的不同政见、不同文艺观与不同文艺派别的文艺工作者的团结;在民主前提下,一切愿抗日而又不满或反对国民党顽固派的统治的文艺工作者的团结。"正像郭沫若1943年6月在他主编的《中原》创刊号"编者的话"中所说,"只要是合乎以文艺为中心的范围,只要能认为对于读者多少有一些好处,我们都一律欢迎",但决不许"袒护法西斯主义"或"稍微带些那样的气息"的人来扰乱,也不登"一味的泥古不化,或拘泥于文言文与旧形式的古董"。郭沫若在这里所强调的,正是抗日民主的原则和大众化、群众性的原则。

四、辐射性

抗战时期重庆作为战时中国文化的中心,对周围有很强的文化辐射性,对全国各地的文化都有极大的影响作用。这种文化的辐射性主要体现为:

(一)在渝的各全国性文化社团,在各地多有分支机构,不断发展壮大

以文协为例,抗战期间就先后成立云南分会、襄阳分会、宜昌襄樊分会、成都分会、长沙通讯处、香港会员通讯处、延安分会、桂林分会、贵阳分会、广东曲江分会、晋察冀分会、四川三台分会等,这些分支机构大多有自己的刊物阵地,在文协统一领导下开展抗日民主文化活动。

(二)重庆文化界人士,为实践"文章入伍,文章下乡",大批奔赴各地

除文协专门组织过作家战地访问团传播抗日文化,第三厅和文工会都组

织过多次文化人慰劳前方的活动,带去文化影响。如 1939 年就曾组织南北前线两慰问团,当时文协的老舍参加了北团,姚蓬子、陆晶清参加了南团。另外,像一些演剧队、歌咏队也走出重庆到各地演出。

(三)重庆文化界输送了大批文化产品到各地,产生了很大影响

如第三厅编印的《抗战小丛书》约 100 种,每种印数 5 万至 10 万,主要分发到前线及敌后士兵手中。《抗战文艺》、《抗战壁报》、《敌情研究》都要分送各战区,有的要发到连政工干部手上,有的还通过中共驻渝办事处送到延安。文协 1938 年 11 月在重庆开会决定"制定各沦陷区域的工作方针,替各区域的工作人员交换工作经验,供给读物"。当时重庆文艺界创作的许多作品在全国都产生了很大影响。又如郭沫若著名的历史文章《甲申三百年祭》在重庆发表后,很快被延安《解放日报》转载,并被列为中共整风学习材料之一,在中共历史上产生过重要作用。

(四)重庆许多重要的文化活动在全国引起普遍响应

如 1941 年为郭沫若举行的祝寿活动,不仅重庆声势浩大,桂林 500 余人,香港 90 余人,新加坡华侨文化界 200 余人也分别举行了祝寿大会,昆明、延安等地也开展了祝寿活动。又如 1939 年以后几年间以文协为主要发起单位举行的鲁迅纪念会,在重庆,成都、桂林、昆明、香港等地文协分支机构纷纷举行。又譬如 1945 年 2 月重庆文化界发起签名运动,发表重庆文化界《对时局进言》后,昆明文化界 300 余人签名的《关于挽救当前危局》,以及成都文化界的签名书《对时局献言》也相继公开发表,汇成了一股反对专制独裁、要求民主的洪流。再如 1945 年重庆率先成立杂志界联谊会并掀起一个要求出版自由的"拒检运动",立刻在全国各地得到响应。成都 16 个新闻文化团体成立文化新闻杂志界联谊会(后共有 27 个团体参加),响应"拒检",还发表了《致重庆杂志界联谊会公开信》。昆明 11 个单位也联合组成杂志界出版界联谊会,宣布响应"拒检"。同时,西安、桂林、上海、北平等大城市也都成立类似组织,响应重庆的"拒检运动"。一时兴起了一个全国规模的声势浩大的要求言论出版自由的运动。

五、高水准

抗战时期重庆文化高水准的特点,除了前面提到的人口迁移带来的文化

素质提高外,更直接的体现是一大批著名大学、全国一流水平的科研机构、各文化领域有代表性的学术团体都迁来重庆,荟萃了各文化领域一大批精英人才,在各领域都产生了一些在当时能代表国家水平的成果。

当时重庆有高等院校 38 所,其中包括中央大学、复旦大学、交通大学、山东大学这类著名大学;科研机构、学术团体近百家,大都是像国立中央研究院、西部科学院、中央卫生实验院这类具有国家水平的研究机构。抗战期间在重庆出版过的报纸达 150 种,通讯社有 40 余家,其中有 20 余家报纸是在全国实力雄厚的大报。出版机构 140 余家,包括全国闻名的七大书局及七联处。文艺界更是几乎囊括了所有全国性的文艺社团,其中以全国文协为首的戏剧、电影等抗敌协会影响最大。

重庆当时荟萃了大量文化精英。1945 年《重庆文化界时局进言》之 372 人签名,便可见当时进步文化人之一斑。当时产生的大量著作、作品在国内也都具有代表性水平。像文工会所聘的专兼任委员们,在"扎实研究,艰苦创作"的口号下,出了不少成果,如邓初民的《中国社会史教程》、侯外庐的《中国古代思想学说史》、杜国庠的《先秦诸子思想概论》、翦伯赞的《中国史纲》、沈志远的《政治经济学大纲》、蔡仪的《新美学》、王昆仑的《红楼梦人物论》以及郭沫若、田汉、老舍、洪深、阳翰笙的戏剧创作都具有代表性水平。

另外如戏剧节、诗人节、文艺节、体育游行等这些群众文化活动,都具有全国规模和很高水平。

抗战时期重庆文化所具备的战斗性、群众性、广泛性、辐射性、高水准这些基本特点,相互作用,相互联系,不仅充分显示了抗战时期重庆文化的空前繁荣,而且是重庆作为战时中国文化中心的鲜明标志。

第二十二章 抗战时期重庆文化的繁荣

第一节 教　育

抗战爆发后,由于战争的破坏,中国教育蒙受了惨重损失。据1938年8月底的统计,高等院校由战前的108所减为83所;中等学校战前计3184所,战争爆发后处于沦陷区及战区者计1926所,减少了40％以上;初等学校战前计294000余所,抗战爆发后处于沦陷区及战区达129700余所。学生人数仅以大、中学而论,受战事影响者就达50％以上,其他如图书资料、仪器设备之损失,更是不可估量。如"南开大学关于华北经济之研究资料,清华大学关于中国近代史档案之搜集,北京大学关于中国地质之资料,均为极足珍贵之物,今后亦无重行收集之可能"①。正是在这样的背景下,以上海、南京为主体,包括北平、天津、广州、浙江等沿海地区的大批国立、省立和私立大、中学校和研究所开始大规模地向以重庆为重点的内地迁移,出现了中国历史上教育中心由东向西的大转移。随着重庆成为战时中国政治、经济、文化中心,也就自然地成了全国的教育中心。在这种特定的历史条件下,重庆教育不但没有衰落,反而出现了空前繁荣的局面,各级各类学校都得到极大发展。

一、高等教育

抗战爆发后,我国高等教育机构是教育界中蒙受损失最大者。日寇的轰炸破坏亦以高等教育机构为主要的目标,加之卢沟桥事变发生于我国文化古

---

① 顾毓秀:《抗战以来我国教育文化之损失》,载《时事月报》第19卷第5期,1938年10月版。

城北平近郊,继之"八一三"之战又发生于学校林立的上海,因而"七七"事变后仅一年间,战前的 108 所高校就有 91 所不同程度地遭到日寇的轰炸破坏,其中被全毁的有 10 所[①]。于是幸存的高校陆续向内地迁移,到 1944 年,迁入重庆地区的高校共计 31 所,大约是内迁高校的 1/2[②]。这 31 所高校中,计有大学 9 所、大学研究所 1 所、独立学院 10 所,居于全国之冠。当时大后方著名的"文化四坝"即沙坪坝、北碚夏坝、江津白沙坝、成都华西坝中,前三坝皆位于重庆。但战争期间,办学条件异常艰苦,内迁院校主要依靠重庆各级行政机关的赞助,租赁庙宇、祠堂、学校或购置私人园林屋阁以为校舍。有的学校四处借房或合用校舍,如贵阳医学院与上海医学院在歌乐山合用校舍;药学专科学校初期借四川教育学院校舍上课,借重庆大学体育系宿舍为学生宿舍,学生的生活、学习几处分散,极为不便。朝阳学院则在巴县兴隆场以申氏宗祠和惠民宫东庙宇为校址,"泥菩萨伴读,油灯如豆。图书设备说不上,许多教材买不到。能买到的书报,土纸印成,看起来模模糊糊"[③]。正如当时教育部行文所说:"内迁各级学校,抗战期间,艰苦撑持,八年于兹,弦诵不辍,良可嘉慰。"

面对如此艰难的环境,为保障教育事业的发展,政府当局也采取了一些措施。1938 年,针对战争给众多学生家庭造成的经济困难,政府决定在国立大学实行公费制度,许多学校也自筹经费以补助学生,还通过各种社会捐助对学生进行经济救济、医疗救济、营养救济、衣物救济等。同时,为保障高校教师生活,还规定高校教师每月薪金为最高 600 元、最低 80 元,按此标准,助教的月薪收入在当时国统区公教人员中也算是中薪阶层,而教授则是高薪阶层[④]。不过,到了抗战进入艰苦阶段,物价涨幅大,教师生活也陷入窘境。

政府还根据抗战需要对教育进行了一些有益的改革。1938 年,教育部统一制定了大学科目表,公布施行,其科目除了更加规范统一、有利保证教育质量外,还根据抗战需要,增设战争哲学、救亡理论、学校动员、抗战诗选、军事训练、军事看护、医药常识等科目。同时,统一了国立和省立高等学校的招生

[①]顾毓秀:《抗战以来我国教育文化之损失》,载《时事月报》第 19 卷第 5 期,1938 年 10 月版。
[②]据以下著作统计隗瀛涛主编:《近代重庆城市史》,四川大学出版社 1991 年版,第 704 页;《四川文史资料选辑》第 13 辑,四川人民出版社;《抗战时期内迁西南的高等学校》,贵州民族出版社 1988 年版。
[③]惠世如主编:《抗战时期内迁西南的高等学校》,贵州民族出版社 1988 年版,第 246 页。
[④]据隗瀛涛主编:《近代重庆城市史》,四川大学出版社 1991 年版,第 707 页统计。

制度,克服了国立、省立各校自行命题、单独招生的弊端。

当然,除了政府采取措施,抗战时期教育的业绩取得主要还是广大师生在民族精神、爱国热情的激励下,努力办学、认真教学、扎实研究、勤奋学习的结果。当时重庆各高校十分注重学科建设,许多学校专业都有所发展。如复旦大学1938年迁渝时仅4院16系,1940年秋就发展为5院22系;重庆大学则由原2院7系发展为3院12系及2个专修科、1个师资班。中央大学的发展更为显著,1945年已由原7院37系1500多学生发展到8院37系4000余名学生和逾千名教师,共开822门课程,成为国际上公认的学术水平较高的中国五大名牌大学之一[1]。另外,各高校还注意加强教师阵容,聘请著名专家学者到校任教,如复旦大学在渝期间历任校长为钱新之、吴南轩、章益,先后于此任教的著名学者有陈望道、张子让、周谷城、洪深、卢有道、孙寒冰、顾颉刚、吕振羽、陈子展、章靳以、曹禺、马宗融、梁宗岱、方令儒、童第周等逾百人;重庆大学当时由著名经济学家叶元龙任校长,著名经济学家马寅初任商学院长,著名数学家何鲁任理学院长,著名无线电专家冯君策(冯简)任工学院长,另外像李四光、段调元、俞建章、朱森、毛鹤年等著名学者都是该校教授;四川省立教育学院1938年由留法专研尼采哲学的颜歆(实甫)接任院长后,聘请一批名流学者来校任教,如汤茂如讲教育学,马寿微、王翎金教农学,赖以庄讲"韩文"、国学导读,罗根泽教文学批评史,吴组湘讲小说写作,陈白尘教戏剧,商承祚讲甲骨文,钟稚琚讲文字学,邵祖平讲词选,董季安讲文选诗选,段熙仲教曲选,张圣奘讲中国通史,孙俍工教文学史;由著名教育家晏阳初教授创办的中国乡村建设学院,由晏先生本人兼任院长,并聘瞿菊农、梁仲华、孙伏园、白季眉、汪德亮等一批知名教授执教。总之,当时各高校师资大都由国内知名学者专家组成骨干队伍。此外,各校还经常请一些政坛名人或学术耆宿到校作时事或学术讲演,如周恩来、邓颖超、蒋介石、陈立夫、郭沫若、老舍、梁漱溟、林同济、甘歌利等都曾到重庆的高校讲演。

当时重庆的高校专家齐全,除全面涉及理、工、农、医外,还有艺术、军事等院校,甚至还有像汉藏教理院这样著名的培养佛教人才、沟通汉藏文化的

---

[1] 重庆市沙平坝区地方志办公室编:《抗战时期的陪都沙磁文化区》,科学技术文献出版社重庆分社1989年版,第41页。

宗教文化学院。一流的学者教授、奋发的爱国学子、齐全的专业门类、有益的改革措施,这些使得抗战期间的重庆高等教育无论在数量或质量上都得到空前提高,并为抗战建国输送了大批各方面所需的高质量的专门人才。这一卓著的贡献无疑使这一时期的重庆高等教育在重庆教育史乃至中国教育史上留下了极其光辉的一页。

二、中等教育

抗战期间,随着重庆成为战时中国政治、经济、文化中心,社会急需大量中级人才;而高校数量猛增,又需要相应的生源。这些都有赖于中等教育的发展,正像1938年的《战时教育实施方案》所指出:"中等教育,以造成社会之中级中坚分子,及准备进行专门学术为二大目的。"一方面是战时的社会需求刺激着中等教育的发展,另一方面是大量中等学校和大批适龄学生的迁渝又为中等教育自身的发展提供了条件,加上政府一定程度的重视,采取了改进中学教育方案、奖励私人办学等措施,重庆的中等教育在抗战期间迅速发展起来。

战前,重庆城内有普通中学20所,师范及职业学校9所,加上巴县的普通中学、师范及职业学校8所,总共才37所。到1942年,仅普通中学就增至53所,1944年则达到72所。职业学校在1945年初已达22所,尚不包括各高校附设的各类职业教育班、科、校等,如重庆大学的制图、内燃机、测量专科,江苏医学院的医学、卫生教育专科及护士、护士助理等职业学校。中等师范学校仅在原有3所的基础上增加了1所。

作为中等教育主体的普通中学可分为国立、省立、市立、县立、联立、单位所立及私立等七种。由于政府奖励私人办学的政策,所以私立中学数量最多,占整个普通中学的一半多;其次是部属的国立中学,约占整个普通中学的1/3;其余的几种多为一两所。中等学校学生由各校自行招收,质量较好的中学招生极严,特别是高中,非特别优秀者是考不上的,名牌高中如南开中学之类就更难了。学校设教务、训育、总务三个处,训育主任专管学生思想和生活。抗战时期中学课程设置较全,高初中都有中外文、史、地、数、理、化、生、体、音、美、劳作等课程,还有公民课、童子军训练、军训课程。中学各科并重,高考时各科都要考试,因此升留级制度特别严,一科不及格即留级,两三门主科不及格便会遭到默退。当时的中学聘请高校教师兼课的情形也很普遍,像南开、树人学校,在选聘任用教师方面特别严格,师资质量很高。虽如此,大多数中学却存在建校条件不足、校舍设备简陋、普遍收费昂贵等问题,在一定程度上也局限了中等教育的发展。

三、初等教育

抗战期间,国民政府采取了一些促进初等教育发展的措施。1938年颁布了《战时教育实施方案》,确立德、智、体三育并重的方针,小学学制采用"多轨制"。1939年,颁布《县各级组织纲要》,实施国民教育,规定"每一保必设一国民学校(即初级小学),每一镇必设一中心国民学校(即高级小学)",期于短期内"使全国人民普遍受最低限度的国民基础教育"。1941年,重庆建立督导制,每区由市派驻督学一人,推行国民教育。重庆的初等教育,虽逐年有所发展,但战争带来的失学儿童问题仍较严重,1941年,全市学龄儿童93505人,入学儿童仅26062人,约占学龄儿童的26.9%[1]。针对这一矛盾,政府鼓励单位和私人办学,并不时给以奖励。因此,一些工厂、企事业单位,也办起职工子弟小学,如中央银行员工子弟校、军政部兵工署子弟小学、豫丰小学等。私立小学蓬勃发展,且办学认真,质量较高。到1944年,重庆已有中心学校60所、保国民学校105所、迁建区小学12所、私立小学108所,共计285所[2]。初等教育不仅在数量、规模上有发展,同时也注重保证质量,如对教师的考核任用作了严格规定,加强了师资培训工作,举办国民教育示范区,实行中心国民学校辅导国民学校的办法。特别是一些新建立的迁建区小学,由教育部直接领导,都是待遇优厚,与国立中学教员相同;学校设施也是第一流;小学各科标准测验,也委托中央大学师范学院办理;还鼓励教师进行学术研究,划定教学研究区,定期举行研究会。但应看到,抗战时间,条件艰苦,多数学校经费紧缺,校舍、设施均极简陋,唯因教育界及社会各界共同努力,艰苦奋斗,使抗战期间重庆的初等教育仍年年有所发展,取得不小的成就。

1938年底,重庆还成立了战时民众补习教育推行委员会,开始进行扫盲

---

[1] 万子霖:《重庆市教育之发展》,载《新重庆》第1卷第4期,1947年1月。
[2] 《国民政府年鉴》,1944年。

教育。据1939年统计，重庆有文盲7万余人①。1941年，重庆有文盲15800人进入扫盲短训班，经测验合格者为12640人，到1944年，有近5万名文盲进入扫盲短训班②，使重庆地区的文盲有所减少。这亦是抗战期间重庆教育的一个重要成绩。

第二节　科学技术[③]

抗战爆发后，一大批重要的研究机构和全国性学术团体陆续迁往重庆，到1938年底，迁渝的科研机构和团体已逾百家，加上具有研究功能的高等院校，使重庆的科学研究能力空前壮大。

当时的科学研究机构较多地集中在北碚，而学术研究团体则较多地集中在市中区和沙磁文化区。在北碚，除了原有的著名的中国西部科学院，抗战时期，又陆续迁来中央哲学研究所、乡政建设研究所、兵役研究所、中国地理研究所、中央研究院动物研究所、中央研究院植物研究所、中央研究院气象研究所、中国科学社生物研究所、中央工业实验所、中国西部地方病防治所、经济部矿冶研究所、经济部中央地质调查所、农林部中央农业实验所、军政部陆军制药研究所、军政部油料研究所等一大批国家重要的科研机构。在北碚也还有一些学术团体，如中国林学会、中国土壤学会、中国地质学会等。沙磁区的学术团体主要有中国科学工作者协会、青年科技人员协会、中国经研学会、中国历史学学会、中国心理卫生学会、中国教育学会、中华农学会、中国气象学会、中国测量学会、中国化学学会、中华体育学会。另外，重要的科学研究机构有南开经济研究所、国立研究院、教育部美术研究院、兵工署弹道研究所等。在市区则有中国政治学会、中国政治建设学会、中国青年记者学会、中国国民外交协会、中国文化建设学会、中国社会学社、中国社会问题研究会、边事研究会、中国警察学会、中华民国法学会、中国农村经济研究会、中国工程师学会、中华自然科学社、中国航业学会等众多学术团体。一大批一流的科

---

①《教育通讯》第2卷第7期，第60页。
②《第二次中国教育年鉴》，商务印书馆1948年版。
③本节资料数据主要转引自隗瀛涛主编：《近代重庆城市史》，四川大学出版社1991年版；周勇主编：《重庆·一个内陆城市的崛起》，重庆出版社1989年版。

研机构、学术团体迁来重庆,大批科技精英云集重庆,使得重庆科学技术呈现出具有国家水平、学科覆盖面广、理论研究与应用研究并重等显著特点。抗战期间,条件虽然艰苦,但"我们的科学家们,为了国家之富强,民族之生存,社会之建设,真是个个都能守着岗位,埋头苦干,无论生活环境苦到何等地步,仍按部就班,在那里效力工作"[①],各个领域都取得了丰硕的成果。

一、哲学、社会科学

(一)哲学

这时期哲学领域的发展主要体现在三个方面:

一是出现了一批重要的研究成果,特别是中国哲学研究领域,如熊十力的《新唯识论》,杜国庠的《先秦诸子思想概要》、《先秦诸子的若干问题》,侯外庐、杜国庠、纪玄冰、赵纪彬等合著的《中国思想通史》,以及侯外庐的《中国古代思想学说史》、《中国近世思想学说史》等。还有贺麟的《近代唯心论简释》、章士钊的《逻辑指要》、沈有鼎的《意指分析》等也都是在当时颇具新颖见解的著作。

二是这时期开始对西方哲学名著进行系统的翻译介绍。当时由贺麟主持,以在渝的哲学专家为主体成立了西洋哲学著作编译委员会,做了大量介绍西方哲学的工作。

三是在各大学里普遍开设哲学课,教学与科研的结合,使得哲学研究有了广泛深厚的基础,推动了这一领域的进展。

(二)社会学

与哲学领域相似,社会学由于1938年教育部规定其为大学社会科学各专业必修科目,极大地推动了社会学领域的发展,取得了不少研究成果。当时许多国内知名的社会学者如孙本文、童润之、马宗荣、费孝通等都来到重庆,并推出了一大批社会学专著、论文、译著,内容广泛,涉及社会学理论、社会问题研究、社会事业研究、社会行政研究、社会学名词术语的规范等等。这时期社会学研究有一个十分突出的特点,就是重视对现实问题的研究,重视理论与实际的结合。如在社会问题研究方面,围绕当时突出的人口问题、移

[①] 郝景盛:《抗战七年来之科学》,《革命文献》第59辑,台北"中央"文物供应社1978年版。

民问题、农村问题、家庭问题等出了不少成果；又比如在社会事业、社会行政研究方面也出现了像陈凌云的《战时社会救济》、曾友松的《战时社会行政研究》等紧密结合战时实际的著作。同时，无论是在社会学研究中还是对大学生的社会学教学，都十分重视对社会的实地调查，产生了一批很有价值的社会调查报告。

（三）政治学

政治学在这时期也有很大发展。在渝的一些高等院校如中央大学、重庆大学、复旦大学等均设有政治学系，任教的专家有萧公权、但荫孙、胡继纯、谌志远、潘大逵、赵泉天、凌均吉、樊德芬、张策安等教授。这时期的政治学研究主要集中在中国政治思想史、中国政治制度史、中国行政等方面的研究，如萧公权的《中国政治思想史长编》、周谷城的《中国政治史》、陶希圣的《中国政治思想史》、钱端升的《民国政制史》、陈之迈的《中国政府》等都是这些方面的代表性著作。此外，在民主宪政、国际政治、政治理论方面，也出了一些教科书和论文。

（四）法学

法学领域在抗战后期十分活跃，主要呈现出以下特点：

一是学术研究制度化。中国法学会下的三个专门委员会，每月至少开会一次，每三个月提出一份研究报告。

二是法学出版物配套完善。除了上述研究性著作大量刊印外，教育部还编了一套大学法学教材，有关部门还为法官训练编印了专门的法学丛书、法律丛书，还有大量法学论文发表。

三是内容全面丰富。这时期法学领域的成果覆盖面广，涉及民法、刑法、诉讼法、执行法以及破产法、继承法、涉外法、外国法、国际法等等。

（五）经济学

经济学是抗战时期颇为兴盛的领域。除政府所属的研究机构外，各大学和民间组织也成立有若干经济研究机构，中央大学、重庆大学、复旦大学等校均设有经济系，拥有许多全国著名的经济学家，如重庆大学的马寅初、丁洪范、朱祖晦、朱国璋、张圣奘、傅丽夫、刘觉民、柯瑞麒、叶谦吉等教授；复旦大学的潘序伦、卫挺生、李炳焕、樊弘、吴其祥、张光禹、李蕃等教授。他们一方面适应教学需要编写出高质量的教科书，如张光禹的《经济学原论》，叶元龙、夏炎德的《经济学原理》等；另一方面，结合现实经济问题进行研究，产生了广泛影响。如马寅初先生抗战期间深入研究官僚资本，揭露"四大家族"大发国难财的事实，提出向发国难财者征收"临时财产税"的议案；他的经济思想和爱国主张，引起国内外舆论的重视，得到人民群众的支持。在高等学校的经济研究机构中，南开大学经济研究所占有突出地位。抗战爆发后，南开大学迁到昆明，但其经济研究所所长留美博士何廉出任国民政府经济部次长常驻重庆，经济研究所亦于1939年迁到重庆南开中学，且同年秋开始招收硕士研究生，前后七届共50多人，为抗战培养了经济研究人才。全所有研究员（包括教授、副教授）10人、讲师6人、助理员1人、行政事务人员9人。除了随迁带来的大量资料，研究所还充分利用陪都重庆这个文化中心的图书资料进行战时中国经济研究，提供施政参考。该所当时的研究课题主要有区域经济的研究与设计，如西南、西北诸省农、矿、工各种资源的分布及有关的经济环境，以及西南、西北各省战后经济建设的超前研究与设计。战时社会经济的研究，广泛涉及粮食运销、手工棉纺织业、交通与合作金融、进出口物价物量及交易率指数、外汇指数、重庆物价及生活指数等，形成了不少研究成果，如《物价继涨的经济学》、《中国战时物价与生产》、《中国农村金融》、《战时粮食问题与粮食管制》、《川北米麦的生产成本》、《中国纺织厂区变迁史》、《中国人口移植史》等书，为战时经济研究作出了显著贡献。研究所人员由于参加政府工作，接触到全国范围的资料，也开展了战后有关交通运输、能源、水利、矿冶、轻重工业、农林畜牧等方面问题的广泛研究和规划设计。同时，研究所还编辑出版了一批大学经济教材，如《财政学》、《经济学》、《人事行政学》、《中国经济研究》、《战时中国经济研究》、《中国商事法》、《农业国家之合作问题与方法》等，南开经济研究所无论是对战时高等教育还是战时经济研究、经济发展都作出了显著贡献[1]。此外，当时的重庆经济学界在经济制度、产业经济、农业经济与土地问题，以及财政学、金融学、国际贸易学等方面也取得了许多研究成果。

---

[1] 重庆市沙坪坝区地方志办公室编：《抗战时期的陪都沙磁文化区》，科学技术文献出版社重庆分社1989年版，第55—58页。

(六)史学

史学研究领域这时期的特点是以史为鉴、古为今用。"一切为国家,一切为民族;眼光从故纸堆,或书本上,放开到整个现实上,虽然历史学术离不开故纸堆,离不开书本,但眼光却必须放到面前的现实上,目标必须放在国家民族上。"①在这种思想指导下,出现了一批以史为鉴鼓舞抗战斗志的史学著作,如陈安仁的《中华民族抗战史》、汪啸凡的《中国历代兴亡鉴》、教育部编的《中国历代贤豪传》、王敬编的《中国名将传》、顾颉刚主编的《中国名人传》等,以及当时兴起的历史剧热潮都是以史为鉴、借古喻今、古为今用的产物。此外,还取得了不少学术研究成果,如吕振羽的《简明中国通史》,邓初民的《社会发展史简明教程》,郭沫若的《青铜时代》、《十批判书》,翦伯赞的《中国史论集》,黎东方的《中国历史通论》,钱穆的《国史大纲》,萧一山的《清史》,郑鹤声的《中国近世史》,张旭光的《中华民族发展史纲》,金毓黻的《中国史学史》等。

二、自然科学

抗战时期,许多高等院校及重要的科研机构、学术团体聚集重庆,一大批著名的自然科学家也来到重庆,加之政府亦重视自然科学研究,如1941年至1945年,国民政府教育部在重庆连续五年颁发了104项自然科学奖,这种鼓励措施促进了自然科学的研究,重庆自然科学研究水平空前提高,在不少领域都取得了令人瞩目的成果。其中较突出的领域有物理学、地质学、动物学、植物学、医药学、气象学等。

(一)物理学

物理学取得的成果不少,较重大的如多元分子振动光谱与结构研究、原子核及宇宙射线的同子理论、磁暴现象的特性研究、高空电离层研究、电场对极性与无极性液体点滴大小的影响、铁镍等多结晶体表面磁性研究等方面都取得了显著成果。

(二)地质学

地质学虽因抗战现实的紧迫需要而侧重于矿产探测,但理论研究方面亦

---

① 徐文珊:《抗战以来中国史学之趋向》,载《战时中国学术》,1945年重庆出版。

取得相当成就。如李四光关于南岭东移地质构造,李善邦关于地球构造对大地构造的影响,张天佑关于昆仑关花岗石的构造的研究,叶连俊的隧矿理论研究,冯景兰的川、康、滇铜矿研究,熊功卿的江西矿产分析等理论研究都极具学术价值。另外,如地质力学的基础与方法,弯曲石子的成因,古代植物化石研究,地质时代演变,冰河遗迹、岩层的推劈理论等方面都取得了不小的成就。

（三）动物学

动物学的研究工作主要集中在鱼类、昆虫、寄生虫、原生动物、实验胚胎、实验动物细胞及遗传等方面。这些研究对鱼类、家畜养殖及作物病虫害防治极富实用意义。其中成绩显著的有卢于道对动物脑的研究,刘建康对淡水鱼的喂养研究,施白南对四川鱼类的研究,薛梦之对鲫鱼、鲤鱼的分类统计,朱生保对鸽肾上腺素的研究,均有专著,并在国际上产生了影响。

（四）植物学

植物学成果颇丰,较突出的有方文培对峨眉山植物和中国槭树科的研究,郝景盛对中国柳属植物和裸子植物的研究,汪发缵对亚洲兰科植物的研究,饶钦止对藻类新科新属的研究,施履吉对染色粒的研究,钱崇树对槲寄生科新属的研究。另外,在伞形植物、天葵属植物调查,花粉粒形态幼苗构造,天然森林管理法,川、滇、黔三省五加科植物等课题研究中也都取得了很大成就。

（五）医药学

医药学的科研偏重于应用,理论研究方面也作了一些工作。如斯氏结扎后心跳暂停原因研究,膈神经中枢的越过现象研究,肌肉蛋白质结晶、磷酸酶结晶及酵母抗体产生研究,胃溃疡新药阿美金对胃分泌作用研究等课题都取得了显著的成果。

（六）气象学

气象学方面,竺可桢、吕炯等著名气象学家对天气学和中国气候学研究取得很大进展,发表论文100余篇,重大研究成果20余项。

三、应用技术

抗战时期,许多著名的应用研究机构迁到重庆,政府亦极重视发展应用技术。国民政府于1939年和1942年两次修正公布《奖励工业技术暂行条例施行细则》,1940 年颁布《奖励工业技术补充办法》。1942 年 9 月 8 日,资源委员会公布该会同各大学合作奖助工矿技术暂行办法,与国内高等学府密切合作,以利用高等院校的科研力量促进工业技术的进步[1]。1943 年,国防科学技术策进会为适应国防建设需要,悬赏奖金 100 万元(法币),公开征求 10 项国防工业科研课题的研究答案[2]。上述政策和措施极大地推动了战时重庆应用技术的发展。

抗战以后,国际交通基本中断,进口工业器材困难,后方积极鼓励仿制。经过几年努力,大后方除巨型动力机、精密工具机及特种仪器工具等不能仿造外,普通器材均可自造。如当时在动力机方面已自制出 2000 千瓦容量的汽轮机、1500 千瓦汽轮发电机、120 及 180 马力船用蒸汽机和 250 马力陆用蒸汽机,还能制造小型水轮机及引擎、活塞、传动齿轮等汽车配件;作业机方面已能自制水泥切磨机;电机器材方面,发电器、电动机、变压器及油开关、收发报机、无线电电话机、广播收音机、交换机、电话机及真空管等都能自制。

各部门的工程技术亦有显著进步。如矿冶业,在探矿、采矿、选矿、洗煤、炼焦、钢铁、特种矿产、钢铝锌及特种金属的冶炼等方面的技术,均有进步。1937 年 11 月,我国第一深井及高压天然气井——巴县石油沟的巴一井投产采气,供公共汽车作燃料[3]。在洗煤炼焦方面,天府、三才生、南桐等煤矿均能炼制上等洗焦。在钢铁冶炼方面,制成了 30 吨炼铁炉,且能自制工具钢、高速度锋钢、钢轨、钢板等。在化工技术方面,以烧碱木屑制造纯碱,改桐碱制造新型纯碱,通过干馏木材取得丙酮酸等产品,以及硬脂酸、氯酸钾黄磷、赤磷、硫化磷的提取制造,利用稻草、竹废花、木材等自制化学纸浆等技术,均获成功。

除了自行仿造一些急需的工业器材,也利用本土原料创制一些代用品。如中国汽车制造公司所制的桐油汽车,新民、新中国、大成酒精厂制造的酒精与醚之混合物以代汽油等。在这种创新代用的基础上,工业上的发明创造也异常地活跃起来。自 1912 年创行专利权起至 1937 年,国家核准专利 257 件,其种类大都属日用消费品。而自 1938 年到 1943 年 6 月底止,国家核准

---

[1] 中央银行经济研究处:《民国三十一年下半期国内经济概况》,1942 年版,第 284 页。
[2] 重庆科委科技志编纂室:《重庆市科技大事记选辑》(草稿),1987 年 8 月编印,第 12 页。
[3] 重庆科委科技志编纂室:《重庆市科技大事记选辑》(草稿),1987 年 8 月编印,第 6 页。

专利就达 286 件①,在不到 6 年的时间里就超过了以前 26 年的总和。仅 1941 年到 1943 年 6 月底止,就达 200 件,以化学物品、机械与工具、交电用具为多。工业技术的发明不仅在量上有较大增加,在质上也有提高,有的已达到相当先进的水平。如瑞华公司新制纯碱可与卜西门媲美,中新染织厂发明的各种重要染料与英、美产品质量相差不远,启新照相材料厂仿制的照相纸可与舶来品媲美等等。

战时重庆应用技术发展的一个显著特点就是,由于战争的需要,研究成果转化较快,投入批量生产及时迅速,因而较战前有较大进步。但由于工业技术的研究开发基本是在战争带来的封闭状态下进行,难以吸收国外先进的科学技术,往往事倍功半,从总体水平看仍较低。尽管如此,战时重庆应用技术的发展毕竟对大后方的工业发展作出了重要贡献。

第三节 文学艺术

抗战期间,重庆成为大后方的文艺中心,大批文艺社团迁渝,大批作家来渝,重庆的文艺队伍空前壮大。文艺工作者们在抗日的共同目标下团结起来,深入生活,反映现实,唤醒民众,鼓舞斗志,创作出大量具有战斗性和通俗性的作品,极大地推动了抗战文艺事业的发展,在团结人民、打击敌人中发挥了巨大作用,在中国的文艺史册中留下了令人瞩目的一页。

一、诗歌

抗战时期,在民族存亡的关头,每个人心中充满对敌人的愤怒和仇恨,对民族的热爱和忧虑,强烈的责任感,大无畏的献身精神,这一切,对诗歌这种最能充分表现情绪的文学样式,无疑提供了一块热血浸透的沃土,促进了诗坛的繁荣。那时,在重庆,各种诗歌座谈会、讨论会定期频繁地召开,有时几乎每月一次。除了综合性报刊以大量篇幅刊登诗歌,还出现了许多专门的诗歌刊物,如《诗垦地》、《诗丛》、《中国诗艺》、《诗歌月刊》、《诗生活》、《诗文学丛刊》、《诗报》等。这对联系青年作者,培养诗歌队伍,扩大诗歌影响起了很

---

① 经济部:《抗战六年来我国工业技术之进步》,1943 年 10 月,第 10 页。

大作用。诗人们还组织各种诗社开展活动,如1937年重庆青年爱国诗人组成了诗报社;1942年王亚平、柳倩等诗人发起成立春草诗社,以临江门茶馆为活动场所,论诗、谈诗。诗界的活动方式是多种多样的,"诗人节"是其中影响较大的一种方式。1941年3月,诗人方殷倡议把5月端阳节定为中国"诗人节",得到诗人们的赞同。同年5月便在重庆纪念第一届"诗人节",诗人们踊跃赴会,赋诗、座谈,盛况空前。《新华日报》、《大公报》、《新蜀报》等都为此出了专刊。中国的"诗人节"在这时出现,是抗战严酷的现实使然,是中国诗人们的责任感、使命感使然,正像臧云远在《诗人节宣言》中指出的:"目前是考验屈原精神最突出的时代,中华民族在抗战的炮火里忍受着苦难,东亚大陆在敌人的铁蹄下留下了伤痕,千百万战士以热血温暖了国土,山林河水为中华民族唱起了独立自由的战歌,在古老的土地上中华儿女迎接着新的岁月,而在世界风云里,中华民族抗战的炮火已是世界光明的导线。"[1]诗人们正是秉承着屈原的爱国精神,以战士的姿态,"为中华民族唱起了独立自由的战歌",去"迎接着新的岁月"。

诗坛的活跃,还体现在对诗歌理论探讨的广泛上。抗战的现实,提出了朗诵诗的问题、诗歌大众化的问题、诗歌民族形式的问题,而对这些问题的讨论又深刻地影响着当时的诗歌创作实践。诗人们"大胆地要把文艺各部门中一向是最贵族式的这一部门首先换装而吵吵嚷嚷地挤进泥腿草鞋的群中"。换什么"装"?抗战初期诗人们"大胆地作了朗诵运动,大胆地作了街头诗运动"[2]。一种新的诗体——朗诵诗出现在中国现代诗坛上,它不仅在抗战期间为动员民众、鼓舞民众发挥了巨大作用,而且对于诗歌自身发展中的口语化、大众化问题也有积极的意义。高兰等一批诗人,写了大量的朗诵诗,并把它推向街头,面向民众,产生了广泛影响,形成全国规模的运动。

随着抗战的深入发展,另一种在20世纪二三十年代的中国诗坛上不多见的诗体又兴盛起来,这就是叙事长诗。"这跟朗诵诗阶段诗人的抗日救亡狂涛必须用豪歌来抒写一样,诗人们对抗战本质的认识,对战时生活的理解,

---

[1]《作家在重庆》,重庆出版社1983年版,第31页。
[2] 茅盾:《为诗人们打气》,转引自王瑶:《中国新文学史稿》(下),上海文艺出版社1982年版,第430页。

对未来的渴求以及自己深沉的思想,便只有用造型的叙事长诗来描述了。"①于是,在诗歌园地中结出了叙事诗的累累果实,像艾青的《向太阳》与《火把》、臧克家的《感情的野马》与《古树的花朵》、力扬的《射虎者及其家族》、王亚平的《二岗兵》与《塑像》、老舍的《剑北篇》等都是叙事长诗的力作。

到了抗战后期,反动派的专制独裁激起了人民大众的强烈反抗,作为时代歌手的诗人,又拿起政治讽刺诗这一武器走上诗坛,"向黑暗的'黑心'刺去"。郭沫若、袁水柏、臧克家、绿原、邹荻帆、黄宁婴等一大批诗人加入了这一战斗行列,掀起了政治讽刺诗运动并将其汇入民主运动的潮流。其中,袁水柏的《马凡陀的山歌》、《马凡陀山歌续集》以人民大众喜闻乐见的民谣、儿歌、流行曲调写诗,易读、易记、易唱,因而在重庆、在大后方乃至全国广泛流传,产生了巨大的影响。

抗战期间,一直活跃在诗歌领域的诗人有了更多的作品问世,不仅艾青、臧克家、力扬出了不少诗集,方殷有诗集《平凡的夜话》,杨骚有诗集《半年》,臧云远有诗集《炉边》、《静默的雪山》、《云边诗草》等,王亚平有诗集《生活的谣曲》、《火雾》等,任钧有诗集《后方小唱》,绿原有诗集《童话》,庄涌有诗集《突围令》,徐迟有诗集《最强音》、《明天》,方敬有诗集《声音》。一些"五四"以来沉默许久的诗人如郭沫若、姚蓬子等也重新开始歌唱,郭沫若抗战期间写下不少诗篇,主要收在他的《战声集》和《蜩螗集》中,其中,1940年为谴责反动派造成的重庆大隧道惨案而写的《罪恶的金字塔》一诗,被传诵一时。不仅诗人,连小说家、理论家也抑不住内心的情绪,加入了诗歌行列,如老舍有著名长诗《剑北篇》,胡风有诗集《为祖国而歌》。爱国将领冯玉祥在抗战期间也写了大量诗歌,主要有《抗战诗歌集》、《抗战诗歌》、《抗战长歌》等诗集。在谈到抗战时期重庆诗坛时不能不提到"七月诗派",不能不提到《七月》、《希望》这两种杂志。

1937年9月,胡风在上海主办文艺刊物《七月》,10月被迫迁至汉口。1938年胡风来渝,1939年7月《七月》第四集第一期在重庆出版,1941年9月被迫停刊,1945年经胡风多方努力,《七月》终于复刊,但被迫更名《希望》。这两种刊物都为诗歌辟出了大量篇幅,培育和造就了抗战诗坛上影响最大、

---

① 苏光文:《抗战文学概论》,西南师范大学出版社1985年版,第130页。

存在时间最长的诗歌流派——"七月诗派"。它不仅以其系统的理论主张、具有鲜明特色的诗歌创作为诗坛作出了重要贡献,而且以其作者地域的广泛、内容题材的广泛,完善了战时重庆诗歌的面貌。"七月诗派"的诗人们分别生活战斗在根据地、敌后、国统区,他们以亲身体验反映当时当地的生活,通过《七月》、《希望》展示了抗战现实的各个侧面,在重庆刊出的共18期中,反映延安现实生活的占了大量篇幅,这对国统区的重庆产生了巨大的鼓舞和深刻的影响。

总之,抗战时期的重庆诗歌,无论是作者队伍的壮大,还是诗歌创作的繁荣,无论是理论研究的深化,还是社会影响的巨大广泛,在重庆的诗歌史上都是空前的。

二、小说

抗战时期重庆小说的繁荣,有一个发展的过程。初期较其他的文学样式"未免稍有逊色"。主要为短篇,中篇与长篇较少,在短篇占优势的前提下,其他如报告小说、广播小说、墙头小说、大众小说、讲演小说、演义小说等形式也争露头角。这时期小说虽以抗日救亡为主要题材,但仍很注重对现实阴暗面的暴露与讽刺。发表在重庆《文艺阵地》上的张天翼的《华威先生》便是这方面最初的代表之作。随着大批作家陆续来到重庆,小说开始进入繁荣的阶段,逐渐获得了全面的丰收:主题深刻、题材广泛、人物形象典型生动、形式多样。中长篇渐居突出地位,艺术技巧有新的突破。这个时期的小说,全面描绘了抗战时期丰富复杂的社会生活,有反映前方英勇杀敌的题材,有揭露敌人暴行,有揭示城市、农村各阶层人士在抗战中的思想动态,也有揭露大后方的政治腐败、社会弊端的作品。

抗战期间,许多著名作家在思想深度和艺术技巧上都有显著的进步,创作出了许多广为流传的名篇。茅盾有《第一阶段的故事》、《霜叶红似二月花》、《腐蚀》等长篇小说;巴金有短篇小说《还魂草》、中篇小说《寒夜》和长篇小说《火》等;老舍有短篇小说集《火车集》、《贫血集》和长篇小说《火葬》,以及《四世同堂》的一部分;夏衍有长篇小说《春寒》;叶以群有小说集《新人的故事》;靳以有短篇小说集《洪流》、《遥远的城》、《众神》、《生存》、《春草》和长篇小说《前夕》;沙汀有短篇小说集《播种者》、中篇小说《闯关》和长篇小说

《淘金集》；艾芜有短篇小说集《秋收》、《荒地》和长篇小说《故乡》；吴组湘有长篇小说《山洪》。上述许多作品以其揭示剖析社会生活的深刻及艺术技巧的圆熟而在中国现代文学史上占有显著位置。

抗战小说的繁荣还体现在文坛新秀辈出，一批有创作才能的青年作家登上文坛，辛勤笔耕，从生活的各个角度抨击社会弊端，反映民众苦痛及对光明的渴求。碧野、田涛等便是这些人中较有成就的作家。碧野的短篇小说集《北方的原野》、《山野的故事》、《流落》，中篇小说《奴隶的花果》和长篇小说集《风砂之恋》、《肥沃的土地》；田涛的短篇小说集《灾魂》，中篇小说《流亡图》和长篇小说《沃土》、《潮》（第二部）等在新秀中都有一定代表性。此外，这时期活跃在重庆文坛的小说作家还有王平陵、张恨水、李华飞、谢冰莹、端木蕻良、温田丰、黄贤俊、金满成、刘盛亚等，他们的作品在当时都产生了一定影响。

概而言之，抗战时期重庆的小说领域由初期的相对沉寂到中后期的硕果累累，这一顽强生长的过程，充分显示了小说作家队伍的实力和后劲，促进了整个抗战文学艺术的繁荣。它以"抗日民主为内容，暴露讽刺为特色，现实主义为创作原则"[1]，为抗日民主运动的推进和中国现代文学的发展都作出了重要的贡献。

三、报告文学与杂文、散文

1931年"九一八"以后，报告文学作为一种独立的文学样式，在中国现代文学中确立了自己的地位。在"左联"的倡导下，一些刊物发表了大量报告文学作品，出现了像夏衍的《包身工》、宋之的《一九三六年春在太原》等报告文学杰作。同时，外国的报告文学作品和理论也被翻译介绍到中国。这一切，为抗战爆发后报告文学热潮的兴起奠定了基础。

抗战爆发后，大后方的作家在文协提出的"文章下乡，文章入伍"的号召下，深入抗战第一线，在前线、在内地，他们都亲身感受到了血与火的生活、惊心动魄的战斗、可歌可泣的场面，民族生死存亡的关头、残酷斗争的现实都呼唤着一种能直接迅速地反映它的文学样式，报告文学便以其灵活轻捷、直接

---

[1] 苏光文：《抗战文学概论》，西南师范大学出版社1985年版，第187页。

迅速的优势,成了作家们的首选武器。

抗战初期,一时出现了报告文学的竞写热潮。丘东平、刘白羽、周而复、沙汀、周立波、曹白、何其芳、陈荒煤等作家都在这方面作出了重要贡献。当时重庆的刊物陆续发表了许多报告文学作品,如1938年《文艺阵地》发表了何其芳的《从成都到延安》,《抗战文艺》发表了应清的《水》、《冲过第二道拦阻线》;1939年,《抗战文艺》发表了陈晓南、方殷等的《川陕道上》和戴富的《挺进支队》;1941年,《中苏文化》和《抗战文艺》分别发表了沙汀的《通过封锁线》、《敌后杂记》。1939年5月日机狂轰滥炸重庆后,文协会刊《抗战文艺》出版了《轰炸特辑》,其中如老舍的《五四之夜》、宋之的《从仇恨生长出来的》等报告文学,都有力地表现了中国人民不可征服的坚强意志。碧野从前线归来后,先后在重庆出版了《北方的原野》、《太行山边》等报告文学,反映北方山岳地带游击队的战斗生活。1944年,刘白羽来渝参加编辑《新华日报》副刊,陆续写了一些报告文学,收在《时代的印象》一书中。这些作品报道了党和边区的英雄人民。

抗战时期,重庆的作家们也写了许多杂文和散文,《新华日报》的《新华副刊》,《新蜀报》的《蜀道》,常常登载一些杂文和散文。如柳亚子的《砭俗篇》,郭沫若的《驴、猪、马》、《鼠乎、象乎》,吴祖光的《迎春》等就是发表在《新华日报》上,老舍的《独反》、《诗人》则是发表在《新蜀报》上。从其他的报刊上也常可以读到一些著名作家的佳作,如茅盾的散文佳篇《白杨礼赞》就发表在《文艺阵地》上,沈从文的《云南看云》发表在《大公报》上,王亚平的《乡村散篇》发表在《时与潮文艺》上。郭沫若、茅盾都是这时期写作散文、杂文较多的作家,郭沫若出版了《羽书集》、《蒲剑集》、《今昔集》、《沸羹集》等,茅盾也写了《见闻杂记》、《时间的记录》等杂文和散文集。

四、戏剧

抗战期间,重庆的戏剧进入了鼎盛时期,其普及的程度实属空前,各学校、各职业团体、各军队政治部门几乎都有话剧组织,国内一些著名的戏剧团体也纷纷迁渝,当时在渝的戏剧社团有怒吼剧社、上海影人剧团、农村抗战剧团、四川旅外剧人抗敌演出队、上海业余剧人协会、怒潮剧社(后改名"中国万岁剧团")、中电剧团、孩子剧团、七七少年剧团等。另外还有中央青年剧社、中华剧艺社、中国艺术剧社、中央实验剧团、中国胜利剧社、复旦剧社、五月剧社等。再从编剧、导演、表演各方面看,似乎可说是当时中国剧坛上最强大的阵容。抗战期间在重庆工作过的著名剧作家有郭沫若、阳翰笙、田汉、夏衍、洪深、老舍、曹禺、熊佛西、石凌鹤、于伶、宋之的、陈白尘、马彦祥、吴祖光、陈瘦竹、杨村彬、章泯、董每戡、李伯钊、臧云远、欧阳予倩、李健吾、袁牧之、凤子等;著名导演有焦菊隐、史东山、陈鲤庭、贺孟斧、应云卫、张骏祥、郑君里、王为一、黄宗江、余上沅、沈西苓、沈浮、阎哲吾、孙坚白等;著名演员有赵丹、白杨、张瑞芳、舒绣文、吴茵、秦怡、金山、蓝马、陶金、项堃、顾而已、魏鹤龄、王苹、蒋天流、沙莉等。

抗战时期重庆戏剧界十分注重开展群众性的大规模戏剧活动。1938年10月,在全国文协和剧协的领导下,举办了第一届戏剧节,持续23天,有500余名戏剧工作者,1000余名业余戏剧爱好者参加了演出活动。戏剧节采取了盛大的街头演出形式,25支演出队同时出动,观众达数十万人,盛况空前。1939年元旦,重庆戏剧界又举行了盛大的火炬游行,晚上,2800多名戏剧界人士高举火炬彩灯在重庆市中区游行,并表演了由七个剧目组成的《抗战建国进行曲》。1940年10月,全国剧协又在重庆举办了第二届戏剧节,这次有15个话剧团和8个其他剧种的剧团参加公演,演出剧目以宣传抗日救国为主。

抗战时期的重庆,由于日机狂轰滥炸,每年很长一段时间内,话剧无法演出。每年10月到第二年5月,重庆经常被雾笼罩着,称为雾季,这时日机无法轰炸重庆,便成为戏剧上演的好时机。自1941年10月起,重庆的话剧演出遂集中在这个期间,乃称"雾季公演"。从1941年到1945年间的雾季公演,每年都有几十出话剧搬上舞台[①]。整个抗战时期共有50多个剧社、团、队在重庆演出,演出话剧1200余部。仅四次"雾季公演"就有28个剧社、团、队参加演出,其中大型话剧就达110多台。所以,无论从演出舞台还是戏剧活动看,当时在重庆都是高潮迭起,空前繁荣。

抗战初期的戏剧,大多是抗日救亡的内容,到了抗战中期,重庆的剧作家

[①] 石曼:《抗战时期重庆公演话剧剧目》,见《重庆抗战纪事》,重庆出版社1985年版,第341—354页。

以更加现实主义的态度,在宣传抗日救亡的同时,也揭露国统区黑暗腐败的现象,宋之的的《雾重庆》就是抗战期间较早地在暴露法西斯统治上"开了个很好的头"。皖南事变后,国统区文网森严,进步剧作家们则拿起历史剧这个武器,在重庆掀起了历史剧的高潮。郭沫若在抗战时期创作了《棠棣之花》、《屈原》、《虎符》、《高渐离》、《孔雀胆》、《南冠草》等六部历史剧,阳翰笙则创作了《李秀成之死》、《天国春秋》、《草莽英雄》等历史剧,在当时引起了强烈反响,产生了巨大作用。抗战后期,还出现了以讽刺形式揭露官僚集团的喜剧,如陈白尘的《升官图》。

抗战期间,重庆的戏剧理论也有很大收获,进步的戏剧工作者们多次就戏剧的民族形式问题、现实主义问题召开座谈会。那时,除《新华日报》辟有戏剧研究专栏外,在重庆还先后出版了《青年戏剧通讯》、《戏剧春秋》、《戏剧岗位》、《戏剧月报》、《戏剧新闻》、《戏剧时代》、《戏剧艺术》等刊物,不仅刊载剧本和戏剧理论文章,也传达戏剧活动方面的信息。戏剧工作者们不断从实践中学习、总结、提高,建立了现实主义的演剧体系。所以,抗战时期的重庆戏剧不仅可说是空前繁荣,而且可说是空前成熟。

抗战时期重庆的戏曲曲艺界也十分活跃。"七七"事变后,外地不少剧团来渝,如京剧的厉家班、刘家班,楚剧的问艺楚剧抗敌宣传队,汉剧抗敌宣传队,洪盛评剧团,昆曲的曲社等,加上基础深厚的本地川剧,使得戏曲舞台异彩纷呈。不仅戏曲剧种丰富,曲艺种类也大大丰富了。除了原来的地方曲艺外,还从外地传来京韵大鼓、滑稽大鼓、山东快书、天津快板、河南坠子以及相声。当时来渝的外地曲艺界人士有富贵花、富少舫、董莲枝、小地梨、欧少久、花佩秋、叶立中等,他们同重庆曲艺界人士一起,在老舍先生的领导下,成立了曲艺抗敌宣传队,老舍还经常为艺人们编写相声、鼓词等。那时曲艺的演出地点主要在世界旅馆书场、会仙桥书场、升平鼓书场。1944 年,王永梭还在重庆演出了谐剧,受到好评。抗战时期,一些杂技团体也来到重庆,如中华杂技团、中华魔术团、南洋杂技团、万能脚杂技团、麻子红杂技团、河北飞车团等,这些团体在抗战中都作出了重要贡献。

1938 年的第一届戏剧节期间,川剧、京剧、评剧、汉剧以及曲艺、杂技界的人士都参加了演出。同时,各戏曲剧团还在演武厅社交会堂为前方战士征募寒衣,轮流公演,历时八天。这时期,田汉的《江汉渔歌》、《双忠记》、《新会缘桥》、《新儿女英雄传》,欧阳予倩的《梁红玉》、《渔夫恨》、《新桃花扇》,老舍的《忠烈传》,龚啸岚的《岳飞》,徐筱汀的《陆文龙反正》,李大中、张德成合编的《扬州恨》等一批新编戏曲剧本,也陆续为京剧、汉剧、楚剧、川剧、评剧搬演上重庆舞台。特别是川剧界还编演了一大批以抗战为题材的"时装川戏",有《卢沟桥头姊妹花》、《热血青年》、《背父从征》、《枪毙韩复榘》、《台儿庄大捷记》、《八百孤军》等。

特别值得一提的是,抗战期间对地方戏的改革也进行了可贵的探讨。当时文工会多次组织座谈会讨论地方戏改革问题,川剧界的张德成、当头棒、筱桐凤、魏香庭等,汉剧界的傅心一、吴天保,楚剧界的沈云陔等参加了讨论。1941年,文工会在一园戏院举行了两次地方戏研究公演,公演后由阳翰笙主持了座谈会,对地方戏的改革、发展和剧本、表演等问题进行了研究。这时期,郭沫若、田汉、贺绿汀、张德成等都撰文对川剧改革发表了意见。1945年,音乐家沙梅将川剧传统剧目《红梅阁》改编为民族音乐歌剧形式在重庆抗建堂演出,受到文艺界注目。那时在重庆出版的戏曲刊物与著作有《川剧大观》、《平剧旬刊》、《平剧本事》、《平剧大全》、《平剧歌谱精选》等。

五、电影

抗战时期,大批电影工作者云集重庆,重庆电影事业进入高峰。中华全国电影界抗敌协会、中央电影摄影场(简称中电)和中国电影制片厂(简称中制)先后迁来重庆,成为抗战电影的中坚力量,在中国电影史上写下了光辉的一页。一大批从上海撤退的爱国进步的电影工作者经武汉又撤到重庆,参加了中电或中制,大大充实了这两家国营电影机构的力量。那时在孤岛上海和"次殖民地"香港,虽也有极少量直接或间接关系着抗战的影片,但大多数仍为营利性的娱乐消闲片。只有重庆电影界坚持以宣传抗日救国为任务,成为抗战电影的中流砥柱。

从抗战爆发到1941年8月这四年间,中电总共出品电影77种,其中故事片有《孤城喋血》、《中华儿女》、《北战场精忠录》、《长空万里》等5种,抗战实录片有《淞沪前线》、《克复台儿庄》等9种,专题新闻片《卢沟桥事件》等18种,新闻报道片31种,纪录片有《我们的南京》、《重庆的防空》等10种,歌唱短片有《爱国歌唱集》等4种。而中制在这四年间共出品电影60种,其中故事片有《热血忠魂》、《八百壮士》、《孤岛天堂》、《好丈夫》、《东亚之光》、《白云故乡》、《保家乡》、《胜利进行曲》等10种,抗战实录片7种,军事教育纪录片5种,专题片8种,标语卡通片6种,歌唱片7种,纯新闻片18种①。另外,还有几处专摄16毫米小型片的制作场所,如教育部电化教育委员会曾摄有《抗战中之重庆》、《新四川》等数种,国民党中宣部国际宣传处也摄制了一些16毫米的后方生产建设片。

这些影片宣传抗日救国,反映抗战现实,配合了当时的斗争的需要,产生了极大的影响。当时军委政治部的"电影放映总队"有10余个分队,分布在前线各战区与后方各城镇;中电组织的流动放映队经常有6个放映小组在活动,另外还有固定的放映站分设在重庆的邻县;城市里除原有的国泰电影院,又相继修建了唯一、升平、一园、合作、美工堂等电影院。放映业与制片业的同步发展,保证了电影作用的充分发挥。据当时的统计,中电的出品平均每月有7万人可以看到,换言之,每天有2000余观众;而中制方面,平均每天有该厂出品的一部半电影在放映,全国人口每250人中即有1人看该厂的电影②。这样的宣传效果,在艰难的抗战环境中实属不易。到了抗战后期,由于胶片、设备、资金来源等均发生极大困难,电影制作日渐衰退,广大电影工作者则将精力转到话剧艺术上去了。

为配合电影的宣传,当时重庆各大报纸上辟有电影副刊的就有七家。重庆《国民公报》首辟《电影、文化》专栏,后改名《电影》,再后又改名《电影战线》,共出100期。此外还有《新民晚报》的《电影与戏剧》,《新蜀报》的《影与剧》,《时事新报》的《青光电影》,《扫荡报》的《电影战线》、《电影与戏剧》等。《新华日报》也经常报道电影活动的消息,发表电影评介文章。重庆还办有全国发行的《中国电影》、《电影与戏剧》等杂志。

电影理论方面也取得了相当成就,著名导演陈鲤庭、沈西苓、贺孟斧、史东山、郑君里等都曾在当时出版了电影方面的专著或译著,研究电影美学、电影理论、电影历史及介绍斯坦尼斯拉夫斯基的表演体系等。

---

① 罗学濂:《抗战四年来的电影》,见《抗日战争时期的重庆电影》,重庆出版社1991年版,第438—439页。
② 罗学濂:《抗战四年来的电影》,见《抗日战争时期的重庆电影》,重庆出版社1991年版,第443页。

六、音乐、舞蹈、美术

抗战时期,重庆音乐界以聂耳为先驱,以民族抗战为背景的中国新音乐运动推到一个新的高潮。群众歌咏活动规模空前,抗日救亡歌咏团体如雨后春笋般出现。1938年12月25日,中华全国音乐界抗敌协会在重庆成立。1939年重庆成立普及群众歌咏运动委员会,定期举行大型群众歌咏会。政府各有关部门对音乐也极为重视,多次举办音乐骨干培训班。特别是教育部,1939年举办了数期音乐教导人员训练班;1940年12月通令国立各级学校一律成立歌咏队,同年还要求专科以上学校增加课外音乐活动;1939年底还在重庆成立国立音乐学院及音乐学院实验管弦乐团。这时期成立的音乐团体还有中华交响乐团、山城合唱团、重庆业余交响乐团等。这些团体和机构积极组织群众性的抗日救亡音乐活动,使音乐歌咏活动空前普及。如1937年"九一八"六周年纪念日,重庆举行歌咏大游行,由开始的800人最后汇集到3000多人。1939年2月5日,中国电影制片厂合唱团及孩子剧团歌咏队等在中央公园举行露天歌咏大会,观众达4000人。1942年教育部决定每年4月开展"音乐月"活动,在"音乐月"中举行了各种演唱、演奏会,对推动重庆音乐水准的提高起了积极的作用。

那时,许多知名音乐家都聚集重庆,如马思聪、黄友棣、吴伯超、喻宜萱、朱崇懋、盛家伦、张权、李凌、赵沨等。为了进一步推动新音乐运动,1940年1月,李凌、赵沨、沙梅、盛家伦等把新音乐工作者联系起来,发起组织成立了新音乐社,接着又创办了《新音乐》月刊,专门发表新音乐作品及理论文章,团结广大音乐界人士,为重庆音乐的普及与提高都作出了贡献。在民乐方面,出现了在大后方颇有影响的中央大学白雪国乐社,它取"白雪遗音"之意,表明弘扬民族音乐艺术之旨,常为话剧、歌剧、音乐会伴奏及在电台广播,还出刊《白雪曲选》和举办专题讲座,为发扬民族文化、加强民族意识发挥了作用。1942年,重庆还成立了我国近代唯一的一所专门培训歌剧人才的学校即国立歌剧学校,排演过《荆轲》、《苏武》、《狮国之歌》等剧,为发展我国歌剧事业奠定了良好的基础。这时期还出现了张权、莫桂新等人发起成立的第一个民办歌剧团——中国实验歌剧团。该团于1942年1月在国泰上演了大型歌剧《秋子》,影响极大,受到观众热烈欢迎,连演16场,场场爆满。不仅激发了抗战热情,还引起关于歌剧发展问题的讨论。总之,抗战时期的重庆音乐以抗日救亡为内容,以广泛的群众歌咏活动为基本形式,在宣传抗战、激发爱国热情上发挥了巨大的作用。

抗战时期,著名舞蹈家吴晓邦、戴爱莲、盛婕等人活跃在重庆。1941年4月,戴爱莲从香港来渝,同年6月戴爱莲与吴晓邦、盛婕在抗建堂举办了"新舞蹈表演会"。1944年2月,银行公会举办了"吴晓邦作品舞蹈会";4月,吴晓邦在赴延安前又演出了两场"舞蹈表演会"。1945年3月,吴晓邦从西北几省演出后再次来渝,举办了"个人舞蹈作品欣赏会"。1945年,延安的秧歌舞传入重庆,至抗战胜利后广为流传。除了举办个人表演会,舞蹈家们还配合其他艺术形式,积极宣传抗日。吴晓邦就担任了大型歌剧《秋子》的执行导演,使歌剧中的舞蹈艺术发挥了很好的效果。另外,吴晓邦、戴爱莲都加盟过中制,在电影艺术中通力合作,发挥舞蹈的作用。

抗战时期,重庆荟萃了国内美术界的知名人士,如徐悲鸿、丰子恺、吕斯白、傅抱石、李可染、黄君碧、张书旗、王临乙、潘天寿、万丛木、叶浅予、廖冰兄、刘开渠、吴作人及美术理论家常任侠、陆丹林、唐义精等。像李可染、赵少昂、伍蠡甫、邵一萍等都在重庆举办过个人画展,汪子美、高龙生则举办过"小人物幻想曲"漫画展。1944年,在重庆举办过第三次全国美展,许多画家参展。整个抗战期间,美术各领域都产生了大量有影响的作品。徐悲鸿在重庆期间创作了数十幅国画,赠黄君璧的10幅从立意到所题诗文皆与抗日有关。漫画如丰子恺的《漫画日本侵华史》、《劫余漫画》,叶浅予的《重庆小景》、《逃出香港》,廖冰兄的《抗战必胜》、《猫国春秋》;油画如杨建侯的《军民合作》、《游击队之战》,艾中信的《枕戈待旦》,黄显之的《武运长久》,吴作人的《空袭下的母亲》;宣传画如杨立光的《把敌人赶出中国去》、《血债血还》、《到敌人后方去》、《保卫大武汉》等主题皆与抗战有关。版画这时期尤为活跃,1937年丰中铁、刘鸣寂发起成立重庆木刻研究会,成员有严叶语、谢又仙、胡夏畦,在重庆几家报纸发表了40余幅作品。1938年10月,中华全国木刻界抗敌协会(简称全木协)迁来重庆,来渝的木刻作者有段干清、陈烟桥、汪刃锋、刘铁华等。1939年4月6日到8日,全木协举办了第三届全国抗战木刻展览,展出作品571幅,观众约1.5万人,《新华日报》为此发表了特刊。当时出现了许多优秀木刻作品,如汪刃锋的《起来,不愿做奴隶的人们》、《敌后游击队》,

丰中铁的《北平,我们游击队回来了》,刘铁华的《东北健儿》、《抗日挺进敌后》,王琦的《嘉陵江上》、《难民一群》,王树艺的《难民》、《无家可归》等。另外,雕塑方面的优秀作品有刘开渠的《抗日英雄阵亡图》,王临乙的《汪精卫跪像》,傅天仇的《望夫石》等。摄影方面特别值得提及的是毛松友,他在上海被日寇占领前夕撤离,辗转于粤、桂、黔来到重庆,沿途拍摄了数百幅记录难民生活的照片,在重庆还拍摄了大量难童逃亡、敌机滥炸、大隧道上千人闷死等历史资料,弥足珍贵。总之,抗战时期重庆美术各领域都围绕抗日救亡创作出大量的作品,与其他各艺术形式相配合、相呼应,为抗战作出了重要贡献。

第四节　新闻出版

一、报刊

抗战时期,在重庆发行过报刊的报社、通讯社就达200家以上,约占全国的一半。大体可分为三类:(1)原在重庆出版的报刊,如《国民公报》、《商务日报》、《新蜀报》、《济川公报》、《大江日报》等;(2)抗战爆发后迁渝的报刊,如《新民报》、《时事新报》、《中央日报》、《扫荡报》、《大公报》、《益世报》、《南京晚报》、《新华日报》、《自由西报》(英文)等;(3)抗战期间新办报刊,如《中国学生导报》、《西南日报》、《台湾民声报》等。这些报纸政治立场各异,左、中、右都有,反映了战时中国复杂的政治格局。有代表进步势力的《新华日报》,代表顽固势力的《中央日报》、《扫荡报》,以及广大的中间报纸。

《新华日报》是在国统区公开出版的唯一的共产党机关报,是宣传抗日、争取进步的战斗堡垒,又是党在重庆新闻界统一战线的纽带。它认真贯彻执行党的"坚持抗战,反对投降;坚持团结,反对分裂;坚持进步,反对倒退"的方针,揭露日寇暴行,宣传抗日救国;揭露顽固派制造分裂的反共行径,揭露专制独裁,反映国统区人民的疾苦,受到广大群众的喜爱,最高时订数达5万多份。它还注意广泛团结新闻界的朋友,发展统一战线。不仅对中间报纸,就是对《中央日报》这样的报纸的斗争也是有理、有节,通过一些正常交往在新闻界上层开展统战活动。如《新华日报》和《中央日报》之间,就有过《新华日报》支援《中央日报》以纸张,《中央日报》支援《新华日报》铸字铜模这样的交往[①]。总之,《新华日报》在抗战期间,又团结又斗争,为中国新闻史写下了光辉的战斗的一页。

抗战期间,一些世界著名的外国通讯社、报刊社纷纷向重庆派驻新闻机构与记者,如英国的路透社,美国的合众社、美联社,法国的哈瓦斯社,苏联的塔斯社,德国的海通社,以及英国的《泰晤士报》,美国的《纽约时报》、《时代周刊》,法国的《巴黎日报》,苏联的《消息报》等。这些外国记者,在报道中国抗战进程、宣传战时首都重庆方面,都发挥了独特作用。

当时,负责对外宣传管理的是国民党中央宣传部所属的国际宣传处,它也是对外的新闻发布中心,实际负有对外新闻检查的职能。除此而外,当时的新闻检查机关还有战时新闻检查局、军委会特检处、外交部情报所、军统局邮检处等,当局还制定了一系列严格的送审检查制度。对于国民政府严苛的新闻统制,中外记者都不断地进行斗争。《新华日报》充分利用统战优势,联合各报,向国民党当局开展争取新闻自由、反对新闻检查的斗争,取得一定胜利。为抵制国民政府的新闻统制,外国驻渝记者于1943年起组织了驻华外国新闻记者协会,进行了一系列争取自由的斗争[②]。在这场争取新闻自由的斗争中,中国青年新闻记者学会(简称青记)表现十分突出。青记1938年由汉口迁渝,团结了大批新闻工作者,会员超过2000人。针对国民政府当局的新闻检查,在国民参政会开幕之机,青记邀集各方国民参政员进行座谈,要求取消新闻检查,并起草了一个提案交国民参政会通过,有力地打击了国民党的新闻检查[③]。青记还在重庆举行全国报展,展出报纸500多种,其中大部分为解放区和敌后出版的油印报、石印报,这些报纸反映了解放区抗战和生产建设的现实面貌,极大地鼓舞了大后方人民的抗战斗志和信心。1944年夏,重庆的中外记者组织西北参观团访问延安,受到中共领导毛泽东、朱德、叶剑英等人的接见,在解放区各处参观采访,返渝后纷纷撰文报道陕甘宁边区的

[①] 姚江屏:《抗战时期重庆新闻界的统一战线》,见中国社科院新闻研究所编:《抗日战争时期的中国新闻界》,重庆出版社1987年版,第308页。
[②] 黄友良:《抗战时期国民政府的涉外新闻统制政策与驻渝外国记者活动述略》,见《重庆地方志》,1991年第5期,第28页。
[③] 冯英子:《中国青年新闻记者学会所进行的合法斗争》,见中国社科院新闻研究所编:《抗日战争时期的中国新闻界》,重庆出版社1987年版,第235页。

真实情况,产生了很大影响。

总之,抗战时期重庆的报业十分发达,作为新闻媒介,不仅反映了当时陪都重庆的情况,也反映了解放区、敌后的面貌,并通过驻渝外国记者让世界了解战时中国真实情况。

二、广播

抗战前,重庆于1934年设立广播电台,仅有新闻、川戏、歌曲等节目。抗战爆发后,于1939年2月在重庆建立了中央短波广播电台,对北美、欧洲、苏联东部、日本、南洋分别用9种语言播音,每天报告新闻,分6段播出,共计10小时。同年6月,与原中波电台合并,改称中央广播电台。1940年1月,中央广播电台将仅有的35千瓦短波机划归中宣部国际宣传处,建立了重庆的第二个广播电台,为国际广播电台,用英、法、德、俄、日、荷兰、西班牙、马来亚、印度、泰国、缅甸、越南等十多种语言对外广播,每天播音14小时30分钟。该台还设有传真机一部,每晚安排有几分钟对美国的传真节目。后来,中央广播电台先后增添了两台短波机,于1943年初同时用中短波三台向全国各地(包括沦陷区)及南洋一带播音,使用国语、粤语、日语、韩语进行宣传。另外,1942年5月,由于日机轰炸,重庆防空司令部特设一台200瓦的电台,平时不用,日机轰炸时则向防空洞内的市民报告敌机动态。1944年10月,由于在华美军增多,重庆成立军中播音总队,特在白市驿设置电台一座,播放音乐节目等,专供美军娱乐之用。

抗战期间,中央广播电台、国际广播电台在宣传抗战,揭露敌人和向全世界报道战况,争取世界舆论同情等方面做了不少工作。节目设置上,为配合抗战宣传,辟有《抗战讲座》、《抗战教育》、《战地通信》、《民族英雄故事》、《敌情论述》、《抗战歌曲》等定时节目。另外,还分别辟有《纪录新闻》、《简明新闻》、《新闻类述》、《英语教授》、《国文教授》、《时事谈话》、《儿童节目》、《杂谈》等节目,还有《科学常识》、《自修讲座》、《妇女讲座》、《家庭常识》、《青年讲座》、《学术演讲》等节目[①]。这两个电台举办的广播讲演节目邀请过

[①] 万宪、李忠禄:《抗战时期的XGOA和XGOY》,见中国社科院新闻研究所编:《抗日战争时期的中国新闻界》,重庆出版社1987年版,第201—204页。

共产党的代表、抗日将领、国民党内的抗战派、爱国人士和国际友人,如周恩来、冯玉祥、李济深、郭沫若、沈钧儒、黄炎培、爱德华等发表广播演讲,产生过很大影响;还举办过讨伐汉奸汪精卫的广播讲演;同美、英等国的电台互相转播部分节目,扩大国际影响;宋霭龄、宋庆龄、宋美龄的对美广播,对促进美国朝野了解中国,援助中国抗日斗争,起了不小作用,对日本广播电台的造谣污蔑也给予了一定的驳斥和揭露。这些爱国抗日的广播内容在当时产生了积极的作用。

但是,人们却无法从这两家电台广播中了解到中国共产党领导下的八路军、新四军英勇杀敌的真实情况;相反,这两家电台的广播中,特别是抗战后期仍充斥着颠倒是非的反共内容及颂扬专制独裁的内容,这是必须指出的其消极的一面[①]。综观抗战时期的重庆广播,由于国民党借口抗战是"非常"时期,禁止开办民营广播电台,而造成以中央广播电台、国际广播电台垄断的格局。

三、出版事业

抗战爆发后,全国的出版中心先由上海迁到武汉,继又迁到重庆,使重庆的图书出版业空前繁荣。抗战期间,经国民政府图书审查处注册行文审批的出版、发行机构共 404 家,加上未登记注册而出版的单位,共 644 家,出书 8000 余种,出期刊近 2000 种[②]。

当时全国闻名的七大书局的总管理处几乎都在重庆,即商务印书馆、中华书局、正中书局、大东书局、开明书店、世界书局、文通书局。1943 年,国民政府教育部指定以上七家大书局在重庆成立国定本中、小学教科书七家联合供应处,这就是有名的"七联处"。当时进步的书店、出版社主要有生活书店、读书出版社、新知书店、《新华日报》营业部图书课、重庆新出版业联合总处(简称联营书店)等。另外还有名流、学者创办的出版社也出了不少进步书籍,如文化生活出版社渝处、群益出版社、中外出版社、峨嵋出版社、立信会计

[①] 赵玉明:《抗战时期的广播事业》,见中国社科院新闻研究所编:《抗日战争时期的中国新闻界》,重庆出版社 1987 年版,第 187—200 页。

[②] 唐慎翔:《抗战期间重庆的出版发行机构及图书业》,见《抗战时期西南的文化事业》,成都出版社 1990 年版,第 436 页。

图书用品社、文津出版社、未林出版社、美学出版社、国讯书店、作家书屋、东方书社重庆办事处、大中国图书局、文风书局、正风出版社、良友图书公司、正风书店、国际文化服务社、三户图书社、上海杂志公司、龙门书局、华中图书公司等。另外还有善成堂总局、重庆北新书局、重庆开明图书局、建国书店、文光书局、五十年代出版社、新生图书文具公司、光明书局、双江书屋、南方印书馆、京华印书馆等一批在渝的图书出版机构。属于国民党系统的除正中书局外，尚有中国文化服务社、独立出版社、三民主义青年团书店（简称青年书店）、拔提书店、军用图书社、青年出版社等。

抗战时期重庆图书业的群众团体则有重庆书帮公所、重庆市出版商业同业公会、重庆市书业界同仁联谊会等。此外，各大书局都有自己的群众组织，如开明书店的"明社"，近似于今天的工会组织。这些书业界的群众团体在抗战中除了协调行业事务，还开展抗日宣传，采取联合行动抵制当局的高压，在当时影响颇大。

抗战时期重庆的出版行政管理机构主要是中央图书审查委员会和重庆市社会局图书审查处（1941年升级为特级审查处）。国民政府还先后公布了《战时图书原稿审查办法》、《杂志送审须知》、《图书送审须知》等图书审查规定及一系列禁书、焚书法令，依仗这些法令，出版行政管理机构着重查禁不符国民党政府宣传要求的书刊。抗战期间在重庆被查禁的图书达2000余种，期刊200余种，占出版书刊的20%左右[①]。

与出版业密切相关的印刷业，这时期也得到相应的发展。当时经注册核准的印刷厂就有461家，其中60%至70%是以印刷报刊、图书为主，也有专业印刷钞票、邮票的（如中华和大东两书局印刷厂），还有30%的小印刷厂主要印杂件，有的也经营纸张。

抗战胜利后，外地迁渝的出版机构陆续返回，尽管1945年冬，国民政府当局在民主运动高涨及文化界人士强烈反对下不得不停止了图书审查制度并撤销了中央图书杂志审查委员会，但重庆的出版业仍大不如前，失去了抗战时期的繁荣。

---

① 唐慎翔：《抗战期间重庆的出版发行机构及图书业》，见《抗战时期西南的文化事业》，成都出版社1990年版，第436页。

第五节　图书馆、博物馆及考古事业

一、图书馆

重庆最早的图书馆是1912年建立的巴县图书馆,图书仅2万余册,读者亦少。稍后则有1921年建立的青年会图书馆,1934年邓蟾秋捐款2万元作为该馆基金,遂改名蟾秋图书馆以志纪念;另外尚有1929年建立的万国藏书楼。这些图书馆都有近代图书馆的开放性特征。

抗战时期,重庆图书馆事业有了较快发展。1938年2月,国立中央图书馆迁来重庆,设有六个阅览室并开辟有儿童阅览室,每逢周日,成人读者逾400,儿童亦在90人与200人之间,1940年在重庆两浮支路落成分馆,除开展各种图书业务活动、举办学术活动和展览外,还编有《图书月刊》期刊一种,铅印发行。1938年8月,原重庆市通俗图书馆奉令改为重庆市立图书馆,有了较大扩展,1941年分别在中央公园、化龙桥正街、下南区马路、通远门、武库街、江北正街、香国寺等处设立了书报流通处。1938年9月,程远女士开办重庆私立"七七"图书馆,将其由汉运渝之数千册书报,假大阳沟小学图书室开放阅览及外借。在北碚,由原峡区图书馆与西部科学院图书馆合并而成的民众图书馆,扩大借阅流通渠道,先后在文星场、二岩镇、白庙子等处设立民众图书室,至1939年,藏书近4万册,工作人员10人。1942年10月,邓少琴邀集一批学者创建北泉图书馆,由杨家骆任馆长,馆藏以川人著述和有关四川的著述为主,藏书2万余册,杂志汇订本645种,画报56种,每月平均接待读者4000人次,并拟设立古书流通处和四川丛书刊行处,除张森楷的史学著作外,其余未能付梓[1]。在沙磁文化区,除各大、中、小学皆有规模不等的图书馆(室)外,中华图书馆协会在磁器口设有小图书室一所供民众阅读,省教院也将其阅览室向民众开放[2]。

从上述情况可以看出,重庆具有近代意义的图书馆,到了抗战期间,不仅

---

[1]《北碚文化志》,重庆市北碚区文化广播电视局文化史志办公室1991年版,第61页。
[2]重庆市沙坪坝地方志办公室编:《抗战时期的陪都沙磁文化区》,科学技术文献出版社重庆分社1989年版,第110页。

数量增多,为着抗日宣传、唤醒民众,为着提高国民素质,其开放性特征也愈加突出;而且,这种突出的开放性特征是在极其艰难的环境中、极其曲折的过程中坚持下来、体现出来的。如国立中央图书馆迁来重庆,先在上清寺聚兴村办公,后借川东师范大礼堂办公,继后又迁江津白沙镇,最后在两浮支路新建馆舍,几经周折辗转,其间坚持开放并在白沙镇设立民众图书馆。又比如重庆市立图书馆,1939年5月,敌机袭渝,馆舍全部被炸,图书损失惨重,但同年6月迁江北红沙碛办公,12月复迁陕西路三元庙,并于1941年在中央公园等处设立了6个书报流通处,扩大开放[①]。又如北碚民众图书馆,"战时警报频传声中,我们仍尽量利用和平间隙,警报一发,立即停止阅览,各散入预定的防空洞,警报解除后,我们又照常开放"[②]。当时的图书馆就是在这样艰难的条件下,坚持开放,发挥作用的。

随着图书馆事业的发展,成立了中华图书馆协会,1945年又成立了以研究图书馆学术、发展图书馆事业为宗旨的初级图书馆学术机构——中国图书馆学社。在图书馆学术方面,当时在渝的文华图书馆专科学校作出了不小的贡献。除了研究,它还培养了一批图书馆学人才,后来这些人都成了我国图书馆界的专家学者或工作骨干。1938年,中华图书馆协会在国立中央图书馆召开第四次年会,与会的重庆机关会员有公共图书馆、学校图书馆、政府部门图书馆、企业图书馆、私立图书馆等,由此也可见当时重庆图书馆事业繁荣之一斑。特别值得一提的是,这时期的图书馆工作已相当深化,出现了馆际协作、资源共享的现象,民众图书馆将北碚迁建区的科研机构、学术团体、大专院校图书馆(室)联合起来,牵头汇总编制了一套《联合书目》,提高了各馆藏的利用率,方便了读者。

抗战期间,重庆图书馆事业的发展和图书馆工作的深化,为重庆图书馆事业的发展奠定了一定基础,后来著名的罗斯福图书馆终于选建在重庆,这种基础也是其中的一个因素。

[①] 重庆市市中区文化艺术志编纂委员会编:《重庆市市中区文化艺术志》,文化艺术出版社1990年版,第222—223页。
[②] 周昌溶:《北碚民众图书馆》,见《重庆文史资料》第39辑,西南师范大学出版社1993年版,第181—186页。

二、博物馆与考古

抗战时期,虽然在沙坪坝设有国家博物馆筹备处,但博物馆主要还是在北碚。

抗战前夕,原北碚的峡区博物馆改名为民众博物馆,后并入民众教育馆。1942年10月,在北碚成立了北温泉博物馆,馆内收藏古文物3000多件,主要分四个方面:代表四川文明史的各项文物;四川各地的风物土产;中药原料和中成药;各教法物及其相关物品。1943年,中国西部科学院联络中央研究院动植物研究所、经济部中央地质调查所、中国科学社等13个学术机关筹办北碚科学陈列馆,后定名中国西部科学博物馆,1945年改名北碚科学博物馆,1946年更名中国西部博物馆。该馆事务概由著名专家学者主持,馆内设生物、农林、工矿、地理、地质、医药卫生六个陈列馆,陈列品最多时达10万多件。生物馆分动物、植物两部分,有植物标本5万余件、动物标本2000只、昆虫标本3万余只。该馆对外开放,参观人数颇众,实为重庆较早而颇具规模的自然博物馆[1]。1943年1月16日,教育部艺术文物考察团在重庆中央图书馆举办敦煌艺术展览,共展出魏、唐文物200余件。抗战期间这些艺术文物和自然博物的展示,对增强民族自豪感,普及科学知识起了积极的作用。

在考古方面,抗战期间的重庆也有一些进展。1939年4月上旬,著名学者马衡、朱希祖、常任侠等考察盘溪汉阙,这可以说是重庆现代考古之始。1940年4月14日,郭沫若与卫聚贤联合各学术团体,发掘江北汉墓,21日试掘汉墓结束,27日郭沫若作《关于发见汉墓的经过》一文。汉墓的发现和发掘是抗战期间重庆考古事业的一大收获。世界闻名的大足佛教石刻艺术,早在抗战期间就引起了考古学者的注意,1945年4月27日,由杨家骆、马衡、何遂、顾颉刚、朱锦江等一行十余人组成的大足唐代石刻考察团抵大足,经过十余天的考察,于5月10日结束。大足唐代石刻考察团返渝后,由中国辞典馆馆长、考察团成员杨家骆及朱锦江向学术界报告北山、宝顶山石刻考察的丰硕成果。除了人文方面,在自然考古方面,1939年在北碚金刚碑发掘出鸟足类恐龙骨骸,这是近代以来最早在北碚发掘出的古脊椎动物化石,这对于后

---

[1]《北碚文化志》,重庆市北碚区文化广播电视局文化史志办公室1991年编,第96—98页。

来在这一地区连续发现和大量发掘恐龙化石,无疑具有筚路蓝缕之功。抗战时期的考古收获对于增强民族自豪感是有一定意义的。

第六节 体 育

一、抗战期间重庆体育概况

抗战期间,随着一些体育机构迁来重庆,许多体育界的专家学者、运动员、裁判员也云集重庆,他们为发展重庆的体育事业作出了极大的贡献。那时,先后迁渝的体育机构有国民政府教育部体育委员会(后改为国民体育委员会)、中华全国体育协进会、中央国术馆、中华体育学会等。而在重庆,相应建立了重庆市国术馆等机构。

国民政府还制定颁布了一系列体育法规,如《修正国民体育法》、《国民体育实施方针》、《各级学校体育实施方案》等,以及国术馆、体育场的有关规程,各级体育机构的组织条例等等。这些法规、条例、规程,在保障重庆体育的顺利发展上,起了不小的作用。如1941年9月9日公布的《修正国民体育法》第三条确定"教育部主管全国体育行政",第四条规定"中央及地方各级教育行政机关,应各设专管体育之人员负责办理及考核体育之类",这就明确了各级体育事业统归教育部门管理。这种由政府完善健全的职能部门体系来集中统一管理体育事业,就确保了战时体育行政管理的效率。另外,该法的第八条规定"国民体育实施之经费,应列入各级政府预算"[1],这就从经费上保证了体育事业的顺利发展。

除了管理体制、法规条例、经费上的保障外,当时还很重视体育场地设施的建设,先后兴建了陪都体育场、两路口篮球场、大田湾跳伞塔、北碚滑翔机场等。除了公共体育设施,还提倡工厂企业兴建体育设施,如"中央印刷厂、二十一厂、民生公司及各银行洋行,均有体育组织及场地设备"[2]。至于学校,大多有规范、良好的运动设施,如南开中学运动场就是当时"后方最良好之场址"。此外,当时的夫子池体育场(现市中区川剧团)、川东师范广场(现重庆

---

[1]《修正国民体育法》,原载《教育公报》1941年第13卷第19期。
[2] 程登科:《三十年(1917—1947)来重庆体育概况》,载《世界日报》1947年4月18日。

劳动人民文化宫)、基督教青年会、沙磁文化区、北碚文化区,以及青木关、江津白沙等地,都是体育活动比较活跃的地区①。有了这些条件,抗战期间重庆体育活动异常频繁,几乎每年都有综合性和专项的大型运动会,规模既有全市性的,又有各大系统的。不仅体育竞赛十分频繁活跃,体育人才培养也倍受重视。当时,仅在重庆地区担负体育师资培训任务的就有国立中央大学师范学院体育系、国立国术体育师范专科学校、教育部特设体育师资训练班等8所院校。在抗战期间,先后共培训了体育专业人员约3000名②。另外,还举办了体育行政人员培训班,由中华体育协进会等体育机构分别举办各类培训班,培养了一批体育骨干。

抗战期间,重庆体育学术研究也十分活跃,不仅探讨体育理论,还探讨战时体育的方针政策,指导体育的发展。报刊也十分注重体育方面的宣传报道,往往不吝篇幅发表体育论著,如1942年9月9日的首届体育节,《新华日报》不仅发表社论祝贺,还出了特刊,集中刊发了几十篇体育文章。体育学术研究的深入,提高了重庆体育的科学水平,如当时对体育与卫生之关系就非常重视。1940年公布之《全国国民体育会议宣言》中强调:"体育与卫生,实二而一,故言体育不能不注意于卫生教育。"因而要求"必使体育与卫生教育双方切实联系,方可收增强国民体力之实效"③。进而在1941年颁发的《国民体育实施方针》中又强调,"为达到延续民族生命之目的,应强迫全民接受严格之体育训练与讲求清洁卫生","使国民机体发育完善,疾病减少,从个个健康进而求民族健康"④。又譬如,希望国民"从各种体育活动中,产生活泼愉快之情绪","从体育训练中体会群体生活之意义与精神,发扬个人与社会之道德","训练手脑并用之能力,使肌肉神经之感应,极度灵敏坚强,运用自如,借增工作与生产之效率",等等⑤。这些认识都是十分科学和深刻的,这与当时体育学术研究水平显然有密切的关联。

---

①重庆市体育运动委员会、重庆市志总编室编:《抗战时期陪都体育史料》,重庆出版社1989年版,第3—4页。
②重庆市体育运动委员会、重庆市志总编室编:《抗战时期陪都体育史料》,重庆出版社1989年版,第2页。
③《全国国民体育会议宣言》,原载《中央日报》1940年10月16日。
④《国民体育实施方针》,原载《中国教育年鉴》1948年版。
⑤《国民体育实施方针》,原载《中国教育年鉴》1948年版。

从管理体制、法规条例、经费设备、竞赛活动、人才培养、学术研究等方面看,抗战时期的重庆体育较战前更显示出一种生机、一种完善、一种发展、一种提高,说到底,一种在那个时代的空前繁荣。

二、抗战期间重庆体育的主要特点

抗战期间,在民族存亡的关头,在社会各阶层大众团结一致、奋起抗日的历史环境中,重庆体育呈现出鲜明的社会性、民族性、国防性特点。

(一)社会性

抗战前,较为发达的体育活动主要局限于学校体育活动,抗战爆发后,特别是教育部主管全国体育后,体育活动迅速广泛地推向全社会,当时,"国民体育之实施,决非仅以少数个人为对象,而实无时无地不以全国国民为对象"①,体育成为抗日救亡活动的组成部分,成为增强国民体力与民族精神的活动。为了扩大体育在全社会的影响,当时定每年9月9日为体育节,使体育成为全社会的重要节日,受到全社会的关注。出现了社会办体育的风气,"许多体育活动的宣传、经费筹集、征募奖品、具体组织实施等,均由各方密切配合,社会自办"②。从参与的角度看,也非常广泛。如1943年的水上运动会,参加竞赛的龙舟近40艘,人数达1000余人,而两岸观众则达10万以上。又如1940年的体育大游行,参加表演的团体达60多个,游行队伍1万余人,参加者有工、农、兵、学、商及梨园子弟等。1942年的重庆市第一届运动会前后历时33天,参加之运动员2000余人。1941年的重庆市民运动会观众达3000余人。当时像这种社会性大规模的体育活动,真是举不胜举。

值得指出的是,原来就有一定基础的学校体育活动,在这时期有了进一步的提高。教育部对大、中、小学分别制定有体育实施方案、考核办法;对体育师资、体育行政人员都有严格的考核规定。学校体育活动仍是整个体育活动中最为活跃的部分,其运动成绩也在整个体育领域中保持领先地位。如1944年重庆市第四届运动会田径46个项目的第一名中,除4人外,其余全是大、中学校夺得;1945年公布的重庆市田径最高纪录保持者,也几乎全是高校

---

①《全国国民体育会议宣言》,原载《中央日报》1940年10月16日。
②重庆市体育运动委员会、重庆市志总编室编:《抗战时期陪都体育史料》,重庆出版社1989年版,第3—4页。

的运动员。这说明在社会体育广泛普及的同时,学校体育也倍受重视,得到进一步的完善和提高。

(二)民族性

抗战时期重庆体育的民族性有两层含义:一是体现了一种无畏的民族精神;一是突出了有鲜明特色的民族体育项目。从体育观念上看,那时非常重视体育"培养民族正气"(修正《国民体育法》),"复兴民族,振衰起颓"的作用(《全国国民体育会议宣言》),在大、中、小学的体育实施方案中都强调民族意识、民族精神的培养。在全民奋起抗战中,更通过体育提倡一种勇敢无畏的精神。如1943年的男女排、垒球比赛规程规定当敌机空袭时"如遇警报在开场开赛前二小时解除,则该场比赛仍照常举行"。1942年的首届体育节,在敌机轮番轰炸的情况下,仍坚持举行比赛,长达1月。1941年第一届市民运动会开幕当天上午遇敌机轰炸,但下午运动会照常举行。通过这些体育活动,显示了中华民族大无畏的英雄气概,极大地激发了民族爱国精神。

为了激发民族意识和民族体育的研究和推广,对"我国固有体育方法,如射、御、舞蹈、拳术、蹴鞠等,均拟重新估定其价值加以研究与整理,作将来训练之材料"[1]。至于国术,"为吾固有锻炼体格之方法,自应列为学校体育教材","同时各地遍设国术教育所,以培养教练国术之师资"[2]。那时除有中央国术馆和重庆市国术馆外,还有国术体育师范专科学校,培养了大量人才。重庆多次举行国术表演大会和竞赛大会,推动了国术活动的普及,增强了民族意识。另外,像龙舟竞渡、重阳节爬山登高,以及龙灯、舞狮等活动都具有浓厚的民族色彩,当时在重庆这些活动的举行也很频繁。这从又一个方面体现出抗战时期重庆体育的民族性特点。

(三)国防性

抗战时期的重庆体育毕竟是在外寇入侵、全民族奋起抵御外侮的条件下发展的,因而必然显示出因抗战而带来的国防性这一特点。譬如教育部制定了多级学校体育实施方案,要求小学生掌握"国防后方服务上应用技能",大、中学生则要求掌握"国防上之基本技能"或"国防上之应用技术"。不仅学校

---

[1]《教育部体育委员会概况》,原载《国民体育季刊》1941年9月15日创刊号。
[2]《全国国民体育会议宣言》,原载《中央日报》1940年10月16日。

重视国防体育，整个社会体育也很重视国防体育活动的开展。如经常举办滑翔表演、航空模型比赛和展览、伞塔跳伞活动；大型运动会、大型体育表演和体育游行，往往都设有配合抗战的军事体育项目，如投手榴弹、武装负重、抢占山头、武装泅渡、抢占敌滩头阵地、水上救护表演等。这些活动，通过体育手段增强了民众的国防意识和能力，使当时的体育有力地配合了抗战的需要，在重庆的体育史上留下了光辉的一页。

抗战时期重庆体育所具有的社会性、民族性、国防性这几个突出特点，也是构成抗战时期重庆体育空前繁荣的几个重要方面。

第二十三章　重庆工业中心的萎缩与社会经济的衰败

抗战胜利以后,随着国民政府还都南京和迁川工厂的大量复员,重庆不但失去了作为战时首都的显赫地位,也逐步丧失了作为大后方工业中心的重要位置。尤其是国民党政权发动内战的一意倒行逆施,引发和加剧了中国社会一系列内在的矛盾和危机,使国统区经济恶化,民生凋敝,也使在抗战中艰难起步的重庆工业受到致命打击,市场萧条,物价暴涨,人民生活极度困苦,城市建设几近停顿,近代重庆社会经济的发展又一次濒临衰败和崩溃的境地。

第一节　抗战胜利后经济形势的变化与重庆工业中心的萎缩

重庆作为西南腹地的内陆城市,抗战前地区经济的发展和城市规模的扩大都较缓慢。自抗战爆发后定为陪都,随着政治重心西移,大批厂矿、商贸团体内迁,城市人口遂于短短数年之内骤增至130余万,商业贸易日趋繁荣,工业产值跃居大后方之冠,成为支撑抗战的重要物质基地。到1945年全市工业企业增加至1690家,职工10.65万人。工厂数占当时国统区的28.3%,占西南地区的51.5%,占四川的70.94%;资本额占国统区的32.1%;职工人数占国统区的26.9%。这种超常发展,主要是由政治变迁和战争的刺激所造成,而与其他大都会城市凭借自身积累和经济扩张的自然成长有所不同。

表23-1　1945年重庆工业在四川、西南、国统区所占地位比较表

项目	单位	重庆市工业企业	重庆市所占的百分比		
			占四川的	占西南的	占国统区的
工厂数	个	1690	70.94	51.50	28.30
资本额	亿元(法币)	272.6	57.60	45.60	32.10
职工数	人	106510	58.00	47.90	26.90

资料来源　重庆市地方志办公室编:《重庆市情》,科学技术文献出版社重庆分社1989年版,第22页,略有校订。

同样,抗战结束后政治重心的东迁和随之而来的国内战争也必然会影响和制约它的历史命运,不可避免地导致它走向衰败和萎缩。这就是:部分内迁厂矿离渝东调,大量的技术和资本发生转移;美货倾销,使狭窄的内地市场需求呈现饱和,成本高昂的地方产品难以竞争;官僚资本的垄断性经营,控制国家经济命脉和独占经济特权,阻断了民营工商业发展的正常途径。最根本的原因是国民党当局实行独裁和内战的政策,滥发纸币,大肆搜刮,造成严重通货膨胀,人民普遍贫困化,市场需求日益萎缩……在这种不断恶化的经济环境中,地方工业不但无力筹措资金扩大生产,即使是维持现状也日趋艰难,因此除纷纷倒闭一途之外,苟存的企业就只有尽量转向以满足本地民用为主、投资少的轻纺工业了,从而使重庆工业的产业结构发生变化。此时的重庆虽仍为陪都和行政院直辖市,但已降为一个局部的中心城市——西南地区的经济中心。

抗日战争胜利后,饱受战乱之苦的重庆人民对胜利的前景充满希望。外地人急欲返归故里,本地人也切盼从此过上安稳的生活,工商界人士都以为经济的复兴更是指日可待了。人们的这种心态集中反映在日本要求投降后市场物价的涨跌上:8月11日,黄金收盘价格跌至11.5万元,美元跌至1850元,百货价格普遍下跌40%至50%,大量囤积物资纷纷抛出。而被人们认为外销有望的土特产品则行情看涨,桐油价格一度暴涨至每百斤6.8万元[①]。但是,严酷的现实很快就使人们的希望破灭了。

[①] 周开庆:《民国川事纪要》,(台湾)四川文献研究社1974年版,第271页。

战争的迅速结束,大规模的资金、设备和人才的转移,使重庆工商业面临着异乎寻常的新形势。

首先是金融紧缩。沦陷区的收复,法币与伪币兑换的巨大差价,为政府官员和实业家们从事"劫收"和各种投机买卖提供了千载难逢的机会。"本地银行为了高利率和其他投机买卖,把所有余款都汇到上海,造成本地年底银根吃紧。"[1]

其次是内迁工厂复员东调。随着国民政府还都南京,部分官营和民营资本也离渝东迁,据1946年初统计,内迁工厂中有129家停业,其中机械制造业98家、化学工业3家、纺织工业1家、电器制造业15家、冶金工业3家等[2]。据当时重庆海关的报告,大批人员和物资设备的东迁使川江航运拥挤不堪,"1946年的前10个月船只仍然紧缺……及至11月中旬,约有50万人口和大批工业设备从重庆运到下游的汉口、上海和沿海地区"[3]。这种情况一直持续到1947年。在战时迁川的475家工厂中,停业和复员的已达232家,其中多半在重庆。离渝的内迁工厂虽仅占重庆工厂总数的13%,但多属大中型骨干企业,拥有较先进的生产设备和技术力量。它们的撤离,不啻使重庆工业在由战时经济向平时经济转移的关键时刻失去了一支生力军。于是,随着工厂内迁所带来的战时经济繁荣,也就随着内迁工厂的复员而开始走向战后经济的萧条。

重庆战时建立的地方工业,主要是适应军事需要和替代进口产品的生产,战后市场情况的变化使重庆工业生产受到猛烈的冲击。国民党当局在忙于到沦陷区"劫收"敌产、大发国难财的同时,对大后方的国营工厂采取紧缩政策,大批关闭或缩减在重庆的工矿企业;一般依靠国民政府经济部和战时生产局的收购和加工订货维持生产的广大私营工厂,则受到政府采购量大减乃至全部取消的冲击,而造成产品滞销或停产关门,仅抗战胜利的1945年8月即有500余家小工厂倒闭停工。据统计,四川工业生产指数1945年较1944年下降8.57%,且呈逐月下降加剧之势,如1945年10月至12月较同年

---

[1] 周勇、刘景修编译:《近代重庆与社会经济发展:1876—1949》,四川大学出版社1987年版,第474页。
[2] 《陪都十年建设计划草案》,第57—58页。
[3] 周勇、刘景修编译:《近代重庆与社会经济发展:1876—1949》,四川大学出版社1987年版,第474页。

4月至6月下降20.86%①。考虑到重庆工业比重占四川的一半以上,其每况愈下之势可以想见。

战时因国际运输路线中断,进口物资匮乏,为替代进口产品而建立的民用工业也受到沉重打击。战后美国将大量商品输入中国,力图独占市场。在重庆,美国的粮食、罐头、棉花、布匹、香烟、玻璃丝袜、化妆品和钢铁机械制品等充斥市场,出现了"无货不美"、"有美皆备"的畸形现象。美国大量倾销战争剩余物资,甚至不计成本削价销售以争夺我国市场,如美钢一吨售价仅13万元,而国产钢一吨售价却高达80万元。美货倾销,不但使狭窄的内地市场需求呈现饱和,也使成本高昂的地方产品难以竞争,失去了传统的销售市场,纷纷被迫转产或关闭。据统计,由于美货泛滥,1947年6月中国工业协会重庆分会所属的470多家工厂中,停工者达80%以上。同年1月,机器工业由抗战中期的182家减至44家,在未倒闭的厂家中,一半又处于"暂行停工,待机复业"的状况。重庆两大钢铁企业——中国兴业公司和渝鑫炼钢厂也在美货倾销下一度关闭。丝、绸、布、呢、绒等各业也处于停滞状态②。

同时,以蒋、宋、孔、陈"四大家族"为首的官僚资本借机由发"国难财"一变而为发"胜利财",实力急剧膨胀。他们利用国营企事业的优势及"统制"政策,垄断了国统区内的重要轻重工业和商业金融企业。抗战胜利后,"四大家族""接收"了大部分沦陷区的敌产,据统计部1946年报告,全国"接收"资产相当于4万亿法币③;加之横征暴敛,资产积聚达百亿美元之巨。战后虽然部分解除了产销禁令,如取消花纱布管制等,但另一方面却强化了重工业的统制机构,扩大了对轻工业的垄断性经营。"四大家族"战后建立了一大批全国性和地区性的工业独占组织,如中国纺织建设公司、中国蚕丝公司、中国石油公司、中央造船公司、华中矿业公司等。并直接组建私人垄断组织控制国内外贸易,其中有宋家的孚中公司、中国进出口贸易公司等,孔家的扬子建设公司、长江公司等。例如,1946年美国对华钢铁进口的90%为孚中公司所垄断。到1946年上半年,官僚资本企业的资本占全国产业资本总额的80%以

---

① 《陪都十年建设计划草案》,第54页。
② 黄淑君主编:《重庆工人运动史》,西南师范大学出版社1986年版,第372—373页。
③ 上海《大公报》1946年7月31日。

上①，远远超过战前的 10% 和抗战期间的 50.5%。他们控制了从动力原料、产品加工、市场销售到银行贷款的各个环节，利用其资本的空前膨胀和对国民经济的垄断地位，对民族工商业实行排斥和吞并，使民族资本主义工商业遭到了空前严重的困难，纷纷破产、停工、减产或倒闭。据不完全统计，自 1946 年下半年到 1947 年，上海、天津、重庆、汉口、广州等 20 多个大中城市，工厂和商店倒闭达 27000 多家，仅重庆 1946 年倒闭的工商企业即达 7000 多家，为全市工商业总数的 80%，占全国工商业倒闭总数的 1/4 以上②。

随着国民党政权发动的全面内战，国统区经济危机更趋严重，集中表现为恶性通货膨胀和财政金融的极端混乱。国民党当局为了弥补庞大的军费开支所造成的巨额财政赤字，除了对人民大肆搜刮外，就是利用通货膨胀政策滥发纸币，转嫁危机，从而导致通货膨胀和物价暴涨交替进行的恶性循环。它的直接后果是：广大人民群众陷于民不聊生的日益贫困化之中；市场需求不断缩小；工商企业处于成本高昂和捐税繁重之中，难以维持生存。市场呈现出一片混乱，至 1949 年 6 月初，重庆 1000 余家大小工厂中停业关闭者达 80%，其中机器业停工近 90%，卷烟业由 40 家减为 12 家，开工的仅两三家，面粉业也有 20 家工厂停业③。重庆工业生产不断低落，大批生产设备被迫闲置不用，开工严重不足。如全市炼钢能力为 4 万余吨，但 1949 年仅生产钢 8900 吨，为设备能力的 22% 左右。至解放前夕，全市失业员工达 12 万余人，停产待复工者达 10 万余人。重庆经济状况陷于崩溃境地。

当时的工业主要有军工、纺织、轻工、食品、冶金、煤炭、化工、机械等产业。到重庆解放前夕，军工有兵工署所属的十厂、二十厂、二十一厂、三十一厂、五十厂、二十四厂、二十九厂和泸州的二十三厂等 8 个企业，拥有工作母机 1.6 万余台，职工 26252 人，能生产多种枪炮及炮弹、子弹、手榴弹等。纺织行业主要有豫丰、裕华、申新、沙市及军纺厂等几个大厂，共有 14 万纱锭，另有毛纺厂 2 家及丝纺厂 47 家。煤炭工业有天府、福华、建川等大型煤矿和 200 余煤窑，月产煤 5 万吨左右。钢铁企业主要有二十九分厂、二十分厂、中国制钢公司、中国兴业公司、渝鑫钢厂、西南钢铁制造厂等，炼钢能力为年产 4

---

① 笪移今：《节制资本的再认识》，载《经济周报》第 2 卷第 18 期。
② 于素云等：《中国近代经济史》，辽宁人民出版社 1983 年版，第 473 页。
③ 重庆市地方志办公室编：《重庆大事记》，科学技术文献出版社重庆分社 1989 年版，第 366 页。

万余吨。民用机械工业 165 家。轻工业及食品工业多为中小企业,有肥皂厂 32 家、火柴厂 13 家、造纸厂 3 家、橡胶厂 7 家、制革厂 157 家、搪瓷厂 3 家、玻璃厂 11 家、面粉厂 25 家、碾米厂 253 家、粮果厂 40 家。化工企业 10 家,能生产盐酸、硫酸、烧碱、油漆等产品。

这一时期,重庆工业中心的产业结构发生了根本的变化:一个依靠战争经济发展起来,并为战争服务的重型结构,被一个符合半殖民地半封建经济普遍规律的轻型结构所取代,即由原来为战时服务的军工、重工业为主,逐步转向为本地市场需要的轻纺工业为主。1945 年,在重庆工业总产值中,重工业占 81.3%,到 1949 年则下降为 25.7%。其中尤以化工、冶金业下降最多,化工由 31.3% 降到 1%,冶金由 17.1% 下降到 1.7%。与此同时,则是轻工业产值由 18.7% 上升为 74.3%[①]。具体情况,见下表 23-2。

表 23-2 重庆轻重工业各主要产业产值变化表

项目 年份	重工业主要产业产值占的比重(%)					轻工业主要产业产值占的比重(%)			
	总比例	冶金	机械	化工	其他	总比例	食品	纺织	其他
1945	81.3	17.1	28.8	31.3	4.1	18.7	5.3	9.1	4.3
1949	25.7	1.7	12.0	1.0	11.1	74.3	30.3	28.6	15.3

随着半殖民地半封建的旧中国逐渐走向它的尽头,重庆工业也进一步衰落。1949 年 6 月,民营产业公会联谊会召开工人生存座谈会宣布,重庆市已有 80% 的工厂停业关闭,其中机器业停工 90%[②],即使如中国兴业公司、渝鑫钢铁公司、中国制钢公司等大型骨干企业,也宣布"陷于绝境阶段,危在旦夕",被迫停业[③]。重庆民营工业已面临全面崩溃的绝境。

同时,政府包办的国营工业也陷入了严重的困境。在抗战后期及至战后的一段时间,即使在通货膨胀的情况下,国营工业的经营也比较正常。因为它受到政府的保护,与市场关系不大,但随着国民党在军事、政治上的崩溃,经济上

[①] 重庆地方志办公室:《重庆市情》,第 22—24 页。
[②] 重庆市地方志办公室编:《重庆大事记》,科学技术文献出版社重庆分社 1989 年版,第 284 页。
[③] 重庆地方志办公室:《中国兴业公司等致西南长官公署函》,1949 年 5 月 25 日,重庆市档案馆藏。

的崩溃也就到来了。1948年12月,国民政府兵工署、资源委员会在重庆的企业,经济上已日益窘困,生产原料不足,工资不能按时发放,要求追加经费无着,生产难以为继。1949年1月,钢铁厂迁建委员会生产的钢料成本已达每吨14820元、生铁6799元,是1948年12月的2.74倍和3.15倍。1个月之间如此飞涨,使其生产的持续已不可能。电化冶炼厂甚至因发不出工资,而向职工配发"精铜卷",即以该厂产品精铜作为支付手段①,实为一大丑闻。

重庆的兵工企业也同样面临着严重的经费不足与开工不足两大难题,迭电要求中央政府拨款。1949年5月,兵工署署长杨某抵渝,他称,虽有蒋介石的直接干预,但经各级机关侵吞、折合,实际所得已大打折扣,解决不了多少问题,不禁感叹"念以往之艰难,凛来兹之茫渺"②。

这一年,重庆工业主要产品产量在全国的比重,也降到了重庆工业中心形成以来的最低点。表23-3就反映了这一状况。

表23-3 1949年重庆工业主要产品产量及其占全国的比例表

产品	单位	全国	重庆	重庆所占比例(%)
发电量	亿度	37.95	1.26	3.32
原煤	万吨	3956.00	97.72	2.47
生铁	万吨	81.00	0.74	0.91
钢	万吨	41.43	0.89	2.15
钢材	万吨	13.00	0.61	4.69
棉布	万米	345300.00	8153.00	2.36

从根本上讲,城市的产生是生产力发展的结果。生产力的发展,又推动着城市由古代走向近代,推动着城市的功能由政治为主转变为经济为主,推动着传统城市走上近代化的道路。当生产关系成为生产力发展的桎梏,成为城市发展的桎梏的时候,历史的任务就在于改变不适应生产力发展的生产关系,舍此,别无选择。

1949年,重庆工业已经崩溃,重庆经济已陷于绝境。

---

① 钢迁会档案第1卷,电化冶炼厂档案第662卷,重庆市档案馆藏。
②《杨署长在渝各厂厂长第30次会议时提示辞》(1949年5月28日),重庆市档案馆藏。

第二节　严重通货膨胀下商业金融的萧条与市民生活的贫困

　　重庆人民在抗战期间曾作出过巨大的物质贡献,承受了战时物价猛涨的沉重负担。至1945年8月胜利前夕,重庆物价指数已涨到1937年基数的1585倍。抗战胜利,人们普遍以为从此可以从通货膨胀的重压下喘过气来,因而在1945年8月的最后一周,各地都出现了物价涨势暂时中断的现象。重庆物价指数9月份即跌落到1226倍,10月份更跌落到1184倍[①],同时黄金和美钞的黑市价格亦猛跌。当时国民政府手中尚握有黄金400万两、美汇9亿元,又从沦陷区接收了大量敌伪产业,这些都是整顿金融、稳定物价的有利条件。但是抗战胜利后,国民党当局却置国计民生于不顾,大肆搜刮,侵吞公产,敛聚私财,尤其是为了发动反人民的内战,解决庞大的军费开支,继续变本加厉地实行其恶性的通货膨胀政策,终于导致了国统区经济的总崩溃。在这场灾变中,重庆人民深受其害,它直接加剧了地区经济的衰落和人民生活的不断恶化。

　　巨大的军费开支造成了巨大的财政赤字,而且逐年上升。1946年财政支出为7万亿元,赤字约为4.8万亿元;1947年财政支出为70万亿元,赤字也上升为40万亿元;到1948年,国民政府的赤字竟达900亿元,而当年6月其财政收入仅及其支出的5%[②]。财政部长俞鸿钧不得不承认:"政府在军事上节节失利,和既不可能,只有以战求和,增加通货,势在必行。"[③]因此,国民党当局完全靠增发法币来弥补其巨额财政赤字。据统计,1946年发行法币37261亿元,1947年上升到331885亿元,1948年1月至8月则猛增到6636946亿元。滥发纸币的结果是造成物价狂涨,从而使财政赤字、滥发纸币、物价狂涨三者因果循环,愈演愈烈,无法遏止。

　　法币无限膨胀,币值急剧低落。1948年8月,法币发行的指数增加至45万倍,重庆物价上涨至150余万倍。当时若用法币施舍给乞丐,乞丐都不屑要。市面上还有小贩专收法币当废纸卖给纸厂做原料,纸扎铺也用法币做

[①] 张公权著,杨志信译:《中国通货膨胀史》,文史资料出版社1986年版,第48页。
[②] 孙翊刚等编:《中国财政史》,中央广播电视大学出版社1984年版,第337页。
[③] 《重庆文史资料》第15辑。

"冥票"以降低成本,可谓怪相丛生。此后国民政府宣布改革币制,发行金圆券代替崩溃的法币,规定以金圆券1元兑换法币300万元。由于信用丧失,结果是造成重庆市面抢购物品的风潮和物价狂涨轮番出现。1949年初国民政府逃往广东后,全部金圆券灾难都落到其最后控制的广州、重庆等几个大城市人民身上,外地金圆券潮水般涌入重庆收购金银和物资,市场一片混乱。当时重庆普遍使用银圆,而重庆银圆黑市每元换金圆券25亿元。1949年7月,国民政府又发行"银圆兑换券",宣布恢复银本位制。重庆地区由中央银行在模范市场、大梁子等处设点兑换。由于市民对国民党政权已失去信心,急于将手中的银圆券换成银圆,因此,每天各兑换处前总是排着长长的队伍,争相挤兑。

在政府发行的货币急剧贬值的同时,实物交换的形式却在重庆及附近地区流行起来。巴县接龙区的"物物商行"针对市场需要,发行一合、二合、一升、一斗的大米券,成为接龙、界石、土桥等地商品交换的筹码,起着货币的作用。璧山、永川一带用棉纱作为市场交换的筹码。至此,国币的价值和信用已完全丧失。战后重庆一度跌落的物价从1945年11月就开始回升,随着通货膨胀的日益严重,物价也如脱缰之马,一发不可收拾。当时物价上涨的特点是只涨不降、愈涨愈猛。市民形容为"涨风吹不尽,物价时时升"。以当时重庆各报披露的米价狂涨行情为例:1946年4月3日,大米由每石1.1万元涨至1.7万元,4月20日涨至2.4万元;1947年6月28日涨至22万元;1948年3月5日已近200万元,6月份米价一日数涨,16日早晨市价已达600万元,傍晚则涨至850万至1200万元,一个月后更涨至1700余万元;1949年3月涨至金圆券1.2万元,折合法币360亿元。物价飞腾,莫此为甚。

1945年至1948年8月21日法币膨胀和重庆物价总指数上升的情况列表23-4于下。

表 23-4　1945 年至 1948 年法币发行与物价指数统计表

年月	法币发行累计额（亿元）	发行指数 1937 年 6 月 = 1	重庆主要商品批发物价总指数	上海主要商品批发物价总指数
1945 年 12 月	10319	731	1404	885
1946 年 6 月	21125	1497	1716	3723
1946 年 12 月	37261	2641	2687	5713
1947 年 6 月	99351	7096	9253	29931
1947 年 12 月	331885	23537	40107	83796
1948 年 6 月	1965203	139376	455080	884880
1948 年 8 月	6636946	450000	1551000	4927000

资料来源　石毓符:《中国货币金融史略》,天津人民出版社 1983 年版,第 314 页。均以 1937 年 6 月批发物价总指数为 1 计算。

　　抗日战争时期重庆是大后方最大的商业贸易中心,据 1945 年底统计,全市有各类商家 49346 户,从业人员 234278 人,占全市人口的 18.8%,居各行业就业人数之首,平均全市每 25 人即有一户,就户数和就业人口论,饮食业居第一位,分别为 11954 户和 65108 人;公司类以进出口贸易业居第一位,分别为 1512 户和 1057 人[1]。反映出重庆人口流动量大所带来的饮食消费,以及战时交通恢复所引起的进出口贸易活跃。内战发生后,由于重庆经济的衰落和通货膨胀的影响,商业逐渐陷于萧条乃至大批歇业关闭的困境。至 1949 年全市有各类商家 27316 户,较 1945 年底减少 45%。其中,经营生产资料的商家由 6965 户减至 2639 户,仅为原来的 37%,反映出重庆工业经济和市场需求的不景气;经营消费资料的商家由 30793 户减至 16118 户,仅为原来的 52%,反映出广大市民生活状况恶化而导致消费需求的紧缩。只有经营进出口业务的商家较 1945 年底增加 51 户,这主要是因猪鬃、生漆、药材、桐油等土特产品的对外贸易有所发展。1949 年 5 月,重庆市商会发出呼吁,"请政府亟谋挽救,以解倒悬"[2]。

　　这个时期,由于严重的通货膨胀和物价飞涨,在官僚资本的侵夺下,重庆

---

[1]《陪都十年建设计划草案》,1947 年版,第 48—53 页。
[2]《重庆工商行政管理志资料汇编》,重庆工商行政管理局 1988 年编印,第 91 页。

的民族金融资本不断衰落,一般商营银行和钱庄在危机中苦苦挣扎。1948年8月换发金圆券时,财政部命令商业行庄必须按金圆券折算资本,并以相应的金银、外币缴存中央银行作保证金。中央银行在重庆仅一个月即收兑黄金5.3万两、白银24万两、银圆218万元及大量美元、港币。当时仅美丰银行就被收去美金95.39万元,其他行庄也损失甚巨。在滥发纸币、百物腾贵的情势下,银行的存款来源大大减少,存户纷纷提取存款抢购实物,囤积居奇之风日盛。推行金圆券后,信贷由"比期"变为"日折",高昂的利率使正当经营的工商业难以承担,各行庄也多将掌握的资金用于商业投机和金、钞买卖,全市工商金融市场一片混乱。工商业的萧条必然导致金融业的萎缩,至重庆解放前夕,全市原有的102家银行、钱庄已有18家关闭,两家外商银行汇丰和麦加利宣布停业,剩下的行庄被迫紧缩开支,勉强维持,全市金融业务实际上已陷于瘫痪。

国民党当局利用恶性通货膨胀把巨额财政赤字转嫁到广大人民的身上,使各阶层群众的生活状况不断恶化。由于劳动者的工资收入远远落后于物价的飞涨,并直接承受着经济衰落的灾难性后果,因而陷于日益贫困之中。根据中央银行公布的资料统计,重庆工人1943年的实际工资只及战前的69%,而到1948年,实际收入却下降到只及战前的30%。据1946年上半年调查:当时重庆在业工人工资月薪一般为1万元至1.5万元,而按国民政府规定的生活指数计算,一个工人的生活所需为2万元,一个四口之家的最低生活费至少是7万元[1],其生存之艰难可以想见。抗战胜利后大批工厂倒闭,把数以万计的失业工人推向饥寒交迫的死亡线。据当局统计,1946年1月重庆失业工人为7万,10月即增至10万,1947年12月增加至12万,至1949年11月已达到22万人(包括停产待复工者)。如将上述失业工人的家属计算在内,失去生计的人数则更多。

农民在通货膨胀中也横遭剥夺。抗战胜利后,国民政府不但背弃自己免征田赋一年的诺言,反而加紧抽丁收税,使农村经济更加凋敝。据中央银行统计,在通货膨胀期间,农产品的价格上涨慢于工业品的上涨,因此农民的实际收入下降更多。1943年重庆农民的实际收入仅及战前的58%,到1948年

---

[1] 黄淑君主编:《重庆工人运动史》,西南师范大学出版社1986年版,第334页。

则下降到25%。加之连年水旱灾害,境况更为凄惨。1949年重庆农村先遭春旱,五六月又连遭暴雨洪水袭击,人畜房舍冲毁甚多。而当年田赋征实又达到历年最高数额,正如当时农谚所说:"天灾越重,人祸越惨。"

其他靠薪金收入生活的广大阶层,如教员、公务人员等也深受通货膨胀之害,难以维持温饱。如以1948年8月币改时为基数,1949年2月生活指数为450倍,公教人员待遇只及35倍;3月生活指数为3500倍,公教人员待遇只及105倍。据当时报纸揭露:1949年5月,重庆国立学院教授诉苦,买不起报,买不起书,吃不起饭,一月薪金抵不到两个"袁大头"(银圆);中学教职员一月收入竟不够一家人吃顿小面,只有靠典当度日;县级机关职员一月收入只折合银圆几分。严重的通货膨胀,也瓦解着国民党军政人员的士气,爆发了轰动一时的失业军官请愿团事件。在渝被遣散的川康籍军官4000余人因生活无着在"精神堡垒"绝食请愿,并包围军政机关,甚至喊出"此路不通,去找毛泽东"[①]的口号。

内战时期,随着国统区经济危机的日益加深,重庆社会经济不断恶化,工商企业的大批倒闭,商业金融的持续萧条导致了经济的全面衰落;滥发纸币,物价飞涨使各阶层群众普遍陷入贫困和动荡之中,严酷的现实促使重庆人民抛弃了对国民政府"复兴经济"的幻想。

---

① 中共四川省委党史工委编:《中共四川地方党史大事年表》,四川省人民出版社1985年版,第108页。

第二十四章　国民党统治在重庆的衰落和崩溃

近代重庆的兴衰,始终同中国社会经济政治状况的变化紧密相关。抗日战争的胜利,结束了它作为战时首都的地位;内战的爆发,又使它成为国民党统治西南的政治中心。它记录了国共两党由合作到对立、国内局势由抗战到内战演变的重大事件,记录了国民党政权破坏和平、发动内战到自取灭亡的倒行逆施,也记录了共产党领导人民反抗黑暗统治、迎接解放的英勇斗争。重庆的历史发展,从此进入了一个根本性的转折。

第一节　政治中心的转移——抗战胜利与国府还都

日本的无条件投降宣告了中国八年抗战的胜利,重庆人民同全国人民一起沉浸在普天同庆的狂喜之中。人民对战后国家重建的前景充满憧憬和希望。随即展开的国府还都和大复员,结束了重庆作为战时首都的历史地位,而成为了国民政府在西南地区的军政中心。

1945年8月9日,当日本政府接受《波茨坦协议》,表示投降的消息传来,历经八年抗战艰辛的重庆顿时沉浸在欢庆胜利的喜悦之中。各报馆门前挤满了渴求喜讯的群众,散发着油墨香的号外被抢售一空。人们拥向市中心的街道,"精神堡垒"(今解放碑)附近更是万头攒动,水泄不通。许多人爬上过往的大小车辆,在小什字到上清寺之间来回欢呼。入夜,街头竖起象征胜利的V形霓虹灯和盏盏灯笼,人们自发组织的火炬游行川流不息,锣鼓声和鞭炮声震耳欲聋。据合众社记者报道当时的盛况:"重庆在狂欢庆贺中的鞭炮声达到极点。"

随着侵华日军投降和广大沦陷区的光复,人民盼望迅速由战时状态恢复到平时状态,结束离乡背井的动荡,过上安居乐业的生活。于是一个大规模的复员行动,大批厂矿、机关、学校的北返、东迁迫在眉睫,交通运输问题成为当务之急。据行政院统计,在陪都的机关共有 212 个单位、公务员约 37025 人、工役约 12084 人、公务员眷属约 11 万多人。按计划还都公务人员分四批运送,"首批为接收人员,第二批为布置房屋等一切事务人员,第三批为还都工作之公务人员,第四批为眷属"①。交通部备有和征调大小轮船 50 艘,估计用两个半月时间将公务、工役人员运往南京,然后运送眷属、必需工厂及普通民众,1946 年 6 月前可全部还都。同时,还制订公路运输计划,首定东南、东北各省将增加运输车辆,开通川陕、川湘公路线路,加快复员还乡。

自 1946 年初长江航运恢复,许多内迁的机关、学校和企业便开始复员东下,川江客货运输迅猛增加,形成了同 8 年前内迁入川相似的"返乡热"。虽然国民政府为战后复员严格控制运输工具,征调川江原有船只,租用一批美国登陆艇用于沪渝之间的水上运输,但仍不能解决巨大的客货运量与狭小的航运能力之间的矛盾。尤其是各军政机关纷纷争夺船只,使复员运输陷入紧张混乱,大批旅客和物资拥塞滞留在上游港口,有家难归,叫苦不迭。当年由重庆运往东南沿海的旅客即达 50 余万,此外还运出大批工业设备和各类物资。1946 年 5 月,完成国民政府各机关还都任务;至年底,大规模交通复员的运输任务基本完成。1946 年 4 月 30 日,国民政府颁布还都令,定于 5 月 5 日正式还都南京。还都令称:"国民政府前为持久抗战,于二十六年十一月移驻重庆……重庆襟带双江,控驭南北,占战略之形势,故能安渡艰危,获致胜利,其对国家贡献之伟大,自将永光史册,弈叶不磨灭。当兹还都伊始,钟陵在望,缅维南京收复之艰难,更觉巴蜀关系之重要。"②

4 月 24 日,川康籍国大代表、市参议会议员及各机关团体代表 600 余人在国民政府军委会大礼堂举行"庆祝国府胜利还都大会",蒋介石以国民政府主席名义到会致词。他表示,在敌势猖獗时期,重庆市民虽在敌机大轰炸下遭受不测损失,仍忠诚于抗战,输财输力之多,尤为全国各地之冠;并称这种

---

① 《中央日报》1945 年 9 月 13 日。
② 《中央日报》1946 年 5 月 1 日。

伟大贡献,在将来抗战史上必将大书特书。5月5日,国民政府还都南京。

国府还都南京后,重庆作为战时首都的地位随之发生变化。1946年4月23日,国民政府发布命令,决定恢复重庆行营。该命令称:"兹以政府还都在即,为期西南各省之建设工作加速完成,及协助复员未完工作起见,着将该重庆行营恢复设置。其原设之成都行营,并即撤销,所有业务,归并重庆行营办理。"[1]并任命何应钦为行营主任,张群为代主任。4月3日,重庆行营在原国民政府军事委员会旧址正式成立。重庆亦由抗战时期的政治中心成为国民政府在西南地区的军政中心,统辖川、康、滇、黔四省军政及经济、文化事务。

同时,中共代表团和南方局也移驻南京。抗战时期,重庆是中共代表团和南方局的驻地。国民政府还都使国共两党斗争的重心发生转移。当时中共代表认为:"国民政府搬家,要人纷纷离开重庆,我们的代表团也准备搬家。重心转移了估计有重大变化,重庆要变为次要的地方了,我们最重要的工作是地方工作。"[2]为了适应形势的发展,1946年4月19日中共中央批准成立四川省委,22日四川省委正式成立,书记吴玉章,副书记王维舟。不久王维舟撤回延安,由张友渔接任副书记。5月初,周恩来、董必武同志率领中共代表团和南方局人员飞赴南京。至此,中国共产党领导中国南部国统区革命斗争的指挥中心也转移到南京。重庆仍设立中共代表团驻渝联络组,与中共四川省委合署办公。吴玉章以联络组代表和省委书记的公开身份在重庆活动。中共中央南方局迁走后,四川省委实际上承担了南方局在川、康、滇、黔的工作,成为党在西南地区的领导机关。当时的工作方针是:放手发动群众,扩大人民民主统一战线,壮大人民力量,孤立反动派,进行有理、有利、有节的斗争。斗争的口号是:争和平、反内战,争民主、反独裁。在统战工作方面,除省委在重庆直接开展工作外,还通过民盟的朋友和地下党员,联系在成都的地方势力和民主人士,做团结争取的工作[3]。

---

[1]《新蜀报》1946年4月24日。
[2]吴玉章:《重庆工作的回顾》,载《重庆文史资料》第15辑。
[3]中共四川省委党史工委编:《中共四川地方党史大事记年表》,四川人民出版社1985年版,第106页。

第二节 中国共产党争取和平民主的努力与重庆谈判

重庆谈判是抗日战争结束后中国政治生活中的头号事件，它发生在抗战胜利向战后时期转变的关键时刻，反映出抗战胜利后国共关系的新变化，涉及到战后中国向何处去的大问题。第二次国共合作能否继续保持和发展，中国是走向和平民主还是走向内战独裁，这一切都在1945年8月28日至10月10日的43天国共谈判中，以重庆为舞台拉开了历史的帷幕。

当中国人民还沉浸在抗战胜利的喜悦之中时，内战的阴影就已袭来。国民党当局利用其中央政府的地位和实力，企图限制和削弱共产党力量的发展，独占抗战胜利的果实。8月11日，蒋介石命令八路军、新四军等中共抗日军队"应就原地驻防待命"，"勿再擅自行动"。而命令国军"各战区将士加紧作战努力，一切照既定军事计划与命令积极推进，勿稍松懈"[1]。并加紧调兵遣将，抢占战略要地，制造武装冲突，一时"内战的威胁空前严重地存在着"[2]。

但同时，抗战胜利也为面临危机的国共关系带来了新的转机，国共谈判再次提到了两党的面前。8月11日，中共中央在《关于日本投降后我党任务的决定》中就提到："国共谈判将以国际国内新动向为基础考虑其恢复。"[3]从8月14日起，蒋介石三次电邀毛泽东到重庆谈判"共定大计"。8月24日，毛泽东复电表示："极愿与先生会见，共商和平建国之大计。"次日，中共中央发表对目前时局的宣言，明确指出，"中国共产党认为在这个新的历史时期中，我全民族面前的重大任务是：巩固国内团结，保证国内和平，实现民主，改善民主，以便在和平民主团结的基础上，实现全国的统一，建立独立自由与富强的新中国"[4]。这一宣言向全国人民昭告了中国共产党参加谈判的目标和争取中国和平民主的政治诚意。促成蒋介石正式提出谈判的主要原因：一是中共在政治上提出了"和平、民主、团结"的三大口号，军事上则在华北地区从日

---

[1]《扫荡报》1945年8月13日。
[2]《解放日报》社论1945年8月28日。
[3]《中共中央文件选集(1945—1947)》，第124页。
[4]《中共中央对目前时局的宣言》，载《解放日报》1945年8月27日。

本侵略者手中收复了175个城市,造成了极为有力的地位;二是苏、美、英均不赞成中国发生内战,危及战后国际形势的稳定;三是国民党当局面临的内外矛盾甚多,尤其是全国人民一致反对内战、要求和平的强大压力;四是国民党发动内战还需要时间进行部署。8月26日,中共中央就重庆谈判向全党发出通知,指出通过谈判,可能会造成两党有条件地相互承认对方的地位,"造成两党合作(加上民主同盟等)和平发展的新阶段"[①]。8月28日下午3时,毛泽东、周恩来和王若飞组成的中共代表团在张治中将军和美国驻华大使赫尔利陪同下,乘飞机到达重庆九龙坡机场。受到重庆各界代表张澜、沈钧儒、左舜生、章伯钧、陈铭枢、谭平山、黄炎培的热烈欢迎。国民党方面周至柔、邵力子、雷震等也到机场迎接。毛泽东在机场发表谈话,表示:"目前最迫切者,为保证国内和平,实施民主政治,巩固国内团结。"

中共代表团的到来,使山城人民为之振奋。重庆各报纷纷发表社论,表示欢迎和预祝谈判成功:《新华日报》的社论是《迎毛泽东同志来渝》,《大公报》的社论是《毛泽东先生来了》,《新民报》的社论是《迫切的期待》,《新蜀报》的社论是《力争和平,争取民主》……重庆的工人、农民、妇女、青年学生纷纷投书《新华日报》表达他们的由衷喜悦和深切厚望:"我们欢迎你来,我们拥护你提出的主张";"咱们相信毛先生一定能替老百姓争取到和平";"毛泽东到重庆来了,从前关于共产党八路军的恶意诬蔑造谣一扫而空了"……诗人柳亚子赋诗盛赞毛泽东来渝是"弥天大勇诚堪格",许多民主人士也评价此行是"一身系天下安危"的壮举。

中共代表团到达重庆的第二天,国共谈判即在蒋介石官邸山洞林园举行。国民党方面谈判代表是张群、王世杰、张治中、邵力子;中共方面为周恩来、王若飞。毛泽东明确指出:"第一条中国要和平,第二条中国要民主。"中共代表团为表示和平诚意,将拟定的两党谈判方案共11项交付国民党代表转蒋介石,其要点是:确定和平建国方针,承认解放区政权和抗日部队,停止一切武装冲突,实行政治民主化、军队国家化和党派平等合作化等[②]。蒋介石企图在"统一军令"、"统一政令"的借口下,要中国共产党交出军队和政权,

---

[①]《毛泽东选集》(合订本),第1052页。
[②]中共重庆市委党史工作委员会编:《重庆谈判纪实》,重庆出版社1983年版,第191页。

"不得于现在政府法统之外来谈改组政府问题"。国共双方在旷日持久的谈判中展开了针锋相对的斗争,谈判先后在林园、桂园和中山四路德安里101号、103号多处进行。其间,毛泽东与蒋介石的直接会谈即达8次之多。

为了进一步宣传中共的和平建国主张,毛泽东、周恩来拜会和会见了许多国民党人士。对国民党上层人士于右任、翁文灏、何应钦、孙科、陈立夫、戴季陶、白崇禧、吴稚晖、邹鲁、程潜、叶楚伧、陈诚、贺耀组,着重阐明共产党的主张,批评国民党的独裁内战政策。对宋庆龄、冯玉祥、柳亚子、谭平山等国民党民主派,则对他们不计个人安危,献身国家民族,与中共真诚合作的崇高精神深表谢意。毛泽东等还会见了美、苏、英、法等国驻华使节和有关团体代表,希望他们为实现中国战后的和平民主作出贡献。

毛泽东来渝的重要使命之一是进一步团结组织中间力量,建立更加广泛的民族统一战线。9月1日晚,毛泽东在周恩来陪同下,出席了中苏文化协会为庆祝《中苏友好同盟条约》签订而举行的鸡尾酒会,与重庆各界人士进行了广泛的接触,受到各界群众的热烈欢迎。9月2日,民主同盟在被誉为"民主之家"的特园,设宴招待中共代表团,民盟主席张澜,以及沈钧儒、左舜生、罗隆基、章伯钧、黄炎培、冷御秋、张申府出席宴会作陪。毛泽东说:"今天我们聚会在'民主之家',今后我们共同努力,生活在'民主之国'。"在渝期间,毛泽东还会见了马寅初、褚辅成、傅斯年、史良、李德全,以及工商界的刘鸿生、潘昌猷、吴蕴初、胡西园、吴羹梅、章乃器、范旭东等,与他们就政治民主、国内团结、和平建国、发展民族经济等问题,广泛地交换了意见,得到了他们的普遍支持。

从8月28日到10月10日,经过43天的谈判,国共双方终于达成协议。当天下午,中共代表周恩来、王若飞同国民党代表王世杰、邵力子、张治中在桂园客厅签署了《政府与中共代表会谈纪要》。毛泽东会见了双方谈判代表。因当天是双十节,故该《会谈纪要》史称"双十协定"。

《会谈纪要》是国共合作的重要历史文件,也是重庆谈判的直接成果。它确定了和平建国的基本方针,双方一致认为应以和平、民主、团结、统一为基础,建设独立、自由和富强的新中国,彻底实行三民主义;对政治民主化、军队国家化、党派平等合作和解放区地方政府等问题也达成了初步协议,表达了双方的立场。从而迫使国民党承认了中国共产党及其领导的人民军队、解放区政权的合法地位,承认了召开各党派参加的政治协商会议。《新华日报》为此发表社论:"这次会商的结果对于保障和平,推动民主,加强团结,促进统一都有积极的作用。"

晚上,毛泽东和周恩来、王若飞到林园向蒋介石辞行,并就政治协商会议和国民大会问题进行商谈。次日晨,毛泽东同蒋介石作最后会谈,并表示:为求国共两党问题的政治解决,实现国内和平,他返回延安之后,周恩来、王若飞将继续留在重庆同国民党代表会谈。上午9时,中共代表团在陈诚、张治中陪同下乘车到达九龙坡机场,重庆各界人士和八路军办事处、新华日报馆工作人员等数百人赶到机场热烈欢送。毛泽东对外国记者发表简短谈话:"中国的问题是可以乐观的。困难是有的,不过困难都可以克服。"随即同王若飞、张治中登上飞机,返回延安。

重庆谈判具有重要的影响和意义。延安《解放日报》在8月13日的社论中评价,重庆谈判"是抗战胜利以后,中国国内政治生活中最重大的政治事件","是全国人民要求和平民主进步的巩固意志的表现",反映了中国共产党努力争取中国光明前途的决心和诚意。毛泽东在返回延安后所作的《关于重庆谈判》的报告中也肯定:"这次谈判是有收获的。国民党承认了和平团结的方针和人民的某些权利,承认了避免内战,两党和平合作建设新中国。这是达成了协议的。"[1]同时,毛泽东也预见到,实现和平还需要经过严重的斗争,"和平基本方针虽已奠定,但暂时许多局部的大规模军事冲突仍不可避免",为此"解放区军队的一枪一弹均必须保持,这是确定不移的原则"[2]。虽然以后事态的发展被毛泽东的预见所言中,国民党以发动内战的军事行动撕毁了"双十协定",但重庆谈判作为抗战胜利后历史转折时期重大事件的深刻意义却是不可忽略的。

第三节 民主运动的兴起与政治协商会议的召开

继国共两党重庆谈判之后,1946年初召开的政治协商会议,是中国共产

---

[1]《毛泽东选集》第4卷,第1155页。
[2]《中共中央文件选集》第15册,第324—325页。

党和中国人民为争取和平民主所作出的又一次巨大努力,也是近代中国历史条件下民主政治建设的一次有益尝试。

抗日战争的胜利和毛泽东主席来渝谈判,使抗战后期以来处于沉闷的民主运动重新活跃起来,形成了争民主、反独裁的新的政治局面。各界爱国民主人士为了争取和平民主,团结建国,进一步加强内部团结,建立组织。于是,继民主同盟成立之后,一批新的民主党派产生了。

三民主义同志联合会(简称民联),是国民党民主派分子在抗日战争时期组成的一个民主党派。民联的正式成立大会是1945年10月28日在重庆上清寺特园举行的,主持工作的中央常务干事有谭平山、陈铭枢、杨杰、柳亚子等7人。民联在其《政治主张》中明确提出结束党治、建立举国一致的民主联合政府和节制私人资本、平均地权等,对号召和团结国民党爱国民主人士投入人民革命斗争,发挥了积极作用。

民主建国会于1945年12月在重庆成立。它是由职教社和工商界的上层人士组成的一个政治组织。主要发起人为黄炎培、胡厥文、杨卫玉、章乃器、施复亮等人。当时民建的成员主要是知识界中上层人士、产业界上层人物和金融经济界知名人士,以及进步知识青年。他们深受官僚资本的排挤和战后美货倾销之苦,而要求团结自救,发展民族工业、商业。因此民建成立后,积极投入反美反蒋的斗争。

九三学社于1946年5月4日在重庆成立。主要发起人和领导人有许德珩、梁希、潘菽、税西恒、褚辅成、徐长望、黎锦熙等,成员多是科技界的高级知识分子。1945年9月3日,为了纪念抗战胜利和国际反法西斯战争的胜利,民主科学社部分成员在重庆举行庆祝会。为了纪念抗日战争的胜利,决定将民主科学社改名为九三学社,并建立九三学社筹备会。1946年5月4日,九三学社正式成立。该社成立后积极参加反内战、反饥饿、反迫害的民主运动,为反对国民党反动统治而斗争。

这些民主党派和在此前后成立的其他民主党派一起,都是我国人民民主统一战线的重要组成部分,并作为第三方面出现在中国政治舞台上。他们与共产党密切合作,对推动国共谈判,促进国统区民主运动的发展和高涨都发挥了重要作用。

在当时的历史条件下,要争取谈判的成功,还必须创造一个重要条件,那就是民主运动的广泛开展。抗战胜利前,大后方民主运动还未形成公开阵线,群众基础较薄弱,难以造成强大的政治压力。因此抗战胜利后,中共指示重庆、上海、北平等国统区党组织的首要任务是"扩大民族民主统一战线的工作,与广大友好以及可能争取的中外人士合作,发动要求民主"的运动,用民主运动来争取谈判的成果①。11月中旬,在中国共产党的推动下,重庆各民主党派负责人张澜、沈钧儒、黄炎培等发起成立陪都各界反内战联合会,并于19日在西南实业大厦举行有500多人参加的反内战大会,呼吁各界和纳税人罢工、罢课、罢市,拒绝参加内战和纳税,用自己的实际行动来制止内战爆发,以促成早日建立联合政府,奠定国内永久和平。这一号召很快得到了各阶层群众的响应。

为了推动政治协商会议的胜利召开,国共两党代表张群、周恩来,在美国特使马歇尔的主持下,于1946年1月7日开始停战谈判。1月10日上午9时,在牛角沱怡园签订了《关于停止国内冲突的命令和声明》,双方代表规定,停战命令于1月13日起生效。为政治协商会议的成功带来了新的希望。

在"停战令下"的祥和气氛中,政治协商会议于1946年1月10日上午10时,在国民政府礼堂隆重开幕。出席会议代表38人,其中国民党8人,共产党7人,民主同盟9人,青年党5人,社会贤达(无党派民主人士)9人。其中共产党代表为周恩来、董必武、王若飞、叶剑英、吴玉章、陆定一、邓颖超;国民党代表为孙科、吴铁城、陈布雷、陈立夫、张厉生、王世杰、邵力子、张群;民主同盟代表为张澜、罗隆基、张君劢、张东荪、沈钧儒、张申府、黄炎培、梁漱溟、章伯钧等。蒋介石到会并讲话,宣布了保证人民自由、承认政党合法地位、实行普选、释放政治犯等"四项诺言"。

政协会议的召开,标志着第三方面政治力量加入到国共谈判之中,预示着民主力量的扩大和增强;同时,也使谈判面临着更为复杂的局面。在会议期间,周恩来领导的中共代表团同以民盟为代表的各民主党派密切配合,相互支持,达成一个"君子协定,即对重大问题事先交换意见,以便互相配合"②,与国民党进行了有理、有利、有节的斗争。会议历时22天和10次全体

---

①《中共中央关于和平建设过渡阶段的形势和任务的指示》(1945年10月20日),中央档案馆藏。

②李维汉:《重庆谈判与旧政协》,载《重庆文史资料》第29辑。

会议,经过复杂的斗争和激烈较量,各方终于就和平建国纲领、政府改组案、国民大会案、军事问题案、宪法草案等五个方面问题达成了协议。这些决议虽然不尽同于中国共产党的新民主主义革命纲领,但仍在不同程度上反映了全国人民反内战、反独裁、争取和平民主的愿望,符合中共提出的建立联合政府的政治目标。因此,周恩来指出:"政协路线就是毛泽东同志《论联合政府》的路线。"①他还肯定政协会议的成功召开,"为中国政治开辟了一条民主建设的康庄大道","替民主政治树立了楷模"②。毛泽东在延安对美联社记者谈话指出:"政治协商会议成就圆满,令人兴奋,但来日太难,仍当努力,深信各种障碍都可扫除。"③

政治协商会议的召开,得到了重庆各界人民的有力支持和广泛拥护。会议开幕的第二天,重庆各界群众成立了政治协商会议陪都各界协进会,提出会议"只许成功,不许失败"的口号,决定每天晚上请政协代表讲演,并听取各界人民的意见。在会议期间,重庆各界2000余人还在沧白堂召开庆祝和平大会,要求政府实现人民自由、释放政治犯等"四项诺言";重庆万余学生举行大游行,向政协会议提出了实行政治民主化等7项主张。重庆人民以积极的态度和行动,形成了对政治协商会议的直接声援。

国民党不甘心于政协会议的顺利进行,频频在会议期间制造搜查政协代表黄炎培住宅、殴打协进会工作人员、冲击沧白堂等非法事件,并策划制造更大的流血恐怖来恫吓日益高涨的民主运动。

陪都各界协进会、民主建国会、中国劳动协会等23个团体为了动员人民群众迫使国民党当局履行政协协议,发起召开陪都各界庆祝政协会议成功大会,决定于2月10日在较场口广场举行。当天上午,较场口一带旗帜飘扬,万头攒动。正当中国农业协进会、中国经济建设协会、新华日报馆、育才学校等团体陆续进场,大会主席团成员李公朴、章乃器、阎宝航、施复亮等和政协代表沈钧儒、郭沫若、梁漱溟等先后达到,国民党御用团体的打手、市农会常务理事刘野樵等纠集数百名特务流氓抢先进入会场,占据大会主席台,并蓄意寻衅闹事,大打出手,致使会场大乱。暴徒们殴伤李公朴、郭沫若、施复亮等60余

---

① 《周恩来选集》(上卷),人民出版社1983年版,第261页。
② 《新华日报》1946年2月1日。
③ 《新华日报》1946年2月13日。

人,将会场布标、旗子、桌凳劫掠一空,制造了震惊中外的"较场口事件"。

事件发生后,周恩来、邓颖超等携带中共代表团慰问信和鲜花,到市民医院慰问受伤的民主战士。中共代表和民盟领导人共11人联名致函蒋介石,抗议血案发生。在中国共产党的领导和支持下,各界爱国民主人士以"筹备会"的名义,通过进步报刊发表文章、举行中外记者招待会和开展法庭斗争等方式,揭露国民党反动势力制造流血事件的阴谋。广大人民群众也积极开展了声势浩大的声援活动。重庆民生机器制造厂、申新纱厂、中南橡胶厂等47个工厂筹组了陪都工人"二一〇"血案后援会;中华论坛之友社、社会大学自治会等11个青年团体组成了陪都各界青年"二一〇"血案后援会;中央工校、重庆大学、中央大学等大专院校的学生团体,联名发表《为陪都"二一〇"血案告全国同胞书》。几天之内,《新华日报》代各界群众转交的慰劳捐款达30多万元,山城民主战士和人民的英勇斗争在全国各地引起了广泛的同情和声援。

从政协会议的召开到"较场口事件"的发生,深刻反映了中国政治形势的急剧演变,民主与独裁、和平与内战、国共两党由相互合作到分道扬镳,都在陪都的政治舞台上次第展开。

较场口事件的发生预示着,会议的成果尽管被一意孤行发动内战的国民党反动派所践踏,第二次国共合作的帷幕就此开始关闭,"但是已在人民中留下了不可磨灭的印象"[①]。中国共产党与各民主党派的政治联合由此巩固建立,反独裁的民主运动由此蓬勃兴起。

第四节　国民党强化专制统治与共产党领导下的革命斗争

随着内战的全面爆发,国民党反动派不断强化其在重庆的专制统治,重庆成为国民党控制西南的政治中枢。共产党领导的重庆地区的革命斗争和农民运动、工人运动、学生运动蓬勃发展,此起彼伏,相互激荡,汇入了国统区人民反内战、反独裁的民主革命潮流。它打破了国统区的沉闷,深刻地显示出国民党政权全面崩溃的政治危机,形成了与人民解放战争相配合的"第二条战线",为重庆和大西南人民迎接解放作了思想上和组织上的准备。

---

①毛泽东:《中国人民站起来了》(1949年9月21日)。

抗战胜利后，国民政府还都南京，政治重心移向东南。由于重庆处于中国内陆腹地，控扼两江，具有重要的地理位置和便利的交通条件，加之战时建立起来的较完整的工业基础和行政管理系统，因此蒋介石为了进一步控制川、康、滇、黔地区，仍以重庆为其统治西南的政治中心，设立军事委员会委员长行营，任命何应钦为主任，张群兼代主任，总揽西南军政大权。内战全面爆发后，随着战局的逆转，蒋介石更把西南视为其后方基地，不断从军事、政治上加强控制，并苦心经营重庆这个在西南的统治据点。整个内战期间，行营名称几经改变：1946年7月改称国民政府主席行营，1948年6月改称重庆绥靖公署，1949年5月又改称西南军政长官公署，但它作为国民政府和国防部的派出机构，充当国民党当局在西南的最高统治中枢的地位却始终未变。重庆行营对各省市军政机关的行动进行指导，并对辖区内的部队有督练、命令、指挥和调遣之权。

国民党当局在强化其重庆统治机构的同时，还大力扩充重庆的军、警、宪、特编制，加强镇压力量，实行法西斯统治。

1946年6月，蒋介石命令在重庆成立警备司令部，调孙元良任警备司令。次年7月，又将新二十五师改为内政部第二警察总队（简称内二警），原南京警察总队改称第一警察总队。内二警势力兴旺时兵员达2万多人，负责警卫军政机关、工厂、机场等设施和维持地方治安。它同原有的保密局在渝的特务机构、市政府、市党部、社会部、警察局、宪兵二十四团和各种反动社团组织纠集在一起，形成了一支镇压重庆人民的凶悍力量。

国民党特务机构保密局（军统局）在重庆设立了西南特区，由徐远举担任区长，指挥川、康、滇、黔和重庆的特务，进行反共反人民的罪恶活动，并组建两个交警总队，作为特务的基本力量，并在重庆西北郊歌乐山设立了国统区规模最大的保密局集中营。在这片占地5000余亩的"特区"内，山峦交错，岗哨林立，有十余所阴森恐怖的大小监狱，保密局先后囚禁和杀害了上千的共产党人和革命志士。

1947年5月，国民政府发布《维持社会秩序临时办法》，严禁10人以上的请愿和游行示威，不准学生罢课、工人罢工、商人罢市，完全剥夺了人民群众的言论、结社、集会等自由，悍然宣布在国统区实行法西斯专制，更加疯狂地镇压人民的反抗活动。重庆国民党当局集中行营和市两级党、政、军、警、宪、特各方面头目,分别成立甲、乙、丙三种"汇报会",专门筹划镇压群众运动的办法和措施。1947年11月,重庆成立党团统一委员会,进一步集中和协调其反人民的力量,并由重庆军、政、警、宪机关联合组成"重庆工人运动指导委员会",直接从事镇压和破坏工人运动的活动。重庆警备司令部还先后组织部队情报网、民众情报网和党团通讯员等50个行动组,约150余人,渗入社会各界搜集情报,监视群众动态。1948年2月,重庆当局为加强对郊县农村地区的控制,召集辖区内各县民众组训会。命令各区乡镇设立"民众自卫会议",负责"组训民众","对付共产党",企图用保甲制度加上军事组织把农民严密地控制起来。

国民党当局依靠其反动势力加紧在重庆建立法西斯统治,作为其最后挣扎的巢穴。

重庆在内战的阴影和经济危机的笼罩下,通货膨胀,市场萧条,民族工商业纷纷破产,劳动群众和公教人员的生活日益恶化,迫使各阶层人民不得不团结起来为自己的生存而斗争。政治是经济的集中反映,不断恶化的社会经济状况必然促使政治矛盾日趋尖锐,从而为重庆地区民主革命斗争的发展提供了广泛的社会基础。

随着内战的全面爆发,国共和谈彻底破裂。1947年2月27日,国民党政府通知中共在重庆担任谈判联络工作的代表全部撤退。重庆警备司令部通知新华日报馆立即停止一切活动。次日凌晨,军警突然包围搜查中共四川省委和新华日报馆,并将240多名工作人员软禁起来。3月初,吴玉章、张友渔率四川省委和报馆工作人员分批撤返延安。省委撤走后,重庆地下党组织失去了与上级的联系。中共中央为了加强和调整国统区党的工作,决定将上海中央分局改为上海局,管辖长江流域和西南各省。川西、川东党组织相继与上海局接上关系[①],继续开展工作。

1947年10月,根据中共中央上海局决定,在重庆建立了川东临时工作委员会(川东临委)。川东党的工作重心转移到农村,组织城市支援农村,发动小规模游击战争,策应解放战争主战场的斗争。川东临委成立后,川东地区

[①] 中共四川省委党史工委编:《中共四川地方党史大事年表》,四川人民出版社1985年版,第110页。

党组织迅速恢复和发展,除重庆市工委外,还在上、下川东和上、下川南成立了4个地工委,在57个县(包括黔北部分地区)发展和建立了党的组织;开辟了大批农村工作据点,在部分地区开展了农民运动,发动了"三抗"(抗丁、抗租、抗捐)斗争,掌握了一批"两面政权"和武装力量。在这种形势下,川东党的组织和活动得到空前发展。

1948年春发生的《挺进报》和刘(国定)、冉(益智)叛变事件,使川东地下党组织遭到严重破坏。《挺进报》是《新华日报》撤走后重庆市委创办的地下刊物,在地下党员和进步群众中产生过重要影响。1948年春,川东临委决定《挺进报》从对内发行为主,转变为"以政策攻心为主",直接寄给重庆国民党军政要员,包括重庆行营主任朱绍良、市长杨森等,对敌造成很大震动。国民党当局调集力量加强了对地下党组织的破坏工作。重庆市委正、副书记刘国定、冉益智被捕叛变,出卖了大批党的组织和同志,致使上、下川东和川康、宁沪等地的133名重要干部被捕。

从1948年初至9月,地下党先后在奉(节)、大(宁)、巫(山)、梁(山)、大(竹)、达(县)和华蓥山地区发动了三次武装起义。国民党当局十分震惊,视为心腹大患,调集省保安团、市内二警等大批兵力进行"围剿"。由于敌我力量对比悬殊,武装起义均告失败,川东临委领导成员王璞、彭咏梧及一批重要干部牺牲,长期建立起来的农村革命据点也受到严重损失。

经过这次重大挫折,川东临委所属地区除川南两个工委和上、下川东少数几个县,以及重庆市内个别组织外,大都遭到严重损失。

川东各级党组织保存下来的干部在十分险恶的处境中仍然坚持斗争,积极在城乡清理、恢复组织。到1948年底,已将大部遭受破坏的组织清理起来,并和在香港的上海局领导机关接上了关系。1949年1月,上海局决定成立川东特委,川东地下党重新建立起完整的组织系统。在全国胜利的形势下,川东党的任务转为"迎接解放,配合接管",工作重点再次由农村转到城市[①]。

随着国民党政权加紧经济统制和政治压迫,国统区的群众运动不断高涨,爱国民主统一战线不断扩大。重庆地区的学生运动、工人运动也日益发展,此起彼伏。

[①]《川东地下党的斗争》,中共重庆市委党史工委1986年编印,第5—7页。

1946年12月,北平发生美军强奸沈崇事件,平津学生为抗议美军暴行,揿起了反蒋反美示威游行。消息传来,重庆各校青年学生群情激愤。中共四川省委领导全市学生开展"抗暴"运动,成立了大、中学校参加的重庆学生抗议美军暴行联合会,决定全市举行总罢课,1月6日举行了"抗暴大游行"。当天,全市63所大、中学校的15000多学生参加游行,队伍声势浩大,气氛悲愤,深得市民同情和支持,其规模之大、人数之多,超过平津地区。游行结束后,"抗暴联"又冲破当局的压力,组织1500多学生成立宣传总队,深入到城乡群众中去,进一步揭露美蒋勾结罪行。

1947年5月20日,上海、杭州、苏州等地大专院校代表和南京大学学生6000多人,发动了声势浩大的反饥饿、反内战游行,遭到国民党军警的血腥镇压,这就是南京"五二〇"血案。全国60多个大、中城市的学生纷纷游行罢课进行声援,"五二〇"运动标志着"伟大的正义的学生运动和蒋介石反动政府之间的尖锐斗争"①的第二条战线的形成。重庆学生成立了重庆市学生反饥饿、反内战、反迫害联合委员会,并决定全市学生在6月2日举行总罢课和全市大游行。当局为制造借口镇压学生运动,6月1日,重庆警备司令孙元良发布紧急声明,称"6月2日共产党将利用学生游行进行暴动",并部署军、警、宪、特于凌晨实行戒严,大肆逮捕各校学生及其他各界进步人士约270人左右。"六一"大逮捕在重庆各界群众中引起强烈反响,重庆大学、女子师范学院、乡村建设学院等13所院校组成重庆市大中学校"六一"事件后援会,积极营救被捕师生群众。此后,全市陷入白色恐怖,党所领导的反美反蒋斗争转入地下,以避免不必要的损失;并在大、中学校中秘密建立地下外围组织,积蓄力量,准备新的斗争。

1949年初,国统区公教人员迫于物价飞涨,生活艰难,各大、中学校教师纷纷起来罢课、请愿,要求改善教师待遇。重庆地区的学生运动又重新高涨起来。2月24日,中央工校教授首先宣布集体罢教三天,学生同时发起"尊师运动"募捐支援。接着重庆大学、四川教育学院等校也开展罢教、罢课,成立争温饱委员会,学生上街进行尊师义卖,并组织起来到西南长官公署、市政府游行请愿。这一斗争很快波及到全市学校。3月27日,全市万余学生在重

---

① 《毛泽东选集》(合订本),第1120—1121页。

庆大学运动场举行了声势浩大的"活命晚会",在熊熊燃烧的篝火中,学生们高唱《团结就是力量》等歌曲,表演讽刺和抨击国民党政府统治的节目,使运动进一步由经济斗争发展到政治斗争。

4月,国民党当局血腥镇压南京学生运动的"四一"惨案的消息传来,全市42所学校的代表集会成立了重庆市学生争生存联合会,号召全市学生总罢课三天,声援南京学生的正义行动,并决定4月21日举行全市学生示威请愿大游行。西南长官公署闻讯十分惊恐,准备实行大逮捕,制造大血案。当局从4月20日下午宣布全市戒严,封锁两江渡口,派出军警包围市一中等学校。但21日这天,在重重包围和封锁下,仍有上万名学生分别在沙磁区、南岸海棠溪、江北盘溪等地区游行集会,在悲愤壮烈的气氛中坚持斗争,形成了新民主主义时期党领导的国统区学生运动的最后一次高潮。

内战全面爆发后,当局加紧对国统区工人运动的镇压和破坏。国民党中央执行委员会通过了《工人运动实施纲要》,提出"工人运动指导应以三民主义及本党劳工政策纲领为最高准绳"。重庆国民党市党部、市政府社会部、三青团部、市警备司令部、宪兵二十四团等单位组成了"重庆工人运动指导委员会",直接从事镇压和破坏工人运动的活动。市党部还组织"工人高级会报",专门调查工运动态,研究对策。1946年8月,当局派军警配合其御用工具——重庆市总工会武力"接收"中国劳动协会重庆分会,企图摧垮这个重庆工人的进步组织。劳协分会被夺占后,重庆工人纷纷集会,发宣言,散传单,抗议当局的这一罪行。汽车工人愤怒质问:这是什么世界?难道劳协为工人服务还有罪?武力压迫,是穷途末路的表现。纱厂女工疾呼:劳协是工人的家,强占者马上退出去……各界著名人士公开演说,支持重庆工人的正当要求,解放区和上海等地工会都一致声援劳协重庆分会。这一斗争还赢得了广泛的国际支持和同情,美国产业职工大会主席摩莱等致电中国劳协表示慰问。反动当局向重庆工人发起了第一次公开进攻,却使自己的狰狞面目暴露并陷入孤立。

在党的领导下,重庆工人继续坚持斗争。尽管由于当局的残酷镇压和《挺进报》事件的发生,地下党组织遭到严重破坏,许多工运骨干被逮捕或转移,但富有光荣斗争传统的重庆工人仍坚持以请愿、怠工、罢工等形式,继续进行反内战、反独裁和争温饱的斗争。1948年2月,豫丰、裕华、申新三大纱厂工人为改善生活条件举行怠工;3月,顺昌铁工厂工人开展绝食斗争,并要求增加工资;烟草、服装、猪鬃、印刷、陶瓷等行业工人也先后举行多次罢工。此起彼伏的工潮打破了国统区后方的沉寂。同时,重庆工人还有力地支援川东农村地区的武装斗争,选派出一批有斗争经验的工运骨干去开展农民运动,并把武器军械秘密运送到农村根据地,为武装起义作出了重要贡献。

进入1949年以后,重庆工人运动有了新的发展,罢工次数更频繁、范围更广泛。天府煤矿工人为争取年终红奖和提高工资,举行全矿罢工,并组织起来轮班包围矿办公楼,终于赢得了斗争的胜利。大渡口钢铁厂工人反对奸商囤积居奇,掀起了抢米风潮,并迅速波及全市……工潮迭起,也激励了公教人员的反抗情绪,推动了全市师生的罢教、罢课斗争。随着重庆解放的临近,工人运动转向以护厂斗争为主要任务。

第五节　旧政权的崩溃与人民迎接解放的斗争

随着解放战争三大战役的胜利进行,国民党政权陷入分崩离析之中。1949年1月21日,蒋介石被迫宣布下野,由李宗仁任代总统,实际上仍由蒋在幕后操纵指挥。2月,国民政府迁往广州。蒋在宣布引退前夕,电召四川省主席王陵基赴宁商谈,指示"加紧征兵征粮、肃清土共,组训民众";并由国防部任命张群为重庆绥靖公署主任,钱大钧为副主任,力图营建最后挣扎的后方基地,加强对重庆和西南的控制。

1949年夏秋之际,迁往广州的国民政府和中央党部分批搬到重庆。10月15日,国民政府和中央党部宣布在重庆正式办公。其间,蒋介石于8月24日由广州飞抵重庆,部署西南反共军事力量。蒋在机场发表书面谈话,妄想以重庆为基地重温"复兴"旧梦,"重庆为战时首都……至今印象犹新","今日重庆再度为反侵略反共产主义之中心,重新负起支持作战艰苦无比之使命。所望我全川同胞,振起抗战精神……则最后胜利之来临,必较对日抗战迅速"[①]。然而世易时移,战争性质的根本改变,已造成人间正道是沧桑的形势。

29日,蒋在林园官邸召集张群、钱大钧、胡宗南、宋希濂、刘文辉、杨森等

[①] 周开庆:《民国川事纪要》,(台湾)四川文献研究社1974年版,第417页。

军政要员研究军事形势,对兰州失守后解放军的进一步作战方向作出情况判断。认为解放军主力将由陕甘分两路进攻川北,因此蒋军主力移向西北布防。

1949年3月,军统特务总头目毛人凤奉蒋介石派遣,由台北飞抵重庆,主持召开西南地区工作会议,作出了两项决定:一是派遣特务分赴西南各地,伺机潜伏,建立地下特务组织以"应变";二是以特务为基本骨干力量,组织交警总队,在重庆周边山区建立"游击根据地",进行最后的抵抗。会后,特务活动更加猖獗,捕杀进步人士,胁迫工商企业家和高级技术人员及设备资金迁往台湾、香港等地,并大肆进行反共宣传,白色恐怖密布山城。

9月2日,重庆市区陕西街余家巷发生火灾,大火迅速蔓延到下半城两江三角地带。被焚毁的有千厮门街、东水门顺城街等39条街巷,被烧的银行、钱庄20多家、仓库16个、房屋1万多幢、棉花10万多斤、汽油5000多桶、食糖400多万斤,财产损失极惨重。据当局公布,火灾后收敛尸体5000多具(不包括水面烧死及淹死者),伤者达15000多人。这场震惊全国的"九二"火灾,深刻暴露了处于分崩离析的国民党政权的腐朽无能。但火灾发生后,国民党当局却借机嫁祸于共产党,大肆搜捕、屠杀共产党员和进步人士。

国民党当局决定坚守重庆,撑持危局,乃撤销重庆警备司令部,成立重庆卫戍司令部,令杨森为卫戍总司令,以内二警、宪兵二十四团和二十军为防守重庆的基干兵力;并以三个师兵力在重庆南岸,由大兴场经黄桷垭至九龙坡一线布防,构筑工事。同时紧急抽调800辆汽车,将防守川北的胡宗南主力第一军赶运重庆,加强防御[①]。

11月,中国人民解放军一、二、四野战军在南北线向四川发起强大攻势。二野战军分兵进击贵州和川东南,挥戈重庆,进展神速,势如破竹。中旬,蒋介石再一次由台湾飞抵重庆,在林园官邸召顾祝同、张群、钱大钧等商讨对策,部署军事,并慌忙调兵遣将,严令宋希濂、罗广文、孙震等部固守川东。由于局势急剧变化,前线兵败如山倒,宋希濂、罗广文部均先后被击溃,川东南和黔北各县纷纷告失,原订固守重庆的计划已成泡影,蒋介石决定改变计划,放弃重庆,退往成都,在川西继续抵抗。

[①] 刘宗宽:《国民党垂死挣扎的反动战略部署及其最后覆灭》,载《四川文史资料选辑》第18辑。

国民党政权逃离重庆前夕,阴谋破坏重庆工厂和城市设施。11月20日,国防部保密局局长毛人凤在重庆召开会议,研究破坏工厂和城市的行动计划。会议决定:成立重庆破厂办事处,下设参谋、技术、运输三组,由保密局西南特区区长徐远举拟定破厂计划;在渝军统特务公、秘机关全力以赴,务期完成;各兵工厂破坏的程度以一年内不能恢复生产为原则;破厂掩护部队强行进厂,以防工人护厂;破厂以兵工厂和电力系统为主,特别要重点破坏重庆第十、二十、二十一、二十四、二十五、二十九、三十、五十兵工厂及大溪沟发电厂、长寿水电厂、国际广播电台;共分10个地区,每区设1名指挥官,并从台湾调来技术队执行破坏任务[1]。

11月27日,国民党特务在中美合作所集中营制造了惨绝人寰的"一一二七大屠杀"。军统特务机关经过精心策划和准备,于当天下午对囚禁在渣滓洞、白公馆监狱的大批革命志士实施集体屠杀。歌乐山苦雨凄风,彻夜枪声不绝,烈焰腾空,烈士们高呼"中国共产党万岁"的口号,与长江南岸解放军的大炮声交织成悲壮的呼应。据统计,大屠杀及其前夕,牺牲在集中营的共产党员和爱国民主人士有331人,其中有:发动西安事变的西北军爱国将领杨虎城,中共四川省委书记罗世文,四川人民抗日救亡运动领导人车耀先,民革重庆负责人之一的周均时,中共重庆市委工委委员许建业,中华民族的优秀儿女江竹筠……血腥的屠杀,充分暴露了反动派垂死挣扎、丧心病狂的本性。

重庆人民在党的领导下开展了护厂、护校、护城的斗争,迎接解放。1949年春,中共川东特委根据南方局指示:把工作重心从农村转移到城市;在城市放手发动群众,开展调查研究,扩大护厂、护校、护城和保护国家财产等工作;积极做好上层人士统战工作和国民党军、政、宪、特人员的策反工作[2],积极进行迎接解放的准备。党组织广泛发动各界群众参加"三护"工作,从下半年起大规模的罢工、罢课都停止了。学校是发动师生员工以护校为中心,工厂则是发动工人以护厂为中心。党组织根据各厂的情况,采取不同的形式组织工人护厂,提出了"工厂就是我们的家","保住工厂就是保住命根子"等口号,

---

[1] 徐远举供词:《血手染红岩》,抄件。
[2] 《川东地下党的斗争》,第343页。

分别成立了护厂联宜会、工人自卫队、工人纠察队等,有的还利用官办的应变委员会进行护厂斗争,从而使这项工作建立在广泛的群众基础之上。

11月28日,行政院长阎锡山紧急命令各兵工厂立即停工,破厂部队于当晚11时到达指定地点,装置炸药雷管。次日下午3时,特务头子毛人凤在林园下达起爆命令,一场破厂与护厂的殊死斗争展开了!大渡口钢铁厂的职工不顾武装特务的弹压,坚持守护厂房。特务撤离后他们立即拆运炸药,由于搬运中途发生爆炸,简国治等17名勇士光荣牺牲;大溪沟发电厂厂方与工人团结护厂,组织武装护厂队与军警对峙,迫使敌人狼狈撤离……在重庆各系统、各企业职工群众的顽强斗争下,国民党当局破厂计划未能得逞。除鹅公岩发电厂、刘家台药库和部分兵工厂的动力设备遭到破坏外,重庆其他厂矿企业、通讯设备、学校和大批汽车、轮船都完整地保存了下来。地下党通过统战关系,策动驻扎在江津北岸的川军1个师和市内的"反共保民军"1个师以及停泊在重庆江面的7艘军舰起义,为把重庆较完整地移交给人民作出了贡献。

此时,人民解放军先头部队正向重庆市区迅速挺进,28日攻占市郊南温泉,当晚解放江津县城,并立即渡江向白市驿机场推进。29日晚10时,在重庆各兵工厂爆炸四起的隆隆巨响中,蒋介石驱车逃离林园,前往白市驿。沿途汽车拥挤,溃逃的人流阻塞,一片惊惶混乱。虽有侍卫官开路也莫可奈何,蒋介石不得不多次弃车步行,至午夜才到达机场,当晚宿"中美号"总统专机上。凌晨,飞机飞往成都新津机场。

30日下午,重庆各界人士聚集市商会,推出温少鹤等四人从望龙门乘小火轮专程到海棠溪欢迎解放军。入夜,在全市人民热烈的欢呼声中,解放军各部陆续过江进入市区,宣告了重庆的解放。

第二十五章　重庆解放

第一节　刘邓大军挺进西南

一、解放大西南的战略方针的制定

辽沈、淮海、平津三大战役以后,蒋介石赖以发动内战的主力约154万人被歼灭,敌我力量的对比发生了根本的变化。国民党在长江以南的部队(包括西北、西南在内)仅剩100多万,主要有白崇禧集团、胡宗南集团及西南、西北的一些国民党地方实力派的部队。而这些残存的部队大多是经人民解放军打击以后增补的,一般来说,这些部队没有多少战斗力。况且,这些部队分布在从新疆到华东沿海的数千公里的战线上,已经形不成有效的防御体系。

国民党在政治上的危机进一步加深。三大战役以后,国民党内以桂系为代表的地方实力派的力量与蒋介石分庭抗礼,加之美国对蒋已经失去信心,决意换马。蒋介石于1949年1月21日通电下野引退。新上台的李宗仁代总统打起"和谈"的旗号,企图以此争取时间,重新拼凑500万军队,经营长江防线,达到划江而治的目的,因此派出以张治中为首的代表团,到北平与中共代表团谈判。在国民党统治区,经济已经完全崩溃。通货膨胀,物价飞涨,已经达到天文数字。广大人民趋于失业、贫困、饥饿的深渊。在官僚垄断资本的掠夺下,民族工商业纷纷倒闭。由于对农民竭泽而渔的掠夺,农业凋敝;由于国民党统治区在政治、经济上的严重危机,各阶层人民的反抗斗争此伏彼起,从未间断。国民党政权处于风雨飘摇之中。

与国民党分崩离析、风雨飘摇的政权相反,中国人民革命事业突飞猛进地发展。在三大战役结束以后,敌我军事力量的对比发生了根本性的变化。人民军队已经发展到了385万人,且装备充足,士气旺盛,并且组建了工兵、炮兵、装甲兵、铁道兵等新的兵种,百万雄师已是以压倒优势"饮马长江"了。

革命政权进一步巩固,解放区人口已达3亿。特别是在土地改革以后,广大翻身农民第一次成了土地的主人,参军参战的热情空前高涨,竭尽全力支援人民解放战争。由于蒋介石关闭了在中国走"第三条道路"(在中国实行西方议会制,建立资产阶级共和国的政治主张)的大门,再加上中共统一战线政策的感召,中间势力纷纷发表声明,站到了人民革命事业的一边。各民主党派、人民团体及无党派民主人士的代表,冲破层层阻挠,奔向解放区。中国共产党领导下的革命统一战线空前壮大。

为了粉碎国民党的"和谈"阴谋,迅速夺取全国革命的胜利,1949年1月8日,中共中央政治局会议通过了《目前形势和我党在1949年的任务》的决议,这一历史性文件,提出了向全国大进军的计划。3月5日至13日,中共中央召开了七届二中全会,进一步就全党工作重心的转移,夺取全国革命胜利,以及革命胜利以后的任务和政策等重大问题作出了重要决定。

4月20日,南京国民党当局拒签《国内和平协定》。21日,中共中央军委主席毛泽东和中国人民解放军总司令朱德发布了向全国进军的命令。强大的人民解放军在一夜之间突破了国民党苦心经营的长江"天堑防线",23日,解放了国民党反动统治的中心——南京,宣告了南京政权的覆灭。5月27日,中国最重要的工商业中心,近百年来帝国主义侵华的主要基地——上海获得解放。是年夏秋,我各路野战军在从西北到华东的广大地区内,连续作战,追歼残敌,相续解放了华东、中南、西北各省,全国胜利已是指日可待。

面临军事上的总崩溃,国民党于7月14日至16日,在广州召开了国民党中央执行委员会和监察委员会会议,会议决定成立非常委员会为最高决策机构,推举蒋介石、李宗仁为非常委员会正、副主席。蒋介石再次出山。会议通过了《扭转时局方案》,决定以海军封锁沿海,用空军轰炸已解放的城市,令残余陆军在西南地区进行最后抵抗。8月1日至3日,国民党非常委员会又通过了《反共救国方案》,制定了"保卫西南地区,待机反攻"的方针。

8月24日,蒋介石飞抵重庆,在机场上发表了讲话,声称"重庆或再成为反侵略、反共产主义之中心,重新负起支持作战艰苦无比之使命"①。蒋介石到重庆后,频繁接见各级将领,他说"我们和共产党势不两立,共产党得势,我们这些人是会死无葬身之地的"②,要这些将领作最后的挣扎,反共到底。8月29日,蒋介石在重庆西南长官公署召开军事会议,提出了"确保大西南"的方针,他向与会的国民党军政要员打气说,西南地形险要,物产丰富,尤以四川人力、物力很充足,必须努力保持这一地区,成为复兴基地。蒋还说,"有陆海空军的国家是不会被灭亡的。我们现在还有一百多万陆军,有相当强大的海空军,绝没有任何悲观失望的理由。望大家同心同德,坚定信心,坚持奋斗以争取胜利"③。很显然,蒋介石及国民政府、国防部及其他机构部分人员迁重庆,是想作困兽之斗,力图以重庆为据点,以川、康、云、贵为根据地,固守西南,以待国际形势之变化,重整旗鼓。若形势不利,就退往云南边境,若再无法存身,则逃亡国外。

为实现上述计划,蒋介石作了周密的军事部署。1949年初,调张群为重庆绥靖公署主任,随后又将重庆绥靖公署改为西南军政长官公署,仍以张群为主任,控制川、康、滇、黔四省及重庆市;增设川陕甘边区绥靖公署,主任由西安绥靖公署主任胡宗南兼任,以胡部13个军约20万人以秦岭山脉为主要防线,阻止由陕入川的解放军;将宋希濂的湘鄂边区绥靖司令部改组为川湘鄂边区绥靖公署,划归西南军政长官公署建制,主任宋希濂,宋部8个军10余万人在川湘鄂边界地区择险设防,沿巴东、恩施、咸丰、五峰、大庸、吉首一线,构成防守西南的阵地,屏障川东门户,以阻止解放军由川东入川;将孙震的川东绥靖司令部改组为川鄂边区绥靖公署,主任为孙震,孙部分别驻守万县、云阳、奉节、巫山、巫溪以及城口、万源等地区,特别注意对长江的设防和封锁。另外,还成立了由七十二军军长郭汝槐兼任司令的叙泸警备司令部,防守川南。还有一部分机动兵力:如罗广文(第十五兵团)的一〇八军驻扎重庆、璧山地区;一一〇军驻扎汉渝公路沿线达县、大竹、邻水一带;杨森二十军驻扎重庆、涪陵地区;罗君彤三六一师驻江津;徐正刚二六三师驻重庆附近;内警二总队、宪兵二十四团也在重庆警备司令部指挥下,继续担任重庆市内

---

① 周开庆:《民国川事纪要》(下),(台湾)四川文献研究社1974年版,第417页。
② 宋希濂:《我在西南的挣扎和被歼灭的经过》。
③ 宋希濂:《我在西南的挣扎和被歼灭的经过》。

的治安及警备任务,必要时亦参加作战。再加上刘文辉的二十四军、邓锡侯的九十五军,以及属于云南、贵州绥靖公署的兵力和四省保安团队,总兵力达90万人之众。

蒋介石的这一兵力部署,重点是放在秦岭、大巴山一线,他判断解放军入川一定会从北、东两个方面,特别是北面。川东南、贵州地区的地势险要,交通不便,大兵团作战行动困难,且白崇禧集团又集结在湘桂地区,从侧翼牵制解放军入川作战,所以解放军入川一般不会从这一方向推进。但蒋介石对川东南一线仍作了一些必要的防御准备,并且在重庆附近部署了相当的机动兵力,以便随时南北调动。

为了将国民党残余的100余万部队歼灭在大陆,中央军委和毛泽东制定了大迂回、大包围的战略部署,确定:以第二野战军之第四兵团归第四野战军指挥,于1949年10月配合第四野战军攻占广州,继而迂回白崇禧部,聚歼该敌于广西境内,尔后西出昆明,解放云南,从而关闭敌人从云南逃走的大门;令第二野战军主力在广州解放以后及广西作战的同时,以大迂回、大包围的动作,直出川东南及贵州,进占贵州、川东、川南,切断胡宗南及川康诸敌南逃的退路;以华北野战军第十八兵团及第一野战军一个军,在贺龙司令员、李井泉副政委的率领下,在秦岭山麓布阵,对敌"突而不破"积极吸引和抑留胡宗南集团于秦岭地区,待第二野战军主力断敌退路时,迅速南下,由此从西翻越秦岭,追击胡宗南集团,会同第二野战军聚歼残敌于四川盆地内。

解放西南的战役尚未展开,敌我双方的战略部署已经十分明显:敌以其主力防御川陕边界的秦岭,川东南则消极设防;我方则取大迂回、大包围的方针,调善于长途奔袭、渗透作战的第二野战军由川东南入川,避敌之锋芒,阻敌于川境,然后聚而歼之。中委军委和毛泽东的这一英明战略决策,为歼敌于川境和解放西南各省奠定了胜利的基础。

二、西南各省的解放

中央军委对歼灭大西南的国民党残余部队,早已进行了周密的准备。1949年5月23日中央军委发出指示,命令"二野应准备于两个月后以主力或以全军向西南进军,经营川、黔、康。二野目前主要任务是准备协助三野对付可能的美国军事干涉……美国出兵干涉的可能性已消失,则二野应争取于年底或年底以前,占领贵阳、重庆及长江上游一带,并打通长江水路"①。同时,指示一野,分兵两路,一路出大西北,一路由贺龙率领,经营川北,以便与二野协同解决贵州、四川、西康三省之敌。为了加强对进军大西南的领导,成立了由刘伯承、邓小平、贺龙等同志组成的中共中央西南局,统一领导川、滇、黔、康四省的各项工作。

为了实现中央军委大迂回、大包围的作战意图,必须进一步给蒋介石造成我军由秦岭及川东北入川的错觉。在中央军委的统一部署下,我进军西南的部队在刘伯承、邓小平、贺龙诸首长的指挥下给敌人设置了许多"迷魂阵"。

1949年六七月间,活动在鄂西北地区的我湖北军区部队,对川鄂之敌积极展开佯攻,叩击由川东北入川的门户巴东。活动在汉水中游的陕南军区部队,对大巴山敌防线发动两次进攻,重创敌九十八军,并攻占平和、安康等城。8月底至9月初,集结在秦岭北麓的第十八兵团等部,开始向秦岭胡宗南防线实施佯攻,造成由北面入川的声势。

我军实施佯攻,果然奏效。8月29日,在蒋介石召集的由西南国民党军政头目参加的军事会议上,由胡宗南部副参谋长沈策作了"情况判断"的报告。而这个"情况判断"是由西南长官公署副参谋长刘宗宽和中共地下党员房显志精心设计的。刘宗宽此时已经是农工民主党党员,早已与中共取得了联系,接受了周恩来、叶剑英等的教育和影响。是年5月,应刘宗宽的要求,中共又派出了中国人民解放军的秘密联络员房显志、黄克孝到重庆与刘联系。刘宗宽不仅通过房、黄两同志将国民党在西南的部队情况向中共作了详细汇报,而且精心设计了一个解放军不会从川东南而会从川北入川的"情况判断"。这一判断,与中国人民解放军在秦岭及大巴山一带的军事佯攻是相呼应的。沈策的"情况判断"报告以后,与会者一致赞同。会后,西南军政长官公署即电令布防川东的罗广文十五兵团,星夜开赴川西北,沿川陕甘边界紧急布防,阻止人民解放军南下。9月中旬,驻大竹、达县一带的罗广文部一〇八、一一〇两军即向川西北的青山、平武行动②。为了进一步迷惑敌人,10月,当全国人民欢庆中华人民共和国成立的时候,南京人民热烈地欢送第二

---

① 《中央军委给各野战军的电报》,1949年5月23日,引自《解放战争纪事》,解放军出版社1987年版。

② 刘宗宽:《我在国民党西南军政长官公署的工作和见闻》,载《重庆文史资料》第15辑。

野战军北上。一列列火车从浦口开出,从津浦路转到陇海路,大有从陕南入川之势。刘伯承司令员在郑州群众的欢迎大会上发表了公开讲话,表明此次北上的主要目的,是由陕南向四川进军,解放大西南。新华社播发了刘伯承司令员在郑州讲话的消息。

一切"迹象"向蒋介石表明,他的判断完全是"正确的"。蒋介石进一步断定"共军不会舍近求远"去碰白崇禧,而川北方向是共军入川的捷径,又有陇海铁路,交通便利,背后又有老解放区,能够有效地解决供给问题。因此,蒋介石加紧在四川调兵遣将,拼凑"大西南防线"。

就在第二野战军大张旗鼓北上前夕,8月19日,刘伯承、邓小平即下达了《第二野战军向川黔进军作战的基本命令》,指出二野主力之任务在于"攻略贵阳及川东南,以大迂回之动作,先进击宜宾、泸县、江津地带之敌,并控制上述地带以北地区,以使宋希濂、孙震及重庆等地之敌,完全孤立于川东地区,尔后聚歼这些敌人,或运用政治方法解决之,以便协同川北我军逐次解决全川问题"。命令要求"五兵团及附特纵之炮四团及一个工兵营,应于10月10日以前到达武岗、邵阳、湘潭之线,争取以10天时间补齐棉衣,于11月20日前攻占贵阳、黔西,尔后以一个军留置贵阳地区,捕剿散匪,维护交通,兵团主力应于12月10日以前经毕节进击宜宾至纳溪地带,协同三兵团作战","三兵团并附特纵之炮九团及一个工兵营,应于10月10日以前到达常德、江陵一线,争取于10天到半个月时间补齐棉衣,于11月20日前攻占遵义、彭水、黔江,尔后除以一个军控制咸丰、黔江、彭水,监视与牵制涪陵至万县等地之敌,待机作战外,兵团主力则应于12月10日以前进击泸县到江津地带之敌,协同五兵团作战"[①]。

按照二野刘、邓首长的上述作战命令,随二野指挥机关行动的三兵团,以浩荡的声势北上以后,又由郑州悄然南下,秘密地集结湘西。二野五兵团以随四野参加衡(阳)宝(庆)战役的姿态由上饶隐蔽地开进湘西。我集结在湘西的二野三、五兵团,偃旗息鼓,按兵不动,直至10月14日,人民解放军攻占广州,国民党军政机关迁重庆以后,才向预定方向开动。

在秦岭和大巴山北麓的第十八兵团等部队,根据中央军委"歼胡作战时

---

① 《刘邓大军进军西南》,重庆出版社1989年版。

间,不应太早,应待二野进至叙、泸、重庆之线,然后发起攻击"①指示,仍作试探性进攻。在兵临汉中城下时,又进展迟缓,攻而不破。此时蒋介石仍不知我军主攻方向之所在。

10月23日,二野司令部在常德发布了进军川、黔的作战命令。11月1日,中国人民解放军第二野战军在北起长江,南至湘、黔、桂边界的千里战线上,向国民党的西南防线发起了强大的攻势。我二野三、五两兵团和四野四十七军,以迅雷不及掩耳之势,向敌人意料不到的,也是敌"大西南防线"最薄弱的地区川黔边一线突然挺进。

二野五兵团及三兵团第十军,由湖南芷江地区进入贵州。解放军士气高昂,所向披靡,以迅猛的动作插入贵州省境,相继解放天水、铜仁等县后又继续西进,于11月15日解放了贵州省省会贵阳;21日攻占遵义,并乘胜向黔北、黔西北、黔西南追歼残敌,迅速将贵州全境解放。之后,除留一个军继续扫荡境内残敌外,主力向川、滇、黔边界地区挺进,先敌到达叙永、筠连、盐津地区,切断了敌人溃逃滇、黔的退路。

担任正面攻击任务的二野三兵团和四野四十七军,从湘西、鄂西出发,多路突进,拦腰截断敌人所谓的"川湘鄂防线"。11月7日,攻占川东南门户秀山县。这一胜利使宋希濂大为震惊,乃决定将其主力撤到乌江以西地区,脱离解放军的包围,凭借乌江天险,拼死抵抗。但是人民解放军以席卷之势,一举解放了酉阳、黔江,16日又解放了彭水县城。这时,蒋介石急调孙元良兵团由川东到重庆外围布防,将正向川西北调动的罗广文兵团调往南川布防,同时又将防守川北的胡宗南部的一个军,东运重庆,加强川东南防线。但是,这一系列的调兵遣将已经无济于事。国民党忽而川东,忽而川北,忽而川南,来回调动,早已精疲力竭。敌仓皇沿乌江200余里布置的防线不堪一击。解放军攻下彭水以后,以一部沿乌江而下,于20日解放涪陵,在白涛镇生擒敌十四兵团司令钟彬。占领涪陵后,赓即北渡长江,向垫江推进,迂回重庆外围。另一部则以每天行军近200里的速度向江口、武隆、白马一线猛进。11月下旬,二野三兵团主力在南川围歼宋希濂及前往策应的罗广文部共约3万人。

---

① 《毛泽东关于西南、西北作战部署给彭德怀的电报》,1949年10月19日,见《建国以来毛泽东文稿》第1册,中央文献出版社1987年版。

27日,解放军占领綦江县城,重庆门户洞开。这时,我军已经形成对重庆的钳形攻势,蒋介石在30日乘飞机逃离重庆,当日,重庆解放。

贵州向川南进击的3个军在占领贵阳、遵义等地后,日夜不停地追击前进。12月初,占领了纳溪、泸州、自贡,并迅速向东山、大邑、邛崃一线迂回。解放重庆以后的三兵团主力,以一部留驻重庆,大部队继续追击歼敌:一路向川南挺进,相继解放了合江、泸县等地区,与二野五兵团向川南挺进的部队会合;一路向川西挺进,相继解放了永川、荣昌等县城。至此,川东、川南的大门被我军完全关闭。

不久以前,胡宗南还吹嘘他的秦岭防线固若金汤,他的3个兵团防守秦岭,万无一失,还说什么"共军多次猛攻,无一处被突破"。他原来不知,秦岭防线不是我军不能突破,而是我军遵照中央军委的命令,实行"突而不破"的既定方针,目的是将胡宗南部主力抑留在秦岭一线,不过早南撤,以便我南线部队先关上南面、东面大门,阻断胡部逃跑去路。此时,胡宗南见我各路大军由东、南、西三面包围上来,方知上了大当,这才放弃坚守近半年之久的秦岭、大巴山防线,急令他的3个兵团,向成都撤退,准备负隅顽抗。

这时,陈兵秦岭、大巴山一线的中国人民解放军第十八兵团等部队大举入川的时机已经到来。在贺龙司令员的率领下,第十八兵团分兵3路,从秦岭猛扑下来,紧紧咬住胡宗南部,穷追猛打。在追击作战中,歼灭胡宗南后续部队8万人。北线我军进占绵阳东、西一线。至此,我军从四面八方将胡宗南部及川境残敌数十万人,包围在成都地区。

如何解决残存的国民党军事力量,毛泽东在1949年3月党的七届二中全会上,就明确指出了解决国民党残余势力的三种形式,其中主要是"北平式",即以政治的、和平的方式去解决敌人残余力量。当我军关闭了敌人逃走的大小门户以后,刘伯承、邓小平在11月21日发出了对川、康、云、贵四省国民党军政人员的四项忠告。忠告说:"国民党残余力量经我人民解放军在华东、华中、华南、西北各地给予接连不断的歼灭打击后,现已接近最后歼灭之期。贵阳已为我军占领,国民党的所谓最后战略体系,又已被我拦腰打断。酉、秀、黔、彭既告解放,则川东南门户亦已洞开,重庆、成都、康定、昆明等地短期内亦将获解放。蒋、李、白、阎等残余匪帮企图收拾残余力量,退往康、滇、桂边之计划已为实际所不允许,其退路即将全部为我军截断。"鉴于上述形势,刘、邓要求国民党军政人员停止抵抗、听候改编、悔过自新、立功赎罪①。

蒋介石11月30日逃离重庆,飞往成都。当天下午,他在北较场中央军校召见张群、刘文辉、邓锡侯、向传义、王陵基等国民党军政要员,说放弃重庆是"战略转移",并吹嘘川西决战的重大意义及胡宗南集团"决能胜敌"的有利条件,企图顽抗到底;如果"川西大决战"失败,蒋介石则抱另一线希望,即由西昌退往云南。然而蒋介石的这两点计划在很短的时间内完全破灭了。

驻守西康的刘文辉早在抗日战争时期即与中国共产党建立了联系,延安派王少春在雅安设立了电台,一直与中共中央保持联系。12月5日,周恩来电告王少春:"望即告刘自乾(文辉)先生,时机已至,不必再作等待,蒋匪一切伪命不仅要坚决拒绝,且应联合邓、孙及贺国光诸先生,有所行动;响应二野刘、邓两将军11月21日的四项号召:行动关键在勿恋成都,而要守住西康、西昌,不要胡宗南部侵入;万一窜入,应步步阻挡,争取时日,以利刘、邓解放军赶到后协同歼敌。"②在中共中央的长期争取和刘、邓四项忠告的感召下,在全国革命胜利和形势的影响下,西康省主席刘文辉,西南军政长官公署副长官邓锡侯、潘文华于12月7日,在彭县宣布起义;同日,云南省主席卢汉在昆明宣布起义。蒋介石得知此消息,见退往西昌、云南完全无望,所谓"川西大决战"已没有任何实际意义。12月10日,蒋介石由成都乘飞机逃往台湾。从此,蒋介石永远逃离了中国大陆,一去不复返了。

被紧紧压缩在成都地区的胡宗南部数十万军队,完全成了瓮中之鳖,正是欲逃无路,求援无望。12月13日,胡宗南部开始向刘文辉驻成都武侯祠的部队发动进攻,企图强行向西南部突围;同时,成(都)雅(安)公路、乐(山)西(昌)公路上,胡宗南部均发动了猛烈的突围攻势,作困兽之斗。刘文辉二十四军起义部队官兵进行了顽强的抵抗,争取了时间。这时人民解放军二野三、五兵团及时赶到,堵住了胡宗南向南、西突围的去路。我军向被包围敌军展开了强大的政治攻势,运用战场喊话、广播、遣俘、送信等方式,对敌军进行争取和瓦解。在四面楚歌中,12月21日,被困的川陕边区绥靖公署副主任董宗珩率国民党十六兵团在金堂地区宣布起义,这是被困残敌全面瓦解的开

---

① 《刘邓大军进军西南》,重庆出版社1989年版。
② 刘德:《刘、邓、潘起义大事记》,载《成都文史资料》1988年第4期。

始。胡宗南为了稳定军心,在十六兵团起义的第 2 天,在新津召开了军以上指挥官的紧急会议。在会议上,胡宗南声言,"要团结一致,抵抗到底",并表示,"本人亦抱定为党国牺牲的决心"[1],而且还作了向雅安、西昌突围的具体部署。哪知就在第二天,这位与共产党打了多年"交道"又不可一世的"胡长官"却爬上了早已准备好的飞机逃往台湾。

胡宗南一走,国民党残部军心动摇,国民党高级将领纷纷起义、投诚。12 月 21 日,第十六兵团副司令曾元在什邡率部起义;22 日,"西南第一路游击总司令"王缵绪率部在成都起义;23 日,第七兵团司令裴昌会率部在德阳起义;24 日,第十五兵团司令罗广文、第二十兵团司令陈克非率部在郫县起义;25 日,第十八兵团司令李振率部在成都起义;26 日,第二十军军长杨汉烈等率部在金堂起义。

敌五兵团司令李文在兵败如山倒,大势已去的形势下,仍然执迷不悟,顽抗到底。于 24 日,集中了 7 个军的兵力,在炮火的掩护下,从崇庆、新津两个方向突围,但在强大的人民解放军的打击下,多次攻击均告失败。25 日,李文孤注一掷,倾其全部兵力又组织突围,向我邛崃、大邑一线展开猛烈攻击。李文亦亲自上阵,他绝望地叫喊"拼光亦光,不拼光亦光",要其部属为他卖命。但在我军阵地面前,李文兵团不能前进一步。26 日拂晓,我军向被包围在新津的第五兵团等残敌发起全线攻击,战至黄昏,第五兵团被全歼,李文及残部 5 万余人被俘。至此,成都战役胜利结束。

正当成都战役鏖战正酣时,我二野四兵团和四野一部在滇、桂、黔边纵队的协同下,于滇南的蒙自、个旧等地歼灭了企图向国外逃窜的李弥的第八军和余程万的第二十六军,并活捉了刚由台湾飞到滇南指挥作战的敌陆军总司令汤尧。同时,我人民解放军又以有力部队,在成都战役结束以后,迅速挺进西昌地区,全歼敌贺国光部万余人。至此,退集西南的国民党军队已经全部被歼,整个进军西南的作战胜利结束。共计消灭敌人 90 余万人(包括起义、投诚的各色武装),云、贵、川、康 4 省完全解放。

---

[1] 中共重庆市委党史工委编:《重庆的解放》,重庆出版社 1989 年版,第 104 页。

第二节 刘邓大军解放重庆

一、解放重庆的战斗

1949年11月1日,中国人民解放军第二野战军第三、五两兵团及第四野战军第四十七军,从北起长江,南到川、湘、桂、黔边的千里战线上,向西南的国民党残余力量发起强大的攻势。蒋介石苦心拼凑的西南防线,顷刻之间土崩瓦解。人民解放军以雷霆万钧之势,沿酉、秀、黔、彭之线入川,在南川以北歼敌宋希濂、罗广文兵团大部以后,以每天行军100里至150里的速度,直逼西南重镇重庆。11月下旬,人民解放军已形成东、西、南三面合围重庆之势。

在东线,四野四十七军一部在11月29日占领巴县木洞镇,并在木洞强渡长江,沿长江两岸向西进军。30日,四十七军的一个团占领了重庆以东25公里的广阳坝。这是北靠长江的一个小镇。我军在这里发现了3艘民生公司的商船,经与船主协商,并取得船主的同意后,全团登上了这3艘商船,溯江而上,向重庆驶去。下午4点多钟,轮船已到江北青草坝停靠。此时江北敌人已经全部跑光,仅余一点地方团队,没有进行任何形式的抵抗。部队沿长江北岸直逼嘉陵江边,与市区隔江相望。在长江、嘉陵江的汇合处,市区朝天门码头外的江面上,停泊着国民党的5艘军舰。旗舰是"民权"号,其他各舰是"永平"、"常德"、"英德"、"英山"号。舰上共有300余人,大多数是福建及江浙人,另外还有一部分军官家属和小孩。由于敌重庆防卫已经崩溃,航线已经到了尽头。水兵们离开舰只即失去生活能力,加之军官们又拖儿带女,实行抵抗已没有任何意义,所以他们既没有打,也没有跑,而是把军舰交给了人民。解决敌舰后,大约晚7时,部队在朝天门码头登岸,迅速向市区开进。这是我军最先进入市区的部队之一。

在西线,二野十二军在11月27日解放綦江以后,即迅速向北挺进。11月28日,乘轻便铁路火车到达长江边的顺江场。当天晚上,乘敌防御工事尚未完全构成,我军在强大炮火的掩护下打过了长江。赓即直插重庆市区以西约30公里处的白市驿机场,与敌激战近一昼夜,控制了白市驿机场,截断了敌西逃之路。

在南线,11月26日,二野十二军先头部队以神速的动作,由南川抄山路直插南温泉。南温泉是国民党"新长江防线"最重要的战略据点,位于长江以南约20公里处,层层山峦由南温泉向东北一直延伸到长江边的大兴场,向南延伸到綦江,百多里的山岭构成重庆江南的一道天然屏障。南温泉的建文峰,山势陡峭,易守难攻,花溪河上游的虎跳峡瀑布,是占据南温泉的咽喉部,地势险峻;沿山岭下花溪河的傍山险道是由南川直插重庆的必经之路。若占领南温泉,就可沿海(棠溪)南(温泉)公路直取重庆市区。国民党在此部署有内二警总队,罗君彤的三六一师,杨森二十军卫戍部队一个师;南泉以南至綦江一线,部署有罗广文部的四十四军。当我军击溃敌"川东防线"时,蒋介石又急令据守川西北的胡宗南的第一军由广元调往重庆"保驾"。当蒋发现我军前锋已抵南温泉时,急忙调200多辆汽车将胡宗南部一六七师抢运到南温泉,企图以其"天下第一军"来阻挡人民解放军的前进。

11月26日,我二野十二军先头部队侦察连伪装成罗广文部溃军,从界石经桃花滩沿河而下,当接近南温泉虎啸口前沿敌阵地时,蒋军哨兵毫无防备,他们根本没有料到解放军会如此神速到达。我军侦察连乘势将守敌一个连歼灭,抢占虎啸口阵地。当守敌溃退时,我军即乘势冲下南温泉正街。此时,胡宗南部一六七师已乘车抵达南温泉,并抢占了建文峰及打鼓坪山两处制高点。蒋军人多火力强,我侦察连又退回虎啸口阵地。这时,我后续部队陆续赶到,巩固了虎啸口阵地,并打退了敌多次猛攻。27日凌晨2时,我军开始向建文峰守敌发起攻击。建文峰距南温泉1公里,主峰东侧高地伸向虎啸口我军控制阵地,是扼制南温泉的制高点。我军一个营在夜色的掩护下,向敌发动突然袭击,是日拂晓,攻下了建文峰主阵地。从27日早上起,敌军在飞机、大炮的掩护下,向建文峰主阵地发起多次集团冲锋,均被我军击退。经2天1夜激战,建文峰主阵地始终牢牢控制在我军手中。建文峰被我军控制后,南温泉已完全暴露于我军火力之下,敌已无险可守。在南泉地区,我军与敌激战了3天3夜,吸引了蒋军指挥机关的注意力,牵制了蒋军主力,为我三兵团主力部队从东、西、南三面包围重庆争取了时间。南温泉鏖战正酣时,我十二军主力一部在解放綦江以后,从顺江场北渡长江,疾驰白市驿机场;二野十一军三十一师经巴县直插马王坪,抢占李家沱渡口;十一军三十二师先头部队已达黄桷垭、海棠溪渡口。敌已经不保,整个长江南岸敌防线已经完全崩溃。

在南温泉与我军接战的敌胡宗南部一六七师的退路眼看就要被切断,这时,敌师长曾祥廷也顾不得蒋介石给他下的死守南温泉的命令,慌忙率部溃逃。蒋军逃至土桥、李家沱一带又遭我军截击,大部被歼。29日晨,南温泉被我军解放。

南温泉战斗刚一结束,我二野十一军三十一师即在29日从距市区上游仅10公里处的李家沱北渡长江。北岸守敌1个营慑于我军炮火威力,几乎没有作任何抵抗即向歌乐山溃逃。渡河后我军1个团,经大坪直扑佛图关。佛图关地势险要,是控制市区的咽喉,历来为兵家必争之地。驻守佛图关有敌2个团。29日傍晚,我军侦察排已经突进到佛图关前。当敌得知我军已赶到佛图关时,守敌2个团没作抵抗即全部缴械投降。佛图关被我军控制。

南岸海棠溪、黄桷垭是敌长江防线的又一重要据点,这里同时又是川黔公路的终点,与市区遥遥相望。海棠溪紧靠长江,背后有一座高山,守敌是二十军杨汉烈师和国民党内二警部队。这是我军进入市区的必经之路。敌在山上筑有坚固工事,居高临下,以密集火力封锁交通要道。29日,我二野十一军三十二师九十五团一路追歼残敌赶到黄桷垭。入夜,我军以一个营佯攻盘踞山上之敌,以另一个营绕过高山上之敌,直捣海棠溪敌指挥所,并很快占领了这个指挥所。海棠溪敌3个汽车团,200多辆汽车及满载的军用物资被我军缴获。敌指挥机关被我军端掉以后,山上守敌乱了阵脚,纷纷下山,企图抢夺汽车逃跑,敌大部成了我军的俘虏。30日晨,海棠溪、黄桷垭一带残敌全部被我军肃清,通往市区的大门洞开,下午6时,重庆市各界人民代表给南岸我军送来了渡船,我军在重庆人民一片欢呼声中乘船渡江,进入市区。

至11月30日,我军已相继占领了顺江场、李家沱、海棠溪、大兴场、广阳坝、木洞镇等长江南岸的国民党江防阵地和渡口,并成功地渡过长江,从东、南、西三面逼进市区。市区内国民党正规部队早已逃走,重庆获得解放。

重庆的解放基本上没有大规模的战斗,一则是因为我人民解放军在突破敌苦心经营的乌江防线以后,进展神速,重庆外围的宋希濂、罗广文诸兵团大部被歼,仓促之间拼凑的长江防线不堪一击;再则是国民党主力聚集成都,企图在成都负隅顽抗,所以在重庆已无更多的兵力固守;而残留长江南岸之敌背水而战,已成惊弓之鸟,基本上无战斗力,我军稍事攻击,敌即全线溃败。

重庆解放,西南最大的工商业城市重新回到人民手中。这一重大胜利,沉重地打击了蒋介石"经营西南,固守待变"的计划,极大鼓舞了我军的士气,加速了整个西南解放的进程。

二、军事接管

1949年11月30日下午6时,中国人民解放军二野三兵团、四野四十七军等部队进入市区,整个市区沸腾了,到处欢天喜地,锣鼓震天,鞭炮声响彻了山城夜空,重庆人民迎来了解放。

重庆长期以来一直是西南地区的政治、经济、文化、交通中心。全市面积309.1平方公里,东西长50余公里,南北宽约15公里,居住人口120万人。一方面,它有繁盛的商业区与较为集中的工业区,有学校集中的文化区和分散的农村。据解放初期统计,全市有公私营工厂460余家,工人近10万人,其中大型兵工厂8家,工人占全市工人总数的一半。有公私立学校352所,大专院校15所,中等学校80所,小学257所,总计在校学生12万人。另一方面,在帝国主义、封建主义和官僚资本主义的长期统治之下,重庆又成为蒋介石独裁、内战、卖国政权的又一统治中心和在大陆上负隅顽抗的最后巢穴,各地反动势力随着南京、上海、武汉、广州等大城市的解放,最后都汇集到了这里。国民党各重要机关、组织、团体在重庆为数众多,潜伏的特务约有6000人至10000人。寄生在旧社会机体上的一切腐败现象,在这里应有尽有:土匪、流氓、扒手有1万多人;娼妓约有1万人;哥老会组织有成员约10万人。因此,在推翻蒋家王朝以后,如何把重庆顺利地接管过来,为医治战争创伤,恢复和发展生产,进行社会改革,建设一个人民的生产的新重庆扫除障碍,成为当时驻守重庆的解放军部队最为重要的任务,成为党在重庆的中心工作。

为了接好重庆、管好重庆,把旧政权机构、官僚垄断资本的企业、旧的文化教育机构转移到人民的手中,刘伯承、邓小平和二野前委及重庆地下党组织,做了大量的充分的准备工作。

首先,为接管配备了强有力的干部队伍。早在1949年7月,中共中央和中国人民解放军第二野战军前委在拟定进军大西南的战略部署的时候,即在南京任命了重庆市及川东区党委的主要领导成员(当时确定重庆市委和川东区党委合署办公)。决定由二野副政委兼政治部主任张际春为重庆市军管会主任;三兵团司令员陈锡联任副主任兼中共重庆市委第一书记、重庆市市长,专管军管会工作;五兵团副政委张霖之任市委书记,主管政府工作。西南服务团是接管重庆的一支重要的干部队伍。我军在解放上海、杭州等地以后,二野前委即着手筹组西南服务团。由华东支前司令部副司令员曹荻秋[①]任该团团长,以华东支前司令部和各办事处的干部为骨干,加上沪、宁等地招收的青年学生及一部分从山东老解放区来的干部,组成了一支5000余人的干部队伍——西南服务团。该团随军挺进西南,参加西南各城市的接管工作。在部队进军到常德以后,一面休整,一面对入城接管队伍进行配套,共抽调2470名干部作为接管重庆的骨干力量。这些干部主要来自中共中央华东局、二野三兵团和二野后勤系统、西南服务团、川干队(即四川干部工作队,其中一部分是在延安、晋绥一带工作的四川籍老干部,一部分是原川陕革命根据地和红四方面军的老红军,一部分是解放战争时期从重庆撤回解放区的原八路军驻渝办事处和新华日报馆的工作人员)以及川东地下党。

其次,狠抓了接管干部的思想动员工作。早在中共七届二中全会上,党中央就规定了新解放区和城市接管的战略方针及具体政策。毛泽东在七届二中全会的报告中,要求人民解放军不但是战斗队,而且还要是工作队,"必须准备把二百一十万野战军全部地化为工作队";并且指出,"党和军队的工作重心必须放在城市,必须用极大的努力去学会管理城市和建设城市,必须学会在城市中向帝国主义者、国民党、资产阶级作政治斗争、经济斗争和文化斗争"[②]。根据七届二中全会的精神,中央军委在中国人民解放军向全国进军的命令和《约法八章》,以及中国人民政治协商会议第一次全体会议通过的《共同纲领》中,都强调了党关于团结一切可以团结的力量,共同为社会改造、建立新秩序、建设新城市而斗争的方针。二野在湖南常德地区集结休整时,前委还专门召开了接管干部会议。刘伯承、邓小平分别在会议上传达了党的七届二中全会的精神、全国政协会议的情况和中央关于统战工作的指示,批判了关门主义的错误。在这次会议上,刘伯承特别强调了入城的纪律和政策,要求干部要以身作则、遵守纪律、团结群众。张霖之也作了《关于接管重庆的报告》。他在报告中充分地估计了接管重庆的有利条件和存在的困难,

---

[①]曹荻秋(1909-1976),四川资阳人,1929年加入中国共产党,1949年率西南服务团来重庆市,时任重庆市副市长。

[②]《毛泽东选集》(合订本),第1316—1317页。

介绍了重庆的敌情、社情,规定了接管重庆的方针,部署了接管的主要工作步骤。并根据刘、邓首长的指示精神,对接管后的物资的处理和统计、工资及旧人员的处理、组织领导等接管工作中可能会遇到的一系列问题,作了详细的政策规定。会议还请参加过接管上海、南京的同志介绍经验,使广大干部从思想上、行动上都逐步适应了由战斗队变为工作队的这一重大转变,从而为即将开展的接管工作作了充分的思想准备。

此外,川东及重庆地下党组织根据全国形势的发展和上级党组织的部署,为接管重庆也做了大量的工作。1949年1月,中共川东特委派邓照明从香港返回重庆,向川东的党组织传达了中共中央上海局的指示:全国解放在即,党在国统区的工作重点,必须从农村转向城市,实行"迎接解放、配合接管"的方针。根据上级党的指示,川东及重庆地下党组织在重庆解放前夕,在发动群众、保护城市、护厂护校以及加强统战和策反工作等方面,做了大量的工作,有效地减少了国民党在重庆的军事抵抗,保护了市区、厂矿和各种市政主要设施,对配合城市接管、恢复和发展生产、稳定城市秩序,发挥了重要的作用。

1949年12月1日,中国人民解放军在市区举行入城仪式,受到山城人民的热烈欢迎。12月3日,中国人民解放军重庆市军管会、中共重庆市委的一部分主要领导干部19人进入重庆,即日发布第一号布告,宣布重庆市军管会正式成立并开始接管。

早在常德接管会议上,就具体规定了接管重庆的步骤:首先,实行自上而下的按系统接管的办法,各领导机构及其主要负责人员,按系统接收并命令各被接收机构主要负责人员办理移交,不准搞乱系统、乱抓乱接;其次,大力动员工人、职员、群众及地下党的力量参加接管,使自上而下的行政命令与自下而上的发动群众相结合,努力做好接管工作;再就是强调了党一贯倡导的群众路线,根据以往接管大城市的经验,要搞好接管工作,就必须依靠工人,团结学生,争取各种职员、科学家、技术员、进步的产业家、工商业家,等等。为了做到有系统有秩序的接管,将应该接管的部门分别划为7大系统,组成6个接管委员会和一个公安部,统一接管原国民党中央机构与省市机构(包括一切国家机构、战争机构)、厂矿、企业、机关、学校及所属单位的物资财产、档案材料和全部人员。北碚划归重庆后,12月12日又另设北碚军管会,专门负责北碚的接收。

接管工作首先是保持所接收单位的完整，避免出现破坏与损失，其次是接收和管理结合起来。在接管方法上，各接管部门根据各单位的具体情况，分别采取了不同形式：对行政及军事系统及重要物资，实行重点接管；在企业方面，首先接管公用事业，以保证群众日常生活不受影响。多数单位实行先接后管，一些直接关系到国计民生的单位，如公用、交通、卫生、水利、救济等单位，则采取边接边管或未接先管的形式。

12月5日，重庆市军管会向原国民党驻重庆市的各政治、军事、经济、文化等机构派出军代表，并宣布接收这些单位。同日，通过各种形式与重庆各界人民群众接触，阐明接管方针，宣讲《接管约法八章》。9月，市军管会召开了工人代表座谈会，刘伯承、邓小平、陈锡联等领导同志亲自参加会议。刘伯承在会上作了重要讲话。在讲话中，他回顾了重庆工人阶级的光荣历史，号召山城工人群众发扬革命传统，挑起建设人民自己的新重庆的重担；同时，针对解放后一些工人要求发"解放金"、"消灭资本家"等过"左"的口号，耐心细致地阐明了中国共产党在新民主主义革命时期的政策和策略，指出，"我们工人阶级有近的利益，更有远的利益，虽然我们今天在政治上获得了解放，但经济上仍然没有解放，要是我们放弃了统一战线，我们便孤立了"[①]；针对工人们极为关心的问题，刘伯承还在处理劳资关系、实行工农联盟、进行工资改革等几个方面，阐明了党的政策。刘伯承的讲话，在重庆各界群众中引起了极大的反响，使党的政策进一步深入人心，并为各界群众所理解，为顺利进行接管创造了条件。

12日至18日，军管会、市委又分别召开了学生代表、妇女代表、文教界代表、工商界代表等4个座谈会，向各方面人士宣讲党的政策。这几个座谈会在联系群众、宣传政策、筹备建立各界群众组织等方面，起了很好的促进作用。座谈会后，群众情绪高涨，积极参加街头宣传，协助接管。军管会各接管委员会主任及派到各接管单位的军代表还分别与有关部门原负责人、旧人员见面，并召集员工大会，使党的政策和接管方针直接与群众见面，进一步广泛发动人民群众参与接管。

由于向群众深入细致地宣讲了党的方针政策，全市各界人士、人民群众

[①]《接管重庆》，中共重庆市委党史工委1985年编印，第5页。

很快安定了下来。工人和职员选举出自己的代表,组织起接交小组和清点委员会,协助接管、清点物资器材、恢复和维持生产,从而保证了接管工作的顺利进行。

为了统一领导,集中力量搞好接管,重庆市在接管期间,一切权力归军管会,党的领导通过军管会来实现。一切命令由军管会发出,一切行政事务工作亦由军管会负责执行。

接管工作大致分为三个阶段进行:

第一阶段:占领城市,宣布接管。接管人员入城以后,携带军管会的命令证件,先向该单位原来负责人员接头及召集全体员工宣布接管命令,并查封库房、仓库、保险柜、档案、账册等,派遣看守部队,责令原单位负责人看管,并造具移交清册听候交代。对企业生产部门及学校,应宣布照常到职办公,原职员按照原来工作秩序继续服务。对企业生产机关,必要时可冠以"原"字。对学校除需要更改名称的外,仍称原名。对行政军事部门的旧人员,宣布各按原来位置看管,资料档案等另行移交,听候处理,分别留用或受训等。对行政军事机关名称可冠以"伪"字,但对旧人员一概不许称伪人员。此阶段一般在2天至3天内即结束。

第二阶段:进行接管工作。一方面派助理员、联络员、工作员等到下面了解情况;另一方面以原地下党的党员及积极分子为核心,组织群众参加接管,讨论接管办法,并实施接管。

第三阶段:清审阶段。此一阶段的中心工作是深入群众调查研究,审查移交中有无隐藏、埋伏、转移、盗窃物资及伪造账据或漏报资财等情形。

公安部门的接管工作在入城的第2天(12月1日)即已开始。入城后,当即解散了自称由地下党员所组织之"渝警解放大队",并掌握了旧警人员自动组织的"前警察局人员调查登记处",并通过这一组织形式,督促已登记人员维持治安,恢复市内交通秩序,实行未接先管。重庆市军管会公安部总计接收国民党党、团、宪、特共计33个单位及20个警察分局,接受旧人员共计3536人。对这些旧人员,基本上是采取了放手使用的方针。这些旧警人员中的大多数人愿意参加新政权,为人民服务。根据他们过去的历史以及解放以后的表现,初步拟定集训人员714人,留用人员2622人。

军管会政务接管委员会主要是接管国民党政权时期的行政、司法、卫生、公用、农林水利、社会事业等部门,共计108个单位。至12月31日,基本上全部接收完毕。在接管过程中,对不同的部门,采取了不同的办法。对行政司法机关,立即停止其职权,并筹划成立新的机构,行使行政司法权;对公用、卫生、农林水利、救济事业部门,立即恢复工作,实行边接边管,在不停工的条件下进行点收。整个接收过程中人民群众的日常生活没有受到影响。水电供应保持正常,公共汽车由4辆增加到31辆。政务部门的接管基本顺利,在我军入城时,除已被遣散的人员外,几乎全部逃跑。市政系统各单位中除局长及个别科长以外,大多数人员没有离开。这些人一经接受党的政策以后,就积极投入到接管工作中来了。

军管会文教接管委员会的工作主要分为三个方面。在教育方面,首先是迅速复课,恢复正常的教学秩序,并废止反动课程及反动的训导制度,保护校产、图书、校具、档案等,为接收作准备。对学校的一切改革,基本上采取暂时维持现状,作必要的可能的逐步改进的方针。考虑到学校教职员工的生活困难,在12月内,两次发放了维持费。在发放第二次维持费时,向各公立学校师生员工进一步宣讲了我们党的教育方针及知识分子政策,加深了广大师生员工对党的政策的理解,进一步化解了他们对革命要求过高、对胜利后的困难认识不足而造成的思想紊乱的状况。文管会还主动召开了文教界的座谈会,广泛征求各方面的意见。以后不久,又陆续向一些公立学校派驻了军代表。在新闻出版方面,接管了5家报纸(《中央日报》、《扫荡报》、《重庆日报》、《黎明日报》、《世界日报》)、1家通讯社(中央通讯社)、3家国民党的广播机构(国际广播电台、中央广播事业管理处、广播器材修造厂)和3家书店(正中书店、中国文化服务社、独立出版社只有印刷厂)。此外,还接管了伪行政院的新闻处、中央训练团印刷厂、伪国防部印刷厂,接收了《时事新报》和《民言报》的财产及该报的旧人员。接管后,各报纸的印刷厂即进行生产。《中央日报》、《扫荡报》由《新华日报》接管后,即出版《新华日报》;《黎明日报》、《重庆日报》等报社承印书籍、杂志、报纸等(该两报已被军管会批准拨与川东、川南两区党委);书店由新华书店接管;中央通讯社由新华社接管;广播电台由重庆人民广播电台接管。共计接管单位15个,接收旧人员334名、工人540名,共计874名,舆论工具回到人民手中。在文艺方面,主要是围绕党的中心工作做了大量的宣传工作,并逐步接收旧的文艺团体、机构。

军管会军事接管委员会主要接管国民党的军事机关,如后勤工厂、仓库、机场等。由于我军进展神速,国民党军仓促逃走,国民党的这些军事单位基本上是完好无缺地回到了人民的手中。在接管过程中,有的部门如空军部的白市驿机场、氢气制造厂、重庆气象局办事处、气象台等一直没有停止工作。接管国民党的军事单位,大量利用了旧人员参加,每一接管单位参加清点接交的旧人员占接交人员的半数以上。海军部在清点中采取了公开的民主方式,召集了舰长联席会、全体军人大会、官佐座谈会、士兵座谈会,组织清点委员会,动员组织下属士兵参加清点,也吸收少数原主官参加。由于解除了原国民党军事人员的顾虑,军事接管工作顺利地完成。

军管会财经接管委员会的接管工作,主要经历了三个阶段:第一阶段,交代政策,稳定人心并作好接管准备,贸易部开始收购、摆摊子,金融部着手调查银圆券的状况,财政部调查税收执行情况;第二阶段,成立接交小组,金融、贸易等部门主要精力转入工作,解决银圆券兑换、债权、债务等金融问题,收购食糖等贸易工作亦展开,工厂准备复工;第三阶段,深入清点工作,各接管单位均摆好摊子,金融部成立了区分行,贸易部成立了各种贸易公司筹备处,财政部正式进行税收。财经工作逐步走上轨道。

军管会交通接管会委员会主要接管了下列单位:(1)航运部,包括船舶队、船舶修理厂、各商营轮船公司、水运办事处、长江区航政局、招商局重庆分公司;(2)邮政部,包括重庆邮政储金汇业局、东川邮政管理局;(3)电讯部,包括重庆电讯局、第四区电信管理局、电信总局;(4)公路部,包括汽车修理厂、四川运轮公司办事处、汽车器材总处重庆翻胎厂、重庆材料供应处、汽车材料总处重庆分处、第十运输处重庆分处、公路总局重庆办事处、第三区公路处、第七运输处重庆办事处、第四运输处驻渝办事处、第七区公路工程管理局、第五运输处、第五区公路工程管理局;(5)铁道部,包括东北运输总局保管处、陇海铁路材料储转所、浙赣铁路保管处、湘桂黔路筑段工程处转运所、湘桂黔铁路重庆办事处、桥梁公司、川黔线隆筑段工程筹备处、成渝铁路工程局等单位。交通部门接收旧人员总计:职员3857名、技工1786名、非技术工人5206名、警员14名、伪国防部水运人员397名,合计11242名。

后勤接管委员会主要接管伪国防部联勤所属人员、物资。该委员会组织了军需、运输、军械、通讯、卫生等5个接管部与工程、特勤两个处,分负接管任务。接管人员、单位情况如表 25-1。

表 25-1　后勤接管委员会接管情况统计表

部门	单位数	共派代表人数	接管旧人员数
军需部	8	7	7314
运输部	26	10	3348
军械部	4	2	9339
通讯部	14	8	1732
卫生部	19	21	3559
工程处	3	2	140
特勤处	1	1	212
总　计	75	51	17267

上表所列旧人员中,有职员 4231 人、工人 7992 人、学员 259 人、士兵 4072 人、休养员 733 人。

随着各部门接管工作的顺利开展,重庆市政府的各职能部门亦逐步建立。1950 年 1 月 23 日,重庆市召开了第一届各界人民代表会议,宣告了全市的整个接管工作的胜利结束。

重庆市的接管工作仅历时 50 多天,这在当时的形势和条件下,其速度之快、效率之高、工作之有条不紊是前所罕见的。全市共接收机关、工厂、银行、仓库、公共场所与公共工程等大小单位(不包括学校)374 个,接收人员达 10 万余人,接收的主要物资计有黄金 10972 两、白银 33.4 万两、银圆 14.869 万元、银圆券 518.2738 万元、美钞 5.0218 万元、食米 7155 石、稻谷 1.5561 万石、食盐 9.5758 万担、食糖 2 万斤、煤 20.784 万斤、各种汽车 1883 辆、机械设备 2385 部、飞机 30 架、轮船 20 艘、房屋 16538 间[①]。

重庆市接管工作的顺利完成,改变了山城人民长期处于帝国主义、封建主义和官僚资本主义统治下的艰难处境,这在重庆的历史上是具有划时代意义的重大事件。

---

① 根据陈锡联:《关于重庆接管工作的报告》;中共重庆市委党史工委编:《接管重庆》;重庆市计委编:《重庆经济大事记》等有关资料综合整理。

第二十六章　新民主主义政权的建立和巩固

第一节　人民政权及各级党政群团组织的建立

一、新民主主义政权的建立

1949年11月30日,人民解放军开进重庆市区,西南重镇重庆获得解放。国民党驻重庆的中央及地方各级政权机构停止行使职权。重庆人民将在国民党遗留下来的烂摊子上建立起自己的政权。

人民群众广泛地参与政权机构并行使自己的权力是人民政权的主要特征;各级人民代表大会是人民行使权力的主要途径。解放初期,重庆经济残破,匪特破坏严重,人民群众的各种组织还没有建立和健全,召开实行普选的人民代表大会的条件尚不成熟。

为了迅速控制局势,搞好接管,12月3日,中国人民解放军第二野战军司令员刘伯承、政治委员邓小平发布命令:"重庆已经解放,为保障全体人民的生命财产,维护社会安宁,确立革命秩序,着令在重庆市实行军事管制,成立中国人民解放军重庆市军事管制委员会,为该市军事管制时期的权力机关,统一全市军事政治经济文化管制事宜。"组成了以张际春为主任,陈锡联、张霖之为副主任的军事管制委员会①。军管会是重庆在军事管制时期的最高权力机关,一切法令由军管会发出,各项政务工作由军管会负责执行。党的领导通过军管会来实现,军管会设立党组,各接管委员会和部成立党委会,党务

---

① 重庆《大公报》1949年12月4日。

工作直属市委领导。1949年12月11日,奉中央人民政府电令,重庆市人民政府正式成立,由陈锡联任市长,曹荻秋任副市长。这时接管工作尚未完成,市府下属机构仅有一个税务局开展工作。随着接管工作的顺利开展,政府各职能部门逐步建立。1950年1月9日,重庆市公安局成立,军管会公安部的接管工作率先告一段落。1月中旬,各接管委员会的接收工作宣告结束,属于市政范围的旧机构逐步归还市人民政府管辖(不属于市政范围的原国民党中央及四川省驻渝机构仍暂由军管会代管)。1月13日,西南军政委员会主席刘伯承任命重庆市政府各局局长。市民政局、建设局、劳动局、文教局、工商局、企业局、地政局、卫生局、市人民法院等机构宣告成立。重庆市政府各职能部门陆续行使政府职权。

为了加强人民政府与各界人民的联系,给予人民更多的参政议政机会,真正体现人民政权广泛的人民性,并贯彻全国政协会议通过的《共同纲领》及各项具体政策,1月23日至29日,重庆市第一届各界人民代表会议隆重召开。会议代表共400名,其中军队代表10名,军政机关代表39名,各党派代表19名,工人代表80名,农民代表20名,青年代表11名,学生代表40名,妇女代表23名,工商界代表54名,文教界代表42名,科技界代表17名,少数民族代表4名,自由职业代表9名,新闻界代表6名,宗教界代表4名,特邀代表12名。中共中央西南局、西南军政委员会、重庆市军管会、中共重庆市委、重庆市人民政府的领导人邓小平、刘伯承、张际春、陈锡联、张霖之、曹荻秋等出席了会议。在会议上,西南军政委员会主席刘伯承作了《为建设人民的生产的重庆而斗争》的报告;中共中央西南局第一书记邓小平作了《团结起来,战胜困难》的报告;市军管会副主任、市长陈锡联作了《关于重庆市接管工作》的报告。经各界人民代表充分酝酿,会议选举产生了由39人组成的重庆市第一届各界人民代表会议协商委员会,并由协商委员会第一次会议选举陈锡联为本届协商委员会主席,曹荻秋、胡子昂、何鲁为副主席,罗士高为秘书长,徐崇林、王文彬为副秘书长。决定协商委员会下设市政、财经、文教、劳资四个研究委员会。

重庆市第一届各界人民代表会议的主要成就是:确定了建设一个人民的生产的新重庆的总任务与总方针,即刘伯承在报告中指出的"在重庆进一步建立革命秩序,保卫治安,恢复生产,开展文化教育运动。以渐次康复起来的人民的重庆,来支援即将完成的解放战争,协助农村改革,发展农业生产;然后在农村的土改的完成与农业发展的基础上进一步发展重庆市的生产建设,使之稳步地繁荣起来"①;会议通过了有关建设新重庆的 212 件提案,分别交由重庆市人民政府执行,或研究执行与参考;会议产生了各界人民代表会闭幕后的常设议政组织——协商委员会。

这次各界人民代表会议的召开,在重庆市人民政府的建设史上具有重要的意义。召集各界人民代表会议,是建立新民主主义政权的重要步骤。一个城市解放以后,在军事管制期间,这种组织形式可以"加强政府与人民的联系,协助政府进行各项建设工作,克服困难,并从而为召集普选的人民代表大会准备条件"。重庆市第一届各界人民代表会议选举出的协商委员会虽然是一个参政、议政的常设机构,但"一俟条件成熟,现在方式的各界人民代表会议即可执行人民代表大会的职权,成为全市的最高权力机关,选举市政府"②。重庆市第一届各界人民代表会议召开表明,重庆市的新民主主义政权已经初步建立。

1950 年 2 月,重庆市政府各职能部门进入正常运转。7 日,《西南军政委员会组织条例》颁布,规定重庆市为中央直辖市,作为省级计划单位直接纳入全国综合平衡,在重庆的主要企业都隶属于中央各部,商业、物资等西南一线供应站均设在重庆。同月,中央人民政府第 8 次会议批准任命胡子昂为重庆市副市长、张霖之等 21 人为市政府委员。会议根据刘伯承在西南军政委员会第一次全体会议上提出的 12 项任务,确定了市政府今后的工作任务、议事规程及工作制度。会后,市政府财经委员会、人民监察委员会、文化工作委员会等相继成立,市政府的职能机构日趋完善。9 月,奉中共中央命令,陈锡联市长调离重庆,任中国人民解放军炮兵司令员。

1951 年 1 月 20 日至 24 日,重庆市第二届第一次各界人民代表会议召开。解放一年来,全市人民的民主意识及政治觉悟已普遍提高,各群团组织相继建立,本届会议即开始代行人民代表大会的职权。各界人民代表通过民主协商,选举产生了市长、副市长、市府委员等行政首脑。曹荻秋当选为市

---

① 《重庆政报》创刊号 1950 年 2 月。
② 毛泽东 1949 年 8 月 13 日在北平各界人民代表会议上的讲话,见《重庆政报》1950 年 2 月号。

长,罗士高、胡子昂当选为副市长,张霖之等30人当选为市政府委员。

解放初期,由于对市情不熟悉和干部缺乏,因此民主建政工作的重点主要集中在市一级的机构建设上,市级以下的仍保留国民党政权时期的小区制及保甲制形式。随着市政府的建立及各职能部门的建立和健全,基层政权的建设问题逐步提上日程。1950年4月,重庆市政府按居民的特点、地理交通条件及工作的需要,将原有的19个区合并为8个区,改区公所为区政府,并废除保甲制,划全市为1348个户籍段,进一步加强了基层政权。9月,市政府召开了区政工作会议,确定区为一级政权机关。到是年11月,全市8个区的区政府全部建立。1953年3月,重庆市的行政区划进一步调整,全市划为6个区:第一区(市中区)、第二区(江北区)、第三区(沙磁区)、第四区(大渡口、李家沱区)、第五区(江南区)、第六区(北碚区)。

1951年3月,市政府又召开了派出所所长和民政干事会议,决定普遍在派出所设立民政干事,在派出所以下的各户籍段建立代表小组,担负区以下的基层政权的职能。4月,市政府通过了《乡人民代表会议组织通则》和《乡人民政府组织规程》,决定在完成土地改革的农村中建立乡政权,首先在石马河乡试点。在农民代表会议的基础上,选举成立了第一个乡人民政府——石马河乡人民政府。至1952年底,全市共建立了137个乡级政权。1951年9月,以市中区骡马店街道为重点试建代表小组。根据试点经验,拟定了《重庆市段代表小组试行组织规程》,在全市城区普遍实施。各区于1952年6月前,在街道普遍建立起段代表小组(即居民委员会前身)。至此,民主建政工作基本完成。

二、中国共产党重庆各级组织的建立及发展

早在重庆解放前夕,中共中央和中国人民解放军二野前委为了配合解放大西南,顺利接管重庆,于1949年7月即在南京任命了重庆市及川东区党政军的主要领导成员(当时确定市委与川东区党委合署办公),陈锡联、谢富治、阎红彦、张霖之、曹荻秋、魏思文等为重庆市委暨川东区党委的主要负责人。部队进城以后不到半个月,因实际工作需要,中共重庆市委和川东区党委分开办公。重庆市委驻市中区枇杷山,川东区党委驻南岸南山。

重庆市委归中共中央西南局直接领导。陈锡联、张霖之、曹荻秋分别任重庆市委第一、第二、第三书记。市委下设组织部、宣传部、统战部、政策研究室和秘书处、行政处。1950年3月27日至4月1日,中共重庆市委召开了重庆市解放后的第一次党代表会议。出席会议的党代表共238名,代表全市114个支部、2189名党员。会议确认:贯彻执行中央人民政府财经工作的决定,争取物价稳定,是恢复与发展生产的先决条件;为了保证恢复与发展生产任务的实现,会议还认为需要加强党的组织与领导;考虑到党在工人组织中的薄弱,决定加强党在工人中的组织工作,以加强党在工矿企业中的领导作用。

4月20日,中共重庆市委发布《关于建立区级党委组织及政权机构的决定》。在建立区政府的同时,组建新的党的区委员会。8月,全市8个区的党委全部建立。为了完全公开地广泛地深入地联系群众,取得群众的直接批评与监督,普遍地公开地向群众宣传党的方针政策,是年6月20日,中共重庆市委向各级党委发布《关于公开党的支部的决定》。《决定》指出:"目前重庆的革命秩序已经确立,群众有了一定的组织与觉悟,根据中央指示与重庆当前的情况,市委决定有计划有步骤地将全市各机关、团体、学校、工厂的党支部全部公开。"至10月底,全市150多个支部全部公开。

由于陈锡联调离重庆,12月24日,中共中央任命张霖之任重庆市委第一书记、曹荻秋任第二书记、王维纲任第三书记。1951年8、9两月,张霖之、王维纲先后调离重庆,中共中央任命曹荻秋为市委第一书记,新调彭涛为第二书记。10月8日至11日,中共重庆市第六次党代表会议召开,会议正式代表196名,代表全市293个支部、5691名党员(其中新发展的工人党员近千名),中国共产党已成为全市一切工作的领导核心。

三、工、青、妇等群众团体的建立

毛泽东在《论人民民主专政》的报告中明确指出,新中国的政权性质是工人阶级领导的,工农联盟为基础的人民民主专政。工人阶级是新民主主义政权中的领导力量。发挥工人阶级的领导作用,是建设人民政权的需要。

重庆解放以后,市委、市政府即以工人工作为中心,组织筹建工会组织。1949年12月14日,中共重庆市委发出《关于当前工人工作的要求》的通知,指出:党的中心工作是发动与组织工人群众协助接管,保护工厂,努力恢复生产;开展调查研究和宣传教育工作;首先在重要工厂、企业中着手组织工人代表会。根据市委的要求,各厂矿的工人工作蓬勃地开展起来:各厂矿的工人积极参与接管工作,并选举自己的代表参加了清点委员会;积极抢修被国民党在溃逃时破坏的设备,尽快地恢复生产;响应中共重庆市委提出的"劳资两利"、"发展生产"及"低工资"的政策,帮助政府克服困难。与此同时,工人阶级的组织逐步建立。12月25日以前,约在40个重点工厂建立了工人代表会。12月27日,重庆市总工会筹委会正式成立,这时,西南服务团工会大队400余人到达重庆,总工会筹委会在全市范围内普遍开展工作,从1952年2月起,在警惕关门主义,同时掌握工会组织的阶级性、群众性、纪律性与自愿入会的原则下,全市采取自上而下与自下而上相结合的方法,大规模地建立工会组织。至10月底,全市共计建立了566个基层工会组织,发展工会会员90934人,占全市职工总数的42.59%,全市产业工人已基本上组织起来了。

1951年3月27日至4月1日,重庆市第一届工会会员代表大会如期召开,出席代表389名,代表全市工会会员11.8万人。邓小平代表中共中央西南局到会祝贺。大会制定了会后的工作方针,选举了市总工会的领导班子,王维纲为市总工会主席、邵子言为副主席。重庆市的工人运动进入一个新的阶段。

会后,市总工会号召全市工人阶级参与企业的民主改革和民主管理,努力增加生产,保护工人阶级利益,发挥工人阶级在建设人民的生产的新重庆中的领导作用。工会组织在全市职工中的影响进一步扩大。到1952年底,全市共建立了23个产业工会、6个区工会办事处、1230个基层工会组织,工会会员达19.8万人,占全市职工总数的68.6%。工会组织已经成为党联系广大职工群众的纽带,成为人民政权的重要支柱。

青年工作也广泛地开展起来。1950年4月14日,中共重庆市委发布《关于目前青年工作的决定》。《决定》认为,重庆青年过去在中共地下组织的领导下,对反动派曾进行过长期英勇的斗争。目前,重庆青年工作必须根据党的"为建设人民的生产的新重庆而斗争"的方针,从实际出发,把做青年工人的工作作为青年工作的重点。《决定》还提出,在党的领导下,建立一个统一的包括一切先进青年的群众性的组织——新民主主义青年团,去推动青年运动的发展,已成为刻不容缓的任务。根据市委的指示,市青年团筹委会广泛地在工人、学生中进行建团工作。截至4月底,全市已有团支部60个、团员3608名。5月4日,重庆市各界青年代表千余人在市政府礼堂集会,隆重庆祝"五四"青年节暨新民主主义青年团成立周年纪念日,第一届学生代表大会也同时召开。邓小平代表中共中央西南局及西南军区出席大会并讲话。大会通过了市学联章程,选举出学联执委。在中国共产党的领导下,在接管和民主改革的斗争中,青年团很好地发挥了党的助手作用。团的组织也有了较大的发展,到1950年底,全市团员已发展到1万人以上。

1950年5月25日,重庆市首次农民代表会议召开,到会代表321人。中共重庆市委第二书记张霖之作了《关于郊区农民工作的报告》,号召农民组织起来,为实行土改作准备,进一步做好剿匪防特工作,开展反对封建恶霸和减租减息斗争。会后,成立了重庆市农民协会筹备委员会,选举陈筹为主任委员。

1951年3月9日到15日,在中共重庆市委和西南妇委的直接领导下,重庆市首届妇女代表大会召开。大会总结了重庆市解放15个月来的妇女工作,进一步明确了今后的3大任务:继续深入开展抗美援朝运动;协助人民政府肃清特务土匪;坚决完成土地改革。会议正式选举产生了重庆市民主妇女联合会。

在中国共产党的领导下,工人、农民、青年、妇女等群团组织的广泛建立,形成了新民主主义的人民政权的强大的社会基础,并有力地保障了各项社会改革和国民经济恢复工作的顺利完成。

第二节 确立人民民主专政的社会新秩序

一、肃特剿匪

重庆曾是国民党在大陆的最后一个负隅顽抗的据点,随着人民解放军的胜利进军,全国大多数省份相继解放,国民党在各地的残余力量纷纷撤到重庆,再加上国民党中央及地方势力长期盘踞重庆,军、警、宪、特组织盘根错节,所以当人民解放军于1949年11月30日进入重庆时,不仅面临一个经济残破、满目疮痍的烂摊子,而且社情非常复杂,秩序十分混乱。

就在我军进城的前一天,国民党军队已经逃离重庆,特务匪徒趁火打劫。一些游杂武装,如"江浙赣边区纵队"等,假借维持秩序名义,实行接收公共物资,向群众公开勒索。"保民自卫军"是袍哥帮会与保甲制相结合的包括群众较广的一种武装组织,在人民解放军入城以前,对维持社会秩序曾起过一定作用,但其扰民不少,如轮流派饭及站岗,窝藏国民党散兵游勇,甚至冒充人民解放军,乱接管工厂、仓库及交通工具,甚至接管了停泊在江面上的28艘登陆艇。各种破坏活动也不断发生,敌特主要采取暗杀我军政首脑(据当时担任重庆市军管会副主任、中共重庆市委第一书记的陈锡联回忆,敌特曾两次向他打黑枪,并收到恐吓信)、写恐吓信、纵火焚烧工厂仓库、破坏交通设施、抢劫市民财物、盗卖军用物资、扰乱金融市场、制造谣言蛊惑人心、挑拨各阶层人民的团结等手段,进行公开或隐蔽的破坏活动。

对于敌特匪徒的破坏和捣乱,针锋相对地予以严厉打击,彻底整顿社会治安,这是新人民政权必须尽快完成的一项紧迫任务。中共重庆市委、市军管会、市政府在中共中央西南局的直接领导下,在警备部队和重庆市各阶层人民的支持下,断然采取了一系列的治乱措施。

1949年12月3日,重庆市军管会成立。6日即发出《重庆市军管会关于禁止非法接管的布告》,宣布军管会是"重庆市军事管制时期最高权力机关","今后举凡一切接管事宜与接管物资的调动",都必须持军管会的正式命令或函件,始能生效。这一通令,有力地制止了解放初期由游杂武装冒名接管的现象。7日,重庆市警备司令部成立,取缔了"江浙赣边区纵队"等非法武装组织。12日,市军管会颁布了《收缴非法武器电台办法》的布告,宣布"凡国民党军政官吏、党特人员、散兵游勇、保甲人员、反动社团等所遣散隐匿之枪支弹药及无线电台,均为非法武器、违禁物品","如有故违,一经查获定按私藏军火违禁物品论罪"。同日,重庆警备司令部颁布了《蒋匪军溃散官兵登记办法》,规定凡流散与隐藏于重庆市区内的蒋军官兵,自即日起一律到指定地点登记集中,"集中后之蒋匪官兵如愿为人民服务者,可经审查教育后量才录用,如愿安分为民,可分别遣返回籍"[①]。17日,召集了"保民军"总队长以上人员开会,对"保民军"进行了整编。

[①]《接管重庆》,中共重庆市委党史工委1985年编印,第119、121页。

1950年1月9日，重庆市公安局正式成立，迅速在全市建立了20个公安分局，100多个派出所。1月18日，经刘伯承、邓小平等首长批准，市公安局有关部门根据预先收集的材料，有组织有计划地对潜伏在重庆市内，以各种方式进行反革命破坏活动的国民党特务、惯匪及扰乱金融的坏分子，实行了解放以来的第一次大逮捕。这次大逮捕，全市抓获匪特1315名，其中有军统组长以上、中统区主任以上的特务头子190余名。这次全市范围内采取的逮捕行动，向全市人民群众表明，新生的人民政权对治安是严肃负责的，人民的生命财产是受到人民政府的保护的。同时，这次行动也有力地打击了匪特的嚣张气焰，保证了恢复生产的正常进行，大得人心。大逮捕后的第二天，市军管会即颁布了《重庆市国民党特务人员申请悔过登记实施办法》，在严厉的镇压措施的威慑和宽大政策的感召下，特务人员纷纷申请登记，要求悔过自新，请求宽大处理。经过这次打击，匪特的公开破坏活动有所收敛，但转而采用更加隐蔽、更加狡猾的方式进行各种反革命活动。四五月间，全市财政经济及生产出现暂时困难，匪特乘机勾结乡间土匪，在市区、各郊区进行造谣破坏，抢劫案曾一日数起，有的甚至在大街上明目张胆地投掷手榴弹，匪特气焰再度嚣张。再次进行打击，势在必行。5月19日，重庆市进行了第二次大逮捕，又抓获匪特400余名。经过两次大逮捕，从组织上给匪特以沉重的打击，社会治安渐趋好转，革命秩序基本建立起来。在政府宽大政策感召下，至8月，全市有4788名匪特分子先后到治安机关登记自首。8月5日，全市解除戒严令。重庆市的肃特剿匪斗争取得了重大的胜利。

重庆在解放之初即能迅速控制局势，稳定社会秩序，除了政策的正确及领导的有力外，还在于抓了公安队伍的自身建设。重庆市公安局是全市最早成立的一个局，全市2000多名公安干警中，近一半是留用人员。市公安局成立后，在磁器口筹办了公安学校，第一期就招收学生1000多人，经过系统培训以后，用以充实公安队伍。同时，加强了对公安人员的政策、纪律教育；及时表彰了模范先进及执行政策、遵守纪律的好人好事，树立了正气；及时地总结了经验，不断地提高业务工作能力。上述有力措施，使重庆市公安队伍的人员素质大为提高，以至于在各项对敌斗争中，能稳、准、狠地打击敌人。再就是发动和组织了广大群众参加肃特剿匪的斗争，在基层群众中组织并掌握了治安小组。全市每一个居民段基本上都成立了治安小组，由治安小组加强群众巡逻,从而缩小了匪特的活动范围,在广大群众中布下了天罗地网,使匪特难以藏身。

二、镇压反革命

镇压反革命运动是20世纪50年代初期,中国共产党和人民政府领导广大人民同旧社会的反动残余势力进行的一场激烈的阶级斗争,是新生的人民共和国为巩固其政权而采取的一项强有力的措施。

重庆与全国其他新解放地区一样,反动残余势力十分猖獗,他们用公开或隐蔽的方式进行破坏和捣乱,虽经几次大逮捕,刹住了嚣张气焰,但潜伏的反动残余势力依然存在,他们乘朝鲜战争爆发之机,企图东山再起。

为了进一步打击反革命分子的破坏活动,中央人民政府政务院、最高人民法院于1950年7月23日公布了《关于镇压反革命活动的指示》,要求各级人民政府对一切反革命必须予以及时的严厉的镇压。10月10日,中共中央又作出《关于镇压反革命活动的指示》,要求各级党委全面贯彻党的"镇压与宽大相结合"的政策,应根据已掌握的材料,对已经被逮捕和尚未逮捕的反革命分子,按照罪恶的轻重,分别地予以处理。对于罪大恶极、怙恶不悛的反革命分子,就地坚决镇压;对于真正的胁从分子、自动坦白和立功分子,应分别给以宽大待遇。从12月份起,一场大规模的镇压反革命运动在全国范围内开展起来。

为了执行中共中央的"双十指示",中共重庆市委于11月7日召开了治安干部会议,市委主要领导人张霖之对中央的"双十指示"作了专门传达,严厉批评了过去在执行镇压与宽大相结合的政策时所发生的"右"的偏向,也批评了部分干部因两次大逮捕的成功而产生的麻痹轻敌思想。12月7日,市治安部门经过缜密的布置后,逮捕了潜伏在本市各工矿企业部门的匪特分子127名,集训了罪行较轻的胁从分子275名。1951年2月21日,中央人民政府公布了《中华人民共和国惩治反革命条例》,具体规定了处理反革命案件的原则和法令,为镇压反革命提供了法律的武器和量刑的标准。2月25日,中共中央又发出了《大城市应当认真地严厉地大规模地镇压反革命》的指示。3月13日,为了进一步贯彻中央各项指示的精神,重庆市治安部门对抗拒自首的国民党军、警、宪、特人员又一次进行了大逮捕。是日凌晨,重庆人民广播电台反复广播戒严令和治安当局发言人的谈话,市里各机关的广播车、宣传车纷纷出动,向市民宣传解释。这一天,共抓捕特务、匪徒、反动会道门等反革命分子共4270人,缴获大量的枪支弹药和反动文件。这一年的1月至4月,全市共逮捕反革命犯6820名;对罪大恶极的不杀不足以平民愤的反革命分子经过公审后执行枪决的有1153人。4月2日,中央又发出《严格限制镇压范围,控制捕杀批准权》的批示;5月,又发出了《镇压反革命必须实行党的群众路线》的指示。5月底,根据中央一系列指示精神和西南局、西南公安部的指示,中共重庆市委直接领导成立了重庆市积案处理委员会,负责审理各遗留问题。从6月初开始,进行了群众性审理反革命积案的工作,反革命罪犯公开交与群众审查处理。6月22日至27日,在中共重庆市委的领导下,由市公安局出面,连续三次召开了反革命分子家属的座谈会,针对反革命分子家属的思想顾虑,解释了政府的镇压与宽大相结合的政策。至8月,基本上完成了在押案犯的清理工作。重庆市的镇反运动至此告一段落。

重庆市的镇反运动,是按照中共中央、中央人民政府、西南局的统一部署进行的。经过一场声势浩大的,有广泛群众参与的镇压反革命运动,基本上肃清了重庆市的反革命势力,铲除了其赖以生存的土壤;巩固了人民民主专政;保障了其他各项社会改革的顺利进行,从而推动了城乡经济的恢复和发展。

三、解散反动社团

重庆是西南最大的工商城市,长期以来,又是国民党统治的政治中心,社团组织多而复杂。根据其性质,大致可分为以下三类:第一,属于慈善福利团体。这一类团体一般既无反动行为,也没有明显的反动背景,并有一定的事业于社会多少有利。还有一些经证明在国民党统治时期较为进步,曾受到反动统治者的种种压迫和限制,解放以后仍较进步的团体。第二,有明显反动事实,为国民党所组织的御用团体,如在乡军官会、市妇女会、农会等。第三,属既无显著反动劣迹,亦无进步表现,或虽有封建性又一时了解不清的团体。重庆市军管会对上述不同性质的党派团体,采取了不同的方法,分别予以对待。

(一)严厉取缔一切反动社团

1949年12月16日,重庆市军管会发布《关于着令解散非法党团组织的布告》,宣布"中国国民党三民主义青年团、中国青年党、民主社会党等机构为非法的反动组织。自即日起一律着予解散,各该机关应即封闭,其所有财产档案应予没收,并着令各该组织之一切人员立即停止一切活动,改过自新,军管会除对各该组织少数罪大恶极及执迷不悟之分子,采取坚决镇压方针外;对其普通党员团员与改过自新之人,一本宽大政策,从宽处理"。同日,市军管会还颁布了《关于着令解散蒋匪特务组织的布告》,宣布"伪国民政府内政部调查局(即中国国民党党员通讯局,亦即中国国民党调查统计局)及其所属一切组织,伪国民政府国防部保密局(即伪军事委员会调查统计局)及其所属一切组织,伪国民政府国防部第二厅及其所属一切组织,以及其他性质相同之一切组织,均为蒋匪残害人民之特务组织,应即一律解散,查封并没收其所有公产档案,兹着令各该组织之一切人员立即停止活动,向人民政府悔过自新,立功赎罪"①。两通知发出以后,反动党团及中统、军统系统组织的人员纷纷前往登记,要求给予悔过自新的机会。至4月底,重庆市区内曾参加过反动党团而前往公安机关登记的达11660人。

(二)对各社会团体进行审查登记

1950年1月5日,重庆市军管会颁布了《重庆社会团体暂行登记办法》的布告,指定重庆市人民政府民政局对各社会团体审查登记。截至是年10月份,已申请登记的社会团体共计402个,尚未批准的92个,已命令解散的56个(如在乡军管会、妇女会、农会等原国民党的御用团体)。

重庆解放后,在较短的时间内,以强大的声势和有力的措施肃特剿匪、镇压反革命、解散反动社团、整顿社团组织,这些重大措施沉重地打击了敌对势力的破坏和捣乱,保护了人民的生命财产,维护了正常的社会秩序,巩固了新生的人民民主专政的政权,保障了各项政治运动和民主改革的顺利进行。

---

① 重庆《大公报》1949年12月17日。

第三节　土地制度的改革和其他社会改革

一、推翻延续千年的封建土地制度

重庆解放以后,随着各级人民政权的建立和人民民主专政的社会新秩序的稳定,中共重庆市委领导重庆市郊区的农民开展了轰轰烈烈的土地改革运动。

重庆的土地改革是在十分复杂的条件下进行的。由于历史的原因,重庆市郊区的土地占有情况极其复杂,与其他大城市相比,呈现出一些不同的特点:

(一)土地相当集中,地主对农民的剥削极其残酷

重庆市郊区在土改前的土地占有相当集中,一般是地主占有全部土地的70%至80%以上,有的乡地主占有全部土地的90%以上,甚至有的村的土地全部为地主占有。据解放初期调查统计:原8区至18区共有农民2.1万余户,人口14.5万余人(占全市人口的12%),耕种田土合计40万石左右,人平耕种田土2.74石[1],土地所有权绝大部分都操纵在地主手里。据原15区第3保、16区第9保、17区第10保、18区第18保、北碚龙凤乡第8保统计,5个保共有6159人、土地22496余石,其中占总人口数8.03%的地主占有土地18731余石,达83.29%;又据原12区第16保统计,该保除非农业户80户、387人外,农业户共89户、717人,其中地主9户、74人,占有土地为该保土地总数的97.8%,除两户富裕中农有田地自耕外,其余农民都无田地[2]。南坪玛瑙村的土地则全部为地主所占有[3]。土地如此高度集中,在全国其他地区也是不多见的。造成此种现象除了由于地租收益高和比较稳定的这个基本原因外,再就是抗战8年,国民党达官贵人、官僚政客齐集重庆,他们争相买地置产,这就更加剧了重庆郊区土地的紧张状况,致使土地兼并激烈。

---

[1] "石"系当时仍沿用的土地计量单位,即根据谷物产量来定土地面积。这种计量方式于1950年8月25日废止,改以市亩为计算单位。
[2] 重庆市人民政府办公厅:《重庆政报》第1卷第5期。
[3] 《关于重庆市郊区土地改革总结》,1951年5月21日。

地主凭借对土地的占有,对农民实行残酷的封建剥削。市郊地租种类繁多,最普遍的有定租、预租、力租、挂红租(杂粮租)等几种,不管哪一种地租,租率都很重,一般在60%至80%,个别的甚至在100%以上。许多农民将土地的正产物全部交租都不够,还得买谷交租。在租佃时,佃户要交出约与产量相等甚至与地价相等的押金,佃约上写明"每年交租不清,押佃扣除",作为欠租的抵押。因为收取押金有利可图,于是便产生了从中剥削的"二地主"。地主经常以退佃威胁佃户,迫使其接受更加苛刻的租佃条件。不仅如此,地主还对农民实行超经济的剥削,榨取农民血汗。如用政治权利拉丁派款,转嫁国民党政府因货币贬值及天灾造成的经济危机;地主过生过节与婚丧嫁娶也强迫农民送新、送礼或服无代价的"劳役";还经常借口到佃户家中勒索财物,致使重庆郊区农民终年劳累不得温饱,生活极其贫困。

(二)土地占有情况复杂,土地占有者的政治关系也是多种多样

解放前在重庆市郊区占有土地的不仅有机关、学校、同乡会、帮会、慈善团体、教堂、工商者、外侨,而且工人、手工业者、城市贫民、商贩、自由职业者亦占有少量土地。又因为重庆曾长期是帝国主义、官僚主义和封建主义统治的中心,因而土地占有者的政治背景特别复杂,许多地主同时也是军阀、官僚、战犯、特务或与他们有密切的关系。这种复杂的土地占有状况,增加了重庆土地改革的复杂性。

(三)城市中工商业者与郊区土地联系密切

一方面是城郊地主占有大量土地,同时又在商业方面有若干投资;另一方面是工商业者在经营工商业的同时,也在郊区购置土地,进行地租剥削。譬如第二区438个地主中,就有近100个是工商业者兼地主;双龙乡96户地主中,兼工商业者即占44户。这就要求在土地改革的同时,要注意保护工商业者的利益,也就增加了重庆郊区土地改革的难度。

刚刚解放的重庆,社会状况相当复杂和混乱。国民党从重庆溃退时潜伏下了大批特务、土匪,"市郊区常是零散土匪与特务分子出没隐藏的地方,散匪不断抢劫、扰害治安,特务分子则勾结土匪制造谣言,并进行破坏及杀害事件"[①],再加上郊区土地占有关系及政治关系非常复杂,需要一个清理过程,中

[①]《中共重庆市委关于目前郊区农民工作的指示》,1950年5月15日。

共重庆市委鉴于这种情况,没有马上进行土地改革,而是将清匪反霸、减租、退押作为重庆市郊区进行土改的必要的准备步骤。

1950年下半年起,即在市郊大张旗鼓地开展了清匪反霸斗争,普遍地发动群众,"组织农民协助政府与警备队进行防匪反特及侦察匪特等活动"[①];对于一些罪大恶极、民愤极大的地主恶霸、军阀、战犯等则予以坚决的镇压。通过这一运动,在农村中大大打击了土匪特务、地主恶霸的反动气焰,"使农民的斗争积极性大为提高。在斗争中普遍建立了自己的组织(农民协会)和武装(自卫队),基本上树立起农村的革命秩序"[②]。

1950年3月10日,西南军政委员会颁布了《西南区减租暂行条例》,命令地主、富农及一切机关、学校、祠堂、庙宇、教会的出租土地,一律按原租额减低25%,并规定减租后的租额最高不得超过土地正产物的35%,减租年限从1950年起执行。11月下旬,重庆各区开始了减租工作。中共重庆市委考虑到退押是一场农民与地主的严重的阶级斗争,如果把减租与退押两项工作一起进行,势必引起佃户与佃户之间、佃户与农民之间的纠纷而给地主可乘之机,因此,一般是将减租与退押分开来进行。通过减租斗争,培养出一批土改积极分子,然后开展退押工作。至1951年1月15日左右,全部退押工作胜利结束。经过减租退押,农民共获得胜利果实折合人民币约334.7亿元(合新人民币334.7万元),以全郊区14万农民计算,平均每人可得23.9万余元(合新人民币23.9元);佃农减租后的收入,一般超过了减租前的1倍以上,个别的甚至于增加到10倍之多。

重庆市郊的清匪反霸、减租退押运动进行了将近1年的时间。通过这个运动,使重庆市郊农村发生了明显的变化,表现在:第一,农民的斗争积极性空前高涨,普遍地要求分地主的土地、浮财;第二,农民的基层组织——农民协会逐步建立起来;第三,郊区农村的治安得到初步的稳定;第四,地主恶霸的反动气焰受到严重的打击,农民在农村中的政治优势已经确立。同时,在这一年的时间里,市委、市府对重庆市郊区复杂的土地占有情况和政治关系作了深入细致的调查分析,为下一步在郊区实行土改打下了坚实的基础。

---

① 《中共重庆市委关于目前郊区农民工作的指示》,1950年5月15日。
② 《西南土地改革工作第二团工作总结》,1951年10月。

考虑到重庆郊区地主与工商业的关系,重庆郊区在开展减租退押工作的同时,实行了保护工商业的政策。在减租退押时,对租与押坚决予以减退,但为照顾工商业者的实际困难,退押一般采取协商的方式解决,以不侵犯或破坏工商业为原则。农民在经过宣传教育以后,认识到减租退押的目的是为了发展生产力,繁荣工商业,为工业化创造条件,所以他们能以大局为重,拥护党和政府的保护工商业的政策。工商业者经过这次运动,割掉了封建尾巴以后,也更一心一意地经营自己的事业。在运动中,市内各民主党派还派出代表51人直接参加了反封建的斗争,从中认清了封建地主阶级不仅是农民的敌人,也是小资产阶级、民族资产阶级的敌人,并具体地了解了人民民主专政的实质,从而巩固了人民民主统一战线。

1951年1月,鉴于实行土地改革的条件已经成熟,中共重庆市委决定成立市土地改革委员会,负责领导全市的土地改革工作。2月12日,市郊区农民协会正式成立。16日,中共重庆市委召开郊区工作会议,着重讨论了郊区的土地改革问题。17日,西南军政委员会批准了《重庆市郊区土地改革实施办法》。21日,中共重庆市委发出《关于郊区即行土改必须注意的几个问题》的指示。随后各区相继开办了各种训练班,培养农民积极分子,同时在土改干部中进行政策教育。经过周密计划,市郊土改于2月下旬全面展开。

重庆市的土改大体上分为四个步骤进行:

第一步:宣传土地法,整顿农会组织。市委发布土改命令之后,市与各区分别召开各界代表会议,进行宣传动员,并向农民讲清土改的内容及意义;同时整顿村、乡两级农会组织,将贫雇农中的优秀分子选入农会的领导机构,掌握农会的领导权。

第二步:划分阶级,没收和征收土地。正确划分阶级是实行征收和没收土地的前提,是一项非常细致的工作。划分阶级分为讲阶级、评阶级、通过阶级、批准阶级四个步骤进行。在划分阶级以后,即开始了征收和没收土地的工作。

第三步:核实土地面积,评定土地产量。

第四步:公平合理分配土改斗争果实。这是土改最关键的一步。具体做法是:先分田地和房子,再分农具、耕畜、粮食和家具。分配土地的原则是:在照顾原耕地的基础上按土地好坏、远近抽签调整,以村为单位,得出土地平均数,然后按人口平均分配土地。对地主也按人头分配给土地。各乡都留有机动田,以便于调剂。农具、耕牛、粮食和房屋的分配,以照顾农民生活的需要、统筹统分、公平搭配为原则,采取分等级、户比户的办法分配。对于地主兼工商业,或工商业兼地主,中共重庆市委和市政府注意区分封建剥削与资本主义剥削的界限,对其封建剥削部分,予以没收或征收,对其资本主义剥削部分则坚决予以保留。至4月底,重庆市郊区土地改革工作如期完成(新划入重庆辖区的巴县,根据川东区党委原来的部署,也于8月底完成)。通过土改,全市75万农民(包括巴县)共分得300多万石土地[①],基本上满足对土地的要求。土改的胜利,表明在重庆市郊的封建剥削制度已经彻底消灭,民主革命的任务已经完成,农民第一次真正成了土地的主人,极大地激发了农民的生产情绪,推动了农业生产的恢复和发展,也进一步巩固了农村的基层政权。

二、摧毁社会封建势力

重庆的社会封建势力盘根错节,由来已久。重庆历来是水陆交通枢纽,搬运业、建筑业等行业工人人数众多,且多数是文盲。各种封建行帮在这些行业中早有组织存在,并操纵工人,各霸一方。自重庆成为通商口岸以后,市区内商号林立、日渐繁荣,码头运输业更为兴盛,建筑业也长盛不衰。把持地方的军阀势力、封建帮派、地头蛇等各种封建势力将触角伸入这些行业的工人中,操纵工人,使之成为争夺地盘的工具;同时,各种封建势力相互串通设"庄",控制和剥削工人。国民党中央势力入川后,这些"庄"又发展成为行业的"职业工会",实际上形成为国民党特务、社会局和封建把头"三位一体"的反动封建势力。各码头、各行会、各地区都有一批欺压群众、残害人命、无恶不作的恶霸、把头和流氓恶棍,他们号称为"四大天王"、"八大金刚"、"四大魔王"等。

重庆解放以后,一贯骑在工人头上作威作福、横行不法的封建把头见大势已去,不敢再明目张胆地压榨、剥削工人,但是,由于反动的封建势力根深蒂固,不少封建把头利用人民政府接管的空子,混入工会等合法组织内,继续为非作歹,压制工人的政治积极性和生产积极性。他们趁国家大规模经济建

[①] 中共重庆市委党史工委编:《建国后中共重庆市委大事记》。

设的开展,包揽工程、垄断运输、漫天要价、勒索国家和客商,极大地妨碍了社会经济活动的正常进行。据1950年建筑行业的不完全统计,各级封建把头仅剥削工人应得工资一项,就等于3亿多斤粮食。工程中偷工减料、降低质量,甚至携款潜逃者,时有发生,给国家造成的损失无法计算。封建把头势力已成为工人阶级翻身做主人、社会物资内外正常交流、工商业恢复和发展的严重障碍。

1950年1月23日,市军管会颁布了《关于整顿码头秩序的布告》,指出"码头上存在着严重的封建剥削"[1],并勒令解散伪工会,废除封建把头制度。同时,成立了市码头管理处,统一管理运输业务,使工人的生计有了保障。11月,成立了码头、驳渡船、街道、人力车等4个全市性的工会;斗争了连绍华等10余名码头恶霸;废除了过去剥削工人的不合理的陋规;统一并降低了全市力资(较解放前降低了80%),从而使商品的成本得以降低,城乡货物流畅。12月5日,重庆市军管会在大田湾广场召开了5万建筑工人参加的公审大会,公审枪决了罪大恶极的封建把头,极大地震动了全市封建势力。此后,反封建势力的斗争在全市各工地、码头中普遍开展,通过宣传《中华人民共和国工会法》,推行民主改革,逐渐打击了封建势力的嚣张气焰。

重庆社会情况比较复杂,"封建性也比京、津、宁、沪为大"[2],行会、帮口的组织多如牛毛,尤其是哥老会、袍哥组织,人数多达数万人,各阶层都有其组织,许多行会、帮口又直接为特务分子所掌握。这些封建势力为霸一方,目无国法,草菅人命,危害极大。1951年3月19日,市军管会颁布《反动道门登记办法》,规定"坛主、大法师、点传师、护主、领袖、前人"等必须向政府登记;一般道徒、会众须声明退道退会。在政府严厉取缔措施执行后,反动会道门坛主以上声明退道退会者达37800人[3]。

1951年11月25日,中共重庆市委发出《关于重庆国营工厂企业贯彻增产节约,开展民主大检查的决定》,全市反封建势力斗争又进入了以民主改革为中心的阶段。各部门在认真总结前阶段开展反封建斗争的经验的基础上,积极配合市公安部门,进一步肃清了隐藏在工人阶级内部的封建残余势力。

---

[1]《接管重庆》,中共重庆市委党史工委1985年编印,第159页。
[2]《接管重庆》,中共重庆市委党史工委1985年编印,第27页。
[3] 周焕强主编:《重庆大事记》,西南师范大学出版社2009年版,第317页。

"三反"、"五反"运动开展后,全市再一次开展了以反贪污、反盗窃为中心的反封建把头的斗争,挖出了不少危害国家经济建设、吸吮工人血汗的大蠹虫,取消了中间剥削,彻底摧毁了封建把头赖以生存的基础,为国家今后开展大规模的经济建设扫除了障碍。

三、禁绝烟毒、娼妓和赌博,改造游民和乞丐

西南鸦片种植之广、吸食人数之多,为全国之冠,这是封建军阀、官僚买办、土豪劣绅罪恶统治的结果。重庆是西南水陆交通的枢纽,对外贸易的集散地,也是烟毒运销的中心,烟毒危害极其严重。据不完全统计,解放初期,全市共有烟民20201人,其中吸食者为15110人、贩售者4476人、制造者615人;烟馆270余家;鱼洞镇2万余人中,吸毒者竟在千人以上[①]。

解放后,人民政府采取严厉的措施,坚决禁种禁食烟毒。1950年3月1日,西南军政委员会在发表春耕指示中,严令禁止种植鸦片。7月31日,遵照中央的禁毒通令,西南军政委员会公布了《关于禁绝烟毒的实施办法》。10月13日,重庆市政府发出《关于彻底禁绝鸦片烟毒的布告》。布告规定即日起,任何市民不得制造、贩运与售卖烟土、毒品,如有违犯,除没收其毒品外还将依法严惩;吸食烟毒者,应即向当地人民政府进行登记,限期戒除。同时还成立了重庆市禁烟禁毒委员会,有组织地开展全市性的大规模的禁烟禁毒运动。首先,在全市范围内进行大规模的清查,组织对重要烟毒犯的大逮捕,封闭烟馆,没收其毒品和烟具。接着掀起了群众性的禁烟禁毒运动,在各界人民代表会、农民代表会以及减租退押运动中进行了广泛而深入的宣传教育,并举行上千人的群众大会,当众焚毁烟毒烟具,公审烟毒犯,以烟毒对社会对人民危害的事实来教育广大市民。市政府还在全市设立了700多个戒烟所,将数千名烟民集中进行戒烟。在广大工作人员的努力和群众的积极配合下,至1951年春,全市共破获贩毒集团200多个,贩毒案件2万多件,查获大量烟毒品及制毒吸毒工具,施戒瘾民1.8万多人。首恶烟毒犯分别受到了枪决、判刑、罚金及拘留等处理,基本上根绝了重庆市内贩制、吸食烟毒的历史积患。

[①]《新华日报》1951年3月15日。

为了彻底肃清烟毒,保障人民健康,以利于今后大规模经济建设,1952年8月11日至10月4日,重庆市再次掀起了声势浩大的肃毒运动。通过三次大逮捕,共破获烟毒集团案115件,单案2887件,先后逮捕大毒犯3148名,缴获毒品21908两,制毒原料43944两。从此,社会上烟毒现行活动完全禁绝。

在严厉禁烟禁毒的同时,对娼妓和赌徒也采取有力措施,予以取缔。解放初期,据统计,滋生在旧社会土壤上的娼妓多达1万人。解放后,人民政府查封了各种形式的卖淫场所,将明妓暗娼全部收容教育,医治各种性病,教以生产技能,使其在社会上能自食其力。这种在中国社会中存在数千年的丑恶现象在解放后的两三年内基本上绝迹,绝大多数妓女经过教育以后都重新开始了新的生活。

赌博也是旧中国遗留下来的丑恶现象,是造成社会不安定的重要因素之一。解放初期,政府花大力气取缔赌博。据统计,仅1950年内,就查获赌博案件达2465起,牵涉人犯6731人(仅次于烟毒、扒窃、斗殴);1951年上半年,就查获赌博案件778起,牵涉人犯2722人[1]。由于人民政府采取了严厉的措施禁赌,赌博现象在很短的时期内也基本上消失。

重庆在解放初期游民乞丐多达万余人,已成为一严重的社会问题。市政府成立以后,即委托民政局负责处理游民乞丐问题。1950年3月15日,以市民政局为主,会同各有关主管部门,成立了重庆市游民乞丐处理委员会,并通过了处理办法和计划。为了收容游民乞丐,先后设立了觉林寺、唐家沱、歌乐山3个收容所。自3月29日开始收容,至11月,共收容及处理了游民乞丐8269人。对收容入所乞丐,首先剃头、洗澡、换衣服、整理清洁卫生,然后编队管理、进行教育。对老弱病残,由政府民政部门养起来或遣送回籍;对有劳动力者则教以基本技能,准备将来服务社会。这些人当中有部分是大、中学生,有学问、有技术,在旧社会因就业无门而流离失所,生活无着,沦为乞丐。经过教育,大都焕发新生,要求工作,希望重新做人。后来,中央决定修建成渝铁路,收容所的游民乞丐多数成为了修筑成渝铁路的劳动骨干。

烟毒、娼妓、赌徒、乞丐这些滋生在旧社会肌体上的毒瘤,人民政府在很

---

[1]《公安统计半年报》,重庆市人民政府公安局编印,1951年。

短的时间内,采取强有力的措施,动员全社会的力量,次第予以切除,不能不说这是一个奇迹,社会环境由此而得到了进一步净化,社会秩序进一步正常。

四、文化、教育、思想界的改造

新中国的文化和思想教育的总方针是:要把一个被旧文化统治因而愚昧落后的中国,变为一个被新文化统治因而文明先进的中国,即建立民族的、科学的、大众的文化教育,以提高人民文化水平,培养国家建设人才,肃清封建、买办、法西斯的思想,发展为人民服务的思想。

重庆历来文化教育事业不发达,人民群众中文盲多,受封建道德、传统观念、社会习惯势力中愚昧落后的东西影响很深。抗日战争中,大批高等学府、科研机关、文化单位内迁来渝后,推动了重庆教育事业的发展,但同时也带来了买办、法西斯等思想毒素,对青年及民众都有一定的影响。这种状况,距离新中国的文化教育总方针的要求是很远的,与各项社会民主改革是不相适应的。解放后,人民政府着力对旧的文化教育事业进行改造。首先,废除反动课程(如公民党义),全部取消训育、训练制度;新设新民主主义、社会发展史等政治课;加强为人民服务的新人生观的教育;使学生的学习开始与社会的实践需要相结合。随后,在大、中、小学教师和其他知识分子当中相继开展了思想改造运动。1950年,市政府举办了寒假、暑假中小学教师研究会和暑假学团,组织了6800余名教师和上万名学生进行政治学习,初步改变了知识分子的精神面貌;同时,加强了学校的行政领导和推行民主管理、审慎地选择校长和教师、在学校中公开建立新民主主义青年团和学生会、实施新民主主义的教育方针和教学方法,通过上述措施有力地推动了学校的教育改革。

在教育改革的同时,还大力开展了群众的业余教育,以提高工农群众的思想、文化和技术水平,适应国家经济文化建设的需要。重庆接管以后,创办了西南人民革命大学,为重庆及西南地区培养了大批德才兼备的干部;还创办了各种形式的业余学校。1950年春,这类学校达767班,入学群众31111人;是年秋,各类民校达1072班,入学群众44156人[1]。各类业余民校多由各中、小学校附设,也有一部分由群众自办或由公安局派出所办理。教学内容

---

[1] 重庆市人民政府编:《重庆政报》1950年11月号,第86页。

以政治时事教育为主,适当的结合文化学习。教材的选用在工人中则采用工人出版社出版的政治课本;在农民、市民中则采用市文化局编印的文化课本。师资多由群众自己解决。教育经费主要依靠群众自筹,政府实行重点补助、奖励优良的方针。各民众夜校大都建立了点名、请假、考试、会议等正规制度,改进了教学方法。同时,在各区召开了民校座谈会,组织了各区的社教委员会,出版了《社教通讯》,及时交流各校的经验。新中国成立初期,在全市范围内,出现了一个学习文化的热潮。广大工农群众经过文化学习,思想文化水平大为提高,一种新的社会风尚逐步建立起来。

第四节 崭新的社会风貌

一、人民当家作主、平等、协商的政治制度

随着人民民主专政的政权的建立和巩固,各项社会改革进一步引向深入,人民群众的思想文化素质不断提高,人民群众作为人的权利越来越受到尊重。

《中华人民共和国婚姻法》的贯彻和执行,重庆人民迎来了又一个思想上的大解放。由于中国长期处于封建社会的统治之下,妇女的权利得不到尊重,她们只是丈夫、公婆,甚至儿女的附属物。人民政府建立以后,在涤荡封建残余的时候,必然要向吃人的封建的旧礼教、旧道德、旧的婚姻制度宣战。

中共重庆市委和市人民政府极其重视婚姻法的贯彻执行。1950年9月,市政府和各群众团体组织了3个检查婚姻法小组,分别赴裕华纱厂、第一区和巴县进行重点检查。检查的结果表明:干部普遍没有进行婚姻法的学习,许多基层干部不了解婚姻法;部分领导干部对婚姻法没有搞通,有些单位的领导不敢向群众宣讲婚姻法,怕学了以后"天下大乱";解放后婚姻问题乱象丛生,自杀、被杀、强奸、虐待妇女以及早婚、溺婴现象仍相当严重。由于在群众中宣传婚姻法工作做得不够,群众中仍然存在着许多混乱现象。事实证明,推行婚姻法,是向几千年根深蒂固的封建旧意识进行的一场严重斗争,不深入细微地贯彻执行,就不能冲决这一道顽固的封建罗网,妇女就不能真正得到解放,人民群众就不能真正成为国家的主人。鉴于此,10月11日,中共重庆市委向各级党委发出《关于贯彻执行婚姻法的指示》,要求各级党组织必须大力开展婚姻法的宣传教育工作,批判那些对婚姻法的各种各样的不正确的认识;各级司法机关与婚姻法登记机关中的党组织及党员干部,在处理婚姻事件中,应严格遵守婚姻法的规定与精神,给予正确的处理;人民法院中的党组织及负责行政领导的同志和干部,今后对于严重违犯婚姻法的案件,必须采取严肃的法律手段,予以制裁。

中共重庆市委的指示下达以后,在全市范围内大张旗鼓地开展了贯彻婚姻法的运动。全市人民积极响应市委的号召,一场声势浩大的冲破妇女的精神束缚的贯彻婚姻法的斗争全面展开了。

1951年1月14日,重庆市贯彻婚姻法运动委员会成立,从而加强了对贯彻婚姻法运动的领导。1月24日,中共重庆市委发出《关于开展贯彻婚姻法运动指示》,决定从2月20日到3月20日为贯彻婚姻法的运动月。在运动月中市委宣传部对3万名基层干部进行了婚姻法培训;还进行了婚姻法执行情况的系统的调查研究;动员与组织了一切宣传力量与宣传工具,根据宣传提纲进行了宣传。在运动月中,全市共出动报告员602人,传授员259人,宣传队共21833人,举行1945次报告会,听众达409624人。通过运动月,全市广大群众普遍地受到了一次婚姻法的教育。

婚姻法在重庆的贯彻执行,使几千年来束缚妇女的封建绳索被割断了,妇女第一次享有了作为人的基本权利,劳动妇女逐步走出家庭,真正成为社会平等的一员。

新民主主义的政权是工人阶级领导的、工农联盟为基础的、各革命阶级参加的人民政权,这是一种崭新的、平等的、协商的政治制度。重庆解放后仅一个多月,就及时召开了各界人民代表会议。各界人民代表会议是"人民行使政权、管理国家的最好的组织形式和政府与人民联系并推进工作的最好工作方法"[①]。第二野战军领导同志在进军西南的途中,即拟定了召开各界人民代表会议的计划。重庆解放后,军管会展开了一系列各界代表广泛参加的座谈会,认真听取各方面的意见,讲解党和政府的各项方针政策,为代表会议的正式召开作了充分的准备。在会议召开前夕,还与各界代表郑重协商,会议

[①] 重庆市人民政府编:《重庆政报》1950年11月号,第12页。

的工作报告及当前任务的提出,会前均多方征求意见,写成书面草案后,又分送各界代表,特别是各民主党派代表审阅,然后再作必要的修改才付印和向会议提出来。就各界人民代表会议的性质而言,在重庆市军事管制期间,是属于咨询性质的,但市政府始终认为,会议是确能解决许多重大问题的,并把它看成是一个人民参政议政的权力机关而认真召开。各界人民代表会议有各阶层的人士参加,具有广泛的代表性。

表 26-1 1950 年三次各界人民代表会议名额分配表

代表性质		第一次	第二次	第三次
驻军		10	6	1
西南军政机关		18	22	18
重庆市各机关		19	20	19
党派	中共	4	4	4
	民革	2	4	4
	民盟	4	4	4
	民建	3	4	4
	农工	2	3	3
	青年团	4	4	4
工人		71	80	80
农民		20	20	30
青年		8	16	16
学生		27	35	35
妇女		33	33	40
新闻界		6	7	7
特邀		12	11	11
科技界		17	17	17
少数民族		4	3	3
宗教		4	—	—
自由职业		7	10	10

续表

代表性质	第一次	第二次	第三次
文化教育界	37	43	42
工商界	53	56	56
总计	400	402	408

从上表中可以看出，代表人数中工人代表最多，反映了工人阶级在新民主主义政权中的领导地位；其次是工商界代表，反映了党在新中国成立初期对工商业的政策和重庆这个西南最大工商业城市的特点。在党派代表中，中共与其他各民主党派均以同等的名额参加代表会议。

正是由于代表名额的广泛性，所以每次代表会议各界代表都能从不同的看法、不同的要求、不同的角度对大会的报告和各项决议进行广泛的热烈的讨论和向大会递交各种形式的提案。这些提案为政府制定正确的方针政策提供了依据。

各次会议始终围绕着重庆各界人民最关心的最迫切的问题而进行。第一次各界人民代表会议提出了"建设人民的生产的重庆而斗争"的总方针。这个方针首先表明建设新重庆的性质是人民的，确立了人民的主人翁地位；其次是规划了重庆人民当前的主要任务是大力恢复和发展生产，提高人民的生活水平。这个总方针反映了重庆人民的最高利益，得到了各界人民代表的热烈拥护。第二次各界人民代表会议是以继续努力恢复生产力为中心议题，同时提出了整顿税收、救济失业、整训干部的主要任务。第三次各界人民代表会议是以争取工商业的进一步好转，保证完成税收任务，贯彻执行清匪反霸、减租退押为中心议题。各次代表会议中心任务的提出，都经过了各界人民代表的反复讨论、研究，充分体现了人民群众在政权机构中平等的、协商的主人翁地位。

每次代表会议以后，即组织传达，广泛深入地在各界各行业中开展讨论。政府则抓紧主要决议组织实施，一般的决议则交各有关部门办理，并检查其办理的情况和督促其实现。各次代表会议结束以后，即由代表中产生协商委员会，作为闭会后的常设机构。在协商委员会中则分别组织了市政、财经、劳资关系、文教等研究委员会，这些机构充实了协商委员会的工作内容，加强了政府与各界人民代表的联系，并且在实际工作中给政府以很大的协助。

重庆在解放之初,军管会是最高权力机关,但在军管期间召开的各界人民代表会议,使人民群众享有了充分的民主权利,有了表达自己意见的讲坛;政府则认真听取群众的呼声,依据人民普遍关心的问题制定政策;各界人民代表产生的协商委员会则协助政府努力实现各项决议。这是一种崭新的政治制度——中国共产党领导下的多党合作制的雏形,在重庆解放初期的政权建设中占有重要的地位。

二、爱国、奋进、助人的社会新风尚

爱国家、爱民族是中华民族的优良传统。新中国建立以后,人民群众第一次成为国家的主人,爱国主义传统得到进一步发扬。1950年6月,朝鲜战争爆发,重庆人民掀起了轰轰烈烈的抗美援朝运动,爱国主义热情空前地激发了出来。

中共重庆市委在1950年,结合"八一"建军节、国庆节、解放周年纪念日,逐步地开展了反美爱国运动。仅在重庆解放周年纪念日即出动宣传组941个,参加宣传队的多达3万人;开座谈会1825次;参加市内大游行的达146530人。此后,全市抗美援朝运动进入一个新的阶段,主要方式是结合各界人民群众的具体情况,分别控诉美帝国主义的罪行。反帝爱国运动不仅深入到工人、学生、机关干部等有组织的群众当中,街道居民及家庭妇女也积极参加到爱国运动的行列。重庆工商业界也积极参加了这场运动,据统计,1950年7月下旬,重庆工商业界为反对美国侵略朝鲜,共举行座谈会达84次,参加座谈会的包括了全市原有的126个行业。在庆祝"八一"建军节时,工商业界参加示威游行,反对美国侵略行径的人数达11000余人。国庆节时,工商业界参加游行和夜间火把游行的达13000余人①。

1951年6月1日,全国抗美援朝总会发出关于推行爱国公约、捐献飞机大炮和优待烈属军属的号召。重庆人民立即行动,纷纷检查、修改或增订了爱国公约,掀起了捐献运动的热潮,截至11月30日,全市捐献达564亿元人民币(旧币)。

人民解放军进入重庆以后,将老解放区的奋发向上的新的社会风气也带

---

① 重庆市人民政府编:《重庆政报》1950年11月号,第9页。

到了重庆。这些新的风尚通过各种不同的文艺形式介绍到了重庆人民中间。重庆的文艺界也很快地适应了人民军队带来的、为广大人民群众喜闻乐见的表演形式，腰鼓队、秧歌队在工厂、学校及市民中间普遍地建立和发展。重庆人民又根据这种新的人民文艺的精神，发掘西南人民的文艺宝库，以年箫队、赶牛、拉船、吆号子等文艺表演形式，宣传党的方针政策，传播新的社会风尚。到1950年底，各工厂的文艺单位多达150个，成立了戏剧队、歌咏队、秧歌队等；在学校中成立了37个文艺小组，158个歌咏队；各行各业一般都有了腰鼓队、秧歌队。

长期处于国民党反动统治下的重庆人民，第一次通过崭新的人民大众所喜爱的文化形式，看到了人民群众自己的形象。重庆人民深切地体会到解放以后，确实发生了翻天覆地的变化，人民真正成了新社会的主人，真是"换了人间"。一种爱国、奋进、助人的新的社会风尚已经形成。

第二十七章　新民主主义经济秩序的建立

第一节　稳定物价与整顿财政金融

一、解放初期社会经济凋敝、混乱的困境

从发动西南战役开始，仅用一个月的时间，人民解放军即以摧枯拉朽之势一举解放了重庆。在国民党政权统治下遭受疯狂掠夺之苦的重庆人民，对共产党和新生的人民政权寄予了极大的希望。然而，国民党遗留下来的却是一副百孔千疮的烂摊子。解放初期，社会经济非常困难，人民群众的实际生活与其希望值相差很大，人民政权承受着巨大的经济压力。

造成经济困难的原因是多方面的：

(一)从历史上看，这是近代百年来帝国主义、封建主义、官僚资本主义统治的必然结果

在这一反动统治之下，民族工业的发展举步维艰，官僚垄断资本畸形发展。重庆经济受外力作用和政治干预的影响很大。抗战时期，随着沿海及东部地区工业西迁，曾经出现过大发展；40年代后期，国民政府还都南京后，大批工矿企业东下，重庆经济呈下降趋势。长期以来，重庆的经济对帝国主义、封建主义、官僚资本主义有很大的依赖性，无论是商品市场还是原料市场，都受其操纵与控制。在国民党政权统治下，为了进行长期的反人民的内战，在重庆建立了一个庞大的战争机构和庞大的军事工业，要将它改变为有利于国计民生的和平工业或切合实际的国防工业，也有相当的难度；重庆的私营工商业受资金、原材料、产品销路、劳资关系的困扰，也处于瘫痪的状态。总之，

在新旧政权更迭的期间,一切与旧政权相适应的形式,都有一个转轨换型的问题,经济暂时处于一种休克状态是很难避免的。因此,邓小平指出:"我们打倒了帝国主义、封建主义和官僚资本主义的集中政治代表蒋介石王朝,只是为我们在经济上摆脱帝国主义封建主义创造了极其有利的条件,并不等于我们已经完全摆脱了它们的羁绊。而为了完全摆脱它们的羁绊,改变我们国家的经济面貌,不能不遭遇许多困难,而需要我们逐渐去克服这些困难。"[①]

(二)国民党在溃退时,对重庆的重要工业设施进行了有组织的破坏

蒋介石从台湾调来的"技术大队"专门执行破坏重庆的任务,尽管中共重庆地下组织发动广大工人、学生、市民进行了英勇的护厂斗争,最大限度地减少了损失,但一些大型厂矿仍然遭受到不同程度的破坏。各主要工厂如公营的第十厂、第二十厂、第二十一厂、第二十四厂、第二十九厂、第三十一厂、第五十厂及长寿电厂等工厂的电动机及主要机器损失达 600 余台。由于厂矿遭受严重破坏,要恢复生产,也不是一件轻而易举的事。

(三)人民政府对国民党政权的公务人员和其他教职人员、国营企事业员工实行包下来的政策

这在当时也是唯一可行的办法。如果根据机关企事业单位的实际需要,将会精减大批人员,这些人流失到社会,将会造成社会的不安和混乱。邓小平指出,如果这样做,就是一种"不负责的办法,错误的办法","绝对不能采取"。在重庆市政府成立以后,实行了"三个人的饭五个人吃"的办法,把留用人员全部养起来。在养的过程中,"加强教育改造工作,逐渐把他们转到生产上去,使之各得其所"[②]。在生产尚未恢复的情况下,包下来的政策使政府背上了一个沉重的包袱,在一定时期内很难抽出大量的资金来恢复和发展经济建设事业。

由于上述原因,重庆解放初期社会经济处于停滞、凋敝、混乱的困境。主要表现为:交通不畅,水陆交通受阻;物资奇缺,尽管人民政府从外地调集大量的物资运入市内,仍然不能满足市场的需要;大批工厂停工,商店停业或滞销,重庆从事工商业、交通运输业的工人减为 11.2 万余人,被歇业解雇者多

[①] 邓小平:《团结起来,战胜困难》,1950 年 1 月 28 日,载《接管重庆》,中共重庆市委党史工委 1985 年编印,第 62 页。
[②]《接管重庆》,中共重庆市委党史工委 1985 年编印,第 64 页。

达12万余人,停产等待复工的达10万余人①;币制混乱,金银地下交易猖獗,伪币市面亦有所见,金融体制混乱;物价飞涨,1950年春节前后,物价曾成倍增长。由于经济的凋敝和混乱,严重地影响了民心的安定和社会秩序的稳定,整顿社会经济秩序,成了人民政府紧迫而艰巨的任务。

二、人民政府整顿社会经济的措施

在人民解放军进入重庆时,长期处于国民党统治下的重庆经济已经彻底崩溃。人民政府甫经建立,即尽最大努力调集物资(主要是生产必需品)入市以解燃眉之急,但仍是杯水车薪。由于生产的恢复工作才刚刚开始,新建立的国营经济还没有足够的实力调节市场,加上党和政府对大城市管理还缺乏足够的经验,在流通领域里只注意了批发,没有注意加工和零售环节,因而给一部分奸商可乘之机,他们乘机哄抬物价,囤积物资。群众多年以来受物价上涨之苦,紧张心理尚未消除,也参加了市场的抢购,所以物价的总趋势仍然在不断地上涨。从1950年1月26日至2月3日的8天之内,重庆主要商品的价格平均上涨了66%,其中米价上涨了184.46%,纱价上涨了70.5%。2月3日,政府为了平抑物价,通过西南区粮食公司、花纱公司在市内抛售大量食米棉花,使物价暂时稳定在已上涨的高峰上。13日,时值春节年关,从糖、油开始,全市再度掀起了以米、纱为主的全面物价猛涨,10日之内主要商品价格平均上升了85.5%,以1949年12月份为基数的42种主要商品,3月份趸售价格指数高达448.09%②。

物价问题是一个全国性的十分紧迫的问题,是关系到新生的人民政权能否稳定局势、各项民主改革能否顺利进行的重大问题。1950年2月12日,邓小平亲自主持召开了西南区财经委员会会议,对保证收支平衡和稳定物价作了具体的部署,加强了对平抑物价工作的领导。2月24日,中央人民政府财经委员会发出《批发物价应根据中贸部决定》的指示,重庆市市场物价交由西南军政委员会贸易部统一掌握管理。2月27日,中共重庆市委召开全委扩大会议,会议一致认为,稳定物价是市委一个时期的重要工作内容。3月,全国

---

① 方大浩主编:《建国以来重庆经济大事记》,重庆出版社1991年版,第5页。
② 《重庆物价志大事记》,重庆市物价局编印,第13页。

开始实施财经统一,实行现金管理,建立贸易金库制度,实施有计划的调拨和大量的抛售物资。3月1日,重庆市政府召集税务局、财政局、企业局、建设局、工商局、地政局及人民银行重庆市分行的有关领导参加的会议,围绕物价问题,提出3月份的中心工作是整编和整顿税收;同时,成立重庆市胜利折实公债推销委员会,即日起在全市发行公债。由于中央、西南区、重庆市各级领导重视,层层部署,狠抓了稳定物价的工作,各项措施次第落实,市场物价逐步由涨转跌,42种主要商品从3月上旬到5月下旬的3个月内,持续下降。为了使物价不致过分下跌,妨碍国民经济的恢复和私人企业的利益,重庆市政府通过国家金融部门和国营贸易机构,动用加工、订货、收购、贷款等手段,使物价略有回升并趋向稳定。

为了把货源控制在公有制经济手中,确立国营企业在流通领域中的主导地位,从3月份起,西南商贸部先后在重庆成立了西南区粮食公司、百货公司、花纱布公司、工业器材公司、石油公司和煤建公司等大区国营商业批发机构,负责领导和组织西南区及重庆市主要商品的购销工作。紧接着,重庆市也相继成立了粮食、百货、五金、交电、化工、医药等10家高级国营商业机构,初步形成了国营商业的批发、零售体系。国营商业的主导地位逐步形成。

表27-1　1950年至1952年社会商品流转公私比重变化表①

年度	1950	1951	1952
社会商品批发(%)			
1.国营及合作经济	31.42	57.11	78.39
2.私营经济	68.58	42.89	21.61
社会商品零售(100.00)			
1.国营及合作经济	3.66	16.36	61.81
2.私营经济	96.34	83.64	68.19

1950年6月,朝鲜战争爆发,重庆市内少数投机商人认为有机可乘,又在市场上兴风作浪,使市场物价在1月之内平均上涨了23%,尤其是国营商业

---

① 周勇主编:《重庆·一个内陆城市的崛起》,重庆出版社1989年版,第446页。

公司未经营的西药、五金器材、汽油等商品,价格大幅度上涨,部分绸布、面粉、纸烟厂商也乘机进行投机性期货交易。为了彻底根治市场的混乱现象,建立新民主主义市场的新秩序,发挥市场调剂供需、联系产销的积极作用,以稳定物价,取缔投机,保障合法贸易,市工商行政管理部门开始对各主要交易市场进行整顿和管理,先后在市内建立了粮食、花纱、布绸、山货、药材、西药、五金、液体燃料、油脂、面粉、干菜、土布、颜料、卷烟原料、食糖等15个市场管理委员会,使原来分散混乱的茶馆码头交易逐渐走向集中,建立起初步的交易制度,减少了盲目刺激市场的因素,便利了城乡交流。为保证人民生活必需品的供应,稳定市场零售价格,市工商局先后在市区和郊区开设了30家零售商店,专门营销粮、盐、油、布等商品,从而加强了政府对市场价格的干预能力,保障了市场物价的稳定。

1950年春节前后和6月份的两次物价波动,人民政府都主要用经济的手段,加大了干预的力度,在原料市场和销售市场两方面占据了主导地位。国营商业在批发和零售两个环节中,逐渐成了市场供需的主渠道,为稳定物价起了十分重要的作用。从1950年6月以后,市场的物价基本上稳定下来,人民群众终于摆脱了过去十多年来因通货膨胀、物价波动所遭受的苦难。市场物价的稳定,使新中国成立初期因物价上扬而波动的民心迅速安定了下来,重庆人民对共产党及人民政府充满了信心,从而有力地保障了各项民主改革运动的顺利进行。

在物价上涨的风潮中,旧的银钱业往往起了推波助澜的作用。改造旧的银钱业已成为重庆解放后人民政府经济工作刻不容缓的任务。

解放初期,由于国民党政权滥发纸币造成通货膨胀,币制极为混乱。而重庆这个西南最大的老工商业城市,情况就更为突出。由于人民解放军进入城市时,随军带入城市的人民币太少,一时不能占据主币的地位,所以重庆市面上国民党时期的银圆券、银圆、黄金、外币和人民币同时流通,这给金融投机商以可乘之机,他们猖狂进行货币倒卖活动,从中牟取暴利,使各业资金周转和正常的市场流通发生困难。

为了维护正常的市场秩序,必须将全市的财政金融业引上正轨。为此,重庆市军管会于1949年12月10日发出《关于使用人民币及禁用伪币的规定》,规定指出:"一切伪币如银圆券及银圆辅币券为蒋匪掠夺人民之工具,自即日起宣布作废,禁止流通";"所有完粮纳税以及一切公私款项的收付、物价计算、债务、账务、票据、契约等,均以人民币作为计算及清算单位"①。这个规定宣布了以人民币作为市场流通的唯一合法货币,确立了人民币不可动摇的地位。同时,考虑到银圆券在重庆发行量不大,且多在下层市民手中,为了保护大多数人民群众的利益,军管会决定以100元人民币兑1元银圆券的比价,限期兑换,市人民银行立即组织公私力量收兑,至20日收兑完毕。共计收兑银圆券1017万余元,放出人民币101700万余元。由于比值公道,人民币在群众中立住了脚,开始成为市场流通的主要货币,为下一步整顿金融市场打下了群众基础。

银圆在市面上流通有很长的历史。解放之初,为了维持市场交易和债权债务的清理,市军管会参照全国其他大城市的行情,临时规定为6000元人民币折合一块银圆,40万元人民币折合一两黄金,暂准流通。1949年12月下旬,长江航运恢复,下游各埠金银投机商即调款来渝兑换金银,借以牟利,四乡商贩来渝售货以后,必携银圆返乡。在各方抢购之下,金银价格持续上升,物价随之上涨,人心惶惑。为了稳定金融、加强管理、消灭投机、平抑物价,市军管会于1950年1月12日公布了西南军政委员会颁布的《西南区金银管理暂行办法》,明令禁止银圆作为流通媒介,严格取缔金银黑市交易。市人民银行随即发动全市性的群众性拒银运动,在短时间内将银圆排斥出市场。同时,协助市公安局严格取缔金银黑市交易和走私,严惩金融投机分子,对金银黑市交易逐渐消灭公开计价行使现象,使金银黑市交易逐渐减少,并最终与市场物价脱节,从而澄清了混乱的货币市场。

鉴于市场上有一部分外币流通,市军管会于1949年12月29日发出布告,宣布"一切外国货币禁止流通、保存或私相买卖。并为照顾持有者之困难起见,责成重庆中国银行限期收兑"②。至1950年1月9日,收兑外币的工作结束。经过一系列的整顿,确立了人民币在流通领域中统一的巩固的地位。长期以来,重庆币制混乱的局面结束了。货币的统一,为重庆市国民经济的恢复创造了一个十分有利的条件。

---

① 《接管重庆》,中共重庆市委党史工委1985年编印,第117页。
② 《接管重庆》,中共重庆市委党史工委1985年编印,第142页。

在整顿货币市场的同时,还进行了接管原国家行、局、库,改造私营行庄的工作。重庆解放前夕,原国民党政权的国家行、局、库及官僚资本共有 18 家,连同各分支机构共有 31 处。解放初期,重庆市军管会成立了金融部,1949 年 12 月 5 日,中国人民银行重庆分行正式成立,办理存、放、汇、兑及兑换、发行、清理债权债务等工作。同日,中国、交通两行复业,代理人民银行委托办理业务。原国家行、局、库的接管工作于 1950 年 1 月 21 日全部结束,重庆市军管会所属金融部并入人民银行西南区行。对外仍挂"中国人民银行西南区行"和"重庆市军管会金融部"两块牌子。原国家行、局、库接管工作的结束及中国人民银行重庆地区分支机构的成立,标志着人民政府领导下的国家银行的地位的确立。

重庆是传统的商业城市,私营行庄占有相当的比重,截至重庆解放时,尚有私营行庄 68 家,其中银行 47 家,钱庄 21 家。由于通货膨胀、货币贬值,临近解放前夕,这些行庄多已内部空虚,负债累累。解放之初,重庆的私营银钱业基本陷于停顿。为了稳定金融、安定人心,及时解决私营银钱业的债权债务纠纷,为私营行庄恢复营业创造条件,重庆市军管会 1949 年 12 月 17 日发布《关于清理银圆券债权债务的规定》。1950 年 1 月,私营行庄陆续开门营业,先后恢复营业的有上海等 22 家银行和宜丰等 12 家钱庄。1950 年 2 月 22 日,市军管会公布了《银钱业管理办法》,市人民银行开始对各行庄加以严格管理,帮助其扭转投机风气,引导私营行庄向正路发展。由于政府加强了对私营行庄的管理,金融市场日趋稳定,而一些基础不稳的行庄的投机机会相应减少,因而业务清淡,相继停业。到 1950 年 6 月,停业行庄近 60 家,仅余新华、中实、四明、建业、聚兴诚、和成、上海、金诚、浙江兴业、永利、大同等 11 家。由于这些行庄人浮于事、开支庞大,加之市场萧条、利率下降、收入减少,仍是收不抵支。在人民政府的引导之下,这些行庄在 1952 年底,先后走上了公私合营的道路。为了照顾影响,在公私合营重庆分行之下,保留了市中区民权路、解放路两个办事处,分别挂公私合营聚兴诚银行与和成银行的牌子,主要承担了人民银行对私业务的一部分,面向中小工商业。至此,私营行庄已改造成为了国家银行的一个辅助部分。

在上述工作进行的同时,市政府即着手建立人民的金融机构,在市内商业中心、工厂集中地和交通要道开设人民银行的分支机构。至 1950 年 10 月底,全市除人民银行重庆分行自身4个部外,已先后成立了22个办事处、20个分理处、1个储蓄所,共计47个单位,从而建立起了人民的金融机构网。此外,还建立了通汇点448处[1],全国各大城镇大部分已直接通汇;全市受现金管理的机关,除少数距银行太远者外,都已向人民银行开户存款。由于集中了各机关的闲散资金和私人社会游资,人民银行成了新的金融中心,随时可以根据市场情况的变化,配合恢复国民经济的任务,对货币的流通加以适当地调节与管理,使物价长期稳定。

第二节 国民经济的恢复

一、三年国民经济恢复的主要措施

重庆是长江上游最大的工商业城市,恢复生产和经营对整个西南地区经济的恢复和发展都具有十分重要的意义。在抗战期间,重庆工商业随着东部地区厂矿的西迁曾有过长足的进步。但是抗战胜利以后,特别是到了重庆解放前夕,经济已经萧条下来,实际上已经到了彻底崩溃的边缘。然而即便如此,重庆市仍有工业企业3137家、轮船公司27家、银行和钱庄110家、商业企业2.73万家,位居全国七大城市之列,由于国民党政权在崩溃时对若干重要生产部门进行了破坏,在短时间内难以恢复生产;不少资本家对人民政府的工商业政策不甚了解、心存疑虑,对恢复生产经营缺乏信心;水陆交通尚需一定时间才能全面恢复,物资的调运也有不少困难,所以重庆工商业在解放初期几乎处于瘫痪状况之中,资金短缺、原料不足、工厂停工、商店歇业已成为普遍现象。

全市的经济的恢复和发展问题,在接管期间就受到了军管会的高度重视。为了解决工业原料的来源和产品的销路问题,军管会采取了一系列措施。首先,尽一切努力恢复水陆交通。1949年12月上旬,市内轮渡各线先行恢复;至下旬,整个长江航运恢复;成都解放以后,成渝、川黔公路亦次第通车。随着交通的恢复,市内部分公私工商企业也陆续开始恢复生产。重庆接

---

[1] 方大浩主编:《建国以来重庆经济大事记》,重庆出版社1991年版,第27页。

管工作告一段落后,遵照西南军政委员会主席刘伯承在重庆市第一次各界人民代表会议上发出的"为建设人民的生产的重庆而斗争"的指示,市委、市政府把迅速恢复生产作为了重庆市的中心工作。

为了恢复生产和经营,重庆市委、市政府采取的第一项重大措施是以极大的努力帮助私营工商业克服困难、渡过难关。1949年,新政协通过的《共同纲领》规定的经济政策的根本方针是"以公私兼顾,劳资两利,城乡互助,内外交流的政策,达到发展生产、繁荣经济之目的"。中共西南局第一书记邓小平在重庆市第一次各界人民代表会上的报告中,着重强调了这一方针。他在报告中指出,对政协会议通过的发展经济的这一根本方针,"如果共产党员不执行,就是违背了人民的利益,就是违反了党的最低纲领,也就是在政治上犯了错误"[①]。

重庆私营工商业在新中国成立初期占有相当大的比重,这种一蹶不振的现象直接影响着重庆社会经济的恢复,对国计民生影响也很大。重庆市委、市政府遵循《共同纲领》发展经济的方针和西南局领导的具体指示,根据当时"大行业困难较大,小行业困难较小"的实际情况,决定按照"重点恢复"的原则,通过各级机关的指导和大力扶持,运用收购、订货、加工、贷款等多种形式,来逐步地帮助私营工商业解决困难,恢复正常的社会经济活动。

为了给各厂家产品扩大销路,政府通过国营商贸公司加大了产品的收购量。截至1950年5月底,国营贸易公司向私营厂商收购各种货品所投放的现金总数达1284亿元,其中用作向私营厂商收购者占70%。土产公司收购猪鬃、羊皮等物资共投放现金362亿元,使在解放前全部停工的洗鬃厂及大部分停业的土产贩商、出口商纷纷恢复业务;油脂公司在收购中共投放现金78亿元,至4月底止,计收购桐油1079吨,大大鼓舞了农民生产桐油的积极性,并使贩运商的资金得以周转,贩运的积极性高涨[②]。

加工订货是扶持工商业的又一有力的措施。市粮食公司先后供给40多家碾米厂加工米7.8万余担;花纱公司在3个月内供给棉纺织业棉花7.1万担,使拥有12万锭生产能力的重庆棉纺工业得以迅速恢复;成渝铁路开工

[①]《接管重庆》,中共重庆市委党史工委1985年编印,第65页。
[②] 重庆市人民政府编:《重庆政报》第1卷第4期,第183页。

后,所需的一部分器材分配给私营机器工厂承制的共达500余吨,使重庆停工已久的30家大中型钢铁、机器厂于6月份重新开工,从而带动了400余家小型工厂也陆续恢复了生产。此外,军需部门还向各私营厂商订购了大批军用物品。

对资金不足而停产的企业,政府在财政紧张的情况下,亦贷款扶持。1950年5月,人民政府向轮船公司贷款93.8亿元,月底重庆船业基本恢复;是年2月至5月,人民银行重庆分行及交通银行贷给煤矿业共31.07亿元,各煤矿生产次第恢复[①]。截至5月底,人民银行重庆分行各项贷款总金额达474亿元,其中90%以上是贷给私营厂商的。人民银行的巨额贷款,给这些濒临停工倒闭的私营工商业注入了新的活力,对恢复生产、发展交通起了重大的作用。

从1950年6月起,全市工商业情况开始好转,公司业务关系正常,商品交易数量大量增加,银行贷放和汇兑业务骤增。经济形势的好转有力地鼓舞了工商业者的信心和积极性,进一步促进了城乡交通的畅通和市场的活跃,重庆市的工商业终于摆脱了萧条的窘境,开始了稳步的恢复。

新中国成立初期,重庆市的劳资关系曾一度紧张,特别是1950年3月以后,以解雇工人而引发的劳资纠纷,曾经发展到了相当严重的地步。产生劳资纠纷有其复杂的原因:一是随着新的经济秩序的建立,私营企业过去那套投机性经营已越来越不能适应,加之交通不畅、原材料不足、产品滞销,所以亏损严重,即使政府采取了贷款、订货、委托加工等措施进行扶持,仍然有2000多家企业停工;不少工商业主由于对政策不够了解,顾虑重重,消极等待,有困难不设法克服,想拖垮了事;有的企业主则依赖银行贷款,把困难转嫁给政府或工会,挑起工人对党和政府的不满;有的则转移资金,缩减生产,动辄以失业、欠薪、停伙、解雇对工人进行威胁。二是解放以后,工人情绪高涨,但对政府的政策理解不深,主人翁观念模糊,片面认为翻了身,一切都自由了,不遵守劳动纪律,仍然采取解放前的一套斗争方式对待资方,过高地要求资方减少工时、增加工资,同资方发生正面冲突,酿成了全市性的劳资争端。劳资争端的激化,严重地制约了国民经济的恢复。

---

① 方大浩主编:《建国以来重庆经济大事记》,重庆出版社1991年版,第19—20页。

很显然,劳资争端主要是劳资双方对党和政府的政策理解不够而引起的。西南的党政领导高度重视重庆市劳资纠纷问题。在重庆市第一次各界人民代表会议上,针对劳资关系问题,西南军政委员会主席刘伯承指出,"私营经济事业凡有益于国计民生者,人民政府就鼓励其经营的积极性,并扶助其发展",表明了人民政府对私营工商业的基本态度。同时,他也告诫工人职员,"应积极工作,照顾资方有利可图,以获得自己活动所必需的工资,不可过高要求"[1]。西南局第一书记邓小平也谆谆告诫工人,要把"工人阶级的目前利益与长远利益结合起来,并把它体现在劳资两利的政策中";对资方,则要求他们"以正当途径获得利润,必给工人以现在生活条件所必要的工资,不可过低发给或施以不合理的待遇,尤其是改变过去压迫工人的观点",必须"改变自己的不良作风",不得"使用不正当的方法如收买分化欺诈或贱视工人等行为"[2]。刘伯承、邓小平的上述讲话,体现了《共同纲领》中的"公私兼顾,劳资两利"的基本原则,成为解决重庆市劳资纠纷的指导方针。1950 年 1 月 29 日,成立了有政府和资方代表参加的劳资研究会,围绕"支援人民解放战争",进一步建立革命秩序、保卫治安、恢复生产、发展文教事业的几大任务,谨慎稳重地开始处理劳资纠纷。3 月 10 日,中共重庆市委发布了《关于订立劳资集体合同的指示》,继后市军管会公布了全国总工会发出的《关于劳资关系暂行处理办法》等文件,市政府也正式成立了重庆市劳资争议仲裁委员会,专事调处劳资纷争。6 月以后,在订立劳资集体合同的基础上,市委及市总工会筹委会又广泛号召各单位建立劳资协商会议。截至 11 月底,全市建立劳资协商会议 48 个。协商会议作为劳资双方讨论、商议、决定企业生产、生活和其他重大问题的机构,遵循着"发展生产、繁荣经济、平等协商、劳资两利"的原则,使劳资双方经常见面、互相了解、及时协商,适当地解决劳资纠纷,消除了劳资双方过去互不信任的局面。截至 10 月,全市调处劳资纠纷 1862 件。在处理中,工人阶级在工会的指导下,从工人阶级的长远利益出发,考虑到资方的实际困难,主动降低工资和待遇,以团结资方合力争取生产的维护和恢复。经过各方的努力,全市劳资矛盾缓和,促进了生产的发展和职工生活的改善;

---

[1]《接管重庆》,中共重庆市委党史工委 1985 年编印,第 47 页。
[2]《接管重庆》,中共重庆市委党史工委 1985 年编印,第 66 页。

同时也促进了重庆工人阶级自身素质的提高,有力地团结、感动、教育了资方,促使其接受工人阶级的领导,初步建立起平等、民主、两利的劳资关系。

由于历史的原因,官僚资本在重庆的经济构成中占有很大的比重。没收官僚资本的一切工厂、矿山、铁路、轮船、银行和其他事业,并把它们改造成为居于国民经济领导地位的社会主义的国营经济,从而为向社会主义过渡创造条件,是我国新民主主义革命的重要任务之一。1949年12月5日,市军管会开始向原国民党政权所属各官僚企事业单位派出军代表,并召开员工大会,阐明接管方针,宣讲《接管约法八章》。在各单位广大群众的支持、协助下,财经、交通、后勤接管委员会分别于1950年1月5日先后完成了对官僚资本的接管工作。随即在这些企事业中推行民主改革,废除不合理的经营机构和经营管理方式,成立了工厂管理委员会;建立合理的工资制度、生产责任制;规定生产定额、技术标准;严格核算成本,裁汰冗员,并对旧的技术人员进行思想改造,使他们自觉地为人民服务。

解放之初,曾允许外商在遵守我国法令的条件下继续经营原有企业。但是,由于外资是倚仗帝国主义在华特权而发展起来的,新中国成立以后,随着这种特权的消失,便因经营腐败而大部分难以维持,有的则宣布自动歇业或请求转让。朝鲜战争爆发后,1950年12月16日美国政府悍然宣布冻结中国在美国的公私财产,对中国实行经济封锁和禁运。为了维护国家的尊严和民族的利益,28日,中国政府发布《关于管制美国在华财产冻结美国在华存款的命令》,针锋相对地宣布管制、清查美国政府、企业在华一切财产,冻结美国在华的一切公私存款。1951年1月13日,重庆市军管会宣布管制在渝美商财产。此后,重庆市采取接管、征用、代管或其他方式,陆续将在渝的外国大使馆、领事馆、企业、银行、教会医院和公私房地产收归国有,原接受外国津贴和外资经营的文化教育、救济机关及宗教团体,也纷纷到军管会重新登记,割断了与外国资本的联系。

新中国成立初期,经过没收外国在渝资本和官僚资本,并把它们收归国有,改造成社会主义的国营经济,使社会主义经济成分逐步占据了主导地位,从而有力地促进了国民经济的恢复和发展。

修筑成渝铁路对重庆经济的恢复和发展关系极大。人民解放军进入重庆时,经济已经瘫痪,公私企业的生产资金缺乏及产品没出路,工人失业(据统计,1949 年 12 月,在重庆市失业工人救济处登记的失业人员多达 34500 人),人民生活困难成了摆在西南区及重庆市党政领导面前的一个十分紧迫的问题。1950 年 6 月,中央人民政府、西南区党政领导决定修筑成渝铁路。这是一个伟大的战略决策。当时西南解放仅半年,国家财政极其困难,但是为了巩固人民的胜利,加强西南国防,沟通西南与全国的联系,改善西南落后的经济,提高人民的生活水平,中央人民政府仍决定拨款修筑成渝铁路。6 月 12 日,成立了中央人民政府铁道部西南铁路工程局。7 月 8 日,成立了西南铁路工程委员会,在旧中国修了近 40 年无一寸铁路通车的成渝铁路,在中国共产党的领导下,很快就要成为现实了。为了加快筑路速度,11 月,在原有军工筑路的基础上,又投入民工 28646 人、失业工人 18981 人。重庆市一时无法安置的失业工人几乎全部参加了成渝铁路的修筑。由此,重庆市的失业工人及他们家属的生活、出路等问题得到了妥善的解决,促进了社会的安定。成渝铁路是我国完全依靠自己的力量修筑的第一条铁路。以往的铁路所需的枕木、钢轨,直至螺丝钉,几乎全部依靠从外国进口。新中国成立后,西方国家对中国实行封锁禁运,再加上交通不便,省外器材也无法保证充分供应,铁路修筑面临重重困难。面对困难,西南军政委员会提出了"群策群力、就地取材"的方针。修筑铁路所需的钢轨、鱼尾板、螺丝钉等器材,全部委托西南地区主要是重庆的公私厂矿加工生产。成渝铁路一开工,使重庆一大批濒于停工的公私企业恢复了生产,而且生产能力不断地扩大。成渝铁路修筑的过程也是重庆经济恢复和发展的过程。

1952 年 7 月 1 日,成渝铁路全线正式建成通车。这条长达 500 多公里的铁路,工程全部由自己设计、自己建造,材料零件全部为国产,工期仅用了两年时间,在中国铁路修筑史上是一个伟大的创举。成渝铁路的修筑成功,实现了四川人民 40 年来的愿望,它雄辩地表明了中国共产党和中国人民完全有能力来建设自己的国家。成渝铁路的通车,也使重庆市的交通状况大为改观,促进了城乡物资交流,对重庆市工商业的发展起了巨大的推动作用。

在中共中央正确路线的指引下,在西南区党政的直接领导下,中共重庆市委、市人民政府带领全市党政军民经过了三年的艰苦努力,到 1952 年底,胜利地完成了国民经济恢复的任务。

二、三年国民经济恢复的主要成就

经过三年经济恢复时期全市人民的艰苦奋斗,到 1952 年底,财政经济状况得到了基本好转,工农业生产达到或超过解放前的水平。1952 年底,全市工农业总产值为 43285 亿元,比 1950 年增加 76.36%,其中现代工业总产值为 29951 亿元,占总产值的 69%;农副业总产值为 3556 亿元,占总产值的 8% 左右。1952 年的工业总产值为 39728 亿元,比 1950 年增加 82.15%,其中公私产值比重,国营由 18.34% 上升到 36.68%,私营由 55.33% 下降为 30.03%,个体手工业由 13.27% 下降为 11.08%。

1952 年,人均工业劳动生产率比 1950 年增加 78.25%,工业职工总人数比 1950 年增加 132%。粮食总产量为 18684 万斤,比 1950 年增加 13.82%;蔬菜总产量为 18653 万斤,增加 37.72%;耕牛为 9925 头,增加 21.36%;生猪为 107480 头,增加了 59.30%;农村常年互助组已有 404 个,参加农户 4223 户,季节性互助组 16741 个,参加农户 72214 户。

解放三年来,在政府大力发展生产、繁荣经济、稳定物价等政策的指导下,全市的商业贸易不仅已经恢复,而且有了发展。全社会商品市场销售额 1952 年达 68656 亿元,比 1950 年增加 55.22%,其中国营商业所占比重由 1950 年的 16.41% 上升到 49.94%,私营由 1950 年的 81.76% 下降为 37.10%。财政总收入 1952 年为 10618 亿元,比 1950 年增加 101.33%;财政总支出 1952 年为 4431 亿元,比 1950 年增加 270.8%;企业收入占整体收入的比重,由 1950 年的 0.05% 上升为 1952 年的 8.96%;企业投资与各项建设事业费占总支出的比重,由 1950 年的 25.46% 上升为 1952 年的 43.95%。供给财政形态已有扭转,各项建设事业发展迅速。由于国民经济的恢复和发展,国家财政收支平衡,这就从根本上结束了国民党反动统治所造成的通货膨胀、物价上涨的局面,劳动人民的生活有了相当大的改善。1952 年,职工人均收入为 483 万元,比 1950 年提高了 41.87%;农民人均收入为 98.18 万元,比 1951 年提高了 29.34%;全市储蓄存款余额为 1699 亿元,比 1950 年增加了 685%[①]。

[①] 以上各项数据采自重庆市计委编制:《重庆市国民经济主要统计资料(1950—1953)》,第 459 页。

文化、教育、卫生事业有了很大发展,截至 1952 年,全市有高等学校 11 所,学生 6241 人;中等学校 52 所,学生 23410 人,比 1950 年增加了 148.77%;初等学校 909 所,学生 218706 人,比 1950 年增加 193.67%;工农子女入学人数在中学中占 33.12%,小学中占 66.86%;全市失学儿童逐年减少,1952 年仅占学龄儿童的 14.37%。新建各种卫生设施:1952 年,市立医院由解放前的 4 所增加到 9 所,床位由 270 张增加到 925 张,并新设了干部、工人疗养院,牙病、沙眼、疟疾防治所,在全市较大的工厂里也增设了厂医院、卫生所和保健室,各区县还开设了妇幼保健站,从而改变了解放前重庆卫生设备简陋、各种传染疾病流行、市容肮脏的旧貌。

三年来,重庆的城市建设也发生了很大的变化。从 1950 年到 1952 年,在城市道路建设上共投资 689.96 亿元,占市政建设总投资的 53.5%;新建改建道路 22 条(段),总长度 49.44 公里,其中新建 21.94 公里。同时,其中政府调拨 100 多辆军车改建为公共汽车,拨款新建渡轮 11 艘,修建了两路口、临江门、储奇门、龙门浩等处缆车,改变了过去市区交通主要依赖人力车、马车、轿子、滑竿和小木船的落后状况。人民政府还对原国民政府《陪都十年建设规划》作出公正的评估,借鉴其合理部分,提出了"大分散、小集中、梅花点式"的城市布局规划方案,指导城市建设向大坪、杨家坪、沙坪坝等重庆西部地区发展,使现代重庆城市格局初步形成。此外,还新修城市下水道 47.9 公里,较解放前增加 1 倍;新修建公厕 57 座,较解放前增加 2 倍;路灯由 1949 年的 961 盏增加到了 1950 年的 8040 盏;饮用自来水的市民也由解放前的 30 万人增加到 50 万人。市政府还广泛发动全市各界人民群众,采用义务劳动的方式,协助施工单位修建了大田湾广场和重庆市劳动人民文化宫,为人民提供了集会和休息娱乐的场所,使人民群众的文化生活获得显著的改善。

重庆人民经过三年的努力,迅速地医治了国民党政权遗留下的创伤,使国民经济得到了恢复和发展,工农业产值均达到或超过了历史最好水平,从而为重庆经济在下一个历史阶段的发展打下了坚实的基础。

第三节　国民经济结构的新变化

一、工商业的调整组合

重庆的工商业是在帝国主义、封建主义、官僚资本主义统治的环境中发展起来的,尤其是在近10年战争的畸形需要中发展起来的。这一特殊的历史条件,形成了重庆工商业的基本特征:第一,经济构成比重倒置,商业多、工业少,小型企业多于大型企业,加工修配工厂多于制造工业,投机和中间商业多于生产和生活正常需要的商业。在近3万户工商企业中,商业占2.27万余户,其中靠投机生存的银行保险业有130余家;工业仅占2800余户,其中土布、碾米业占60%以上[1]。全市未形成完整的工业体系,且对军事的依附性很大。第二,整个工商业中,属消费性的行业多、生产性的行业少,输入性的行业多、输出性的行业少。据1949年统计,全市经营消费品的商家多达16118户,高级百货绸缎店有320余家,餐馆旅社也有150余家。由于重庆的轻纺产品的品种比较单一,宝元通、中国国货公司等大批发商多由上海、江浙进货,销给重庆的中小批发商或转批给云、贵等省批发商销售;设在市中区大梁子的百货批发交易市场,也是由几十家专营苏杭小百货商品的批发商组成,全市工业与商业间的关系比较松散。第三,经营腐朽,组织臃肿,效率低下,产品成本高。例如:私营沙市纱厂有锭子1.2万枚,职工却有1500人,超过上海标准的3倍,上海制一件纱需20个工时,重庆却需58个工时,能源耗费也高于正常标准的1倍至2倍;聚兴诚银行重庆分行有职员101人,工友却有100人,工资占全部开支的80%以上;天府煤矿和重庆电力公司的员工数,足够增设另一个煤矿或电力厂。第四,转运舶来品和消费物资的运输业相当发达,航运业资力雄厚。其中有现代化的航空业、轮船业、汽车业,也有比较落后的人力车业、板车业,还有比较原始的轿行、承揽运输业和报关行等。

为了给调整工商业提供可靠的依据,市政府从1950年4月开始,举办重

---

[1] 重庆市人民政府编:《重庆政报》重庆解放周年纪念特刊,第33页。

庆市工商业总登记,总计全市公私工商企业达 2.4 万余家,其中公营工业 48 家,公私合营工业 23 家,私营工业 6958 家,公营商业和公私合营商业一共 60 家,私营商业 17000 余家。

6 月,市工商业调整委员会成立,开始有步骤、有重点地对重庆的工商企业进行调整。到 9 月止,根据量销为产的原则,调整了煤矿、卷烟、火柴等业;通过采购和加工订货,调整了橡胶、面粉、钢铁、机器、被服、棉纺织等业;根据供求关系调整了木货、五金等业。由于进行了有重点的调整,在公私关系上有了较明确的分工,初步实行了统筹兼顾,从而使全市工商业在恢复生产的道路上,开始各得其所,在产销关系上,逐步加强了计划性,防止了盲目生产发生的过分膨胀与过分萎缩,为计划经济打下了初步的基础。

重庆的第一届第三次各界人民代表会议后,工商业的调整逐步转向与当时交通建设、市政建设、衣着民食等方面有密切联系的钢铁、机器、五金电料、碾米、面粉、土布、砖瓦、木材、针织等行业,特别是对批零售差价、地区差价作了适当的调整,使城乡物资交流更为合理畅通,公私关系更趋正常。在产销关系上,由于原料与生产配合,生产与销售配合,遂使生产与销售的计划性大大加强。同时,为了更好地配合调整工作,由工商联对原行业公会进行了整理,实行明码实价,建立统一的记账制度,为统一会计制度创造了初步的条件。1950 年内,还在 27 个行业中组织了 72 个联营社,参加厂商 1370 户。通过联营,在精简机构、降低成本、改进技术、提高产品质量等方面都收到了显著的成效。

经过一系列的调整与扶持,重庆的工商业开始朝着有利于国计民生的方向发展。过去服务于帝国主义、封建主义、官僚资本主义的行业,如投机商业、放高利贷和买空卖空的金融业、迷信品工业以及与社会需求不适应的高级消费品工业,大部分倒闭或转业;过去盲目发展起来的工商行业,也根据产、运、销平衡的原则进行了调整;私营工商业的各项弊端也得到了相应的改造;符合国家经济建设及广大人民生活需要的行业,有了迅速的发展,有力地活跃了市场。1950 年 12 月,全市工业实增 1120 户,商业实增 2433 户。从是年 5 月份起,大米、布匹的市场成交量均以 20% 至 50% 的幅度增加,纱布、肥皂、香烟等产量也以 30% 至 50% 的幅度上升,市场和物价也基本稳定。

二、多种经济成分并存的经济体制

新中国的建立,标志着我国已经由半殖民地半封建社会进入了新民主主义社会。新民主主义社会在经济结构上的特点是社会主义性质的国营经济、具有若干社会主义成分的半社会主义性质的合作经济、具有若干社会主义因素的国家资本主义经济、私人资本主义经济以及农民和手工业者的个体经济等五种经济成分并存。在解放初期,重庆在所有制结构上,经过工商业的调整组合,大体上也形成了五种经济成分并存的体制,即全民所有制的国营经济、合作社的集体经济、公私合营经济、私人资本主义经济、独立劳动者的个体经济。

国营经济主要是由没收官僚资本而建立起来的。解放前,重庆的官僚资本主要是国民党政府官办的一批兵工厂和企业;再就是蒋、宋、孔、陈"四大家族"和大官僚分子独资办的企业;还有一批是官僚资本和民族资本合资办的企业。在重庆解放以后,重庆市军管会和市人民政府立即没收、接管了全部官僚资本。虽然官僚资本的黄金、白银、外汇几乎全部抽逃,但其厂房、设备和官僚资本在合资企业中的股份却无法抽走。人民政府在没收官僚资本独资企业以后,立即建立起了社会主义的全民所有制的国营经济。对官僚资本与民族私人资本合资的企业,则只没收官僚资本的股份为国有,承认并保护民族私人资本主义工商业者的财产所有权,把这部分企业改造成为半社会主义性质的公私合营企业。据统计,重庆市共没收官僚资本企业48个,虽然数量不多,只占当时全市工业户总数的0.7%,但是固定资产达12728万元,在全市工商企业中却占79%。没收官僚资本的股份建立起来的公私合营企业共有179户,公股金5726万元,两项合计没收官僚资本18454万元[①]。没收官僚资本以后建立的国营企业,实行直接计划管理,即由国家直接下达指令性计划。国营企业控制了重庆的大银行、大工业、大商业,在全市国民经济中处于领导地位。

重庆的合作社集体经济主要是在中小工商业特别是在中小商业中建立起来的。在中小工商户中建立合作社集体经济,可以弥补其资金的不足、技术的落后、管理的混乱等缺陷,也可以对国营经济起到补充作用。集体企业实行在国家计划的指导下,由职工自主经营、自负盈亏、国家征税的管理体制。在重庆较为典型的合作社集体经济是重庆市供销合作社。1952年初,在市政府的帮助下,供销合作社正式建立。到年底,全市共建立基层供销社154

[①] 以1950年不变价格计算。

个,拥有455个贸易网点,合作社机构基本遍及全市城乡市场。另外,还有手工业合作社24个。全市入股社员达106.2万人,股金233.5万元。到1953年,入股社员发展到177.6万人,股金426.1万元[1]。供销合作社在促进城乡物资交流、发展商品经济方面,起着越来越重要的作用。

解放初期,重庆的公私合营经济与社会主义改造时期作为高级形式的国家资本主义而对资本主义工商业实行改造的公私合营经济有一定的区别。解放初期,重庆的公私合营企业是企业中原官僚资本部分由国家没收以后改为公股,原民族资本主义工商业部分仍由民族资本家持股,两部分合并而成。这部分企业在大规模的社会主义改造以前就已经形成了。譬如,由原中国工业炼气股份有限公司、渝光电熔厂、华新电气冶金公司、渝鑫钢铁厂、垣昌电化厂、中国电化股份有限公司等厂家合并而成立的公私合营川江电冶厂,就属这种类型。在管理体制上,虽然企业由资方持有相当的股份,而实际上已由国家实行直接的计划管理,成为实际上的国营企业的重要补充部分。

由于重庆是一个有较长历史的工商业城市,工商业在西南地区起着举足轻重的作用,所以私人资本主义也占有较大的比重。据1950年统计,全市有私营工业6753户(包括小作坊)、私营商业17067户。这些工商户大多数资金微薄(平均每户仅0.12万元)、技术落后、设备简陋。旧中国的这些私营工商业在帝国主义、封建主义、官僚资本主义的排挤下,步履艰难,加之国民党政权在溃逃前又大肆进行搜刮,更使这些企业陷于困境,大多处于停产或半停产状态。解放以后,人民政府根据"公私兼顾、劳资两利、发展生产、繁荣经济"的方针,通过发放贷款、收购产品、帮助解决原材料、调处劳资纠纷等措施对私营工商业大力扶持,私营企业很快得到了恢复。在1950年初,有2000多家私营工业户停产。到是年8月,这些工商业户90%以上都恢复了生产;有些原来把资金抽走而歇业的私营工商业者,对经营的信心增强,又重新开业。1950年初,全市登记的私营工商户只有23820户,到是年底,增加到了37155户,增加了56%[2]。在恢复生产的基础上,国家通过税收、市场管理等行政方法和加工订货、统购包销、经销代销、信贷资金等经济办法,把私营工

---

[1]《重庆市情》,重庆出版社1985年版,第320页。
[2]《重庆市情》,重庆出版社1985年版,第546页。

商业的生产和经营纳入了国营经济的领导之下,并使之与社会主义的计划经济间接地联系起来。这些经济管理办法和行政管理办法,并不能改变私营经济所固有的追求高额利润的本性。就大多数私营工商业者来说,他们对人民政府保护其正当经营和合理的利润收入的政策是满意的,是愿意遵守国家的政策法令的。但是,在私营经济活跃起来以后,也有一些工商户用损害国家和人民利益的不法手段追求暴利。为了制止这种不法行为,保护正当经营,1952年1月至6月,在全市私营工商业中开展了"反对行贿、反对偷税漏税、反对盗窃国家资财、反对偷工减料、反对盗窃国家经济情报"的"五反"运动。经"五反"检查结果,在全市35155户私营工商户中,完全守法户占28.82%,基本守法户占57.26%,半守法半违法户占12.05%,严重违法户占1.49%,完全违法户占0.38%。对基本守法户、半守法半违法户的违法所得金额小的,在退赔时减免了一部分;对严重违法户和完全违法户所得金额,则要求全部退出;违法后果严重,触犯国家刑律,受到刑事处理的只有58户。经过宽严结合的处理,使私营工商户受到了一次实际而深刻的守法教育,从而从事正当的经营。

独立的个体劳动者经济是一种不可缺少的经济形式。1950年,重庆市有个体手工业者20586人,分布在120多个小行业中,主要从事小商品的生产和销售,与人民群众的日常生活密切相关。在管理体制上,完全是自行经营、自负盈亏,国家征税并进行市场管理。人民政府极其重视个体劳动者在国民经济中的重要作用。解放初期,在人民政府的扶持下,个体手工业生产日益发展,满足了人民群众日常生活的需要。

经过三年国民经济的恢复,重庆基本上形成了多种经济成分并存的经济格局,新民主主义的经济特点已经具备,这些特点是与新中国成立初期的生产力发展水平相适应的。

三、计划经济的雏形

1949年12月到1950年2月,重庆市军管会分七大系统基本上完成了接管工作,从此,重庆逐步纳入了社会主义计划经济的轨道。

1950年3月1日,中共重庆市委作出了《关于重庆市今后工作方针及几个具体问题的决定》,提出了有计划地恢复和发展生产的方针。决定指出,今后的工作是管好经济工作,这就是开展长期的、有计划的恢复与发展生产的工作;强调必须制订全市公营、私营生产与贸易的大体计划,对生产和流通给予计划指导,制订生产计划。同时,重庆市人民政府决定成立重庆市人民政府财政经济委员会,曹荻秋任市财委主任,全市计划工作归市财委负责。重庆市从1950年到1953年为西南军政委员会所在地,是西南大区政治、经济、文化的中心,实行中央直辖市计划管理体制。这一时期,重庆市计划管理直接受西南军政委员会财政经济委员会的领导。重庆作为省级计划单位,其计划纳入全国综合平衡,实行中央、大区、市、县四级计划,但以中央和大区计划为主。计划按中央主管部门—西南大区各厅局—中央、西南大区直属在渝单位以及西南大区财委—重庆市财委—县(区)财委两个系统,自上而下地颁发计划控制数,自下而上地逐级编制并呈报计划草案,自上而下地逐级批准并下达计划。这一时期,占重庆市工业总产值53%的工业企业是中央直属企业,计划由中央直接下达;市属企业的工业产值仅占17.1%,中央计划起着主导作用。其次是西南大区的计划。西南大区一级的商业、物资供应站都设在重庆,西南大区的商业、物资、运输计划对重庆的经济也产生过重大的影响,促进着重庆发挥西南地区经济中心的作用。这一时期,重庆享有省一级的计划管理权限,重庆市财委在审批计划、修改计划、制订计划与管理规章制度等方面均享有省级计划单位的同等权限。市财委不仅审批所属区、县的国民经济计划,而且无论是中央、西南大区向在渝直属单位下达的计划,还是中央、西南大区直属在渝单位向上呈报计划,都要抄送或抄报重庆市财委,市财委在此基础上汇总编制重庆市国民经济计划草案,然后再上报西南财委。

这一时期计划管理的特点是:

首先,计划管理的对象是五种并存的经济成分。《西南区国民经济计划编制暂行办法》的第一条就规定:"国民经济计划是整体的,应包括本地区的各国民经济部门、各种产业系统,各种经济成分。"重庆市的计划管理包括了国营、公营、公私合营、合作经营、私营等五个方面。各种计划都按不同的国民经济部门、不同的产业系统、不同的经济成分、不同的地区分别填表和下达。

其次,计划主要依据市场的需要来编制。1950年编制1951年的生产计划时,是按"量销为产"的原则来编制的;1952年,中央开始颁发部分计划控制数,此后几十年的年度计划是依据中央控制数和充分考虑市场销售情况来编制的；在编制第一个五年计划时，明确提出了"计划为国家工业化的需要服务，为中央国营厂矿企业的需要服务，为农业生产和人民群众的需要服务"的方针，这一方针仍然在一定程度上考虑了市场需要的因素。

再次，在计划的指导下，综合运用财政、税收、信贷、价格等经济杠杆和经济合同来实现经济的发展。1950年建立起市财委，为打开恢复生产的局面，市政府有计划、有重点地给予部分工商业贷款，并采取加工订货和统购包销等措施扶持生产，对稳定金融、稳定物价都采取了强有力的调节措施。

重庆市实行直辖市计划体制这几年，计划经济雏形形成，在以后的岁月里更加完善和系统化。重庆解放之初，经济处于崩溃边缘，百业待举，直辖市计划管理体制对重庆国民经济的恢复和发展，以及经济中心作用的发挥都起过十分重要的作用。

第四节　新民主主义革命任务胜利完成

在《新民主主义论》中，毛泽东以马克思列宁主义的基本理论为指导，结合中国革命的具体实际，创造性地提出了中国新民主主义革命的理论，对中国革命的性质、任务、领导权、前途及革命的步骤都作了科学的阐述。在这一理论中，毛泽东指出中国革命分为民主革命和社会主义革命这两个既相联系又相区别的阶段。中国的民主革命已经不同于欧美式的资产阶级民主革命，而是无产阶级领导下的，有工人、农民、小资产阶级和民族资产阶级参加的，以推翻帝国主义、封建主义、官僚资本主义的政治统治，建立工人阶级领导的各个革命阶级参加的联合专政的国家为目的的新民主主义革命。在经济上则要没收大银行、大工业、大商业归新民主主义的国家所有，从而建立起社会主义的国营经济，使之成为"整个国民经济的领导力量"；"不没收其他资本主义的私有财产"，但不允许操纵国计民生的生产的发展；"没收地主的土地，分配给无地或少地的农民"[1]。无产阶级在完成了革命的第一步任务以后，就必须立即转入革命的第二步即社会主义革命。毛泽东提出的这一伟大理论，成为了中国革命的强有力的思想武器。

---

[1]《毛泽东选集》第4卷，第678页。

1949年11月30日,重庆解放之时,各级政权还没有建立,国民党残余势力还存在,土地改革尚待完成;社会主义的国营经济还没有建立和巩固,经济残破,百废待兴,民主革命的任务还没有完成。彻底完成民主革命的任务,建立和巩固新民主主义的政治、经济新秩序,为社会主义革命创造条件,成为重庆人民在解放初期的主要任务。

从1949年到1952年,仅用了3年时间,重庆人民在党和政府的领导下,经过艰苦奋斗,创造了光辉的业绩。

在政治上:迅速建立起无产阶级领导的、各革命阶级参加的各级人民政权;经过清匪反霸、镇压反革命、解散反动社团,巩固了人民民主专政的社会新秩序;经过推翻延续千年的封建土地制度,摧毁封建势力,禁绝烟毒、娼妓和赌博,改造乞丐,迅速涤荡了旧社会遗留下来的污泥浊水,从而从政治上彻底完成了民主革命的任务。

在经济上:以强有力的措施整顿社会经济,稳定了物价;国民经济迅速得到了恢复,各项主要经济指标均超过了历史最好水平;经过工商业的调整组合以及人民政府的大力扶持,以国营经济为领导地位的、多种经济成分并存的经济体制已经确立,从而从经济上完成了民主革命的任务。

随着民主革命任务的完成,新民主主义的政治、经济新秩序就已经确立了。毛泽东在《新民主主义论》中指出,民主革命任务的完成,"为社会主义的发展扫清更广大的道路",新民主主义共和国只是"殖民地半殖民地国家的革命所采取的过渡的国家形式"①。中国革命第一步的任务一经完成,就必须立即转入革命的第二步,即经过社会主义革命实现向社会主义的过渡。

随着民主革命任务的彻底完成,由民主革命向社会主义转变的条件已经具备,就在这时,中共中央提出了党在过渡时期的总路线。在总路线的指引下,重庆进入了实现国家社会主义工业化和对农业、手工业、资本主义工商业的社会主义改造,最终确立了社会主义制度的新的历史时期。

---

① 《毛泽东选集》第4卷,第668页。

附:《重庆通史》评论(摘要)

孟广涵(重庆市地方史研究会名誉会长、曾任重庆市委书记):**一部属于重庆自己的历史著作**

通史著作是代表一个地区、一座城市史学研究整体水平的综合性历史著作。《重庆通史》创立了重庆史研究的基本范畴与框架、思路,以与时俱进的创新精神,走出了史学研究的新路。它既不是一部应时之作,更不是一部拼凑之作,而是一部传承重庆先进文化,具有坚实学术基础,体现鲜明时代特点,焕发强烈创新精神的优秀学术著作,是重庆史学工作者经过艰苦努力和有益探索,朝着"努力建设具有中国特色、中国风格、中国气派的哲学社会科学"这一目标迈出的重要一步。我知道,周勇和课题组的同志们为完成这部多达3卷、130万字的重庆通史著作,经过了极大的努力,付出了巨大的辛劳。我要向他们表示感谢,我想3000万重庆人民都会因为有了自己的历史著作而感谢他们。希望周勇同志和《重庆通史》的作者们,以更加科学的态度、更加深厚的学养、更加坚实的功底,特别是与时俱进、开拓创新的精神状态,继续深入研究,奉献出全面反映新重庆、大重庆的历史新著。

邢元敏(重庆市政协主席、时任重庆市委副书记):**对重庆历史认识的新水平和研究的新成果**

重庆历史研究是重庆文化建设的重要组成部分。《重庆通史》的出版表明,我们对重庆历史的认识达到了一个新水平,这是重庆社科理论界在历史研究方面的一项重要成果。《重庆通史》课题组的同志们创立了重庆通史的基本范畴与框架、思路,经过12年勤奋执著的辛勤耕耘,终于为我们奉献出了这部《重庆通史》,从而结束了重庆没有自己通史的历史。在这部著作里,作者们在继承传统的基础上,努力探索研究城市通史的新途径,在研究的整体思路、历史内容的选择和发掘、历史分期,以及体例上进行了创新,是一部具有创新风貌的学术著作。作者们强烈的责任感和使命感,孜孜以求、锲而不舍的精神,令人钦佩,为人称道。

尚明轩(中国社会科学院近代史研究所研究员):深入的开拓,可喜的贡献

周勇同志主编的《重庆通史》已由重庆出版社推出,全书3卷共130万字。如此篇幅宏大、内容较为系统全面的重庆通史,据我所知,在全国还是第一部。深感斯书的学术价值和现实贡献。该书的问世,填补了中国城市史、地方史研究的空白,开创了中国城市史研究的新阶段,又将会推动中国城市史研究的深入发展。该书的突出特点是博引繁征,资料丰富翔实,基础较为深厚,研究也有新的开拓。同时,注意发掘重庆历史的个性,并力求研究面向现实,把现实性与科学性作了比较正确的处理。此外,作者的研究面来自现实,重视理论与实际相结合,力求服务于现实、服务于重庆的发展,体现了作者是在努力于发挥学术研究为现实服务功能的取向。

戴知贤(中国人民大学教授、博士生导师):历史研究难点的重大突破

《重庆通史》是众多史学工作者经过十数年的努力,付出大量的精力和心血创作而成的。其明显特色,就是突破了以往通史只写政治斗争(包括军事斗争)的格局,自始至终把经济、文化,尤其是经济与社会发展置于突出地位,注重发掘政治斗争背后的经济、社会和文化的原因,阐明经济发展与政治、文化变化的内部联系。之所以能够突破这个历史研究的难点,关键是作者有极其丰厚的历史资料作基础。有心的读者不难发现,单就经济、文化和社会发展而言,《重庆通史》内容之充实,资料之完备,是无与伦比的。经济、文化和社会发展的历史内容在全书中的比重,内容的丰富和史料的详尽,以"史论"形式揭示政治、经济和文化的互动关系,说明《重庆通史》对历史研究难点的重大突破。

隗瀛涛(四川大学教授、博士生导师,四川省文史研究馆馆长):雷鸣之前的闪电

周勇教授主编的《重庆通史》是一部分量重、质量高的学术著作,这是继《北京通史》、《上海通史》出版后又一部论述中央直辖市历史的好书。该书决非急就之章,更非潦草之作,而是一部集思广益、深思熟虑、承前启后、继往开来的力作,是20年来重庆地方史学界学术研究成果的总结。《重庆通史》的作者坚持实事求是原则,结合本地区的历史实际,突出了地方历史的特色,在历史分期问题上的见解,便集中体现了鲜明的原创性。《重庆通史》写的是重庆的历史。重庆历史是向前发展变化的,特别是直辖以后重庆市的发展速度更快。老重庆成了新重庆,小重庆成了大重庆。如何跟上重庆发展的步伐,写出重庆不断前进的历史,这部《重庆通史》还只能说是一个新的起点、好的开端。我希望周勇教授等年富力强的学者,能毅然担负起这一任务,与时俱进,开拓创新,将《重庆通史》扩大容量、延长时段、加强论证,使《重庆通史》的内容更加丰富与深刻。哲学社会科学是指导社会变革发展的理论先导。历史学是了解过去、把握现在、预见未来的思想武器。重庆有着深厚的历史文化底蕴,有繁荣发展哲学社会科学的巨大潜力,能够担当起变革和建设事业的先导。德国诗人海涅说过:"思想走在行动之前,就像闪电出现在雷鸣之前一样。"我希望重庆的历史学能成为重庆经济建设雷鸣之前的闪电。

谢春涛(中共中央党校报刊社社长兼总编辑、教授、博士生导师):地方史研究的力作

因为是城市史,而不同于国家史,也不同于省的地方史,《重庆通史》的作者们比较准确地把握住了这一特点。他们不仅像其他各种通史著作的作者们那样,写出了作为通史重要组成部分的政治史,更为重要和可贵的是,以浓墨重彩写出了很多通史类著作反映不够的经济史和文化史。特别是近代部分的经济史,对工业、交通业、金融业、商业,以至城市建设、城郊农业等,都有很多的反映。在该书写作之初,作者们即把加大经济史和文化史的分量当作突破口和重要创新之处,现在看来是富有学术眼光的。《重庆通史》的主要作者是中青年学者,但他们继承和发扬了中国传统史学的优良传统。书中叙述和判断,多有翔实的史料作依据,文字表达平实通畅,论著引用符合规范。这些都是使这部著作能够成为学术精品的缘由所在。

胡昭曦(四川大学教授、博士生导师):**构建重庆地方史新体系的力作**

《重庆通史》是一部重庆市地区自远古至1952年历史的专著。鸿篇巨制,资料丰富,研究深入,饶有新意,着力开拓,结构明晰,史论结合,特色明显。尤其是本书按照通史的要求,在重庆古代史研究领域初步建立起通史的

研究体系,这是一个突破。本书在构建重庆古代史的新体系时,把它放在中国古代史整体发展进程中加以考察,研究重庆古代政治、经济、文化与社会发展的进程及原因,清理其发展线索和特点,探究其发展演变的规律。不仅如此,还特别注意其时代背景、源流脉络、内在因素、相互联系,加以综合考察。《重庆通史》对重庆古代史的一些重要问题进行了较为深入的探究,在构建重庆古代史新体系上作了很大努力,全书史论结合、开拓创新、特色显著、学风平实,是一部老中青学者协同研究,反映新重庆、大重庆悠久历史,特别是大重庆古代史的力作。

凌耀伦(四川大学教授、四川省中国经济史学会会长、中国近代经济史学会副会长):地方经济史研究的创新之作

《重庆通史》是一部很有地方特色,有较高学术价值的大型地方史专著,内容丰富,资料翔实,文字简洁,论证充分,剖析深入,颇具创新精神。作者在在结构和内容上有重要突破,在近代史分期问题上有独到的见解,尤其是在经济方面的论述很有特色。(一)系统、全面、完整地论述了重庆社会经济的发展,真实地反映了重庆经济发展的趋势和规律,形成了一部科学的重庆经济论著。(二)抓住了重庆经济发展的特点,对其论述与分析有相当深度。如重庆封建经济结构如何走向半封建半殖民地经济的论述,近代重庆是如何从一个商业中心发展成一个经济中心城市等。资料翔实,脉络清晰,剖析深入,充分论证了重庆经济发展道路的特色。(三)克服了一般经济史论著中"就经济论经济"的缺陷,注意了政治、经济、文化思想的相互作用与影响,从而更深刻地揭示了重庆经济发展的特点和规律。(四)对重庆社会经济制度,经济组织与经济管理进行了专门介绍与论述。这往往是被一些经济史论述所忽视或者论述非常薄弱的问题。《重庆通史》对这些论述详尽深入,很有价值,使重庆经济史的内容更具有完整的意义。(五)体例上冲破了简单的编年史的框架,而重视了重庆经济发展的特点和自身规律,采用了通史与专题结合、诸体并用的方法,体系安排也很灵活。如第二卷论述重庆经济的发展时采用第三产业—第二产业—第一产业的顺序,而第三卷则采用第二产业—第三产业的顺序,并在此之后进行了综合的专题论述,这不仅符合重庆经济发展的特点,也揭示了重庆经济发展自身的矛盾和规律。

熊　甫（四川大学教授）：地方史研究的里程碑

《重庆通史》第一、二、三卷，令人叹服地展现在读者眼前，它以开拓创新的精神，丰富确凿的史实和独到的见解，新颖的立论，集中反映了重庆新老两代地方史学工作者20年来对重庆地方史研究的优异成果，为重庆地方史的研究树立了一个新的里程碑，对我国历史学科和经济史学科的研究，必将产生深远的影响。突出经济发展史的研究是《重庆通史》的一大理论创新，它很好地把握了重庆发展为中心城市的基本线索和演变历程，清楚地揭示了重庆发展的客观规律，也显示了《重庆通史》的独特价值。长久以来，人们对于统治阶级为争取政权、巩固政权而开展的斗争，以及劳动人民反抗统治阶级的斗争，都比较重视，史料记载亦相对详尽。而对经济史的发掘则被放在次要地位，记述也是支离破碎，很少完整的资料。《重庆通史》的作者们既把有关经济史料的发掘作为重点，把重庆经济的整体性研究作为突破口，高屋建瓴，把重庆发展的历史进程，政治、经济和文化发展及其相互关系条分缕析地展现在世人眼前。这是《重庆通史》一书特别引人瞩目之处，也是该书的一大亮点。作者从商业而金融而交通而近代工业、近代城乡经济关系、社会经济组织，以丰富的史料、严密的逻辑，揭示了重庆由商业中心而工业中心而经济中心，由初步形成到确立的发展全过程，进而论证了近代重庆经济中心的特点及历史地位。如此完整而又重点突出的论述，以及有血有肉的分析和结论是以前所没有的，读后令人耳目为之一新。

何一民（四川省政协委员，四川大学城市研究所所长、教授、博士生导师）：长江上游第一城崛起的历程

经过20余年的发展，中国城市史研究不仅取得了若干重大研究成果，而且也初步形成了一个研究群体。《重庆通史》的出版正是适应了中国城市大发展的需要，是中国城市史学方兴未艾的一种表现。同时，《重庆通史》也是20年来，重庆城市史研究成果的集大成之作。《重庆通史》的作者们——一批吮吸着重庆天地之灵气的中青年学者，更以其宏大的气魄和开阔的视野，以高度的历史使命感和责任感，以对历史和未来负责的求实精神，站在区域地方史的峰巅，书写了重庆的历史，书写了自己的历史，书写了传之子孙后世的历史。也正是基于这样一种情结、一种精神、一种责任，方使这部以城市为中心的区域地方通史透射出了自己个性的魅力。《重庆通史》的著者以严谨求实的笔调、慎密的逻辑推演和朴实无华的语言,为重庆树立起了一座历史的丰碑。

马宣伟(四川省社会科学院历史研究所研究员):以科学的态度写出科学的著作

周勇主编的《重庆通史》出版了,这不仅是重庆史学界的一件大事,也是西南史学界的大事,引起了全国史学界的关注。这是作者以科学的态度写出的科学著作。所谓科学的态度,就是"不打无准备的仗"。主编周勇和课题组的诸位先生,在动手编写通史之前,做了充分的准备工作。他们花了20年的时间,编著、撰写和组织出版了有关重庆的通史和专史类著作70余部,这样不仅先占有了可靠、翔实的资料,而且对重庆各个历史阶段进行了深入的研究,为写好通史打下了可靠的基础。正因为《重庆通史》的编著者们埋头苦干,扎扎实实去搜集史料和不断编著成册的执著学术研究精神,并通过召开各种学术讨论会虚心听取不同观点的专家的意见,从中汲取养料,经过多年艰辛的劳动和积累,到一定时候,自然瓜熟蒂落,结出丰硕的大成果。这也是认认真真搞好科研的一条基本经验。

俞荣根(重庆市人大常委会法制委员会主任委员,重庆社会科学院院长,西南政法大学教授、博士生导师):地方史研究的重大成果

重庆是一座有着悠久历史、灿烂文化和光荣革命传统的历史文化名城。200多万年前,在巴渝大地上已留下了人类的足迹。先秦时期巴文化的产生及其高度发展,又为中华民族起源多元论提供了有力佐证。从此以后,经过几千年的历史沧桑,重庆逐步发展演变成一个特大型城市。重庆历史何以发展?其历史轨迹和丰富的内涵如何体现?历史的规律性和特殊性是什么?等等,诸如此类的问题一直困扰重庆史学界。《重庆通史》的问世,无疑弥补了重庆地方史研究的缺陷,填补了中国城市史研究的空白,它也是对中国通史研究的一个重要补充。同时,从历史研究方法着眼,大凡一部宏篇巨论的综合性著作的出版,大多基于大量艰苦细致的基础和微观的研究成果。《重庆通史》的作者们正是在20多年矢志于重庆地方史研究,并取得一系列阶段性成果的基础上完成这一使命的。因而《重庆通史》的出版发行,既是作者对自身学术研究的总结,又是改革开放以来重庆地方史研究的集大成者,它体现了重庆地方史研究提升到了一个新水平,是近年来重庆文化建设的重要成果之一。《重庆通史》从中国历史发展及西南地区社会演变的角度来观照重庆历史发展的轨迹,体现了作者较高的理论驾驭能力和对纷繁复杂的史实的把握能力。全书既遵循了通史研究的一般规律,又在历史分期、编撰体例、写作手法、表现形式等诸方面进行了大胆的探索和创新,使《重庆通史》从内容到形式,从理论到史料,都不乏新颖独到之处。

蓝　勇(西南大学历史地理研究所所长、教授):一部富有时代特色的区域通史

《重庆通史》表现出三大特点:一是内容全面,资料丰富。在很长的时期内,区域史的研究往往重点在政治史、革命史,即使有经济史的内容,也多是经济关系的研究,更少社会史、文化史的内容,这不仅是在重庆,也是在全国历史学研究的不足。这种不足显然是那个时代的产物。《重庆通史》力图打破这种格局,使自己成为一部真正意义上的通史。《重庆通史》涉及的资料众多,从考古发掘材料、正史、野史笔记到地方志、各代文集,从会要、实录到档案、奏章、日记、回忆录,既有近代报刊上的一些材料,也吸收了近现代著作和论文的一些成果,资料可谓丰富全面。二是面向全国,特色鲜明。作为一部区域性的通史著作,关键是要将其区域在全国历史发展中作出定位,突出自己的区域特色。重庆古代文明历史悠久,但很长时期内在全国影响并不突出,只是在近代重庆才在全国有突出的影响和地位,有更多可歌可泣的历史,这是重庆历史发展的特色。《重庆通史》厚今薄古,彰显近代历史特色,着重研究近代西方文化的影响、长江上游工商业中心的形成和抗战时期的政治文化这三个方面的内容,这就抓住了重庆在全国的特色和地位,表明了作者们对重庆历史研究的感悟十分到位。三是善于思辨,时代性强。近代中国,近代化问题在学术界是曾经讨论较多的一个话题,特别是怎样看待重庆地区外国殖民主义的政治、经济和文化侵略问题,《重庆通史》采取历史唯物主义和辩证唯物主义的态度,一方面强调外国殖民主义的政治、经济、文化侵略主观上是控制中国和殖民中国的目的,确实给中国人民带来一些危害,同时也承认近代国外现代文化、科技的进入,对于中国近代化有一个促进作用。这样的态度,表明了作者宏观地把握住了历史,关怀现实而着眼未来的实事求是态度。

许增纮（西南大学历史文化与旅游学院教授）：一部独具特色的填补空白之作

《重庆通史》是一部颇有创新、独具特色、学术态度严谨、资料丰富而又填补空白的学术性通史著作。作者们既注意创新，又非常重视学风的严谨，做到实事求是；既注意一般规律的总结，又重视重庆历史特殊规律的归纳，具体问题具体分析，决不流于一般化。惟其如此，才充分显现出这部通史的特色，具有浓郁的"重庆味"。值得称道的是，《重庆通史》在近代史的断限问题上，完全采用了一种新的办法，即在近代史的开端上，采用的是一个过程而不是一个标志性的事件——从1876年开始至1891年重庆开埠为止长达16年的一个过程；至于重庆近代史的终结，则是以中国"民主革命任务彻底完成"的1952年为止。诚如作者所言，这种分期法，"在国内外似乎还没有先例"。这确乎是一种新的思考。首先，它不是从一般的概念出发，而是从重庆的历史实际出发；其次，它不同于一般的历史分期，将一个重大的具有划时代意义的事件作为分期的标志，而是把近代史的开端处理成一个过程。虽然，对这样的想法和处理方法还有进一步思考的必要，但是，它毕竟给我们提出了一个新的问题：如何进行历史分期；如何在保持与全国历史分期基本一致的前提下，对地方史进行分期；并按照这种新的分期的思路来编写《重庆通史》。这种创新精神和提出的问题给人们的启迪，是值得充分肯定的。

刘豫川（时任重庆市博物馆馆长、研究馆员）：十年辛苦不寻常

重庆地区有目前所知我国最早的人类遗存和西南地区最早的新石器时代文化；盐业、交通、渔猎与农耕相结合在经济形态上是青铜时代巴文化的突出特点，沟通江汉平原与成都平原是巴文化在长江文明中的显要作用；秦汉以降，战略地位、交通贸易、山地开发、民族问题等成为重庆历史的重要旋律。进入近代，重庆又成为西部地区最早的开埠口岸和抗战之都，在中国近代史上是十分耀眼的城市。这样的一个城市和这样的一片地区，没有一部专门的通史性著作来反映其历史进程，总结其历史规律，供人们鉴古知今，更好地立足今天、把握未来，这显然是极不适应现实需要的，也是让我们引以为憾的。《重庆通史》的问世弥补了重庆城市文化建设的这一重大空白。然而，《重庆通史》并不是一部匆匆忙忙为填补空白而赶出来的急就之作。课题组积十余年之功，对重庆历史的诸多方面进行了大量专题研究，形成了一大批十分可观的阶段性成果,这是这部著作的坚实基础。对于重庆乃至国内外有关的研究成果,课题组也广范搜罗,为我所用,这使《重庆通史》的学术水平达到了目前总结重庆历史的新高度。

傅德岷(重庆工商大学教授):煌煌巨著开新元

周勇教授主编的《重庆通史》是一部煌煌巨著,开元创新的学术性通史。全书结构宏伟、史料充盈、断代合理、富有创意,史论结合、论断切实,治学严谨、文采洋溢,尤其是其资料搜集之难,作者们爬罗剔抉、刮垢磨光之艰辛,以及焚膏继晷、兀兀穷年之精神,真令人感动与佩服。如果没有对重庆本土的热爱之情以及对重庆历史的责任感和使命感,是很难完成这一巨大工程的。《重庆通史》确实是一部集多人多年心血而谱写成的一部开创性的著作,填补了重庆地方史研究的学术空白,为重庆的文化建设作出了一大贡献。

王群生(重庆市政协学习与文史委员会副主任、重庆市文史研究馆副馆长):正史・信史・通史

今天,填补了中国城市史、重庆地方史的空白之作《重庆通史》,象征着25年来重庆地方史学界分类研究硕果之集大成者,沉甸甸、光灿灿掀开在我的案前。古人有训:以铜为鉴,可以正衣冠;以史为鉴,可以安邦国……足见,当今直辖市重庆的各级从政者,需要这样一部《重庆通史》,触类旁通,佐以资政。推而广之,想我市众多教育、文化、科技、文艺等分门别类的工作人员、莘莘学子,以及博览群书的爱好者们,大都有此需要的吧。当可知本书的出版、问世,对久久期盼的广大读者,该是何等的及时、何等的重要。作为地方史,尤其是城市史这片崭新领域,重庆史学界朋友全凭非常的执著与钻研,乃培育出一株难得的异卉奇葩,惠及了学界与三千万巴渝乡邻。我感佩编撰者们尤其是主编周勇教授的特殊魄力与胆略。我相信,《重庆通史》是一部严格意义的"正史・信史・通史"。我的这一印象,且用一联句表之——巴渝山水"重庆赋",《重庆通史》巴渝情。

胡康民(中共重庆市委党史研究室研究员)、何蜀(《红岩春秋》杂志副主编):具有较高学术含量和学术品味的著作

编写各区域、各地方的通史,特别是城市通史,是改革开放以来兴起的一桩新兴事业。《重庆通史》的作者们从十余年前开始立项进行的这一工程,真正称得上是筚路蓝缕。写这样一部通史,不但没有先例可循,而且还得尽力突破长期以来形成的一写历史就是阶级斗争史的惯性思维,在突破的基础上进行创新。这不仅需要有与时俱进的学术勇气,同时还需要有深厚扎实的学术功底。从已经出版的这部大著来看,作者们在这方面作出了可喜的探索。作者们始终把重庆放在中国西部的全局地位上考察其发展演变的历史规律,注重发掘重庆这一西部重要城市的历史个性,这样,《重庆通史》也就同时具有了鲜明的本土化特色,而不再是简单的中国通史的重庆行政区的缩微版。出于历史的原因,在通史的研究中,对文化史的研究是个薄弱环节。值得一提的是,《重庆通史》作者们努力对重庆城市历史上的文化史作了严肃的考察和研究,从独具特色的古代巴渝文化到抗战时期大后方文化中心的形成和发展,初步清理出了一条清晰可见的历史脉络,为这方面进一步的研究打下了良好的基础。

王定邦(重庆市委党校原副校长、重庆市社科联原副主席):**重庆文化建设的一项重要成果**

首先,重庆是国务院公布的国家历史文化名城,可惜这样的名城在过去的千年来竟没有一部自己的通史。通史的缺失使得重庆的文化品位相形见绌。《重庆通史》的出版,无疑为重庆文化建设开创、完成了一项前无古人的基础性工程,为提高重庆这个新兴直辖市的文化品位打造了一个耀眼的亮点。其次,重庆是西部开发的重点中心城市之一。鉴古方能知今。《重庆通史》是一部集深厚的科学理论与丰富的珍贵史料于一体全面综合论述重庆历史的史学著作,为重庆大发展提供了有力的理论支持和强劲的精神动力。再次,搞社会科学研究必学历史,就像学医必学解剖学一样重要。在重庆做学问的学者,要想做出一点有重庆特色的科研成果;在重庆从政的各级干部,要想在重庆建功立业;在重庆生活的市民,要提高自己的文化素养,都需要了解重庆的历史与文化,这是在重庆做好这些事情不可缺少的基础条件。《重庆通史》作为全面综合论述重庆历史的百科全书,是各界人士了解重庆历史文化最好的史书之一。

石岛纪之(日本菲莉斯女学院大学教授):**欣慰与敬意**

迄今为止的四川近代史通史,比如《四川近代史》(1985年)和《四川近代史稿》(1990年),都是以20世纪前10年为下限。因此,我一直为没有一部可以上溯到20世纪中叶的真正的四川近代史而感到美中不足。但现在,一部下限到中华人民共和国建国初期的大著《重庆通史》诞生了,虽然这部通史所涉及的区域主要限于今天的重庆直辖市,但对我这个主要研究中国西南区域近代史的日本研究学者来说,这部通史的出版是一件非常令人欣慰的事情,同时对花费十年心血才完成了这部大著的编写者们,我也怀着深深的敬意。衷心希望这部通史的出版能成为推动重庆史研究进一步发展的一个契机。

桥本学（日本广岛国际大学教授）:《重庆通史》的特质与意义

《重庆通史》的特色大体上可以归纳为以下三点,即:独特的时代划分、对旧时代的客观评价、依据对不同领域的分析来阐明发展的结构性特点。而且这几点都可以看作是对贯穿于旧著《重庆·一个内陆城市的崛起》、《近代重庆城市史》的成果的继承。《重庆通史》是对城市发展过程的综合研究,是超越"通史"意义的。由于重庆市在近代占有极其特殊的地位,《重庆通史》不仅填补了历史的空白,而且对于研究1997年再次成为中央直辖市的重庆将来的发展,都具有非常积极的意义。

林幸司（日本一桥大学社会学研究科博士）:反映中国近代史多样性、多极性的著作

在中国的其他重要城市,"通史"及其类似的历史文献并不少见。但《重庆通史》拥有其他"通史"不具备的内容及主张,具有独特的价值。近年来开始盛行的这样两个研究方法（中华网络论、地域社会论）都是意图解明中国近代史的多样性、多极性的侧面。从这点来看,"从重庆历史实际出发"的《重庆通史》的出现可以说是中国近代史研究上的先锋队,也可以说是近年来中国历史研究潮流的一个重要的标志。近年来研究重庆的成果已相当的多,但它们往往是从整个国家的角度来分析重庆历史的。这样研究当中的重庆,可以说是一种"客体",而不是"主体"。反之,《重庆通史》提出了"从重庆历史实际出发"的观点,这是本书的最大特点之一。这主要表现在它的历史断代上。其重要意义在于,它指出了重视历史的连续性,同时又指出了中国"近代史"本身的"多样性"。《重庆通史》不仅是重庆史研究的一个极点,亦可以说是目前中国历史研究的一个里程碑。由于《重庆通史》的出现,我们对重庆的认识更为丰富而精致。

再版后记

　　这部《重庆通史》，1990年由四川省立项，2002年在重庆市出版，历时12年。出版以来，又过了12年。对于我而言，这24年、两纪时光，既是一个深入学习研究的过程，也是进一步砥砺琢磨的过程，更是经受历史和世人检验的过程。

　　《重庆通史》(2002年版)只是一部由学者主持研究、撰著的历史著作。但是，这12年中，它受到欢迎的程度超乎我们的想象。2003年2月15日，经中共重庆市委领导同志批准，重庆市社科联、中共重庆市委党校、重庆市地方史研究会在市委办公厅会议室隆重举行"《重庆通史》首发座谈会"。市委副书记邢元敏同志出席并讲话。重庆市老领导老同志马力、王效才、孟广涵、黄友凡、刘文权、孙谦、金源道出席。四川大学教授、博士生导师，四川省文史研究馆馆长隗瀛涛，四川大学教授、博士生导师胡昭曦，四川大学城市研究所所长、教授、博士生导师何一民，四川省社科院历史研究所研究员马宣伟，四川大学教授熊甫等专家专程从成都赶来参加会议。

　　12年来，学术界对《重庆通史》发表了一批评论。这些评论作者中，既有德高望重的老一辈史学大家，又有当今引领风骚的学界骨干；既有北京、上海的专家学者，也有四川、重庆的本土专家；既有中国学者，也有长期从事中国近现代史研究的日本学者。这些评论，或褒奖，或鼓励，或探讨，或批评，无不表现了对《重庆通史》及其研究团队的热切关注与充分肯定，体现了对重庆学界的浓浓厚望与殷殷期盼。

　　12年中，党和政府给予了《重庆通史》和它的团队以高度的肯定和褒奖。

《重庆通史》（2002年版）获得了重庆市哲学社会科学优秀成果奖一等奖（2005年）、重庆市哲学社会科学规划项目优秀成果奖（2005年）、重庆市最佳图书奖（2004年）。尤其是这部著作作为重庆文化建设的基本建设，在城市文化、规划、新闻、社科、党史等领域中发挥着重要作用，以它为基础，衍生出许多新的成果。更为重要的是，主创人员都已成长起来，成为引领这一领域的专家学者。

2002年版《重庆通史》是以1997年之前的重庆地域为对象的。而从1997年起，重庆已经发生了很大变化——1997年设立了重庆直辖市——小重庆变成了大重庆，老重庆变成了新重庆。因此，从2002年版《重庆通史》正式面世之日起，我即着手修订，想在未来新版的《重庆通史》中努力实现从小重庆通史到大重庆通史、从老重庆通史到新重庆通史的跨越。为此，2007年，重庆市委宣传部特意将"新重庆通史"列为重庆市哲学社会科学重大项目。所以，对2002年版《重庆通史》我没有考虑过再版问题，而是一开始就努力进行着"新重庆通史"的修订工作。

但是，2003年，我的工作发生变动，迫使我不得不暂时放缓学术性工作的节奏。2003年6月，市委任命我担任市委宣传部副部长，随后负责市委宣传部常务工作，同时还兼任市委党史研究室主任、市委新闻发言人。起初，我还能在繁重的行政工作之余兼顾"新重庆通史"的编撰工作。但是，很快就难以两全了。这主要是因为这以后，经过直辖以来第一个五年的打基础之后，重庆进入了快速发展的关键时期，我所负责工作的压力超乎当初的预想，我必须专心致志、全力以赴才能担负新的使命。因此，已经摆上书桌的"新重庆通史"只好暂时放下。而此时，2002年版《重庆通史》却已经售罄。面对市场的需求，重庆出版集团决定再版《重庆通史》，这得到了重庆市新闻出版局的大力支持。

再版的《重庆通史》基本上保持了2002年版的结构，只是增写了再版前言，着力阐述我对重庆通史的一些新认识；对其中的个别错讹作了订正，使其更加准确；增加了著名学者对它的评论（摘要）——以此作为对关心、爱护、支持它的各界朋友们的汇报。

周　勇

2014年1月31日

农历甲午年正月初一